국어 통사·의미론의 몇 측면
: 논항구조 접근

Aspects of Korean Syntacto-Semantics from an Argument Structure Perspective

[국어학] 통사·의미론

Aspects of Korean Syntacto-Semantics from an Argument Structure Perspective

국어 통사·의미론의 몇 측면
: 논항구조 접근

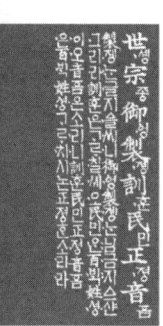

김지홍 지음
Kim, Jee-Hong

세상과 소통하는 지혜로운 책 도서출판 경진

아내에게

머 릿 글 11

제1부 이론의 토대

제1장 국어 통사·의미론에서의 '방법론' 검토 27
  1. 구조의 개념 ··· 28
  2. 방법론적 일원론 ··· 32
  3. 통사 연구 방법 ··· 36
  4. 언어 사용 연구 방법 ··· 59

제2부 명사구와 관련된 논항구조

제2장 수량 분류사를 가진 명사구의 논항구조 75
  1. 들머리 ··· 75
  2. 수량사 구문의 분포와 논항구조 ································· 83
  3. 마무리 ··· 118

제3장 명사구의 확장과 그 논항구조 123
  1. 서 론 ··· 123
  2. 논항들의 위계 ··· 130
  3. 논항구조와 의미역 ··· 180
  4. 명사구를 요구하는 기능범주 ··································· 199
  5. 결 론 ··· 213

제4장 명사구를 요구하는 기능범주 217
  1. 서 론 ··· 217
  2. 어휘범주를 요구하는 기능범주와 그 층위 ············· 221

3. 일치를 요구하는 기능범주: 분류사 일치소 ······················· 228
   4. 위상과 범위를 완결짓는 기능범주: 완결소 구절 ················ 243
   5. 격조사와 보조사의 문제 ······································· 251
   6. 결 론 ·· 256

제3부 동사구와 관련된 논항구조

제5장 동사구 보문화에서 공범주로 실현되는 동지표 논항 ············ 261
: 특히 {NP를}과의 관련을 중심으로 하여

   1. 서 론 ·· 261
   2. 공범주 실현의 수의적 위치 ···································· 266
   3. 공범주 실현의 필수적 위치 ···································· 286
   4. 요약 및 남은 문제 ·· 305

제6장 동사구와 명사구 기능범주들의 관련성 ············ 311

   1. 들머리 ·· 311
   2. 명사구 및 동사구의 기능범주들 ································ 312
   3. 그 외의 기능범주들 ·· 331
   4. 마무리 ·· 335

제4부 접속 구문의 구성과 논항구조

제7장 접속 구문의 형식화 ············ 339

   1. 서 론 ·· 339
   2. 접속 형태소의 범주 지위 ······································ 345
   3. 접속 구문의 특성 ·· 363
   4. 접속 구문의 통사 표상 ·· 385
   5. 결 론 ·· 409

제8장 등위·종속접속 구문의 설정에서 몇 가지 전제 _____ 411
  1. 학문상의 몇 가지 전제 ·· 411
  2. 등위접속문과 종속접속문의 구조 탐색 ······················ 418
  3. 접속문의 구조를 검증할 수 있는 다른 언어 현상 ······ 423

제5부 핵어로서의 어휘

제9장 어휘의 의미표상 _____ 429
  1. 머리말 ··· 429
  2. 중의성과 다의성 ·· 432
  3. 명사와 동사의 의미표상 ·· 439
  4. 맺음말 ··· 463

제10장 논항 변동을 통한 다의어의 설명 모형 _____ 467
: '보다'의 경우

참고문헌 _____ 491
찾아보기 _____ 506

머릿글

여기서는 평소에 필자가 생각하는 바를 간략히 서술하고 나서, 이 책의 내용을 간단히 소개하기로 한다.

필자는 오늘날 논리를 전개하는 방식이 오직 앨런 튜링Alan Turing, 1912~1954이 생각했던 '연산주의computation'에만 있는 줄 알았다. 그러다가 오십 대에 들어서면서 뒤늦게 연산주의 이외에 우리 두뇌의 작용 방식에서 '유형 인식pattern-recognition'도 논리를 전개하는 중요한 방식임을 알게 되었다.[1]

1960년대에서부터 본격적으로 가동된 연산주의는 1980년대 중반 뤔멜하앗·머클랠런드 등에 의해서[2] 자유연상의 착상을 구현한 병렬

---

[1] 김지홍(2009), 『언어의 심층과 언어교육』, 경진문화, 제5장을 보기 바람.
[2] Rumelhart, McClelland, and PDP Research Group(1986), 『병렬 분산 처리: 인지의 미시 구조 탐구(Parallel Distributed Processing : Explorations in the Microstructure of Cognition)』(MIT Press) 제1권 토대(vol.1 : Foundations), 제2권 심리생리학적 모형(vol.2 : Psychological and Biological Models)와 Rumelhart and McClelland(1988), 『병렬 분산 처리: 모형·프로그램·연습 소백과(Parallel Distributed Processing : A Handbook of Models, Programs, and Exercises)』(MIT Press)가 나왔다. 최근에는 연산주의와 연결주의를 합친 접근을 쉽게 보는데, Marcus(2001), 『대수적 마음: 연결주의와 인지과학의 통합(The Algebraic Mind : Integrating Connectionism and Cognitive Science)』(MIT Press)를 읽을 수 있다. 또한 마커스의 스승 핑커 교수도 혼합 접근법을 택하는데, Pinker(1997; 김한영 뒤침, 2007), 『마음은 어떻게 작동하는가: 과학이 발견한 인간 마음의 작동 원리와 진화심리학의 관점』(동녘 사이언스)을 읽어보기 바란다. 핑커 책에 대한 비판으로 Fodor(2000), 『마음은 그렇게 작동하지 않는다: 연산 심리학의 범위와 한계(The Mind Doesn't Work That Way : The Scope and Limits of Computational Psychology)』(MIT Press)가 나왔으며, 다시 이 비판서에 대하여 핑커를 옹호하면서 제킨도프 교수에 의한 재비판 논문이 나왔다(Jackendoff, 2002, Review in 『언어(Language)』 vol. 78 no. 1).
핑커(1999; 김한영 뒤침, 2009)의 『단어와 규칙』(사이언스북스) 제4장을 보면, 병렬 분산 처리 또는 연결주의의 한계를 네 가지 지적하고 있다. 그런 한계는 연산주의 방식을 채택하면서 극복될 수 있다. 즉, 임의 대상들 사이의 외적인 연결강도는

분산 처리(PDP)가 제안되고, 곧 이어 연결주의나 활성화 확산 이론으로 불리면서, 인간의 두뇌를 작동 또는 가동시키는 정신 모형의 중요한 후보로 부각되었다. 특히 장기기억 속에 있는 지식의 그물짜임이 교점들 사이에 있는 연결강도를 계산하여, 어떻게 더 활성화되거나 점차 쇠퇴해 가는지를 보여 준다는 점에서, 우리 정신의 처리과정을 계산할 수 있다는 중요한 기여를 하였다.

연산주의에서는 우리의 자아나 주체에 비견될 만한 '중앙 연산 처리부$_{CPU}$'를 상정하지만, 연결주의에서는 그런 처리부서가 없이도 상징적 연산을 모두 완벽히 수행해 낸다. 이 모형의 성공에 힘입어, 더 이상 우리 머릿속에 특정한 부서로서 자아 또는 주체가 반드시 주어질 필요가 없다는 사실도 깨닫게 되었다. 그렇지만 몇 가지 차이점에도 불구하고, 병렬 분산 처리는 본질적으로 연산주의의 전제인 '입력-출력'의 흐름 그 자체를 부정하지 않는다는 점에서, 확대된 연산주의라고 말할 수 있다. 병렬 분산 처리에서는 입력물의 내부속성을 고려하지 않고서도 자주 출현하는 빈도에 따라 교점들 사이에 연결강도가 높아질 수 있지만(그물짜임이 강화됨), 내부속성에 대한 정보가 없이는 처리 범위에 한계가 있다.

이에 반하여 최근 에들먼$_{Edelman}$[3] 등의 두뇌과학자에 의해 제안된 '유형 인식'은 매우 융통성 있고 가변적이며 주어진 감각자료 전체를 그대로 모사하는 것이 아니라, 선별적으로 주의를 쏟아 재구성해 낸다는 점에서, 앞의 연산주의 가정과는 매우 다른 측면이 있다. 연산주의는 환원론에 문을 활짝 열어두지만, 유형 인식은 통합론으로서만 작용할

빈출도에 따라 연결주의 그물짜임으로 표상될 수 있다. 그러나 임의 대상 내부의 속성에 따라 그물짜임을 만들 수 있는 방법은 연산주의로부터 나온다. 전자는 암기나 기억에 의해 이뤄지고, 후자는 기호 연산에 의해 이뤄진다. 언어 처리에는 두 방식이 모두 필요한 것이다.

[3] 면역 기제에 대한 공헌으로 노벨상을 받은 에들먼 교수의 책이 세 권 번역되어 있다. Edelman(1992; 황희숙 뒤침, 2006 수정판), 『신경과학과 마음의 세계』(범양사), Edelman(2004; 김한영 뒤침, 2006), 『의식이라는 놀라운 재능, 뇌는 하늘보다 넓다』(해나무), Edelman(2006; 김창대 뒤침, 2009), 『세컨드 네이처』(이음)인데, 여기서 맨 마지막 책의 제목(이차적 자연)은 '의식이 창조해 낸 자연'을 의미한다.

뿐, 철저하게 반환원적_anti-reductionism_이다.

언어학을 주도해 온 사람들이 명시적으로 연산주의 가정을 따른다고 언급하지 않았지만, 그들이 채택하여 사용한 도구는 철저히 연산주의 방식에 지나지 않는다. 구절 구조 문법 그 자체가 연산주의의 변형이기 때문이다. 오직 그리고 배타적으로 언어의 형식 그 자체만을 대상으로 할 경우에는, 이런 연산주의는 언어 다루는 데에서는 충분히 정당성을 지닌다. 언어 형식들이 남김없이 모두 적절히 설명되어야 하기 때문이다.

그렇지만 언어를 도구로 사용하는 상위 차원에서는 인간의 자유의지가 작용하는데, 자유의지의 구현과 관련된 모든 것을 연산주의로만 설명하기에는 무리가 따른다. 언어 사용 그 자체는 사용 주체의 가치와 관점을 반영해 주는 것이며, 반드시 배경과 초점을 구분하여 언어를 채워 넣어야 하기 때문에, '주의력의 초점'을 부각시키기 위해서는 오히려 유형 인식으로 접근하는 편이 더 온당한 듯하다.

여기에서는 필자가 오로지 연산주의에만 골몰하던 30대와 40대의 글들을 뽑아 실었다. 다시 말하여, 모두 언어(국어) 그 자체에 대한 것이다. 기본 생각은 소략하게 다음과 같이 나타낼 수 있다.

① 언어는 무한하다.
② 무한한 것을 다루는 데에는 질서가 필요하다.
③ 여러 가지 질서가 상정될 수 있겠지만, 자연언어 그 자체를 관통하는 질서는 자연수의 본질과 동일한 반복(recursion, 회귀)에 지나지 않는다.
④ 반복이 구현될 수 있는 방식은 오직 언제나 두 가지밖에 없다. 하나는 자기 밖에서의 반복이고, 다른 하나는 자기 안에서의 반복이다. 자연언어에서는 각각 접속과 내포로 불린다.

자연수는 엄밀하게 등위접속 구조의 포장지에 지나지 않으며, 허수는 자연수의 임의 구간을 특정한 수로 내포시켜 도출된다. 수학에서는 내포 구조가 매우 복잡하고, 접속 구조는 단순하다. 반면에 자연언어에서는 접속 구조가 복잡하지만(등위접속·종속접속·부가접속 등), 상대적으로 내포 구조가 몇 가지밖에 없다.

⑤ 반복이 일어나는 힘은 핵어(head)에 의해서 얻어진다.

프레게Frege는 핵어라는 말 대신에 함수function라는 말을 썼다. 핵어는 자연언어를 만들기 위해 자신의 속성을 투영하게 된다. 핵어가 지닌 속성을 논항구조argument structure라고[4] 말한다. 자연언어에서 핵어의 속성을 지닌 제1 후보는 동사이다. 동사가 투영되면 철학이나 심리학에서는 명제 또는 개념이라고 부른다.[5] 자연언어를 다루는 사람들은 절 유사

---

4) 논항구조란 우리의 경험을 묶어놓은 개념 구조와 비슷한 말이지만, 유독 언어에만 적용되는 용어이다. 김지홍(1993), 『국어 부사형어미 구문과 논항구조』(서강대 박사논문)에서도 부사형어미 구문이 논항구조 속에 어느 논항에 해당하는지를 다루었다. 언어학 분야에서 논항구조의 개념은 동사가 자신이 거느리는 논항을 투영한다는 초기 생성문법의 가정이 가다듬어지면서 1980년대에서부터 부각되기 시작하였다. 같은 시기에 생성문법의 초기 추정과는 달리 여러 언어에 걸쳐서 기능범주 형태소들도 매우 엄격히 제약되어 있다는 사실이 밝혀지기 시작하였는데, 이는 어휘범주(≒실사)의 투영은 바로 이어 기능범주(≒허사)의 투영으로 가다듬어진다는 생각을 가능하게 만들었다.

중요한 선도 업적들은 다음과 같다. 논항구조의 개념을 가장 먼저 논의하였고 그 동안의 글들을 모아놓은 ① 헤일·카이저(Hale and Keyser, 2002), 『논항구조 이론에 대한 서설(Prolegomenon to a Theory of Argument Structure)』(MIT Press)에서는 낱말 및 문장의 구조를 동시에 아우르는 상위 개념으로 다루고 있다. ② 레뷘·뢰퍼포어-호봡(Levin and Rappaport-Hovav, 2005), 『논항 실현방식(Argument Realization)』(Cambridge University Press)에서는 한 어휘가 여러 가지 범주의 동사로 변동하는 모습을 논항구조로 포착하고 있다. 또한 언어 사용을 놓고서도 논항구조가 다뤄졌는데, ③ 두보이스·컴프·애쉬비(Du Bois, Kumpt, and Ashby, 2003) 엮음, 『선호된 논항구조 : 기능을 위한 건축물로서 문법(Preferred Argument Structure : Grammar as architecture for function)』(John Benjamins)에서는 특히 담화 전개의 정보 흐름에서 선호되는 바람직한 논항구조가 여러 언어의 자료들에서 모두 공통됨을 논의하고 있다. ④ 롤랑·바타차리아·스빠타스(Reuland, Bahattacharya, and Spathas, 2007) 엮음, 『논항구조(Argument Structure)』(John Benjamins)에서는 일반적인 언어 사실들과 논항구조의 관계를 다루고 있다. ⑤ 배비(Babby, 2009), 『논항구조의 통사론(The Syntax of Argument Structure)』(Cambridge University Press)에서는 기능범주(≒허사)들이 논항구조 투영에 어떻게 간여하는지를 다루고 있다. ⑥ 한편, 논항구조가 심리적 실재라면, 언어습득에서도 관찰되어야 할 것인데, 바워먼·브롸운(Bowerman and Brown, 2008) 엮음, 『논항구조에 대한 범언어적 관점 : 습득에 대한 함의(Crosslinguistic Perspectives on Argument Structure : Implication for Learnability)』(Lawrence Erlbaum)에 실린 15편의 글을 참고하기 바란다.

5) 프레게(Frege)는 순수 사고(pure thought)라고 불렀는데, 순수한 개념이라고도 말할 수

clause-like 단위 또는 억양 단위intonation unit라고 부른다.[6] 어떤 말로 부르든지 상관없이, 이는 실세계에서 가장 기본이 되는 낱개의 사건(단위 사건)을 가리키려는 것이다.

이때, 우리 머릿속 정신 표상이 실세계의 낱개 사건(단위 사건)을 전제로 하지 않는다고 볼 경우에는 '심리주의' 또는 '내재주의'라고 불리고, 낱개 사건으로부터 모든 정신적 표상이 유도된다고 가정할 경우에 '경험주의' 또는 '외재주의'라고 불린다. 그런데 기억의 생리학적 기제를 밝혀 노벨상을 수상한 켄들(Kandel, 2006; 전대호 뒤침, 2009), 『기억을 찾아서』(랜덤하우스)에 따르면, 거듭된 자극에 대하여 수용 주체가 주의집중을 하게 되면(전문용어로는 장기 강화long-term potentiation임) 새로운 시냅스가 두 뉴런 사이에 형성됨을 관찰하였는데, 이는 경험주의와 심리주의 두 입장이 서로 조화롭게 통합되어야 함을 의미한다.

명제 또는 절 유사 단위가 반복된다는 것은 무엇을 의미할까? 이는 우리가 경험하는 실세계의 사건들이 복합사건 연결체로 존재하고, 이를 우리가 언어라는 도구로 표현함을 뜻한다. 언어는 실세계에서 일

있고, 명제라고도 부를 수 있으며, 동사와 동사가 거느리는 논항으로 구성된다. 이런 생각은 심리학에서도 그대로 이어졌다. 카네기멜른 대학 심리학자 앤더슨(Anderson, 1980) "Concepts, propositions, and schemata : What are the cognitive units?" in 『Nebraska Symposium of Motivation』 vol.28에서도 개념과 명제를 동일시하고 있다. 또한 콜로라도 대학 심리학과 킨취(Kintsch, 1988) "The role of knowledge in discourse comprehension : A construction-integration model" in 『Psychological Review』 vol.95 no.2에서도 그러하다.

6) 명제(命題)란 말은 잘못 조어된 일본어를 비판 없이 받아들인 것이다. '언명으로 된 표제' 정도의 뜻을 지니지만, 명제가 반드시 명령문인 것만은 아니다. 전통적으로는 서술문이나 단정문만을 대상으로 삼았었다. 오스뜬(Austin)에 와서 비로소 수행문도 다뤄지면서부터 명령문의 진실성 조건이 논의되기 시작하였다. 억양 단위와 같은 용어는 특히 췌이프(Chafe, 1994; 김병원·성기철 뒤침, 2006), 『담화와 의식과 시간 : 언어 의식론』(한국문화사)에서 제안된 용어이다. 이는 주로 입말 발화를 대상으로 삼고 있다. 그렇지만 글말까지 다룰 경우에는, 절 유사 단위가 무난하지 않을까 판단된다.

전통문법에서 쓰던 단순문 또는 단문이라는 말도 쓸 수 있겠지만, 이는 단순문의 임의의 논항이 문장 형식의 내포절로 실현될 수 있기 때문에, 올바른 모습을 포착해 줄 수 없다. 가령 "영이는 철수를 안다."는 단순문으로서 타동사 구문이다. 그렇지만 철수라는 논항이 '철수가 떠났음'이란 명사절이나 또는 '철수가 바보라고'라는 내포문으로 아무런 제약도 없이 대치될 수 있다("영이는 [철수가 떠났음]을 안다", "영이는 [철수가 바보라고] 안다"). 따라서 단순문 또는 단문이란 개념이 성립될 수 없음을 알 수 있다.

어나고 우리가 경험하는 복합사건의 연결체들을 표상하고 가리키는 1차적 도구이다. 따라서 언어에서의 반복은, 실세계에 있는 사건들이 반복되어 일어남을 전제로 한다. 그런 반복 사건들 속에는 우리가 인과관계로 얽어가는 연결체(자연계의 사건 연결)도 있고, 자유의지에 의하여 일부러 이어나가는 연결체(인간의 의도적인 사건 연결)도 있다. 어떤 경우에는 전자를 사건이라고 부르고, 후자를 행동이라고 구분하여 부르기도 하지만, 사건이란 용어가 흔히 포괄적으로 상의어로 쓰인다.

그런데 필자가 30년 넘게 언어와 씨름하면서 마주하게 된 몇 가지 물음들이 있다. 비록 언어학 내부에서 잘 제기되지 않는다 하더라도, 언어를 다루려면 누구든지 다음과 같은 궁극적인 '존재론적 질문들'을 놓고서 응당 나름대로 대답을 마련해 놓아야 한다.

(1) 언어가 왜 꼭 일정한 단위(=문장)로 분석 가능해야 하는 것일까?
(2) 언어의 단위로서 문장은 왜 굳이 내적 분석이 이뤄져야 하는 것일까?
(3) 언어에는 왜 문장이란 단위도 있고, 낱말이라는 단위도 있는 것일까?
(4) 낱말에는 기본범주로서 왜 꼭 명사와 동사가 있는 것일까?
(5) 언어로 표현할 수 있는 방식들이 유형화될 수 있을까? 만일 그렇다면, 유형화가 가능한 까닭은 무엇일까?

이하에서는 이 질문들을 놓고서 필자의 생각을 하나씩 적어 나가기로 한다.

(1) 언어가 왜 꼭 일정한 단위(=문장)로 분석 가능해야 하는 것일까? 언어는 대체로 감탄사 부류만을 제외하면 모두 분석 가능하며, 또한 하나의 덩어리로서 자립할 수 있다. 분석되어 자립할 수 있는 마디 또는 매듭을 문장 또는 발화라고 부른다. 각 문장이나 발화는 우리가 실세계에서 경험하는 복합사건 연결체에서 뽑아낸 낱개 사건 또는 단위 사건과 대응한다. 따라서 언어가 문장이나 발화로 불리는 마디 또는 매듭들로 이뤄져 있다면, 각 문장이나 발화는 우리가 경험하는 복합

사건 연결체들을 낱개의 사건으로 나누어 놓고, 그 사건들의 연결을 추상화시켜 놓은 단위 사건 및 사건들의 연결체와 긴밀히 관련되는 것이다. 가령, "철수가 도서관에 왔다. 영이를 찾았다. 손잡고서 같이 커피점에 갔다."라는 연속된 복합사건이 있다고 할 때에, 이것들이 현실의 세계에서는 분절되어 있는 것이 아니다. 연속된 복합사건 덩어리인 것이다. 그렇지만 우리의 정신작용이 연속된 실세계 사건을 분석하여 나누는데, 이를 마디마디 매듭으로 나누고 개별 사건들이 연결된 모습으로 저장한 뒤, 필요할 때마다 인출하여 언어로 표현하는 것이다. 다시 말하여, 연속된 복합사건을 장기기억 속에 집어넣으면서 낱개 사건들로 나눠 놓는 것이다. 따라서 언어에서 다루는 단위는 우리가 재구성한 실세계의 낱개 사건과 관련된다.

(2) 그런데 문장이나 발화는 분석될 수 없는 하나의 덩어리로 나오는 것이 아니라, 왜 굳이 자잘하게 더 분석되어야 하는 것일까? 필자는 이 물음에 대답하기 위하여, 언어를 벗어나야 한다고 믿는다. 괴델Gödel이 불완전성 정리를 증명한 뒤에, 수학기초론 또는 과학철학에서는 변항을 도입한 진술문에서 모순을 벗어나려면 최소한 동일차원에서의 서술을 피해야 함을 깨달았다. 전문용어로는 이를 '동일차원에서의 서술 불가능성impredicativity'이라고 부른다.[7] 따라서 이 질문에 대답을 하려면 언어의 영역을 벗어나야 한다. 언어의 영역을 벗어나면, 대체 어디로 가야 하는 것일까? 1차적으로 개념의 영역이며, 궁극적으로는 실생활의 경험 영역이다.

---

[7] 이는 뤄쓸(Russell)이 모순 형식이 늘 A∈A에서 나옴을 밝혔을 때 처음으로 알려졌다. impredicativity에 대한 자세한 논의는 버나써륍·펏넘(Bernacerraf and Putnam, 1983 개정판 : 4, 46, 440, 467) 엮음, 『수리철학 : 독본(*Philosophy of Mathematics : Selected Readings*)』(Cambridge University Press)을 보기 바란다. 이 개념을 설명하는 필자의 방법은 비유를 쓰는 것이다. 전라북도 진안에는 마이산이 있다. 멀리서 보면 마치 말귀처럼 보인다. 그런데 마이산을 보려면 마이산 속으로 들어가서는 안 된다. 마이산 속에 들어가면 오직 돌탑들만이 있을 뿐이다. 마이산을 보려면 마이산을 벗어나야 한다. 어떤 대상을 전체적으로 보려면 반드시 그 대상이 속한 차원을 벗어나야 하는 것이다.

필자는 진화의 역사에서 문장이 분석 가능해진 시점을 피진pidgin에서 크뤼오울creole로 발전하면서 나온 때로 본다(아마 15만 년 전 구석기 시대). 비록 오늘날 우리가 쓰는 언어가 모두 크뤼오울의 후계자이지만, 여전히 우리는 상황이 주어져야 해석될 수 있는 피진도 사용하고 있다(Clark, 1996에서 제2 경로의 의사소통임). 크뤼오울로 발전하는 과정에서 왜 문장이 분석되어야 했던 것일까? 필자는 우리가 관심을 갖고 있는 것이 복합사건들의 연결체이고, 하나하나 낱개의 사건들 사이에서 그 연결을 보여 주는 가장 경제적인 방식이 '문장의 내부 구조를 보여 줌으로써' 두 문장 사이에 유사성을 드러내는 일이라고 믿는다.

이렇게 문장들 사이에 유사성을 드러내는 방식을 핼러데이·허싼(Halliday and Hasan, 1976), 『영어에서 문장 결속성Cohesion in English』(Longman)에서는 문장 결속성이라 부르고, 처음으로 다섯 가지 방식을 본격적으로 논의하였다. 현재 알려지기로는 지시표현과 어휘 연쇄가 가장 많이 쓰이며, 대용표현·생략·접속사도 쓰게 된다. 문장이 분석되어 내부 구조를 갖추게 된 것은, 우리가 그것이 낱개 사건들이 이어진 복합사건을 구성함을 드러내는 가장 경제적인 방식임을 깨달았기 때문이다. 추상적인 문장들을 서로 붙여 놓을 수 있는 방법은, 내부 구조의 유사성을 드러내는 것 이외에는 다른 길이 전혀 없는 것이다.

(3) 왜 언어에는 '문장'이란 단위도 있고, '낱말'이라는 단위도 있는 것일까? 임의의 문장은 언제든지 우리의 표현 동기나 의도에 따라 낱말로도 구현될 수 있다. 가령 "순이가 철이를 사랑한다."라는 문장은, 표현 동기나 의도에 따라서, 명사절 "순이의 철이 사랑"으로도 나올 수 있고, 또한 "순이의 사랑"이라는 명사구나 "사랑"이라는 단독 명사로도 나올 수 있다. 그렇다면, 왜 하나의 사건을 언어로 가리키는 일이, 문장으로도 이뤄지고, 낱말로도 이뤄지는 것일까? 이 질문에 대한 대답 또한 언어 그 자체에서는 마련될 수 없다. 필자는 이런 방식이 인간 기억의 본질과 관련된 것이라고 믿는다.

우리 인간의 기억은 크게 감각기억·작업기억·장기기억·영구기억으로 나뉜다. 장기기억은 다시 서술지식 기억과 절차지식 기억으로 나뉘며, 서술지식 기억은 토론토 대학 심리학자 털빙Tulving의 용어에 따라 구체사례episodic, 삽화, 일화 기억과 의미semantic 기억으로 나뉜다. 구체사례 기억은 과거 경험사례를 낱낱이 기억한다는 점에서 뒤로 되돌아보는 palinscopic 기억으로 불리고, 의미 기억은 오직 현재 사건과 미래 사건만을 다룬다는 점에서 앞으로 내다보는proscopic 기억으로도 불린다. 현재 인간만이 구체사례 기억을 갖고 있기 때문에, 과거를 반성하면서 미래를 계획할 수 있는 것으로 알려져 있다. 다른 포유류들은 오직 의미 기억만을 갖고 있다고 한다.

문장과 낱말의 존재 이유를 필자는 다음처럼 생각한다. 문장은 하나하나의 구체적 사건episode 기억과 관련된다. 그렇지만 낱말은 추상화되고 일반화된 의미 기억과 관련된다. 비록 편의상 '책'이라는 명사 낱말 하나가 독자적으로 실세계의 어느 대상(실재물)과 연결되어 있는 듯이 서술하지만, 실제로는 의미 기억 속에 기본값default 동사('있다/이다')에 의한 그물짜임 속에 들어가 있을 뿐이다. 하나의 사태가 문장으로도 표현되고 또한 낱말로도 표현된다면, 동일한 값을 지닌 것이 아니라, 하나는 임의의 사건을 시간과 공간 속에 존재하는 구체사례로서 표현해 주는 것이고, 다른 하나는 시공을 중립적으로 만든 추상적이고 일반적인 사건으로서 표현해 주는 것이다.

그렇다면, 임의 표현이 문장으로 될수록 우리가 직접 추체험할 수 있는 구체사례를 언급해 주는 것이고, 낱말로 될수록 추상화하여 머릿속에 저장하고 있는 의미 기억의 항목을 가리키게 되는 것이다. 따라서 자연언어에서는 문장을 만드는 방식과 낱말을 만드는 방식을 별도로 운용함을 알 수 있다. 형상 언어인 영어에서는 낱말을 만들어 주기 위하여 어순을 바꿔 놓지만, 형상이 유동적인 우리말에서는 대신 비통사적 방식으로 낱말을 만들어 준다. 우리말 문법에서 '비통사적 합성'을 예외적으로 치부하는 것은 아주 잘못된 일이다. 비통사적 합성이야말로 낱말을 낱말답게 만들어 주는 핵심 기제인 것이다.

예를 들어, 우리말에서는 '먹거리'라는 표현도 있고, 또한 '먹을거리'

라는 표현도 있다. 전자는 비통사적 합성어로 부르고, 후자는 관형형 어미 '은/을'을 갖고 있으므로 통사적 합성어라고 한다. 전자는 완벽한 낱말이지만, 후자는 '구적$_{phrasal}$' 낱말이라고 한다. 그렇지만 이런 문법적 구분이 무슨 소용이 있는 것일까? 일부에서는 비통사적 합성이 오류라고까지 생각하는데, 철저한 착각에 지나지 않는다. 왜냐하면 두 형식이 가리키는 내용이 서로 다르고, 각자 고유한 영역들을 갖고 있기 때문이다.

전자는 매우 좁은 영역의 대상을 가리키지만, 후자는 쓰이는 상황에 따라서 매우 광범위하게 임의의 대상을 가리킬 수 있다. 가령, 밭에 구황작물을 파종하면서, "*먹거리를 뿌리고 있다!"고는 말할 수 없으나, "먹을거리를 뿌리고 있다!"고는 말할 수 있다. 씨앗이 먹을거리의 하위집합으로 언급될 수 있는 것이다. 통사적 합성어는 상황이 달라지더라도 그 상황에 적의한 임의의 대상을 가리킬 수 있다. 반면에 완벽한 낱말인 비통사적 합성어는 먹을거리를 기반으로 조리 또는 요리를 하여 만들어낸 결과물로서의 '음식'만을 가리킬 뿐이다.

오래 전에서부터 직관적으로 비통사적 합성어를 '의미 특수화' 현상이라고 부른 바 있다. 그렇지만 그렇게 이름을 붙였다고 하여 모든 것이 끝난 것은 아니다. 의미가 하나로 고정된다는 말은, 공동체 구성원들 사이에서 '공통된 추체험'을 보장해 줌으로써 추인될 수 있다는 뜻이다. 달리 말하여, 완벽한 낱말이 되려면 반드시 의미 기억 속에 있는 항목과 연결되어야만 하는 것이다. 의미 기억은 공동체 구성원들 사이에 공유되는 랑그$_{langue}$의 요소들로 이뤄져 있다. 구체사례$_{episodic}$ 일화, 삽화 기억 속에 있는 항목은 문장 또는 구적 낱말과 대응될 수 있다. 개인별 체험과 관련된 파롤$_{parole}$의 요소들이기 때문이다. 따라서 아무렇게나 낱말을 만들어 낼 수는 없다. 공동체 구성원들이 추체험이 가능하여 공통된 의미 기억의 항목을 만들어 낼 경우에라야 비로소 낱말이 되는 것이기 때문이다.

(4) 그런데 왜 낱말의 범주에는 기본적으로 명사와 동사가 들어 있는

것일까? 왜 이 범주가 보편적인 것일까? 이런 범주가 없더라도[8] 과연 언어가 만들어질 수 있었을 것인가? 그렇지 않다. 명사와 동사는 우리가 언어의 내부 구조를 분석하기 위해 찾아낸 '가장 검박한' 방식이다. 조금 사치를 부려 하나의 범주를 더 허용한다면, 명사와 동사를 꾸며 주는 수식 부류(부사·관형사/형용사)가 될 것이다. 더 추가한다면 화용 기능을 지닌 감탄사 부류가 될 것이다. 그렇지만 낱말의 범주(품사)는 기본적으로 명사와 동사이며, 이 범주가 없는 언어는 이 세상에 존재하지 않는다.

동사는 기본적으로 임의의 사건을 투영한다. 따라서 동사가 없다면 더 이상 사건을 그려내거나 가리켜 줄 수 없는 것이다. 따라서 동사가 없는 언어는 더 이상 언어가 아니다. 그런데 여기서 그 사건을 분석해 주는 첫걸음은, 사건과 관계된 대상이나 사건을 일으키는 주체를 찾아내는 일이다. 이는 명사를 이용하여 이뤄진다. 임의의 자연 사건을 관찰하는 문장에서는 대상물이 주어가 되고, 임의의 사건을 의도적으로 일으키는 경우에는 유정물이 주어가 된다. 따라서 동사가 없다면 더 이상 명사도 존재할 수 없다. 명사는 사건의 내부를 구성하기 위하여 딸림 범주로 주어지는 것이기 때문이다. 이것이 오늘날 술어논리 또는 형식언어학에서 다루는 유형$_{type}$의미론의 기본 발상이기도 하다.

우리는 직관적으로 하나의 대상을 가리키는 명사(가령 '책')가 있다고 느끼게 된다. 그렇지만, 머릿속에 있는 장기기억의 그물짜임$_{network}$에서는 반드시 기본값 동사로 둘러싸여 있다고 가정한다. 기본값 동사는 임의의 존재를 가리키거나 그 존재의 내부속성을 지정해 주게 된다. 영어에서는 우연히 하나의 낱말 'be'(또는 'is')가 두 용도로 쓰이지만, 우리말에서는 각각 '있다'와 '이다'를 쓰게 된다. 비록 하나의 명사만

---

[8] 댄지거(Danziger, 2008), "A Person, a Place, or a Thing : Whorfian Consequences of Syntactic Bootstrapping in Mopan Maya" in Bowerman and Brown 엮음, 『논항구조에 대한 범언어적 관점(*Crosslinguistic Perspectives on Argument Structure*)』(Lawrence Erlbaum)의 제3절 'Parts of Speech and Linguistic Diversity'에 보면 일단의 상대주의 언어관을 지녔던 이들이 이 실재에 대하여 의심을 한 바 있었지만, 두 범주가 보편적이라는 논의를 읽을 수 있다.

홀로 생각할 수 있더라도, 기억의 그물짜임에서는 기본값 동사를 덧얹어 놓게 되는 것을 '방법론적 일원론methodological monism'이라고 부른다. 아리스토텔레스 논리학에서는 주어와 술어를 나눠 놓고(이를 이원론이라고 부름), 양자 사이에 있는 관계를 더 이상 추구해 들어가지 않았다. 프레게는 판단을 하려면, 이것들이 하나로 통합되어야 함을 처음 깨달았고, 모든 것을 술어로부터 끌어내었으며, 술어가 언제나 자연수처럼 양화될 수 있음을 깨달았다. 이를 오늘날에는 '술어논리predicate logic'라고 부른다.

(5) 언어로써 표현하려고 하는 범위들이 유형화될 수 있을까? 만일 그렇다면, 유형화가 어떻게 해서 가능하게 되는 것일까? 이 질문에 대하여 필자는 유형화된다고 대답하고, 그 방식은 수사학에서 써오던 '육하'원칙 정도가 전형적이라고 말하고 싶다. 전통적인 대답은 문장의 유형(서술문, 의문문, 명령문 따위)이겠지만, 엄격히 말하여 이는 화자와 청자의 관계를 나타내는 화용범주에 지나지 않는다. 만일 언어의 1차 기능이 임의 사건에 대한 정보라면, 보다 실질적인 대답은 사건을 다루는 실체에서 구할 수 있다. 이를 핵어가 투영하는 논항구조에 배당되는 의미역 구조 또는 의미 역할이라고 부른다. 의미역 구조는 육하원칙에서 '왜'만을 제외한 개념으로부터 충분히 찾을 수 있을 것으로 본다. '왜'는 두 사건 사이의 연관을 언급하는 것이므로, 만일 하나의 사건을 다룬다면 응당 '왜'는 제외되어야 한다.

　육하원칙에서 언어 표현의 가능 범위들을 찾아낸다고 하더라도, 왜 그런 유형화가 가능한지에 대하여 다시 대답을 해 주어야 한다. '왜'를 제외한 육하원칙도, 크게는 정보 전달의 일반적 형상인 배경과 초점으로 나뉜다. 배경은 시간과 공간을 나타내며(언제·어디서), 때로 비유적으로 '무대'라고도 불린다. 초점은 사건의 내적 구조를 나타낸다. 이는 ① 사건을 일으키는 주체(유정물)나 사건과 관련된 대상(무정물), ② 그 사건과 관련되며 목표가 되는 대상, ③ 사건이 일어나거나 전개되는 방식을 나타내는 것이다(각각 '누가·무엇을·어떻게'). 따라서 유형화될 수 있는 근거는 우리가 사건을 바라보고 장기기억 속에 저장하는 방식에서 말미암는데, 이는 오랜 기간 동안 우리가 진화시켜온 인지의 일반 성향을 반영해 줄 뿐이다. 그 유형화는 크게 배경(시간·공간)과 초점으로 나뉘고, 초점은 다시 기점·종점·전개 방식으로 나뉜다. 이는 인간의 어떤 언어에서도 보편적으로 구현될 조건을 가리킨다. 이런 점에서 개별 언어를 분석하여 어느 정도 추상화함으로써 일반 언어학이 성립됨을 알 수 있다. 또한 일반 언어학에서 다루는 내용은 인류가 진화하여 공통적으로 지닌 일정한 속성들과 긴밀히 관계될 것으로 짐작할 수 있다.

우리가 언어로써 살펴보고자 하는 대상은 실세계에서 일어나는 단위 사건이다. 단위 사건의 내부 구조를 드러내기 위하여 언어에서는 분석적 구조를 지니게 되었다. 분석적 구조의 유형 또한 일반적으로 수립될 수 있다. 그런데, 임의의 사건이 하나의 논항만 요구하는 것이 아니라, 좀더 복잡한 관계를 띨 수도 있다. 자연언어에서는 자동사나 형용사 서술문에서처럼 논항이 하나에서부터, 수여동사 '주다' 구문에서처럼 최대 세 개까지 관찰된다. 만일 그 이상이 될 경우에는, 임의의 논항을 반복시켜 줌으로써 해당 복합사건에 적합하게 만들어 줄 수 있다. 즉, 주요변수와 종속변수의 개념을 도입하여 임의의 논항을 더욱 확장시켜 나갈 수 있는 것이다. 예를 들어, "철수가 불경을 인도어에서 중국어로 그리고 한국어로 번역하였다."에서 주체·대상·경로가 논항으로 나와 있다. 다만 경로를 나타내는 논항에는 출발점·경유지·종착점이 모두 자세히 표현되어 있다. 이는 중의적인 표현인데, 하나의 대상이 추이 관계로 얽히어 마지막으로 한국어로 번역되었음을 가리킬 수도 있고, 아니면 인도어에서 중국어로 번역된 불경과 중국어에서 한국어로 번역된 불경을 가리킬 수도 있다. 이 표현이 어떤 맥락과 관련되어 쓰이는지에 따라 중의성이 해소될 것이다.

이 책에서는 크게 이론적 토대와 언어 내용의 각론을 살펴보았다. 각론에서는 언어 단위로서 명사구와 동사구의 논항구조를 살펴보았고, 복합 구문으로서 접속과 관련된 논항구조를 살펴본 뒤에, 문장을 투영하는 핵으로서 어휘의 내부 구조를 살펴보았다. 제1부에서 통사·의미 방법론을 다루었고, 제2부에서 명사구와 관련된 논항구조를 다루었으며, 제3부에서는 동사구와 관련된 논항구조를 다룬다. 제4부에서는 접속 구문의 구조를 다뤘고, 마지막으로 제5부에서는 어휘의 의미표상과 논항구조의 변동을 다루었다.

이런 주제들은 필자가 평소 지녔던 관심거리들을 반영해 줄 뿐이다. 간단히 말하여, 절 유사 단위의 내부 구조와 이것들이 확장되는 방식들이며, 무엇이 이런 구조를 투영해 주는 것인지에 대해서이다. 이 주제는 젊은 시절에서부터 필자를 사로잡아 왔으며, 앞으로도 그러할 것이다. 여기서 다룬 주제들을 공부하면서 필자는 많은 의문들에 대한 해답도 찾게 되었지만, 여전히 더 많은 의문들이 미결로 남아 있다. 이런 점에서 여기서의 결론은 모두 잠정적이라고 말해야 옳다.

본디 능력도 모자라고 어느새 나이만 들어 이제 힘도 부친다. 공부가 '가도 가도 왕십리'란 말이 참으로 절절히 다가올 따름이다. 비록 소처럼 느린 걸음이었지만, 지금까지 꾸준히 공부에만 전념할 수 있게 도와준 많은 분들께 깊이 고마운 말씀 올린다. 말이 되든 안 되든 늘 귀 기울려 들어주는 든든한 도반으로서 아내에게 이 책을 바친다.

2010년 01월
진주에서, 월포 후인

제1부 이론의 토대

제**1**장 국어 통사·의미론에서의 '방법론' 검토

제1장 국어 통사·의미론에서의 '방법론' 검토*

'방법론'에서는 일반적으로 어떤 도구와 그 도구에 대한 사용 방법을 다루게 된다. 도구란 스스로 만들어낼 수도 있고, 다른 것을 빌려쓸 수도 있다. 사용 방법 또한 간단한 대상을 놓고서는 어려울 것이 없겠지만, 추상적이고 복잡한 대상을 다룬다면, 처음부터 완벽히 결정되어 있지 않고, 다루어 나가는 과정에서 점차 수정될 수도 있다.

이 글의 주제는 우리말 중에서 '통사론'과 '의미론'에 걸쳐 있는 영역에 속한다. 언어는 기호이다. 기호가 '형식'과 '내용'의 두 층위를 갖는다고 볼 때에, 통사론과 의미론은 각각 형식과 내용이라는 두 층위를 대표하는 핵심 영역이라고 말할 수 있다. 그럼에도 불구하고 왜 '통사·의미론'으로 통합하여 쓰는 것일까? 시간과 공간이라고 별개로 인식되어 온 개념을, 아이슈타인이 한 대상의 두 구현체임을 파악하여 비로소 '시·공'이란 하나의 새로운 통합 개념을 도입한 것과 같이, 천지가 뒤흔들리는 개벽의 결과로 나온 개념일까? 아니면 국경을 접한 지역의 사람들이 자유롭게 이 나라 저 나라를 넘나들듯이, 두 영역이 서로 흐릿하게 뒤섞여 있는 결과로 붙여진 이름일까? 그렇지 않다면, 두 영역 중에서 어느 한 영역이 기본이 되고, 그 영역으로부터 다

---

* 이 글은 『배달말』 제39집(2006년 12월), 73~115쪽에 실림.

른 영역이 도출되어 나오는 것일까?

이를 언어 구조와 언어 사용의 문제로 국한시켜 놓을 경우에, 그 동안 연구의 폭이 확대되고 심화됨에 따라 '사용이 구조를 만들어낸다'는 쪽의 생각이 점차 강해짐을 느낀다. 필자는 인간 체험의 일반성을 구현해 놓기 위한 방편으로 언어 형식이 생겨났다고 본다. 형식이 먼저 생겨나서 의미가 깃들었다는 생각 쪽에서는, 다양한 의미의 변동을 제대로 설명해 줄 수 없다. 그러나 거꾸로 다양한 의미를 묶어 놓기 위한 선택이 특정한 형식을 만들었다는 생각 쪽에서는, 경계 지점에 있는 의미들에 대해서도 융통성 있는 처리를 할 수 있다. 사용은 또한 심층 개념으로부터 나올 수 있다. 곧 자유의지가 사용의 밑바닥에 있고, 그런 속성이 형식과 내용의 자유로운 결합을 만들어냈다고 볼 수 있는 것이다. '통사·의미론'이란 용어는, 형식만 다루는 통사론이 자족적이지 않음을 의미한다. 비유적으로 말하여, 이 용어는 통사의 뿌리가 의미이지만, 자칫 흐릿한 의미를 뚜렷이 세워주는 일이 통사가 맡은 몫이므로 긴밀한 상호 의존성을 나타내기 위한 방편이다.

이 글에서는 주로 통사 쪽에서 논항구조와 관련된 내용을 다루고, 의미 쪽에서 언어 사용과 관련된 내용에 초점을 모아 살펴보기로 한다.

1. 구조의 개념

연구 방법론을 다루는 순서로서, 먼저 우리말 연구에 적용되어 온 일부 연구 방법론을 간략히 살펴보기로 한다. 언어학 연구 방법론을 거론할 때, 필시 처음 나오는 것이 필시 소쉬르(1857~1913)의 연구 방법론이다. 소쉬르는 인간 정신을 다루는 영역을 '기호학semiotics'으로 부르고, 그 하위 영역으로 '언어학'을 붙들어 놓았다. 그는 기호의 특성들을, 명시적으로 다룰 수 있는 언어라는 대상으로부터 일반화하고자한 것으로 생각된다.

필자는 두 가지 측면에서 소쉬르의 한계를 지적하고자 한다. 소쉬르는 전체를 다루고 있지만, 그 전체는 '닫힌' 전체에 지나지 않는다. 그러나 오늘날 생성 문법에서 다루고 있는 무한성은 닫힌 전체가 아니다. 자연수의 속성을 지닌 '열린' 전체이다. 그런 점에서 소쉬르는 작은 우주만 다루면서도, 그것을 무한 우주처럼 관념했던 것이 아닌가 의심된다. 만일 소쉬르의 전체 개념을 열린 것으로 이해하면, 결코 완벽한 '통합 관계'란 찾아질 수 없다. 마치 자연수가 반복하면서 끝없이 발산하듯이, 열린 체계에서는 결코 끝점을 만날 수 없기 때문이다.

또한 소쉬르의 결정적인 결함은, 입말을 산출하는 방식을 언어 구조화 방식으로 채택한 데 있다. 즉, 단층으로 된 일직선의 결합(=선조적 결합)은 더 이상 언어를 다루는 적합한 방식이 아니다. 적어도 2층으로 된 복선의 결합 방식이 언어를 설명하는 기본 구조이다. 가령, 임의의 언어 형식이 'ab'로 되어 있을 때, 이를 일직선의 결합 방식으로 보면 다음처럼 오직 한 가지 분석밖에 없다(이를 [ ]로 표시함).

(1) [a][b]

그렇지만 언어 구조가 적어도 두 개의 계층으로 된 복선 결합(=전형적 논항구조)이라면, 다음처럼 앞의 분석 결과와는 다른 결과를 얻는다(단, 여기서 'ø'는 비어 있음을 나타냄).[1]

(2가) [a [[ø] [b]]

---

1) 나무가지 그림으로 보이면 다음과 같다. 맨 처음 그림은 단층으로 된 일직선의 구조이고, 나머지는 복층으로 된 계층 구조이다.

(1)   (2가)   (2나)   (2다)

케인(Kayne, 1984), 『연결성과 이분지(*Connectedness and Binary Branching*)』(Foris)에서는 각 구절이 핵어를 하나 지녀야 하고, 그 핵어가 유일해야 하며, 오직 하나의 보충어를 지닌다는 약정을 공리로 상정한다. 케인(Kayne, 1994), 『통사론의 비대칭성(*The Antisymmetry of Syntax*)』(MIT Press)에서 전형적 논항구조가 심층의 비대칭성으로부터 도출되는 것으로 본다. 뒤의 각주 14도 참고하기 바라며, 제2장 2절의 1항의 각주 6도 참고하기 바란다.

나) [a [[b] [ø]]

다) [[ø] [[a] [b]]]

어떤 분석 방법이 옳은지는 구체적인 언어 사례를 통해 쉽게 확인될 수 있다.

(3) 영이 사진 (→ '영이'가 피사체일 수도 있고, 소유주일 수도 있음)

은 소쉬르 분석 방법에서 오직 한 가지 결합밖에 없다. 이는 단일한 의미 합성만을 가리킨다. 곧, 위 예가 지닌 '중의성'을 전혀 다룰 수 없는 것이다. 그렇지만 복선 구조를 지닌 전형적인 논항구조에서는 다음처럼 두 가지 경우가 나온다(공범주 형태를 'e'로 표시하기로 함. 이하 동일).

(4가) e 영이 사진
나) 영이 e 사진

이 구조에서는 각각 (4가) 피사체로 영이가 찍힌 사진이라는 해석과, (4나) 영이가 갖고 있는 어떤 사진이라는 해석이 나온다.[2]

---

[2] 사실, 추상화 연산소를 다루는 의미 표상에서는 다음 네 가지 표상에서 '문장'과 '명사구'가 동일한 구조를 지닌 것으로 취급된다(오직 간략하게 다루기 위하여 여기서는 부가어 구조를 제외해 놓았다. 만일 부가어 구조에 대한 해석을 고려하면, 해석이 숫적으로 크게 늘어남).

    ㉠ e 영이를 찍다 (문장이며, 명사구 ㉢과 동일한 구조임)
    ㉡ 영이가 e 찍다 (문장이며, 명사구 ㉣과 동일한 구조임)
    ㉢ e 영이 사진 (명사구이며, 문장 ㉠과 동일한 구조임)
    ㉣ 영이 e 사진 (명사구이며, 문장 ㉡과 동일한 구조임)

이들은 동일한 구조를 갖고 있으며, 외현범주의 구현 방식에 따라 구분될 뿐이다. ㉠과 ㉢에서 '영이'는 피사체의 해석을 받는다. 누군가 영이를 찍거나, 누군가 영이를 찍어 놓은 사진인 것이다. ㉡과 ㉣에서 '영이'는 사진을 찍는 주체의 해석을 받으며, 그 피사체는 공범주로 되어 있어서 오직 담화 맥락에 의해 지시 내용이 고정된다. 특히 ㉣은 사진을 찍은 주체로서 영이가, 다른 담화 맥락이 주어지지 않을 때 '기본값' 의미로서 또한 그 사진을 갖고 있다는 해석을 받을 수 있다('사람+대상' 구소쉬르의 방법론을 거론하면서 '상동 체계'로서 같이 다뤄볼 만한 것이 바로 성리대전에 있는 '태극도' 체계이다. 양자에서 모두 이항 대립을 적용시키기 때문이다(기호학을 추구했던 피어스는 이항대립이 오류를 낳는다고 보아, 대신 삼항대립을 선호하였음). 태극도는 생성과 소멸을 다뤄야 하기 때문에, 구성 체계에 '시작'과 '끝'이라는 개념이 도입되어 있다. 그렇지만 소쉬르는 정신 작용이 이항 대립으로 분화되어 나가는 '작용' 그 자체에 주목하였다. 그런 속성의 구현이 '닫혀 있는 전체' 위에서 다뤄질 수 있는 것으로 보았던 듯하다. 이런 진술이 옳다면, 소쉬르가 지향하는 기호학의 한계는, 정신 작용의 생성과 소멸을 다룰 수 없는 단 한 편의 '단막극'으로 비유할 수 있다(단, 이분 대립으로 표현하면 태극도는 무한히 계속 이어지는 '연속극'으로 비유할 수 있음). 한편 태극도는 반복되는 '생성·분화·소멸'의 전과정(선천先天과 후천後天)을 거대한

문에 주어지는 해석).
　이런 점을 염두에 둔다면, 한 사람이 여름옷을 입거나 겨울옷을 입거나 상관없이 동일한 사람이듯이, 이 핵어도 명사 '사진'으로 구현되든 동사 '찍다'로 구현되든 동일한 개념을 표상한다고 말할 수 있다. 명사와 동사의 변환 관계는 이미 프레게에 의해 확정되어서 '논항'이란 이름으로 불렸다. 참스끼 교수는 이를 'XP'라는 일반 범주로 표시한다. 이런 터전 위에서는, 전통문법에서 다루어 온 단문과 복문이라는 개념이 '허상'에 지나지 않는다. 가령,
　　ⓜ 영이는 [철수]를 안다.
라는 문장은 아무런 제약이 없이 다음처럼 바뀔 수 있다.
　　ⓗ 영이는 [철수가 왜 안 왔는지]를 안다.
ⓜ의 고딕으로 강조된 명사구에 대해서, ⓗ에서 새로 교체되어 들어온 요소를 '내포문'이라고 부른다(물론 내포문을 허용하는 동사군에는 의미론적 제약이 있음). 이들은 모두 Ⓐ의 형식으로 통합된다(단 ⓜ은 XP가 DP로 실현된 경우이고, ⓗ은 CP로 실현된 경우임).
　　Ⓐ 영이는 XP를 안다
ⓜ과 ⓗ의 의미 해석도 Ⓐ과 동일하게 어떤 경험주의 인식 내용을 가리킨다.
　만일 전통문법의 셈법대로 따진다면 문제가 생겨난다. ⓜ만을 고려하여 '알다' 동사 구문을 단문으로 말할 것인가? 아니면 ⓗ처럼 최대 형식인 복문이 기본이며, 잠깐 단문으로 되었다고 말해야 할 것인가? 그러나 이 질문은 오류이다. 동일한 주체(=영이)와 동일한 사건(=알다)으로 이뤄진 문장을 '자의적으로' 단문이나 복문으로 지정해야 하기 때문이다. 달리 말하여, '단문·복문' 개념으로는 자유롭게 XP가 명사 또는 문장으로 구현되는 언어 현실을 포착하지도 못하고, 설명할 수도 없는 것이다. 문장과 낱말을 모두 똑같이 하나의 '이름'(고유명사)로 간주한 프레게의 생각은 다음 절에서 언급된다.

사슬처럼 보여 주려고 하였기 때문에, 소쉬르처럼 전개 과정 그 자체가 지니는 '계열 관계'와 '통합 관계'를 주목하지 못한 채 지나쳐 버렸음을 알게 된다. 하지만 열린 무한을 깨닫고 있었다는 점에서 소쉬르의 생각보다는 진일보한 것이다.

통합 관계와 계열 관계는 일견 자명한 듯이 보인다. 그러나 열린 무한성 때문에 통합 관계도 문제이지만, 계열 관계도 적절히 제어할 수 없다는 데 심각한 문제가 있다. 계열 관계를 관리하고 판정할 검사관이 찾아지지 않는 것이다. 시작에서는 예시를 통해서 엄격하고 객관적으로 포장되어 있지만, 막상 포장을 열고 들어가 보면 계열 관계를 이루는 '자의성'을 통제할 길이 없다. 이는 마치 초기 심리학에서 오직 '자유연상free association' 작용에만 의지하여 학문의 바탕을 마련하려고 했던 무모한 시도를 생각나게 한다.

이런 한계에도 불구하고, 소쉬르의 개념을 이해한 분들이 우리말을 놓고서 일궈 놓은 초기 업적들은, 국어학을 비로소 과학적 연구의 반열에 올려놓았다는 평가를 받는 게 당연한 일이다. 언어를 다룰 적에 이런 도구가 없었더라면, 모든 것을 매우 직관적으로 자명한 듯이 서술하였거나, 아니면 반대로 너무 신비하게 포장해 놓을 소지마저 있었을 것이기 때문이다. 소쉬르가 붙잡아 놓은 도구가 있었기 때문에, 소략하게나마 언어가 무엇인지에 대하여 과거의 어떤 접근보다도 좀 더 명시적으로 언어 그 자체를 언급할 수 있었던 것이다.

2. 방법론적 일원론

연구 방법론을 다루면서 현대 학문의 기초를 다져 놓은 수학자 프레게(Frege, 1848~1925)를 지나칠 수 없다. 1879년의 '개념 문자'(개념 표기법)에서는 여러 가지 중요한 개념이 다뤄졌다.[3] 먼저 일원론과 이원

---

3) Frege(1879), "개념 문자, 순수 사고를 위하여 산술 언어에 바탕을 두고 모형으로 만든 형식 언어(Begriffsschirift, a formula language, modeled upon that of arithmetics,

론(또는 다원론)에 대한 생각이다. 아리스토텔레스는 문장을 이원론적으로 보았고, 따라서 주어와 술어로 나눠 놓았다. 이는 지금도 우리 학교문법에서 받아들이고 있는 방식이다. 그런데 프레게는 이런 이원론 위에서 진리를 확정할 수 없음을 처음으로 깨달았다. 즉, 그의 용어로 말하여 이원론 위에서는 '판단judgement'이 불가능한 것이다. 참값이나 거짓값을 선언하려면, 적어도 일원론적 구성을 갖추어야 한다. 이를 '방법론적 일원론methodological monism'이라고 부른다. 이런 질서를 그는 '순수 사고'라고 불렀고, 이것이 어떤 형식으로 이뤄지는지를 놓고서 골몰했다. 순수 사고의 대상을 그는 함수function로 부르는데(후술 참고), 철학이나 심리학에서 언급하는 명제나 개념에 상응한다.

주어와 술어를 어떻게 일원론적 그물 속으로 모아들일 것인가? 세 가지 선택이 있다. 하나는 주어에 우선권을 주고, 다른 하나는 술어에 우선권을 주는 것이다. 마지막 선택은 제3자를 상정하여 우선권을 주는 것이다. 프레게는 두 가지 영향 때문에, 두 번째 선택을 하였다. 하나는 칸토어(Cantor, 1845~1918)에 의해 제안된 새로운 집합 개념이다. 다른 하나는 철학에서 꾸준히 다뤄져 온 보편성universal과 개별성individual에 대한 논의이다. 언어를 철학적으로 다루는 전통에서는, 동사를 보편적인 속성의 구현체로 보아 왔고, 명사를 개별성의 구현으로 간주해 왔다. 따라서 이를 수용하면 술어는 집합의 지위를 지닌 보편적 존재로 되고, 주어는 원소의 지위를 지닌 개별적 존재로 되는 것이다. 당시 프레게는 이들을 각각 함수function와 논항argument으로 불렀다. 논항이란 용어는, 그것이 임의의 함수에 속하는 구성원인지 여부를 따져 봐야argue 하기 때문에 붙여진 이름이다. 논항이란 용어는 지금도 생성문법에서 계속 쓰이고 있지만, 폴란드 논리학에서는 논항을 자리place 또는 항tuple으로 불렀기 때문에 철학이나 논리학 쪽에서는 더러 후자를 선호하기도 한다.

일단 일원론적인 판단의 토대가 마련되었다 하더라도, 한 개념이나

---

for pure thought)", in Heijenoort 엮음(1967), 『프레게로부터 괴델까지(*From Frege to Gödel*)』, Harvard University Press.

대상에 대하여 어떻게 참값을 부여해 줄 것인가? '참'에 대한 매우 간명한 고전적 정의는 이미 아리스토텔레스에 의해서 다음처럼 주어져 있었다.

(5) 있는 것을 있다고 하고, 없는 것을 없다고 할 때 참이다.[4]

곧, 존재가 보장되고, 고유한 이름이 붙여져 있으면, 순수하게 '참'이라고 보자는 직관적인 제안이다. 여기서 프레게는 자신의 논리를 더욱 명시적으로 보여 주기 위하여, '고유명사proper name 이름'에 초점을 맞춘다. 소박하게 고유명사는 '존재'와 '명칭'이 둘 다 보장된다고 누구나 합의할 수 있는 개념처럼 보인다. 적어도 프레게는 그렇게 믿었던 듯하다.[5]

---

4) 이는 진리의 '대응 이론'이라고 불린다. 타아스끼(Tarsky, 1944 : 343), "진리의 의미론적 개념(The Semantic Conception of Truth)", 『철학과 현상학 탐구(*Philosophy and Phenomenological Research*)』 IV-3을 보기 바란다. 그런데 아리스토텔레스의 논리학에서 다루는 명제들은 언제나 존재를 전제한다고 보았었다. 이러한 존재의 전제는 부울(Boole, 1854), 『사고 법칙(*The Laws of Thought*)』(Open Court Pub., 1952)에 와서야 공집합을 명제의 정의에 도입하면서 무너지기 시작하였고, 비로소 순수한 형식으로서 논리 관계를 다루게 된다.

5) 우리는 고유명사(이름)가 이 두 조건을 모두 만족하는 것이 아님을 잘 알고 있다. 첫째, 춘향이나 흥부는 문학 작품 속의 주인공이므로 전혀 존재성(실존)이 보장되지 않지만, 어떤 '속성의 다발'로서 사람들에게 거부감 없이 받아들여진다. 둘째, 유명한 사람의 이름은 일반 속성으로 쓰여 쉽게 보통명사로 바뀔 수 있다.
 ㉠ 영이는 황진이이다.
에서 황진이라는 고유명사는 어떤 두드러진 속성이 강조되어 보통명사처럼 쓰이고 있다. 또한 우리는 동일한 낱말을 반복하여 다음처럼 말할 수도 있다.
 ㉡ 컴퓨터는 컴퓨터이다. (X는 X이다)
 ㉢ 전두환은 역시 전두환이다. (X는 X이다)
이런 동어 반복에서도, 앞의 형식은 '지시 대상'을 가리키지만, 뒤의 형식은 그 '속성'을 가리키는 것이다. 앞의 형식은 존재를 드러내는 기본값(default) 동사 '있다'에 지배되고, 뒤의 형식은 존재 대상의 속성을 지정해 주는 계사 '이다'에 의해 지배된다(우연히 영어 동사 be는 양자를 구분하지 않고 같이 쓴다). 프레게의 제자 카아냅(Carnap, 1891~1970)은 이를 각각 외연의미(extension)와 내포의미(intension)라고 불렀다. 실제로 직접 지칭보다는 간접 지칭(비유의 언어)이 인간 언어의 특징을 더욱 잘 보여 준다(icon이나 index이기보다는 symbol임). 그렇다면 프레게가 기대한 것처럼 고유명사가 더 이상 자명하게, 한 톨의 의심도 없이, 고유해질 수만은 없다. 결국

더 이상의 의심을 유보하고 소박한 프레게의 믿음을 받아들인다면, 프레게가 해야 할 일은 이제 모든 것을 고유명사로 환원해 놓는 것이다. 프레게는 문장을 고유명사로 환원하기 위하여, 문장을 '뭔가 결여되어 있는 것', 따라서 '채워져야 할 것'으로 보았다. 그 결여된 부분이 채워지면, 존재성과 명칭이 정합적으로 결합되므로, 비로소 참인지 거짓인지 판단을 할 수 있다고 보았던 것이다.

그는 왜 문장을 고유명사와 동일한 대상으로 봤던 것일까?[6] 그가 일부러 천재성을 뽐내기 위해서 그런 사고를 했던 것일까? 그 해답은 그가 일찍부터 고민하였던 자연수의 개념과 관련된다. 자연수는 플라톤의 이데아 세계에서 대표적 일원이지만, 당시까지 아무도 자연수의 본질을 터득한 사람이 없었다. 자연수에 끝이 있을까? 끝이 없다면, 왜 끝이 없는 것일까? 프레게는 자연수가 '반복'이란 자연계의 질서를 구현하는 방식에 지나지 않는다고 보았다. 그리고 우리가 체험하고 상상하는 모든 것은, 숫적인 질서 속에 들어 있는 것이고, 들어 있어야만 하는 것이다. 그래야만 플라톤의 이데아 세계가 성립되는 것이다. 숫자가 반복을 구현하려면 '첫 출발점'으로 전체 또는 전체성은 불가능하다. 개념상으로 반드시 '개체성'이 전제되고 요구된다. 개별적인 존재라야 반복될 수 있기 때문이다. 그렇다면 '반복' 그 자체는 이미 개별성이나 개체성을 전제로 하는 것이다. 이런 점을 깊이 인식하고 있었던 프레게로서는, 문장을 고유명사가 가리키는 개체로 환원해 주는 일이 매우 자연스러웠을 것으로 보인다. 프레게가 터전을 닦아 놓은 '술어논리'는 양화사를 갖고 있는 논리 체계이다. 양화사를 갖고 있는 논리식은, 판단에서 개체성(어떤 보편적인 속성이나 속성 다발을 지닌

그의 기대는 오직 '고유명사'라는 범주의 일부 특성에 지나지 않을 뿐이다.

6) 문장과 명사가 동일하게 '이름'을 가리킨다고 첫 생각은 밀(Mill, 1843), 『하나의 논리 체계(*A System of Logic*)』(해설판 Robson ed., 1974, '*Books IV~VI and Appendixes*' University of Toronto Press)의 §.2 "이름에 대해(Of Names)"로 알려져 있다(부록에 실린 초판). 거기서 밀은 이름이 다섯 범주의 구분 속성과 관련되는 것으로 논의한다. 즉, '일반성 : 개별성, 구체성 : 추상성, 내포성 : 외연성, 긍정성 : 부정성, 상대성 : 절대성'이다.

개체들)을 미리 전제하고 있는 것이다.

그런데 왜 꼭 언어에는 '낱말'과 '문장'이란 단위가 들어 있어야 하는 것일까? 아직 이런 의문이 심각하게 제기된 듯하지 않다. 그렇지만 필자는 언어를 다루는 경우에 누구나 고민해야 할 과제라고 믿는다. 젊은 수학자 프레게가 문장이 낱말(특히 고유명사)로 환원되어야 할 것으로 봤다는 점은 충격적이지만, 채 그의 머릿속에서도 낱말이 왜 꼭 필요하며 문장이 왜 꼭 필요한지에 대한 의문(=두 단위의 존재론적 당위성)은 제기되지 않았던 듯하다. 필자는 여기에 가장 핍진한 해답을 털뷩Tulving이 내세운 개별적인 '구체사례'episodic, 일화, 삽화 기억과 일반화된 '의미semantic' 기억에서 찾을 수 있을 것으로 본다. 낱말이 의미 기억 쪽으로 쏠려 있다면, 문장은 구체사례 기억 쪽에 어울린다. 낱말과 문장은 서로 다른 방향을 지향하기 때문에, 낱말을 만드는 규칙과 문장을 이루는 규칙은 서로 엇나갈 수밖에 없다. 우리말에서 소위 '비통사적 합성'이 더 낱말다운 질서를 갖고 있는 것이다. 비슷하게 영어에서도 낱말 구성은 통사론의 반대 원리(후핵성)를 갖고 있다.

3. 통사 연구 방법

3.1. 언어 구조와 일반 인지

참스끼의 변형과 생성의 개념은 그의 독창적인 생각이 아니다. 20세기 초반 수학기초론에서는 반복recursion('회귀'로도 번역함)에 기초한 개념들의 재구성을 이미 '생성'이라고 부른 바 있다.[7] 변형도 해뤼스Harris의 개념을 확대한 것에 지나지 않는다. 그러나 젊은 시절에 그는 이미 마르크스 심리학(=비고츠키 등이 주도한 유물주의 심리학)의 변형인 '행동

---

7) 타아스끼(Tarsky, 1956 : 1990 재판 xvii), 『논리학·의미론·상위 수학(*Logic, Semantics, and Meta-mathematics*)』(Hackett)에서 "…the definition of formal languages by means of *recursive (or 'generative')* grammars…"라고 언급한다.

주의' 심리학에 대한 오류를 잘 깨닫고 있었다. 뿐만 아니라, 언어로 대표되는 '인간의 이성'이란 개념이 매우 독특한 것임을 깨닫고, 이성주의 전환을 일궈내었다. 그렇지만 더 뒤에, 플라톤에서 프레게로 전승되는 흐름에서, 이성이 인간 경험을 초월한 '물자체'에 내재되어 있는 것임을 인정한 뒤로는, 이 용어를 쓰지 않고 대신 인지cognition와 '인지 주체cognizer : 인간을 포함한 제3의 주체도 구성원이 되는 더 넓은 용어'란 용어를 더 선호하는 것으로 보인다(김지홍, 2010, 『언어의 심층과 언어교육』 제1장을 보기 바람).

초기에 촴스끼는 언어가 인간의 이성을 대표하고 있고, 언어에서는 '형식'이 가장 대표적인 특징이라고 보았다. 모든 것을 '언어 중심적' 사고 방식의 외연 확대로 파악하였던 듯하다. 50년이 지난 지금, 그는 여러 가지 인지 기관들의 상호작용에 의해서 언어가 작동되는 것으로 보고 있다. 일견, 초기 관점과는 정반대의 입장으로 바뀐 셈이다. 촴스끼는 70년대에 의미를 중심으로 언어의 외연을 확대하는 제자들을 출척시킨 바 있다. 똑같은 잣대로 1970년대의 촴스끼 생각은[8] 2000년대의 촴스끼를 출척시켜 놔야 일관된 태도가 아닐까? 필자는 2000년대의 생각이 언어를 더 올바르게 보고 있다고 믿는다. 곧, 70년대에 출척당한 제자들이 더 선견지명을 지녔다고 평가하는 것이다. 언어 연구는 필연적으로 거대한 외연 확대를 동반한다. 울타리가 더 넓혀진 영역을 놓고서, 더 이상 형식에만 기댄 기술만으로는 언어를 제대로 다룰 수 없다고 본다.

기호학에서는 임의의 기호가 '형식 : 내용'으로 나뉜다. 이들의 관계는 인과율에 의한 자연스런 결합과, 자유의지에 의한 비자연적 결합(자의적 결합)으로 대분된다. 앞의 대상을 피어스(Peirce, 1839~1914)는 실체에 대한 유연성을 지니는지 여부에 따라서, '본뜸'icon(모상模像, 도상圖像)과 '가리킴index'(지표指標)로 나눴고, 뒤의 대상을 상징symbol으로 불렀다.

---

[8] 연구자들 사이에 1970년 "명사화에 대한 논의(Remarks on Nominalization)", in Jacob et al. eds.,『영어 변형문법 독본(*Readings in English Transformational Grammar*)』(Ginn)가 분수령을 이룬다고 보는 데 대략 동의가 이뤄진 듯하다. 간단히 말하여, 이 논의는 언어를 다루는 데에서 생겨나는 문제를 풀기 위해, '더욱 더 언어 속으로' 들어가자는 태도로 요약할 수 있다.

이런 바탕에서 보면, 참스끼의 언어 연구는 형식에 대한 연구이다.[9] 형식은 다시 '범주'와 '구조'의 문제로 압축된다. 이들은 각각 건물을 지을 때에 재료인 '건축 부재部材'와 어떤 모양의 몇 층 건물을 지을 것인지에 대한 '건축 설계도'에 해당하는 것이다.

30년 넘게 일반화 과정을 거치면서, 언어를 다루는 구조는 1990년대에 전형적 논항구조canonical argument structure라는 이름을 가졌다. 그렇지만 그 이후에 다시 여러 인지 기관들의 상호작용 접합면interface이라는 관점을 받아들이면서, 초기의 엄밀한 수학적 형식화 위에서 구조가 주어진 것에 비하면, 고정된 구조가 전혀 주어지지 않은 채 직관적인 행위/작용 모습으로만 바뀌어서, 다음처럼

(6) '붙일 것은 붙이고, 뗄 것은 떼라!'

는 단순한 계율로 자리 잡는다(그러나 실제로는 아무렇게나 붙이고 떼는 것

---

[9] 논리형식(LF)을 제외하면, 내용(의미)에 해당하는 부분들로서 그가 60대~70대에 쓴 몇 편의 글밖에 없다. 그것도 주로 지시의 문제와 관련하여 외재주의 철학자인 콰인(Quine, 1908~2000)을 논박하며 자신의 '내재주의'를 옹호하기 위해 집필된 것들이다(김지홍, 2002). 참스끼 언어학을 언어교육과 같은 현실에 적용하는 논의는 더욱 더 찾아보기 힘들다. 90년대 초반에 중미 마나구아에서 강연을 가졌을 때, 방청석에서 다음 질문이 나왔다.
"어른들은 아무런 언어 방법론이 없이도 영어를 배워 그럭저럭 소통하고 있지만, 구조주의라는 새 과학 방법론으로 배운 아이들은 제대로 영어를 하지 못한다. 왜 그러느냐?"
이에 대해 그는 '어떤 방법론도 신뢰하지 말고, 나름대로 상황 속에서 언어를 익히라'고만 대답하였다. 크게 기대했던 바를 무너뜨리는 허무한 대답이다. 인지 혁명을 일으켰다고 상찬되는 참스끼 언어학에서는 왜 실용적인 측면이 드문 것일까? 기호가 형식과 내용의 두 측면을 갖고 있고, 기호가 다뤄질 때에는 사용의 측면이 반드시 거론되어야 한다고 전제한다면, 참스끼 교수의 저작물에 표명된 관심은 주로 '형식'에만 있었기 때문이다.
'내용'이나 '언어 사용'에 대해서 관심을 갖는 언어학은 '기능주의'나 '사회언어학' 또는 '응용언어학'으로 불려왔다. 탈 참스끼 정서를 띤 이런 흐름에서는 참스끼 교수의 수행 능력을 '의사소통 능력'으로 넓혀 부른다(특히 언어교육 분야에서 그러함). 참스끼 진영에서는 상대적으로 여기에다 큰 무게를 두지 않았다. 이들은 결코 물과 불의 배척 관계가 아니다. 필자는 이들이 각각 '언어'와 '언어 사용'으로 서로 어울려야 하는 정합적 관계라고 본다.

이 아닌데, 연산 작용이 일어나기 이전에 여러 제약들이 미리 주어지기 때문이다).
이를 전문적으로는 병합merge과 이동move의 연산 작용이라고 부른다.[10]
이는 과학철학을 극단으로 추구한 파이어러밴트Feyerabend의 몰-방법론
against method을 방불케 한다.[11]

3.2. 전형적 논항구조와 확대 구조

참스끼 교수는 부단히 성실하게 자신의 관점을 넓히면서 바꿔왔기 때문에, 그의 방법론을 거론하려면 수식어를 붙여 주어야 옳다. 여기서는 1990년대의 '논항구조'를 중심으로 다뤄 나가기로 한다. 논항구조를 쉽게 비유적으로 표현하면, 층마다 손님을 위한 방이 하나 있는 '2층집'이다. 주인이 자신의 집을 두루 관장한다. 여기서 중요한 것은 1층 방과 2층 방이 속성이 다르다는 점이다. 1층 방은 상대적으로 오래 머무는 손님(관계가 긴밀하고 불변의 대상)을 들이고, 2층 방은 일시 머무는 손님(관계가 소원하고 가변적인 대상)을 들인다.

전형적 논항구조는 핵어와 두 개의 논항이 들어 있는 구조이다. 논항구조를 찾아내기까지 20년이 넘게 개별적인 문장들을 점차 일반화하고 추상화해 오는 과정을 거쳤다. 요는, 문장들마다 개별적이고 독

---

[10] 디스끼울로(Di Sciullo, 2003 : 2, 2005 : 17)에서는 병합의 개념만을 써서 set-Merge(집합 병합)와 pair-Merge(짝 병합)으로 표현하였다. 전자는 핵어와 보충어에 대한 대치 운용이며, 후자는 부가어에 대한 운용이다.

[11] 이를 비유적으로 말하면, 드물게 비가 내리는 사막에서 잠깐 표면에 고인 물들이 순식간에 모래 밑바닥으로 스며들어 사라지는 일을 생각나게 한다. 그런 사막의 물들은 밑으로 내려가 밑바닥에 고이게 된다. 통사론에서 거론되는 여러 현상들이 비록 관련된 몇 가지 다른 영역들의 상호작용 속으로 사라졌다 하더라도, 그 물이 땅 밑바닥에 남아 있듯이, 여전히 어딘가에 남아 있게 된다. 통사론의 여러 특성들이 어디에 남아 있어야 할까? 그곳은 '어휘'와 관련된 영역일 수밖에 없다. 그만큼 어휘 영역에서는 일반 속성들뿐만 아니라, 개별 속성들까지 취급해 주어야 하는 것이다. 이때 어휘가 갖는 일반 속성들(일반화된 어휘부)은, 통사론을 달리 부르는 이름에 지나지 않는다. 모든 어휘들이 준수해야 되는 특성이 곧 통사론에서 다루는 내용이기 때문이다. 그렇다면 통사론이라는 이름을 지우더라도, 그 영역에서 다뤘던 내용이 증발되어 버린 것이 아니라, 오히려 다른 영역에 또 다른 짐으로 대물림된 것에 지나지 않을 것임을 알 수 있다. 즉, 여전히 통사론의 영역이 이름만 달리하여 '어휘부'에 남아 있는 것이다.

자적인 구조를 가질 필요가 없고, 오직 공통된 하나의 구조이면 충분하다는 점이다. 이 구조를 전형적이라고 말하는 까닭은, 이 구조를 바탕으로 하여 반복에 의해 더 확장된 구조를 만들어 나갈 수 있기 때문이다.

(7) 전형적 논항구조[12]

위 그림은 핵어가 논항을 두 개 거느리는 모습과, 이들이 두 개의 계층(이를 복선 구조라고 부름)으로 이뤄져 있음을 보여 주고 있다. 논항들이 두 개의 계층에 자리 잡고 있는 모습은 궁극적으로 핵어와 비핵어의 결합이다. 어휘 핵어 X°와 결합하는 논항을 '보충어$_{COMP}$'라고 부른다. 상대적으로 핵어의 내재적이며 불변하는 속성을 나타내는 요소이다. 이런 까닭에 먼저 어휘 층위의 핵어와 결합한다. 이들의 결합을 '중간 층위'(=중간투영)의 핵어라고 부르며, X'로 표시되어 있다. 중간투영의 핵어 X'는 다시 논항과 결합한다. 이 논항을 '지정어$_{SPEC}$'라고 부른다. 상대적으로 지정어는 외재적이며 가변적인 속성을 나타낸다. 중간투영의 핵어와 지정어가 결합하면 최종 층위(=최종투영)의 핵어가 완성된다. 이를 임의 범주 X의 구절이라는 뜻으로 편의상 'XP'라고 쓴다. 작대기$_{bar}$를 택하면 두 개의 작대기를 얹는다.[13]

전형적인 논항구조는 언어를 다룰 적에 문장에서부터 단어 형성과

---

12) 전형적인 논항구조를 X̄(X 바 이론)이나 핵 계층 구조 이론으로도 부른다. XP는 표기를 X̄, X'', X²로도 쓴다. 이는 핵어의 최종투영을 가리킨다. 또한 X'도 표기를 X̄, X'로도 하며, 핵어의 중간투영을 가리킨다. X°는 0층위(=어휘 층위)의 핵어이다. COMP와 SPEC은 각각 complementizer와 specifier의 약자이다.

13) 쉽게 설명하기 위하여 전형적 논항구조를 다음처럼 직관적으로 나타낼 수도 있다.

음절 구성에 이르기까지 모든 분야에 두루 적용되는 도구 개념이다.[14] 그런 만큼 인간 인지 구조의 기본 설계도에 들어 있는 것으로 상정되기도 한다. 논항이 두 개이므로, 타동사로 된 문장을 예로 들어 보자. '철수가 <u>밥을 먹다</u>'에서 핵어는 동사이다. 보충어는 '밥'이다. 보충어는 핵어인 동사에 바짝 붙어 있는 요소이다. 이들은 '동수도 <u>그러하다</u>'에서처럼 대용표현에 의해 대치될 수 있으므로, 먼저 이것들이 서로 묶인 뒤 다시 주어와 결합한다. 여기에 '철수가, 영이가, 동수가, …' 등이 지정어 논항에 실현될 수 있다. 논항을 하나만 갖고 있는 동사나 또는 '주다'처럼 논항을 세 개 갖고 있는 동사를 처리하려면, 이 구조에 변화를 줘야 한다. 특히 뒤의 경우에는 전형적 논항구조를 반복시켜 더 넓혀 줘야 한다.

두 낱말이 모여 구를 이룬 '어머니 사랑'을 예로 들어 보자. 이 구는 최소한 둘 이상의 해석을 지닌다. 하나는 어머니가 자식을 사랑하는

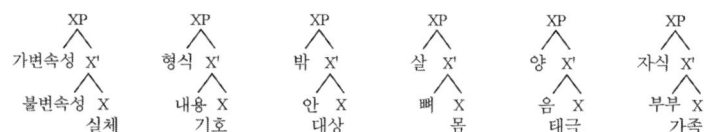

차례로, 실체는 불변속성과 가변속성으로 이뤄지고, 기호는 형식과 내용이 결합되어 구성되며, 임의의 대상은 안과 밖으로 구성되고, 몸은 뼈다귀와 살이 붙어야 하며, 태극은 음과 양이 어울려야 하고, 가족은 부부와 자식으로 이뤄진다.

14) 케인(Kayne, 1994), 『통사론의 비대칭성(*The Antisymmetry of Syntax*)』(MIT Press)에서는 비대칭성으로부터 논항구조가 도출될 수 있다고 주장한다. 콜린즈(1997), 『지엽적 경제성(*Local Economy*)』(MIT Press)에서는 회의적지만, 모로(Moro, 2000), 『역동적 비대칭성(*Dynamic Antisymmetry*)』(MIT Press)에서는 옹호한다. 일단 비대칭성을 더 기본적인 개념으로 간주할 경우, 이런 특성을 통사론·의미론·형태론·음운론·언어 습득에 이르는 여러 분야에 적용한 논의를 디스끼울로(Di Sciullo, 2003)를 보기 바란다. 그런데 antisymmetry와 asymmetry라는 용어가 나란히 '비대칭성' 현상을 설명하는 데 쓰이고 있다. 케인은 두 용어를 엄격히 구분하지 않고, 오직 대칭성이 찾아지지 않는 경우만을 가리키고 있다. 그러나 디스끼울로는 엄격히 파아티·뮬런·월(Partee, Muelen, and Wall, 1990: 제3장), 『언어학에서 수학적 방법(*Mathematical Methods in Linguistics*)』(Kluwer Academic)에 정의된 방식을 따르고 있다. 그곳에서는 '완벽한 대칭성'에 대해 일부만이 대칭성이 있고 다른 순서쌍에서는 그렇지 않은 경우를 nonsymmetric(대칭성 자격 미달)로 부른다. 대칭성이 전무한 경우를 asymmetric(엄격한 비대칭성)으로 부른다. 또한 '재귀성'을 포함한 비대칭성을 antisymmetric(완화된 비대칭성)으로 불렀다. 여기서는 전문적이고 엄격한 논의가 필요치 않으므로, 케인과 디스끼울로의 용어를 모두 '비대칭성'으로 언급해 둔다.

것이며, 다른 하나는 자식이 어머니를 사랑하는 경우이다. 앞의 해석은 핵어 '사랑'이 논항구조를 투영할 적에, 어머니가 지정어 논항으로 실현된 해석이다. 뒤의 것은 어머니가 보충어 논항으로 실현된 사례이다(문장으로 나타날 경우에 각각 '어머니가 자식을 사랑하다'와 '자식이 어머니를 사랑하다'로 구현됨).

'큰 집'은 어떠한가? 이것이 구적 낱말인지, 아니면 통사적인 구(=부가어를 지닌 명사구)인지 아직 결정 짓지 않았다는 점에서 중의적이다(다양한 제3의 해석까지 고려될 수 있겠지만, 여기서는 오직 두 가지 해석만을 다룸). 현행 맞춤법에서는, 하나의 낱말이면 붙여 쓰도록 하고 있고, 두 개의 낱말로 이어져 있으면 통사 단위로 생각하여 띄어 쓴다. 직관적으로 우리는 이 단어가 친족 항렬을 가리키기도 하며, 또한 집채의 크기를 가리키기도 함을 쉽게 알 수 있다. 이 직관을 뒷받침하려면 다음처럼 변형을 시켜 보면 된다. '친족 용어'의 경우는 제약이 많다. 즉, 수식어를 붙일 수 없고(*엄청나게 큰집), 접속 구조를 만들 수도 없다(*크고 좋은 집). 이런 모습을 비유적으로 얼어붙었다고 보아, 형태론을 '얼어붙은 통사론frozen syntax'이라고도 부른다.[15]

그런데 이를 어떻게 포착할 것인가? 논항구조를 이용하면 아주 간단하다. 만일 큰아버지 댁을 가리킨다면, 이는 '큰'이 보충어 논항에 자리 잡고 있는 것이다.[16] 보충어 논항인 '큰'이 핵어인 '집'의 내재적

---

[15] 일찍부터 어휘 통사론(L-syntax)이란 이름으로 헤일·카이저 교수는 어휘 구성 방식과 통사 구성 방식이 '동일한 경로'를 따른다고 논의해 왔다. 헤일·카이저(Hale and Keyser, 2002, 『논항구조 이론 서설(Prolegomenon to a Theory of Argument Structure)』(MIT Press)을 참고하기 바란다.

[16] 친족 용어에서의 '큰'을 보충어 논항으로 지정한 것을 놓고서, 원래 논문의 어느 심사위원께서 "참여자가 아닌데, 논항이라고 할 수 있는가?"라는 의문을 제기해 주셨다. 논항을 '참여자'로 간주하는 것은, 엄격히 말하여 오직 '유정물'에만 해당될 듯하다. 참여한다는 것은 본능이나 의지를 지닌 대상과 관련된 행위이기 때문이다. 그렇지만 '참여자'라는 제약은 논항으로 취급되어야 할 내용의 극히 일부분만을 포함할 듯하다. 이런 방식보다는, 먼저 일원론의 바탕 위에서 핵과 비핵에 대한 정의를 해야 한다. 비핵에서 다시 논항과 비논항이 정의되어야 한다. 논항에서는 지정어와 보충어가 정의되어야 하고, 비논항에서 필수적 부가어와 수의적 부가어가 정의되어야 한다. 이런 절차에서 보충어 논항이란 '핵어의 불변 속성'을 가리키는 것으로 정의될 수 있다.

속성을 뜻하기 때문이다. 그러나 집채의 크기에 대한 것이라면, 앞의 경우와는 달리 '큰'이 핵어로부터 멀리 떨어져 있어야 한다. '집채가 크다'를 나타내는 형식은 '집이 크다'와 '집'이 관형절 구성으로 결합된 것이다. 여기서의 '큰'은 부가어이며, 최종투영 XP 위에 부가된 모습을 띤다. 즉, 친족 용어의 해석과 집채 크기의 해석은 서로 다른 구조를 지닌다. 하나는 보충어로 실현된 것이고, 다른 하나는 배가 닻을 내리듯이 핵어와 동일한 지표 'i'를 지닌 부가어로 실현된 것이다. 이를 다음처럼 나타낼 수 있다(단, 'e'는 공범주 논항을 표시함).

친족 용어의 구조 : [xp e [큰 [집]]]
집채 크기의 구조 : [큰]$_i$ [xp e [e [집$_i$]]]
집채 크기 해석에서 부가어의 내부 구조 : [e$_i$ 크]-은

3.3. 논항구조에 배당되는 의미 역할

논항구조는 핵어와 비핵어의 결합을 표시해 준다. 다시 비핵어는 논항과 비논항으로 대분된다. 이 구분을 위해 논항이 나오는 영역을 때로 범주로 부르고, 비논항이 나오는 영역을 마디$_{segment}$로 부르기도 한다. 비논항은 부가어로 대표된다. 단, 개념상의 필요에 의해 도입되는 필수적인 부가어는 논항의 지위를 지닌다.

'주다' 동사를 처리하기 위하여, 전형적 논항구조는 그 구조가 반복됨으로써 일반화된 논항구조를 갖게 된다. 그 결과 논항의 숫자가 셋이 된다. 일반적으로 동사의 논항은 하나에서부터 세 개까지 분포한다. 전통문법에서는 하나의 논항을 갖는 경우에 자동사로 불렀고, 두 개의 논항을 가지면 타동사로 불렀으며, 세 개의 논항은 수여동사 등으로 불렀다. 지난 20년 동안의 논의를 거치면서, 전통문법의 용어는 여러 가지 개념들을 싸안은 '복합 표지'임이 밝혀졌으며, 새로운 동사 개념도 다수 등장하였다. 다시 말하여, 단순하게 논항의 숫자만을 따지는 것이 아니라, 그 논항 숫자에 같이 딸려 있는 다른 속성(특히 의미

역할)들도 같이 따지게 되면서, 논항구조에 대한 논의는 더 복잡해지고 더 확대되어 왔다.

논항구조라는 용어는 연구자에 따라 논항 위계ranking・논항 연결linking・논항 실현realization・논항 선택selection을 비롯하여, 포함inclusion・표적targeting・원형 의미역proto-role・구성construction・선호preference 등으로도 쓰인다.[17] 이런 다양성은 논항구조의 적용 범위와도 관련된다. 즉, 어휘의 내적 구조에서부터 시작하여, 통사의 구조와 의미의 합성, 그리고 담화 화용론에 이르기까지 언어 및 언어 사용과 관련된 거의 모든 영역에 걸쳐 다뤄지고 있는 것이다.

그림쇼(Grimshaw, 1990 : 40)에서는 동사의 의미에 따라 논항에 배당되는 의미 역할이 사건의 구조에 대응하여 다음과 같은 위계로 주어져 있다고 보았다(단, 쐐기 괄호로 의미역과 그 위계를 표시함).

(8) 행위주 〉 경험주 〉 사격[18] 의미역 〉 대상
    Agent 〉 Experiencer 〉 Goal・Source・Location 〉 Theme

여기서 경험주를 피동주와 달리 취급하면,[19] 행위주와 경험주는 서로 배타적인 관계에 있다. 행위주가 나오는 경우에는 변화되는 능동적인 사건을 표현하지만, 경험주가 나오는 경우는 경험 주체가 어떤 자극

---

[17] 두보이스・컴프・애쉬비 엮음(Du Bois, Kumpf, and Ashby, 2003 : 27쪽), 『선호된 논항 구조(Preferred Argument Structure)』(John Benjamins)에서 두보이스는 '선택・위계・연결・표적・실현'이라는 용어를 놓고서 그 차이를 설명해 놓고 있다.

[18] 격을 core case(정격)와 oblique case(사격)으로 구분하는 전통에 따라, 여기서는 통사적으로 사격으로 실현되는 의미역(근원・목표・처소)을 '사격 의미역'으로 부르기로 한다. 의미역에 대한 논의는 그루버(Gruber, 1965, 1976)의 『통사와 의미론에서의 어휘 구조(Lexical Structures in Syntax and Semantics)』(North-Holland Pub.)로부터 시작되었다. 그루버(Gruber, 2001)의 "통사론에서 의미 관계(Thematic Relations in Syntax)"(Baltin and Collins eds., 『현대 통사론 소백과(The Handbook of Contemporary Syntactic Theory)』, Blackwell)를 참고하기 바란다. 생성의미론 입장에서는 필모어(Fillmore, 2003)의 『언어에서 형식과 의미(Form and Meaning in Language)』(CSLT, Stanford University)를 보거나, 또는 남용우・임통진・이통진・황봉주 엮고 펴냄(1987), 『찰스 필모어, 격문법이란 무엇인가』(을유문화사)를 보기 바란다.

[19] 피동주(patient)를 대상(theme)의 일원으로 간주하는 것이다.

체로부터 나온 사건을 겪거나 입음을 나타낸다. 그렇다면 이 위계는 다음처럼 표현될 수 있다.

(9) 행위주·경험주 〉 사격 의미역 〉 대상

이 위계는 다음과 같이 '주다' 구문의 논항에 1 : 1로 배당될 수 있다.

(10가) 철수가 영이에게 책을 주었다.
　나) 행위주 〉 목표 〉 대상

그렇지만 다음 '보다' 구문에서는 그런 대응이 성립되지 않는다.

(11가) 철수가 영이를 천재로 보았다.
　나) 경험주 〉 대상 〉 처소

여기서는 대상 의미역의 위계가 사격 의미역보다 더 높다.[20] 이 사례는 의미역이 위계를 지닌다는 가정을 위배하고 있다. 그렇지만 (11가)는 비문도 아니고, 의미 해석에 장애를 일으키는 것도 아니다. (10)과 (11)의 사례를 고려하면, 의미역 위계에 대한 가정을 포기하거나, 아니면 그 가정이 성립될 수 있도록 조정해 주어야 한다. 여기서는 뒤의 경우를 고려하기로 한다.

　동사 '보다'는 전형적인 쓰임이 시지각과 관련되어 있다. 그렇지만 이런 기본의미는 관련 논항의 의미 속성에 따라서 변동될 수 있다.

(12가) 영이가 신문을 본다.
　나) 경험주 〉 대상

---

[20] 라아슨(Larson, 1988), "이중 대격 구문(On the Double Object Construction)", 『언어탐구(*Linguistic Inquiry*)』 19-3 등에서는 대상 의미역이 사격 의미역보다 더 높게 설정된다.

(12)는 시지각 경험을 하는 경험주와 시지각 대상으로 이뤄진 하나의 사건을 표현하고 있다. 그렇지만 '다의어'적 관점에 설 때에, 다음 예문은 일반 사건을 나타내는데, 대상의 속성에 따라서 관련된 의미역이 달라진다.

(13가) 철수가 시험을 본다(=시험을 치르다).
나) 행위주 〉 대상
(14가) 그 사람이 벌써 사위를 본다(=사위를 맞다).
나) 행위주 〉 대상

(13가)에서 만일 대상에 변화가 생기지 않고, 오직 그 대상이 자극체의 역할을 한다면, 첫 논항에 〈경험주〉를 배당하게 된다. 그러나 거꾸로 그 대상에 어떤 변화가 생겼다면, 그 변화를 일으킨 주체에 〈행위주〉를 배당하게 된다. (13가)의 '보다'는 '치르다'의 의미를 지녔다. 그 대상물인 시험지에 답을 적었으므로, 시험을 본 결과, 거기에 어떤 변화가 생겨난다. 또한 (14가)에서도 지위가 결혼을 통해 달라진다(장인으로 됨). 따라서 (13)과 (14)에서 그 변화를 일으키거나 허용하는 주체에 〈행위주〉를 배당하게 된다. (13)과 (14)의 동사는 시지각동사가 아니라, 대상에 변화를 일으키는 일반 행위동사가 된다.
　다시 앞에서 본 예문 (11)로 돌아가기로 한다.

(15가) 철수가 영이를 보았다.
나) 경험주 〉 대상
(11가) 철수가 영이를 천재로 보았다.
나) 경험주 〉 대상 〉 처소

(15가)는 시지각동사이다. 그렇지만 대비되는 (11가)도 물론 '눈'으로 보는 일에서 확장되어 나왔겠지만, 더 이상 시지각동사는 아니다. 인지동사의 하나인 '판단 동사'이다. 의미역들은 두 예문에서 모두 경험

주와 대상이 배당되어 있다. 그렇지만 (11가)에서는 대상물에 대한 판단 내용이 '처소' 의미역으로 들어가 있다. 이들 예문에서 논항에 배당되는 의미역에 일부 공통점이 있다는 점에서, 필자는 이들이 동사의 미 확장 관계에 있는 것으로 보고자 한다. 곧, 시지각동사에서 대상물에 대한 '속성'이 더 들어감으로써 판단 동사로 넓혀진 것이다. 이런 추가 논항은 부가어(동사의미 변동으로 말미암은 필수적 부가어임)로 설치된다. 이런 관점에서 보면, (11가)는 처음에서부터 사격 의미역이 자리를 차지하고 있었던 것은 아니다. 대신, 동사의 의미 변동에 말미암아, 필수적으로 새로 설치된 논항에 사격 의미역이 배당되었다고 말할 수 있다. 이는 곧 (9)의 의미역 위계가 두 개의 논항을 놓고서 미리 배당된 뒤에, 다시 논항구조가 확장됨에 따라 아직 배정되지 않았던 의미역이 필수 부가어에 배당되었다고 해석할 수 있는 것이다. 만일 이런 해석이 성립된다면, 의미역의 위계는 여전히 일정하게 유지되고 있는 것이다.

필수 부가어를 설치하여 어휘 의미의 변동을 포착해 나가는 일은, 비단 우리말 구조에서만 필요한 것이 아니다. 여러 언어에서 관찰되는 '결과절resultative' 구문이 또한 대표적인 사례이다. 영어에서는 하나의 논항만을 갖는 전형적인 자동사 구문이나 상태 묘사 구문이, 다음과 같이 가짜take 목적어를 지니고서 확장될 수 있다.

(16가) Tom ran.
    (탐이 달렸다)
  나) Tom ran [himself tired].
    (탐이 달려서 기진맥진이다)
(17가) The river froze.
    (그 강이 얼었다)
  나) The river froze [itself solid].
    (그 강이 얼어서 단단해졌다)

(16나, 17나)에 있는 꺾쇠괄호 속의 내포절은 문장 형식이 완벽히 갖춰지지 않은 채(시제 형태소가 없이), 대략 주술 구조만을 표시해 주므로, '작은 절small clause'이라고 부른다. (16가)는 행위를 가리키지만, (16나)는 그 결과 상태를 가리킨다. 마찬가지로 (17가)도 과정을 가리키지만, (17나)는 그 결과 상태를 가리킨다. 물론 속뜻으로 결과 상태의 '전면성'이 깃들어 있다. (16나)에서 부분적으로 조금 피곤하거나, (17나)에서 부분적으로 표면에 약간 살얼음만 낀 것이 아니다. 완전히 힘이 소진되었고, 강물이 위아래 없이 두껍게 온통 얼어붙은 것이다.

레빈·뢰퍼포어-호봡(Levin and Rappaport-Hovav, 1998) "동사의미 수립 Building Verb Meanings" 등 일련의 논의에서는,[21] 다의어로 확장되는 동사의미를 구성하기 위하여 다음과 같은 모형을 세운 바 있다.

(18) 다의어 확장에 대한 모형
　　① 행위동사 : X 행위하다(행위 방식)
　　② 상태동사 : X 상태이다
　　③ 완성동사 : [② 상태동사] 되다
　　④ 완수 결과 동사(i) : [① 행위동사] 일으키다 [③ 완성동사]
　　　　　　　　　　(ii) : X 일으키다 [③ 완성동사]

여기서 기본적으로 행위동사와 상태동사가 주어지면, 먼저 완성동사로 확장되고, 다시 이것이 결과 상태를 표시해 주는 완수 결과 동사로 확장되어 나갈 수 있음을 드러내고 있다. 이 얼개에서 (16나)는 완수 결과 동사의 첫 항목인 (18)의 ④ (i)에 해당된다. (17나)는 기후 변화로 인한 자동적인 변화이므로, 완수 결과 동사의 두 번째 항목인 (18)의 ④ (ii)에 해당된다. 이런 개념상의 확장은, 주어진 어떤 통사 구

---

21) 이 책의 제9장을 참고하기 바란다. 레빈 교수의 웹페이지(http://www-csli.stanford.edu/~beth)에서 관련 논문들을 다수 내려 받을 수 있고, 레빈·뢰퍼포어-호봡(Levin and Rappaport-Hovav, 2005), 『논항 실현(*Argument Realization*)』(Cambridge University Press)을 보기 바란다.

조에서 필수적인 부가어 설치(핵어 부가 형식임)에 의해서 이뤄질 수밖에 없다.

3.4. 이른바 '예외적 격표시' 동사 구문의 실상

이른바 영어에서는 예외적으로 대격을 표시하는 동사가 있다. believe 믿다 류의 동사이다. 이 동사는 내포문의 논항이 주격을 받아야 하겠지만, 모문의 동사가 대격을 부여한다. 이를 '예외적 격표시exceptional case-marking' 동사 구문으로 부른다. 이 구문은 생성문법에서 깊이 있게 다뤄지기 훨씬 앞서서, 이미 논리학에서 지적된 바 있다. 콰인(Quine, 1960, 9쇄 1975 : 215쪽 이하), 『낱말과 대상Word and Object』(MIT Press)에서는 다음과 같이 believe 구문의 대립을 언급한다.

(19가) w believe x
　　　(이는 부정사 구문으로 'w believe [to …]'를 의미함)
　나) w believe that p
　　　(이는 내포절 구문으로 'w believe [that S]'를 의미함)

대략 풀어 놓았듯이, 콰인의 표기는 부정사 구성이나 내포문 구성에 해당한다. 비록 이들과 동일한 의미를 지니지만, 우리말에서 '믿다'라는 동사의 논항 숫자는 영어와 차이가 난다. 영어에서는 believe가 다음과 같이 2항 동사로만 언급된다.

(20가) [John] believes [she to be a genius]

(20가)에서 꺾쇠괄호로 표시되어 있듯이, 동사 believe는 두 개의 논항을 갖는 것으로 기술된다. 하나는 믿음의 주체인 〈경험주〉 의미역을 받고, 다른 하나는 믿음의 내용인 〈처소〉 의미역을 받는다. 그런데 그 내포문에 주어가 있지만, 내포문 속에서는 그 주어에 주격을 배당

해 줄 시제 형태소가 없다. 따라서 격을 받기 위하여 내포문 밖으로 이동을 해 나가야 한다. 그 결과, 모문의 동사로부터 대격을 받는다. 이를 다음 (20나)와 같이 표시할 수 있다. 내포문 속에 그어진 밑줄은 이동 뒤 남은 흔적$_{trace}$이다.

(20나) [John] believes [her]$_i$ [__$_i$ to be a genius]

우리말에서 이 동사는 '알다'와 동일한 구문을 만든다. 표면상으로만 보면, 영어에서처럼 2항 동사인 듯하다.

(21가) [철수는 [영이가 미녀인 것]을 믿는다/안다.
  나) [철수는 [영이가 미녀인 것]으로 믿는다/안다.
  다) [철수는 [영이가 미녀인 것]으로 잘못 믿는다/안다.
  라) [철수는 [영이가 미녀이라]고 믿는다/안다.

(21)에서는 논항으로서 믿는(또는 아는) 주체와 그 믿음의 내용이 들어 있다(꺾쇠괄호로 표시됨). 이들은 내포문의 지위에 따라 서로 의미가 달라진다. (21가)의 문장이 참이라면, 결과적으로 내포문에 있는 명제 '영이가 미녀이다'도 또한 참이다(이런 관계를 진리값이 한 진술문에 딸려서 확립된다는 뜻으로 entailment라고 부름). 그러나 (21나)의 경우에는, 비록 전체 문장이 참이라고 하더라도, 내포문의 명제는 참이 아니다. 오히려 잘못 믿고 있거나 잘못 알고 있다는 속뜻이 깃들어 있다. 이런 속뜻을 고려하면, 내포문 명제는 거짓이다. 이런 사정은 (21나)를 (21다)처럼 동사를 바꿔 써도 진리값에 변동이 없다는 사실에서 확인될 수 있다. 앞의 사례들과는 달리, (21라)는 내포문의 명제에 대한 진리값이 따로 들어 있지 않다. 그런 점에서 중립적인 표현이다.[22]

---

22) 의미론에서는 내포문의 진리값을 알 수 없다는 것을 '불투명하다'(opaque)고 말한다. 특히 영어의 (19가)와 같은 구문은, 전체 문장의 진리값이 그 구성요소들의 진리값을 합하여 찾아낼 수 있다는 '합성성 원리'를 위배하게 된다. 이런 점 때문에 의미

만일 (21가)와 (21나)의 내포문 진리값이 정반대라는 관찰이 옳다면, 그런 결정을 만들어 내는 요소는 두 문장에서 차이가 나는 내포문에 배당된 조사일 것이다. 하나는 정격으로 실현되어 있고, 다른 하나는 사격으로 실현되어 있다. 그런데 이런 (21) 구문의 분포가 서로 배타적인 것이 아니다. 다음 예문에서와 같이, 정격과 사격이 모두 함께 실현될 수 있기 때문이다.

(22가) 돌쇠는 [먹쇠가 범인인 것]을 [밤쇠가 범인인 것]으로 믿었다/알았다.
  나) 돌쇠는 [먹쇠가 범인인 것]을 [밤쇠가 범인인 것]으로 잘못 믿었다/알았다.
  다) 돌쇠는 [밤쇠]를 [e 범인인 것]으로 믿었다/알았다.

(22가)와 (22나)는 서로 함의 관계에 있다. 즉, 돌쇠가 착각한 '대상'과 '내용'을 서술해 주고 있는 것이다. 또한 (22다)에서도 비록 비교 대상이 들어 있지는 않지만('먹쇠'가 나타나 있지 않음), 구문상으로 (22가, 나)와 동일한 구조로 실현되어 있다는 점에서, 명사절로 싸인 내포문(밑줄을 쳐 놓음)에는 다음과 같이 공범주 요소가 들어 있다.

(22라) [[e 범인이-다]은 것]

이것이 공범주 대명사 pro인지, 아니면 이동의 흔적 t인지는 또 다른 논의거리이다. 이는 바로 앞에 나온 대격 논항과 동일한 지표를 받는다.
  우리말에서는 이런 구문이 결코 드물지 않다. 다음 (23)에서 알 수 있듯이, 이 구문은 자연스럽게 실현된다.

(23가) 영이는 [동수]를 [천재]로 믿었다/알았다.[23]

───────────────
론의 논의에서는 불투명 구조를 지닌 구문들을 대상으로 하여, 합성성 원리(또는 프레게 원리)를 준수하도록 만들어 주는 조치들이 여러 측면으로 시도되어 왔다.
23) 이는 대격 및 사격 의미역 논항이 모두 명사구로 실현된 경우이다. 영어에서는

나) 영이는 [동수]를 [천재]로 잘못 믿었다/알았다.

　예외적 격표시를 해 놓아야 하는 영어의 처리 방식과는 달리, (21)을 기본 표상으로 보고 이동에 의해서 (22)나 (23)을 도출할 수는 없다. 특히 (22가)와 (22나)의 경우에서 보듯이, 앞의 명사절과 뒤의 명사절이 서로 다른 정보를 담고 있기 때문이다. 이를 처리하기 위해서는 이 동사를 2항 동사가 아니라, 3항 동사로 봐야 한다. 3항 동사로부터 2항 동사로 실현되기 위한 제약을 상정하는 일은 쉽다. 그러나 2항 동사로부터 3항 동사로 확대하는 데에 관련된 필연적인 개념상의 요구를 찾아내기란 어렵거나 거의 불가능하다.

　우리말에서 '믿다, 알다'와 같은 동사를 3항 동사로 상정하더라도, 왜 표면상 2항 동사로도 실현되는지를 설명해 줄 필요가 있다. 필자는 앞의 (11가)에서 본 어휘 확장 개념과 임홍빈(1985)에서 상정된 '상황 공범주'라는 개념에서 해답을 찾고자 한다. 곧, (22가)를 기본 구조로 보고, 내포문에 대격 표지가 붙은 (21가)를 시지각동사 (15가)의 모습으로 상정한다. 여기서는 〈경험주〉와 〈대상〉 의미역이 배당되고, 대상을 '믿다/알다'의 해석이 이뤄진다. 그러나 (21나)와 (21라)의 구문에서는 대격이 실현될 수 있는 위치에 '상황 공범주'가 들어가 있다고 상정하는 것이다. 여기서는 〈경험주〉와 〈대상〉과 〈처소〉 의미역이 배당되겠지만, 대상 의미역은 항상 언급되는 대상이나 상황을 가

---

　*[She] believes [him] (as) [a genius]
와 같은 세 개의 논항 구문이 결코 허용되지 않는다. 오직 앞의 (19)에서 제시된 부정사 구문과 내포절 구문만이 허용될 뿐이다. 이는 개별 언어의 어휘 특성으로 간주되는 것이 옳다.
　비록 동일한 의미 기반을 지닌 어휘라 하더라도, 언어마다 다른 통사 특성을 보이는 경우가 허다하다. 가령, '고맙다'라는 어휘는 우리말에서 감각동사의 확대된 형태를 지니며, 결코 대격을 부여하지 않는다('…대하여 너한테 고맙다'와 같은 사격 형태만 허용됨). 그러나 중국어와 영어에서는 모두 대격을 부여하여 'thank you, 謝你'라고 말한다(*너를 고맙다). 곧, 대상에 직접 어떤 영향을 끼치는 구조를 선택한 것이다. 이를 개별 언어의 '어휘화 유형'이라고 부른다. 탤미(Talmy, 2000),『인지 의미론 : 개념 구조화에서의 유형론과 과제(*Toward a Cognitive Semantics : Typology and Process in Concept Structuring*)』(vol. 2, MIT Press)를 참고하기 바란다.

리키게 된다. 이를 위하여 상황 공범주가 도입되는 조건에 대한 제약으로서, 이런 동사의 확장 구조에 대한 구현 조건을 더해 놓아야 한다. 인식동사 부류에서 어떤 대상에 대한 인식 내용이 내포문으로 들어가 있을 때에,

"그 인식 대상이 주위의 환경으로부터 재구성될 수 있거나 또는 잉여적이라면, 그 대상 논항은 상황 공범주로 실현될 수 있다."

는 정도의 제약을 덧붙여 놓을 필요가 있는 것이다. 이런 약정이 응당 일상 언어 사용에서 유표적이지 않고, 어떤 담화 화용적인 토대를 지닌 것으로 입증되어야 할 것이다. 여기서는 이를 일단 차후의 과제로 미뤄 두기로 한다.

(22, 23)에서 살펴본 대로 우리말의 논항 실현 범위가 영어보다 더 넓고 다양하다는 점에서, 우리말 구조가 더 기본적인 모습을 지녔다고 봐야 한다. 상대적으로 영어는 두 개의 논항만을 지닌 유표적인 실현을 보인다. 이를 영어 '어휘화 유형'의 고유한 매개인자로부터 기인한다고 기술할 수 있다. 내포문의 진리값을 따지는 측면에서만 보면, (19나)는 사실성을 표현한다는 점에서 (21가)에 짝을 이룬다. 그러나 (19가)는 '불투명'한 만큼 (21나)와 (21라)의 복합 성격을 지니는 것으로 판단된다. 비록 영어에서 두 개의 논항만을 실현한다고 하더라도, (19가)와 (19나)가 배당받는 의미역은 동일하지 않다. 의미역이 위계가 주어져 있음을 수용한다면, (19나)는 대상역을 받는 논항이지만, (19가)는 사격 의미역을 받는 논항일 수밖에 없다. 이 점이 매개인자로 되어야 하는 것이다.

3.5. 어휘의 의미 변동과 논항구조 : 한 가지 가능성 모색

임의의 어휘는 본질적으로 중의적이다. 이를 언어 습득에서는 '지시대상'과 그 '속성'으로 표현하기도 하고, 의미론에서는 '외연의미'와

'내포의미'라는 용어를 쓰기도 한다. 그렇지만 이런 중의성은 언어 사용 맥락에 의해서 별다른 노력 없이도 해소된다. 이런 중의적인 특징은 언어의 상징성과도 긴밀하게 맞물려 있다. 하나의 형식에 둘 이상의 내용이 들어 있는 것이기 때문이다.

한 걸음 더 나아가, 다의어의 관점에 서서 동사를 살펴보면, 어휘의 다양한 변동 모습을 만나게 된다. 일례로 '좋다'라는 동사의 실현을 일부 살펴보기로 한다.

(24가) [물맛]이 좋다.
　　나) [그가 일찍 떠나는 것]이 좋다.
　　다) [그가 선물을 사왔으면] 좋겠다.
　　라) 좋아, 지금 집을 떠나도록 하자!

위 예문에서 논항에다 꺾쇠괄호를 달아 놓았다. (24가)는 전형적인 모습으로, 대상의 품질이나 속성이 긍정적이며 만족스러운 상태임을 가리킨다. 따라서 '속성 평가' 동사라고 부를 수 있다. (24나)는 어떤 상황에 대한 판단을 언급하고 있다는 점에서 '상황 판단' 동사라 할 수 있다. (24다)는 조건문을 갖춘 희망을 나타낸다. 이는 '소원 희망' 동사의 일원이다. (24라)는 감탄사와 같이 독립어 역할을 하며(화용 층위의 단위임) 허용이나 동의를 나타낸다.

이들 사례마다 각각 반대되는 낱말로 달리 짝 지워 놓음으로써(좋다 : 나쁘다, 좋다 : 싫다, 좋다 : 잘못이다, 좋다 : 안돼), 서로 다른 낱말이라고 주장할 수 있다. 그렇지만 하나의 낱말이라 하더라도, 외연의미와 내포의미를 지니고 있음을 간과해서는 안 된다. 이 점은 한 낱말이 맥락에 따라 서로 다른 반대어로 짝을 지을 수 있더라도 결정적인 '동음이의어'의 증거로 채택될 수 없게 만든다. 내포의미의 가변성 때문이다. 그렇다면 다의어 입장에 설 때에, '속성 평가, 상황 판단, 소원 희망, 긍정 허용' 등과 같은 변동을 놓고서 어떤 질서를 찾아낼 수 있는 것일까?

어휘의 내부 조직을 다뤄온 연구에서는, 어휘가 스스로 아무런 영향 없이(독립하여 자족적으로) 생겨나는 것이 아니라, 우리가 외부 경험이나 사건을 받아들이는 방식을 반영해 준다고 가정한다. 곧, 어휘가 '사건 구조를 정보화'해 주는 얼개로 역할을 하는 것이다. 이런 가정을 받아들이는 경우에, 처음 해야 할 일은 사건에 대하여 분석하고, 범주를 부여하며, 어휘 내항에 체계가 있는지 파악해 보는 일이다. 여기서는 논항구조를 응용하여 어휘 내항의 체계를 살펴보기로 한다.

오직 단편적인 한 가지 가능성으로서, 필자는 논항구조를 이용하여 어휘 내항을 다음처럼 어떤 체계로 만들 수 있을 것으로 본다.

(25) 동사 구분을 위한 단편적 예시
    ㉠ 1항 동사 의미역   : 행위주·경험주
    ㉡ 유표적인 1항 동사 의미역   : 대상
    ㉢ 2항 동사 의미역   : 행위주·경험주 〉 대상
    ㉣ 2항 동사의 부가 구조 의미역 : 행위주·경험주 〉 대상 〉 사격 의미역
    ㉤ 3항 동사 의미역   : 행위주·경험주 〉 사격 의미역 〉 대상
    ㉥ 유표적인 3항 동사 의미역   : 행위주·경험주 〉 __ 〉 사격 의미역
    ㉦ 유표적인 3항 동사 의미역   : __ 〉 __ 〉 사격 의미역

먼저 행위주와 경험주는 배타적 선택 관계에 놓인다고 보아, 1항 동사에 크게 세 가지 부류를 상정할 수 있다. 하나는 행위주 의미역을 받는다. 이는 의도를 지니고서 자발적으로 행위를 하는 경우이며, 주동사로 불린 바 있다. 두 번째는 경험주 의미역을 받는 것으로서 주어가 자신의 내부 감각을 표시하게 된다. 이는 '춥다/덥다' 등의 내부 감각 동사이다. 개념상으로 내부 감각동사에는 자극체로서 외부 대상이 불필요하고, 오직 경험 주체만 있으면 된다. 마지막으로 대상 의미역을 받는 경우가 있다. 이는 특이하게 표면으로 나오면서 주격을 받게 되어, '비-대격unaccusative'동사로 불린다. 비-대격동사가 고유한 형상을 지니는지, 아니면 수동태와 같이 어떤 구조가 주어져 있고 거기에서부터

도출되어 나오는지에 대해서는 현재 연구가 진행되고 있다.[24]

두 개의 논항을 갖는 동사로서 행위주 의미역과 대상 의미역을 받는 것은 일반 행위를 가리킨다. 전형적인 타동사인 것이다. 그렇지만 경험주 의미역과 대상 의미역을 받는 것은 몇 가지로 더 나뉜다. 대상이 만일 자극을 보내는 주체stimulus 자극체일 경우에는 '차겁다/뜨겁다'와 같이 외부 대상 감각동사가 된다('겹/덥/럽' 등의 접사가 붙기도 함). 그렇지 않고 관찰의 대상일 경우에는 '보다'와 같이 지각동사가 된다. 여기서 필수적인 부가어가 붙은 경우에는, 대상의 속성을 언급해 주는 평가동사가 된다. 여기에는 '믿음·인지·판단·관찰 사건 기술'에 관련된 부류들이 속하게 된다. 그렇지만 첫 논항에 행위주 의미역이 배당될 경우

(26) 철수가 영이를 [e 떠나게] 했다.

에서처럼 직접 사역동사 구문으로 해석된다.

두 개의 논항 이하를 가진 동사는, 즉물적인 현재의 세계 경험과 긴밀히 관련된다(유인원과 함께 공유하는 특성임). 그러나 세 개의 논항을 갖고 있는 동사는 장기 기억에 있는 정보를 끄집어내어야 한다는 점에서, 매우 인간적 특성을 나타낸다고 말할 수 있다. 따라서 여기서 예시된 단편적인 모습보다 훨씬 더 다양하고 복잡할 것으로 짐작된다.

먼저 첫 논항에 행위주 의미역이 배당되는 경우는

(27가) 철수가 영이에게 [책]을 주었다.
   나) 철수가 영이에게 [e 떠날 것]을 약속하였다.

---

24) 특히 레뷘·뢰퍼포어-호뽑(Levin and Rappaport-Hovav, 1995), 『비-대격성 : 통사-어휘 의미론 접합면에서(*Unaccusativity : At the Syntax-Lexical Semantics Interface*)』(MIT Press)와 알렉셔두 외 엮음(A. Alexiadou et al., 2004), 『비-대격성 수수께끼 : 통사-어휘론 접합면의 탐구(*The Unaccusativity Puzzle : Explorations of the Syntax-Lexicon Interface*)』(Oxford University Press)를 참고하기 바란다.

에서와 수여동사와 약속동사 등이 나온다. 그러나 경험주 의미역이 배당되는 경우에는

(28) 철수가 영이에게 [은혜]를 입었다.

에서와 같이 수혜동사가 실현된다. 대상 의미역을 받는 논항이 공범주로 실현되어 있는 경우는, 앞에서 논의하였듯이 상황 공범주가 상정될 수 있다. 먼저 행위주 의미역과 사격 의미역으로 이뤄진 구문은

(29) 철수가 e [영이가 떠나게] 했다.

와 같이 이른바 간접사역이 있다. 경험주 의미역이 배당된 경우에는

(30) 철수가 e [영이가 예쁘다고] 했다.

와 같이 인용 구문이 있다. 마지막으로 매우 유표적으로 사격 의미역만이 실현된 경우에는,

(31) e e [밖에 비가 오는가] 보다.

와 같이 짐작이나 추측을 나타내는 구문과,

(32) e e [철수가 이겼으면] 싶다.

와 같이 희망이나 소원을 나타내는 구문이 있다. 짐작/추측보다는 희망/소원이 상대적으로 훨씬 더 마음을 지속적으로 써야 한다는 점에서, 맨 처음 나오는 공범주 자리에는 유사-행위주 의미역의 후보가 상정될 수 있을 것이다. 상대적으로 짐작/추측 구문에는 유사-경험주 의미역 후보가 상정될 소지가 있다. 예시를 위해서 여기서는 의미역

을 갖춘 논항구조에 어떤 구문이 상응할 수 있는지를 단편적으로 잠시 살펴보았다.

앞에서 살폈던 (24)의 사례로 다시 돌아가기로 한다. 그 사례들은 상위 범주를 '속성 평가, 상황 판단, 소원 희망, 긍정 허용'으로 잡아 두었다. 이들의 공통점은 모두 제1 논항이 경험주 의미역을 받는다는 점이다. (24가)의 속성 평가가 이뤄지려면, 개념상 먼저 외부 대상에 대한 감각이나 지각을 해야 한다. 이런 점에서 경험주와 대상 의미역이 들어 있어야 한다. 그러나 표면상으로 보면, 대상 의미역만 배당되어 있다. 이는 (25) ⓒ의 구성을 따르는 것으로 보인다. (24나)는 상황 판단으로 범주화하였다. 이는 개념상 경험주와 상황과 그 상황에 대한 판단 내용이 들어 있어야 한다. 표면상으로는 오직 판단 내용만이 명사절로 실현되어 있다. 하나의 사건만 실현된다는 점에서, 이는 (25) Ⓐ의 구성을 따르는 것으로 간주될 수도 있다. 하지만 판단 주체(=경험주)가

(33) 나로서는 [그가 일찍 떠남/떠나는 것이] 좋다.

와 같이 사격 논항으로 실현될 수 있다는 점에서, 앞의 분류보다는 오히려 (25) Ⓗ의 구성을 따르는 것으로 논의될 소지가 있다. 개념 부류를 중심으로 친족 관계를 엮는다면, 판단은 현실이나 사실을 전제한다는 점에서, 짐작이나 희망 구문보다는 인용 구문과 가까운 거리에 있을 것이다. (24다)는 사격 의미역을 받는 논항이 조건문 형식을 띤다는 점에서, 희망이나 짐작을 나타내는 (25) Ⓐ의 구문이다. 마지막으로 (25라)는 화용적인 형태(화용 첨사)로 이미 전환되어 버렸으므로, 따로 논항구조를 상정할 수 없다. 그렇지만 '좋다'의 내포의미 가운데 하나의 속성이 특성화되었고, 그 의미만으로 '얼어붙어' 있음을 알 수 있다.

우리말 논의에서 다의어의 내적 연결 관계를 논항구조의 모습으로 다루는 일은 아직 본격적으로 개시되지 않은 듯하다. 그런 일이 채 시

도되지 않았다는 점이 그런 가능성을 막아 놓는 것은 아니다. 만일 다의어적인 관점에서 한 어휘의 의미 변화를 설명하려면, 필자는 논항 구조를 통한 확장 모습이 충분히 그 실체 규명에 기여할 수 있을 것으로 본다. 왜냐하면 논항구조의 변동이 스스로 자족적인 동기에서 나오는 것이 아니라, 우리가 사건을 바라보고 받아들이는 상위의 '개념적 측면'에 기대어 있기 때문이다. 곧, 이런 동사들이 나누어 놓는 논항구조는, 우리가 겪는 복합사건의 연쇄를 분절하여 단위로 만들어 놓은 '절편'(=단위 사건)의 내적 질서를 표현해 주는 것이다. 국어학도 이제 많은 발전을 하여 '말뭉치 언어학' 자료를 상당 정도 확보한 것으로 알고 있다. 이들 경험적인 실증 자료를 놓고서, 어휘 내항의 분류와 범주를 부여하는 일이 중요한 일거리로 새롭게 시작되어야 할 것이다.

4. 언어 사용 연구 방법

이 절에서는 '언어 사용'의 문제를 소략히 다루기로 한다. 여기서 핵심 논의를 클락(Clark, 1996; 김지홍 뒤침, 2009)과 그롸이스(Grice, 1989)를 중심으로 살펴보려고 한다.

4.1. 클락의 의사소통 모형

먼저 의사소통의 모습을 현장 조사 자료에 근거하여 세 가지 차원으로 나눠 놓은 클락의 논의를 살펴보기로 한다. 의사소통 행위의 관련자들은 비단 화자와 청자만이 아니다. 곁에 있다가 참여할 가능성이 있는 옆 사람participant은 물론, 주변에서 의사소통 행위를 지켜보는 구경꾼bystander과 우연히 엿듣게 된 사람eavesdropper까지 포함된다. 그렇지만 여기서는 '의도된 청자'만 겨냥한 것을 전형적인 의사소통 모습으로 간주하기로 한다.

의사소통은 최소한 세 가지 차원이 복합적으로 엮이어 일어나는데, 수준$_{level}$·경로$_{track}$·층렬$_{layer}$의 차원이다. 먼저 현장 상황의 '수준'이 주어져 있어야 한다. 여기서는 화자와 청자 사이에서 네 가지 수준이 일시에 일어나거나 점층적으로 일어나야 한다.

(34) 의사소통 수준의 중첩 단계(선행 단계들은 점층적으로 성립된 것으로 전제됨)

① 화자가 실행(execute)하면 → 청자가 주목(attention)하며, ⇓
② 화자가 제시(present)하면 → 청자가 확인(identify)하며, ⇓
③ 화자가 신호(signal)하면 → 청자가 인지(recognize)하며, ⇓
④ 화자가 제안(propose)하면 → 청자가 고려(consider)한다. ⇓

그런데 화자는 의사소통에서 전달할 내용을 언어 속에 집어 넣고 상대방에게 내보내는데, 이를 제1 경로 또는 정보전달 경로라고 부른다. 뿐만 아니라 앞에 있는 수준들이 잘 실행되고 있는지 스스로 점검하고 관리해 나가야 한다. 이를 제2 경로 또는 점검 경로(점검확인 경로)라고 부른다. 이는 발화 준비를 위해 군말을 집어넣으면서 시간을 버는 일로부터 시작하여, 자신의 말한 내용을 바로 잡거나, 상대방의 반응을 살피면서 거기에 따라 발화 내용을 고치거나 가다듬어 가는 일에 이르기까지 여러 가지 일들이 포함된다. 이런 일들이 모두 만족스럽게 일어난다는 조건 아래, 시·공간을 달리한 새로운 사건 상황을 도입하여 의사소통의 내용을 풍부하게 만들어 주는데, 이런 새로운 상황을 층렬 도입이라고 부르고 있다. 소꿉장난을 할 때에는 현장 층렬 위에다 다시 소꿉장난 층렬이 도입되는 것이다.

한 마디로 요약하면, 비록 막연히 자각하거나 또는 무의식적으로 일어난다고 하더라도, 의사소통은 참여자들 사이에서 현장에 있는 어떤 일에 대하여 언급하면서 어느 수준까지 제대로 이뤄졌는지 점검을 해 나가면서, 결과가 만족스럽다면 새로운 층렬을 도입하여 들여오는 연속된 순환 과정인 것이다. 비록 이들 차원이 순환된다는 명시적 언급이 없지만, 의사소통이 제대로 일어나기 위해서는 이들 차원이 복합적으로 반복 순환되어야 한다.

4.2. 자유의지와 언어 사용

이제 이런 의사소통 행위의 구조를 배경으로 하여, 그롸이스Grice의 화용 논의를 다뤄 나가기로 한다. 의사소통은 오직 언어에 대한 깨달음 하나만으로는 절반의 성공밖에 안 된다. 언어 사용에 대한 깨우침도 같이 맞물려 들어가 있어야 한다. 언어 사용에서 보다 중요한 인간 속성의 문제가 다뤄지기 때문이다. 사용의 문제는 그 대상이 언어가 되었든, 아니면 다른 도구가 되었든, 인간이 '자유의지free will'를 지닌 존재임을 전제로 한다. 사용은 결코 필연적이며 기계적인 과정이 아니다. 단지 어떤 성향에 관한 것이다.[25] 그 성향을 일으키는 실체는 자유의지로 불린다. 그렇다면 언어 사용의 물음은 언제나 밑바닥에 깔린 '자유의지'의 원천 물음임을 놓쳐서는 안 되는 것이다(선택과 가치가 수반됨).

만일 인간이 동물처럼 그저 본능만으로 살아가는 존재였더라면, 더 이상 사용의 문제를 심각하게 제기할 필요도 없었을 것이다. 그저 자연계의 인과율(또는 생물체를 지배하는 본능)에 따라, 적절한 자극에 기대되는 반응만을 연쇄적으로 기술하고, 그 기술에 근거하여 아무리 복잡한 행위라고 하더라도 언제나 확률이 높은 예측이 가능했을 것이기 때문이다(이런 시각을 '결정론'으로도 부름). 그러나 언어 사용과 관련하여 우리는 이런 기대가 사실이 아니며, 오히려 정반대임을 잘 알고 있다.

우리 인간 정신을 이끄는 쌍두마차가 ① 일반화 및 추상성을 지향하면서 개별 특성들을 제거해 나가는 '과학 정신'과 ② 개별화나 구체

---

25) 그 성향은 결코 규칙 체계로 완벽히 포착될 수 없다. 대신, 더 융통성이 주어져 있는 '제약 만족(constraint satisfaction)' 형식으로 접근해야 한다. 특히 킨취(Kintsch, 1998)에서는 제약 만족 접근법을 옹호하면서 언어 이해의 과정을 다루고 있어서 주목된다.

성을 지향하면서 특수한 차별성을 덧붙여 가는 '예술 정신'으로 모아진다고 가정하기로 한다. 그렇다면 자유의지는 이 두 축 사이를 자유롭게 오가는 것이다. 어떤 영역에 있든지 간에, 자유의지의 구현인 '사용의 문제'를 다루려면, 우선 어떤 전형적인 모습을 세워 놓아야 한다. 그 틀을 바탕으로 하여 다시 더 높은 일반성으로 추구해 들어가거나, 아니면 그 부분을 파괴하면서 새로운 틀 세우기를 시도해 나갈 수 있기 때문이다.

언어는 서구의 전통에서 '진리'와 관련되어 다뤄져 왔다. 우리의 생각을 표현하는 진술로서 칸트가 분석명제와 종합명제를 내세우면서, 진리 추구 방식이 이 두 부류 외에 다른 것이 없다고 선언하였을 때에, 이는 더욱 분명한 모습을 지니게 되었다. 분석명제는

(35) 모든 대상은 부피를 지닌다(All things extend)

주어가 지닌 언어적 속성을 분석함으로써, 그 진리값을 결정해 줄 수 있다. 여기에서는 오직 언어 분석만으로 모든 일이 끝난다. 그러나 종합 명제는

(36) 모든 대상은 무게를 지닌다(All things weigh)

처럼 외부의 경험 세계에 대한 정보를 참고해야 비로소 무거운지 가벼운지 여부(그 무게)를 알 수 있다. 종합 명제는 언어 분석 위에 다시 경험 세계의 정보가 더해져 종합될 때에라야 진리값이 확정되는 것이다.[26]

---

[26] 콰인은 분석명제와 종합명제에 대한 구분도 언어 전체에 대한 정보가 없으면 성공적으로 이뤄질 수 없다고 보았다. 그 전체 정보를 알기 위해 그는 대신 '총체론적' 접근법을 주장한다. 콰인(Quine, 1953; 허라금 뒤침, 1993), 『논리적 관점에서』(서광사)의 "경험주의의 두 교리"를 보기 바란다. 콰인의 생각에 대한 비판은 김지홍(2010)의 『언어의 심층과 언어교육』(도서출판 경진) 제2장 3절 '개버가이 사슬'을 보기 바란다.

필자는 한때 우리의 문화 전통에서 왜 '언어와 진리'를 탐구하는 치열한 사고 전개가 없었는지 의아하게 생각하곤 했었다. 고작 말만 그럴 듯하게 번지르르 꾸려 놓고서 낮잠만 일삼는 게으른 재여를 나무라며, 공자가

(37) 썩은 나무에는 조각을 할 수 없다!

라고 말하였던 대목에서, 언어를 놓고서 먼저 '실천'이라는 잣대로 재단했었다는 생각만 막연히 하고 있었다(민간에서는 이를 '실천궁행'이라고 요약함). 뒤 늦게 '일상 언어 철학'의 본령을 조금 이해하고,[27] 서구 문명에서도 협소한 '진리와 언어'의 문제를 벗어나, '행위와 언어'의 문제를 다루기 시작했다는 자각이 생겨나면서, 필자는 우리의 전통이 진작부터 '언어 사용'(실천)의 핵심을 따져 왔음을 깨달을 수 있었다. 오스뜬Austin, 1911~1952은 처음에 언어를 진리값을 확립하는 '진위 진술constative'과 실행을 완벽히 이뤄냄으로써 진리값이 확보되는 '수행 진술performative'로 나눠 생각했었다. 그러다가 전자가 또한 '선언하다, 주장하다' 등의 상위 수행 동사를 써서 재구성할 수 있음을 깨달았다. 따라서 모든 것은 하나의 행위로 기술되는 것이다.[28]

그런데 이런 생각을 놓고서 오스뜬은 이 물음이 기본적으로 자유의지의 물음으로부터 나온다는 데에는 이르지 못하였다. 따라서 언어 행위를 오직 '진실성 조건' 위에서만 다루고 있다. 만일 인간이 모두

---

27) 필자의 능력 범위 밖이어서 여기서 다루지 않지만, 후기 비트겐슈타인의 일상언어 철학에서도 맥락을 강조한다. 그러나 맥락도 또한 상위 개념이 전제된다. 즉, 그 맥락을 인식하거나 이용하여 발화하는 우리의 '인식 능력'이 더 본질적일 수밖에 없다. 그렇다면, 그런 능력은 다시 또 자유의지를 지닌 주체를 다루는 문제가 될 것이다.

28) 행위와 실천은 비슷하지만(둘 모두 자유의지를 지닌 인간이 일으키는 어떤 사건임), 행위라는 개념이 더 포괄적이라는 측면에서 차이가 있다. 실천은 약속이나 선언과 같은 언어 표현을 실세계에서 이뤄 나가는 것을 말한다. 행위는 이보다 더 큰 상위 개념으로 쓰여서, 반드시 실천을 전제로 하지 않는 것도 행위에 속하게 된다. 상위 수행문의 설치는 '무한 퇴행'의 문제와 맞물려 있다. 그뿐만 아니라, '상위 수행문' 설치에 대한 엄격한 제약을 찾을 수 없어서 이런 접근이 실패했다고 간주된다.

부처나 공자나 예수와 같다면, 아마 오스뜬의 주장은 정확히 인간의 언어 사용에 부합되었을지도 모를 일이다. 그러나 실제로 우리 경험은 그런 기대에서 한참 벗어나 있다.

(38) 빈말·헛말·거짓말·떠보는 말·우스갯말·우기는 말·씹는 말 …

등등 많고 많은 말이 진실성과는 멀리 떨어져 있다. 반어적 표현은 '진실성 조건'의 접근을 무위로 만들어 놓는 결정적인 반례이다. 결국 오스뜬은 현실 언어 사용의 일부만을 다루고 있었던 것이다.

4.3. 그롸이스의 화용론: 자연주의에 대한 추구

좀더 역동적인 언어 사용의 모습은 그롸이스(Grice, 1913~1988)에 의해서 다뤄졌다. 언어 사용에 관련된 글은 그롸이스(1989)에 모두 들어 있다. 그롸이스(1991)에서는 언어 사용이 선택에 따른 가치를 내재하고 있으며, 가치의 궁극적인 뿌리는 '죽음'이라는 인식(유한성 때문에 불가피하게 선택을 해야 하고, 그 선택의 가능성이 가치라는 옷을 입게 됨)이 들어 있다. 또 우리 인간이 합리적으로 사고하고 행동할 수 있는 근거를 다루면서 그롸이스(2001)에서는, 궁극적으로는 순수이성과 실천이성도 같은 뿌리를 공유한다고 보았다.

그롸이스는 전형적인 언어 사용을 드러내기 위하여 상식적인 '대화 규범'을[29] 상정한다.

---

29) 70년 중반에 maxim이 '격률(格律)'이란 낯선 일본식 조어로 소개되었다. 우연히 너무도 아리송한 조어이기 때문에 그런 것인지, 너나없이 불문율로 이를 묵수하는 듯하다. 전공자들에게 그 말뜻을 풀이하도록 해 보아도 시원히 대답하지 못한다(굳이 풀자면, 격언(格, 진리에 '이르다']과 같은 지위의 법률(律) 정도로 되겠지만, 두 개념은 준수의 강제성 측면에서 서로 반대이다. 일본인들도 과연 그 본뜻을 새겼는지 의문이다). 여기서는 '대화 규범'이라는 말을 쓰기로 한다. 이 말 속에는 위배(flout, exploit) 가능성이 깃들어 있다(따르거나 안 따르거나 그만인데, 안 따르는 경우에 이를 알아차릴 단서를 청자에게 줘야 한다는 속뜻). 이 점이 역동적인 언어 사용에 대한 그롸이스 생각의 핵심이라고 판단된다.

maxim이 칸트가 썼던 말임을 뒤늦게 알게 되었다. 칸트는 먼저 인간 인식의 선험

① 질과 양이 적절해야 하고,
② 앞뒤 말이 가지런히 관련되어야 하며,
③ 기존의 방식대로 말을 해야 하는 것이다.

그런데 이 규범은 준수될 수도 있고, 위배될 수도 있다. 뒤의 경우 청자도 일부러 위배되었음을 알 수 있도록 어떤 조치가 이뤄져야 한다. 따라서 언어 사용에서 의사소통 의도를 결정하여 언어로 표현하게 되면,[30] 대화 상대방 쪽에서는 그 표현을 통하여 원래 의도를 붙들어 내는 것이 의사소통 행위의 핵심 사안이 된다.

언어 행위가 제대로 진행되기 위해서는 일정 순간마다 화자는 청자가 자신의 의도를 알아차렸음을 확인해야 한다(클락의 '점검 경로'). 그런 만큼 청자도 또한 화자의 의도를 알아차렸음을 적절히 반응해 줄(반응을 보여 줄) 필요가 있다. 이런 점을 고려하면, 언어 사용은 적어도 세 가지 단계로 이뤄진다.

(39) 의도를 언어로 표현 ⇨ 표현으로부터 의도 찾아내기 ⇨ 서로의 반응 인식하기

이 단계가 순환되면서, 의사소통 참여자들 사이에서 의도 표현 및 반응 확인 과정이 언어 사용의 본질을 이룬다.

그렇지만 '대화 규범'은 앞에서 살펴본 클락의 의사소통 모형에서 첫 차원인 의사소통 상황의 수준에만 해당된다. 점검 경로와 새롭게 도입되는 사태들의 층렬은 대화 규범에 직접 적용되는 대상이 아니다. 대화 규범은 의사소통 진행의 지표일 뿐, 스스로 자신을 점검할

적 범주를 상정하고, 이 위에 개인별 개념틀을 Schema(쉐마)로 도입하였고, 결정을 내리는 데에 개인별로 이용하는 원칙 내지 규범을 maxim이라고 보았다.

30) 표현에서는 늘 어떤 속뜻(implication)이 깃들어 있다. 초기에는 언어 표현 관례에 따라 깃드는 관례적 속뜻(conventional)과 대화 상황에 따라 깃드는 대화상의 속뜻(conversational)으로 나누었다. 후기에는 이 구분이 '의사소통 의도의 인식'이라는 상위 개념으로 통합된다.

수도 없으며, 새로운 사태 도입에 대한 제어를 떠맡을 수 있는 것도 아니기 때문이다. 만일 새로 도입된 층렬에서, 청자·화자가 감정 이입되어 가상현실의 주체로 바뀌는 경우, 다시 대화 규범이 도입될 수 있다.

대화 규범은 의사소통을 진행해 가는 순방향 쪽으로만 서술되어 있다. 그렇지만 점검을 위해서, 그 흐름을 거꾸로 돌려놓고 역방향의 마지막 지점으로부터도 의사소통을 확인해 나갈 수도 있다. 이는 청자가 화자의 '의사소통 의도'를 제대로 파악했는지 여부를 살펴보는 일이다. 달리 말하여, 이 지점은 한 도막의 의사소통에 대하여 잠정적 매듭의 역할을 하는 지점이다. 이런 점을 고려하면, 무한 퇴행infinite regression으로 지적되는 '청·화자 간의 상호 인식'은 더 이상 무한한 과정이 될 수 없다. 왜냐하면 한 매듭의 의사소통을 고려하는 경우에, 의사소통은 언제나 시작과 끝이 화자에게 있기 때문이다(Labov and Waletzky, 1967에서는 매듭 또는 마디 부분에서 '평가'가 이뤄진다고 지적하였음).

인간의 자유의지가 구현되는 방식은 여러 가지이다. 그 중에서 만일 언어가 그 매체라면, 그 언어 표현은 의도를 담고 있으며, 상대방이 그 의도를 제대로 가늠하였는지를 확인하는 일로 의사소통이 이뤄진다. 즉, 화자의 중심축에서 (39)의 단계는

(40) 의사소통 의도 ⇨ 언어 표현 ⇨ 청자로부터의 의도 파악을 점검 확인 ⇨ 의사소통 매듭

의 순환으로 재구성될 수 있다. 여기서 '의도'가 제일 중심에 있다(막연한 의도·현재 의도·상위 의도 등이 더 상정될 수 있음). 언어 표현은 그 의도를 고이거나 뒷받침하는 역할을 맡고 있다. 그 의도에 따른 표현은, 대화 규범을 축자적으로 따르고 있거나, 또는 상대가 알아차릴 수 있는 범위에서 고의적으로 어떤 규범을 위배하고 있음을 서로 잘 인식해야 한다.[31]

초기 그롸이스의 관심은 주로 화자의 의도와 언어 표현의 해석에

쏠려 있었다. 그러나 후기의 관심은 청자로부터 의도된 반응 이끌어 내기(그런 관찰을 할 수 있는 실세계 경험)에 모아져 있다. 청자의 반응이 외부 실세계의 경험이라는 점에서, 이를 의사소통의 '자연주의화' 내지 '외재주의에로의 전환'이라고 부를 수 있다.

아무리 제멋대로 상징과 자유의지를 구가하면서 의사소통 도구를 이용하여 신호를 보낸다 하더라도, 상대방으로부터 기대된 적절한 반응을 얻어내지 못하고 실패한다면, 차라리 그런 시도를 하지 않음과 별 차이가 없다. 거꾸로 어떤 미완성 표현이라도, 미리 의사소통 의도를 청자가 우연히 알아차리고, 이런 청자 반응을 화자가 확인해 낸다면, 의사소통이 완성되었다고 말할 수도 있다. 이런 점에서 의사소통의 성공은, 첫 출발점도 실세계에 있는 청자이고, 마무리도 또한 실세계에 있는 청자로부터 나오는 듯하다. 결국 의사소통 성패나 열쇠는 이제 청자에게 달려 있다. 청자로부터 기대되는 반응을 이끌어내어

---

31) 그롸이스의 속뜻 깔아 넣기에 대한 가장 신랄한 비판은 데이뷔스(Davis, 1998), 『함축 : 그롸이스 화용 이론의 실패에서 의도·관례·원리(*Implicature : Intention, convention, and principle in the failure of Gricean theory*)』(Cambridge University Press)에서 이뤄졌다. 그는 대화 규범으로서의 협동 원리를

① 함의 표현·협동 가정·결정성·상호 지식

으로 나누고, 다시

② 계산 가능성 가정·생성 가정·강한 방식의 속뜻 넣기와 찾아내기

를 공모 작동 원리로 상정하였다. 또한 협동 원리의 뿌리도

③ 규범적 원리·행동 관찰적 원리·내면 동기 원리·믿음 인지 원리

라는 네 가지 차원으로 환원해 놓았다. 그렇지만 필자는 이처럼 하위의 여러 단위들로 쪼개는 것만이 능사라고 생각지 않는다(그롸이스의 '상식적 접근'과 거리가 있음). 인간의 머리가 초고속 컴퓨터가 아닌 바에야, 복잡한 구성 요소들을 상정하는 일 자체가, 직관적으로 우리 인간 자신을 되돌아보는 관점과 정반대 지점에 놓여 있다. 오히려 간단하며 통합적이고 가변성을 허용해 주는 접근이 자유의지를 지닌 인간 행위를 설명하는 데 더 도움이 될 것으로 본다. 속뜻 깔아 넣기가 언제나 일어나는 것도 아니며(비유 따위 간접 표현이 반드시 직접 표현을 기본으로 하여 부분적으로 일어나듯이, 속뜻 깔아 넣기도 축자적인 표현을 기본으로 하여 그 위에서 부분적으로 일어난다고 봐야 함), 그런 행위를 설명하는 것은 필연적 인과율에 의한 것이 아니라, 모종의 전형성을 세워 놓고서 이를 중심으로 하여 수정·폐기·확장 등의 과정을 상정해야 하는 개연성에 의한 것일 뿐이거나(이것도 상호작용의 개연성에 바탕하여 전개될 뿐임), 아니면 앞의 각주 25에서 언급한 대로 '제약 만족' 접근만 가능할 뿐이다. 필자의 생각에, 그롸이스의 약점은 능동적인 청자 몫이 제대로 부각되지 않았다는 데 있다고 본다.

확인하는 일이 핵심 사안인 것으로 보인다.

의사소통 의도에 대한 청자 반응의 확인은, 실세계를 경험하는 여느 일과 동일한 것이다. 의사소통 도구의 자연성 및 비자연성의 통합도, 청자를 실세계의 대상으로 만들어 놓은 바탕 위에서 이뤄진다. 따라서 후기의 언어 사용 모형에서의 초점은, 청자가 화자와 공통된 영역 속에 들어가 있기보다는, 오히려 실세계의 영역 속에 들어가 있는 것이다. 이런 점에서 청자는 중의적인 역할을 맡고 있는 셈이다.

'실세계·믿음체계·의사소통 도구'를 놓고서 삼각형 모습의 긴밀하거나 느슨한 대응관계를 머릿속에 내재화하고 있다는 점에서(화자와 청자가 서로 의사소통이 가능해질 수 있는 논리적 근거임),[32] 화자와 청자가 모두 동일한 유대 속에 들어 있다. 그렇지만 화자가 내보낸 의사소통 의도를 알아차렸음을 확인하기 위해서는, 반드시 청자가 '실세계'의 영역 속에 들어 있어야 한다. 청자는 특정한 반응을 확인할 '실세계

---

32) 특히 제18장 "다시 의미를 찾아서"에서는 사람들끼리 서로 교감이 이뤄질 수 있는 근거를 포괄적으로 다룬다. 의사소통에서 세 가지 구성 요소가 들어 있다. ①공통된 실세계 경험, ②사고와 믿음 체계, ③의사소통 도구(언어 표현)이다. 이들은 삼각형 모습으로 묶이게 된다(그라이스 '삼각형'은 오그든·뤼춰즈의 '의미 삼각형'처럼 되어 있지만, 그 해석 방식은 긴밀하거나 느슨한 일부 대응관계만을 살핀다는 점에서 차이가 난다).

흔히 사람들 사이에서 교감이 이뤄지는 일을 소박하게 '객관성'이라고 불러왔다. 그러나 괴델(Gödel, 1906~1978)의 '결정 불가능성(undecidability)' 입론 때문에, 온 우주로 뻗어가는 완벽성 또는 절대성이라는 개념은 이성적 작업에서 기피거리가 되어 버렸다. 대안이 되는 개념으로서, 현상학을 비롯한 현대 철학에서는 '상호 주관성'이라고 하거나, 심리학에서는 '감정 이입' 또는 '마음 이론(Theory of Mind)'(행동주의 심리학자 Premack의 용어)이란 말을 쓴다.

그라이스는 이런 교감의 논리적 근거로서, 외재적으로 주어진 공통된 실세계 경험이, 우리 머릿속에서 사고(또는 믿음 체계)와 어떤 긴밀하거나 느슨한 대응관계를 이룬다고 본다. 외부 실세계 경험은 다시 언어를 포함한 의사소통 도구들과 긴밀하거나 느슨한 대응관계를 이룬다. 그는 삼각형의 어떤 구성 요소를 다루더라도, 긴밀하거나 느슨한 두 방향의 대응관계가 확보되도록 상정한다. 이것이 바로 '상호 주관성'이 보장되는 논리적 사슬인 것이다. 이런 배경 아래 의사소통 도구의 자연성(icon이나 index) 및 비자연성(symbol)이 하나로 통합된다. 자연성이란 개념은 실세계 경험과 사고 체계의 관계, 또는 실세계 경험과 의사소통 도구의 관계를 가리키기 때문이다. 그라이스 삼각형에서 어떤 항목이든지 다른 두 항목과 동시에 긴밀하거나 느슨한 대응관계를 이룬다면, 비자연적(symbol) 의사소통 도구도 또한 느슨하지만 실세계 경험과 연결된다는 점에서 자연성을 확보할 수 있는 것으로 보았다.

대상'으로서 간주되기 때문이다. 이런 점에서 청자는 더 이상 동일 유대 속에 들어 있지 않다. 필자는 이를 청자 위상의 '역설'이라고 부르고자 한다. 논리상으로 의사소통이 시작되기 위해서 그림자처럼 청자는 화자와 동일한 상태에 있어야 하지만, 의사소통이 매듭지어지기 위해서는 청자가 반드시 화자와 다른 상태에 있어야만 하는 것이다. 이 역설이 자연주의로 환원하는 열쇠이지만, 여기에 문제가 있는 것이다.

4.4. 자연주의 추구 방식에 대한 삽의

만일 4.1절에서 언급한 클락의 의사소통 모형이 옳다면, 이 모형은 인과율을 지닌 자연주의 모습으로 환원될 수 없음이 명약관화하다. 자연의 법칙에 자기 점검의 경로가 없을뿐더러, 능동적으로 새롭게 도입되는 층렬도 들어 있지 않기 때문이다. 오직 시·공간을 같이 접하는 동일한 평판 층위에서, 직접적인 경험 자극 대상들만이 체험의 주체에게 주어질 뿐이다. 그런데 이런 현장 조건은, 자유의지를 지닌 개체들의 의도적 행위를 설명하기 위하여 얽어낸 의사소통의 전형적 모습과 같은 차원에서 논의될 수 없다. 상징적 행위를 포착하기 위해서, 필연적 인과율(또는 확률적인 결정론)과 같은 자연 법칙은 필요하지 않다. 대신 어떤 성향을 추적할 고유한 방식이 있어야 하는 것이다.

그렇지만 그롸이스는 왜 언어 사용을 인과율과 같은 자연 법칙으로 환원하려고 하였던 것일까? 필자는 인간을 바라보는 두 갈래의 전통을 돌아볼 필요가 있다고 생각한다. 하나는 인간만의 고유 특성을 강조하는 시각이다. 여기서는 인간과 자연이 엄연히 분리되어 있다. 그렇지만, 인간도 자연계 속에서 진화해 왔고, 자연계 속에서 살아가고 있다. 이런 관점에서는 인간을 자연의 일부로 바라볼 수 있다. 자연주의는 뒤의 입장을 전제로 한다.

그롸이스의 환원주의에서는 '청자'라는 개념이 두 가지 몫을 맡고 있음을 지적하였다. 정보 간격을 지니지만 화자와 동일한 상태에 있는 청자, 화자의 의사소통 의도를 올바르게 수용하였음을 확인하는 검증 대상으로서의 청자이다. 앞의 입장에서는 정보 간격이 전제되므로, 청자와 화자 영역이 분리되어 있다. 의사소통의 출발점과 도착점이 서로 떨어져 있기 때문이다. 그렇지만 뒤의 입장에서는 오직 화자 영역만이 있다. 청자는 그 토대 위에서 오직 부분 집합으로만 들어 있다. 곧, 의사소통의 시작은 청자와 화자의 두 영역을 매개해 주지만, 그 마감은 화자의 한 영역으로만 끝나게 되는 것이다. 이 마감 영역에만 초점을 두고, 특히 완벽한 의사소통이 그 밑바닥에 깔려 있을 경우에는 자연주의에로의 환원도 가능할 듯하다.[33]

그렇지만 우리의 의사소통 경험을 되돌아 볼 필요가 있다. 거칠게 말하여, 아마 십중팔구 불완전하거나 왜곡되기 일쑤이다. 이런 경험을 근거로 삼으면, 의사소통 사건 속에서는 완벽성은 상정될 수 없다. 달리 말한다면, 의사소통이란 청자와 화자 사이에서 정보 간격을 가까이 좁혀 놓고자 부단히 노력하는 인간 행위일 뿐이며(불확실성 줄여 나가기), 완벽성과는 별개의 문제다. 다만 (보편적 인간 체험의 터전 위에서) 합치에 대한 믿음이 지속되고 있을 뿐이다(Davidson의 '관용의 원리'가 적용됨). 이는 자연주의로 환원하려는 동기가 쉽게 만족될 수 없는 과정임을 시사해 준다. 완벽한 의사소통은 현실성을 일부 위배하고 있거나 과장하고 있기 때문이다. 이런 점에서 청자의 위상 변환을 통하여 자연주의 또는 외재주의의 근거를 확보하려는 시도는 내적 결함을 지니고 있다.

객관성이나 완벽성을 보장해 주는 환원의 필요성은, 아마 추상적이고 이상적인 '보편적 인간 체험'과 관련하여 마련되어야 할 듯하다.[34]

---

[33] 마치 오스튼이 의사소통 행위의 '진실성 조건'만을 상정하였던 것을 생각나게 한다. 사실상 완벽한 의사소통과 진실성 조건은 오십보백보인 셈이다.

[34] 이 논의는 상대성과 절대성, 또는 주관성과 객관성 사이의 물음에서, 절대성과 객관성으로 다가가려는 노력이다. 필자는 '환원의 필요성'에 의문을 던지는 것이 아니다. 우리가 지닌 상식을 옹호하는 쪽에 선다면, 응당 환원의 가능성을 추구해야 하기 때문이다. 여기서는 다만 그의 환원 방식에 문제가 있음을 지적해 두는 것이다. 한편, 썰얼(Searle, 2004; 정승현 뒤침, 2007)의 『마인드』(까치)를 읽으면서 써얼도 1인칭 진술이 결코 3인칭 진술로 환원될 수 없으며, 그런 점에서 환원주의에 반대하고

달리 말하여, 화자와 청자라는 개념을 떠나서, 인간이 공통적으로 체험하는 경험들을 중심으로 하여 상정되어야 할 것이다. 인간 공통 체험으로부터 각각 청자와 화자가 도출되어 나와야 하는 것이다. 이런 점에서 필자는 청자의 위상을 달리 해석하는 환원 방식에는 동의하지 않는다. 비록 그의 목표에는 공감하지만, 그 목표를 달성할 수 있는 더 정합적인 방식을 달리 찾아 봐야 하는 것이다.

있음을 알았다. 써얼은 스스로를 생물학적 자연주의 노선을 추구한다고 말하는데, 마음의 속성인 지향성이 생겨나는 두뇌 속의 신경생리학적 가능성을 상정하기 때문이다.

제2부 명사구와 관련된 논항구조

제**2**장 수량 분류사를 가진 명사구의 논항구조

제**3**장 명사구의 확장과 그 논항구조

제**4**장 명사구를 요구하는 기능범주

제2장 수량 분류사를 가진 명사구의 논항구조*

1. 들머리

　최근 들어 언어 연구, 특히 통사론에 대한 연구는 매우 빠른 발전을 이룩해 왔다. 이는 인지과학의 급격한 부상에 힘입은 결과였기도 하지만, 통사론에 대한 연구들이 엄격히 제약되어 있는 실체를 찾아내려는 노력 때문이었기도 하다. 여느 분야에서와 동일하게 그 노력의 지향점은, 간단하고 적용력이 높으며 우리가 쉽게 알아차릴 수 있도록 하는 내용을 추구하는 쪽으로 모아져 있다. 통사론의 연구 결과들이 인지과학이나 심리학 또는 철학을 연구하는 사람들에게도 관심의 표적이 되는 까닭이 여기에 있는 것이다.
　우리는 스스로가 사용하고 있는 자연언어에 매우 익숙해 있으면서도, 그 자연언어를 왜 그렇게 사용하는지에 대하여 선뜻 대답할 수 없다. 그것은 자연언어의 본질이 추상화된 실체이고, 그 실체에 대하여 쉽사리 자각할 수 없기 때문이다. 이 실체를 머릿속 언어I-language라고 부르며, 입이나 손 또는 다른 수단에 의해 표현됨으로써 오관에 의해 경험되는 외재적 언어E-language와 구분 짓기도 한다. 그런데 머릿속 언

---

* 이 글은 『배달말』 제19집(1994년 12월), 1쪽~48쪽에 실림.

어는 어떻게 운용되고 무엇으로 구성되어 있을까? 머릿속 언어가 두뇌 속의 다른 인지 기관들과는 다른 모습을 하고 있을 것이라고 가정하고 있는 쪽이 언어학자들이라면, 머릿속 언어조차도 일반 인지 기관과 동일하다고 보는 쪽이 심리학자들(특히 삐아제 경우) 쪽이다.

본고에서는 머릿속 언어를 관장하고 있는 특정한 부서가 우리의 대뇌의 어디에인가 있을 것이며, 그곳에서의 운용 방식은 연산$_{computation}$에 의한 것이라는 가정을 수용한다. 물론 언어의 사용이 필연적으로 '기억 창고'의 동적인 활성화에 의존하지 않을 수 없다. 그러나 기억의 인출과 새로 들어온 자극의 대비만으로 언어 사용이 이뤄지는 것은 아니다. 언어 자료로서의 입력 신호에 대한 분석과 종합화의 과정이 불가결하다. 이 단순한 과정에서도 '위에서 아래로$_{top-down}$'의 처리와 '아래서 위로$_{bottom-up}$'의 처리가 서로 복잡하게 상호작용을 하고 있는 것으로 간주된다. 여기서 분석과 종합 과정을 주도하는 실체가 무엇일까 하는 의문이 생긴다. 그 가능 후보가 '논항구조$_{argument\ structure}$'라고 제안되고 있다.

90년대의 논의에서는 머릿속 언어의 밑바닥에 논항구조와 같은 실체가 있을 것으로 가정되고 있다. 언어를 어떻게 분석하고 종합하는지를 이 논항구조가 결정 짓는다고 보는 것이다. 이른바 귀납적 함수$_{recursive\ function}$를[1] 언어학에 적용할 수 있도록 조정하면

$$X' \rightarrow X, \text{ 또는 } X \rightarrow X'$$

---

[1] 이 용어의 번역은 학문 분야에 따라 다소 달라진다. 여기서는 수학대사전의 번역 용어를 빌렸다(박을룡 外, 1975, 『수학대사전』, 창원사 : 130쪽). 쉽게 연상되는 번역 용어로서는 이를 '반복 함수'라고 말할 수 있다. 자연수는 반복(=回歸, 歸納)의 구현체라고 말한다. 따라서 자연수는 성격상 무한할 수밖에 없다. 그런데 무한이 먼저인가, 반복이 먼저인가에 대하여 논란이 있을 수 있다. 비-반복적 무한의 존재도 상정될 수 있으므로, 개념의 전개와 논리의 일관성이라는 측면에서 본다면, 무한이라는 것이 먼저 주어지는 것으로 처리하는 것이 옳다. 무한이라는 것이 실체로 주어지면, 그 무한한 대상 가운데에서 반복의 질서를 찾을 수 있는 범위에서만 우리 인간의 정신적 작업이 가능해지는 것이다.

라는 핵 계층 모습으로 표현된다. 귀납적 함수는 무한정의 반복(또는 회귀回歸)을 보장해 주는 함수이다. 그런데 '무엇이 어떻게 반복되는지'에 대해서는 자연언어의 독자성이 드러난다. 반복되는 대상이 논항구조이기 때문이다. 논항구조는 몇 가지 조건을 갖춘 구조이다. 논항구조는 이분지=分肢 구조이다. 핵과 비핵으로 구성되어 있으며, 두 개의 층위를 갖는다.[2] 핵어_head 순서의 매개인자를 후핵성後核性으로 고정시킬 때 논항구조의 모습은 다음 (1)과 같다.

(1)

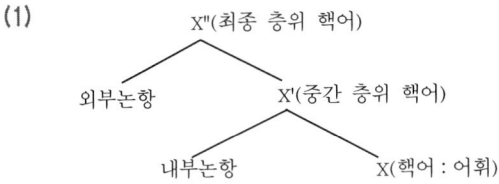

위 그림은 임의의 핵어 X가 있을 때에, 이 핵어가 반드시 중간 층위와 최종 층위를 구성한다는 내용을 보여 준다. 어휘 층위에서 뽑은 임의의 핵어가 논항을 하나 동반하고 중간 층위로 투영되면, 중간 층위의 핵어는 다시 논항 하나를 동반하고 최종 층위로 투영된다. 핵어들이 계층적으로 투영되어 있다는 점을 드러내어 (1)과 같은 구조를 '핵 계층 구조'라고 부른다.

---

[2] 두 개의 층위를 갖는다는 점에 대해서 다른 견해가 제시될 수 있다. 두 개의 층위를 갖는 것은 어휘 핵 층위와 중간 핵 층위와 최종 핵 층위를 인정하는 것이다. 그러나 다른 견해로 중간 핵 층위를 없애고, 다만 어휘 핵 층위와 최종 핵 층위만을 인정하는 경우가 있다(Chomsky, 1994의 제안임). 본고에서는 중간 핵 층위의 존재를 인정해야 한다고 본다. 언어가 〈소리, 뜻〉(〈π, λ〉)을 매개하는 추상적 실체라고 할 때에, '소리'는 언어 외부요소이고 '뜻'은 언어 내부요소가 된다. 이분지 약정에 의하여 이들을 매개하려면 불가피하게 중간 층위의 존재를 상정하지 않을 수 없다. 이 관계를 다음 그림처럼 표시할 수 있다.

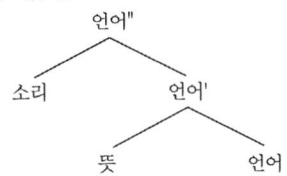

논항은 핵어와 '원소∈집합'의 관계를 이루는 요소이다(프레게는 논항과 함수라는 용어를 썼음). 어휘 층위 핵어와 집합 관계에 있는 논항을 '내부논항'이라고 부르고, 이들이 합쳐져서 중간 층위 핵어 X'를 이루었을 때에 이 중간 층위 핵어와 집합 관계에 있는 논항을 '외부논항'이라고 부르겠다. 내부와 외부라는 수식어는 오직 어느 층위의 핵어와 집합 관계를 이루느냐에 대해 구별하려는 목적으로 붙였다. 논항들을 중심으로 살필 때에, (1)의 구조는 논항들 사이에 계층이 뚜렷이 구분되어 있고, 그 계층 사이에 유기적인 관련(=투영projection 관계임)을 보여 준다는 점에서 '논항구조'라고 부를 수 있다.

논항구조 (1)은 어떠한 경우에도 언어의 밑바닥에서 실재적으로 기능을 한다는 점에서[3] '전형적 논항구조'라고 부를 수 있다. 만일 전형적인 논항구조가 머릿속 언어의 밑바닥 실재물이라는 사실이 확실하다면, 정신의 물질적 근거를 추구하는 쪽에서 (1)의 구조는 대뇌 세포의 연결이나 또는 우리의 인지와 관련된 세포의 실재 모습으로 검토되어야 할 제1 순위의 후보가 된다.

우리가 다루게 될 언어 사례는 논항들이 중요한 몫을 하게 된다. 논항들을 부각시키기 위하여 그 이름을 고유하게 정하여 다시 (2)와 같이 나타낼 수 있다.

(2)
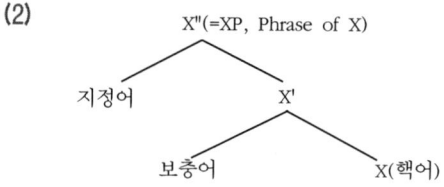

(2)에서 보충어Complement와 지정어Specifier는 각각 내부논항과 외부논항을

---

[3] 이는 음절, 형태, 통사, 담화 등의 모든 층위에 이 구조가 적용되는 것으로 가정되고 있음을 뜻한다. 두드러진 업적들이 형태 구조와 통사 구조의 논의에 모아져 있으나, 똑같이 음절 구조와 담화 구조에도 확대될 수 있다. 특히 제킨도프(Jackendoff, 2002; 김종복·박정운·이예식 뒤침, 2005)의 『언어의 본질』(박이정)에서는 진화과정에서 제일 처음 음절이 구조화된 뒤에 점차 다른 층위로 파급되었을 것으로 생각한다.

다른 이름으로 바꾼 것이다. 보충어와 지정어는 각각 어휘 층위의 핵 X^0 또는 X와, 이 핵의 투영으로 이루어진 중간 층위의 핵 X^1 또는 X' 의 자매항목(=비핵)들을 가리킨다. 이들은 원초적으로 주어지는 범주 개념이 아니라, 핵의 층위에 따라 자동적으로 주어지는 관계 개념에 지나지 않는다. 이를 일반화하여 서술한다면, 임의의 핵어는 상대적으로 불변의 속성을 지닌 항목을 채우고 난 뒤, 다시 상대적으로 가변적 속성을 지닌 항목을 채우게 된다고 말할 수 있다.

전형적인 논항구조는 두 개의 논항만을 갖고 있다. 이 구조는 동사가 핵어로서 투영되어 문장을 만들 때에 문제가 생긴다. 이른바 이중타동사_ditransitives_의 경우가 그러한데, 최소한 세 개의 논항(주어-목적어$_1$-목적어$_2$)이 필요하기 때문이다. 따라서 이중타동사를 다룰 수 있도록 (2)를 수정할 필요가 있다. 이분지 약정을 준수하면서 논항을 하나 더 늘일 수 있는 길은 (2)의 구조를 그대로 반복하는 것이다. 다시 말하여 보충어 논항으로 X"를 도입하는 것이다. 그 결과는 (3)과 같다.

(3)

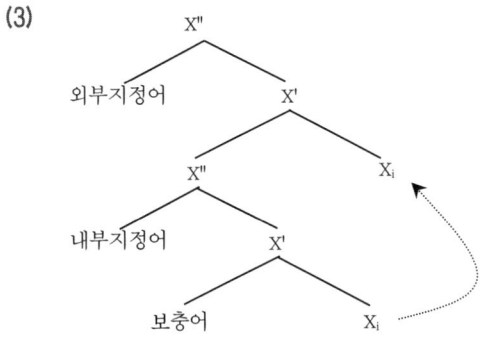

이 구조는 내포 구조로서 꺾쇠괄호 약속을 써서 표기하면 [[X"] X"] 의 모습을 하고 있다. 각각의 X"를 투영하고 있는 핵어 X는 동일한 핵어이다. (3)에서 이를 나타내기 위하여 동일한 지표 'i'를 덧붙였다 (점선 화살표가 동일한 것임을 나타냄). 동일한 핵어가 반복에 의해서 유기적 관련을 이룸으로써, 새롭게 세 개의 논항이 설정되었다. 이 논항구조가 늘 어휘범주의 핵어 투영에 간여한다는 점에서 이를 '일반화된 논항구조'라고 부르기로 하자. 어휘범주가 [±N, ±V]의 자질을 갖는 대상이라고 할 때, 일반화된 논항구조는 특히 [−N, +V]의 '동사' 및 [+N, −V]의 '명사'의 투영에 직접적으로 관련되어야 한다.

동사의 투영에서는 각 논항들이 계층에 따라 의미역(의미 역할, 의미 관계)이 자동적으로 할당된다(이를 '연결이론'으로도 부르는데, 제1장의 3절 3항을 보기 바람). 보충어에 〈대상역〉이, 내부지정어에 〈근원역 l 목표역 l 처소역〉이, 외부지정어에 〈행위주역 l 경험주역〉이 할당된다(단, 여기서 'l'은 배타적인 선택관계를 나타냄). 그림쇼(Grimshaw, 1990)의 추상화된 사건구조를 응용하여, 사건을 두 개 이상의 상태가 복합된 것으로 기점起點(起部)과 종점終點(結部)으로 나뉜다고 보자. 〈행위주역 l 경험주역〉을 사건을 일으키거나 사건이 일어나는 최초상태에 관련된다는 점에서 기점 의미역이라고 한다면, 〈대상역〉은 사건의 최후 결과나 그 상태와 관련되는 종점 의미역이라고 볼 수 있다. 종점과 기점을 교량처럼 이어 주는 것으로서 문법적으로 사격oblique case으로 실현되는 〈근원역 l 목표역 l 처소역〉의 논항을 사격 의미역이라고 부를 수 있다. 논항들의 위계에 따라 보충어에 종점 의미역이, 내부지정어에 사격 의미역이, 외부지정어에 기점 의미역이 대응되고 할당된다.[4] 이를 다음과 같이 나타낼 수 있다.

(4)

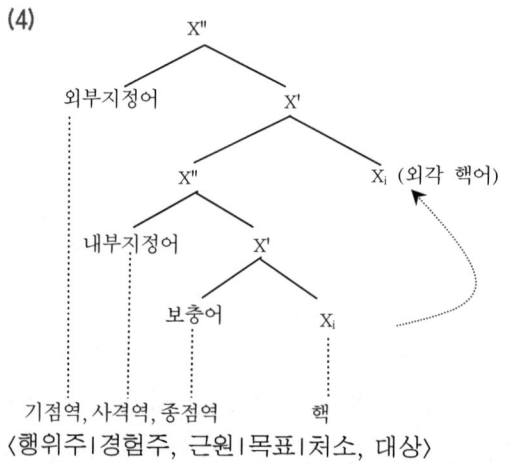

명사는 흔히 성격상 행위명사(사건명사)와 상태명사(결과명사)로 대분하는데, 오직 행위명사만이 의미역 할당에 관계한다고 알려져 있다.[5] 어휘범주의 투영이 일반화된 논항구조의 모습을 갖는다면 명사의 투영도 (3)과 같아야 할 것이다. 무엇이 명사의 핵어로 지정되든지 간에 계층이 서로 다른 세 개의 논항 위치에 명사 또는 명사와 관련된 요소들이 자리를 잡는 것이다. (3)의 구조가 필수적이라고 하자$_{\text{default value; 기본값, 초기값}}$. 어느 하나의 일반명사가 외현범주$_{\text{overt category}}$ 형태로 실현되었다고 하면(예: '꽃'), 이 요소는 논항들의 어느 한 위치에 자리를 잡아야 하거나, 또는 핵어 위치에 자리를 잡아야 한다. 외현범주로 채워져 있지 않은 나머지 위치에는 소리로 표현되는 법이 없는 공범주$_{\text{空範疇}}$ $_{\text{empty category}}$ 형태로 채워져야 한다(이하에서는 다만 'e'라고 표시될 것임). 명사의 구조에 대한 공범주 형태의 표시는 이전에 드러나지 않았던 많은 사실들을 보여 줄 것이다. 공범주의 존재는 필연적으로 이론 의존적인데, 새롭게 드러나는 사실들만큼 공범주의 설치는 유효하다고 말할 수 있다.

논항구조에서 더 추가되어야 할 것이 있다. 부가어$_{\text{adjunct}}$가 그것이다. 부가어는 필수적인 존재의 논항들과는 달리 그 실현이 수의적이라는 특성이 있다. 구조적으로 부가어는 최대투영 XP에만 붙는다. 논항의

---

4) 이중타동사의 경우 '주어/목적어$_1$/목적어$_2$'는 각각 '외부지정어/보충어/내부지정어'에 해당된다. 내부지정어는 사격을 받는 명사구뿐만 아니라, 격을 받을 수 없는 내포문 형식으로도 실현된다. 자세한 내용은 김지홍(1993)을 참고할 수 있다.

5) 필자는 이 설명 방법이 수정되어야 한다고 본다. 어휘범주가 기능범주로부터 구별되는 중요한 속성이 의미역 할당 능력에 있는 것이라면, 어휘범주의 요소들은 모두 언제나 의미역들을 적절하게 할당해야 하는 것이다. 잠정적으로 필자는 상태 명사(결과명사)의 핵어가 공범주 형태로 주어져 있기 때문에 의미역 할당 능력이 결여되는 것이 아닌가 의심한다(또는 본고에서 주장하려는 것과 같이 명사구는 기능범주 D의 투영이므로 의미역 할당이 이루어질 수 없다고 얘기할 수도 있다). 이는 전문적이고 세련된 논변이 요구되는 대목이며, 본고의 취지를 벗어나므로 논의를 유보해 둔다.

그리고, 이하에서 상의어로서 상태명사는 한 사건의 결과상태뿐만 아니라, 사건과 관계 없이 임의의 대상이나 개체도 포함되는 것으로 취급하겠다. 대상이나 개체는 속성 또는 속성 다발을 지니고 있다. 이 속성 또는 속성들이 상태의 하위 갈래이기 때문이다. 속성은 대상들이 지니는 불변의 상태나 내재적 상태이므로, '귀속 성질'이라고도 불린다.

구조와 구분하여 부가어들이 관계되는 구조는 결점結點 segment; 마디이라는 용어를 써서 달리 부르기도 한다. 부가어는 부가되기 위해서 특정 조건을 준수해야만 한다. 부가어 속에는 반드시 일반화된 논항구조 속의 임의 요소와 동지표되는 공범주 형태의 요소를 갖고 있어야만 한다. 배가 부두에 정박하기 위해서 닻을 내리는 것처럼, 이를 부가어의 '닻 내리기' 조건이라고 부를 수 있다. 부가어는 이런 조건만을 만족시키면 최대투영 XP를 계속 반복하면서 결점結點들을 거듭 만들어 갈 수 있다. 명사와 관련된 투영에서는 부가어가 핵어와 동지표되는 요소를 실현시키고 있어야 한다. 이를 반영하면 그 표상이 다음과 같다.

(5)
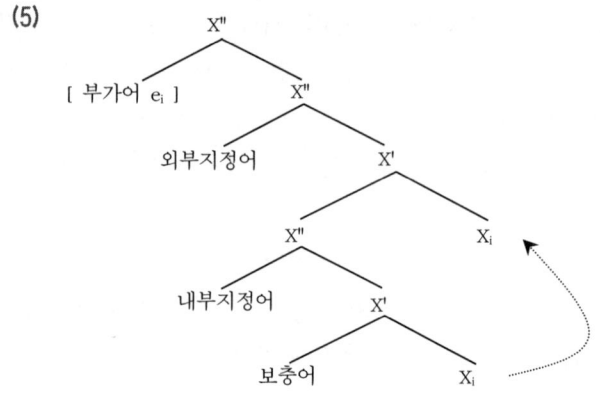

다음 제2절에서 (3)과 (5)의 구조를 바탕으로 하여 수량사를 가진 명사를 다루려고 한다. 이 작업의 결론은 '분류사'가 이 논항구조의 핵어이며, 그 범주는 D로 상정된다는 것이다. 최대투영은 DP가 된다. 이 입론은 국어의 모든 명사에 대해서도 똑같이 성립한다는 것이 필자가 주장하려는 내용이다.

2. 수량사 구문의 분포와 논항구조

2.1. 수량사 구에 대한 연구는 전통문법의 연구에서 형식명사와 더불어 논의되어 오다가 1970년대에 들어서면서부터 본격적으로 연구되기 시작하였다. 수량사 구에 대한 분포는, ① 무표적으로 '명사-수량사-분류사'의 구조를 갖지만(예: 학생 두 명), ② 맨 뒤의 분류사가 공범주 형태로 실현되기도 한다(예: 학생 둘 e). ③ 또 '수량사-분류사'가 명사를 선행하는 '수량사-분류사-명사'의 구조도 존재하며(예: 두 명(의) 학생, 두 가지 ϕ 행위), ④ 여기에서도 분류사가 공범주 형태로 실현될 수 있다(예: 두 e 학생). 공범주 형태로 실현되는 분류사의 존재를 별개의 것으로 친다면 수량사 구를 이루는 데에는 네 가지 구성이 가능하다고 말할 수 있다. 그러나 공범주 형태의 분류사를 외현범주 형태의 분류사 구성과 동질의 것으로 간주한다면, 다만 두 가지 구성이 가능하다고 말할 수 있다.[6]

일단 공범주와 외현범주 형태를 동일하게 취급하여 두 가지 구성만이 있다고 가정한다면, 본고에서 다루고자 하는 수량사 구에 관련된 문제는 다음과 같다. 첫째, 두 가지 구성이 동일한 것인가? 둘째, '명사'와 '수량사-분류사'의 관계는 어떤 것인가? 셋째, 공범주 형태의 분류사가 필수적이라면, 분류사의 문법적 범주는 무엇일까?

---

[6] 이른바 속격 또는 관형격 조사인 (의)의 실현에 대해서는 잠시 고려에서 제외해 둔다. 2.3절에서 필자는 (의)가 일반화된 논항구조에서 최대투영에 얹히는 부가어(Adjunct)를 이끌고 있음을 논의할 것이다. 이 논의가 옳다면, 두 가지 구성은 더 이상 이질적인 것으로 간주되지 않아도 된다. 명사를 기준으로 얘기하면, 하나는 [수량사-분류사]를 갖는 구성이고, 다른 하나는 부가어를 갖는 구성이기 때문이다. 만일 [수량사-분류사]가 공범주로 실현될 수 있다면, 모두 동일한 구성이라고 말할 수 있다. 곧,

"부가어-(의)-명사-[공범주 수량사]-[공범주 분류사]"

의 형태가 되는 것이다. 부가어는 부가되기 위해서 핵어가 투영하는 영역 속에서 동일 지표가 부여되는 요소를 공유해야 한다. 이는

"[[부가어]$_i$ 의]-명사-[e 수량사 [e 분류사]$_i$]"

의 형상이 된다. 따라서 지시상(reference)으로만 보면, 무표적인 구성 "명사 [수량사 [분류사]]"와 동일해지는 것이다.

수량사 구에 관련된 두 가지 구성이 동일하다는 논의로는 김영희(1976, 1984), 노대규(1977)를 들 수 있다. 이를 '동일론'이라고 부르기로 한다. 두 가지 구성이 다르다는 논의로는 채완(1982,[7] 1983, 1990a, 1990b)과 이남순(1982, 1990)이 있으며, 임홍빈(1979 : 190f.)과 김승렬(1988 : 111)을 들 수 있는데,[8] 앞의 두 논의와 뒤의 두 논의는 구별될 필요가 있다. 앞의 논의에서는 '한정적/비한정적' 또는 '통산統算/누산累算' 등의 기능적인 차이가 있는 것으로 보고 있다. 외연의미에서는 동일하지만 내포의미에서는 차이가 있는 것으로 보는 입장이다. 이를 상이론相異論에서의 '약한 입장'이라고 부르기로 한다. 반면 뒤의 논의는 외연의미뿐만 아니라 내포의미에서도 차이가 있는 것으로 파악하는 입장이라고 정리할 수 있다. 아주 '강한 입장'인 것이다. 본고에서는 2.2절에서 이들의 차이가 부가어의 실현 여부에 의해서 차이가 나는 것이며, 기본 표상은 동일한 것임을 보일 것이다. 결과적으로는 약한 입장 쪽을 지지하는 셈이 된다.

'명사'와 뒤에 실현되는 '수량사-분류사'와의 관계에 대해서는 이익섭(1973)에서는 동격 관계(반복 관계)로 보았다. 이와는 달리 김영희(1976 : 101)에서는 생성의미론의 논의를 수용하면서 주술 관계로 보았는데(곧, 분류사가 내포 서술어가 됨), 이정민(1989 : 475)에서도 비슷한 주장이 찾아진다.[9] 본고의 입장은 동격 관계도 주술 관계도 아니며, 논항구

---

[7] 채완(1982)에서는 통시적인 분류사의 발달을 논의하면서, 애초에 분류사가 없었던 상태에서 차츰 실질 명사들이 분류사로 기능이 바뀌었다고 가정하고 있기 때문에, 자칫 두 구성을 동질적인 것으로 파악한다고도 볼 수 있다. 그러나 후속 논의들(특히 채완, 1990b : 재수록 166쪽)에서 두 구성이 동의가 아님을 명시적으로 언급하고 있음을 본다.

[8] 임홍빈(1990a : 미주 3)에서는 이전 입장과 달리, '명사-수량사-분류사' 구성과 '수량사-e-명사' 구성이 같은 성격을 지니는 것으로 보고 있다. 따라서 약한 입장으로 돌아온 것이라고 말할 수 있겠다. 김승렬(1988 : 111)은 모든 구성이 기저 생성된 것이라고 하였으므로 이를 고려하여 강한 입장으로 분류하였는데, 본고에서 반박하려는 강한 입장과 반드시 일치하는지에 대해서는 자세한 언급이 없어서 확인할 수 없음을 덧붙여 둔다.

[9] 이 두 입장을 동격 관계의 통사론적인 관점과 주술 관계의 의미론적인 관점으로 통합할 수도 있는데, 임동훈(1991 : 59)이 그러하다. 주술 관계에 대해서는 특히 로드슈타인(Rothstein, 1983)의 '부차적 서술화'의 개념으로 파악됨을 덧붙이고 있다.

조 속에서 핵과 보충어의 관계 그리고 이들과 지정어들의 관계에 지나지 않음을 2.3절에서 논의하려고 한다.

　분류사가 초기값_default_으로 주어지므로, 분류사가 외현범주로 실현되지 않았다고 하더라도 공범주 형태로 분류사가 주어진다는 가정이 사실이라면, 분류사가 어떤 범주에 소속될 것인지 논의되어야 한다. 임홍빈(1979:194)의 논의를 수용한다면, 국어는 '분류사 언어'이고, 국어의 명사는 의무적으로 분류사를 지녀야 한다. 이 분류사는 그 기능이 세거나 헤아리는 것(個體 算定이나 程度 計量)이므로, 개체성이나 정도성(또는 算定性이나 計量性)을 그 기능으로 갖게 된다.[10] 국어의 모든 명사는 개체화되어 셈의 대상이 되거나, 또는 개체화될 수 없을 경우 헤아림의 대상(정도/질량)이 되어야 하는 것이다. 이 추론이 옳다면, 모든 명사를 연산 대상으로 하게 되는 분류사의 범주란 어휘범주에 소속되기보다는 기능범주에 소속된다고 말해야 한다. 본고는 2.4절에서 명사의 핵어로서 기능범주 D를 상정하고 있는 애브니(Abney, 1987)의 논의를 수용하여, 국어에서 D의 역할은 분류사가 맡고 있음을 주장할 것이다.

2.2. '명사–수량사–분류사' 구성과 '수량사–분류사–명사' 구성이 서로 동일하다는 논의는, 변형생성문법이 도입되던 초기에 심층 구조를 가정하고 여러 가지 다양한 변이체를 변형규칙을 도입하여 이끌어 내려던 흐름에서 나왔다. 사동/피동 등의 통사 현상들에 대해서도 같은 절차를 적용하여 설명하려고 했던 것과 한가지이다. 이런 접근은 실제 언어 자료를 적절하게 설명할 수 없는 한계를 드러내게 된다. 두 구성이 다르다는 주장들 속에서 그런 예들을 쉽게 찾을 수 있다.

(6가) 냉수 두 잔을 마셨다. (임홍빈, 1979:189 예문)
　나) *두 냉수를 마셨다.

---

10) 채완(1990a:172f.)에서는 이에 대한 비판적 의견을 개진하고 있다.

다) *냉수 둘을 마셨다.
(7가) 책 두 권을 샀다.
나) ²두 책을 샀다.
다) 두 책을 다(모두 다) 샀다.
라) 책 둘을 샀다.

예문 (6)과 (7)은 문법성 판정이 서로 다르다. (6)에서 우리는 분류사(계량 단위 형태)가 실현되어야 함을 지적할 수 있는데, 냉수는 개체화되는 대상이 아니기 때문에 정도성을 계량할 수 있는 분류사(단위 분류사)를 필요로 하는 것이다. (7)은 개체화될 수 있는 대상을 언급하고 있다. (7가)는 (6가)처럼 문법적이다. 그러나 (7나)는 (7다)와 같은 해석이 주어지는 상황에서는 용인될 수 있으나, 그렇지 않을 때에는 기묘해진다. 맹목적으로 분류사를 실현시킨다고 해도 그 기묘성은 해소되지 않는다(²두 권 책을 샀다). 오직 분류사와 조사 (의)를 구현할 때에라야 바르게 된다(두 권의 책을 샀다). (7라)는 개체성의 대상이므로 분류사 없이 실현되어도 무방한 것으로 간주할 수 있다.
　언급의 대상을 보다 추상적인 것으로 택해 보기로 한다.

(8가) ²마음 두 마음을 품었다.
나) *마음 두 개를 품었다.
다) 두 마음을 품었다.
라) *마음 둘을 품었다.

여기서는 문법성 판정이 예문 (7)과 반대로 되고 있다. '마음'을 계량할 수 있는 단위가 주어져 있지 않음을 근거로 하여, '마음'에 대해서는 수량사 구성이 불가능하다고 주장할 수 있을지 모른다. 이런 주장은, 유적類的 generic 표현이 속성을 표현하므로 추상적일 수밖에 없는 데도 불구하고 수량사 구성이 가능하다는 점을 설명할 수 없으며, 또 (8다)와 같은 예문이 수량사 구성이 아니라고 해야 되므로 자가당착에

빠지는 난점이 있다.

동일론의 입장에서는 (6, 7, 8)에서 그 명사의 성질이 각각 다르기 때문에 실현 정도에 차이가 나는 것이라고 주장할 수 있다. 그러나 이는 다음의 예문 (9)가 전혀 다른 뜻을 가리킨다는 점을 설명해 줄 수 없기 때문에 철회될 수밖에 없다.

(9가) 마음 하나 굳게 먹고 열심히 하렴!
　나) *한 마음 굳게 먹고 열심히 하렴!
　다) 한 마음으로 정성을 다하자!
　라) *마음 하나로 정성을 다하자!

'마음' 앞에 수량사를 놓느냐, 뒤에 수량사를 놓느냐에 따라서 전혀 해석이 달라진다. (9가)는 마음을 전일專-하게 오로지 한다는 뜻을 갖는다. 여기서는 '두 개의 마음'이라는 것은 전제되지 않는다. 흐트러지거나 산만한 마음을 추스려 전일하게 만든다는 의미가 담겨 있다. 전일하게 되어 있지 않은 상태에서 전일하게 되는 상태(상태의 변화)가 얘기의 초점이 되고 있는 것이다. 그러나 (9다)에는 '딴 마음'이나 '두 마음'이 계열체로 주어져야 한다. 이 점에서 (9가)와는 다른 해석을 받는다. 다른 것을 지향하는 마음(두 개의 마음)을 버리고 하나만을 지향하는 것이므로, 다른 지향점에 대한 선택의 포기라고 말할 수 있다. 동일론은 이런 사실을 설명해 줄 수 없다는 점에서 더 이상 지지될 수 없다.

명사가 맨 앞에 나서는 구성과 맨 뒤에 오는 구성이 서로 같은 것이 아니다라고 결론을 짓더라도, 문제가 다 해결된 것은 아니다. 그 두 구성이 어떻게 얼마만큼 다르며, 다른 구성을 취하는 이유가 무엇인지에 대하여서도 계속 설명을 해 주어야 한다. 앞의 소절에서 상이론相異論의 두 갈래를 약한 입장과 강한 입장으로 나누었다. 먼저 강한 입장의 난점들을 살펴나가기로 한다. 강한 입장에서는 '명사-수량사-분류사' 구성과 '수량사-분류사-명사' 구성이 구조와 기능뿐만 아니라 표현 동기까지도 다른 것으로 간주할 수 있다.

(10가) 사과 한 개
　나) ?한 개 사과
　다) 한 개의 사과
(11가) 사과 하나
　나) ?하나 사과
　다) 하나의 사과

　여기에서는 (10가, 나, 다)의 언표들이 각각 다를 뿐만 아니라, (10가, 11가)들과 (10다, 11다)들도 서로 차이가 있다고 주장해야 한다. (10)의 각 표현들이 차이가 있다는 것은, 어순이 뒤바뀌어 있으므로 최소한 그만큼 차이가 있다고 가정할 수 있다. 그러나 (10가)와 (11가)가 차이가 있을 것인지에 대해서는 여러 모로 검토되어야 한다.

　우선 분류사가 결코 실현될 수 없는 표현(가령 앞의 8, 9와 같은 예)들이 과연 존재하며, 그 존재 비율이 얼마만큼인지에 대하여 살펴보는 것이 순서일 것이다. 만일 존재하더라도 그 비율이 미미하여 무시할 수 있다거나, 또는 분류사가 실현될 수 없는 타당한 이유를 밝혀 줄 수 있다면, 분류사 실현에 변동을 보이는 (10가)와 (11가)는 서로 차이가 없는 것으로 사람들이 인식한다고 하여도 무방할 것이다. 필자의 생각에는 분류사를 허용하지 않는 명사로 추상명사(예: 사랑, 열정, 용기, 두려움) 이외에는 없을 줄 안다. 이들을 세거나(個體 算定) 헤아려(程度 計量) 볼 수 없기 때문이다. 더 추가한다면 보문자(-음, -기, -은/을 것 따위)도 분류사를 필요로 하지 않기 때문에 그 범위 속에 집어넣을 수 있다.[11]

---

[11] '한 가지 생각, 두 가지 꾀'에서처럼 추상명사도 분류사를 대동하여 흔히 쓰일 수 있다. "그가 온다는 것 하나(한 가지)는 확실하다"에서 보듯 보문자가 이끄는 경우에도 그러하다. 따라서 이 진술은 분류사를 필요로 하지 않는 것이라도 상황이나 표현 관습에 따라 산정(算定) 가능한 대상처럼 바뀔 수 있음을 보장해 주도록 약화 내지 조정되어야 옳다. 여기서는 기본적인 구도만 보이려고 하므로 이러한 세부 내용에 대해서는 논의를 유보해 둔다.
　　한편 안성호(1993)의 제3장 2절에 따르면, 초기 표상에서 명사가 지시 해석되거나(Referentially-closed, R-closed) 양화 해석된다(Q-closed)고 한다. 즉, 분류사 실현 없이 실세계 대상을 직접 지시하는 부류와 분류사의 실현을 거쳐 지시성이 확정되는 부류가 나뉘는 것이다. 그렇지만 수량사가 모두 R-closed되거나 Q-closed되므로, 일

분류사가 실현되지 않는 것은, 분류사를 원천적으로 필요로 하지 않는 부류이거나 분류사가 기능할 수 없는 존재들이다. 그렇다면 개체화될 수 있는 대상이 분류사를 갖고 있지 않을 때에는 그 까닭을 밝혀 주어야 한다. 곧, (10가)와 (11가) 사이에는 어떤 차이가 있는지 물어야 하는 것이다. 분류사가 나타나지 않아도 될 정당한 이유가 있는 것인가? 여기에 대한 해답은 분류사의 실현 내용들을 면밀히 검토함으로써 주어질 수 있다. 채완(1990:172)에서는 분류사의 선택이 화용적이라고 지적하면서 다음의 예를 들었다.

(12가) 물 한 [방울/동이/병/잔/모금], 물 1 [cc]
　　나) 고사리 한 [포기/줄기/돼기/모숨/두름][12]

분류사의 선택이 의미론적으로 범주화되고 고정되어 있는 것이 아니라, 화용 상황에 따라 가변적임이 사실임을 인정한다면, (13)처럼 분류사가 없이 실현된 것을 어떻게 처리해야 될 것인가? 분류사가 담겨 있다고 해야 될 것인가, 아니면 그렇지 않다고 해야 할 것인가?

(13가) 물 하나
　　나) 고사리 하나

이들을 추상명사처럼 세거나 헤아려 볼 수 없다고 말할 수는 없다. 이들은 구체명사이기 때문이다. 하나의 대상이 개별화될 수 없다면 계량화되어야 한다. 이는 분류사를 갖고 있어야 함을 뜻한다. 이를 받아

반 명사에 적용하려면 더 숙고될 필요가 있다. 본고에서는 수량사를 지닌 명사를 다루므로, R-closed된 부류는 제외됨을 밝힌다. 제3장 4절 3항을 보기 바람.

12) 개체화되어 있어서 셀 수 있는 대상이라고 하더라도, 묶음이나 부류로 단위화된다면 정도를 계량하는 질료명사(물질명사)들과 다름없이 취급되는 것으로 기술할 수 있다. 분류사의 기능인 '셈'과 '헤아림'은 처음서부터 고정되어 있는 기능이 아니라, 화자의 의식과 의도에 따라 변동될 수 있다고 봐야 옳다. (12나)와 반대의 경우가 (12가)인데, 개체화될 수 없는 질료명사이지만 단위화되어 분류사가 주어져 있는 상황이라면, 그것은 또한 '셈'의 대상이 될 수 있는 것이다.

들이는 한, (13가)는 (12가)와 관련된 분류사를 갖거나 또는 그 분류사의 후보가 또 다른 화용 상황에서 만들어지는 분류사와 등가等價의 것이라고 보아야 한다.[13] (13나)와 (12나)에서도 마찬가지이다. 이 점이 사실이라면, (13)은 (12)에 비하여 화용 상황에 따른 분류사 선택이 유보되거나 지정되어 있지 않은 상태일 수밖에 없다. 똑같은 추론으로, (10가)와 (11가)의 차이도 화용 상황에 따른 분류사 선택의 미확정 정도라고 할 수 있다. 그렇다면 강한 입장에서 주장되듯 이것이 과연 구조적이고 기능적인 차이까지를 지시하는 것인지에 대해서는 회의적일 수밖에 없다. 어떤 절차(분류사 선택 절차)가 아직 진행되지 않은 정도에 지나지 않기 때문이다. 화용 상황에 따른 분류사 선택이 미확정되어 있음을 적절히 표현하기 위해서는, (14)와 같이 공범주 형태의 분류사를 표시해 주는 것이 바람직하다.

(14가) 사과 하나 [e]
　　나) 물 하나 [e]
　　다) 고사리 하나 [e]

각 공범주 형태의 분류사는 화용 상황에 따라 화자와 청자 사이에 지정될 수 있을 것이다. 예를 들어, (14가)는 보따리로 사과를 묶었을 적에는 '사과 한 보따리'를 가리킬 수 있고, 상자로 포장하였을 경우에는 '사과 한 상자'를 가리키며, 개체만을 문제 삼을 때에는 '사과 한 개'가 될 것이다. (14나)의 '물'도 어떻게 단위화되느냐에 따라서 그 내용이 지정될 것이다. 생수를 시판하는 가게에 가서 (14나)를 발화한다면, 그 단위가 '통'이나 '병'이 될 것이다. (14다)의 경우도 고사리를 말려 파는 가게에서의 상황이라면 묶음 단위로 '모숨'(채완, 1990a : 172) 정도를 지시하게 될 것이다. '수량사-분류사'의 구성이 때로 공범주 분

---

13) 선업으로서 이익섭(1973 : 57)에서는 수량사에 분류사가 내재되어 있는 것으로 해석하고 있다. 본고에서는 이와는 달리 공범주 형태의 분류사가 수량사 뒤에 초기값(default)으로 주어져 있다고 파악한다. 곧, '하나 [e]'의 표상처럼 된다.

류사로 실현되어 '수량사-e' 구성이 됨을 매듭짓는다면, 표면 구조의 차이에만 집착하는 강한 입장이 적절한 논변이 될 수 없음을 확인하게 된다.

이제 남은 문제는 (10가)와 (10다) 사이의 차이에 대한 것이다. 이 차이는 약한 입장에서도 적극 수용하는 내용이다. '수량사-분류사'를 한 덩어리로 묶어서 다시 아래에 반복하기로 한다.

(15가) 사과 [한 개]
　　나) [한 개]의 사과

먼저 투영원리를 적용하여 이들을 살핀다면, 이들은 서로 핵어를 달리한다고 말해야 한다. 국어의 '후핵성後核性 매개인자'를 고려한다면, (15가)는 분류사의 투영인 셈이고, (15나)는 일반명사의 투영이다. 일단 분류사를 '개'에서 '상자'로 바꾸면 이들 명사의 차이가 더 선명해진다.

(16가) 사과 [한 상자]
　　나) [한 상자]의 사과

(16가)의 '사과'는 유적類的인 내용인 반면, (16나)의 '사과'는 복수 개체들인 것이다.[14] 왜 이러한 차이가 생기는 것일까? 일단 'XY'에서 'YX'

---

14) 이남순(1990 : 662ff.)에서의 논의로는 (16가)는 통산(統算)의 표현법이고, (16나)는 누산(累算)의 표현법이 된다. 통산(統算)에도 한정적인 표현이 주어지면 누산(累算) 방식으로 바뀐다는 언급(이남순, 1990 : 665쪽)을 근거하면,

　　통산 = 누산 + 한정성

처럼 도식화할 수 있을 것이다. 그러나 계산 방법을 오직 통산(統算)과 누산(累算)으로만 고정시키는 점도 문제일 뿐 아니라('한 상자'가 통산되어서 (16가)로 표현된 것도 아니고, '한 상자'가 누산되어서 (16나)로 표현된 것도 아님), 이 두 계산 방식을 매개하는 것으로 '한정성'만을 고려한다는 점도 설득력이 적다고 하겠다. 통산(統算)이든 누산(累算)이든 이들은 두개 이상의 개체를 전제로 하는데, 수량사 구의 표현이 늘 두 개 이상의 개체를 대상으로 하는 것만이 아니라는 점도 문제이다. 이런 문제와는 별도로, 필자는 이 논문을 읽으면서 수량사 문제를 탁월한 식견과 혜안을

로 뒤바뀐 어순에서 온다고 볼 수 있다.[15] 이런 처리에서는 두 개의 명사적 요소가 통사적으로 이어질 때, 앞의 요소는 유적類的인 해석을 받고, 뒤의 것은 개체적인 해석을 받는다고 기술하는 것이다. 이런 기술의 문제점은, 이 내용이 오직 수량사 구에 한해서 적용된다는 단서가 붙어야 한다는 데에 있다. 왜냐하면 어순의 뒤바뀜이 자유로운 사례는 수량사 구 이외에서도 관찰되기 때문이다.

(17가) 제비 새끼
　나) 새끼 제비
(18가) 자식 새끼
　나) *새끼 자식

(17)의 예에서는 어순의 뒤바뀜이 자유롭다. 이들의 해석을 수량사 구와 같이 유도하여, (17가)는 유적類的인 제비이고, (17나)는 복수 개체의 제비라고 말할 수 없다. 모두 하나의 개체를 일컫는 단칭 표현이기 때문이다. (18)의 예는 오직 하나의 표현만을 허용하고 있기 때문에, 더더욱 수량사 구의 해석에 대한 기술 내용을 적용시킬 수 없다.

(19가) 제비의 새끼
　나) *새끼의 제비
(20가) *자식의 새끼
　나) *새끼의 자식

갖고서 접근하고 있음에 감탄하였고, 배운 바 많음을 적어 사의를 표한다. 한편, 채완(1990b : 재수록 166쪽 이하)에서는 이전의 논의들에 대한 반성이 실려 있고, 새롭게 특정성이 부각되고 있다. 또한, 마커스(Marcus, 2008; 최호영 뒤침, 2008)의 『클루지』(갤리온) 제4장에서 총칭 표현이 수량 분류사(또는 양화) 표현보다 진화상으로 더 먼저 존재했을 것으로 보았는데(각각 반사적 체계와 숙고적 체계를 반영함), 흥미로운 발상이다.

15) 조사 (의)와 수량사의 변화에 대해서는 2.3절에서 다루어진다.

(17, 18)에서는 외양이 서로 비슷해 보이지만, 조사 {의}의 실현을 고려하면 이들은 (19, 20)에서 보듯이 그 구성에서 차이가 난다.

조사의 실현만을 기준으로 비교한다면 (19가)는 (16나)의 구성이라고 할 수 있고, (17가)는 (16가)의 구성이라고 말할 수 있다. (20)의 예에서는 왜 조사 {의}의 실현이 불가능한 것일까? 이른바 동격 관계apposition이거나 부연 수식 관계epithet이기 때문이라고 말할 수 있다(일반화된 논항구조에서는 영역 속의 구조와 영역 밖의 부가어 구조로써 그 차이가 설명된다). 임홍빈(1991a : 597)의 논의를 빌리면, 'X의 Y'에서 {의}는 X의 영역에 Y가 부분집합으로 존재하는 '포함 관계'를 나타내는데, 이는 동격 관계나 부연 수식 관계와는 서로 어울릴 수 없는 것이다. {의}의 실현 가능성에서 (16, 17, 18)이 차이가 있는 한, (16가, 나)의 차이를 온전히 유일하게(필요충분조건으로) 어순만으로써 설명해 낼 수는 없다. 또 다른 중요한 변수가 추구되어야 하는 것이다.

(15, 16)의 차이를 드러내기 위해서 분류사가 공범주로 실현되어 있는 예를 먼저 다루기로 한다.

(21가) 학생 둘을 보내 줘요!
    나) 두 학생을 보내 줘요!

예문 (21)은 모두 대상이 '학생'이고 그 셈의 결과가 '둘'이라는 점에서 외연값(외연의미reference)이 동일하다고 말할 수 있다. 그럼에도 불구하고 이들이 갖는 함의나 내포는 다르다. (21가)는 임의의 개체들로부터 '무작위로 선택함'을 함의한다. (21나)는 앞의 경우와는 다르게, 미리 지정되거나 제한된 경우를 함의할 수 있다. 내포값(내포의미sense)이 다른 것이다. 이를 대립적으로 표현한다면, (21가)는 물건이나 개체를 가리키는 듯하나(물건 취급을 받는 듯함), (21나)는 표현 그대로 사람을 가리키는 것으로 이해된다. 분류사가 나타나 있지 않은 수량사 구성이 기실은 공범주 형태의 분류사를 대동하고 있는 것임을 받아들인다면, (21)의 관련된 항목은 다음과 같은 표상을 갖는다.

(22가) 학생 [둘 e]
　나) [두 e] 학생

(21가)의 표현이 사람을 물건으로 취급하는 듯이 느껴지는 것이 사실이라면, 그것은 초기값으로 주어지는 공범주 형태의 분류사가 물건을 가리키는 분류사처럼 지정되거나 그렇게 해석될 개연성이 높기 때문이라고 말할 수 있다. 이와는 달리 (22나)는 신분을 나타내는 명사(학생)가 뒷자리에 나타나 있기 때문에 (22가)처럼 해석될 가능성이 적어진다.

그런데 (22)는 서로 공통된 외연값을 갖고 있으며, 이 점에 대해 누구나 쉽게 동의할 수 있다는 사실은 어떻게 확인될 수 있을까? 필자는 이를 해결하기 위하여 (22)를 다음의 표상과 같이 상정한다.

(23가)　φ　학생 [둘 e]
　나) [두 e]ᵢ 학생 [e e]ᵢ

(23나)는 핵어 위치에 공범주 형태의 수량사 구 [e e]가 실현되어 있다는 점에서 구조적으로 (23가)의 표상과 동일하다(2.3절에서 공범주 형태의 수량사 구 표상은 계층성을 도입하면서 다소 수정이 가해질 것임). 이 점이 공통의 외연값을 보장해 주는 구조적 근거가 된다. 이들에서 차이가 있다면, 수량사 구가 (23나)에서는 명사를 앞서 있지만, (23가)에서는 이와 대응될 형태가 주어져 있지 않다는 점이다. 이 차이가 내포의미의 차이를 유발하는 것으로 보고자 한다. 다시 말하여, 해석을 받을 때에 (23가)는 명사 '학생'이 수량사 '둘'에 의해 격리되므로 공범주 형태의 분류사 핵어_head에 닿을 수 없지만, (23나)에서는 '학생'이 아무 어려움 없이 공범주 형태의 분류사 핵어에 닿을 수 있는 것이다(단, 외현범주의 최대투영은 방벽이 된다는 전제가 주어져야 하는데, 3.2절을 참고하기 바람).

이제 (16)의 차이도 똑같이 설명할 수 있게 되었다. 이들을 다시 아래에 가져 와서 그 구조를 앞에서처럼 표시하기로 한다.

(24가)   ɸ   사과 [한 [상자]]
　나) [한 [상자]]ᵢ의 사과 [e [e]]ᵢ

(24가)는 명사 '사과'가 유적(類的)인 해석을 받고, (20나)에서는 복수 개체로서의 해석을 받는다는 것을 일단 옳다고 보자. 그러면 똑같은 명사인 '사과'가 왜 달리 해석을 받아야 하는지를 설명해 주어야 한다. 임홍빈(1979)에 따라, '수량사-분류사'를 동반하지 않고 실현된 일반 명사가 유적(類的)인 해석을 받는다고 하면,[16] (24가)의 명사 '사과'는 기본적으로 사과의 부류(종류)로서 주어져 있는 것이다. (24가)에서는 명사 '사과' 앞에 아무런 해석 지침도 주어져 있지 않으므로, 마땅히 유적(類的)인 해석이 그대로 보존된다. 그러나 (24나)는 다르다. 선조적으로 명사 '사과'보다 앞서서 분류사가 주어져 있는 것이다. 이 분류사는 개체를 묶어서 단위를 만들어 놓는 내용이다. 개체 묶음 단위는 마땅히 복수 개체를 전제로 해야만 한다. 선조적으로 복수 개체의 해석이 먼저 주어져 있는 것이다. 여기에다 다시 유적(類的)인 해석이 덧붙여진다. 이 유적(類的)인 해석은 복수 개체의 해석 지침을 뒤바꿔 놓을 수는 없다. 대신 "복수 개체의 부류(종류)" 정도의 해석이 합성된다고 볼 수 있다. 공범주 형태의 '수량사-분류사'의 존재는 합성된 해석을 변화시키는 데에 아무런 힘도 없다.

(24가, 나)의 해석 차이는 다음처럼 요약된다. (24가)는 '사과'라는 부류의 묶음 단위 숫자를 가리킨다. (24나)는 단위로 묶인 복수 개체 부류를 나타낸다. 강조의 초점 또는 해석의 핵심이 '숫자'(개체 숫자)냐 또는 '부류'냐로 나뉘는 것이다. 이런 내포의미의 차이에도 불구하고,

---

[16] 임홍빈(1979 : 187)에서는 국어 명사의 성격이 '개체 집합적인 유(類)'라고 하였다. 이남순(1982 : 123)에서는 유(類)의 개념이 개체를 전제로 성립되지 않고 대신 종(種)을 전제로 해야 한다고 비판하였다. 필자의 생각으로는 물질명사와 추상명사의 존재를 고려하여야 하기 때문에, '개체'의 개념이 개체화할 수 없는 물질과 추상성까지 포괄되는 쪽으로 수정되거나 확대되어야 한다고 본다. 유(類) 대신 종(種)을 주장하는 것도 이런 맥락으로 이해되는 것이다. (24)의 논의 대상은 구체명사이며 개체화된 명사이므로, '개체 집합적인 류'의 범위 속에 들어 있어 문제가 되지 않는다. 여기서 이를 유적(類的)이라는 용어로 쓴 것은 이 개념을 빌린 것이다.

(24가, 나)는 구조(기본 표상)가 동일하므로, 언표의 대상이 명사 '사과'이며, 그 대상의 셈 또는 헤아림의 결과가 '한 상자'임을 지시하는 외연값도 동일하다. 동일한 외연값을 갖고 있지만 서로 다른 내포의미를 유발하는 까닭은, (24나)에서 {의}에 의해 이끌리는 부가어 요소와 공범주 형태들 때문인 것이다.

이상에서 우리는 '명사-수량사-분류사' 구성과 '수량사-분류사-명사' 구성이 동일한 외연값을 갖고 있지만, 부가어와 공범주 형태의 표상 차이로 말미암아 서로 다른 내포의미를 배태함을 살펴보았다. 포괄적으로 이를 상이론의 약한 입장이라고 불렀다. 다음 2.3절에서는 좀 더 부가어 요소와 공범주들 사이의 관계를 깊이 다루겠는데, 제1절에서 논의한 일반화된 논항구조를 바탕으로 하여 설명이 진행될 것이다.

2.3.1. 이곳에서는 '명사'와 '수량사-분류사'의 관계가 어떠한 것인지에 대해 다룰 것이다. 이 물음에 대한 답변으로 동격 관계라는 주장이 있었고, 주술主述(주어-술어) 관계라는 주장도 있었다. 먼저 동격 관계의 논의에서부터 살펴나가기로 한다.

'동격 관계'는 이익섭(1973:57)에서 분류사가 앞의 명사 자질에 매이어 있고, 이는 분류사가 그 명사를 반복하는 것이기 때문이며, 이를 동격적 기능이라고 지적하면서부터 본격화되었다. 여기서 분류사가 앞에 있는 명사의 자질에 매이어 있다는 대목은 더 명세화될 필요가 있다. 앞의 명사가 주어지면 분류사가 자동적으로 결정된다는 뜻으로도 해석이 될 수 있고, 앞의 명사 자질이 주어지고 나서 그 위에 또다른 변수가 없이면서 분류사가 결정된다는 뜻으로도 해석될 수 있다. 만일 전자의 해석대로라면, 분류사는 잉여적인 것으로 치부될 소지마저 있고, 이럴 때에는 동격적 관계가 성립될 수 없을 것이다. 분류사는 수량사의 수식·한정을 받으면서 앞에 있는 "명사의 범위를 한정하는 힘도" 가진다는 지적을 고려하면, 후자의 해석 쪽으로 이해되어야 할 듯하다.

그런데 분류사의 선택이 (12)에서 보았던 것처럼 미리 고정되거나 결정되어 있지 않고 화용적 상황에 의해 이루어짐이 사실이라면, 앞에 있는 명사가 분류사를 결정하는 것이 아님을 알 수 있다. 동격 관계라는 말에서 암시받는 결정성(분류사 선택이 결정되어 있음)과 화용적 상황에 의존하여 선택된다는 가변성은 서로 잘 어울리는 것이라고 말할 수 없다. 여기서 우리는 동격 관계라는 개념을 다소 수정하여 가변성을 포섭할 수 있도록 만들거나, 또는 동격 관계라는 개념을 포기하는 선택을 해야 한다. 본고에서는 공범주 형태의 분류사 핵어를 상정하고 있으므로, 동격 관계라는 개념을 피하는 쪽이 바람직하다고 본다(외현범주와 공범주의 자격이 다르기 때문임). 대신 동격 관계라는 용어로써 나타내고자 하였던 동기를 살릴 수 있는 길을 모색하려고 한다.[17]

'주술 관계'의 논의는 김영희(1976 : 104)에서 레이콥$_{Lakoff}$의 상위 서술어 설정을 비판하면서 '수량사–분류사' 그 자체가 교점 V에 장착되는 것으로 주장하면서 시작되었다. 이 생각은 이정민(1989 : 475f.)에서 다시 주장되었는데, 여기서는 문장의 일치소$_{AGR}$의 위치와 명사구의 분류사의 위치가 서로 상응한다고 보아 분류사를 일치소$_{AGR}$의 교점 아래 집어 넣고 있다.[18] 여기에서는 한 걸음 뒤물러나 "개념상으로 주술 관계"를 이루는 것으로 보고 있다. 그런데 필자는 개념상의 주술 관계를 매우 포괄적으로 적용되는 것으로 이해한다. 원소와 집합의 관계가 개념상의 주술 관계를 유도하는 근거인데, 일원론을 추구하는 작업에서는 모든 것이 집합의 바탕 위에서 이루어지기 때문에, 강한 의미에서든 약한 의미에서든 주술 관계를 벗어나는 것이 없다고 말할 수 있다. 따라서 이런 고려에서의 주술 관계란 어떤 언어 현상에도 몇 조건을 추가하면서 적용되는 것으로 판단된다.

---

17) 이필영(1994 : 220)에서는 분류사가 이루는 구성을 속격 구성의 일종으로 파악하고 있다. 그의 각주 54에서는 의미상의 동격 구성으로 보는 이광호(1988), 유동석(1993)을 관형 구성으로 파악하는 임홍빈(1987)의 논의를 근거로 비판하고 있다.
18) 이는 애브니(Abney, 1987)의 기본 생각을 수용한 결과이다. 필자는 이익섭(1973)에서의 '매임 관계'도 일치소의 개념으로 발전시킬 수 있으리라 본다(2.4절도 참고하기 바람). 애브니(1987)에서는 일치소의 속성을 명사구와 관련하여 범주 D를 배당하고 있으나, 이정민(1989)에서는 수용되지 않고 있다.

김영희(1976)에서 분류사를 교점 V 아래 넣은 것은 문제가 있다. 일련의 임홍빈(1990a, b)에서 일반 명사도 분류사로 쓰이고 있음을 확인할 수 있기 때문이다. 김영희(1976)의 처리는 명사와 동사가 전혀 구별되지 못한 채 착종되는 결과를 빚는다. 뿐만 아니라 수량사 구성에 관계화 구조나 내포 접속화 기제를 도입하는 것은 불필요한 규칙들을 문법에 추가시키게 되는 부담이 있다.

본고에서는 '명사—수량사—분류사' 구성이 일반화된 논항구조의 모습으로 이해되어야 한다고 본다. (3)에서 살핀 일반화된 논항구조는 핵어 X를 중심으로 하여 계층에 따라 보충어·내부지정어·외부지정어의 논항들이 구조화된 내용이다. 필자는 분류사가 모든 명사에 초기값$_{default}$으로 주어져 있다고 파악한다.[19] 그렇다면 추상명사로서 분류사의 쓰임이 불필요한 것이라든지, 명사를 만드는 보문자(-음, -기, -은/을 것) 같은 것들은 어떻게 처리될 것인가? 보문자들은 분류사가 실현되는 핵어 위치를 점유하고 있다고 쉽게 말할 수 있겠으나, 추상명사들은 조금 숙고를 요한다. 어떤 경우 이들이 수량사를 대동하는 경우가 있기 때문이다. 이들은 외현범주의 분류사가 주어지지 않는다는 점에서, 늘 공범주 형태의 분류사들만 요구하는 것으로 처리할 수 있다. 수량사를 실현시키지 않는 경우에도 마찬가지로 수량사와 분류사가 의무적으로 공범주 형태를 갖는다고 처리할 수 있다.

그렇다면 명사구 보문자를 제외한 모든 명사 부류들은 분류사를 필요로 한다고 말하게 된다. 분류사가 기능범주의 형태소로 지정될 수 있다면, 명사구 보문자들과 계열체를 이루게 됨을 알 수 있다. 분류사

---

[19] 필자는 임홍빈(1979)에서 주장된 국어 명사의 위상(개체 집합적인 類)을 발전시키게 되면, 분류사가 초기값으로 주어지는 진술에 이를 수 있다고 본다. 분류사는 셈이나 헤아림의 수단이 되므로 반드시 모든 명사는 개체성이나 계량성이 주어져야만 하는 것이다. 이를 'IN [e]'처럼 나타낼 수 있다. 단, e는 초기값으로 주어지는 공범주 분류사를 가리키고, N은 외현범주로 실현된 임의의 명사를 가리킨다. 이런 구성에서 명사는 당연히 '개체 집합적인 유(類)'의 해석을 받거나 또는 '계량 단위의 숫적 내용'으로 해석될 수 있을 것이다. 다만, 임홍빈(1979)의 논의에서는 개체성과 계량성을 구분하지 않고 개체성만을 부각시킴으로써 물질명사나 개체들을 묶어 단위화하는 경우가 잘 드러나지 않는 약점이 있다.

의 범주에 대한 논의는 2.4절에서 이루어질 것이다. 여기서는 잠정적으로 모든 명사는 핵어로서 두 가지 선택만을 갖는다고 보자. 하나는 분류사 핵어가 되고, 다른 하나는 기능범주의 보문자들이 된다. 다시 말하여, 명사화된 경우(-음, -기, -은/을 것)를 제외하면, 모든 명사는 분류사를 초기값으로 갖고 있으며, 이 분류사의 투영에 의해 명사구가 이루어지는 것이다.

분류사를 핵어로 지정한다면, 남아 있는 '명사'와 '수량사'가 논항들이 된다. 그런데 일반화된 논항구조에서 필수적으로 주어지는 논항은 모두 세 개이다. '명사'와 '수량사'는 어느 논항의 위치를 점유하게 될 것인가? 외부지정어는 동사의 투영에서는 주어의 후보가 실현되는 자리이고, 명사의 경우는 지시사 '이/저/그'들이 나타나는 자리이다. 의미역 할당에서 이 논항에는 기점 의미역이 주어진다고 하였다. 외부지정어 위치는 추상적 사건 구조에서 사건이 일어나는 첫 부분이고, 언급과 지시가 기동되는 첫 대목인 것이다. 따라서 이 논항을 제외하면 자동적으로 내부지정어와 보충어 논항들이 남는데, 이 논항들에 각각 '명사'와 '수량사'가 실현된다. 이를 그림으로 보이면 다음 (25)와 같다. 편의상 지시사 '저'를 채워 (10가, 11가)의 예를 되풀이한다.

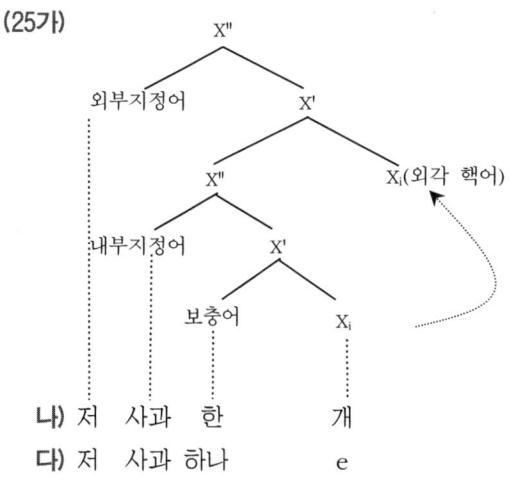

먼저 보충어로 실현된 수량사와 핵어인 분류사의 관계를 살피기로 한다. 보충어는 핵어의 내부속성을 나타내거나 또는 (동사의 경우) 핵어의 대상을 가리킨다. 여기서는 개체를 산정算定하는 데 필요한 내부속성을 나타낸다고 볼 수 있다. 이들이 구성성분을 이루어서 중간투영의 핵어 X'로 되었다. 이 중간투영의 핵어와 내부지정어가 다시 구성성분을 이룬다. 내부지정어는 핵어 X'의 내용을 지정해 주거나 또는 (동사 투영에서) 대상에 대한 속성을 지정해 주는 구실을 한다. 내부지정어로 실현된 명사 '사과'는 중간투영의 핵어 X'인 '[한 [개]]'의 내용을 지정해 주고 있다. 무엇이 '한 개'인지를 결정해 주는 것이다. 이들이 결합된 구성성분은 최대투영 XP를 이루는데, 이 최대투영은 다시 이론적으로 주어지는 외각 핵어(shell X)의 보충어로 편입되어 자동적으로 중간투영 X'를 구성하게 된다. 이 외각 핵어의 중간투영 X'와 외부지정어가 구성성분을 이룸으로써 핵어의 논항구조 투영은 일단 완성된다. 외부지정어의 역할은 그 구성성분의 외적의 내용을 지정해 주는데, 동사의 투영에서는 주어 후보가 이 논항으로 실현되고, 명사 (엄격히는 '분류사')의 투영에서는 지시사가 실현된다. 이 논항에는 추상적인 사건의 기부起部 onset가 표시되거나, 언급이나 지시의 기부起部가 표시되는 것이다.

이전의 수량사 구에 대한 논의들은 그 구성요소들에 대해 계층적인 질서로 이해하지 않고, 단지 선조적인 구성을 이루는 것으로 파악하였다. 선조적인 구성에서는 수식과 피수식 그리고 포함과 비포함 정도의 언급밖에 할 수 없다. 계층적인 논항구조를 상정함으로써 (25)와 같이 구성요소들의 관계를 입체적으로 파악하게 되고, 각 계층의 역할과 기능을 더 선명하게 드러낼 수 있게 하는 장점이 있다.

앞에서 계층적인 구조 속에서 '명사-수량사-분류사'의 관계를 설명하였는데, '명사-수량사-e'의 구성과 '명사-e-e'의 구성은 어떻게 설명될 것인지에 대해 덧붙이기로 한다. 일반화된 논항구조에서는 논항들의 실현이 필수적이므로, 외현범주로 표상되지 않은 경우에는 모두 공범주 형태로 표상된다. 논항의 실현은 배타적으로 두 가지 방식이 있는데, 외현범주로의 실현과 공범주로의 실현이다. 이하에서는 외현범주가 없는 경우에는 모두 공범주 형태를 써 넣기로 하겠다.

(26가)

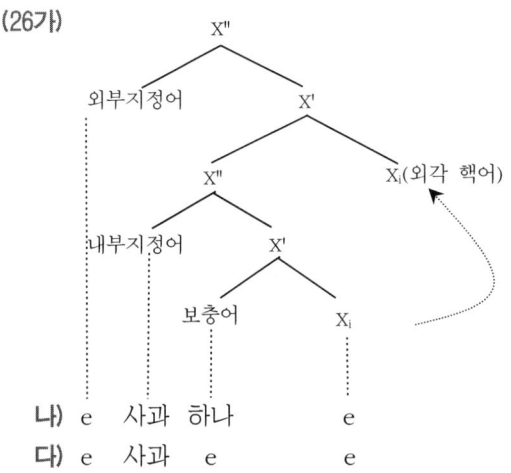

(26나)는 (11가)의 표상이고, (26다)는 명사 하나만이 외현범주로 실현된 경우이다. (26다)에서 공범주로 실현된 핵어와 보충어가 각각 작은 공범주 대명사 pro로 상정되고, 이 pro가 자의적인 해석을 받는 pro$_{ARB}$일 경우에 이른바 '개체 집합적인 유_類'의 해석을 이끌어낼 수 있다. 핵어가 아무 대상이나 가리킬 수 있다는 것은 그 지시의 범위가 전체에 해당된다는 것을 뜻한다. 여기서 임의의 선택이 추가된다는 점만이 특별한데, 만일 범위 전체만 문제시할 적에는 pro$_{ARB}$가 '유적_類的' 해석을 받는다고 말할 수 있다.

2.3.2. (25나)와 (26나)를 비교할 때에 수량사가 각각 '한'과 '하나'로 실현되어 있음을 발견할 수 있다. 이들의 차이는 의미차이를 동반한다고는 볼 수 없다. 이들이 의미 차이를 동반하고 있다면, '다섯' 이상의 숫자에서 비교될 짝이 없다는 사실을 설명해 낼 수 없다. 본고에서는

'하나→한, 둘→두, 셋→세/석, 넷→네/넉, …'

과 같은 예들을 축약으로 설명해 두고자 한다. 그 조건을 명시하면 아래와 같다.

(27) 수량사의 축약 조건 : 특정 수량사는, 구성성분 속에서 외현범주 형태가 수량사 뒤에서 실현되면(수량사 뒤에 외현범주의 분류사나 명사가 오면) 축약된다.

이 조건에 의해 외현범주의 분류사 앞에서 특정 수량사들이 축약을 경험할 뿐만 아니라(예 : '사과 하나 개 → 사과 한 개'), 명사 앞에서도 공범주 형태의 분류사 e를 건너서 특정 수량사들이 축약된다(예 : '둘 e 집 → 두 e 집').

2.3.3. '수량사—분류사—명사' 구성(예 : 두 가지 사건)에서 '수량사—분류사'와 '명사'의 관계에 대해 살필 차례이다. 이 구성은 '수량사—분류사—{의}—명사'의 모습(예 : 네 개의 보석)과 '수량사—e—명사'의 모습(예 : 두 e 국가)으로도 나타난다. 앞에서 동일한 형상을 이루기 위하여 모든 명사가 분류사 핵어의 투영으로 간주된다고 하였으므로, '수량사—분류사—명사' 구성도 초기 표상이 '수량사—분류사—명사—e'와 같은 모습으로 되어야 마땅하다. 공범주 형태의 핵어를 제외하면 세 가지 항목이 남는다. 외부지정어 위치는 지시사가 차지하는 곳이므로 제외해 두어야 한다(예 : 이 두 가지 사건 e). 결국 세 가지 항목이 두 위치의 논항에 배당되어야 할 처지이다.

이 문제를 해결하기 위해서 '분류사'의 이동을 상정할 수 있다. 첫째, 핵어 위치에서 임의범주의 이동(move-α)에 의하여 인상 이동되는 것을 검토해 보자. 여기서는 초기 표상을

[수량사 [명사 [분류사]]]

로 보고, 이동된 뒤의 표상을

[수량사 [분류사ᵢ [명사 [tᵢ]]]]

로 보는 것이다. 초기 표상에서는 일반화된 논항구조에 일치될 수 있는 장점이 있다. 그렇지만 '*수량사-명사-분류사'의 구성이 실제 언어표현에서 비문인 점 때문에(예: *두 사건 가지) 이런 방식은 수용될 수 없다.

둘째, 초기 표상을 (25)와 같이 상정하고, '수량사-분류사'가 하나의 단위로 되어 임의범주의 이동을 겪는다고 볼 수 있다. [사건 [두 [가지]]]의 초기 표상에서 [두 [가지]]가 하나의 단위로 되어 [두-가지]를 이루고, 인상 이동을 경험하여

[두-가지ᵢ [사건 [tᵢ]]]

으로 표상된다고 보는 방식이다. 여기서도 장점은 일반화된 논항구조에 적의하게 구성요소들이 배당된다는 점이다. 그런데 이 이동이 비논항 이동(A'-movement)이라면 부가어 구조를 만들어 이동해야 되고, 논항 이동(A-movement)이라면 비어 있는 논항이 주어져 있어야 한다. 부가어가 최대투영 XP에 설치된다는 점을 고려한다면, 일반화된 논항구조 내부에서는 부가어를 설치할 자리가 없음을 알 수 있다. 비논항 이동이 될 수 없는 것이다. 그렇다면 논항 이동일 수밖에 없겠는데, 이 이동의 경우도 이동의 목표지landing site로서 비어 있는 논항 위치가 없으므로 불가능하게 된다. 뿐만 아니라, 이동은 이동의 동기motivation가 있어야 하는데(동사구에서는 기능범주들의 형태론적 조건을 거론하게 됨), 이런 이동에 주어져야 할 동기가 찾아지지 않는다는 점에 보다 더 큰 문제가 있다.

이동으로 처리할 또 다른 가능성을 고려해 볼 수 있겠다. 그러나 핵어의 이동은 또 다른 상위의 핵어 자리로 이동한다. 일반화된 논항구조에서는 이론적으로 주어지며 의무적으로 인상 이동되어야 하는 외각 핵어 위치를 제외한다면, 이동의 목표지로서의 또 다른 핵어 위치란 없다. 설령 적절한 이동을 보장할 만한 특이한 조건이 있었다고 하더라도, 명사가 선행하는 구성과 명사가 후행하는 구성이 서로 다른

내포의미를 지니고 있다. 그러나 이동은 의미를 변화시킬 수 없기 때문에 두 구성이 동일한 하나의 의미만을 지녀야 한다는 잘못된 결론이 나온다(동일론의 결론으로 귀착됨). 따라서 이동을 통한 해결책은 잘못된 것이라고 매듭지을 수 있다.

이제 남은 방식은 '수량사-분류사-명사-e'의 구성을 초기 표상으로 간주하는 것이다. 여기에서는 이동의 두 번째 방식에서 '수량사-분류사'가 하나의 단위로 '재구조화'된다는 점을 수용해야 한다. 다시 말하여, 수량사는 항용 분류사를 대동하거나 분류사에 대동되는 것이므로, 하나의 요소로 융합되어 있다고 보는 것이다. 이를 '융합 수량사'라고 부르겠다. 그렇게 되면

'[수량사-분류사]-명사-e'

의 표상을 얻을 수 있고, 이 상태 그대로 논항구조에 대응한다고 보아야 한다. (25)와 비교하면, 명사의 위치만이 내부지정어에서 보충어 위치로 달라져 있다. 이를 나타내면 (28)과 같다.

(28)
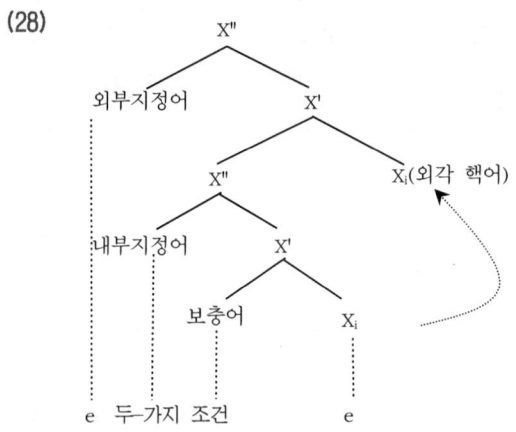

(28)의 공범주 핵어는 (26)의 공범주 핵어와 다소 성격이 다르다. (26)의 공범주 핵어에는 수의적으로 외현범주의 분류사들이 실현될 수 있다.

그러나 (28)에서는 그렇게 실현될 수 없다. 만일 외현범주의 형태가 실현되어야 한다면, 그 종류는 양화사$_{quantifier}$로 불렸던 '모두, 몇몇'이나 '복수 접미사/형식명사'로 불리는 '들'에 제한되어야 할 것으로 믿는다.[20] 'e 두-가지 조건 <u>모두</u>, e 두-가지 조건<u>들</u>'에서 밑줄 친 것들이 동일하게 기능범주의 요소들이며, 핵어 위치에 실현되어 있는 것이다.

(29가) 조건 셋을 만족하게 된다.
　나) 세 조건을 만족하게 된다.

앞의 (21, 24)에서 살폈듯이 예문 (29)는 내포의미에서 차이가 난다. (29가)는 상대적으로 여러 개의 조건이 있고 그 조건 가운데에서 세 개를 가리키는 것으로 보이지만, (29나)는 주어진 조건이 모두 세 개인 것처럼 느껴진다. 이 내포의미의 차이를 논항구조를 통하여 설명하기로 한다. (29가, 나)의 관련 항목들은 (30가, 나)의 표상을 갖는다.

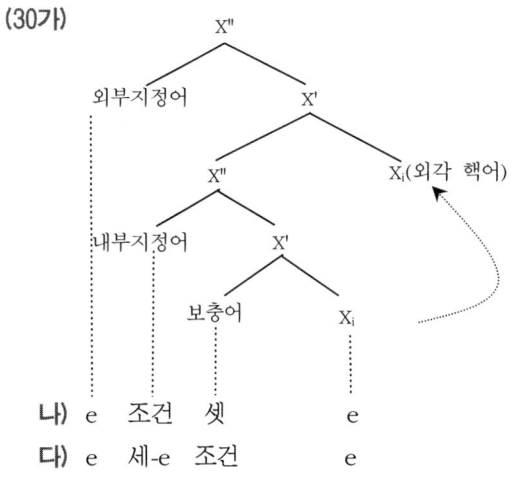

(30가)

나) e 조건 셋　　e
다) e 세-e 조건　e

---

20) 무표적 구성에서도 양화사들이 나타날 수 있다(예: 책 네 권 모두). 필자는 '*책 네권들'이란 표현이 매우 기묘함을 고려하여, 이 경우 동사구를 결속하는 운용소라고 봐야 할 것으로 믿는다(양화사 [명제 표현…동사…]). 만일 이 처리가 불가능해지는 경우는 재명명(再命名)과 같은 동격 구성으로 간주하게 된다. 일단 무표적 구성에서 관찰되는 양화사들(예: 책 세 권 모두)은 유표적 구성에서 관찰되는 양화사들(예:

(30나)에서 공범주 핵어 위치에 외현범주로 실현될 수 있는 분류사는 '개, 가지' 정도의 개체 산정 분류사이다(예: e 조건 세 가지). 반면 (30다)의 경우는 핵어 위치에 개체 산정이나 정도 계량의 분류사는 올 수 없고, 양화사로 일컬어지는 '범위 표시' 분류사('모두, 몇몇')나 복수표시 분류사('들')가 실현될 수 있다(예: e 세-e 조건 모두). (29)의 해석된 내포의미와 (30)의 구조가 서로 상응하고 있음을 알 수 있다.

보충어 논항으로 실현된 외현범주의 항목들도 내포의미를 결정하는 데 큰 변수로 작용한다. 보충어는 동사의 투영일 경우에 동사의 대상을 지시하고, 명사의 투영일 경우에 핵어의 내부속성을 지시한다고 언급하였다. 핵어가 공범주 형태로 채워져 있기 때문에, 기계적으로 살필 때에 (30나)의 '셋 e'는 숫적 내용을 지시하는 것으로 해석되고, (30다)의 '조건 e'는 이른바 유적(類的) 내용을 지시하는 것으로 해석된다. 이 점 또한 서로 다른 내포의미의 해석을 유발하는 요인이 된다.

내부지정어 논항은 중간투영 X'와 자매항목을 이루어 중간투영의 내용을 지정해 준다. 곧, (30나)에서 '셋 e'이라는 것의 내용을 '조건'이라고 지정해 주고 있으며, (30다)에서 '조건 e'이라는 것의 내용을 '세 -e'이라고 지정해 주고 있다. 전자에서는 수량화된 개체들이 조건이라는 속성을 지니고 있음을 의미하며, 후자에서는 조건이라는 부류가 세 가지라는 속성을 지님을 의미하고 있다. 외부지정어 논항에는 지시사들이 실현될 수 있는 것이므로 (29)의 표상에서는 공범주 형태로 채워질 뿐이다.

이상에서 직관적으로 해석된 (29)의 내포의미가 (30)의 논항구조에 의해 유도될 수 있으며, 그 결과가 서로 일치됨을 확인하였다. 다음 논의로 들어가기 전에, 추상명사들의 표상은 여기에서처럼 언제나 두 가지 구성이 자유롭지 않음을 지적해 두기로 한다. '두 가지 방식'은 허용되나 '?방식 두 가지'의 실현은 제약되고, '두 가지 생각'은 허용되나 '?생각 두 가지'는 특정 문맥에서나 쓰일 듯하다. 마찬가지로 '?꾀

세 책 모두)과 구조상 차이가 있는 것으로 파악해 두는 것이 본고의 입장이라고 부기해 두고, 이 문제에 대해서는 깊이 천착하지 않겠다.

세 가지'보다는 '세 가지 꾀'가 자연스러우며, ^{??}'슬픔 한 가지'보다는 '한 가지 슬픔'이 널리 쓰이는 것으로 보인다. 이는 추상명사가 공범주 형태의 핵어를 가져야 하는 성질과 관련하여 이해되어야 할 것이다.

2.3.4. 마지막으로 조사 {의}가 실현되어 있는 구성에 대해 살피기로 한다. 선조적 순서로만 따지면, '수량사-분류사-명사'나 '수량사-분류사-{의}-명사'(또는 '수량사-e-{의}-명사')는 조사 출현의 유무만 제외하고 동일한 순서로 되어 있으므로 유사한 구성이라고 말할 수 있다. 그러나 이런 지적은 다음의 언어 사실을 설명할 수 없다.

(31가) ^{??}세가지의 생각
　　나) 세가지 φ 생각
(32가) 하나의 가정(假定)
　　나) ^{??}하나 φ 가정
(33가) *둘의 학생
　　나) 두 φ 학생
　　다) 두 명의 학생
　　라) ^{??}두 명 φ 학생

(31, 32)에서는 추상명사들이 실현되어 있다. 그런데 (31)에서는 {의}가 실현되지 않은 경우가 더 자연스러우나, (32)에서는 {의}가 실현되어야 자연스럽다. (33)에서는 수량사만이 외현범주로 나타났을 때 {의}가 실현되면 적격성이 파괴된다. 그러나 분류사도 외현범주로 실현된 경우에는 오히려 {의}가 실현되어야만 자연스럽게 느껴진다. 이러한 관찰만을 근거로 할 때에, {의}의 실현 유무가 문법성이나 적격성 판정에 깊이 관여하고 있음을 알 수 있다. 필자는 이것들이 {의} 실현 층위에 관련된 문제라고 파악하고 있다.

{의}가 실현되는 층위는 일반화된 논항구조에서 어디쯤일까? 만일 {의}가 이끌고 있는 항목이 논항구조 속의 어느 한 논항이라고 한다

면, 왜 {의}라는 조사가 필요할까? 이론 내적인 작업 가정으로서, 필자는 {의}가 이끌고 있는 항목이 논항구조 속의 어느 한 논항 위치를 점유하는 것이 아니라, 논항구조 밖의 어느 위치를 점유하고 있다고 본다.[21] 앞에서 살펴왔듯이, 논항구조 속의 외현범주 실현은 {의}의 도움이 없이 가능하기 때문이다. 그렇다면 논항구조 밖의 위치란 부가어 위치일 수밖에 없다. 일단 {의}가 실현되는 위치는 부가어 위치라고 가정하고, 이에 대한 논증을 해 나가기로 한다.

(34가) 하나의 허튼 소리
　　나) *하나 φ 허튼 소리

---

[21] 영어를 다룰 적에 'of'라는 전치사는 아무런 뜻도 없이 구조적으로 명사와 명사가 이어지는 것을 보장해 주기 위해서 삽입된다고 말해 왔다(虛辭, expletive). 그러나 이런 주장은 피상적이다. 애브니(Abney, 1987 : 139)에서 다음의 대립이 지적되고 있기 때문이다.

　　(a) John's breaking his leg (John=Agent)
　　(b) John's breaking of his leg (John=Experiencer)

위 두 예문은 of의 실현 유무만이 차이가 있다. 해석은 (a)가 "존이 그의 다리를 부러뜨리는 행위를 하는 것"이고, (b)가 "존이 그의 다리가 부러지는 것을 경험하는 것"으로, 서로 정반대이다. 하나는 행위주이며 자신이 대상(피해자)이므로 사기꾼들의 교통 상해 사고처럼 의도가 있어야 하지만(가해자=피해자), 다른 하나는 경험주에 지나지 않으므로 자신의 다리를 부러뜨리는 의도 따위는 없는 것이다(가해자≠피해자). 이 해석의 차이를 어떻게 구조적으로 유도해야 할까?

필자는 영어의 of도 국어의 경우와 같이 부가어 구조를 갖는 것으로 보는데, (a, b)는 다음의 구조를 갖는다.

　　(c) John's breaking his leg
　　(d) John's breaking e_i [of his leg]$_i$

(c, d) 사이의 차이는 〈대상역〉을 받는 논항이 외현범주냐 공범주냐로 구분된다. 외현범주일 경우에, 대상이 뚜렷이 지시된다는 점에서 〈행위주역〉이 할당되는 것이다. 그러나 공범주일 경우에는 대상이 우회적으로 간접 지시된다는 점에서 전자와 같은 의미역 할당이 일어날 수 없게 되고, 남은 가능성으로 〈경험주역〉 할당이 일어나는 것이다.

또한 그림쇼(Grimshaw, 1990 : 48)에서도 앤더슨(Anderson, 1983~84)의 결론은 수용하여 "John's N" 구성이 소유자를 가리킨다면 부가어(수식어)의 자리를 차지하고 있고, 동일한 "John's N" 구성이 행위자를 가리킨다면 논항의 위치에 실현된 것으로 보았다. 즉, N이 구체명사이면 소유 대상이 되고, N이 추상명사이면 행위 내용이 되는 것인데, 이 N과 관련된 John's는 해석 방향에 따라 부가어나 논항의 자리를 점유하게 되는 것이다. 이런 설명이 타당하다면, 영어의 of도 국어의 {의}와 비슷한 위치를 점유하는 것으로 상정해야 마땅하다.

다) 두 명의 아픈 학생
라) ??[두이 φ 아픈 학생
마) *[둘이]의 아픈 학생

(34)에서 관찰할 수 있는 것은 {의}가 실현된 구성만이 {의}와 후행명사 사이에 임의 요소를 삽입할 수 있다는 점이다. (34나, 라, 마)는 적격하다고 볼 수 없다. (34나)에 {의}가 들어가면 문법성이 회복된다. 그러나 (34라)에 {의}를 집어넣은 (34마)의 경우는 그렇지 못하고 문법성이 더 악화된다(앞의 (27) 약정을 적용하면 (34라)가 더 나은 형태로 됨). (34가, 나)만을 놓고 얘기한다면, {의}가 실현됨으로써 구성이 더 확대된다고 말할 수 있다. 이는 거꾸로 {의}가 핵어로부터 멀리 떨어진 더 높은 계층에(이를 선조적으로 말한다면, 더 멀리에) 실현되어 있기 때문에 확장되는 것처럼 보인다고 얘기할 수 있다. 이 점은 {의}가 부가어 위치에 있을 개연성을 지지해 주는 간접 증거로 채택될 수 있다. (34라)는 일반화된 논항구조에서 융합 수량사가 내부지정어 위치에 실현되고, 명사가 보충어 위치에 실현된 표상임을 앞에서 살핀 바 있다. (34라, 마)가 허용되지 않는 이유를 이런 표상으로부터 설명할 수 있다. 내부지정어와 보충어 사이에는 다른 임의의 항목도 개입될 수 없다. 개입이 허용된다면 논항구조라는 것이 파괴되어 버리기 때문이다. 이 추론이 정당하다면, (34라)는 (27)의 약정을 거쳐서 오직 (33나)와 같이 실현된다고 말해야 한다(두 φ 학생). (34마)의 비문성은 부당한 항목이 개입되어 있고 (27)의 약정을 준수하지 않았기 때문이라고 말하게 된다.

다음은 {의}가 실현된 표상이 지시어(이/저/그)와 함께 나타난 경우를 살피기로 한다.

(35가) 철수의 그 세-가지 선행(善行)
나) *그 철수의 세-가지 선행
다) 그, 철수의 세-가지 선행
라) ?그 세-가지 철수의 선행(#쉼 없이)

마) 그 세-가지, 철수의 선행
바) 세-가지 그, 철수의 선행

지시어가 일반화된 논항구조에서 외부지정어 위치에 실현되는 것이 사실이라고 하자. (35가)는 '그 세-가지 선행 e'이 일반화된 논항구조에 모두 채워짐을 보여 주고 있는데('e'는 공범주 분류사로서 핵어임), 이것이 사실이라면 {의}가 이끌고 있는 항목은 일반화된 논항구조의 부가어 위치에 해당될 수밖에 없다. (35나)는 적격한 구성이 아니다. 문법성이 회복되려면 (35다)에서처럼 휴지가 지시어와 '철수의' 사이에 놓여야 한다.[22) (35라)의 경우도 (35마, 바)와 같이 휴지가 전제된 구성이라야 적격하다고 말할 수 있다. (35마, 바)는 논항들이 비논항 위치인 부가어를 만들면서 임의로 이동함을 보여 주고 있다. (35)의 관찰에서 우리는 {의}에 이끌리는 항목은, 외부지정어 바깥에 실현되어 있는 표상이 무표적인 것임을 확인할 수 있으며, 이는 직접적으로 {의}가 이끌고 있는 항목이 부가어 위치에 놓임을 드러내 주는 것이다.

{의}에 대한 최근의 언급으로 임홍빈(1991a : 597)이 주목된다. 'X의 Y'에서 {의}는 '포함'이라는 처소 관계를 나타낸다고 하였다. 'X의 바탕 위에 Y가 포함되는' 관계이다. 그 논문의 미주 (6)에서는 '처녀의 머리'와 '처녀 머리'를 예로 들고 있다. 전자는 어떤 사람의 머리가 될 수 있지만, 후자는 머리 모양새를 가리킨다. 이런 예를 극적으로 만들면

---

22) 이는 초기 표상
 "철수의 [그 [세-가지 [선행 [e]]]]"
에서 외부지정어 논항이 비논항 자리(새로 만든 최상위의 부가어 자리)로 임의범주 이동을 한 것이라고 설명된다. 도출 표상은 따라서
 "그$_i$ # 철수의 [t$_i$ [세-가지 [선행 [e]]]]"
과 같다. (34마, 바)의 경우는 다시 한번 더 비논항 이동이 일어난 것으로 설명된다. (34마)의 표상은
 "그$_i$ # 세-가지$_j$ # 철수의 [t$_i$ [t$_j$ [선행 [e]]]]"
과 같다. 부가어에로 이동하는 것이기 때문에 (34마, 바)와 같이 어순이 덜 제약적인 것이라고 판단된다.

"(그) 총각의 총각 머리"

가 가능한데, {의}에 이끌리는 항목과 그렇지 않은 항목은 서로 실현 계층이 다름을 보여 주고 있다. 그런데 {의}를 순전히 의미론적 요소로만 보아서도 안 된다. 왜냐하면 "사과 한 개"에서 '사과' 속에 '한 개, 두 개, …'들이 포함될 터이나, 결코 "*사과의 한 개"라는 구성은 가능하지 않기 때문이다. 선조적인 관계의 용어를 채택하여 {의}가 수식 관계를 이룬다든지, 관형 구조를 이룬다는 것들도 {의}가 이끄는 항목의 본질을 드러내는 데에는 한계가 있다. "총각의 총각 머리"에서 {의}가 실현된 '총각의'나 그렇지 않은 '총각'이나 모두 수식 또는 관형 관계에 있지 않다고 말할 수도 없기 때문이다. 이는 계층적 접근에 의해 해결되어야 함을 이미 앞쪽에서 보았다.

{의}가 이끌고 있는 항목이 부가어 위치에 실현된다는 점을 아래에 그림으로 보이기로 한다. 부가어는 반드시 '닻 내리기' 조건을 만족시키기 위해 동지표$_{co-index}$되는 것을 부가어 속에 포함하고 있어야 한다. 필자는 {의}의 기능이 부가어의 동지표 표시를 맡는다고 파악하고 있다("두 개의 그 빨간 사과, 두 개의 사과"를 예로 든다).

(36가)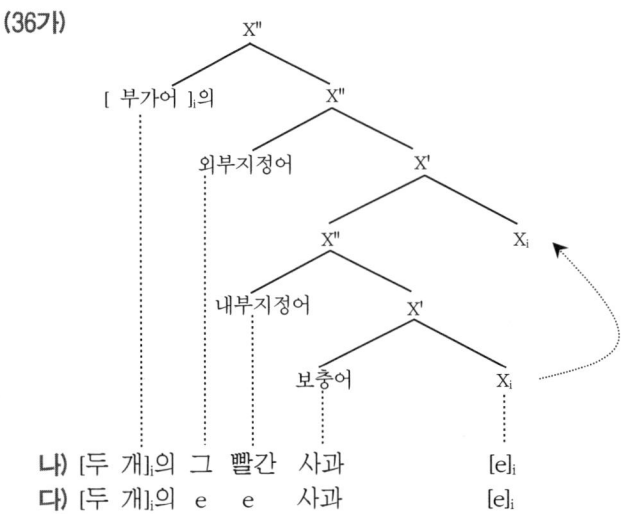

(36)에서 공범주 형태의 핵어인 분류사와 부가어가 동지표를 받고 있다. 이 점은 외현범주 분류사가 핵어로 실현된 표상과 동일한 외연값을 받게 만드는 근거가 된다. 특이하다면 (36)에서 내부지정어일 것이다. (36나)에서는 보충어로 실현된 '사과'의 속성을 내부지정어(빨간)가 표시해 주고 있고, (36다)에서는 공범주 형태의 내부지정어가 표시되어 있다. (28)에서는 융합된 수량사(두 가지)가 내부지정어에 실현되어 있었음을 고려하면, (36다)의 내부지정어 공범주에도 지표를 부여해 볼 수도 있다. 그러나 내부지정어에 붙박이처럼 수량사가 실현되는 것도 아니기 때문에 자의적인 지표 부여가 되기 십상이다. 따라서 내부지정어의 공범주 형태에 동지표를 부여하는 것은 바람직하지 않은 것임을 알 수 있다.

이상에서 우리는 수량사 구성에서 논항들 사이의 관계를 일반화된 논항구조로써 설명할 수 있음을 보았고, 수량사의 축약 조건을 (27)에 제시하였으며, {의}가 일반화된 논항구조에서 구조 밖의 부가어로 실현됨을 살폈다. 다음 2.4절에서는 분류사의 범주 문제에 대해 살피기로 한다.

2.4. 분류사의 범주 결정 문제는 최근에야 본격 논의가 이루어졌는데, '분류사'를 확정하기 위해 임홍빈(1990a, b)에서 그 성격과 변별기준에 대해 깊은 성찰이 있었다.[23] 이 분류사를 이전의 논의에서는 형식명사, 부사, 수대명사, 서술어(명사 서술어) 등의 범주에 포함시켰었다. 본 절에서 필자는 분류사를 어휘범주 속에서 뽑아내어 기능범주에 소속시키고, D 범주를 배당해야 함을 주장하려고 한다.

---

23) 필자는 임홍빈 교수의 일련 논의들에서 사숙한 바 매우 크다. 본고에서의 주장을 간단히 말하면 두 가지이다. 국어 명사에서 분류사가 필수적이고, 분류사는 기능범주의 D에 해당한다는 내용이다. 앞의 진술은 임홍빈 교수의 주장을 필자의 방식대로 바꾼 것이다. 뒤의 진술은 애브니(Abney, 1987)로부터 배운 것이다. 혹 필자의 주장에서 취할 게 있다면, 마땅히 그 공은 임홍빈 교수와 애브니에게로 돌아가야 할 것이나, 잘못되어 오류만을 부언하고 있다면, 그 책임은 필자의 불완전한 이해 능력으로 귀속된다.

임의의 언어 요소는 크게 두 가지 범주로 나뉜다. 하나는 어휘범주이고, 다른 하나는 기능범주이다. 어휘범주의 항목들은 의미역을 할당한다는 점에서 기능범주의 항목들과 구분된다. 어휘범주의 핵심 항목은 동사와 명사이다. 이들은 각각 [+N, −V] [−N, +V]의 자질(촘스키 자질)로 표시되거나, 또는 [−F, +N] [−F, −N]의 자질(Abney 자질)로 표시된다. 어휘범주와 기능범주의 구별은 아리스토텔레스에서 비롯되었다고 하는 '뜻을 갖고 있는 단어'와 '뜻이 없는 단어'를 구분했던 문법 전통과 맥을 같이 한다. 어린이들의 언어 성장 논의에 따르면, 의미역이 개재된 어휘범주의 것들을 먼저 발달시키고, 뒤에 기능범주의 것들을 발달시킨다고 한다. 어휘범주와 기능범주로 대분하는 심리적 정당성으로서 종종 이 사실이 인용되기도 한다.

국어 문법에서는 아직 어휘범주와 기능범주에 대한 차별성을 크게 부각시키지는 않고 있다. 국어에서 대체로 품사가 뜻을 구분할 수 있도록 대립쌍을 갖는 최소 자립형태소 정도로 인식됨으로써, 몇 기능범주에 소속될 수 있는 요소들이 품사의 반열에 올라 있다. 쉽게 이해하기 위하여 기능범주란 문법형태소라고 말할 수 있다. 여기에는 어미 부류들(어말, 선어말, 연결어미)과 어휘의미를 갖지 못하는 의존형태소들(접사, 조사)이 속한다.

그런데 기능범주 형태소들은 모든 언어 현상에서 핵어의 위치를 점유하게 된다. 이 점이 이전의 언어 연구와 전혀 다른 태도이다. 생성 문법에서도 1980년대 이전까지는 어휘범주의 요소들이 중시되었었으나, 최근 들어 모든 언어 표현의 핵심은 기능범주에 담겨 있다는 쪽으로 생각이 전환되었다. 매우 단순화시켜 얘기할 때에, 의미론에서 언어는 명제와 명제태도로 나뉘는데, 이전의 연구에서는 명제만이 부각되었었지만, 최근 명제태도가 명제보다 더 중요하다는 쪽으로 생각이 바뀌었다고 말할 수 있다. 언어요소를 표시하는 기호 사용에서 문장이 S나 S'에서 CP로 바뀌었고, 명사가 NP에서 DP로 바뀐 사실도 이런 흐름을 반영한다. 곧, 문장은 기능범주 형태소 C의 투영이고, 명사는 기능범주 형태소 D의 투영인 것이다. 개략적으로 C는 국어 문법에서 어말어미라고 불리어 왔던 것들을 포함한다. 그런데 D에 대해서는 국어 문법에서 무엇과 상응할지 아직 활발한 논의가 이루어지지 않고 있다.

D는 영어의 지시사$_{determiner}$의 머릿글자를 딴 것이지만, 그 내용에서는 지시사만 가리키는 것이 아니다.[24] D의 설치 동기는 헝가리어, 터어키어, 마야어, 에스키모의 유픽어 등에서 관찰되는 일치소$_{agreement, AGR}$의 존재로부터 나왔다.

(37가) az en vendeg-e-m (헝가리어, 애브니1987 : 44)
　　　그　나-주격 손님-피속격-1인칭 단수
　　　"나의 손님"이라는 뜻

나) pasta-nin bir parca-si (터어키어, 위의 책 51쪽)
　　케이크-속격 하나 조각-3인칭 단수
　　"케이크 한 조각"이라는 뜻

(37)에서 밑줄 친 부분은 명사구에서도 동사구에서처럼 똑같이 일치 현상이 일어남을 보여 준다(1인칭 단수 일치/3인칭 단수 일치). 보편문법의 이념에서 보면, 이런 일치 기제는 예시된 언어에서처럼 강하게 나타나든지, 또는 거의 없는 듯이 약하게 나타날 것으로 기대된다. 영어의 경우 명사구에서 일치가 동사구에서보다 훨씬 미약하다. 국어의 경우 동사구이거나 명사구이거나 모두 매우 미약하다(외현범주 형태로 실현되는 경우가 드물다)고 말할 수 있다. 그런데 (37)의 언어들에서는 일치를 담당하고 있는 유사 활용소(INFL-like)가 명사를 투영한다고 한다. 이들이 명사구 핵어인 것이다.

리이스(R. Lees, 1960)에서부터 비롯되는 명사구와 동사구의 공통성에

---

[24] 애브니(1987 : 265ff.)는 동사구에서 양상소(modal)에 상응하는 역할을 지시사가 맡고 있는 것으로 보고 있다. 영어에서 지시사와 속격 's는 상보분포를 이루고 있으며, 대명사는 보충어 요구가 수의적이라는 점에서 자동사적인(intransitive) 지시사라고 하며, D에는 정도(degree) 표시어와 접사 '-ing'도 포함된다고 한다.

대한 논의는, 결국 명사구의 투영이 동사구의 투영 모습에 상응하리라고 가정하게 한다. 동사구의 투영 모습이 대략 (38가)와 같다면, 명사구의 투영 모습도 그와 유사한 내용이 될 것이고, 이를 (38나)와 같이 나타낼 수 있다.

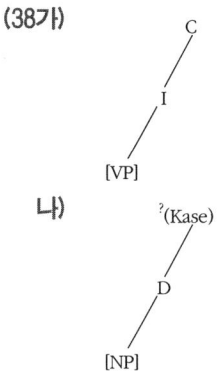

  동사구는 활용소 핵어가 투영하는 보충어로 편입incorporation되고, 다시 종결소의 투영에 편입됨으로써 문장 투영이 종결된다면, 명사구 또한 활용소의 투영에서 보충어로 편입되리라는 기대를 갖게 한다. 명사구에서 C에 상응하는 것이 무엇인지는 아직 논의되고 있지 않으나, 국어 자료를 근거로 하여 필자는 격조사와 유사한 무리들이 되지 않을까 생각한다. 동사구를 보충어로 요구하는 활용소 I는 더 미세하게 분절되어 AGR, NEG, T 등으로 계층화된다(Pollock, 1989). 이 중에서도 일치소 AGR이 동사구를 인허하는 직접적인 핵어이다. 강하게 일치를 요구하는 언어들에서는 일치소 AGR의 존재를 명사구에서 관찰할 수 있다(언어마다의 매개인자는 그 언어의 '형태론적 특이성'을 반영하는 것에 지나지 않는다고 본다: 촘스끼, 1994). 일치소를 포함하고 있는 기능범주 형태 D의 존재가 보편문법상 실재하는 것이라면, 국어 명사에서도 마찬가지로 D의 층위(명사구 활용소 층위)가 존재하고 있을 것임을 추론할 수 있다. 이 점이 국어의 분류사에 대해 D 범주를 고려해 보게 만드는 1차 동기가 된다.

위의 이론 내적 동기와는 달리, D 범주를 고려하게 만드는 언어 현상들이 있다. 국어의 후핵성後核性 매개인자가 옳다고 가정하자. 그리고 언어의 표상은 모종의 공통된 구조를 갖는다고 보자. 그러면, '명사–수량사–분류사'의 구성에서 핵어는 당연히 분류사가 되는 것이고, 분류사가 외현범주로 관찰되지 않는 구성에서도 공범주 형태의 분류사를 설치하게 되는 것이다. 뿐만 아니라, 임홍빈(1979)의 지적처럼 국어가 온전한 의미에서 "분류사 언어"임이 확실하다면, 국어의 명사는 초기 표상에서 분류사를 장착한 채 존재한다고 봐야 한다. 임홍빈 교수의 주장처럼 일반명사가 유적類的 해석을 받는 것이 기본이고, 개체적 해석이 추가적인 것임이 확실하다면, 이 또한 국어의 모든 명사가 초기값default으로 분류사를 갖고 있어야 한다고 말할 수 있다. 국어의 명사는

'N [$X_{classifer}$]'

와 같은 모습인 것이다. 앞의 N은 소리로 낼 수 있는 외현범주의 명사이고, 뒤의 [$X_{classifer}$]은 초기값으로 주어지는 분류사로서 외현범주로 실현되거나 공범주로 실현된다. 임홍빈(1990b)에서 논의된 많은 숫자의 분류사 항목들의 존재도 초기값으로 분류사를 주어야 한다는 가정에 간접 증거로 채택될 수 있다. 필요하였기 때문에 많아졌다고 볼 수 있기 때문이다.

분류사의 존재가 초기값으로 국어의 명사에 장착된다는 주장을 수용한다고 하더라도, 과연 그 범주가 D인가에 대한 문제가 여전히 남게 된다. 이는 D라는 범주를 도입하게 된 첫 동기가 일치임을 환기하는 데에서 해답을 찾을 수 있다. 예로 살폈던 일치는 인칭/성/수 따위의 일치였다. 그러나 일치의 방법을 꼭 인칭/성/수 따위로만 고정시켜야 한다는 법은 없다. 일치는 명사를 어떻게 파악하느냐에 따라 그 방법이 달라질 것이기 때문이다. 아프리카 반투 어의 일부 언어에서는 명사를 나누는 접사 체계가 무려 십수 개를 넘는 경우도 있다(R. E. Asher ed., 1994, 『The Encyclopedia of Language and Linguistics』 vol.#1, Bantu Language 항목, Pergamon Press). 이 언어에서의 일치는 인칭/성/수 따위의 것으로 이뤄질 수 없으리라는 것을 쉽게 짐작할 수 있다. 동사에서 관찰되는 일치도 상황이 유사하다. 서구어에서는 인칭/성/수에 따라 동사의 어미가 바뀐다. 그러나 국어에서는 인칭/성/수에 따라 동사의 어미가 바뀌는 법이 없다. 그렇다고 국어 동사에 일치가 전혀 없는 것은 아니다. '신분성 어미'(이숭녕, 1983)의 용어가 드러내듯이 대우待遇의 여부로써 어미가 뒤바뀌며, 이 점이 서구어에서의 일치와 궤軌를 같이한다고 말할 수 있다. 일치의 방법과 그 선택은 매개인자로 되어야 하는 것이다.

70년대의 국어 분류사의 논의에서부터 분류사의 '매임 관계'가 지적된 바 있다(이익섭, 1973:57). 무엇이 어디에 매이어 있다는 것인가? 분류사가 선행명사에 매이어 있다는 뜻이다. 예를 들어 명사 '소'가 있을 때에 여기에 매일 수 있는 분류사는 '마리'가 되고, 비칭卑稱 '놈'도 가능하지만(예: "대체 웬 소놈이길래, 사람 말을 그렇게 안 들을까?"), 이 이외의 '개個, 포기, 채' 따위는 불가능하다. 이 점을 필자는 국어에서의 일치라고 파악하고자 한다(이정민, 1989에서도 분류사를 AGR 교점 아래 설정하고 있다). 이를 인칭/성/수 일치와는 달리 '분류사 일치'라고 부를 수 있다.

그런데 매임 관계는 그 핵어를 선행명사에 두고 부르는 용어이다. 어휘범주가 기능범주의 투영 속에 편입된다는 사실을 인정하면(다시 말하여, 기능범주가 핵어라면), 매임 관계의 주체는 분류사가 될 것이다. 분류사가 명사를 인허license하는 관계라고 표현할 수 있다. 분류사의 선택과 실현이 화용적 상황에 의존한다는 채완(1990a)에서의 지적도 인허자로서의 분류사 지위를 위협할 수 없다. 화자는 미리 선행명사의 위상을 결정하고 그에 알맞은 분류사를 선택하여 있을 것이기 때문이다(top-down방식임). 다만, 청자가 선조적으로 선행명사를 먼저 듣게 될 것인데, 이해의 방식 또한 자료 쪽으로부터 일방적으로 주어지는 것이 아니고, 이미 머릿속에 저장된 인지 내용으로부터도 정보가 들어와서 쌍방향에서 서로 정합적으로 이루어지는 것이기 때문이다(이정모 외, 1989, 『인지과학: 마음·언어·계산』, 민음사 참고).

화용적 상황에 따라 분류사를 선택한다고 하더라도, 그 선택의 범위가 주어져 있을 것으로 보인다. 채완(1990a : 175)에서는 사람과 관련하여 '사람, 명, 분, 놈, (시체)具, (英靈)位' 등이 쓰인다고 지적하였다. 사람과 관련하여 나타날 수 있는 분류사들은 일정한 범위가 있을 것이고, 이 범위 속에서 선택이 일어나는 것이다. 사람을 나타내는 분류사로서 식물과 관련된 '포기, 줄기'라든가, 또는 물질명사와 관련된 '동이, 모금' 따위가 나타날 까닭이 없는 것이다. '분류사 일치'가 다른 언어들에서 관찰되는 일치와 기본 이념에서 동일한 것이라고 본다면, 국어의 분류사가 D의 후보임을 추론할 수 있다. 이 추론이 정당하다고 하더라도, 국어에서 분류사가 나타나지 않는 사례들이 있는 한, 다시 이것들에 대하여 적의한 설명이 주어져야 한다. 2.2절에서 필자는 공범주 형태의 분류사가 설정되어야 함을 논의하였고, 이 존재가 언어사실에 대해 설명력을 지니고 있음을 보이었다.[25] 이런 점들이 받아들여진다면, 명사에 항용 필요한 분류사를 기능범주에 소속시키고 일치의 역할을 하는 D라고 매듭짓는 데에 아무 어려움도 없게 된다.

3. 마무리

3.1. 이상에서 필자는 일반화된 논항구조를 상정하고, 이 틀 속에서 수량사를 가진 명사구에 대하여 논의해 왔다. 일반화된 논항구조는 전형적 논항구조가 반복된 모습인데, 범주의 투영에 관계하는 중

---

[25] 그럼에도 불구하고 여전히 남는 의문은 분류사를 필요로 하지 않는 명사화 보문자들에 대한 내용이다. 보문자로 이루어진 명사화 구문도 명사임에 틀림없다면, 이들도 의무적으로 분류사를 가져야 할 것이다. 그런데 이들에 대해 어떻게 분류사를 설정해야 할 것인가? 필자는 때에 따라 명사화 보문자 구문도 '한 가지' 따위의 분류사가 실현될 수 있음을 언급하였으나, 무표적으로는 분류사가 나타나지 않는다고 보는 것이 옳을 듯하다. 더 깊은 논의를 거쳐야 하나, 현재 필자는 보문자들도 분류사와 한 가지로 D의 항목들이 아닐까 의심하고 있음만 덧붙여 두고, 이 문제는 논의를 유보하기로 한다. 아울러 양화사 취급을 받는 '모두, 몇몇'이나 접미사/형식명사로 취급되어 온 '들'의 위상도 D(또는 D의 상위 층위)와 관련하여 논의되어야 할 것이다.

요한 구조이다.

"외부지정어 [내부지정어 [보충어 [핵]]]]"

으로 간략히 나타낼 수 있는 이 구조는, 어휘범주 항목들의 투영에 관계한다. 동사의 투영도 그러하고, 명사의 투영도 그러하다. 동사에서는 각 논항들에 의미역이 할당된다. 선조적으로 언급할 때 각각

⟨행위주역 | 경험주역⟩, ⟨근원역 | 목표역 | 처소역⟩, ⟨대상역⟩

들이 할당되는 것이다. 명사에서는 행위명사를 제외하고는 의미역들이 논항에 할당되지 않는다고 한다. 그럼에도 불구하고 논항구조는 여전히 명사의 투영에 깊이 관련되고 있으리라 기대된다.
논항구조는 부가어를 허용함으로써 더 확대될 수 있다. 그 모습은

"부가어 [외부지정어 [내부지정어 [보충어 [핵]]]]"

처럼 나타낼 수 있다. 부가어는 '닻 내리기' 조건에 따라 동지표되는 내용을 부가어 속에 지니고 있어야 한다. 명사구에서는 '동지표 부여 기능'을 조사 {의}가 맡는 것이라고 간주하였다.
수량사 구성과 관련하여 표면의 모습으로만 보면

① '명사-수량사-분류사'
② '명사-수량사'
③ '수량사-분류사-명사'
④ '수량사-명사'
⑤ '수량사-분류사-{의}-명사'

의 구성이 관찰된다. 이들은 공범주 형태소 분류사의 설정에 의해 두

가지로 나뉜다. 하나는 외현범주의 분류사가 핵어로 실현된 것이고, 다른 하나는 공범주의 분류사가 핵어로 실현된 것이다. 이들은 같은 외연의미(외연값)를 갖지만, 내포의미는 서로 다르다. 그 까닭은 국어의 후핵성後核性 매개인자에 따라 외현범주로 실현된 맨 뒤의 항목이 해석상 관건으로 작용하기 때문이다.

일반화된 논항구조에서 수량사와 명사가 서로 내부지정어와 보충어 논항으로 뒤바뀌며 실현되었다. 이는 자의적이 아니고, 분류사 핵어의 실현 모습(외현범주/공범주)에 의해 결정되었다. 보충어는 핵어의 내부속성을 드러내 주는 것이고, 내부지정어는 핵어와 보충어가 구성성분을 이룬 중간투영의 핵어 X'의 성격을 지정해 준다. 이런 관계는 동격이라든지 주술이라든지 속격 따위의 용어로써 적절히 포착할 수 없는 내용이다.

조사 {의}는 후행명사와의 사이에 여러 요소들이 삽입될 수 있다는 언어사실로써 핵어로부터 멀리 떨어져 있는 계층에 실현되어 있을 것임을 알 수 있었다. 본고에서는 부가어 위치에 실현된다고 간주하였다. 그 까닭은 일반화된 논항구조 내부의 요소였더라면 굳이 특별한 요소를 군더더기처럼 요구하지 않을 것이기 때문이었다. 이 점은 {의}가 개입될 수 없는 수량사 구성의 언어 사실들을 확인함으로써 지지될 수 있었다.

마지막으로 본고에서는 분류사가 국어 명사에 초기값으로 주어져야 한다고 가정하고, 이를 기능범주의 형태소로 보아야 함을 주장하였다. 이때 분류사의 범주는 일치를 담당하는 D일 수밖에 없음을 보였다. 따라서 국어의 명사 투영도 NP가 아니라 DP가 되는 것이다. D의 후보가 오직 분류사에만 국한될 것인지에 대해서는 의문이 가며, 다른 항목들도 더 추가될 것으로 보았다. 국어의 분류사가 D라는 주장은 앞으로 계속 검토되어야 할 논제이다. 본고에서의 노력은 이 논제를 증명하기 위한 걸음마에 불과하며, 필자는 계속 충실하게 증명해 나가야 할 짐을 지고 있다. 지금까지 논의한 내용을 다음 그림 (39)로 나타내기로 한다.

(39가)

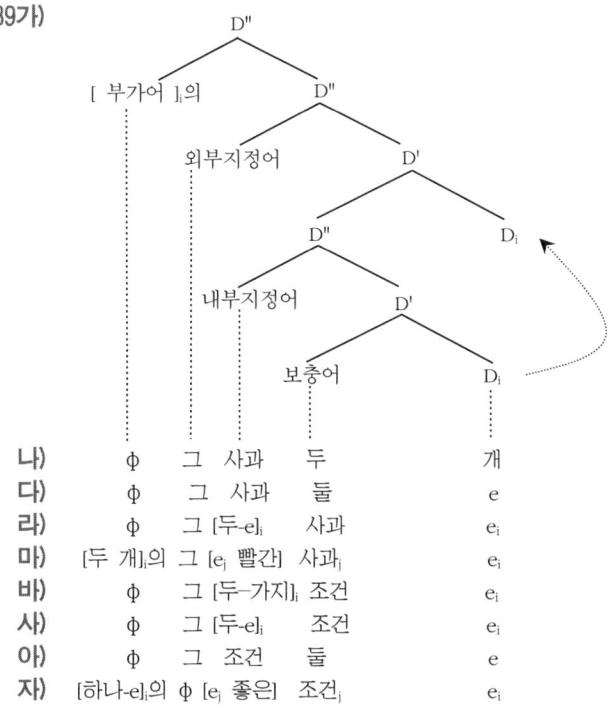

나)	φ	그	사과	두	개
다)	φ	그	사과	둘	e
라)	φ	그	[두-e]$_i$	사과	e$_i$
마)	[두 개]$_i$의	그	[e$_i$ 빨간]	사과$_j$	e$_i$
바)	φ	그	[두–가지]$_i$	조건	e$_i$
사)	φ	그	[두-e]$_i$	조건	e$_i$
아)	φ	그	조건	둘	e
자)	[하나-e]$_i$의	φ	[e$_i$ 좋은]	조건$_j$	e$_i$

3.2. 본론에서 다루지 못하였던 내용 가운데 수량사 구의 계층성 분석을 지지하는 사례를 하나만 추기한다. 수량사(또는 수량사–분류사)가 떠다니는 이른바 양화사 유동 quantifier floating이다. 수량사가 떠다니는 현상은 자유로운 어순을 반영해 주는 것으로 이해되기 십상이다. 그러나 수량사가 아무렇게나 떠돌아다니는 것은 아니다. 무표적인 구성에서 출발할 때, 도출과정에서 '명사'와 '수량사–분류사'는 결코 교차되어 떠돌아다닐 수는 없는 것이다. 이는 일반화된 논항구조에서 보충어 위치에 실현된 요소가 내부지정어를 뛰어넘는 것을 가리키는데, 이 교차가 일어나면 착지점까지 이동된 요소와 뒤에 원래 위치에 남겨진 흔적 사이에 결속이 일어날 수 없게 된다. 내부지정어로 실현된 명사가 최대투영 XP이기 때문에 결속에 방벽으로 작용하는 것이다.

(40가) *[세-권]ᵢ 철수가 [책 [tᵢ]]을 읽었다. (이정민, 1989 : 477쪽에 있는 예문)
나) [책]ⱼ을 철수가 [tⱼ [세 권]] 읽었다.
다) *철수가 [세-권]ᵢ을 [책 [tᵢ]]을 읽었다.
라) [책 [세 권]]ⱼ을 철수가 [tⱼ] 읽었다.
마) 철수ᵢ가 [책ⱼ [ ]]을 읽ₖ었다, tᵢ [tⱼ [세 권]] tₖ.

   (40가, 다)는 수량사구 구성에서 최대투영인 NP '책'이 방벽으로 작용하기 때문에, 흔적과 '세 권'이 결속될 수 없음을 보여 준다. 반면, (40나, 라)는 방벽이 없으므로 결속이 이루어지며 문법성이 유지된다. (40마)는 흔히 외치外置 구문이라고 일컬어지는 것인데, 필자는 외치라고 보지 않고 '세 권' 이외의 모든 요소가 임의범주 이동을 경험한 것으로 보는 쪽이다(형태론적으로 동기화된 이동임). 여기서도 결속이 적절히 이루어지므로 문법성이 유지된다. 이러한 분석이 정당하다면, 수량사가 떠다니는 것은 임의범주의 이동으로 포착되어야 하고, 같은 구성성분 속에서 최대투영 XP를 뛰어넘을 적에는 결속이 불가능함을 알 수 있다. 여기서 (40가, 다)와 같은 사례는 수량사구 구성이 계층적임을 보여 주는 좋은 증거로 제시될 수 있을 것이다.

제3장 명사구의 확장과 그 논항구조*

1. 서 론

　명사 또는 명사구에 대하여 최근 활발한 논의들이 이어지고 있다. 이 논의들은 크게 명사구의 형상을 동사구와 동일한 것으로 보는 관점과 그러하지 않다는 관점으로 나눌 수 있다. 전자를 '동일 형상설'이라고 한다면, 후자는 '상이 형상설'이라고 할 수 있다. 명사구가 동사구(또는 절)와 본질적으로 다르다고 하는 '상이 형상설' 쪽의 논거로, 명사구가 의미역 배당을 할 수 없다는 점이 지적된다. 동사구에서 핵어인 동사는 자신이 거느리는 비핵non-head들에[1] 대해 의미역을 하나씩 배

---

* 이 글은 『배달말』 제20집(1995년 12월), 81쪽~177쪽에 실림.

1) '비핵'을 다른 말로 논항이라고 한다. 어떤 구조를 다룰 때, 핵과 핵이 아닌 것만을 구분하기 위한 목적이라면 '비핵'이라는 용어만으로 충분할 것이다. 그러나 논의되어야 할 실체가 '비핵'이므로, 이를 고유한 용어로 부르는 것이 좋다. 이 후의 논의에서 '논항'이라는 용어를 써 나갈 것이다. 논항의 개념은 원래 Frege(1879)에 의해서 함수와 관련하여 도입되었으며, 집합론에서 말하는 원소의 개념과 같다. 자연언어를 다루는 데에는 특히 논항에 대해 더 자세히 명세화할 필요가 있다. Chomsky(1992)에서는 논항을 더 나누어 보충어 논항과 지정어 논항으로 불렀다. 필자는 기능범주와 어휘범주의 논항구조가 조금 다르다고 이해한다. 기능범주는 두 개의 논항만을 가지는데, 어휘범주는 세 개의 논항을 갖고 있기 때문이다. 세 개의 논항을 갖고 있는 모습은 이중타동사 부류인 수여동사·평가동사·사역동사 등을 생각해 보면 쉽게 알 수 있다. 이들 동사는 최소한 동작의 주체, 동작의 대상, 그 대상과 관련된 내용들을 표시해 주어야 하기 때문이다. 이러한 논항들이 제멋대로 널려 있는 게 아니라, 엄격

당한다. 그러나 명사구에서는 핵이 그렇지 못하다는 것이다. 이러한 반론에도 불구하고, 명사구들에도 의미역 배당이 주어지는 경우가 있음에 유의할 필요가 있다. 명사구들은 크게 보아 '의미역 명사구'와 '비의미역 명사구'로 나눌 수 있다. 의미역 명사구는 동사구에서 배당하는 의미역과 완전히 동일한 의미역을 배당한다. 사건이나 행위를 가리키는 명사구들은 동사구에서 배당하는 의미역과 동일한 내용의 의미역을 주는 것이다.

(1a) 왜적이 진주성을 침략하다
 b) 왜적의 진주성 침략

위 예문은 각각 동사구와 명사구를 보여 준다. 특히 명사구는 행위나 사건을 가리키는 이른바 '사건명사$_{event\ nominal}$' 구문이다. 예문 (1a)에서는 핵어인 동사에 의해 목적어와 주어로 실현된 보충어 논항과 지정어 논항이 각각 대상역과 행위주역을 배당받는다. 명사구로 실현된 예문 (1b)에서도, 비록 격의 실현이 동사구에서와 다른 모습을 보여 주지만, 핵어인 명사에 의해서 동일한 의미역이 배당된다. 보충어 논항인 '진주성'에 대상역$_{theme}$이 배당되고, 지정어 논항인 '왜적'에 행위주역$_{agent}$이 배당되는 것이다. 이들 명사구와 동사구의 관련성은 생략 범위에[2] 대한 일치에서도 확인될 수 있다.

하게 제약된 모습으로 짜이어 있다는 뜻으로, 본고에서는 '논항구조'라는 용어를 쓰고 있다. 기능범주의 논항구조를 반복시키면 어휘범주의 논항구조로 확장된다. 전자를 전형적 논항구조라고 한다면, 후자는 일반화된 논항구조라고 부를 수 있는데, 이에 대해서는 제3절에서 자세히 논의할 것이다.

2) 생략이라는 용어를 썼지만, 더 정확히는 공범주 형태의 대명사로 실현된다고 말해야 옳다. 이 공범주 형태의 대명사는 문장 속의 어떤 형태소와도 결속되지 않고 자유롭다. 임홍빈(1985)에서는 '상황 공범주'라는 개념을 제안한 바 있는데, 이를 고려하면 담화 상황의 어느 요소에 결속되어야 하는 공범주 대명사라고 말할 수 있다. 문장 속의 어느 요소에 결속되어야 하는 대명사를 근접성(proximate)의 대명사라고 부를 때에, 문장을 벗어나서 담화 속의 어느 요소에 결속되어야 하는 대명사를 비근접성(obviative)의 대명사라고 할 수 있다. 한국어에서 대명사 부류의 결속을 지정할 때에는, 상위의 매개인자로서 문장 내부에서 결속되어야 하는 근접성 대명사보다는 담화

(2a) 왜적이　e　　침략하다
b) 왜적의　e　　침략
(3a) e　진주성을　침략하다
b) e　진주성　　침략

　　(2a)에서 목적어로 실현된 보충어 논항이 생략될 수 있듯이, (2b)에서도 보충어 논항이 생략될 수 있다. (3a)에서 주어로 실현된 지정어 논항이 생략될 수 있듯이, (3b)에서도 지정어 논항이 생략될 수 있다. 이러한 사례들은 일차적으로 동사구와 명사구의 관련성을 드러내 준다.
　　그러나 문제는 명사구에서도 의미역을 배당하지 못한다고 얘기되는 이른바 '상태명사stative nominal'에 있다(Grimshaw, 1990의 결과 상태명사류 result nominals 등인데, Levin 등은 '사건⇨결과⇨대상물'과 같은 일련의 변동 과정을 상정함). 예를 들어 핵어명사로서 '연필'이라는 항목을 선택해 보자. 이 핵어는 상태명사의 한 부류인 대상을 가리키는데(제2장 1절의 각주 5 참고), 논항들에 배당할 의미역을 갖고 있지 않다. 뿐만 아니라, 과연 이 핵어가 논항들을 거느릴 수 있는지에 대해서도 의심받을 수 있다. 본고에서 필자는 임의의 핵어명사가 비록 의미역을 배당하지는 못한다 하더라도, 엄격하게 동사구의 논항구조와 동일한 구조로 실현됨을 주장하려고 한다. 곧, 동사구가 이루는 논항구조는 사건명사의 투영과 일치할 뿐만 아니라, 상태명사의 투영과도 일치함을 보이려고 한다. 본고에서의 주장이 옳다면, 어휘범주의 투영은 전적으로 하나의 동일한 구조를 이룬다고 매듭지을 수 있게 된다.
　　먼저 상태명사가 과연 핵어의 투영에 관계할 수 있는지에 대한 의문부터 살펴나가기로 한다. 상태명사는 흔히 다른 구성 요소를 거느리지 않고 단독으로 사용되는 경우가 많다. 그렇기 때문에 상태명사가 핵어로서 투영에 관계한다는 점을 인정하기가 쉽지 않지만, 상태

　　상황 속의 어느 요소에 결속되는 비근접성 대명사의 성격을 지정해야 할 것이다.

명사가 다른 요소들과 함께 구를 만들며 확장될 수 있음을 인정한다면, 상태명사(여기서는 대상)도 투영에 관계된다고 말할 수밖에 없다.

(4a) 연필
b) 생일날 선물로 받은 이 파란색 4B 연필
c) [e 생일날 e 선물로 받은] [이 [파란색 [4B [연필]]]]
d)   [e]   [e [e   [e [연필]]]]

예문 (4)는 상태명사(여기서는 하위갈래의 '대상' : 제2장 1절의 각주 5를 보기 바람)가 어떻게 확장되고 있는지를 보여 준다. (4a)는 음성실현 형태를 갖추고 있는 외현범주$_{\text{overt category}}$ 핵어명사의 실현을 보여 준다. 이 핵어명사는 이른바 여러 수식어를 거느리면서 확장될 수 있다. 그 모습은 (4b)와 같고, 이를 계층별로 나누어 표시하면 (4c)와 같다. (4c)에서는 관형절에 공범주$_{\text{empty category}}$ 형태들을 표시하였다. 하나는 행위의 주체를 표시하고, 하나는 행위의 대상을 표시하는데, 특히 후자는 핵어명사와 같은 지표$_{\text{co-index}}$를 받는다. 선조적으로 살필 때에, 맨 처음에 수의적인 부가어 논항이 나타나고, 다시 필수적인 외부지정어 논항·내부지정어 논항·보충어 논항들이 이어진다. 이때에 어느 논항이든지 수의적으로 공범주 형태로 실현될 수 있으며(생략될 수 있으며), 그 모습은 (4d)와 같다. 음성실현 형태를 갖는 외현범주만을 고려할 때에 (4d)는 (4a)와 동일하다. 즉, (4a)의 기본 형상은 (4d)인 것이다.

그런데 여기서 주목해야 될 점은 핵어명사의 투영에 존재하는 제약이다. 어떠한 명사라 하더라도 자의적이고 임의적으로 확장되는 것이 아니다. 미리 주어져 있는 방식대로 확장된다. 필자는 이 구조를 '일반화된 논항구조'라고 부른 바 있는데, 이 구조는 '전형적 논항구조'를 반복함으로써 얻어진다. 일반화된 논항구조에서 핵어가 거느리는 논항은 세 개이며, 핵어에 인접해 있는 안쪽 층위로부터 살필 때에 각각 보충어 논항·내부지정어 논항·외부지정어 논항으로 불렀다. 이 구조 위에 수의적으로 부가어 논항을 가질 수 있는데, 이때에 부가어 논항은 일반화된 논항구조 속의 핵어와 동지표되는 논항을 공범주 형태로 반드시 갖고 있어야만 한다(작은 공범주 대명사 pro). 부가어 논항은 수의적이라는 점에서 필수적인 다른 논항들과 구별된다.

　전형적인 논항구조canonical argument structure란 Chomsky(1992:9)에 의하면, 임의의 핵어 X와 핵어를 보충해 주는 보충어 논항이 중간투영 X'를 이루고, 이 중간투영의 핵어가 다시 핵어의 성격을 규정해 주는 지정어 논항과 결합하여 최종투영 XPphrase of X을 이루는 구조이다. 한국어의 후핵성final headness 매개인자를 고려하여 이를 표현하면 아래 (5a)와 같다. X·Y·Z는 서로 구별되는distinct 요소들이며, 핵어의 투영만이 어휘 계층 투영과 중간투영과 최종투영으로 계층화되고, 나머지 요소들은 모두 최종투영된 구절 YP, ZP 등을 이룬다.

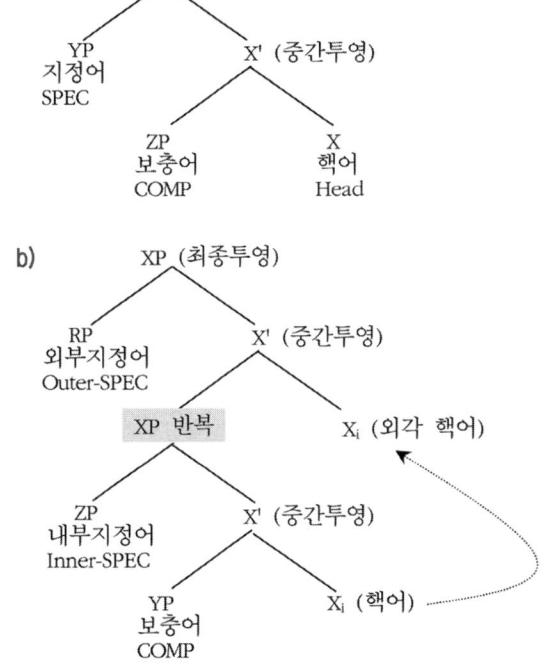

그런데 두 개의 논항만을 갖는 전형적인 논항구조는, 이중타동사ditransitive

verb를 다루기 위해 확장될 필요가 있다. 이 확장은 자의적이고 무질서하게 이루어지는 것이 아니다. 반드시 엄격하게 반복성의 공리를 준수하면서 확대되어야 한다. 이 모습은 (5a)가 스스로 자신의 보충어 논항에 그대로 내포되어 들어가 있는 것처럼 표현된다. 이를 '일반화된 논항구조'라고 불렀으며(김지홍, 1993), (5b)와 같다(XP, YP, ZP, RP는 앞의 XP, YP, ZP에서처럼 서로 간에 구별되는 구절들을 나타내기 위한 표기상의 방편일 뿐이다).

(5b)는 (5a)가 반복되어 확장된 모습이다. 윗층위의 보충어 논항 자리에서 반복이 일어났음을 XP로 표시해 두었고, 윗층위의 핵어는 외각$_{shell}$ 핵어가 되어 더 심층의 핵어와 같은 지표를 받음을 '점선 화살표'로 표시해 놓았다. (5a)에서는 보충어 논항과 지정어 논항만이 있었다. 그러나 확대된 (5b)에서는 지정어 논항이 하나 더 생기어서, 외부지정어 논항·내부지정어 논항·보충어 논항으로 짜여 있다. 이 모습을 간략하게 대괄호를 써서 다음과 같이 나타낼 것이다.

(5c) [외부지정어 [내부지정어 [보충어 [핵어]]]]

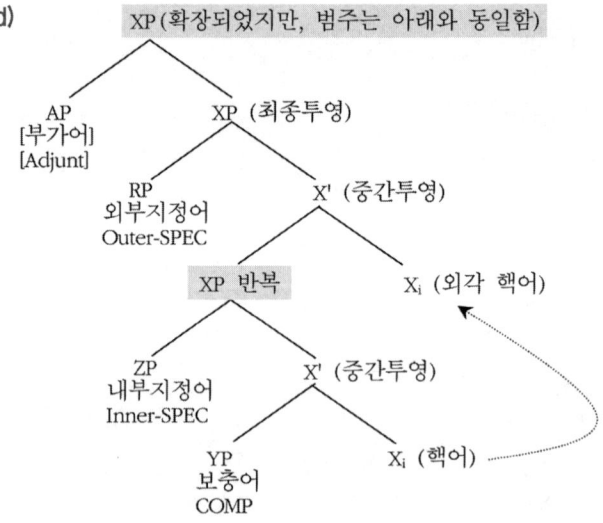

d)

(5c)는 모두 필수적인 논항만을 표시한 모습이다. 이 이외에 수의적

으로 달라붙는 논항이 있는데, 이를 부가어~adjunct~라고 부른다. 부가어 논항은 고유하게 자신의 교점 명칭을 가질 수가 없고, 남의 교점에 기생하는 특징을 갖는다. 따라서 이미 있는 교점을 똑같이 하나 더 복사하여 그 교점 아래 부가어 위치를 만들게 된다. 부가어는 임의로 설치되는 것이기 때문에 구조에 변경을 초래해서는 안 된다. 이런 이유로 부가어가 붙을 수 있는 교점은 핵어 이동만을 제외하면, 일반적으로 최종투영 XP에만 제한되어 있다. 또한 부가어 내부에 반드시 핵어와 동지표될 수 있는 요소가 공범주 형태로 존재하고 있어야만 한다(닻내리기 조건). 이 제약을 준수하는 모습을 나타내면 앞의 (5d)와 같다.

위의 모습을 대괄호를 써서 간략히 표시하면 다음 (5e)와 같다.

(5e) [부가어 e_i] [외부지정어 [내부지정어 [보충어 [핵어$_i$]]]]

간략하게 그린 (5c)와 (5e)의 모습은 본론의 내용을 전개하는 동안 계속 언급될 것이며, 제3절에서 다시 의미역 배당의 문제와 함께 재론될 것이다. 부가어 논항을 대괄호로 양쪽으로 닫아 두었다([ ]). 이는 다른 논항들과 달리 수의적으로 얹히는 것임을 표시하려는 방편이다. 부가어 논항 속에는 핵어와 동지표되는 공범주 요소가 들어 있다. 이는 수의적인 부가어가 논항구조에 붙어 있을 수 있도록 하는 '닻'의 역할을 한다.

본고에서 다루려는 내용은 다음과 같다. 첫째, 명사가 확장될 때에 자의적으로 아무렇게나 이루어지는 것이 아니라, 엄격하게 제약되어 있는 방식으로 이루어짐을 드러내려고 한다. 확장이란 용어는 점진적이며 하나씩 늘어남을 함의하기 때문에, 본론에서는 일상적인 이 용어를 피하고, 가급적 '투영'이라는 용어를 쓰기로 한다. 여기서 '투영~projection~'이란 임의의 핵어가 단 한 번에 그리고 항상 주어져 있는 구조를 만들어 냄을 의미한다.

제2절에서는 우선 논항들이 위계화되어 있음을 보임으로써, 핵어명사가 투영하는 구조의 일단을 드러낼 것이다. 여기서는 중의성의 문

제와 이른바 수식어로 분류되는 것들의 위계를 다룬다. 둘째, 명사구의 핵어가 비록 상태명사라고 하더라도, 그 투영방식은 동사구의 투영이나 사건명사의 투영과 동일함을 주장하고자 한다. 곧, 이들의 논항구조가 동일함을 논증하려는 것이다. 논항들은 핵어로부터 의미역을 배당받는데, 이 문제를 제3절에서 다룬다. 특히 상태명사인 핵어도 논항들과 특정한 의미 관계를 형성함으로써 의미역 배당이 가능함을 주장할 것이다. 셋째, 어휘범주의 투영은 다시 기능범주의 투영 속으로 편입되어 들어간다. 동사구의 투영은 문장을 이루기 위하여 일차적으로 기능범주인 일치소 AGR의 투영 속에 편입되어 들어가고, 다시 시제소 T의 투영 속으로 들어가며, 마지막으로 종결소 C의 투영 속으로 편입되어 들어간다. 핵어를 중심으로 이를 표현한다면, 기능범주의 핵어는 언제나 어휘범주의 투영을 논항으로 요구하는 것이다. 그렇다면, 명사구와 동사구의 투영이 동일하다는 관점에서는 명사구를 논항으로 요구하는 기능범주가 무엇인지에 대하여 밝혀야 한다. 일치소 AGR과 시제소 T와 종결소 C의 대응물이 명사구에도 존재하는지 논의되어야 하는 것이다. 제4절에서는 명사구를 논항으로 요구하는 기능범주에 대하여 논의할 것이다.

2. 논항들의 위계

2.1. 명사구의 중의성

본 절에서는 명사구의 확장이 자의적으로 이루어지는 것이 아니라, 미리 주어진 구조에 따라 실현되는 것임을 보이고자 한다. 이를 위하여 먼저 두 개의 요소만으로 이루어져 있는 명사구에서도 중의성 ambiguity이 관찰됨을 보일 것이며, 이 중의성이 계층의 차이로 말미암는 구조적 성격의 것임을 주장할 것이다.

(6a) 철수 사진

(6a)의 명사구에서는 두 개의 단어가 모여 구를 이루고 있다. 하나의 단어가 다시 다른 단어와 함께 구를 이룰 때에, 흔히 우리는 두 개의 단어로부터 합성된 하나의 '유일한 의미'를 기대할 것이다. 그러나 (6a)는 최소한 두 개 이상의 의미를 지닌다. '철수'가 사진의 소유자일 수도 있고, 또 사진 속에 들어 있는 피사체일 수도 있기 때문이다. 이런 해석은 (6b, c)와 같은 구문으로 표현될 때에 더욱 선명히 드러난다.

(6b) 철수의 [풍경 사진][3)
 c) 어머니의 [철수 사진]

(6b)는 '철수'가 소유자로 해석되는 경우이고, (6c)는 '철수'가 사진 속에 찍혀 있는 피사체로 해석되는 경우이다. (6b)에서는 풍경이 피사체이고, (6c)에서는 어머니가 소유자이다. 여기서 '철수'의 실현 위치만을 놓고 볼 때에, 소유자로 해석되는 (6b)의 경우가 피사체로 해석되는 (6c)의 경우보다 더 높은 계층에 자리 잡고 있음을 보여 준다. 사진의 내부속성인 피사체를 가리키는 해석은 보충어 논항이 맡고 있고, 소유자를 가리키는 해석은 지정어 논항이 맡고 있는 것이다.

(6a)의 예는 비단 피사체와 소유자 해석만으로 끝나는 것이 아니다. 더 나아가서 '철수가 좋아하는 사진'을 가리키거나 '철수가 잃어버린 사진'을 가리킬 수도 있다. 이런 해석은 앞뒤로 이어지는 화용 상황에

---

3) 대괄호는 계층들을 나타낸다. 복잡성을 덜기 위해 대괄호를 필요한 부분에만 표시한다. 표시가 없는 부분이라 하더라도 각각 하나의 구성성분을 이루므로 대괄호를 표시해 둔 것으로 간주한다. 이는 편의상의 조처에 지나지 않는다. 하나의 대괄호로 묶인 것은 원칙상 하나의 구성성분임을 나타내는데, 다른 논항들과 구별하기 위하여 가끔 보충어 논항과 핵어를 하나의 대괄호로 묶기도 하겠다. '[풍경 사진]'은 엄격하게 표시하면 보충어 논항과 핵어이므로 서로 구별되게 '[풍경 [사진]]'처럼 표시해 주어야 하겠으나, 논의의 초점이 이들 사이의 구별이 아니고 다른 논항들과의 구별에 있으므로 하나의 대괄호로만 묶었다. 그리고 (6)에서 논항의 숫자가 두 개로만 (핵어를 포함하면 모두 세 개의 자리가 있음) 표시되어 있는데, 이는 중의성만을 드러내기 위한 편의상의 조처이다. 세 개의 논항이 표시된 모습 (5c)가 기본이다.

따라서 달라지며, 응당 해석이 열려 있다고 말할 수 있다. 이렇게 화용 상황에 따라서 달라지는 해석은 '철수'가 수의적으로 설치되는 부가어 위치의 논항으로 실현되는 경우인데, 이 구조를 표시한다면 아래 (7a)와 같다.

(7a) [철수 e]   [e   [e 사진]]
b) [철수가 e 좋아하는] [영희의 [풍경 사진]]
c) [철수 e _____]   [e   [e 사진]]
d) [철수가 e 좋아하는] [이 [영희의 [풍경 사진]]]

(7a)에서 사진의 피사체와 사진의 소유자는 공범주 형태로 실현되어 있다(음성실현이 없다). 외현범주 '철수'는 이들보다 더 높은 계층, 다시 말하여 핵어명사 '사진'으로부터 가장 멀리 떨어진 위치에 실현되어 있다. 이때 계층이 다르다고 말하는 것은, 임의로 마구 설정하거나 적당하게 둘러대는 것이 아니다. 언어 자료에 기초를 둔 경험적 증거가 있다. 이런 모습을 갖는 예를 구체적으로 들어본다면 (7b)와 같다. 화용 상황에 따라 (7a)는 (7b)와 같은 해석을 가질 수 있는 것이다. (7b)에서 부가어로 실현된 관형절 속의 공범주 논항은, 명사구의 핵어인 '사진'과 동일한 지표를 받는다. 만일 (7a)가 '철수가 잃어버린 사진'을 가리키는 해석이라면, (7c)의 구조 속에서 밑줄이 그어져 있는 부분에 '잃어버린' 정도를 지시하는 공범주 대용 형태가 표시될 것이다. 이렇게 볼 때에, 부가어 논항으로 실현된 (7c)의 관형절 속에 있는 공범주는 결국 두 개인 셈이다. 하나는 핵어와 동지표되는 명사 대용 형태이고, 다른 하나는 화용 상황에서 상정되는 임의의 동사를 대용하는 동사 대용 형태인 것이다. 이들 구문에서 외현범주의 형태들을 최대한으로 실현시켜 본다면 (7b)에 지시사를 넣은 형태가 되겠는데, (7d)와 같다. 이 모습은 앞에서 살핀 (4c)와 구조적으로 동일함을 지적해 두기로 한다. 다시 말하여, (4c)와 (7d)는 구조적으로 (5e)의 형상을 갖는 것이다.

이상에서 두 개의 외현범주를 갖는 명사구라 하더라도, 상황에 따라 최소한 보충어 논항의 해석·지정어 논항의 해석·부가어 논항의 해석을 보장하고 있음을 알았다. '사진'이라는 핵어명사와 관련하여, 이들은 각각 피사체 해석·소유자 해석·화용적 해석들을 유도하였다.

명사구의 중의성은 두 개의 명사 사이에서만 관찰되는 것이 아니다. 다음에서 살필 관형절(또는 전통문법의 용어로 관형어)과 명사 사이에서도 동일하게 관찰된다.

(8) 작은 집

(8)은 사람(=친족용어)을 가리키는 말로도 쓰이고, 또한 집채의 규모를 가리키는 말로도 쓰인다. 앞의 경우처럼 쓰일 때에는 맞춤법상 하나의 단어로 붙여 쓰게 된다. 그럼에도 불구하고 여전히 '작다'라는 말에서 파생되어 나왔음을 부인할 수는 없다.[4] 곧, '크다 : 작다'의 어휘 대

---

4) 필자는 헤일·카이저(Hale and Keyser, 2002)의 『논항구조론 서설(*Prolegomenon to a Theory of Argument Structure*)』(MIT Press)에서처럼 통사 운용의 구조와 단어형성의 구조가 동일하다고 본다. 통사의 논항구조가 그대로 단어형성의 논항구조에 적용되는 것이다. 다른 점이 있다면, 통사의 구조에서는 각 요소들이 개방되어 있지만, 단어형성에서는 폐쇄되어 있다는 점이다. 통사의 논항구조에서는 자유롭게 접속과 내포에 의한 반복이 구현될 수 있다. 그러나 단어형성에서는 유일하게 한 번 채워져 버리면 더 이상 반복이 구현될 수 없다. 이런 점을 비유적으로 표현하여 '꽁꽁 얼어붙어 있는' 논항구조를 갖는다고 말한다. 단어형성이란 일반 통사론에 지나지 않으나, 다만 개방성이 제약되어 있기 때문에, 얼어붙은 통사론(frozen syntax)으로 표현하는 것이다. (8)의 예문과 관련하여 이를 보이면 아래와 같다.

　(가) [뽀죽 지붕을 한 깜찍하게 작은] 집　　　(건물규모로서 '집채'를 가리킴)
　(나) *[귀엽고 작은] 집　　　　　　　　　　(친족용어로서 '사람'을 가리킴)

(가)는 핵어명사를 수식하는 구성을 보여 준다. 여기서는 관형절이 화자의 의도에 따라 계속 늘어날 수 있다(구조의 개방성). 그러나 친족용어로 쓰인 (나)의 경우는 결코 새로운 수식 요소를 허용하지 않는다(구조의 폐쇄성). 얼어붙어서 더 이상 새로운 요소를 받아들이지 않는 단어로 바뀌었기 때문이다.

또 관용어로 분류될 수 있는 구조들에서도 통사 구조에 개방성이 허용되지 않음을 관찰할 수 있다. "쏜 살 같다 : *엉겹결에 쏜 화살과 같다", "눈 깜짝할 사이 : *눈을 여러 번 깜짝할 사이", "옛 먹어라! : *옛을 먹어라!" 같은 사례로부터, 격조사의 실현이나 임의의 외현범주 형태의 도입이 불가능함을 알 수 있다. 필자는 어떤 언어에서든지 동일한 논항구조를 바탕으로 하여 논항들에 대한 개방성과 제약성의 두 축이 나타나게 되고, 이들이 각각 통사와 단어로 이해되며, 이들 축 사이에서 중간 위치에

립쌍에서, 적용되는 대상이 상황에 따라 형제 관계에 해당될 수도 있고, 처와 첩 사이 관계에 해당될 수도 있다. 일단 파생을 인정한다면 파생되기 이전의 상태를 전제해야 하는데, 관형절 '작은'은 '집 작다' 정도의 형상을 갖게 되며, 여기서 '집'은 비유적 의미로 쓰이어 형제 항렬이나 처첩 서열을 가리킨다고 말할 수 있다. (8)이 사람을 가리킬 경우와 집채를 가리킬 경우는 통사상으로 쉽게 구별되는데, 지정어 논항으로 실현되는 지시사 '이·저·그'를 실현시켜 보면 된다(지시사에 대해서는 3.3절의 각주 16을 참고하기 바람).

(9a) [이] [e 작은] 집   ('집채'를 가리킴)
  b) [e 작은] [이] 집   ('집채'를 가리킴)
(10a) [이] [작은 집]   ('사람'을 가리킴)
  b) *[작은 [이] 집]   ('사람'을 가리킴)

(9)는 실재 건물의 대소에 대한 표현인데, 지시사가 '작은'보다 앞에 올 수도 있고 뒤에 나올 수도 있음을 보여 준다. 외현범주로 실현된 '작은'이 기본 형상에서는 문장으로 환원되는데, 꺾쇠괄호 속의 공범주 형태는 핵어명사와 동지표되는 대명사 요소를 가리킨다. 지시사를 기준으로 말할 때에 '작은'이 실현되어 있는 관형절은 지시사보다 높은 계층은 물론 그 아래의 계층에도 나타날 수 있는 것이다.

이와는 달리, 사람을 가리키는 표현인 (10)에서는 지시사가 결코 '작은' 뒤에 실현될 수 없다. 물론, 사람을 가리킬 때에 (10a)처럼 이런 지시사가 쓰이면, 최소한 두 사람 이상의 '작은집'이 있거나, 화자가 있는 현장에 '작은집'이 있음을 강조해서 지시하는 등의 상황이 반드시 전제되어야 한다. 이럴 경우, (10a)만이 쓰일 수 있고, (10b)는 불가

관용적 성격의 요소들이 나타날 수 있을 것으로 본다. 2.2.2절에서 다루게 될 우리말의 형식명사들 가운데에서 이른바 부사성 형식명사도 관용적 성격을 갖는 사례의 하나이다. 부사성 형식명사는 반드시 동사가 투영하는 논항구조에서 사격(oblique case)을 갖는 내부지정어 논항으로만 고정되어 실현되기 때문이다. 이러한 제약이나 특성들이 유표성을 증가시켜서 결국 단어화되는 것으로 판단된다.

능하다. (10)에서 '작은'에 관형절 형식의 형상을 표시하지 않은 것은, (9)에서와는 달리 이 요소가 얼어붙어 있다는 점을 보이기 위해서이다. 이런 경험적 증거를 수용할 때에, (8)이 갖는 중의적 해석이란 (9)와 (10)이 보여 주는 구조적 차이를 반영하는 것에 지나지 않음을 알 수 있다.

(8)이 일차적으로 사람을 가리키는 경우와 실재 사물인 집채를 가리키는 경우로 해석이 나뉜다고 말할 수 있지만, 이것만이 (8)에 대한 최종 해석이라고 할 수는 없다. 다시 말하여, '작은'이라는 외현범주가 위치할 수 있는 계층들이 더 있기 때문에, 그런 만큼 해석도 더 많아진다고 보아야 옳다. 실재 사물을 가리키는 (9a)와 (9b)의 구조도 기실 서로 다른 해석이 주어지는 것이다.

(11a) 이 [e 작은] [돌이네] 집
b) ?이 [e 작은 e 낡아빠진] [돌이네] 집
c) 이 [e 작고 e 낡아빠진] [돌이네] 집
(12a) [e 작은] 이 [돌이네] 집
b) ?[e 작은] 이 [e 낡아빠진] [돌이네] 집
c) [e 작고 e 낡아빠진] 이 [돌이네] 집
d) [[e 작은] [e 낡아빠진]] 이 [돌이네] 집

(11)과 (12)는 (9a)와 (9b)의 차이를 보여 주기 위해 필요한 요소들을 외현범주로 바꾼 사례이다. (11)에는 수의적으로 붙는 부가어 논항이 실현되지 않았으나, (12)에는 부가어 논항이 관형절로 맨 앞에 위치하고 있다. (11a)에서 핵어명사 '집'은 세 개의 논항을 거느리고 있는데, 안쪽의 핵어쪽에서부터 외현범주만을 살피면 '돌이네'와 '작은'과 '이'들이다. 일반화된 논항구조에서 이들은 각각 보충어 논항·내부지정어 논항·외부지정어 논항의 자리를 차지하고 있다. 그런데 (11b)는 수용성에서 다른 예들과 조금 차이가 나며, 수용성에 이상이 있음을 예문 앞의 작은 물음표로써 나타내었다. 만일 (11a)의 '작은'이라는

구성요소가 확장되려면, 그 위치에 접속 구조로 확장되어야 문법성에 지장이 초래되지 않는다. 그 모습은 (11c)와 같다.[5] (11b)와 (11c)는 구조적으로 차이를 보인다. (11b)는 관형절이 반복되어 {-은} 구절과 {-은} 구절이 거듭 겹치게 나타나 있다. 세 개의 필수적인 논항들만으로는 이를 감당할 수가 없게 된다. (11b)가 문법적으로 수용될 수 있는 유일한 길은, 하나의 {-은} 구절 위에 또다시 동일한 범주의 부가어를 설치하여 그 부가어로 실현될 때뿐이다. 이럴 때라 해도 말을 잘 못하여서 고칠 경우에나 가능하므로, 원칙상 (11b)는 수용될 수 없다고 보아야 할 것이다. 이와는 달리 (11c)에서는 단 하나의 관형절만이 주어져 있다. 관형절 내부에서 어떠한 모습으로 반복이 일어나든지에 상관없이, 오직 관형형 어미 {-은}이 이끌고 있는 절은 단 하나밖에 없는 것이다. 따라서 필수적인 세 개의 논항들로써 충분하고 적절하게 표현될 수 있다. 이 차이가 (11b)와 (11c) 사이에 문법성(수용성)을 나누어 놓고 있다.

한편 (12)는 외현범주 '작은'으로 실현된 요소가 부가어 논항의 위치에 있다. 일반화된 논항구조의 모습에 따른다면, 보충어 논항에 해당되는 요소가 외현범주의 모습으로 더 채워질 수 있다. 예를 들어,

"[작은 [이 [돌이네 [기와·전셋·선술·단골 [집]]]]"

---

[5] 접속문의 형상을 (11c)처럼 표현하는 것은 잠정적 조처에 지나지 않는다. 접속 기제에 대한 논의는 본고의 내용과 무관하므로 논의의 대상으로 취급하지 않는데, 자세한 논의는 제4부를 보기 바란다. 다만 필자가 생각하고 있는 모습을 엉성하게나마 제시한다면, 공통의 요소들은 접속문 앞쪽에 위치한 연산소(주제화 연산소 정도로 생각됨)에 의해 묶이어 있고, 이 연산소가 다시 핵어명사와 동지표를 받는 형상 정도가 될 것이다. 이를 도식화하면 다음과 같다. "e$_{operator}$ [[[e 작고 [e 낡아빠지]]은". 여기에서 공범주 형태가 세 개나 표시되어 있는데, 안쪽에 있는 두 개가 맨 앞에 있는 연산소 층위의 공범주에 의해 묶여져 있는 것으로 본다. 안쪽에 있는 공범주 형태들은 주제화 층위로 이동해 버린 뒤에 남아 있는 흔적(trace)일 수도 있고, 또는 애초에서부터 주어져 있는 작은 공범주 대명사(pro)일 수도 있겠는데, 아직 어떤 처리가 더 옳은지에 대해서는 결론을 갖고 있지 않다. 이들은 모두 맨 앞에 있는 공범주 형태에 의해서 결속(bind)되거나 통제(control)된다. 맨 앞에 있는 공범주 형태의 연산자(operator)는 주제화(topicalization) 층위와 동일할 것으로 판단되지만, 뒷날의 논의거리로 남긴다. 여기서는 다만 (11b)처럼 표시해 둔다.

정도의 실현을 상정할 수 있다. 가운뎃점은 이들 중 하나를 선택하는 관계를 나타낸다. (12b)에서 수용성에 이상을 보이는 까닭은, 집의 외양을 나타내는 구성성분이 한데 모아져 있지 않고 나뉘어져 있기 때문이다. 만일 '낡아빠진'이라는 말을 외양을 나타내지 않는 요소로 바꾸면 다시 문법성을 회복하게 된다. 예를 들어

"[작은] [이 [대물림 [돌이네 [집]]]]"

의 경우가 그러하다. 대신 '작은'과 '낡아빠진'이 건물의 외양을 나타낸다는 공통성 때문에, 한데 몰아서 부가어 논항으로 실현되는 경우에는 수용성에 전혀 지장이 없다. (12c)와 (12d)가 그러하다. 그런데 (12d)는 (11b)와 달리 문법성에 전혀 이상이 없다. 그 까닭은 수의적인 부가어 논항으로 실현되어 있어서, 동일한 범주의 {-은} 구절이 계속 반복될 수 있기 때문이다. {-은} 구절이 필수적인 내부지정어 논항으로 실현되어 있는 경우와 수의적인 부가어 논항으로 실현되어 있는 경우는 서로 차이를 보인다. 내부지정어 논항은 맹목적인 동일범주 형태소의 반복을 허용하지 않고, 대신 접속 구조만을 허용한다(12c). 반면, 부가어 논항은 양자 모두를 허용한다(최대투영의 부가 구조의 거듭 반복). 이 차이가 문법성 여부를 좌우하고 있는 것이다.

이상의 논의를 고려하면, (8)에서 보인 '작은 집'도 기본적으로 (12)와 같은 형상을 갖는다고 말할 수 있다. 외현범주가 실현되지 않은 자리에는 공범주 형태들이 채워져 있는 모습으로 나타낼 수 있으며, 아래 (13)으로 이를 보인다.

(13a) [e e [작은]   집]
  b) [e [e 작은] e   집]
  c) [e 작은 [e e e 집]

(13a)는 사람을 가리키는 구조이다. 보충어 논항으로 외현범주 '작은'

이 실현되어 있다. (13b)와 (13c)는 실재 집채의 속성을 나타내는데, 하나는 필수적인 논항으로 실현되어 있고, 다른 하나는 수의적인 논항으로 실현되어 있다. 구조가 다른 만큼 그 해석도 달라질 수밖에 없다. (13b)는 '작은'이 필수적인 논항으로 실현되어 있기 때문에, 그 속성이 바뀌지 않고 절대적인 내용을 가리킨다. 반면 (13c)는 상황에 따라서 그 기준이 달라지는 가변적인 내용을 지시한다. 예를 들어

"[20명 모두가 잠을 자기에는 e 작은] [집]"

과 같은 경우라 할 수 있다. 이를 대립시켜 표현한다면, 전자가 내재적인 속성을 가리키고, 후자가 화용적 상황에서 찾아지는 화시적 내용을 가리키는 것이다. (13b)와 (13c)의 해석이 서로 다르게 유도되는 상황은, (6a)의 '철수 사진'이, 소유자로서의 해석을 받는 (6b)와 화용적 상황 속에서 찾아지는 해석을 받는 (7c)로 나뉘었던 사실과 나란하다.

이상에서 우리는 두 개의 외현범주로만 실현되어 있는 명사구라 하더라도 중의적인 해석을 받고 있음을 확인하였다. 또한 그러한 중의적인 해석이 자의적으로 나오는 것이 아니고, 엄격히 구조화되어 있는 형상 속에서 어느 위치의 논항으로 실현되는지에 따라 유도되는 것임을 알았다. 의미의 중의성은 구조의 계층성을 반영하는 것에 지나지 않는 것이다. 이러한 경험적 증거를 통하여 우리는 다음과 같이 매듭지을 수 있다. 명사구는 엄격한 구조에 의해 실현되며, 그 구조는 계층화되어 있고, 계층들은 필수적인 논항과 수의적인 논항으로 구성된다. 필수적인 논항은 특정하게 고정된 해석을 유도하게 되고, 수의적인 논항은 화용적 상황에 따라 지시내용이 달라지는 화시적 해석을 유도하게 된다. 명사구의 중의성에 대한 해석에서 필수적인 논항들이 다수 존재함을 알았다. 이것이 사실이라면, 이른바 '명사 수식어'로 불리는 관형형 어미·속격 조사·사이시옷과 같은 형태소들이 어떠한 위치의 논항으로 실현되는지에 대하여 다루어야 한다. 이어지는 2.2절에서 차례로 '관형형 어미·속격 조사·사이시옷'들에 대해서 다루겠다.

2.2. 관형형 어미·속격 조사·사이시옷

2.2.1. 도입

우리 국어에서 일찍이 명사를 수식하는 요소로 관형형 어미 {-은·-을} 무리와 속격 조사 {의}와 '사이시옷'들이 거론된 바 있다. 관형형 어미에 대해서는 논자에 따라서 {-는·-던}을 고유한 관형형 어미로 추가하기도 한다. 본고에서는 관형형 어미 자체를 논의의 목표로 삼고 있지 않기 때문에, 문제를 좁히어 다만 {-은} 하나만을 관형형 어미의 대표로 간주하기로 한다. 속격 조사 {의}는 매우 다양한 환경에서 관찰되기 때문에, 소유격·지격持格·관형격 조사, 또는 연결·접속 조사, 또는 수식어 후치사 등과 같이 다양한 용어로 지정되었다('의'는 조사이며 현행 문법에서는 단어로 취급하기 때문에, 의존형태소인 어미에 붙는 하이픈이 없이 씀). 또 그 의미를 포괄할 수 없다는 점을 들어 '모호성'의 자질을 제안한 경우까지 있었다(김광해, 1984 : 208). 사이시옷은 현행 맞춤법에서도 여전히 음운론적 요소로만 간주되고 있다. 그러나 사이시옷은 음운론적 요소만이 아니라 통사적인 요소임이 이미 밝혀진 바 있다(임홍빈, 1981). 동일한 음운 환경이라 하더라도 사이시옷이 필수적인 경우가 있고, 그러지 않는 경우가 있기 때문에, 사이시옷에 대해서는 비음운론적 접근이 더 우선적이라 생각한다.

필자는 수식 구성을 다루었던 이전 연구의 장단점들이 여러 사람에 의해 여러 각도로 면밀히 검토될 필요가 있다고 본다. 필자의 생각에 이전 연구들이 갖는 공통된 한계는 다음과 같다. 이전 연구들은 이들 형태소가 간여하는 구조에서 오로지 선조성linearity만을 고려하여 서로를 구별하려고 하였다. 선조적인 질서 위에서는 이들이 모두 동일하게 수식의 기능을 갖는다. 수식의 기능만으로는 이들 사이에서 관찰되는 계층적 차이를 적절히 구별할 수 없다. 또한 선조적 접근이 성공하려면, 일차적으로 이들이 서로 계열체를 이루고 있어야 한다. 그러나 문제는 이들이 서로 '배타적 분포'를 이루는 것도 아니며, 엄격한 계열체로 묶이는 것도 아니라는 점에 있다. 필자는 이들의 본질을 드러내기 위해서는 계층적 접근이 필요하다고 본다.[6] 본 절에서는 이들이 서로 다른 계층을 점유하고 있으며, 전형적인 위치가 있음을 주장할 것이다. 필자가 가정하고 있는 계층성은 일반화된 논항구조를 바탕으로 한 논항들 사이의 차별성이다. 관형절을 관계 관형절과 보문 관형절로 나눌 때에, 관계 관형절은 수의적인 논항으로 실현되고, 보문 관형절은 필수적인 논항으로 실현된다. 속격 조사가 소유로 해석되는 경우 이는 필수 논항으로 맨 위쪽 층위에 있는 외부지정어 논항으로 실현됨이 전형적이다. 사이시옷이 거느리는 요소는 보충어 논항으로 실현됨이 전형적이다. 여기서 전형적인 실현 위치를 거론하는 것은, 조건에 따라서 그러하지 않은 위치에서도 실현됨을 염두에 두기 때문이다.

2.2.2. 관형형 어미

2.2.2. 甲. 관형형 어미는 전통문법에서 단순히 단어를 구성하는

---

[6] '선조성'이란 Saussure의 언어학에서 '대립'과 함께 가장 기본적인 개념으로 가정되었다. 모든 언어형식은 선조적 질서 위에 있다고 보는 것이다. 이중타동사 구문을 다루면서 Jackendoff(1990)와 Larson(1988, 1990) 사이에 벌어졌던 논쟁이 이런 가정을 근본적으로 반성해 보는 계기가 되었다. Larson은 선조성보다 계층성이 더 하부구조를 이룬다고 보았다. 예를 들어, 어떤 언어 형식 'ab'가 있다고 하자. 이 형식은 선조적으로만 보면 [a]와 [b]가 대등한 결합(통합체)에 지나지 않으며, 더 이상 다른 가능성이 제시될 수 없다.

그러나 계층적인 입장에서 보면 모습이 달라진다. 일단 두 개의 계층만을 고려해 보자. 계층을 대괄호로 표시하기로 한다. 하나의 계층만을 고려하면 [a]와 [b]가 선조적으로 [ab]처럼 결합되었다고밖에 말할 수 없다. 그러나 두 개의 계층을 고려하면, 어느 하나가 상위의 층위에 있고 다른 하나가 하위의 층위에 위치할 수 있다. 따라서 [a[b]]로 되거나 [[a]b]로도 될 수 있다(제1장의 3.2절 참고). 모든 요소가 두 개의 가지(binary branching)를 갖는다는 가정(unambiguous path)을 추가하면, 이 분석은 더 다양해진다. 상위 층위의 어느 요소에 관할되는지에 따라서 십수 가지의 경우가 생겨나기 때문이다. 따라서 'ab' 통합체로 단순하게 파악해 온 경우라도 계층성을 고려하면 더 심도 있는 분석이 가능해지는 것이다.

이런 생각을 선조성에 대한 '계층성 우위의 원칙'이라고 불러두기로 한다. 논항구조는 이러한 계층성의 원칙을 잘 반영하고 있다. 계층성 우위의 원칙을 수용한다면, 수식어로만 막연히 한데 묶었던 것들에서도 서로들 사이의 차별성을 확연히 드러낼 수 있게 된다.

형태로만 파악되었었다. 그러다가 변형문법의 논의가 국어에 적용되면서 비로소 관형형 어미가 문장(관형절)을 구성하며, 그 분류가 관계 관형절과 보문 관형절로 나뉜다는 사실이 밝혀졌다. 관계 관형절이란 관형절 속에 핵어와 동지표$_{coindex}$되는 공범주 논항이 하나 반드시 존재하는 절을 가리키고, 보문 관형절은 그러하지 않는 절을 가리킨다. 특히 후자의 경우, 보문 관형절과 핵어명사가 의미상 동치인 경우에 '동격 보문'이라는 용어를 쓰기도 하였고, 동치 관계가 성립되지 않는 경우에 '동명사 구성'(임홍빈, 1983) 또는 '명사적 관형절'이라고 부르기도 하였다(이홍식, 1990 : 54ff.). 필자는 관형형 어미를 요구하는 형식명사의 구성도 후자와 동일하다고 본다. 이들 구성에서의 차이란 관형절이 어느 위치의 논항으로 실현되느냐 하는 점에 있을 뿐이다. 따라서 동일한 핵어명사의 투영에서 관형절이 어느 위치를 차지하고 있는지에 대하여 집중 논의할 것이다. 논의 순서로 먼저 관계 관형절을 살피고, 동격 관형절(보문 관형절)과 비동격 관형절(명사적 관형절)들을 살피며, 마지막으로 형식명사의 관형절을 살펴나가기로 한다.[7]

---

7) 관형형 어미는 {-은} 이외에도 {-을}이 있고, 또 {-는, -던}이 있다. {-는, -던}은 논자에 따라서 재구조화된 형태로 파악하기도 하고, 처음부터 기본형태로 파악하기도 한다. 필자는 형태소의 수를 늘이는 처리보다는 간결한 목록을 만들 수 있는 처리 쪽을 선호한다. 무한(infinity)을 보장해 주는 '반복성의 공리'를 받아들이기 때문이다. 연결어미나 종결어미의 다양성 또한 동일하게 처리되어야 할 것으로 믿는다. 이런 고려에서 서태룡(1988)의 재구조화 방식의 접근은 매우 바람직하다고 본다.

관형형 어미의 범주 문제는, 본고에서의 논의 목적과 관련되지 않기에 본론에서 따로 언급하지 않는다. 기존의 논의에서는 이를 보문자 COMP로 보기도 하고, 시상(또는 시제)을 지니고 있기 때문에 INFL의 한 요소인 T로 보기도 하며, 앞의 두 기능을 모두 겸비하였다고 보아 양자의 혼합범주인 CONFL로 파악하기도 한다(강명윤 1992 : 110). 더 깊은 논의가 필요하나, {-은, -을}에서 찾아지는 시상적 요소를 중요하게 보아 T로 파악하는 것이 옳을 듯하다. 보문자로의 운용을 뒷받침하기 위해서는 그대신 따로 공범주 형태의 보문자(종결소) [e]$_{COMP}$를 더 설정해 주어야 한다. 이럴 경우 공범주 형태를 남발한다는 비판과 그 이례성(異例性)의 문제가 제기될 수 있다. 첫째 문제는 특정하게 제약된 환경 아래에서만 공범주를 설치한다는 점에서 문제가 해소될 수 있을 것이다. 둘째 문제는, 김지홍(1993)에서 부사형 어미 {-아, -게, -지, -고}도 '명제적인 시제 형태'들로서 공범주 형태의 보문자를 필요로 한다고 논의한 바 있는데, 이런 무리들과 자연부류를 형성할 수 있으므로 어느 정도 유연성을 확보할 수 있으리라 본다.

2.2.2.乙. 관계 관형절은 핵어명사와 동지표되는 공범주 논항이 관형절 속에 반드시 하나 존재하는 경우를 가리킨다. 70년대의 연구에서는 공범주로 설치되는 동지표 논항을 외현범주로 초기 형상에 설치하였다가 변형 과정을 통하여 지우는 절차를 상정하기도 하였었다. 그러나 그런 논의의 처음에서부터도 자의적으로 설정되고 삭제되는 변형을 비판하는 의견들이 있었을 뿐만 아니라, 최근의 경향처럼 임의 범주의 이동(move-α)만을 유일한 변형 절차로 상정한다면, 그와 같은 삭제 변형은 더 이상 지지될 수 없다.

(14a) 꽃이 아름답다.
　　b) [e 아름다운] 꽃.
(15a) 영희가 단추를 달았다.
　　b) [영희가 e 단] 단추.

(14)의 예에서는 관계 관형절의 주어 자리에 공범주 논항이 실현되어 있다. 이 공범주 논항은 핵어명사 {꽃}과 동지표된다. (15)에서는 관계 관형절의 목적어 자리에 공범주 논항이 실현되어 있다. 이 논항도 (14)에서처럼 핵어명사 {단추}와 동지표를 받는다. 이들은 외현범주로 실현되어 있지 않기 때문에, 격을 배당받지도 않고, 격 여과에도 걸리지 않는다. 이들 관형절 속에 나타나 있는 공범주 논항의 범주는 무엇일까? 공범주 논항의 후보들은 변항·흔적·대명사로 제시되고 있다. 변항은 의문사이어야 하고, 흔적은 이동을 전제로 한다. (14)와 (15)의 공범주는 의문사도 아니고 이동을 한 뒤에 남아 있는 흔적도 아니다. 그러므로 이들은 대명사일 수밖에 없다. 대명사에는 큰 공범주 대명사 PRO와 작은 공범주 대명사 pro가 제시되고 있는데, 이 중에서 후자일 것으로 판단된다. 지배가 일어나는 자리에서도 공범주 대명사를 설치해야 되기 때문이다. 이 대명사는 "자기가 실현되어 있는 영역 밖"에서 짝을 찾아야 한다. 이른바 '결속 원리 B'에 의해 운용되는 것이다. (14)와 (15)에서는 그 영역이 관계 관형절이 된다. 따라

서 공범주 대명사들은 관형절 밖에 있는 핵어명사에 의해 결속되고, 동지표를 부여받을 수 있게 된다.

그런데 (14b)와 (15b)에서 관형절의 지위는 무엇일까? 필수적인 논항일까, 아니면 수의적인 논항일까? (14)와 (15)에서 핵어명사는 대상을 가리키는 '상태명사' 부류이며(대상은 속성 다발을 지닌 것으로 정의되므로, 상태명사의 하위부류가 되는데, 제2장 1절의 각주 5를 보기 바람), 필수적인 논항을 상정하는 것이 쉽지 않다. 그러나 우리는 이미 몇 예문을 다루면서 '상태명사'라고 할지라도 논항구조를 투영하며, 이 논항구조에는 필수적인 논항과 수의적인 논항이 있음을 지적하였다. (14)와 (15)도 다음처럼 확대될 수 있다.

(16a) [e 아름다운] 이 노란 장미 꽃
 b) [영희가 e 단] 그 검정색 둥근 단추
(17a) *이 노란 장미 [e 아름다운] 꽃
 b) *그 검정색 둥근 [영희가 e 단] 단추

(16)은 관계 관형절이 부가어 논항 위치에 실현되어 있는 경우이고, (17)은 보충어 논항 위치에 실현되어 있는 경우이다. 그런데 후자는 비문들이다. (16)은 앞쪽에서부터 선조적으로 살필 때에, 부가어 논항이 관계 관형절로 실현되어 있고, 다음에 외부지정어 논항·내부지정어 논항·보충어 논항들이 있으며, 마지막으로 핵어가 있다. (17)이 비문이라는 사실은 관계 관형절이 보충어 논항으로 실현될 수 없음을 보여 주는 것이라 하겠다.

(14)와 (15)는 관계 관형절이 수의적인 부가어 논항의 위치에 실현되어 있는 경우이다. 필수적인 논항들은 공범주 형태로 들어 있기 때문에 (14)와 (15)에 표시되어 있지 않지만, 이 공범주 형태들을 외현범주로 바꾸어 놓는다면 (16)과 같은 모습이 된다. 부가어 논항은 핵어와 동지표되는 공범주 형태의 논항을 반드시 하나 갖고 있어야 한다. 김지홍(1993)에서는 마치 배가 부두에 정박하기 위해서 닻을 내리는

것처럼, 수의적 논항이 논항구조에 붙어 있기 위해 준수해야 될 '닻 내리기' 제약으로 이를 표현한 바 있다.

이상에서 우리는 관계 관형절이 부가어 논항으로 실현되어 있고, 그 속에는 핵어와 동지표되는 공범주 형태의 논항이 존재함을 확인하였다.

2.2.2.丙. 다음에는 '동격 명사 구문'이라고 말해 왔던 보문 관형절을 살피기로 한다. 핵어명사가 {소문, 사건, 사실} 등으로 나타날 때, 여기에 통합되는 관형절은 핵어명사와 의미상으로 동일한 관계(동치 관계)에 있다고 한다.

(18) [돌이가 죽었다는] 소문

(18)에서 '돌이가 죽었다'는 문장은 현실 세계에서 이미 일어난 구체적 사건일 수도 있고, 또는 아직 현실 세계에서 일어나지 않은 추상적 명제일 수도 있다. 이 문장이 관형절로 도입되어 있으며, 이를 {-는}이라는 형태소로 표시하고 있다. 이 문장의 지위가 사건이거나 명제이거나에 상관없이, 핵어명사와는 의미상으로 동일한 관계에 있다. 이러한 모습을 '보문 관형절'이라고 불러 왔다. 여기서 문제는 보문 관형절을 이끄는 핵어명사들의 범위에 있다. 따로 그런 명사들이 숫적으로 제한되어 있는 것이 아니다. 뿐만 아니라, 보문 관형절을 이끄는 핵어명사들이라 하더라도 반드시 보문 관형절을 외현범주로 구현시켜야 하는 것도 아니다.

(19a) [돌이가 죽었다는] [주장·짐작·소리·표시·점·것] (가운뎃점은 선택관계를 표시)
  b) 소문치고 믿을 게 없다.

(19a)는 보문 관형절이 반드시 특정한 명사(보문명사)에만 통합되는

것이 아님을 보여 준다(다수의 선택이 가능함). 심지어 추상적인 명사나 형식명사하고도 통합될 수 있다(점, 것). (19b)는 보문 관형절을 요구한다는 보문명사가, 오히려 보문을 요구함이 없이 상태명사처럼 홀로 쓰이는 사례를 보여 준다. 이러한 것들을 고려할 때에, 보문을 필요로 하는 명사를 따로 부류화하고 지정해 주는 것이 얼마만큼 유용한 일인지에 대해서 필자는 매우 회의적이다. 대신, 앞에서 보았던 사건명사나 상태명사처럼 똑같이 논항구조를 투영하고 있기 때문에, 자연스럽게 여러 논항들을 외현범주로 구현시키게 된다고 보고, 그 구조에서 보충어 논항이나 내부지정어 논항을 선택하는 경향이 있는 것으로 기술해야 옳다. 즉, 핵어명사가 명세되어야 하거나 구체적으로 내용이 언급될 화용적 필요성을 일반적 '조건'으로 고려하면서, 핵어가 형식명사일 때에는 보충어 논항으로 보문 관형절이 실현되는 것이고, 핵어가 지시성을 가질 수 있는 일반 명사일 경우에는 내부지정어 논항으로 실현된다고 보는 것이다. 여기서 내부지정어와 보충어로의 실현을 따로 나누는 이유는, (18)과 같은 사례에서 핵어명사가 다시 더 확대될 수 있음을 고려하기 때문이다.

"[돌이가 죽었다는] 거짓 소문"

이 가능한 반면, "*[돌이가 죽었다는] 거짓 것"은 불가능하다. 핵어 '소문'은 보충어 논항의 실현을 허용하여, '거짓 소문'으로 나타날 수 있으나, 형식명사 '것'은 그러하지 못하다.

결국, 의미상으로 동치 관계에 놓인다는 점을 들어서 이 구문을 하나의 부류로 따로 내세우는 것은 불필요한 일이다. 핵어명사가 반드시 그리고 언제나 외현범주의 보문 관형절을 요구하는 것도 아니고, 또한 보문 관형절을 요구하는 명사들을 엄격히 제한하는 일도 불가능하기 때문이다. 다음 소절에서 다루게 될 비-동격 관계의 '명사적 관형절'과 형식명사가 이끄는 관형절이 모두 동일하다는 점에서, 이 주장은 그 근거를 다시 확보하게 될 것이다. 관계 관형절은 부가어 논항이고, 그 외의 관형절은 필수적인 논항이다. 핵어명사의 지시성이 독립적이면 관형절이 내부지정어 논항으로 실현되며, 그렇지 않으면 보충어 논항으로 실현되는 것이다. 필수적인 논항들로 실현되는 관형절을 의미상의 동치 여부로써 구분하는 것보다는, 오히려 통사 행태를 근거로 하여 이들을 하나의 부류로 다루는 것이 잇점이 많다고 본다. 의미상의 동치 여부라는 기준은 엄격하게 확립될 수 있는 것이 아니기 때문이다.

동격 구성을 이루는 관형절에서 또 문제가 되었던 것은, 관형절 속의 어미들이 완전하게 갖추어져 있느냐 또는 불완전하냐에 따라 과연 그 관형절의 의미가 달라지는지 여부에 있다. 다시 말하여, 완형 보문이냐 불구 보문이냐의 차이가 관형절의 의미까지를 바꾸어 놓는 것이 사실인지에 대해 논의가 있어 왔다(장경희, 1987; 안명철, 1992).

(20a) [순이가 영이를 때린] 사건
 b) [순이가 영이를 때렸다는] 사건
 c) [순이가 영이를 때렸다고 하는] 사건
 d) [순이가 영이를 때렸다라고 하는] 사건

(20a)는 순이가 영이를 때렸다는 것이 사실임이 전제되어 있다. 그러나 (20b, c, d)에서는 그것이 사실인지 알 수 없다. 이와 같은 직관적인 느낌은, 보문 관형절로 실현된 문장 속에서 종결어미 {-다}가 외현 범주로 나타나 있는지 여부와 관형형 어미 {-는}에서 찾아지는 {-느-}의 존재 여부에 의해 결정된다고 봐야 한다. 왜냐하면 (20a)와 (20b)만을 비교할 때에, 그 차이란 동사 어미와 관형형 어미밖에 찾아낼 수 없기 때문이다. 곧, (20b)가 (20a)보다 {-었-다-느-}라는 형태소 연결을 더 구현하고 있는데, 사실에 대한 전제 여부가 (20a)와 (20b)를 나누어 놓는다면, 그 열쇠는 이 형태소의 유무라고 간주할 수밖에 없는 것이다.[8] (20b, c, d)들 사이에서도 외현범주의 실현이 다른 만큼, 의미나 정보의 전달 면에서도 차이가 느껴진다. (20c, d)는 인용문의 구

조를 하고 있기 때문에, 인용되는 만큼의 간접성이 증가하거나 또는 화자의 책임성이 감소한다. (20b)는 '객관적인 제시' 정도의 의미를 띤다. 여기서 객관적 제시란 (20a) 구문이 화자가 그 사건이 사실임을 확인하고 주장할 수 있다는 측면과 대조해서 비정하는 것이다.

본 절의 논의와 관련하여 (20)에서 다루어야 할 내용은, 보문 관형절이 어떤 논항의 위치를 차지하는지에 있다. 앞의 (18)과 (19)에서, 핵어명사 [소문]이 거느리는 보문 관형절이 내부지정어 논항의 위치에 실현되었음을 지적한 바 있다. (20)도 핵어가 자립성이 있는 명사이므로, 마찬가지로 내부지정어 논항의 위치에 보문 관형절이 실현되어 있다고 보는 게 합리적이다. (20)의 사례에서 외부지정어·내부지정어·보충어·핵어가 모두 외현범주로 실현된 모습을 만들어 보면

"[그 [순이가 영이를 때린 [돌발] [사건]]]"

---

8) 필자는 이 현상을 설명하기 위해서 주목해야 할 요소가 궁극적으로 두 개라고 본다. 종결 어미 [-다]와 이를 이끌고 있는 바로 윗 층위의 핵어동사이다. 핵어동사는 [이다, 하다] 따위의 외현범주로도 실현될 수 있고 공범주 형식으로도 실현될 수 있다고 본다. [-다]에 직접 이어지는 [-는]을 공범주 핵어동사를 가진 형식('[e]$_{verb}$-는')으로 보려는 것이다. (20c)의 인용구문에서 관찰되는 [-다고]에서도 또한 [-고] 앞에 공범주 핵어동사를 설치해야 된다('[e]$_{verb}$-고')고 믿는다. 이 공범주 형태의 동사는 [이다, 하다]의 의미자질을 "지정, 묘사" 정도로 상정할 때에 두 동사의 공통 부분을 자신의 의미자질로 갖게 될 것이다.
  필자는 (20d)나 (20c)와 같은 형상으로부터 (20b)를 유도하는 입장에는 찬동하지 않는다. 어미에 관한 한, 표면의 형태 그대로를 수용하여 초기 표상을 상정해야 옳다고 보기 때문이다. 종결 어미 [-다]의 실현 여부는 그 문장이 전달하고자 하는 의미의 완결성이나 독립성 여부에 결정적으로 영향을 준다. 그렇다면, 문장의 맨 끝에 (후핵성 매개인자를 좇으면, 최종 핵어 위치에) 나타나서 의미를 완결시켜야 할 요소가 관형절 형식 속에 나타난다는 것은, 그 관형절 자체를 독립시켜서 상위에 있는 의미 요소로부터 어떤 영향도 받지 않게 막아 주는 "방벽의 역할"을 한다고 해석할 수 있다. 이러한 완형절이 다시 외현범주의 동사 [이다, 하다]들에 의해 이끌어지는 인용구문의 형상은, [-다]라는 종결 어미의 중가로 인하여 더욱 그 방벽이 두터워진다. 이 방벽성이 거듭 주어져 있는 만큼 사실성 여부에 대해 화자가 져야 할 책임이 없어지게 되는 것으로 짐작해 본다. 완형절은 공범주 형태의 핵어동사가 이끄는 경우에는 객관성을 드러내는 효과가 있을 수 있고, 또 다른 경우에는 강조의 효과가 있을 것으로 보는데, 이 문제는 더 깊은 천착이 뒤따라야 할 것이다. 공범주 형태의 핵어동사를 상정함으로써 이중 보문자의 형상은 피할 수 있게 된다. 이중 보문자 문제에 대해서는 엄정호(1989)·안명철(1992)·이필영(1993)·이승재(1993) 등을 참고할 수 있다.

정도가 된다. (20)의 모든 관형절은 같은 내부지정어 논항의 위치를
점유하고 있다. (20b, c, d)에서는 그 자리에서 내포 형상이 더 추가된
모습이 되며, 일반화된 논항구조를 다 표시하여 보면 다음 (21)과 같다.

(21a) [e [순이가 영이를 때린   [e [사건]]]]
   b) [e [[순이가 영이를 때렸다] e는   [e [사건]]]]
   c) [e [[순이가 영이를 때렸다]고 하는   [e [사건]]]]
   d) [e [[[순이가 영이를 때렸다]라고] 하는 [e [사건]]]]

(21a)는 내부지정어 논항에 관형절이 하나만 표시되어 있다. (20b, c)
는 그 자리에서 내포가 한 번 더 일어났고, (20d)는 두 번 발생하였음
을 표시하고 있다. 불구절이냐 완형절이냐 하는 것은 결국 내부지정
어 논항에 반복성이 더 구현되었느냐를 가리키는 것에 지나지 않는
다. 내포는 동사 {[el]$_{verb}$, 이다, 하다}에 의해 주도되고 있으며, 이런 동
사의 의미자질만큼 이들 구문에 대한 해석이 달라진다. 이상에서 우
리는 의미상 동치 관계를 보이는 '동격 명사 구문'이 내부지정어 논항
에 관형절이 구현된 모습임을 확인하였다.

2.2.2. ㄷ. 여기서는 보문 관형절과 핵어명사 사이에 동격 관계가
전혀 성립되지 않는 사례들을 다루기로 한다. 이 구문은 '동명사 구성'
이란 이름으로 처음 심층 조명되었고(임홍빈, 1983), 이어 '명사적 관형
절'이란 이름으로도 다루어진 바 있다(이홍식, 1990). 필자는 이 구성이
형식명사가 이루는 것과 동일하다고 본다. 먼저 이 관형절과 관련된
예문들을 살피기로 한다.

(22a) [경기가 끝난] 뒤에 싸움이 벌어졌다.
   b) [먹쇠가 집에 가는] 대신에 돌쇠가 왔다.
   c) [돌이가 둘러대는] 이유를 모르겠다.
   d) [님이 다가오는] 소리가 들린다.

(22)에는 관형절 형식의 문장이 꺾쇠괄호로 표시되어 있고, 이 문장은 바로 뒤에 있는 명사와 통합되고 있다. 핵어명사와 {-은}이 이끄는 관형절 형식은, 앞에서 다루어 온 내용과 동일하다. 다른 게 있다면, 이들 예문에서는 관계 관형절에서 찾을 수 있었던 동지표 논항의 존재도 없고, 보문 관형절에서 찾을 수 있었던 의미상의 동치 관계도 찾아볼 수 없다는 점이다. (22a, b)에서는 사격$_{oblique\ case}$으로 실현된 핵어명사(뒤에, 대신에)가 관형절을 이끌고 있고, (22c, d)에서는 정격으로 실현된 핵어명사(이유를, 소리가)가 관형절을 이끌고 있다. 앞에서 살폈던 동치 관계의 관형절처럼, 이들 관형절도 내부지정어 논항으로 실현되어 있다. 핵어명사의 의미 특수성 때문에 이들에게서 외현범주로 외부지정어 논항과 보충어 논항을 실현시키는 것은 쉽지 않으나, 보충어 논항이 외현범주로 실현된 사례를 보이면 다음 (23)과 같다.

(23a) [그 [경기가 끝난 [바로 [뒤]]]
 b) [저 [먹쇠가 집에 가는 [조건 [대신]]]
 c) [그 [돌이가 둘러대는 [다른 [이유]]]
 d) [이 [님이 다가오는 [발자국 [소리]]]

지시대명사라고 불리는 {이, 저, 그} 가운데 {이, 저}는 발화 장면과 관련되어 화자로부터 멀리 떨어져 있는지, 가까이 있는지에 따라 쓰임이 결정된다. {그}는 대용적$_{anaphoric}$인 성격을 갖는데, 청자의 생각 속에 있는 어떤 대상을 가리키기도 하고(화자와 청자가 공통되게 알고 있는 대상), 화자가 이미 머리 속에 담아 두고 있는 어떤 것을 가리키기도 한다(후행 대용). 이런 성격 때문에, 특히 {이, 저}라는 지시대명사를 외현범주로 실현시킬 때에는 현장의 구체적인 대상들과 관련되는 것이 일반적이다. 그런데 (23)의 핵어명사들은 시간·관계·이유 등의 추상적인 내용을 지시하고 있다. 이런 점 때문에 지시대명사의 실현이 다소 부자연스럽게 느껴질 수 있다. 그러나 비문이라고 할 수는 없다.
(23)과 같은 형상을 수용한다면, 관형절은 내부지정어 논항 위치에

실현되어 있는 셈이다. 이는 의미상 동치 관계에 있는 보문 관형절의 실현 위치와 동일하다. 이들 구성이 형식명사의 관형절과 다른 점이 있다면, 여기서는 적절한 화용 상황에 따라 관형절이 생략되더라도 문장 구성과 의미의 지시성에 큰 장애가 없다는 점이다. 이는 핵어명사의 자립성과 관계되며, 이 자립성이 관형절을 내부지정어 논항으로 실현시키게 만드는 것으로 이해된다.

2.2.2.戊. 형식명사 구성을 살피기로 한다. 형식명사에 대한 연구는 어떤 것을 형식명사로 규정할 것인가, 형식명사의 갈래를 어떻게 잡을 것인가 등에 대해 모아져 있다. 형식명사에 대한 깊은 논의는 본고의 성격상 유보하며, 필자가 염두에 두고 있는 입장만을 간략히 제시하기로 한다. 필자는 의미의 자립성(지시의 독립성)을 보이지 않고, 관형절을 요구하는 것들을 형식명사로 간주하고 논의를 진행할 것이다. 여기에는 {것, 나름}과 같이 문법적으로 명사적인 특성이 뚜렷한 것이 있는가 하면, {듯, 척}과 같이 명사적인 특성이 적기 때문에 '부사성'이라는 수식어를 갖는 것도 있다. 전자는 "것이다, 나름이다"에서처럼 {-이다}와의 통합을 허용하는 데 반하여, 후자는 "*듯이다, *척이다"에서처럼 {-이다}와의 통합을 허용하지 않는다.

이런 구별은 형식명사의 내재적인 특성에서만 비롯되는 것이 아니다. 이들 형식명사와 통합관계에 있는 동사(서술어)와의 상관성도 함께 이 구분을 확립시키는 중요한 요인이 된다. {것, 나름}과 같은 일반 형식명사는 동사가 투영하는 논항의 어느 위치에서도 자유롭게 실현될 수 있다. 반면, {듯, 척}과 같은 부사성 형식명사는 동사가 투영하는 논항구조에서 반드시 사격$_{oblique\ case}$으로 실현되는 내부지정어 위치에만 실현되는 특징이 있다. 이 점이 부사성 형식명사를 부사적으로만(달리 표현하면, 사격 형태로만) 실현시키는 요인이 된다. 사격으로 실현되는 내부지정어 논항은 방법·시간·처소·양태 등과 같은 내용을 표현하는 위치이다. {듯, 척}과 같은 형식명사는 기저에 의미자질로서 사격 논항들과 어울릴 수 있는 내용을 담고 있으며, 이 때문에 언제나 사격 논항의 위치에 나타나게 되는 것이다.

더러 형식명사의 하위 갈래로서 수량사와 분류사로 이루어지는 '분류사 구문'(또는 수량사 구문)을 포함시키는 경우가 있다. 필자는 제2장에서 분류사가 기능범주 형태소이고, 이 구문이 일반화된 논항구조를 투영함을 논의하였다. 본 절에서 논의하는 형식명사는 어휘범주의 일원이다. 따라서 범주가 다른 수량사나 분류사는 형식명사의 범위에서 제외한다. 분류사 구문(수량사 구문)은 형식명사와 달리 관형절을 필수적으로 요구하지 않는다. 의미로 보아 자립성이 적다는 측면만을 고려하여 하나로 묶는 것보다는, 이러한 통사적 행태를 존중하여 다른 범주로 파악하는 것이 더 낫다고 본다.

형식명사가 관형절을 요구한다는 사실은 '통사적 의존성'이라는 개념으로 일찍부터 지적되어 왔다. 본 절에서는 이 관형절이 논항구조에서 어느 논항으로 실현되는지에 대해서 다루기로 한다. 형식명사가 요구하는 관형절은 관계 관형절처럼 핵어명사와 동지표되는 논항이 존재하지 않기 때문에, 우선 수의적인 부가어 논항으로 실현되는 것은 아님을 알 수 있다. 그렇다면 필수적인 논항인 외부지정어 논항·내부지정어 논항·보충어 논항들 가운데 어느 논항으로 실현되는지를 살펴보아야 할 것이다.

의미상의 동치 관계에 있는 보문 관형절과 동치 관계를 보이지 않는 명사적 관형절은 모두 내부지정어 논항으로 실현되고 있음을 보았다. 보문 관형절과 명사적 관형절을 이끄는 핵어명사는, 자신의 내부 속성을 나타내기 위하여 임의의 요소를 언제나 관형절과 핵어명사 사이에 실현시킬 수 있었다. 이렇게 출현하는 요소를 핵어명사에 가장 가까이 있는 항목인 보충어 논항이라고 간주할 때에, 관형절들을 이 보충어 논항 바로 위의 계층에 있는 내부지정어 논항으로 지정할 수 있었다. 그렇다면, 형식명사들이 핵어명사로서 논항구조를 투영할 때에, 일반 명사들과 같이 자신의 내부속성을 표현하는 임의의 요소를 구현시킬 수 있는지에 대해 먼저 확인하는 것이 논항 위치를 지정해 주는 첫순서가 되겠다.

(24a) [[기차가 도착할] 것]이다.
  b) [[영수가 아픈] 듯]이 보인다.
(25a) *[[기차가 도착할] [[바로] 것]]이다.
  b) *[[영수가 아픈] [[거짓] 듯]]이 보인다.

위의 예문들로부터 형식명사 앞에 임의의 요소가 출현할 수 없음을 알 수 있다. (25)에서 형식명사 앞에 실현될 수 없는 "바로, 거짓"과 같은 요소들은, 명사적 관형절을 이끄는 (23)의 예문들에서는 수용될 수 있었다. 그러나 형식명사의 구성에서는 이런 요소들이 수용될 수 없다. 핵어인 형식명사와 관형절 사이에 임의의 요소가 개입될 수 없다는 점은, 형식명사가 이끌고 있는 관형절이 보충어 논항의 위치에 실현되어 있음을 보여 주는 것으로 이해된다. 이들 관형절이 보충어 논항 위치에 실현되었음이 사실이라면, 다시 윗층위에 있는 내부지정어 논항과 외부지정어 논항에는 외현범주의 요소가 실현될 수 있어야 한다.

　명사적 관형절을 다루면서 지시사의 실현이 늘 자유롭게 이루어지는 것이 아님을 언급하였다. 지시사의 속성과 핵어명사가 갖는 성격이 서로 차이가 있기 때문이었다. 형식명사는 구체적인 대상을 가리키지도 않고 또한 어떤 추상적인 성질들을 묘사하는 것도 아니기 때문에, 현장의 구체물이나 사건을 가리키는 지시사와의 호응은 핵어명사의 속성상 배제된다고 보아야 할 것이다. 논항구조에서 모든 논항들은 필수적으로 주어져 있어야 하므로, 지시사가 나타나는 외부지정어 논항에는 형식명사 투영의 경우 늘 공범주 논항으로 채워져 있다고 말할 수 있다. 내부지정어 논항은 어떠한가? "예정대로 [기차가 도착할 [것]]"이나 "얼핏 보아 [영수가 아픈 [듯]]"이라는 예문이 가능한 점을 근거로 하여, 내부지정어 논항은 {예정대로, 얼핏 보아}와 같은 외현범주로 실현될 수 있다고 본다.

　일반화된 논항구조의 모습에 의해 (24)를 다시 나타내어 보면 아래 (26)과 같다.

(26a) [e [예정대로 [기차가 도착할] 것]]]
  b) [e [얼핏보아 [영수가 아픈] 듯]]]

형식명사의 구성은 관형절이 보충어 논항의 위치에 실현되어 있으며, 핵어가 갖는 의미자질의 특성 때문에 외부지정어 논항이 늘 공범주 형태로 채워져 있어야 하고, 내부지정어 논항만이 (26a, b)처럼 외현 범주로 나타날 수 있다. 보문 관형절과 명사적 관형절은 관형절이 내부지정어 논항으로 실현되는데, 이 점이 형식명사의 관형절과 구분되는 내용이라고 말할 수 있다.

2.2.2.己. 이상에서 우리는 {-은}에 의해 이끌리는 관형절이 일반화된 논항구조에서 어떤 논항으로 실현되는지에 대해서 살펴보았다. {-은}과 명사가 통합되는 구문은 모두 수식어와 피수식어로만 기술되어 왔다. 선조적 질서만을 고려하였기 때문이다. 그러나 수식어로 불리는 {-은} 관형절도 그 위계가 최소한 세 계층으로 나뉨을 확인하였다. 첫째로, 관계 관형절은 부가어 논항으로 실현되었다. 부가어 논항은 수의적으로 설치되는 논항이므로, 반드시 관형절 속에 핵어명사와 동지표되는 공범주 논항을 갖고 있어야 한다. 이 존재가 논항구조에 덧붙는 '닻'의 역할을 하였다. 둘째, 의미상 동치 관계를 이루는 보문 관형절과 그렇지 못한 명사적 관형절이 있었다. 이들 관형절은 모두 내부지정어 논항의 위치에 실현됨을 확인하였다. 마지막으로, 형식명사의 구성에서 관찰되는 관형절은 보충어 논항의 위치에 실현되었는데, 이때 외부지정어 논항은 늘 공범주 형태로 실현되는 특성이 있었다. 이 특성은 형식명사의 비-지시적 성격에서 비롯되는 것으로 설명되었다.

2.2.3. 속격 조사

2.2.3.甲. 속격 조사 {의}에 대해서는 전통문법에서 이미 그 다양한 환경에 주목한 바 있다. 최현배(1971 : 618f.)에서는

소유·관계·소재·소산(所産)·소기(所起)·비유·대상·소성(所成)·명칭·소속·소작(所作)·관형

등으로 {의}의 뜻을 제시한 바 있다. 이는 선후행명사들이 만들어 내는 의미 환경이라고 말할 수 있다.[9] 문장 속의 주어에 필적하는 역할을 담당하고 있음에 주목하여 때로 {의}를 '주어적 속격'이라고 부르기도 하였다. 주어 역할을 담당하는 속격의 존재를 김승곤(1993)에서는 부정한다. 그러나 동사에서 찾아지는 주어의 역할을 명사에서 속격이

---

9) {의} 환경에 대한 기술로서 필자가 참고할 수 있었던 최근의 연구로는 이찬규(1990)과 김승곤(1994)들이 있다. 전자에서는 관형 구성의 기능을 분석하여 주술구성·목술구성·한정구성·수식구성들로 분류하였다. 후자에서는 {의}가 생략되는 경우를 따지기 위하여 {의}가 나타나는 의미 환경을 마흔네 가지로 분류하였다. 그 주요한 것들을 살피면, 소유·소속·소생(所生)·생산(산출)·위치(방향)·기점·시기·비율·선택범위·발생·관계·수여자·가능·경험·당연·거주·의무·상태·수량·차례·비교·정도·자료·명칭·준수·필요성·대상·동격·관형·대용 등이다. 이런 내용들은 선행명사와 후행 명사 사이에서 관찰되는 의미를 근거로 하여 제시된 것이므로, 이들을 모두 {의}에 내재된 의미자질로 간주할 수는 없다. 뿐만 아니라 이 환경들도 더 통합될 것들이 많다.

김승곤(1994)에 제시된 사례들을 놓고서 볼 때, 필자는 이 개념들이 크게는 의미역의 갈래들로 재분류할 수 있다고 본다. 문법적으로 사격을 받는 논항들은 목표역(goal)·근원역(source)·처소역(location)과 같은 사격 의미역들을 받는데, 이에 관련된 내용들이 제일 많다는 점이 주목된다. 소생·생산·발생·위치·기점·시기·선택범위·비율·비교·의무·상태·차례·준수·자료·비유·필요성들과 같은 것이 모두 사격 의미역으로 묶일 수 있다. 소유·소속·수여자·가능·경험·당연·거주들과 같은 내용은 행위주역(agent)이나 경험주역(experiencer)과 관계된다. 나머지들은 동격 관계를 나타내거나 대상을 표현하는 것들인데(관계·정도·명칭·대상·동격·대용), 이들은 대상역(theme)과 관련된다. 행위주역이나 경험주역과 관계되는 내용은 일반화된 논항구조에서 외부지정어 논항의 위치에 실현된다. 사격 의미역과 관련된 내용은 내부지정어 논항으로 나타나며, 대상역을 받는 것들은 보충어 논항의 위치를 점유하게 된다.

{의}가 나타날 수 있는 환경으로서 위의 논의에서 제외된 것이 있다. 앞에서 (7b, c)를 설명하면서 언급되었는데, 이른바 '화용적' 상황들이다. 이들은 부가어 논항으로 나타나며, 핵어로부터 특정 의미역을 배당받는 것이 아니다. 본 절에서는 차례로 필수 논항인 외부지정어와 내부지정어와 보충어에 실현된 모습을 다루고, 다시 수의적인 부가어 논항에 실현된 모습을 다룰 것이다. 따라서 {의} 구절에 관한 한, 일반화된 논항구조에서 모든 필수 논항의 위치에 나타날 뿐만 아니라, 수의적인 부가어 논항의 위치에도 실현되고 있다고 할 수 있다. 이 분포는 {-은} 관형절의 분포가 제약 조건에 따라 부가어 논항·내부지정어 논항·보충어 논항들에 나타났던 것과는 차이를 보인다.

담당하고 있음은, 일반화된 논항구조에서 주어와 속격이 모두 외부지정어 논항에 실현된다는 사실로써 다시 새롭게 증명할 수 있다.

속격 조사에 대한 논의는 다수 {의}가 지니고 있는 의미자질에 대한 탐색에 쏠려 있다. 이런 논의는 {의}가 구조적 조건에 따라 자동적으로 주어지는 구조격이 아니라, 오히려 초기 형상에서부터 설치되어 있어야 하는 본유격임을 드러내 주고 있다.[10] 김광해(1984)에서는 의미기능·통사기능·범주들에 대하여 포괄적으로 논의를 하였다. {의}는 불확실성이나 모호성을 나타내고, "A의 B"란 B가 A의 영역 속에 있음을 나타낸다고 보았으며, 통사적으로는 선행명사를 종속시켜 관형어로 만들기 때문에 {의}를 관형 조사로 규정하였다. 이남순(1988)·왕문용(1989)·임홍빈(1991a)에서도 포함 관계를 의미자질로 상정하고 있음을 본다. 이남순(1988)에서는 "A의 B"란 B가 A의 내포를 선택 한정해 주는 것으로 보았다. '현실세계에 구체적으로 A가 존재해야 한다'는 전제를 {의}가 맡고 있다고 주장하였던 임홍빈(1981)은, 다시 '포함 관계'를 심층의 의미자질을 상정하고 있는데, B가 A의 세계에 포함된다고 보았다(임홍빈, 1991a : 597, 609). 이런 논의와는 달리, 초점(김명희, 1987)·연결기능(김기혁, 1990)·두 개의 분리된 개념(김규철, 1993) 등에 주목한 논의도 있다.

필자는 이러한 의미자질에 대한 논의가 오직 {의}에만 배타적으로 도입될 수 있는 단계로 발전돼야 하리라 본다. 초점이나 연결기능은 오로지 {의}에만 관계되는 의미자질이 아니다. 유일하게 {의}에만 관

---

10) 흔히 영어의 of가 구조격이라고 가정하는데, 이는 부분적인 관찰에 지나지 않는다. Abney(1987 : 139f.)에서 of의 실현 여부로써 의미가 나뉘는 예문이 보고되고 있기 때문이다.

(가) John's breaking his leg   (John은 행위주임)
(나) John's breaking of his leg   (John은 경험주임)

위의 대립쌍에서 (가)는 행위주와 대상의 관계를 표시하지만, (나)는 경험주와 대상의 관계를 표시한다. 다시 말하여, (가)는 보험료를 받아낼 작정으로 일부러 자신의 다리를 "부러뜨리는" 경우를 나타낸다. 그러나 (나)는 우연히 사고에 의해 자신의 다리가 "부러지는" 것을 경험하였음을 지시한다. 이런 대립쌍이 존재하는 한, of가 구조적으로 주어진다는 가정은 철회되어야 한다.

계될 수 있도록 다른 보조 개념들이 더 추가되는 게 옳을 것이다. 이 점은 포함 관계를 언급하는 논의에서도 동일하다. 만일 포함 관계를 의미자질로 설정한다면, 배제관계를 떠맡고 있는 대립 요소가 상정되는 게 바람직하다. 예를 들어, 포함 관계를 나타내는 보조사 {까지}는, 제한이나 배제 정도의 뜻을 나타내는 보조사 {만}과 대립쌍을 이룬다. 만일 {의}에 대한 대립쌍 수립이 어렵다면, 포함 관계를 더 세분화된 내용으로 제시하는 것이 옳다고 본다. 의미자질로서 포함 관계만으로 만족할 게 아니라, 이 내용을 바탕으로 하여 추가 의미자질을 더 확립함으로써 오직 {의}에만 관련되는 자질로 완성되어야 할 것이다. 이럴 때에라야 {의}에만 관련될 수 있는 필요충분조건의 의미자질이라고 말할 수 있다.

2.2.3.乙. 본 절의 목적은 {의}가 어떤 논항 위치를 점유하고 있는지를 다루는 것이다. 따라서 {의}가 지닌 의미자질에 대한 논의는 피하고, 대신 {의}가 이끌고 있는 구절이 계층상 어디에 구현되는지를 살펴볼 것이다. 전통문법에서 제시한 {의}의 해석 범위는, 일단 {의} 구성이 다양한 위치에 나타나리라는 기대를 갖게 한다. 또 국어다운 표현이 아니라 하더라도,

"?왜적의 진주성의 침략의 부당성의 언급의 동기"

와 같은 {의} 중가 현상도 {의} 구성에 대한 다양한 분포를 우회적으로 드러내 준다. 먼저 부정격 형태(또는 조사 생략 형태; 제3장에서는 不定格이란 용어를 따르기로 하겠는데, 제6장에서는 혼란을 피해 '무표격'으로 불렀다. 제6장의 각주 21을 보기 바람)와 대조를 보이는 사례를 중심으로 하여 계층 탐색의 과제를 이끌어 나가기로 한다.

(27a) 여왕의 벌
    b) 여왕 벌

(28a) 딸의 자식
b) 딸 자식

(27)의 사례는 핵어명사가 동일하게 '벌'이다. 비록 하나는 구적 낱말의 지위로 대접을 받고, 다른 하나는 완결된 하나의 낱말로서 대접을 받을 수 있겠지만, 논항구조를 투영하는 핵어를 중심으로 보면 동일한 구조가 된다. 낱말 단위로 갈수록 통사론의 규칙은 오직 일부만 제약적으로 적용되므로, 얼어붙은 통사론frozen syntax이라고 불린다(Hale and Keyser, 2002). 일반 통사론과 얼어붙은 통사론을 논항구조에서는 함께 다루는데, 이를 '광의의 통사론'으로 부를 수 있다. 그렇지만 이들 사이의 해석은 다르다. (27a)는 여왕이 소유하고 있는 '벌'을 가리키고 있지만, (27b)는 '벌'의 자격이나 등급이 '여왕'임을 지시한다. (28)에서도 동일하게 '자식'이 핵어명사이다. 비슷하게 이 핵어가 투영한 것은 구적 낱말의 지위와 완결된 낱말의 지위를 지닌 표면 형태로 나온다. 그렇지만 이것들에 주어지는 해석은 다르다. (28a)에서는 '딸'과의 관계에서 '자식'임을 가리키므로 '손주, 손녀'의 해석이 나온다. 그러나 부정격(무표격)으로 실현된 (28b)에서는 '자식'의 자격이 '딸'임을 지시하고 있다. 부정격으로 표현된 (27b)와 (28b)에서는, 핵어와 통합되는 요소가 핵어의 내부속성이나 성질을 표시해 주는 역할을 맡고 있다. 이런 기능을 하는 요소는, 형식명사의 구성에서 살폈듯이 보충어 논항에 해당된다. 그렇다면, (27a)와 (28a)에서 관찰되는 {의} 구절은 보충어 논항으로 실현된 것은 아님을 알 수 있다. 필수적인 논항들 가운데에서 남은 가능성은 내부지정어 논항과 외부지정어 논항이다. 내부지정어 논항은 처소·목표·근원 등을 표시해 주는 사격 논항의 실현 위치이다. 사격을 {의}와 대체하여 표시한다면,

"*여왕으로 벌, *딸로서 자식"

등과 같이 되거나, 또는

"여왕으로서의 벌, 딸로서의 자식"

과 같이 될 것이다. 앞의 예들은 수용성이 없는 반면, 뒤의 예들은 완벽히 수용 가능하다(복합격에 대한 논의는 뒤에 이어지는 2.2.3.丁절을 참고하기 바람). 그런데 이 경우, 문제는 (27b, 28b)의 해석과 동일하다는 데에 있다. 곧, 내부지정어로 해석할 때에는 보충어로 실현된 경우와 동일하게 해석되는 것이다. 이는 (27a, 28a)에서 찾아지는 해석이 아니다. 그렇다면, 소유나 소속을 나타낼 경우에, {의}가 이끄는 구절은 일반화된 논항구조에서 외부지정어 논항의 위치에 실현되거나, 아니면 수의적인 부가어 논항에 실현된다고 말할 수밖에 없다. 부가어 논항은 수의적으로 도입되는 것이기 때문에, 결코 의미 해석을 바꾸거나 새로운 내용을 지정할 수 없다. (27a)와 (28a)에서 외현범주로 실현된 {의} 구절은 핵어명사의 소유나 소속을 지시하여 준다. 이는 의미 해석에 결정적인 내용이며, 이를 수의적인 부가어로 보는 것은 옳지 않다. 그렇다면 결국 외부지정어 논항일 가능성 이외에는 없는 것이다. 소유와 소속을 나타내는 {의} 구절이 외부지정어 논항에 실현된 것임을 잠정 매듭지어 두고, 주어 표현과 관련된 '주어적 속격'을 다루고 나서, 다시 의미역 배당 관계를 통하여 소유와 소속이 외부지정어 논항으로 실현된 것임을 재증명하기로 한다.

외부지정어 논항은 동사구의 투영에서 주어가 나타나는 위치이다. 주어는 동사로부터 두 가지 의미역을 배당받는데, 이들은 서로 상보적 관계에 있다. 주어가 대상이나 상황에 변화를 초래하면(영향을 입히면), 핵어는 그 논항에 행위주역$_{agent}$을 배당한다. 그러나 대상이나 상황에 변화가 일어나지 않는다면, 핵어는 행위주역 대신 경험주역$_{experiencer}$을 배당한다. '주어적 속격'이라는 개념은 임의의 요소가 주어의 역할을 하지만, 문법적 형태로는 속격으로 실현되어 있음을 말한다.

(29a) 우리가 갈 길
    b) 우리의 갈 길

예문 (29b)는 (29a)와 관련해서 주어의 역할을 하는 명사구가 속격의 형태로 실현되었음을 보여 주는 것으로 지적되어 왔다. 그러나 이들이 동일한 구성이 아님에 주목할 필요가 있다.

(30a) *우리가 ø 길
b) 우리의 ø 길

관형절 형식 {갈}이 생략될 경우, (29a)는 (30a)에서 보여 주듯이 비문이 된다. 그러나 (29b)는 그러하지 아니하다. 이들이 동일한 구성이었다고 하면, 생략으로 말미암는 문법성의 정도는 완전히 동일해야만 할 것이다. 이들이 서로 수용성 여부에서 차이를 보인다는 사실은, 비록 이들이 외견상 비슷해 보이더라도, 그 밑바닥에서는 서로 구조가 다름을 드러내 준다. (30a)가 비문인 까닭은, 주격을 받고 있는 외현범주가 실현되어 있는 데에도 불구하고, 그 외현범주를 지배하는 핵어가 존재하지 않기 때문이다. 그 핵어는 관형절 속에 있던 동사 '가다'이다. (30b)는 관형절 속의 동사와는 직접적인 관련이 없다. 그렇기 때문에 관형절 속의 핵어가 외현범주로 나타나지 않는다고 해도, 문법성에 하등 지장이 초래되지 않는 것이다. 이런 점을 염두에 두면서 (29)의 형상을 간략히 표시하면 다음 (31)과 같다.

(31a) [우리가 e 갈] [길]
b) [우리의 [[e e 갈] [길]]]

(31a)에서는 관형절에 공범주 논항들이 표시되어 있는데, 핵어명사 {길}과 동지표되는 논항이 있어야 한다('우리가 길을 가다'에서 '길'이 핵어명사와 동지표를 받음). (31a)의 경우 핵어와 동지표되는 공범주 논항은, 관형절로 실현된 부가어가 핵어의 투영에 얹힐 수 있도록 만들어 주고 있다. 이 관형절이 부가어임은

"[우리가 e 갈] [우리의 길]"

의 예문에서처럼, 동일한 지시를 갖는 '우리'가 {의} 구절(밑줄 친 부분)로 다시 실현될 수 있음을 통해서도 확인할 수 있다. 이 관형절에서 '우리'를 지배하고 거기에 주격을 배당할 수 있는 것은, 관형절 속의 핵어동사뿐이다. 따라서 관형절 속에서 '가다'가 실현되어 있지 않으면서 '우리'가 실현될 수 있는 방법은 전혀 없는 셈이다. 그러나 (31b)는 다르다. 내부지정어로 실현된 관형절은 두 개의 공범주 논항을 갖고 있다(le e 갈). 이 가운데 하나는 핵어명사와 동지표되고, 다른 하나는 윗계층에 있는 {의} 구절의 '우리'와 동지표된다(또는 통제된다). 이 관형절은 외현범주로 나타나지 않는다고 하더라도 (30b)에서 보이듯이 문법성에 하등 지장을 초래하지 않는다. {의} 구절이 핵어명사로부터 적절히 지배되는 환경 속에 실현되어 있기 때문이다.

(31)의 구조에서 보여 주듯이, 두 구문이 서로 다른 만큼 핵어가 '우리'에 배당하는 의미역도 다르다.

"우리가 길을 가다"

라는 구문에서, 주어 명사는 핵어로부터 행위주역을 배당받는다. 행위주역이 배당되는 것은 사건이나 행위를 구성하는 필수 요건이 된다. (31a)의 부가어 관형절은 핵어명사로부터는 의미역을 배당받지 못한다. 의미역은 필수 논항들에만 배당되는 것이기 때문이다. 그러나 부가어 내부에 있는 핵어 '가다'에 의해서, 부가어 속에서 자족적으로 의미역 배당이 일어날 수 있다. 그럴 때에 '우리'에 행위주역이 배당되는 것이다(제2장 1절의 각주 5 참고). (31b)의 경우, 핵어명사가 대상을 지시하는 '상태명사' 부류이다. 상태명사가 자신의 논항에 의미역을 배당하는 일은 아직 거론된 바가 없다. 그러나 '사태' 또는 '상태'를 구성하는 의미역으로 경험주역 experiencer 이 배당될 수 있다는 점을 고려하여,[11] '상태명사'의 투영과 관련하여 경험주역에 대한 조정 내지 확대가 필요하다고 본다.

'소유'나 '소속'과 같은 개념은 사건이나 행위를 가리키는 것이 아니다. 어떠한 상태나 사태를 표시한다. 필자의 생각으로는, 소유나 소속이 "어떤 주어진 상태나 사태에 대한 지속적 경험(불가양도성 소유나 소속일 때에는 영구적 경험)"이라고 재해석할 수 있을 것으로 믿는다. 만일 상태나 사태가 경험의 하위 단위로 해체될 수 있다면, (31b)의 상태명사는 외부지정어에 경험주역을 배당한다고 말할 수 있다. 즉, 초기값(default)으로 경험주역이 배당되고, 대상에 대해서 변화나 영향이 일어난다면, 대신 그 초기값이 행위주역으로 바뀌어 배당된다고 가정해 볼 수 있다.

이 가정이 수용된다면, 주어적 속격은 경험주역을 배당받는 외부지정어 논항이라고 말할 수 있다. 동사가 투영하는 논항구조에서는 이 위치에 경험주역뿐만 아니라 행위주역도 자유롭게 배당될 수 있다. 그러나 명사(특히 상태명사)가 투영하는 논항구조에서는 초기값으로 설치된 경험주역만이 그 위치에 의무적으로 배당된다. 이 경험주 의미역으로부터 일시적 경험과 지속적 경험으로 나뉘고, 지속적 경험 아래 다시 영구적 경험이냐 장기적 경험이냐의 구분이 세워질 것이다. 양도 가능한 소유나 소속은 장기적인 경험에 해당되고, 양도가 불가능한 소유나 소속은 영구적 경험에 해당된다. 경험주역이 배당되는 논항은 외부지정어 논항뿐이고, 외부지정어는 동사의 투영에서 주어가 실현되는 위치이다. 소유나 소속을 나타내는 {의} 구절이 핵어로부터 경험주역을 배당받음이 확실하다면, {의} 구절은 외부지정어 논항으로 실현되어 있다고 매듭지을 수 있다.

다시 (27a)와 (28a)로 되돌아가자. 이들을 다루면서 잠정적으로 필자는 {의} 구절이 외부지정어 논항의 위치를 점유할 수밖에 없음을 지적

---

11) 사태나 상태를 구성하는 의미역은 대상역과 경험주역이다. 대상을 관찰하거나 경험하는 상태를 지시하기 때문이다. 예를 들어 '믿다'라는 동사를 보자. 이 동사는 특정한 심리 상태를 가리킨다. 이 동사는 믿음의 대상이 주어져 있어야 하고, 그 대상을 믿는 경험주가 있어야 한다. 필자는 이런 점이 더 확대될 수 있을 것으로 본다. 소유나 소속이라는 관계에서도 그 관계를 경험하거나 주관할 '주체'가 상정되어야 하기 때문이다. 이 점이 수용된다면, 그 주체에는 경험주역이 배당될 것으로 믿는다.

하였다. 또한 (29)와 (31)에서 '주어적 속격'은 외부지정어 논항으로 실현되며, 경험주역을 배당받고 있음을 확인하였다. 주어적 속격이란, 동사의 투영에서 주어가 외부지정어 논항을 차지하듯이, 명사의 투영에서 외부지정어 논항으로 속격 형태의 구절이 실현되는 것을 말한다. 동사의 투영에서는 부정격(무표격)과 주격의 두 가지 실현 방식이 가능하다. 부정격(무표격) 실현이 이미 동사의 투영에서 이용되고 있으므로, 명사의 투영에서는 부정격(무표격) 실현이 불가능하다고 보는 게 온당하다. 예를 들어

"*그녀 갈 길, *철수 갈 길"

등 부정격(무표격)으로 실현된 사례는 모두 비문이다. 이런 이유로 주어적 속격의 외현은 반드시 지켜져야 한다고 말할 수 있다. 소유나 소속이 경험주역의 하위 단위로 재해석될 경우, 이들은 '지속적 경험' 정도의 의미자질(장기 지속·영구 지속)을 공유할 수 있다. 따라서 우리는 소유나 소속을 나타내는 {의} 구절이 외부지정어 논항으로 실현되었음을 거듭 매듭지을 수 있다.

2.2.3. 丙. 이곳에서는 외부지정어 논항이 아닌 다른 위치에 실현된 경우, 특히 보충어 논항으로 실현된 {의} 구절을 다루기로 한다.

(32a) 지진의 관측
    b) 지진 관측
(33a) 보상금의 액수
    b) 보상금 액수

앞의 사례 (27)이나 (28)과는 달리, (32)와 (33)에서는 {의}가 실현된 경우와 부정격(무표격)으로 실현된 경우에 서로 현격한 의미 차이를 보이지 않는다. 혹 이들 사이에 관찰될 수 있는 차이가 있다면, 그것

은 문체론적 차이 정도일 것이다. 부언하면, 부정격(무표격)으로 실현된 것들이 하나의 개념처럼 느껴지는 반면, {의}가 실현된 것들은 선행명사나 후행명사가 어떤 계열체들과 선택 관계에 있는 듯이 느껴진다. 예를 들어,

"지진의 관측, 지진의 과정, 지진의 피해, …"

들과 같은 후행명사 계열체라든지,

"지진의 관측, 기상의 관측, 성운의 관측, …"

들과 같은 선행명사 계열체를 상정해 볼 수 있으며,

"보상금의 액수, 보상금의 내역, 보상금의 거절, …"

과 같은 후행명사 계열체라든지,

"보상금의 액수, 벌칙금의 액수, 보험금의 액수, …"

들과 같은 선행명사 계열체를 상정해 볼 수 있는 것이다. (32)는 사건이나 행위를 가리키는 핵어와 대상역$_{theme}$을 배당받는 논항과의 관계이다. "지진을 관측하다"와 같은 동사의 투영에서는 목적어가 나타나며 대상역을 배당받는 자리이다. 사건명사의 투영에서도 동일하게 대상역을 받는 논항이 실현된다. (33)은 '동격 관계'라고 언급되었던 것으로, 핵어명사와 그 핵어명사의 내부속성(내용)과의 관계이다.[12] 핵

---

12) 필자의 직관대로 예문 (33)에 필적할 만한 동사구의 투영을 상정하여 본다면 "보상금을 헤아리다" 정도이다. 여기서 '헤아리다'라는 개념을 '액수'라는 상태명사와 짝을 이루는 것으로 규정해 볼 수도 있고, 아니면 '헤아리다'를 상위의 추상 개념으로 놓고서 다시 그 밑에다 동사적인 것과 명사적인 것을 설치할 수도 있다. 중요한 것은 (33)을 동사의 투영으로 바꾸어 보는 데에 있는 게 아니라, (32)와 마찬가지로 {의}

어로부터 대상역을 받는 논항이나, 핵어명사의 내부속성을 지시하는 논항은 모두 보충어 논항으로 실현된다. 만일 이들이 보충어 논항으로 실현된 것이라면, 다시 내부지정어와 외부지정어가 외현범주로 실현될 수 있어야 한다.

(34a) [그 [e 자세한 [지진의 [관측]]]
 b) [그 [e 자세한 [지진   [관측]]]
 c) [e [e   [지진의 [관측]]]
(35a) [저 [e 엄청난 [보상금의 [액수]]]
 b) [저 [e 엄청난 [보상금   [액수]]]
 c) [e [e   [보상금의 [액수]]]

(34)와 (35)는 외부지정어 논항과 내부지정어 논항을 모두 외현범주로 바꾸어 본 사례이다. 내부지정어 논항으로 관형절이 실현되었는데, "관측이 자세하다, 액수가 엄청나다"라는 뜻을 지니므로, 주어 위치에 공범주 논항을 표시해 두었다. 이들은 핵어와 동지표된다. 관형절이 필수 논항으로 나타날 적에, 그 관형절이 제약되어 있는 환경(어휘화되는 환경)에서만 쓰이면, 비록 관형절에서 관찰되는 공범주 논항이 있다고 하더라도 '얼어붙어 있음'을 표시하기 위해 공범주를 초기 형상에 표시하지 않았다. 2.1절에서 예문 (8)을 다루면서, 그 관형절의 어휘를 임의로 다른 어휘로 대체할 수 없다는 조건을 '어휘적 폐쇄성'으로 제시할 수 있었다. 이 폐쇄성을 표시하기 위하여 공범주 논항의 표시를 초기 형상 속에 넣지 아니하였다. 그런데 (34)와 (35)에서는 관형절이 임의로 다른 어휘와 대체될 수 있다. 이런 개방성을 구조적으로 표시하기 위하여, 내부지정어 논항으로 실현된 관형절에 공

구절이 보충어 논항의 위치를 점유하고 있음을 드러내는 데에 있다. (33)에서 {의} 구절은 핵어의 속성을 표시하고 있다. 보충어 논항은 사건명사의 투영일 경우 핵어로부터 대상역을 받는데, 상태명사일 경우에는 핵어의 내부속성을 지시하는 것이다. 이 점이 사건명사와 상태명사가 드러내는 차이점이다. 상태명사가 자신의 논항과 맺는 의미관계에 대해서는 3.3절에서 재론될 것이다.

범주 논항을 집어넣었다. (34a)와 (35a)는 일반화된 논항구조에서 모든 필수 논항들이 외현범주로 나타난 모습을 보여 준다. 이로써 (32)와 (33)의 {의} 구성이 보충어 논항의 실현임을 다시 확인하게 된다. (32a)와 (33a)의 초기 표상은 곧 (34c)와 (35c)인 것이다.

이상에서 우리는 핵어가 사건명사일 경우 {의} 구절이 보충어 논항에 실현되어 대상역을 받고, 상태명사일 경우 {의} 구절이 보충어 논항에 실현되어 핵어의 내부속성을 지시하고 있음을 알았다.

2.2.3. ㄷ. 이곳에서는 내부지정어 논항으로 실현된 {의} 구절을 다루기로 한다. 동사의 투영에서 내부지정어 논항에는 사격$_{oblique}$을 받는 논항들이 실현된다. 사격을 받는 논항은 근원역$_{source}$·목표역$_{goal}$·처소역$_{location}$들 중 어떤 의미역 하나를 배당받는다. {의}가 갖는 의미들이라고 제시된 것들 가운데 많은 부분이 사격 논항에 배당되는 의미역들과 관련된다(2.2.3절의 각주 9를 참고하기 바람). 때로 사격 의미역을 받는 모습은 사격과 {의}가 통합되어 있는 복합격 형태로도 나타난다. {에서의, 부터의, 에의, 으로의, 으로서의} 등이 그러한 예이다. {에서}는 처소역을 표시해 주고, {부터}는 근원역을 나타내며, {에, 으로}는 목표역을 지시한다. {으로서}로 표현되는 '자격격'은 처소역의 하위 갈래라고 판단된다. 처소역은 먼저 시간과 장소 개념으로 구분되고, 장소 개념은 다시 직위·직책·자격 등을 가리키는 비유적 개념과 그렇지 아니한 구체적(실질적) 개념으로 나뉠 수 있다. '자격격'은 장소 개념의 비유적 쓰임이라고 본다.

사격 형태들이 모두 적절한 사격 의미역을 배당받고 있음이 사실이라면, 사격으로 실현된 복합격 형태들이 왜 {의}라는 표지와 통합되어야 하는 것일까? 이 점은 소유와 소속을 다루면서 간략히 앞에서 언급된 바 있다. 핵어가 동사였다면 굳이 {의} 표지가 필요하지 않았을 것이다. 그러나 핵어가 명사라면, 명사가 투영하는 논항들임을 구별해 줄 필요가 있고, 이런 요구로 사격들 위에 다시 {의} 표지가 주어지는 것이다(37b에 있는 {의} 중가 현상을 보기 바람).

(36a) 형으로서의 충고
　　b) 형으로서 충고
　　c) 형의 충고

　　(36a)와 (36b)는 {의}의 실현 여부에만 차이가 있다. {의}가 실현되어 있는 것이 상태나 사태를 나타내는 측면이 있고, 부정격(무표격)으로 실현된 것이 "형으로서 충고하다"와 같은 동사 투영처럼 사건이나 행위를 드러내는 측면이 있다. (36b)만을 따로 떼어 놓고서는 동사의 투영인지, 사건명사의 투영인지를 구별할 수 없다. 대신 뒤에 통합되는 환경들을 고려할 때에라야 핵어가 동사인지 명사인지를 파악할 수 있다. 그런데 (36c)는 사격이 통합되어 있지 않고, 다만 {의} 표지만이 실현되어 있다. 이는 사격 논항인 내부지정어의 실현이라고 하기보다는, 외부지정어 논항의 실현으로 이해된다. (36c)의 {의} 구절은 행위주역을 배당받는 사건명사이기 때문이다(짝이 되는 동사 투영은 "형이 충고하다"임). 이 점은 (36a)와 (36c)가 서로 통합되어 아래 (37a)처럼 쓰일 수 있다는 언어 사실로써도 확인될 수 있다. (36a)에서 필수 논항들을 모두 외현시키면 (37b)처럼 된다.

(37a) 형의 형으로서의 충고
　　b) [형의 [형으로서의 [동생에 대한 [충고]]]
　　c) [e [형으로서의 [e   [충고]]]

　　(37b)에는 내부지정어 논항 말고도, 외부지정어 논항과 보충어 논항에도 외현범주 형태들이 나타나 있다. 이런 사례를 통해서도 (36a)의 {의} 구절 '형으로서의'가 내부지정어 논항의 실현임을 확인할 수 있다. 그렇다면, (36a)의 초기 형상은 (37c)처럼 주어져 있는 것이다.
　　이상에서 우리는 사격 의미역으로 묶일 수 있는 {의} 구절의 의미 환경들이 내부지정어 논항으로 실현되고, 이 논항이 복합격으로 나타날 때에는 더 상태명사적인 해석이 주어지며, 단독 사격 형태로 나타날 때에는 사건명사적인 해석이 주어짐을 알았다.

2.2.3.戊. 끝으로 수의적 위치인 부가어 논항으로 실현된 경우를 보기로 한다. 부가어 논항으로 실현되는 {의} 구절에 대해서는 앞에서 (6)과 (7)의 사례를 통하여 화용적 해석이 주어짐을 확인한 바 있다. 중복을 피해서 여기서는 화용적 해석이 주어지는 경우는 다루지 않기로 한다.

(38a) 철수의 그 '세 가지' 착한 일
 b) [철수 e 의] [그 [세 가지 [착한 [일]]]]

예문 (39)에서 수량사와 분류사가 하나의 단위처럼 묶여 있다고 볼 때에('세 가지'로 표시됨), 핵어 위치를 제외하면 네 개의 요소가 나타나 있다. 일반화된 논항구조는 핵어를 제외하고서 필수적인 논항으로 세 개의 논항이 주어진다. 이 구조 위에 다시 수의적으로 부가어 논항이 설치될 수 있다. (38a)에서 핵어명사가 상태나 대상을 나타내는 '일'이라면, {의} 구절은 부가어 논항에 해당된다. 부가어 논항임이 사실이라면, 임의로 생략되더라도 의미 해석에 아무런 장애를 초래하지 말아야 한다. (38a)에서는

"그 [세 가지] 착한 일"

처럼 {의} 구절이 생략되더라도 의미 해석에 장애가 초래되지 않는다. 해석의 차이가 있다면, {의} 구절이 없는 경우에는, 임의의 사람이 행한 일들 가운데에서 어떤 경우를 꼽는다고 해야 할 것이다. 대신 {의} 구절이 붙게 되면, 임의의 사람이 더 구체적으로 부각되는 것이다. 결국 '그 세 가지 착한 일'이 가리키는 범위를 부가어가 더 한정해 주는 역할을 맡는 셈이다.
 필자는 이와 같은 직관을 구조적으로 (38b)처럼 나타낼 수 있을 것

으로 본다. {의} 구절에는 공범주 논항이 표시되어 있는데, 이 공범주 논항은 핵어와 동지표되며, 부가어가 일반화된 논항구조에 얹힐 수 있도록 '닻'의 역할을 맡는다. 이 부가어의 해석은 일차적으로 철수와 관련된 모든 일이 되며, 필수 논항에 의해서 차례로 지정·수량·속성들이 드러나는 것이다. 만일 {의} 구절이 없었다고 하면, 지시사에 의해 "세 가지 착한 일"에 대한 내용이 지정되었을 것이며, 그 범위로서 임의의 사람들과 관련된 일 가운데에서 화자와 청자가 알고 있는 특정한 일을 가리켰을 것이다. (38a)의 {의} 구절이 무리 없이 부가어 해석을 받고 있음을 확인함으로써, 우리는 {의} 구절이 수의적인 부가어 논항임을 매듭지을 수 있게 되었다.

부가어와 관련하여 {의} 구절의 중가 현상을 다루기로 한다. 중가는 대소大小 관계나 포함 관계를 이룰 때에 일어난다는 지적이 있었다.

(39a) 대한민국의 경상남도의 진주의 촉석루의 박물관의 전시물의 <u>홍보</u>
    b) 왜적의 진주성의 침략의 부당성의 <u>언급</u>

위의 예문에 대해서는 문법성 시비가 있을 줄 안다. 우리말에서는 문법 형태소 또는 허사의 중첩 반복을 피하는 현상이 있기 때문이다. 그럼에도 불구하고, 확연히 이들을 비문이라고 판정내릴 수도 없다. 외견상 위의 예문에서 명사들이 {의}를 매개로 하여 평면적으로 나열되고 있는 듯이 보이지만, 기실은 몇 개의 단위로 묶음이 이루어지고 있다. 그 묶음을 표시하고 {의} 중가를 피해서 (39)를 고쳐 보면 아래 (40)과 같다.

(40a) [[[대한민국 경상남도 진주 촉석루]에 있는 박물관]의 전시물]에 대한 <u>홍보</u>
    b) [[왜적의 진주성 침략]의 부당성]에 대한 <u>언급</u>

개념상 (39)와 (40)이 동일하다고 보면, 또는 풀어주기$_{paraphrase}$ 관계라고 본다면, (40)에서 핵어가 끝에 있는 명사이듯이, (39)에서도 핵어는 역시 맨 뒤에 실현된 명사들이다(밑줄 쳐 놓음). 이 명사들은 사건 또는 행위명사이므로 보충어 논항을 거느릴 것이며, 보충어 논항이 (40)에서는 {-에 대한}이라는[13] 관형절로 표현되어 있다. (40)에서 {의} 구절은 '박물관의 전시물, 침략의 부당성'으로 구현되고 있는데, '전시물, 부당성'들을 다시 핵어의 투영이라고 간주한다면, {박물관의}는 소재所在를 나타내므로 처소역을 배당받는 내부지정어 논항이며, {침략의}는 대상 또는 동격 관계에 있으므로 대상역을 배당받는 보충어 논항으로 실현된 것임을 알 수 있다.

(39)에서 보여 주는 {의} 구절의 중가는 결코 평면적인 나열이 아니다. 계층적으로 다른 {의} 구절들의 실현인 것이다. (39a)에서 핵어명사 '홍보'가 거느리는 외현범주 논항은 {전시물의}밖에 없다. 앞에 있는 {의} 구절들은 '전시물'에만 관련된 요소들이고, 핵어명사 '홍보'와는 관련이 없다. 만일 이 핵어명사와 관련하여 외현범주의 논항들을 실현시켜 본다면,

"[그의 [자세한 [전시물의 [홍보]]]]"

정도가 될 것이다(동사 투영의 짝은 "그가 자세히 전시물을 **홍보하다**" 정도임). 여기서 보충어 논항인 '전시물'에 대한 정보가 늘어나서 (39a)처럼 실현된 것이다. (39b)의 경우도 동일하다. 핵어명사 '언급'과 관련된 외현범주의 논항은 보충어로 실현된 {부당성의}밖에 없다. 나머지는 모

---

[13] {-에 대하여}를 고유 어휘로 고쳐 본다면 {-를 놓고서} 정도가 될 것이다. '對하다'는 마주하다는 뜻을 지니기 때문에 수평적 대립 관계를 나타낸다고 할 수 있다. 고유 어휘 '놓다'는 바닥에다 두는 것을 뜻하므로 수직적 대립 관계를 표시한다. 이들은 어휘가 지니는 의미들의 차이뿐만 아니라, 다른 어미들과 통합되고 있으므로 각기 다른 통사 구조를 구현한다고 보아야 옳다. '대하다'를 이끌고 있는 {-은}은 관형절을 이끌고 있다. 그러나 '놓다'를 이끌고 있는 어미 {-고}는 접속어미(연결어미)이다. 만일 {-를 놓고}라는 요소가 접속문을 구성하고 있다고 보면, 뒤에 이어지는 후행 문장의 핵어는 특별히 자신이 지배할 논항으로 두 개의 공범주 논항을 갖고 있어야 한다고 봐야 되며, 이 공범주들은 '놓다'라는 어휘가 가리키는 주어·목적어 논항들과 늘 동지표된다는 약정을 마련해 줄 필요가 있다.

두 이 보충어 논항과 관련된 요소들인데, 보충어 논항이 자기 자신의 위치에서 다시 핵어로서 투영되고 있는 것이다. 핵어명사 '언급'과 관련하여 모든 논항들을 외현범주로 바꾸어 본다면,

"[그의 [철저한 [부당성의 [언급]]]]"

정도가 된다(동사 투영의 짝은 "그가 철저히 부당성을 언급하다" 정도임). 여기서 '부당성'이 독자적으로 다시 핵어 투영을 보일 때에 그 보충어 논항으로 {침략의}가 실현되어 있는 것이다. 이 보충어 논항이 거듭 다시 핵어 투영을 하여, 외부지정어 논항과 보충어 논항에 외현범주를 실현시키고 있는 것이다. 결국 (39a)와 (39b)의 초기 표상은 다음 (41a)와 (41b)처럼 되어 있는 것이다.

(41a) [e [e [대한민국의 경상남도의 진주의 촉석루의 박물관의 전시물의 [홍보]]]]
 b) [e [e [왜적의 진주성의 침략의 부당성의 [언급]]]]

서로 계층이 다른 것들을 구별하여 놓고서도 남아 있는 {의} 중가 항목은 "대한민국의 경상남도의 진주의 촉석루"이다. '촉석루'를 핵어로 볼 때에, 이들 항목은 동격 관계가 아니므로 보충어 논항이라고 말할 수 없다. 사격 형태소를 복합격으로 만들어 볼 때에 "*진주에의 촉석루, ?진주에서의 촉석루"가 허용되지 않으므로, 내부지정어 논항이라고도 볼 수 없다. 그렇다고 소유나 소속을 나타내는 외부지정어 논항이라고 말할 수도 없다. 필자는 여기서 관찰되는 {의} 중가를 부가어 논항의 중가라고 본다. 이때 초기 표상은 (38b)에서처럼 인접해 있는 핵어명사와 동지표되는 공범주 논항이 주어져 있는 것인데, 이를 다음 (42)처럼 나타낼 수 있다.

(42a) [대한민국 e 의] 경상남도

b) [대한민국의 경상남도 e 의] 진주
c) [대한민국의 경상남도의 진주 e 의] 촉석루

증가된 {의} 구절이 각각 부가어 논항임을 명시적으로 표시하기 위해서 계층별로 나누어 차례차례 (42)처럼 표시하였다. (42a)에서는 핵어명사 '경상남도'에 얹혀진 부가어 논항 {대한민국의}의 형상을 나타낸다. 공범주 논항은 핵어명사와 동지표된다. (42b)에서는 핵어명사 '진주'에 얹혀진 부가어 논항 {경상남도의}의 형상을 나타낸다. 여기서도 공범주 논항은 핵어명사와 동지표된다. (42c)에서도 동일하다. 핵어명사 '촉석루'에 얹혀 있는 부가어 논항인 {진주의}의 형상을 나타내며, 공범주 논항은 핵어명사와 동지표된다. (42c)에서부터 본다면, 부가어 속에 다시 부가어가 거듭거듭 내포되어 있는 모습이다.

이른바 대소 관계란 어떤 범위를 점점 줄여 가는 것을 말하는데, 이를 거꾸로 본다면 맨 뒤에 위치한 핵어의 범위를 점차 한정해 주는 관계라고 할 수 있다. 선조적으로 선후 순서대로만 언어 자료를 기술한다면, 대소 관계라고밖에 말할 수 없다. 그러나 핵어의 투영이란 관점에서 본다면, 맨 뒤의 핵어가 모든 구조를 투영하고 있고, 부가어들이 거듭거듭 얹혀져서 핵어의 범위를 한정해 주는 것이다. 물론 (42)에서 핵어명사가 고유명사로 실현되어 있으며, 유일한 대상을 가리키는 '지시의 고정성rigid designator'으로 말미암아(Kripke, 1982; 남기창 뒤침, 2008, 『비트겐슈타인, 규칙과 사적 언어』, 철학과현실사), 한정해 주는 역할이 두드러지지 않을 수 있다(그 기능이 겹쳐서 잉여적일 수 있다). 그렇고 하더라도 한정하는 모습을 차례로 보인다면 다음과 같다. 핵어명사 '촉석루'는 임의의 촉석루일 수 있는데, 부가어가 얹힘으로써 범위가 한정된다. '진주' 또한 임의의 진주일 수 있는데, 부가어가 얹힘으로써 다시 범위가 한정된다. 동일하게 '경상남도'의 경우도 부가어가 얹힘으로써 다시 더 한정된 범위를 갖는다. 이렇게 볼 때에 부가어의 효과는 범위의 한정을 필요로 하는 핵어명사에서 더 두드러진다고 말할 수 있다. 굳이 범위의 한정을 필요로 하지 않는 경우라면, 부가어의 실현은 군

더더기 말투처럼 느껴질 것이다.

(42c)에서 핵어명사 '촉석루'가 일단 임의의 지방이나 장소에 존재할 수 있는데, 부가어가 얹혀서 "진주의 촉석루"로 되면, 더 이상 다른 범위의 한정은 필요하지 않다. '진주'가 부가어로 얹힘으로써 완벽히 지시의 고정성을 획득할 수 있으므로, "대한민국의 경상남도의"와 같은 부가어는 잉여적인 것이 되며, 따라서 더 이상 범위를 한정할 필요가 없게 된다. (42c)와 같은 사례는 화용 상황에서 진주나 경상남도의 소재를 전혀 모르는 경우에 쓰일 수 있는 것이다. 이로써 우리는 수의적인 부가어 논항으로 실현된 예들이 모두 핵어명사와 동지표되는 공범주 논항을 갖고 있었고, 핵어의 범위를 한정해 주는 부차적 역할을 하고 있음을 확인할 수 있었다.

2.2.3. 己. 이상에서 {의} 구절이 실현되는 모든 층위들을 살펴왔다. 일반화된 논항구조를 수용할 때에 {의} 구절은 수의적인 논항과 필수적인 논항 어디에서나 관찰된다. 다른 수식어들과 비교할 때에 {의}는 자유롭게 매우 다양한 분포를 갖는다고 말할 수 있다. 핵어의 안쪽 층위에서부터 보면, 먼저 보충어 논항에 실현된 {의} 구절이 있었다. 이들은 사건명사의 대상이 되거나 상태명사의 내부속성을 가리켰다. 이들은 대상이나 동격 관계로 기술되어 왔다. 그 윗층위로 내부지정어 논항에 실현된 {의} 구절이 있었다. 이 논항에는 사격 의미역인 '근원역·목표역·처소역'들이 배당되는데, 지금까지 {의}의 뜻으로 기술되었던 의미 환경의 대다수가 이들 의미역과 관련되는 것이고, 이 층위의 논항으로 실현되었다. 다시 이 윗층위로 외부지정어 논항이 있는데, 이 논항에는 소유와 소속을 나타내는 {의} 구절이 실현되었다. 이때 이들에게는 의무적으로 경험주역이 배당된다고 가정하였으며, 이 의미역으로부터 '지속적인 경험'(일시 지속·영구 지속)의 개념을 도출함으로써 소유와 소속을 유도하였다. 마지막으로 수의적으로 설치되는 부가어 논항이 있는데, 여기에 실현되는 {의} 구절은 화용적 해석을 낳는 경우와 범위 한정의 기능을 갖는 경우로 나뉘었고, 핵어

명사와 동지표되는 공범주 형태의 논항을 부가어 속에 갖고 있음을 알 수 있었다. 동사의 투영이 무표적이라고 볼 경우에, 명사의 투영에서 {의}의 실현은 임의의 요소가 핵어와 관련되는 논항들임을 표시해 주는 기능을 지녔다.

2.2.4. 사이시옷

사이시옷에 대한 본격적인 논의로서 임홍빈(1981a)에서는 사이시옷의 두 가지 측면을 지적하였다. 하나는 "통사적 구성의 파격"을 막기 위한 수단이라 보았고, 다른 하나는 의미론적으로 불완전한 명사로 보고서 'ㅅ-전치명사'라는 용어를 도입하였다(필자는 사이시옷을 보충어 논항을 표시해 주는 접사이며, 핵어와 융합되는 속성을 지닌다고 보므로, 임홍빈 교수의 '전치' 개념을 수용하지 않음). 이어 중세 국어에서 관찰되는 사이시옷과 관련하여 이광호(1993)에서는 "수식어"로 기능하는 후치사임을 주장하였다. 특히 뒤의 논의에서는 앞의 논의가 갖는 약점으로서, "통사적 파격 극복 수단"이 비단 사이시옷 하나에만 그치지 않음을 지적하고 있다. 이 비판은 설득력이 있는데, 동일한 척도로 "수식어" 기능에 대해서도 비판을 가할 수 있다. 곧, 수식어 기능이 유일하게 사이시옷에만 관련된 것이 아니므로, 수식어 기능에 다시 다른 기능이 추가되어 오로지 사이시옷에만 관계하는 내용을 찾아내어야 할 것이다.

필자는 기본적으로 임홍빈(1981a)에서의 주장을 옳은 것으로 수용한다. 다만, 통사적인 결론과 의미론적인 결론의 상거相距를 동일한 하나의 축으로 조정할 필요가 있다고 보고, 이 문제를 일반화된 논항구조로써 설명할 것이다. 또 사이시옷과 통합되어 있는 복합격의 존재에 대해서도 필자 나름의 설명을 제시할 것이다. 사이시옷에 관련된 사례들은 위의 논문들에서 풍부하게 제시되어 있으므로 따로 예시하지 않겠다.

사이시옷의 첫째 부류로 통사적 파격을 보이는 사례들을 살펴보기로 한다. 통사적 파격이란 부사와 명사가 통합되거나, 목적 대상과 명사가 통합되거나, 어간과 명사가 통합되거나, 어미와 어미가 통합되는 구성을 가리킨다. 이런 구성에서 선행 요소는 시간·장소·기원·수단들과 같은 의미를 지니며, 이들은 부사와 명사의 통합 위상으로 파악하였다. 필자는 이런 구성이 모두 일반화된 논항구조에서 내부지정어 논항의 위치에 실현되어 근원역·목표역·처소역들과 같은 사격 의미역을 받는 것으로 파악한다. 시간과 장소는 처소역location의 하위 개념이다. 수단은 근원역source의 하위 개념으로 상정되는데, 구체성을 띨 때에는 기원이나 출발 또는 방향을 지시하며, 추상성을 띨 때에는 수단이나 방법을 지시한다. 다시 말하여, 기점 지정이 가능할 경우와 기점 지정이 불가능할 경우가 있는데, 특히 후자의 경우 도구·방법·수단들과 같은 비유적 개념으로 유도되는 것이다.

내부지정어 논항에 배당되는 의미역과 부사성 명사가 지시하는 뜻들이 서로 일치하므로, 일단 이들의 실현되는 층위를 내부지정어로 파악해 둔다. 이를 수용하더라도, 사이시옷에 관한 한 추가 조건들이 더 설치되어야 한다. 왜냐하면 사이시옷은 핵어와 논항 사이의 다른 요소의 개입을 전혀 허용하지 않기 때문이다. 이를 위해 다음과 같이 잠정적인 약정을 덧붙일 수 있다.

(43) 사이시옷의 최인접 조건(잠정적 기술)
사이시옷 구절은 핵어에 가장 가까이 있어야 한다. 핵어와 사이시옷 구절 사이에는 다른 외현범주 요소가 임의로 삽입될 수 없다.

위의 조건은 상대적으로 사이시옷이 단일한 개념을 형성한다는 주장과도 상통한다(김규철, 1993). 다른 점이 있다면, 단일한 개념을 형성한다고 진술하면 자칫 사이시옷이 단어형성에만 관계되는 것으로 치부될 소지가 있으므로, 이를 피하려고 한다는 점이다. 예를 들어 "보름ㅅ달"에서 "저 보름ㅅ달, 저 둥근 보름ㅅ달, 토끼가 방아를 찧는 저 둥근 보름ㅅ달"로 확장이 가능하다고 보아, 양자를 동일하게 상태명사인 핵어 '달'의 투영으로 설명하려는 것이다. 뿐만 아니라 위의 조건은 "몸앳 것, 앒으롯 일"과 같이 사이시옷과 통합되어 있는 복합격의 존재를 설명하는 데에도 다시 이용될 수 있다. 사격과 사이시옷이 통합되기 때문이다. 일단 '통사적 파격'이라고 기술되는 환경을 핵어와 내부지정어 논항 사이의 관계로 파악하게 되면, 더 이상 파격이 아니라 준칙(규칙 준수)이며, 핵어와 핵어가 투영하는 내부지정어 논항과의 관계로서 기술할 수 있다.

그렇다면 남아 있는 것은 '의미론적 불완전명사'에 대한 설명이다. 앞에서 우리는 상태명사의 투영에서 보충어 논항이 핵어의 내부속성을 가리킴을 살펴보았다. 사건명사에서는 보충어 논항이 대상을 지시하지만, 사건을 구성하지 못하는 상태명사에서는 그 핵어의 내부속성을 나타내는 것이다. 필자는 의미론적 불완전명사들이 언제나 보충어 논항을 필요로 하는 상태명사 핵어로 파악될 수 있다고 본다. 곧, 이들은 보충어 논항과 핵어의 실현인 것이다. "고기ㅅ배"와 같은 예에서 '목적 대상'(임홍빈, 1981a : 13에서 '고기를ㅅ배'와 같은 모습을 상정한 바 있음)으로 기술되는 사이시옷 구절도 대상역을 배당받으므로 또한 보충어일 수밖에 없다.

일단, 하나의 사이시옷 구절은 내부지정어 논항으로 기술되고, 다른 하나는 보충어 논항으로 기술된다고 보자. 여기서 조정되어야 할 것은 내부지정어 논항으로 실현된다고 기술하였던 통사적 파격들이다. 이들이 내부지정어 논항의 실현임이 확실하다면, 보충어 논항이 외현범주로 실현될 수 있어야 할 것이다. 그러나 최인접 조건 (43)이 나타내듯이, 보충어 논항의 외현적 실현은 불가능하다. 의미상으로는 내부지정어에 배당되는 사격 의미역이 틀림없으나, 통사적 구현으로는 외현범주의 보충의 실현을 거부하고 있는 것이다.

필자는 사이시옷이 이루는 복합격에서 이 문제에 대한 해답을 찾고자 한다. 사이시옷이 복합격을 이룰 때에는 주로 처격과 도구격에 한정된다. 중세 국어의 다른 환경까지 고려한다면(이광호, 1993 : 325), 부사어와 사이시옷이 통합된다고 말할 수도 있다. 처격이나 도구격은 처소역$_{location}$과 관련된다. 이 의미역을 배당받는 논항은 반드시 내부지정어 논항의 위치에 실현되어야 한다. 부사어들도 마찬가지인데, 특히 동사구 수식 부사의 실현 위치는 내부지정어 논항이다. 사이시옷이 나타나는 전형적 환경을 보충어 논항이라고 해 보자. 그렇다면 내부지정어 논항에 통합된 사이시옷에 대해서는 두 가지 해석이 가능하다. 하나는 사이시옷이 보충어 논항 위치에서 내부지정어 위치에로 인상된다고 보는 것이다. 다른 하나는 내부지정어 논항이 사이시옷의 전형적 위치에 이끌리어 내부지정어 논항의 위치에서 보충어 논항의 위치에로 하강하는 것이라고 볼 수 있다.

 이 두 가지 가운데에서 필자는 (43)의 최인접 조건을 수용하려면 후자쪽을 선택하는 길밖에 없다고 본다. 내부지정어 논항이 하강하여 보충어 논항이 이미 채워져 있으므로, 사이시옷 구절과 핵어 사이에 더 이상 임의의 외현범주 실현이 저지될 수밖에 없다고 말할 수 있다. 만일 보충어 논항이 상승하여(인상되어) 그 위치가 비워져 있다면, 다른 요소가 그 자리를 차지할 소지를 남기게 되며, (43)이 만족되지 않는 경우가 생길 수도 있다. 그렇다면, 합리적인 설명은 내부지정어 논항으로 실현된 요소가 사이시옷에 이끌리어 보충어 자리에로 하강한 것이고, 따라서 더 이상 보충어 논항에는 다른 요소가 실현될 수 없다고 하는 쪽이어야 한다. 여기서 '하강'이라는 용어는 초기 형상에서 출발하여 임의범주의 이동(move-α)이 일어남을 의미하지는 않는다. 초기 형상에서부터 사이시옷 구절은 보충어 논항의 위치에만 실현되는데, 이 사이시옷의 성질에 이끌리어서 사격 의미역과 관련될 수 있는 요소들이라 하더라도 그 실현 위치를 바꾸어 초기 형상에서부터 보충어 논항의 위치에 나타남을 가리킨다. 이를 다음 (44)처럼 나타내기로 한다.

 (44) 사이시옷 구절의 실현
  사이시옷 구절은 일반화된 논항구조에서 언제나 보충어 논항의 위치에만 실현된다. 이때 보충어 논항은 핵어의 대상을 나타내거나 핵어의 내부속성을 나타낸다. (이런 성격은 '구적 낱말'의 지위를 벗어나서 각주 14에서처럼 하나로 융합된 '고유 낱말'로 발전할 수 있다.)

(44)를 수용하면, {의} 구절이 중가될 수 있으며, {-은} 구절도 마찬가지로 제한적으로 중가를 허용하지만, 사이시옷 구절만은 왜 유독 한 번만 나타나는지에 대해서 적절히 설명을 해 줄 수 있다. {-ㅅ} 구절은 언제나 보충어 논항을 나타내는 표지이기 때문에, 이 위치 이외에서는 관찰될 수 없다. 이 점이 자연스럽게 {-ㅅ} 구절의 중가를 허용하지 않는 이유가 되는 것이다.

이제 일반화된 논항구조에서 모든 논항들이 외현범주로 나타난 경우를 예시하면 다음 (45)와 같다.

(45a) [우리가 함께 e 걷던] [이 [정든 　 [오솔ㅅ [길]]]]
　 b) [토끼가 e 방아를 찧는] [저 [아름다운 [보름ㅅ [달]]]]

(45)에서는 수의적인 부가어 논항이 핵어와 동지표되는 공범주 논항을 갖고 맨 앞에 실현되어 있고, 그 다음 차례로 외부지정어 논항·내부지정어 논항·보충어 논항들이 실현되어 있으며, 마지막으로 핵어가 자리하고 있다. (45a)에서 {-ㅅ} 구절은 핵어의 내부속성을 나타내고 있다. (45b)에서 {-ㅅ} 구절 "보름ㅅ"은 비록 기간이나 시간을 나타내어 처소역과 관련되지만, 내부지정어의 위치에서 실현되지 않고 사이시옷에 이끌리어 보충어 논항으로 실현되어 있다. 이 보충어 논항 윗층위에 {-은} 관형절로 실현된 내부지정어 논항이 있고, 다시 윗층위에 지시사로 표현된 외부지정어 논항이 실현되어 있다. 부가어 논항들에 표시되어 있는 공범주 논항은 부가어의 '닻 내리기' 몫을 맡는다. 그런데 '걷다'는 자동사이고, '찧다'는 타동사이기 때문에, 장소를 가리키는 요소는 필수 논항 속에 들어가지 않는다. 대신 동사의 의미 확장으로 '길을 걷다, 달에서 방아를 찧다' 구성을 지니고, 핵어와 같은 지표를 받는 듯하다.

{-ㅅ} 구절에 대한 두 가지 기술은 결국 하나로 진술될 수 있다. 통사적 파격을 보이는 것이나 의미론적으로 불완전한 것이나 모두 보충어 논항을 외현범주 형태로 요구하는 핵어인 것이다. 이전에 수식어라고

말해 왔던 것들 가운데에서 {-ㅅ} 구절은 매우 제약된 분포만을 보이는 것이므로,[14] {의} 구절이나 {-은} 구절들과 현격히 차이가 난다. 이렇게 볼 때에 사이시옷의 존재는 형태상 특정한 대립쌍이 있는 것이 아니고, 홀로 보충어 논항을 표시해 주는 표지로 기능하고 있음을 알 수 있다.

2.2.5. 소결

이상에서 우리는 수식어로 분류되는 세 가지 구절들을 살펴보았다. {-은} 구절과 {의} 구절과 {-ㅅ} 구절이었다. 일반화된 논항구조에서 관형절로 불려온 {-은} 구절은 수의적인 부가어 논항으로 실현된 경우가 있었고, 내부지정어 논항으로 실현된 경우가 있었으며, 보충어 논항으로 실현된 경우가 있었다. 부가어 논항에는 관계 관형절로 불렸던 것들

---

14) 사이시옷 구절은 단어형성에서도 관찰되는데, "헌ㅅ법(憲法), 한ㅅ자(漢字), 진ㅅ가(眞價)"들과 같은 예도 동일한 사이시옷으로 판단된다. 이들은 각각 "헌#법(陳法,舊法), 한#자(一字), 진·가(眞假)" 등과 대립을 보이고 있다. 그러나 이런 대립쌍들을 갖고 있지 않으면서도 사이시옷을 필요로 하는 것들이 다수 존재한다. 임홍빈(1981)에서 'ㅅ-전치명사'로 부른 것들이 그러하다. 이런 부류의 사이시옷과 본론에서 언급한 사이시옷 사이에 차이가 있다면, 통사 운용과 단어 형성 사이에 관찰되는 내용이다. '얼어붙어' 있는 단어 형성의 특징 때문에, (45)와 같이 일반화된 논항구조를 투영하고 각 논항에 외현범주의 요소를 실현시키는 것은 불가능하다. 대신 핵어와 임의의 필수 논항 하나가 실현되어 그 상태대로 '얼어붙게' 된다. 곧, 하나의 단어로 묶이게 되는 것이다. 핵어명사의 입장에서 보면, 통사 운용이나 단어 형성은 모두 논항구조의 투영이다. 전자는 모든 논항을 외현범주로 실현시킬 수 있으나, 후자는 임의의 어느 한 논항만을 외현범주로 실현시키고 나서 그 상태로 논항구조가 폐쇄되어 버린다. 그러므로 단어 형성에서는 논항 속에 접속이나 내포에 의한 반복성이 구현될 수 없는 것이다. 이 과정을 거쳐서 하나의 단어가 만들어진다. 이렇게 만들어진 단어는 여느 단어들과 같이 다시 핵어 투영에 참여하여 임의로 통사 운용을 주도하게 된다.
　필자는 단어를 만드는 사이시옷이 이른바 '비통사적' 구성의 낱말로 통합된다고 본다. 문장과 낱말은 각각 기억에서 episodic memory(구체사례 기억)와 semantic memory(일반화된 의미 기억)에 해당하는데, 신경 생리학적 기반에서 각각 대뇌 측두엽과 변연계 기저핵에 대사 활동 증가가 보고된다(핑커, 1999; 김한영 뒤침, 2009, 『단어와 규칙』, 사이언스북스). 자세한 논의는 김지홍(2010)의 『언어의 심층과 언어교육』(도서출판 경진)을 보기 바란다. 국어 연구에서 '비통사적' 합성이란 용어는, 낱말 형성도 전형적으로 응당 통사적이어야 함을 전제하므로(이는 구절 낱말 Phrasal word이 됨), 자칫 낱말 고유 영역을 무시하거나 증발시켜 버리는 잘못된 속뜻을 담고 있다. 시급히 철회되어야 할 용어 중 하나이다.

이 위치하고 있었으며, 내부지정어 논항에는 보문 관형절과 명사적 관형절로 불려온 것들이 위치하였고, 마지막으로 보충어 논항에는 형식명사의 관형절이 실현되었다. 특히 보충어 논항으로 실현된 {-은} 구절은 핵어의 비-지시적 성격(부사성 형식명사'의 경우)으로 말미암아 외부지정어 논항에 언제나 공범주 형태의 논항이 주어져 있었다. {의} 구절은 속격으로 불려왔는데, 세 구절들 가운데 분포가 제일 자유롭다. 수의적인 부가어 논항으로부터, 필수적인 논항들 어디에서나 실현될 수 있기 때문이다. 부가어 논항에 실현된 {의} 구절은 핵어의 범위를 한정해 주는 역할을 하였고, 외부지정어 논항에 실현된 {의} 구절은 소유와 소속의 개념을 가리켰으며, 내부지정어 논항으로 실현된 {의} 구절은 근원역·목표역·처소역으로부터 도출될 수 있는 개념들을 가리켰다. 보충어 논항으로 실현된 {의} 구절은 목적 대상을 가리키거나 핵어의 내부속성을 나타내었다. {-ㅅ} 구절은 오직 보충어 논항으로만 실현되며, 핵어의 대상을 가리키거나 내부속성을 가리켰다. 이로써 우리는 이들이 수식어로 한데 뭉뚱그려져서 하나처럼 취급되어 온 구절들이지만, 이들 사이에는 실현 층위와 역할이 현격히 다름을 확인하였다.

본론에서 다루어지지는 않았지만, 이 구절들과 상호 간섭 관계에 있는 것이 부정격(제로 형태 또는 무표격)으로 실현된 사례들이다. 두 개의 명사가 통합될 때에 부정격(무표격)으로 실현되는 것과 그러하지 않은 것들 사이에는 구조와 의미상으로 현격한 차이가 있는지(구조적 차이와 의미상의 차이 등), 또는 단순한 문체론적 차이뿐인지에 대해서 논란이 있을 수 있다. 필자는 (6a)의 경우를 다루면서, 부정격(무표격) 형태의 사례와 표지가 주어져 있는 사례들 사이에는 '문체론적 차이'를 보이는 것으로 간주하였다. 부정격(무표격) 형태의 요소는 부가어 논항으로부터 외부지정어·내부지정어·보충어 논항 모두에서 관찰될 수 있기 때문이다. 그러나 이러한 필자의 전제가 사실로 확립되기 위해서는 세밀한 논의가 뒷받침되어야 할 것이지만, 부정격(무표격)과의 관계에 대한 논의는 본고의 목적을 벗어나므로 단지 필자의 입장만 서술하는 것으로 대신한다.

3. 논항구조와 의미역

3.1. 전형적인 논항구조와 일반화된 논항구조

논항구조에 대한 논의는 최근 들어서야 제기되고 있다. 언어 연구의 대상은 일차적으로 개별적이고 구체적인 언어 자료들이다. 이 자료들을 중심으로 하여 이들을 적절히 생성해 내는 내재적 규칙을 다루는 기간이 있었는데, 이를 변형·생성의 시대로 부를 수 있다. 이런 연구들이 몇 십 년 동안 축적되면서, 개별 언어의 규칙들에 대한 일반화 내지 원리화 단계에 대한 모색이 이어졌다. 70년 말과 80년 초 어름을 분기점으로 하는 이 기간을 지배·결속의 시대로 부를 수 있다. 변형·생성의 시대에는 주로 어휘범주의 투영에 관심이 쏠려 있었으나, 지배·결속의 시대에는 차츰 기능범주 쪽에로 관심이 옮아졌다. 70년대 말까지는, 대략 문법 형태소 또는 허사 요소들로 불리던 기능범주의 내용이 개별 언어들 사이에 매우 이질적일 것이라고 생각되었다. 그러나 다양한 개별 언어라 하더라도 의외로 기능범주의 내용이 아주 제약되어 있으며, 기능범주의 내용들이 유사하다는 사실을 차츰 깨닫게 되었다. 마치 어휘범주들을 몇 자질로 해체하여 재구성하였듯이, 기능범주들도 몇 자질로 해체하여 재구성해 볼 수 있다는 데 착안하게 되었던 것이다. 이런 일반화 또는 추상화 작업이 일정 수준에 이르게 되자, 범주들 사이에는 동일한 질서를 찾을 수 있다는 가정이 자리 잡게 되었다. 필자는 이런 생각이 강도 높게 제시되는 시기를 원리·매개인자의 시대로 부를 수 있으리라 생각한다. 논항구조에 대한 개념은 원리·매개인자 시대의 소산이고, 논항구조란 모든 언어의 구조를 다룰 수 있는 가장 강력한 도구의 하나이다.

필자는 Tarsky(1956)에 제시되어 있는 반복함수_recursive grammar_(수학에서는 회귀함수로 번역함)의 개념이 언어 구조의 가장 밑바닥에 있는 무정의 용어_undefined term_라고 본다. 곧, 언어는 무한한데_axiom of infinity_, 무한한 것 중에서 질서가 찾아지는 것만을 우리가 다룰 수 있으며, 그 질서 중 가장 현저한 내용이 반복_recursion_이다. 임의의 요소 X가 주어지면, 이 요소가 반복을 구현할 수 있는 길이란 오직 두 가지밖에 없다. 자기 안에서의 반복과 자기 밖에서의 반복이다. 이를 계층만 구별하여 각각

[X [X]]
[X X]

로 표시할 수 있다. 전자는 언어학에서 내포라는 용어로 부르고 있으며, 후자는 접속이라는 용어로 부른다. 즉, 반복은 내포와 접속으로 구현될 뿐이다. 아무리 많은 양의 언어 자료라 하더라도, 이 자료는 내포와 접속으로 이어진 반복의 결과물에 지나지 않는다. 이때 반복은 반복되기 이전과 반복된 이후의 모습이 동일하지 않다는 점에 유의해야 한다. 계층이 서로 달라지기 때문이다. 외연은 동일하다고 해도 내포가 달라지는 것이다. the same reference with different senses.

우리 국어의 예로 이 점을 간략히 보이면 다음과 같다. 완료의 자질을 갖는 형태소 {-았-}은 중가된 모습으로 실현되어 {-았-었-}처럼 나타날 수 있다. 이 반복은 무의미한 반복이 아니라, 의미가 다른 반복이다. 앞의 형태는 사건 층위의 완료를 가리키고, 뒤의 형태는 인식 층위의 완료를 가리킨다.

"꽃이 피었다"

는 '피는 사건'이 완료되어, 지금 피어 있는 그 꽃을 볼 수 있음을 함의한다. 그러나

"꽃이 피었었다"

는 '피는 사건'이 완료되었을 뿐만 아니라, 그 완료된 상태에 대한 인식도 이미 완료되어, 더 이상 그 꽃을 볼 수 없음을 함의한다. '완료'가 반복되더라도 계층이 달라져서 하나는 사건의 완료를 나타내고, 다른 하나는 인식의 완료를 나타내는 것이다. 이와 같이 계층에 따라 내포

가 달라진다는 반복의 개념과 Larson(1988, 1990)에서 제기된 계층성 우위의 원칙은 서로 공조 관계에 있다.

Chomsky(1992)에 제시된 논항구조는 '전형적 논항구조canonical argument structure'로 불린다. 여기서는 언어 구조가 계층적으로 이루어져 있는데, 최소한 복선 계층이 주어져야 함을 보여 주고 있다. 각 층위에서는 언제나 그리고 꼭 두 개의 가지만을 뻗는다. 필자가 이해하기로는, 이 이분지dichotomy 가정은 언어의 운용을 '연산computation'의 하위 갈래로 파악하기 때문이다. 연산이란 입력과 출력으로 이루어지는 흐름도이다. 인지과학에서 우리의 정신은 연산 작용으로 가정되고 있으며, 이 연산 작용도 몇 개의 영역으로 나뉘어져 있다. 자족적인 독립체이면서 서로 간에 유기적인 관계를 맺을 수 있는 이들 영역을 모듈module 자족적인 단위체이라고 부르는데(Fodor, 1983), 언어 영역에서도 하위 모듈로서 통사·형태·음운·논리형식과 같은 것들이 상정되고 있다. 이때 언어의 어떠한 하위 모듈들에도 적용되는 구조가 논항구조이다.

논항구조는 핵어가 어머니가 되고, 이 어머니가 자식들을 거느리는 모습으로 되어 있는데, 아무 자식이나 거느리는 것이 아니고, 몇 자식만을 거느리게 되어 있다. 핵어의 자식이 되는 것들은 논항이라고 부르는데(1절의 각주 1을 참고하기 바람), 핵어와 같은 층위의 논항과 그 윗 층위에 있는 논항으로 나뉜다. 전자를 보충어 논항 COMP이라고 부르고, 후자를 지정어 논항 SPEC이라고 부른다. 이들이 구조화되어 있는 모습을 그림으로 보이면 앞에서 본 (5a)와 같은데, 다시 이를 아래 (46)으로 가져온다.

(46)
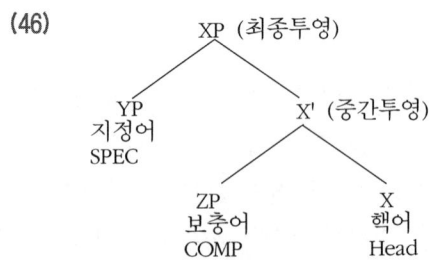

Chomsky(1994)의 합병_merge 병합_이라는 관점에서는 지정어의 존재가 없어지지만, 본고에서는 자세한 논의를 진행함이 없이 (46)을 언어의 기본 구조라고 간주하겠다.[15] 이 구조는 언어의 가장 큰 두 가지 범주인 어휘범주와 기능범주에 동일하게 적용되는 것으로서 초기값_default_ 구조로 간주된다. '전형적'이라는 수식어는 이런 점을 의미한다. 이미 (5b)에서 언급되었듯이, 두 개의 목적어를 갖는 이중타동사들에 적용되려면, 우리는 (46)을 확장하여야 한다. 이중타동사란,

수여동사(X에게 Y를 주다)·평가동사(X를 Y로 보다)·사역동사(X를 Y하게 하다)·믿음동사(X를 Y로 믿다)

등에서 볼 수 있듯이, 주어 이외에 X와 Y라는 두 개의 논항을 필요로 하는 동사군이다. 이 동사군의 처리를 위해 외각_shell_동사의 도입이 Larson (1990)에 의해 제안된 바 있다. 그런데 외각동사의 처리법은 무한정한 외각동사들을 남발한다는 단점이 있다. 필자는 외각동사의 장점을 살리면서 외각동사를 제약하는 방법으로서, 보충어 논항에 자신의 최대투영을 내포시키는 길을 제안한 바 있다(김지홍, 1993). 그 결과가 일반화된 논항구조이며, 앞에 제시된 (5b)를 다시 여기 (47)로 옮겨 놓는다.

---

[15] 어휘범주의 투영이 다시 기능범주의 투영 속으로 편입되는 것이 통사 운용의 절차라는 가정을 수용한다. 이를 따르면, 두 종류의 이동이 일어나게 된다. 하나는 어휘범주의 핵어가 기능범주의 핵어쪽으로 차례로 이동을 하는 것인데, 형태론적 동기에 의해서 이동이 촉발되며, 이를 핵어 이동이라고 부른다. 다른 하나는 어휘범주의 핵어가 거느리고 있던 논항들의 이동인데, 격(일치)을 받기 위하여 이동이 일어나며, 이를 논항 이동이라고 부른다. 핵어 이동은 부착이라는 방법을 택하며, 논항 이동은 비어 있는 기능범주의 지정어 위치에로 단계별 이동을 한다. 이때 기능범주의 지정어에 이동된 논항은 적절한 기능범주 핵어의 일치자질에 의해서 격을 부여받는다. 필자는 명사구의 부정격(무표격) 실현이란 논항 이동이 일어나지 않은 것을 가리키는 것으로 이해한다. 명사구에는 격 이외에 다시 후치사(또는 보조사) 부류들도 통합될 수 있다. 이는 기능범주의 투영 위에 다시 화용 층위의 주제화(주제는 부가어 형식으로 구현된다고 봄) 위치들이 설치되고, 그 위치로 다시 이동이 일어나는 것으로 본다. 명사구에 통합되는 여러 요소의 처리에 대한 문제는 앞으로 계속 다양한 시각에서 많은 논의가 있어야 할 것이다. 여기서는 필자가 왜 (46)과 같은 구조를 기본적인 것으로 받아들이는지, 왜 지정어 논항이 있어야 하는지만을 밝혀 두는 것으로 그친다.

(47)
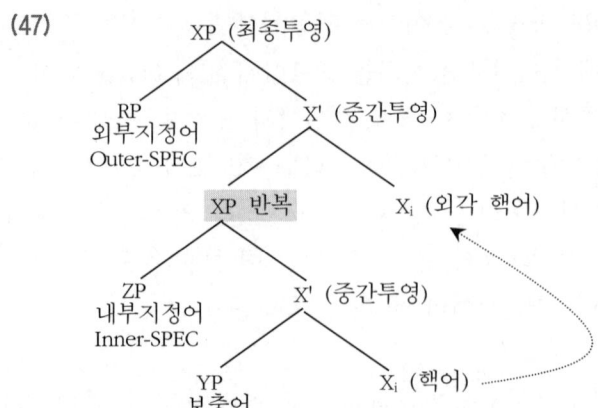

여기서 논항구조가 일반화되어 있다고 말하는 것은, 이 구조가 어휘범주 투영에 모두 적용될 것이라고 가정하였기 때문이다. 어휘범주에서 핵어로서 투영에 관계하는 것은

[-N, +V]

의 자질을 갖는 동사와

[+N, -V]

의 자질을 갖는 명사이다. (47)을 동사의 투영이라고 해 보자. 그러면 외부지정어·내부지정어·보충어를 갖고 있어야 한다. 전통문법에서 거론되어 오던 자동사·타동사·심리동사들과 같은 것들은, 필수적인 논항을 꼽아 보아야 최대 두 개일 뿐이므로, 다시 (47)의 구조와 차이가 난다. 필자는 그 해결책으로 최대 숫자의 논항을 초기값 구조로 간주하고, 몇 약정을 추가함으로써 특정한 논항이 나타나지 않는 방식을 제안한 바 있다.

필자가 최대 숫자의 논항을 초기값으로 간주하는 데에는 이유가 있다. 우리말에서 찾아지는 '보다' 동사 등의 행동 특성을 고려하였기 때문이다. '보다' 동사는 현행 국어사전들에서 동음이의어로서 처리되어 여러 항목들로 나열되어 있다. 그러나 필자는 다의어적인 해결이 가능하다고 본다.

(48a) 철수가 그림을 본다.   (지각동사)
   b) 철수가 시험을 본다.   (행위동사)
   c) 철수가 사위를 본다.   (행위동사)
   d) 철수가 영희를 천재로 본다.   (평가동사)
   e) 철수가 영희를 천재라고 본다.   (평가동사)
   f) 철수가 떠났나 보다.   (추측동사)

먼저 대상을 눈으로 지각하는 경우부터 살피기로 한다. (48a)가 그 경우인데, 대상을 지각하는 경험주와 지각의 대상이 주어져야 한다. {철수}는 경험주이고 {그림}은 경험의 대상이다. (48b)는 앞의 일시적인 시지각 경험과는 다른 내용을 가리킨다. {시험}을 시각으로 지각하는 것이 아니고, 대신 지속적인 시지각 경험이 이어짐으로써 '치르다, 겪다' 부류로 묶일 수 있는 행위동사(사건동사)로 바뀌고 있는 것이다. '보다'가 행위동사로 쓰이려면, 행위를 일으키는 행위주와 행위가 미치는 대상이 존재해야 한다. (48b)에서 주어 요소가 행위자이고, 목적어 요소가 대상이다. (48c)도 지각동사가 아니고, '맞다, 들이다'들과 묶일 수 있는 행위동사(사건동사)이며, 마찬가지로 행위자와 대상이 존재해야 한다. 그런데 (48d)에서 관찰되는 '보다'는 행위동사가 아니다. 대신 어떤 대상에 대해 인식하거나 평가를 하는 인식·평가동사이다. 여기서는 평가의 주체인 경험주와 대상이 주어져야 하며, 인식이나 평가의 내용이라고 할 수 있는 '대상 관련 내용'이 주어져야 한다. 대상에 대한 내용은 (48d)의 '천재로'에서처럼 명사구로 나타나거나, (48e)의 '천재라고'에서처럼 문장(내포문)으로 나타날 수 있다. 이들은 모두 '경험주·대상·대상의 내용'으로 이루어져 있다. (48f)는 추측동사인데, 앞에서와는 달리 추측하는 주체와 추측의 내용이 주어져야 한다. 추측의 주체는 경험주이고, 공범주 형태로 주어져 있다. 추측의 내용은 의문 형태의 문장이다. 공범주 형태의 경험주는 화자를 가리킨다. 이 추측동사의 경우도 초기 형상에서는 공범주 형태의 대상이 주어져야 한다. 보충어 논항을 차지하게 되는 이 공범주 형태는 추측의 자료나 간접 증거를 가리킬 것이다. 달리 표현하여, 추측동사는 경험주와 대상이 공범주 논항으로 주어지며, 경험주는 화자를 가리키고, 대상은 추측의 증거(간접 증거)를 가리키는 것이다. 이렇게 보면, (48d, e, f)는 동일하게 세 개의 논항을 구현하고 있는 셈이다. (48)에서는 외현범주 요소만을 놓고 보면 서로 차이가 난다. 그러나 어떠한 문장도 (48d, e)와 같이 확장될 수 있음에 주목할 필요가 있다.

(49a) 철수가 그림을 [아름답다고] 본다.
 b) 철수가 시험을 [우습게] 본다.
 c) 철수가 사위를 [믿음직스럽게] 본다.

(48a, b, c)는 (49a, b, c)와 같이 확장될 수 있다([ ] 부분). 이렇게 확장되는 것을 근거로 하여, (48)의 동사는 동일한 하나의 다의어 동사이며, 이들 사이에는 서로 쓰임에 넘나듦이 있다고 보는 것이다. 이들은 지각동사로부터 시작하여 행위동사를 거쳐 평가동사로 쓰임이 확장되고, 다시 추측동사로까지 쓰일 수 있는 것이다. 이들을 하나로 처리하기 위해서는 동일한 틀을 가정하는 것이 좋겠다고 판단하였고, 그렇다면 최소의 틀을 기본으로 삼아 늘여나가는 것보다는, 최대의 틀을 기본으로 삼아 줄여나가는 것이 훨씬 쉬울 것으로 생각하였다. 논항의 숫자를 줄여나가는 것은 동사군의 개념적 필요에 따라 설정된다.

논항구조와 관련하여 동사의 분류도 새롭게 제시될 수 있다. 논항의 숫자만을 따질 때에 하나의 논항을 요구하는 동사도 있고, 두 개의 논항을 요구하는 동사도 있으며, 마지막으로 세 개의 논항을 요구하는 동사도 있다. 하나만을 요구하는 동사는 우리의 전통문법에서 형용사나 자동사로 불러왔다. 그러나 이 부류도 더 미세하게 나뉘어야 한다. 형용사는 보충어 논항이 주어져야 하고(비-대격 unaccusative 동사라고도 부름), 자동사는 외부지정어 논항이 주어져야 하기 때문이다. 뿐만 아니라 각 논항마다 해당 의미역들이 배당되는데, 외부지정어에 배당되는 의미역에 따라 동사의 하위 분류가 더 진행될 수 있다. 경험주 의미역을 배당받는 외부지정어는 내부 감각동사군을 나타내며, 행위주 의미역을 받는 외부지정어는 행위동사군을 나타낸다. 형용사는 보충의 논항만이 필수적인 것이 아니다. 대상을 경험할 수 있는 경험주가 외부지정어 논항에 주어져야 하는데, 이 외부지정어 논항은 공범주 형태로 주어진다. 필자는 이런 점을 고려하여 형용사들을 '외부 대상 지각동사'로 불렀는데, 이 용어는 외부 대상을 전제로 하지 않는 '내부 감각동사'들의 존재를 감안하여 만들어졌다. 행위동사도 또한 더 세세한 갈래가 필요하다. 외부지정어 논항만을 요구하는 동사가 자동사이고, 다시 보충어 논항도 요구하는 동사가 타동사이기 때문이다. 어느 논항을 필요로 하는가에 따라 임의의 동사를 아래 (50)처럼 구별할 수 있다.

(50a) 내부 감각동사와 행위동사(자동사)
　b) 외부 대상 지각동사와 행위동사(타동사)
　c) 인지·평가동사와 여타 이중타동사
　d) 추측동사와 희망동사(기대·가정동사)

(50a)의 내부 감각동사와 자동사류의 행위동사는 외부지정어 논항만 있으면 된다. 전자는 경험주 의미역을 받고, 후자는 행위주 의미역을 받는다. 내부 감각동사는 우리말에서

"춥다 : 차겹다, 덥다 : 뜨겁다, 기쁘다 : 즐겁다, 슬프다 : 서럽다"

들과 같이 짝을 보이는 사례에서, 앞의 예들에 해당된다. 내부 감각은 화자 자신의 몸 안에서 느끼는 감각만을 가리키게 되므로, 경험 주체만 필수 요소가 된다. 대신 뒤의 예들은 외부 대상이 있어야 하고, 그 대상을 감각하거나 지각하는 경우를 가리킨다. '즐겁다, 서럽다'의 어휘는 논항구조의 틀에서 보면, 어떤 외재적 원인(원인자, 자극체)이 주어져 있어야 하고, 그 대상이나 외부 원인에 의해 경험 주체가 감각을 느끼게 되는 것을 가리킨다.

(50b)는 외부지정어 논항과 보충어 논항을 요구하는 동사들이다. 외부 대상 지각동사는 형용사(단, 대상역 논항만이 주격으로 실현됨)를 포함하여 지각과 관련된 타동사들을 포함한다. 이들을 하나로 묶는 이유는 동일하게 외부지정어 논항에 경험의 주체가 실현되고, 보충어 논항에 대상이 실현되기 때문이다. (50a)와 (50b)의 동사군은 개념상 두 개의 논항만을 요구한다.

(50c)는 일반화된 논항구조의 모든 논항을 요구한다. 인지·평가동사라는 개념은 인용동사·발화동사·인지동사·평가동사들을 포괄하는데, 외부지정어 논항에 경험의 주체가 오고, 보충어 논항에 경험의 대상이 오며, 내부지정어 논항에 경험의 내용이 온다. 경험의 내용이 무엇이냐에 따라서 인용이나 발화나 인지나 평가들로 구분된다. 여타의 이중타동사에는 수여동사와 사역동사가 포함되는데, 외부지정어 논항에 행위나 사건의 주체가 오고, 보충어 논항에 행위나 사건의 대상이 오며, 내부지정어 논항에 행위나 사건의 내용이 온다. 그 내용이 어떤 목표점을 이루기 위한 의도적 행위를 지시한다면 사역동사가 되고, 행위의 방향이나 행위의 귀착점을 지시한다면 수여동사가 된다.

(50d)는 보충어 논항에 공범주 형태가 주어지고, 외부지정어 논항에는 동사의 종류에 따라 외현범주 형태와 공범주 형태들이 나타나며, 내부지정어 논항에만 외현범주 형태가 실현된다는 특징이 있다.

(47)의 일반화된 논항구조가 "[−N, +V]" 자질의 동사 투영에 관여하고, 논항구조가 어휘범주에 일률적으로 적용된다는 '동일 형상설' 관점이 옳다면, 당연히 "[+N, −V]" 자질의 명사에도 유효하게 이 구

조가 적용되어야 할 것이다. 본고는 이런 목적을 달성하기 위해, 앞의 제2절에서 특히 상태명사에 유의하면서 이들도 일반화된 논항구조를 투영하고 있음을 논증하였다. 사건명사가 동사의 투영과 동일하다는 지적은 이미 범상한 사실로 되어 있으므로, 대신 동사의 투영과 닮지 않았다고 얘기되는 '상태명사'들에 초점을 모았던 것이다(임의의 대상은 속성이나 속성다발을 지니고 있으므로, 상태명사의 하위부류에 소속됨 : 제2장 1절의 각주 5 참고). 상태명사가 투영을 이룰 때에, 마땅히 수식어들이 어느 논항으로 실현되는지를 따져야 하는데, 우리는 {-은} 구절과 {의} 구절과 {-ㅅ} 구절이 이분적 대립쌍이 아니며, 분포가 서로 다름을 확인하였다. 구조에 관한 한 우리는 다음과 같은 결론을 내릴 수 있다. 동사 투영의 구조나, 사건명사 투영의 구조나, 상태명사 투영의 구조는 모두 동일하다. 이들은 일률적으로 (47)의 일반화된 논항구조를 준수한다.

그렇다면 이제 남은 작업은 상태명사 투영에 의미역 배당이 없다고 보는 견해를 비판하고, 논항들이 똑같이 핵어로부터 의미역을 배당받고 있음을 보이는 일이다. 사건명사와 상태명사의 특성상 그 의미역 내용이 동일할 수는 없겠지만, 상태명사의 투영에서도 핵어와 논항들이 독자적인 의미 관계를 형성하므로 의미역 관계를 상정할 수 있음을 보이고자 한다. 이를 위해 먼저 3.2절에서 동사와 사건명사가 자신의 논항에 배당하는 의미역을 살피고, 이어지는 3.3절에서 상태명사에 배당되는 의미역의 문제를 다룰 것이다. 상태명사의 투영에서 의미역들을 찾는 방법은 두 가지 있다. 하나는 동사와 사건명사에 의해 배당되는 의미역을 한 단계 더 포괄적이고 추상적인 내용으로 재구성함으로써, 상태명사에까지 적용될 수 있도록 하는 것이다. 다른 하나는 상태명사 고유의 의미역을 찾아내어 동사와 사건명사의 의미역들과 상보 관계에 있음을 보이는 것이다. 후자 쪽의 가능성을 논의하려는 것이 이어지는 논의의 핵심이다.

3.2. 위계화된 의미역과 의미역 배당

의미역thematic or semantic role이란 언어 형성에 관계하는 필수 개념들을 지칭한다. 통사론을 언어학의 최초 입력부로 가정했던 변형·생성의 시대에서는 의미역에 대한 논의가 언어학의 중심부에 놓여 있지 않았다. 지배·결속 시대에 핵어의 하위범주화subcategorization 틀을 구성하면서 어휘가 중요한 역할을 맡고 있음을 깨닫게 되었고, 차츰 어휘를 규정 지어 주는 의미역(의미 역할, 의미 관계)에 대해서도 깊이 있게 조명하기 시작하였다. 의미역은 현학적이거나 어려운 내용이 아니다. 이해하기 쉽게 표현한다면, 의미역은 언어학에서 쓰이는 수정된 '육하원칙六何原則'이라고 말할 수 있다. 서구 수사학 전통에서 기본적으로 이용해 온 '육하원칙'을 언어의 개념에 맞도록 조금 조정하였다고 보면 무방하다. 육하원칙은

"언제, 어디서, 누가, 무엇을, 어떻게, 왜"

들이다. 여기서 '왜'는 설명 개념으로 두 개 이상의 사건을 이어주는 인과율에 대한 것이므로, 한 사건의 구성을 논의하는 자리에서는 배제해 두어야 옳다. 그렇다면 다섯 항목만 남는다. '언제, 어디서'는 배경이나 무대나 상황이라는 상위개념으로 묶을 수 있다. 흔히 언어사용 전략에서 배경이나 무대를 제시하고, 그 위에 초점 사건을 도입한다. 바로 배경이나 무대를 만들어 주는 것이 '언제, 어디서'의 몫이다. 그렇다면 이제 초점 사건이 남아 있다. '누가'는 대상에 적극적으로 변화나 영향을 끼치는 경우와 그렇지 못하는 경우를 나눌 필요가 있는데, 이들은 각각 행위주agent와 경험주experiencer로 불리운다. '무엇을'은 행위나 사건의 대상을 가리키며, 변화가 일어나는 결과물이다. '어떻게'는 도구·방법·목표들을 포괄하는데, 처소location·목표goal·근원source과 같은 개념으로 수렴된다. 의미역이란

"경험주·행위주·대상·처소·목표·근원"

들에 대한 언급이다. 이 개념만이 유일하게 의미역이라고 말할 수 없다. 논의에 따라서 자세한 언급을 위하여 '피해자, 수동주'와 같이 몇 가지가 더 추가될 수도 있겠으나, 이들을 모두 위의 개념들로부터 적절하게 유도할 수 있다. 그러므로 위의 여섯 가지 의미역들만을 가지면, 언어에 관련된 개념들을 표상하고 구별해 내는 데에 별 어려움이 없다고 말할 수 있다.

의미역 논의 가운데 주목할 대목은 이들이 아무렇게나 흩어져 있는 것이 아니고, 위계화되어 있다는 주장이다. 처소 의미역(줄여서, 처소역)·목표 의미역(줄여서, 목표역)·근원 의미역(줄여서, 근원역)들은, 통사적으로 사격(주격·대격을 정격으로 부르고, 동사의 의미에 따라 실현이 결정되는 정격 이외의 격을 가리킴)을 받는다는 점을 근거로 하여 '사격 의미역'이라고 묶어서 부를 수 있으며, 동일한 계층에 자리 잡는다. 여기서는 Grimshaw(1990 : 24)의 의미역 계층에 대한 주장을 논의의 출발점으로 삼고, 이를 (51)로 옮긴다.

(51) 의미역의 계층
　　〈행위주역 〈경험주역 〈목표역·근원역·처소역 〈대상역〉〉〉

(51)은 의미역들이 바깥 층위에서부터 맨 안쪽 층위로 위계화되어 있으며, 바깥 층위의 의미역이 우세하게 배당될 수 있음을 나타낸다. 그런데 필자는 (50)의 논의에서 보았듯이, 행위주역과 경험주역이 서로 상보관계에 있음을 주목하고, 이들을 하나로 통합한다면 다만 세 계층만이 주어짐을 알았다. 이를 (52)로 나타낸다.

(52) 수정된 의미역 계층
　　〈행위주역·경험주역 〈목표역·근원역·처소역 〈대상역〉〉〉
　　〈기점 의미역　　　〈사격 의미역　　　　〈종점 의미역〉〉〉

(52)에는 세 계층이 표시되어 있다. 이 층위를 사건의 전개 모습과 관련지어 명명한다면, 사건의 기점$_{onset}$과 종점$_{offset}$이 주어져야 하므로 기점 의미역·종점 의미역·사격 의미역과 같이 부를 수 있다(김지홍, 1993). 수정된 이 의미역 계층은 곧바로 (47)의 일반화된 논항구조에 대응하게 된다. 즉, 논항과 의미역 사이에 일대일 대응관계가 형성되는 것이다. 언어 구조와 언어 개념이 서로 맞물려 일치된 셈이다. 이 관계를 고려하면서 (50)의 동사군을 다시 나타내어 보면 아래 (53)과 같다.

(53) 논항과 의미역 배당에 따른 동사 분류
  a) 내부 감각동사 : 외부지정어에 경험주역 배당
  a') 행위동사(자동사) : 외부지정어에 행위주역 배당
  b) 외부 대상 지각동사 : 외부지정어에 경험주역, 보충어에 대상역 배당
  b') 행위동사(타동사) : 외부지정어에 행위주역, 보충어에 대상역 배당
  c) 인지·평가동사 : 외부지정어에 경험주역, 내부지정어에 사격 의미역, 보충어에 대상역 배당
  c') 여타 이중타동사 : 외부지정어에 행위주역, 내부지정어에 사격 의미역, 보충어에 대상역 배당
  d) 추측동사 : 외부지정어에 경험주역, 내부지정어에 사격 의미역, 보충어에 대상역 배당
  d') 희망동사 : 외부지정어에 행위주역, 내부지정어에 사격 의미역, 보충어에 대상역 배당

(53c)와 (53d), 그리고 (53c')와 (53d')는 논항과 의미역 배당이 동일하지만, 초기 형상에서 보충어 논항에 공범주 형태가 실현되어야 하는지 여부로써 두 부류는 서로 구별된다. (53a, b)와 (53a', b')는 앞서의 설명과 다를 게 없다. (53c)에서 내부지정어에 처소역이 배당되면 인용동사가 도출되고, 목표역이 배당되면 평가동사로 되거나 부사형어미 구문이 된다. 부사형어미 구문은 평가동사를 상위 모문동사로 하고 있는 내포문이다(김지홍, 1993). (53c')의 이중타동사에서는 내부지정

어에 목표역이 배당되면 사역동사가 되고, 처소역에 방향이나 귀착점이 추가되면 수여동사가 된다.

동사가 투영하는 논항들은 일대일로 대응되는 의미역을 배당받음으로써 개별적 특성을 갖는 동사군이 된다. 동사와 마찬가지로 사건명사의 핵어에서도 동일한 의미역 배당이 이루어진다. 핵어의 중요한 기능은 논항구조의 투영과 해당 논항들에 대한 의미역 배당이다. 앞에서 다루었던 사건명사 구문들을 여기에 옮겨 와서 어떤 의미역을 받는지를 표시하기로 한다. 외부지정어와 내부지정어는 편의상 외부어와 내부어로 줄여서 쓴다. 의미역 위계에서 따로 핵어는 표시하지 않았다.

(54a) [왜적의   [e [진주성 [침략]]]]
      [외부어   [e [보충어 [핵어]]]]
      〈행위주역 〈 e 〈대상역 〉〉〉
   b) [철수의   [자세한 [지진의 [관측]]]]
      [외부어   [내부어 [보충어 [핵어]]]]
      〈행위주역 〈처소역 〈대상역 〉〉〉
   c) [영수의   [형으로서의 [동생에 대한 [충고]]]]
      [외부어   [내부어   [보충어   [핵어]]]]
      〈행위주역 〈근원역   〈대상역 〉〉〉

(54)의 각 열에는 사건명사의 예문이 있고, 계층화된 논항마다 핵으로부터 배당된 의미역들이 표시되어 있다. (54a)에서 내부지정어 논항이 공범주 논항으로 표시되어 있는데, 이를 외현범주로 바꾼다면

"왜적의 [격렬한] 진주성 침략"

정도가 되며, 이 내부지정어 논항은 전쟁에 대한 상태를 지시하므로 처소역 정도를 배당받을 것이다. (54)의 각 예문들은 (55)의 동사

투영을 짝으로 갖는데, 동일한 논항과 동일한 의미역 배당이 이루어진다.

(55a) [왜적이   [e [진주성을 [침략하다]]]]
      [외부어   [e [보충어 [핵어]]]]
      〈행위주역 〈 e 〈대상역 〉〉〉
  b) [철수가   [자세하게 [지진을 [관측하다]]]]
      [외부어   [내부어   [보충어 [핵어]]]]
      〈행위주역 〈처소역   〈대상역 〉〉〉
  c) [영수가   [형으로서 [동생에 대해 [충고하다]]]]
      [외부어   [내부어   [보충어   [핵어]]]]
      〈행위주역 〈근원역   〈대상역 〉〉〉

이상에서 우리는 동사구 투영이나 사건명사의 투영이 동일하게 일반화된 논항구조를 준수하고 있으며 의미역 배당도 완벽히 같음을 확인하였다. 남은 것은 상태명사의 논항구조 투영에서도 핵어에 의해 의미역 배당이 이루어짐을 논증하는 일이다.

3.3. 상태명사의 투영과 의미역 문제

상태명사가 일반화된 논항구조를 투영하고 있음은 제2절에서 이미 확인한 바 있다(여기서 상태명사는 상의어로 쓰고 있다. 한 사건이 끝난 결과 상태를 가리킬 뿐만 아니라, 또한 속성 또는 성질의 다발을 포함하므로 임의의 대상이나 개체도 하위부류에 속한다. 어떤 언어에서는 한 사건의 결과 상태와 그 결과 산출되어 나온 대상물이 동일한 모습으로 구현되기도 한다). 그런데 상태명사의 핵어가 사건명사나 동사처럼 의미역을 배당하는지에 대해서는 아직 진지하게 논의된 바 없는 줄로 안다. 필자는 상태명사의 핵어가 구조만을 투영하는 것이 아니라, 어휘범주의 일원이므로 동등하게 의미역도 배당하고 있다고 본다. 다만 (52)의 의미역을 그대로 배당하는 것이 아니라는 점에서 차이가 난다. 상태명사가 배당하는 의미역은 핵어가 자신의 논항들과 어떤 관계에 있는지를 검토함으로써 확정될 수 있다.

먼저 {-시} 구절부터 검토하기로 한다. 이 사이시옷 구절은 언제나 보충어 논항으로만 실현되었는데, 핵어와 목적 대상의 관계에 놓이거나 또는 핵어의 내부속성을 나타내 주었다. {-시} 구절과 관계된 핵어가 행위나 사건을 구성한다면 목적 대상의 관계를 상정해 볼 수 있다. 그러나 대상의 성질이나 상태만을 문제 삼을 때에는 이런 관계를 상정하기가 어렵다. 이 점을 유의하면서 의미역을 상보관계로 표시하기로 한다. 핵어가 사건명사일 경우에는 보충어에 대상역을 배당하지만, 상태명사일 경우에는 대상을 따로 상정할 수 없으므로, 대신 보충어 논항에 '내부속성'의 의미를 배당해 준다. 대상역과 '내부속성'을 하나로 묶을 수 있는 상위 개념이 찾아진다면, 이들은 상호 도출관계에 놓일 것이나, 현재 필자의 지식으로서는 이 가능성을 추구하기에는 한계가 있다(동사의 내부속성은 전형적으로 동사가 영향을 미치는 권역과 모종의 속성을 공유할 수 있으며, 대상역이 영향권 속에 있는 사물 등으로 처리될 수 있겠으나, 이런 도출 가능성만을 지적하는 것으로 그치려고 한다). 따라서 여기서는 이들이 서로 상보관계에 있는 것으로 파악해 둔다.

다음 내부지정어에 배당되는 의미역을 살피기로 한다. 2.2.3.丁에서 '사건명사'의 경우를 다루면서 우리는 {의} 구절의 다수 용례가 내부지정어 논항에 실현된 경우이고, 그 논항에는 장소·근원·목표·자격 등의 의미가 주어짐을 살폈다. 또한 이들이 모두 사격 의미역들로부터 적절하게 유도되는 것임을 확인하였다. 그러나 '상태명사'의 투영에서는 대상역을 받는 보충어 논항이 없으므로, 사격 의미역의 배당이 불가능하다. 사격 의미역이 대상에 대한 내용을 나타내기 때문이다. 앞에서 다루었던 상태명사의 투영들을 다시 여기에 옮겨와서 의미역 문제를 검점해 나가기로 한다.

(56a) [돌이의 [파란색 [4B [연필]]]]

b) [이   [정든   [오솔ㅅ[길]]]]
c) [저   [노란   [장미 [꽃]]]]
d) [그   [세가지 [착한 [일]]]]
e) [먹쇠의 [예쁜   [첫째 [딸]]]]

　(56)에서는 모두 상태명사가 핵어이며, 보충어 논항에 핵어의 내부 속성을 나타내는 요소들이 실현되어 있다. 연필의 내재적 속성이 '4B'이며, 길의 내부속성이 길 모습을 나타내는 '오솔ㅅ'이고, 꽃의 내부속성이 종류로서 '장미'이며, 일의 속성이 평가로서 '착한'이고, 딸의 내부속성이 서열로서 '첫째'이다. 그런데 이 층위 바로 위에 있는 내부지정어 논항에도 여전히 핵어의 속성들이 나타나 있다. 이 속성들과 보충어에 표시된 속성들은 차이가 있다. 보충어에 표현된 속성들은 바꾸거나 바뀔 수 없는 고유한 본유의 속성이다. 이에 비해, 내부지정어로 표현된 속성들은 상대적으로 가변적인 속성이다. 이를 구분하여 하나는 '본연의 속성'이라고 부르고, 다른 하나는 '가변적 속성'이라고 부르겠다. 가변적이란 말은 (56a)에서 빨간색 4B연필도 있고, 초록색 4B연필도 있으므로, 색깔이 가변적임을 뜻한다. (56b)에서는 오솔길이 지루한 오솔길도 있고, 무서운 오솔길도 있으며, 긴 오솔길도 있으므로, 길에서 느끼는 정취가 가변적임을 의미한다. (56c)에서는 빨간 장미꽃도 있고, 검은 장미꽃도 있으며, 흰 장미꽃도 있으므로, 꽃의 색깔이 가변적임을 뜻한다. (56d)에서는 수량 단위가 변할 수 있음을 의미한다. (56e)에서는 예쁜 상태가 변하여,

　　　　"먹쇠의 예뻤던 첫째 딸"

의 예에서처럼 옛날에 "예뻤던"으로 표현될 수 있음을 뜻한다.
　이들 자료로부터 우리는 상태명사의 투영에서 보충어가 본연의 속성을 나타내고, 내부지정어가 가변적인 속성을 나타낸다고 매듭지을 수 있다. 맨 위쪽의 층위에 실현된 외부지정어 논항에는 핵어와의 관

련에서 소유·소속을 나타내거나 또는 지시사가 실현되어 있음을 본다. 앞의 2.2.3.乙에서 소유·소속이 '지속적 경험'이라는 개념을 통하여 도출될 수 있음을 지적하였다. 소유·소속을 나타내는 요소만이 외부지정어로 실현되었다고 하면, 상태명사의 투영에서 외부지정어 논항에는 경험주역이 배당된다고 말할 수 있다. 그러나 지시사가 외부지정어 위치에 실현되므로 문제가 된다.[16] 필자는 이들의 상위 개념이 찾아지지 않거나, 이들의 세세한 계층적 관계가 밝혀지지 않는 한, 일단 같은 계층의 요소를 이루는 계열체로 파악해 두고자 한다.

---

[16] 지시사의 범주 지정에 대해서는 이견이 있다. Abney(1989)에서는 지시사가 어휘범주의 요소가 아니고, 기능범주의 요소라고 주장한다. 이 주장을 수용한다면, 국어의 후핵성 매개인자로 말미암아 지시사가 늘상 뒤쪽에 실현되어야 할 것이다. 예를 들어, "?철수의 책 그"와 같은 모습이다. 그러나 이는 국어의 자연스런 사례가 아니다. "철수의 그 책"이나 "그 철수의 책" 정도가 자연스럽다. 필자는 핵어의 실현 위치에 대한 매개인자를 더 궁극적인 것으로 파악한다. 후핵성 매개인자를 고려하면, 수량사와 분류사가 실현된 구절이 핵어의 지위를 차지한다. "[철수의 그 책] 두 권, [그 철수의 책] 두 권"과 같은 사례에서 이를 확인할 수 있다. 분류사 구절이 핵어임을 받아들이면, Abney(1989)에서의 D 후보는 영어의 관사류에만 국한되어야 하고, 지시사와 대명사는 제외되는 게 옳다. 이때 영어 관사류는 국어에서 분류사에 대응할 것으로 믿는다. Abney(1987)에서는 D라는 기능범주를 상정하면서 의존성을 기능범주 특성의 하나로 제시한 바 있다. 그렇다면 관사류에서 관찰되는 의존성과 지시사에서 관찰되는 자립성은 구별되어 마땅하다. 뿐만 아니라, 국어에서 지시사와 소유·소속의 {의} 구절이 자연스럽게 통합관계를 이루는 일이 있는데, 이 사실은 이들을 계열체로 파악하는 것이 옳지 않음을 드러내 주고 있다.

헝가리어에서도 동일한 내용이 관찰된다고 언급하면서, Abney(1987:272f.)에서는 이를 매개인자로 설정하였다. 영어의 경우 S-구조에서 D가 하나만 나타나야 하고, 헝가리어에서는 D가 두 개 나타난다고 보았다. 논리형태에서는 이중으로 채워지는 D 자리(doubly filled D's at LF)를 허용한다는 점에서 두 종류의 D를 상정하고 있는데, 이는 중복(iteration : Abney 293f.)을 허용하지 않는 기능범주의 특성에 비춰 볼 때에 자기모순인 셈이다. 헝가리어와 국어의 경우를 기본으로 보고서 영어의 경우를 유표적으로 처리해 나가는 쪽이 옳다. 필자는 지시사와 관사(또는 국어의 분류사)를 서로 다른 범주로 파악해야 될 것으로 본다.

지시사를 D의 후보에서 제외하면 영어 지시사에서 관찰되는 일치(AGR)에 대한 처리가 문제시될 수 있다. 그러나 "that three weeks"와 "those three weeks"의 대조(Abney, 1987:291)에서 보듯이, 지시사가 맹목적으로 언제나 일치를 구현하는 것이 아니다. 이 사례는 영어의 지시사가 일치를 보이는 관사류와 융합된 형식도 있고, 그러하지 않은 경우도 있음을 암시하는 것으로 해석된다. 지시사의 범주가 무엇인지에 대해서는 현재 필자로서는 해답을 갖고 있지 않다. 그러나 영어의 관사와 국어의 분류사들과는 달리 취급되어야 하고, D 범주로 한데 뭉뚱그려지지 말아야 함은 분명하다. 여기서는 (57)에서 지시사와 {의} 구절이 계열체로 주어지는 것이 아님을 사족으로 달아둔다.

상태명사의 투영에서 핵어로부터 논항에 주어지는 의미 관계는 다음 (57)과 같다.

(57) 상태명사 핵어와 논항들의 의미 관계
　　　[외부지정어　　　[내부지정어 [보충어　　　[핵어]]]]
　　　〈지시·소유·소속 〈가변속성　〈본유속성〉〉〉

비록 (52)의 의미역들과는 다르지만, 상태명사의 핵어도 자신의 논항들과 특정한 의미 관계를 맺고 있으며, 이 의미 관계는 핵어에 의해 논항들에 배당되는 것으로 보아야 옳다. 핵어가 논항과 의미역을 모두 관장하기 때문이다. 그렇다면, (57)의 의미 관계도 의미역의 항목으로 등록됨이 마땅하다. 필자는 대상역이 사건을 구성하기 위하여 본유적으로 주어져야 하는 개체임(사건동사의 전형적 실현영역 속에 들어 있는 개체임)을 근거로 하여, 오히려 (57)에서 상정한 본유속성이라는 개념이 (52)에서 논의된 대상역이라는 개념보다 더 상층에 있는 상위 개념으로 파악할 수도 있으리라 생각한다. 본 절에서는 다만 (52)와 (57)이 핵어의 선택에 의해 서로 상보적 관계에 놓이는 의미역이라고 결론지어 두는 것으로 만족하고자 한다. 핵어가 사건명사이면 (52)의 의미역 배당이 일어나고, 핵어가 상태명사이면 (57)의 의미역 배당이 일어난다.

3.4. 소결

이상에서 우리는 일반화된 논항구조의 투영에서 핵어로부터 각 논항에 적절하게 하나의 의미역이 배당됨을 살폈다. 사건명사의 투영에서는 동사에서 주어지는 것과 동일한 의미역이 주어진다. 보충어 논항에 대상역이 배당되고, 내부지정어 논항에 사격 의미역이 배당되며, 외부지정어 논항에 행위주역이나 경험주역이 배당되는 것이다. 그러나 상태명사의 투영에서는 상태명사의 성격을 규정지어 주는 내용들이 의미역처럼 배당된다. 보충어 논항에는 본유속성이 배당되고, 내부지정어 논항에는 가변속성이 주어지며, 외부지정어 논항에는 지속적 경험과 관계되는 소유·소속이나 지시와 관련된 내용이 배당된다. 사건명사의 투영에서 관찰되는 의미역과 상태명사의 투영에서 관찰되는 의미관계는 서로 상보적이며, 핵어의 성격에 따라 갈래가 나뉘는 것이다. 따라서 일률적으로 어휘범주의 투영은 논항구조를 만들 뿐만 아니라, 해당 논항들에 적절한 의미역을 배당함을 결론지을 수 있다.

4. 명사구를 요구하는 기능범주

4.1. 기능범주에 대한 논의는 범주의 일반화 작업이 본격화되면서 시작되었다. 어휘범주의 투영이 기능범주의 투영에로 편입$_{\text{incorporation}}$되는 것이 사실이라면, 동사구가 기능범주 I$_{\text{Inflection}}$의 보충어 논항으로 편입되듯이,[17] 명사구도 I에 상응하는 기능범주의 투영 속으로 편입될 것임을 예상할 수 있다(Fukui, 1986). 일치의 기능에 주목하여 Abney (1987)에서는 관사·지시사·정도어$_{\text{degree words}}$ 따위를 묶어 D$_{\text{Determiner}}$라는 범주로 제시하였다.[18] 이를 그림으로 보이면 다음 (58)과 같다.

---

[17] 더 구체적으로는 먼저 일치소 AGR(Agreement)에 의해 편입되고, 그 다음 시제소 T(Tense)에 의해 편입되는데, 각 층위마다 다시 세분된 하위 층위들이 설정된다. AGR은 논항들과 관련되는데, 목적어 일치소가 맨 안쪽 층위에 주어지며, 다음 윗층위에 주어 일치소가 있다. T도 몇 하위 층위들을 갖고 있다. 필자는 사건에 대한 시제의 층위가 있고 인식에 대한 시제의 층위가 위로 이어져 있으며, 경험에 대한 시제의 층위가 명제 층위와 계열체를 이루며 마지막 층위에 자리 잡는다고 본다. 자세한 것은 김지홍(1993)과 이 책의 제4장을 참고할 수 있다.

[18] 그는 동사구의 양상소(modal) 역할이 명사구에서 지시사로 나타나고, 영어 지시사와 속격의 "s"가 상보분포를 이루고 있으며("s"는 D로 파악되는 게 아니라 격표시자로 보아야 한다고 하므로, 뒤의 나무그림 59에서 공범주 논항으로 설치되어 있음), 대명사가 보충어 논항을 수의적으로 요구한다는 점에서 자동사적(intransitive) 지시사라고 불렀고, 접사 "-ing"도 D의 일원이라고 주장하였다.
 이 주장은 이질적으로 보아 왔던 많은 요소들이 한꺼번에 D로 묶여 있다는 인상을 준다. 한국어의 자료를 놓고서 볼 때에 통합관계를 이룰 수 있는 지시사와 (의)

(58a)
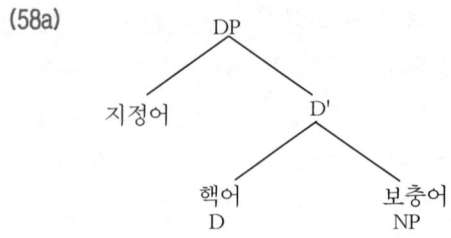

b)
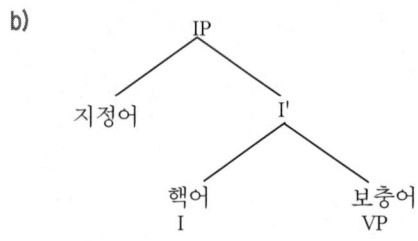

(58a)는 명사구 NP가 기능범주 핵어 D의 보충어 논항으로 편입되어 있는 것을 보여 준다. 이는 (58b)에서 동사구 VP가 기능범주 핵어 I의 보충어 논항으로 편입되어 있는 모습과 나란하다.

구절이 서로 상보분포에 놓인다고 말할 수 없다. 명사를 만들어 주는 요소로서 한국어에는 {-음/-기}가 있다.

"[[그것이 좋대기]보다는, 대안이 없으므로 선택했다."

의 예에서처럼 {-기}는 CP에 통합되는 경우가 있으므로, 또한 명사형 어미를 D라고 지정하기에는 무리가 따른다. 어떤 명칭으로 부르든지에 상관없이, 대명사는 자립적인 어휘라는 점에서 의존적인 기능범주 요소들과 구별된다.

D 범주 주장에서 필자가 취하는 내용은, 일치 자질로 대표할 수 있는 한국어의 분류사와 관련된 것에 국한한다. 한국어는 후핵성 매개인자를 갖고 있기 때문에 상대적으로 기능범주와 어휘범주의 요소들을 구분하는 데에 잇점을 갖고 있다. 지시사와 {의} 구절들은 선조적으로 앞쪽에다 실현되므로, 기능범주의 핵어로 보는 것은 옳지 못하다. 영어의 정관사와 부정관사 부류들이 일치의 특성을 나타내며, 한국어의 분류사들과 상응하는 것으로 파악한다.

한편, Ouhalla(1991)에서는 DP와 AGRP를 상보적인 관계로 설정하고 있으며, Payne (1993)에서는 단일 핵어 가정이 다중 핵어 가정보다 더 나음을 논증하고 있다.

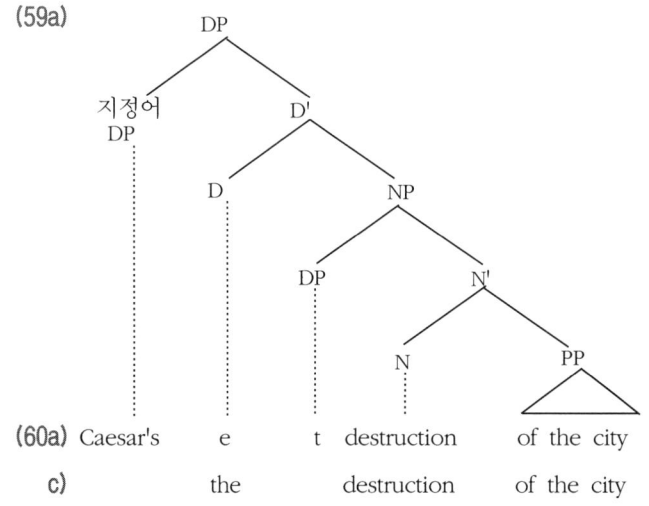

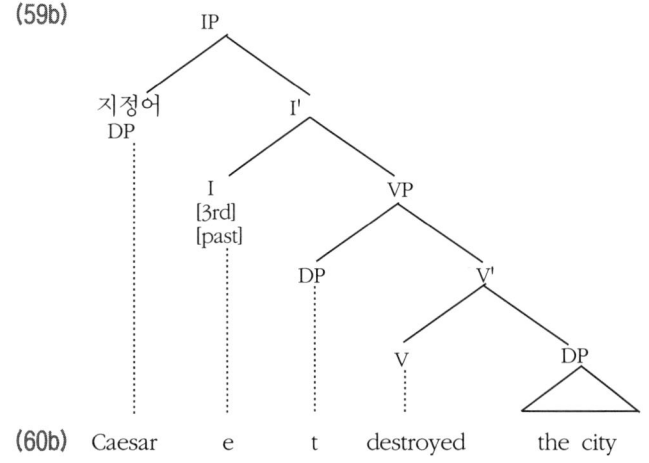

 (59a)의 명사구는 (59b)의 동사구 및 그 구조와 의미역 배당이 동일하다. Caesar는 원래 초기 형상에서 명사구 및 동사구의 지정어 논항의 위치에 놓여 있었고, 핵어로부터 행위주 의미역을 받는다. (59a)에서는 격을 받기 위해 D의 지정어 논항 위치로 이동하고 거기에서 속격 "'s" 받는다. (59b)에서 알 수 있듯이, 동사구의 지정어 논항에서도 격을 받기 위해 Caesar가 I의 지정어 논항 위치에 이동하고, 거기에서

주격을 받게 되는데, 이 과정이 명사구의 경우와 나란하다. (60a)는 D의 핵어가 공범주 논항으로 주어져 있지만, (60c)는 정관사가 D의 핵어로 실현된 경우를 보여 준다.

한편 중국어의 사례들을 다루면서 Tang(1990)에서는 D 교점 아래 다시 기능범주 투영으로 Cl_Classifer 교점이 주어져 있어야 함을 주장하였다.19) D 교점에는 '那·他이·저'와 같은 지시사가 실현되고, Cl 교점에는 '三本·兩个'와 같은 '수량사+분류사' 구절이 실현된다고 보았다.

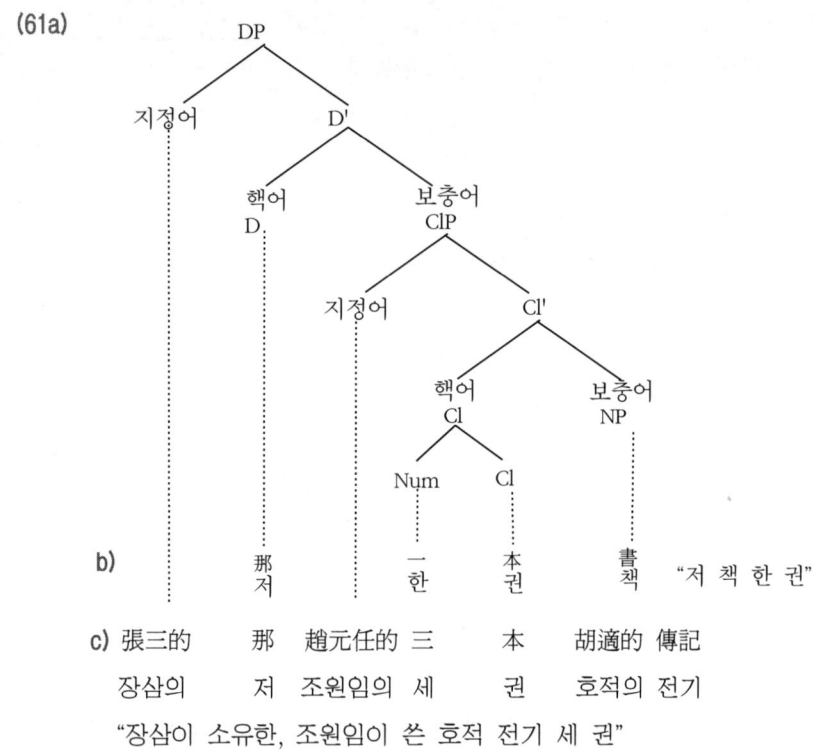

(58)의 구조와 비교할 때에, (61)의 구조는 Cl이라는 분류사 구절이 더 들어가 있음을 알 수 있다. (61b)의 예문에서 보여 주듯이, 지시사가

---

19) 고려대 영문과 조동인 교수의 후의로 이 논문을 얻어 볼 수 있었다. 고마운 말씀을 적어 둔다.

D의 핵어로 파악되고 있다(지시사에 대해서는 앞의 3.3절의 각주 16을 참고하기 바람). Cl과 D의 지정어에는 윗 층위에서부터 "소유자·행위자·대상"들이 위치한다고 하며, (61c)에서 이들이 각각 "장삼·조원임·호적"으로 예시되어 있다.

우리가 어떠한 결론을 따르더라도, 명사구를 요구하는 기능범주의 투영에 대한 논의는 계속 심도 있게 이루어져야만 한다. 동사구가 두 가지 기능범주 I$_{Inflection}$와 C$_{Complementizer}$의 투영을 거쳐야 비로소 온전한 문장으로 실현되듯이, 명사구도 동일하게 두 종류의 기능범주 투영 속으로 편입되어야 한다면, I의 짝에 초점이 모아져 있는 위의 논의들 외에, 다시 C에 상응하는 후보를 찾아내야 하기 때문이다. 뿐만 아니라, I에 상응하는 기능범주를 하나의 계층으로만 볼 것인지, 아니면 두 개 이상의 계층으로 보아야 하는지에 대해서도 결론이 나야 한다. 결국 문제는 간략하게 두 가지로 표현될 수 있다. D의 층위를 더 나눌 것인지와 C에 상응하는 짝이 무엇인지에 대한 것이다.[20]

본 절에서는 우리 국어의 자료를 대상으로 하여, 명사구를 보충어 논항으로 요구하게 되는 첫 번째 기능범주의 핵어가 무엇인지에 대하여 논의의 초점을 모을 것이다. 필자가 논의의 초점을 첫 번째 문제에만 모으려는 데에는 이유가 있다. 명사구를 직접 관할하고 있는 기능범주에 대한 문제가 해결되어야, 차례로 이 투영을 관할하게 될 상위의 기능범주를 논의할 수 있다. 그런데, 첫 번째 층위의 후보에 대한 논의는 (58)과 (61)에서 보듯이 이론이 있다. 뿐만 아니라, 명사구의 기능범주와 관련될 수 있는 후보로 양화 운용소·격조사·보조사·명사형 어미들이 존재하는데, 이들이 어떤 범주에 해당되는지를 결정해 주기 위해

---

[20] 동사구를 요구하는 최종적인 기능범주인 C에 대응하는 후보로 격조사를 상정하는 논의들이 있다. A. Szabolcsi(1987), "Functional Categories in the Noun Phrase"(Tang, 1990의 인용을 참고함)이나, J. R. Payne(1994 : 2854), "Nouns and Noun Phrases" in R. E. Asher ed., 『The Encyclopedia of Language and Linguistics』등을 참고할 수 있는데, 필자의 생각은 다르다. 뒤쪽의 4.5절에서도 언급되겠지만, 격조사는 동사구를 이끄는 기능범주 핵어의 일치 관계에 의해 주어진다. 그렇다면, 아직 C의 대당자가 무엇인지에 대해서는 알 수 없지만, 그 후보에서 격조사는 제외되는 것이 온당하다고 본다. 자세한 논의는 이 책의 제4장과 제6장을 보기 바란다.

서도, 첫 번째 기능범주에 대한 판별이 선행되어야 하는 것이다.

4.2. 후핵성의 매개인자를 염두에 두면서, 명사구를 관할하게 될 기능범주의 후보들을 찾아본다면, 형식명사와 '수량사+분류사' 구절과 조사(격조사) 등이 있다. 형식명사는 변형문법이 처음 국어에 적용될 때에 보문자 C로 간주된 적이 있었다. 이 관점은 ① 형식명사의 성격이 어휘적인 것에서부터 문법적인 것에 이르기까지 매우 광범위하게 분포하고 있다는 점을 설명할 수 없고, ② 전통문법에서 이미 지적되었던 명사와 공유되는 측면에 대한 직관을 수용할 수 없으며, ③ 부사성 형식명사들이 자족적이고 완결된 CP로 인식되기보다는 상위동사의 한 구성요소로 이해되는 점도 드러내 주지도 못한다. 필자는 형식명사를 기능범주의 일원으로 간주하는 것보다는 어휘범주 요소로 처리하되, 앞의 2.2.2절에서 살폈듯이 여러 제약들이 주어지므로 "안정되지 않은(불완전한) 어휘범주의 일원"으로 파악하는 것이 좋다고 본다. 또 형식명사를 어휘범주의 일원으로 보아야만, 일반명사와 형식명사가 직접 통합되지 않는 이유를 '하위범주화 틀'로써 쉽게 제시할 수 있다. 만일 형식명사가 기능범주의 일원이라면, 임의의 명사를 요구하는 데에 아무런 차별이 없어야만 할 것이다. 이는 경험적인 언어 사실과 배치된다. 형식명사는 관형절만 요구하고 있기 때문이다. 이런 점에서 형식명사는 D의 후보에서 제외된다.

4.3. 다음 검토의 대상으로 수량사와 분류사가 통합되어 있는 분류사 구절을 살피기로 한다. 필자는 '수량사+분류사' 구성을 다루면서(제2장), 명사구의 일치소 AGR로서 분류사가 주어져야 함을 주장한 바 있다. 그곳에서는 명사구가 지시 해석(R-closed)을 받는 것과 양화 해석(Q-closed)을 받는 것으로 나뉜다고 하는 안성호(1993)의 가정을 언급하였다. 본고에서 초기값으로 상정하는 수량사를 갖는 명사구는 양화 해석을 받는 것으로 보았고, 따라서 지시 해석의 가능성은 보류하였다. 또한 수량사를 거느리는 분류사에 대해서 기능범주임을 매듭지

었으나, 이 요소가 전형적인 논항구조를 투영하고, 그 보충어 논항 위치에 명사구를 요구한다는 점은 확립시켜 주지 못하였다. 분류사가 D라면, 핵어로서 전형적인 논항구조를 투영할 것이며, 그 보충어 논항 위치에 일반화된 논항구조를 투영하고 있는 NP를 요구하게 된다.

필자는 제2장에서의 결론을 더 강화된 형태로 주장하고자 한다. 명사가 두 종류로 나뉜다는 가정을 더 이상 수용하지 않는다. 대신 모든 명사구는 양화 해석을 받아야 함을 기본 가정으로 상정한다. 물질적인 명사나 추상적인 명사라고 하더라도 그러하다. 다만 개체화할 수 없는 것은 종류(類別)로 나뉜다. 예를 들어, '사랑'이라는 추상명사는 물건이 아니므로 개체화할 수 없다. 대신 정신적 사랑이나 물질적 사랑과 같이 종류로 나누어서 '두 가지 사랑' 또는 '사랑의 두 종류'처럼 표현할 수 있다.[21] 형식명사 {것}도

"[[태풍이 온다는 것] 한 가지]는 분명하다."

의 예문에서처럼 분류사 구절을 취할 수 있다. 외현범주의 분류사 구절이 없는 예문

"[[태풍이 온다는 것] e 이]은 분명하다."

와는 해석상 문체론적 차이가 관찰된다. 후자가 하나의 화젯거리만을

---

[21] '사랑의 두 종류'보다는 '두 가지 사랑'이라는 표현이 더 자연스럽다. '두 가지 사랑'은 초기 형상으로서, '[[두 가지] 사랑] [e e]'와 같은 모습이 주어진다고 가정할 수 있는데, 이어지는 4.4절에서 이 문제를 다루겠다. '사랑'이 명사구의 핵어라면, '두 가지'는 내부지정어 논항 위치에 실현되어 가변속성을 나타내어 주거나, 보충어 논항 위치에 실현되어 본유속성을 나타내어 주는 것이라 할 수 있다. 속성을 나타내는 것이 수량사로 표현되어 있으므로 그 의미가 종류에 대한 수량임을 알 수 있다. 이른바 유적(類的) 표현이라고 말해지는 것이다. 반면, 기능범주 핵어가 외현범주로 실현된 '사랑의 두 종류'는 개체화되어 셀 수 있거나 종류로서 헤아릴 수 있음을 나타낸다. 두 표현이 나타내는 외연은 동일하지만, 핵어가 공범주로 실현되어 있는지 외현범주로 실현되어 있는지에 따라서 내포의미가 달라진다. 전자가 전체를 함의한다면, 후자는 개체나 부분을 함의하기 때문이다.

주제로 표현한 것이라면, 전자는 화젯거리가 여러 개이고 그 가운데에서 하나를 뽑았음을 함의한다. 따라서 모든 명사는 언제나 양화 해석을 받고, 구문상 분류사를 대동하는 형태로 표상된다고 말할 수 있다. 핵어를 중심으로 하여 말한다면, 분류사가 자신의 전형적 논항구조를 투영하고, 그 보충어 논항의 위치에 명사구를 요구하는 것이다.

분류사 구절이 모든 명사구에 초기값으로 설치된다는 가정을 세우면, 이 가정이 예외 없이 모든 경우에 적용되어야 한다. 그러나 예외가 관찰되는데, 부사성 형식명사들이 외현범주의 분류사 구절과 통합될 수 없다. 모든 명사에 대해 분류사 구절을 초기값으로 설치하기 위해서는 이 경우가 예외가 아님을 밝혀내어야 한다.

필자는 이 예외가 부사성 형식명사와 상위의 핵어동사의 특성으로 말미암아 필연적으로 분류사의 실현이 저지되는 것으로 파악한다. 전통문법에서는 "양, 듯, 척"들과 같은 형식명사가 동사와 통합된다는 점에 주목하여 이들에 '부사성'이라는 꾸밈말을 특별히 얹었다.[22] 그런데 이 형식명사들의 의미자질에는 공통점이 있다. 모두 사격 의미역과 관련된다는 사실이다.

필자는 이 점을 다음과 같이 해석하고자 한다. 부사성 형식명사를 요구하는 동사는, 자신의 논항구조 투영에서 사격 의미역을 받는 내부지정어 논항이 늘 채워져 있도록 요구하는 특성이 있다. 사격 의미역을 받는 논항은 의미 특성상 개체화되거나 종류별로 나뉘는 것을 요구하지 않는다. 그 대신 수단·방법·도구·모양들과 같이 내용이나 성질을 표시해 주기를 요구한다. 동사구는 명사구보다 상위 계층에 있으며, 핵어인 동사는 명사구를 직접 관할하고 있다. 따라서 상위 핵어의 요구에 의해 명사구가 개체화되거나 종류별로 나뉘지 못하고,

---

[22] "척하다, 듯하다, 양하다"와 같은 보조 형용사는 형식명사와 핵어동사로 분석된다. 이때 '하다'는 묘사동사(depict verb)로 생각된다. 묘사동사는 경험주와 대상과 대상의 내용을 기본 구조로 갖고 있는데, 경험주는 화자 자신으로서 늘 공범주 형태로 주어진다. 다의어 입장을 지지하는 필자로서는, '하다'도 외부대상 지각동사의 한 부류인 묘사동사로부터 시작하여, 행위동사·사역동사·인용동사·발화동사·추측동사·조건동사 따위로 쓰임이 바뀌는 것으로 보고 있다.

대신 내용이나 성질을 나타내게 된다. 상위 핵어가 요구하는 특성이 하위 핵어에 그대로 스며들어 있는 셈이다. 이 점이 분류사 실현을 불가능하게 만드는 것으로 본다.

4.4. 분류사를 일치소로 보고서 D 범주라고 지정할 때에, 분류사 구절에서 변동을 보이는 사례들을 적절히 설명해 주어야 한다. 여기서는 두 가지 경우를 다룬다. 하나는 분류사가 외현범주로 나타나지 않는 경우이고, 다른 하나는 분류사 구절이 명사구를 선행하고 있는 경우이다. 먼저 앞의 경우를 보기로 한다.

　　"그 사람은 자식 셋을 두었다."

와 같은 예문에서 '자식 셋'과 같이 분류사가 외현범주로 나타나 있지 않은 경우가 있다. 분류사가 모든 명사구를 이끌고 있다고 가정하고 있으므로, 두 가지 해결책을 제시할 수 있다. 하나는 분류사가 수량사에 녹아 있다고 보는 것이고, 다른 하나는 공범주 형태의 분류사가 들어가 있다고 보는 것이다. 전자는 수량사가 임의로 분류사와 통합되기도 하고, 분류사를 요구하지 않기도 한다는 진술을 해야 하므로, 바른 해결책이 아니다. 이와 같은 임의성을 벗어나려면, 대신 공범주 형태의 분류사가 수량사 뒤에 위치해 있는 것으로 봐야 옳다. 이 공범주 분류사는 '자식 세 사람'의 지시와 동일한 내용을 갖게 될 것이다.

　공범주 형태의 분류사가 지시하는 내용이 고정되지 않을 때도 있음에 유의해야 한다. 소위 화용적 상황에 따라서 분류사가 달라지는 경우가 있기 때문이다. 예를 들어 "사과 셋"이라는 표현은 초기 형상에서 분류사가 공범주 형태로 주어져 있는

　　"사과 셋 e"

과 같은 모습이 될 터인데, 이때 이 분류사는 화용 상황에 따라서 그

지시 내용이 달라진다. 사과를 상자 단위로 도매하는 상황에서는 공범주 형태의 분류사가 '상자'를 가리키게 되고, 트럭에 실은 분량을 단위로 놓고서 얘기하고 있다면 당연히 '트럭 1대 분량'이 공범주 형태의 지시 내용이 된다. 보따리로 묶이어 있는 상황이라면, 공범주 형태의 분류사는 보따리 묶음을 가리키고, 하나하나의 개체를 가리키는 상황이라면, 공범주 형태의 분류사는 '개체'를 가리키게 된다. "사과 셋"이 화용 상황에 따라 제각각 다른 단위를 지시하고 있다는 점은, 수량사 뒤에 반드시 공범주 형태의 분류사가 주어져 있어야 함을 드러내 준다. 분류사가 없다고 하면, 화용 상황에 따라 '수량 단위'를 지시할 방법이 전혀 없기 때문이다. 이로써 우리는 비록 외현범주로 분류사가 실현되어 있지 않다고 해도, 거기에는 반드시 공범주 형태의 분류사가 주어져 있는 것임을 확인하였다.

다음, 분류사 구절이 명사구를 선행하는 경우를 보자. 여기서는 표기의 편의를 위하여 수량사만 외현범주로 나타나 있는 분류사 구절을 쓰기로 한다.[23] "두 사람"과 같은 경우가 그러한 사례이다. "사람 둘"과 같은 모습으로 되어 있어야 할 것인데도 불구하고, 이 경우 분류사 구절이 명사구를 선행하여 있는 것이다. 이 문제에 대하여 제2장에서는 그 형상이

[[두$_i$ 사람] [e]$_i$]

처럼 주어져 있다고 보았다. 공범주 형태는 D와 관련된 기능범주 영역을 가리키고, 그 앞의 대괄호는 보충어 논항 NP를 가리킨다. 이런 형상도 분류사 구절이 명사구 쪽으로 이동되는 경우와 분류사 구절이 그대로 처음서부터 공범주 형태로 주어진 경우로 나누어 살필 수 있

---

23) 이는 수량사와 분류사가 융합되어 있는 형식이라고 부를 수 있는데, 정확히는 "[수량사 e]"처럼 표시된다. 한국어에서도 수량사와 분류사가 결코 분리될 수 없으므로, Tang(1990)에서 제시되어 있는 "Numeral-Classifier"의 융합 교점 제안은 매우 설득력이 있다. 여기서는 융합된 형식을 하나처럼 나타내겠는데, 이는 간략성을 위한 조처에 지나지 않음을 밝혀 둔다.

다. 이동된 경우라면

    [[두ᵢ 사람] [t]ᵢ]

처럼 표시되어야 하고, 이동되지 않은 경우라면

    [[두ᵢ 사람] [pro]ᵢ]

와 같을 것이다. 필자는 후자의 형상을 옳은 것으로 보았으며, 그 이유는 다음과 같다. 이동이 일어났다고 하면 논항 이동과 핵어 이동이 상정된다. 이 경우는 후자이므로 다른 핵어에 부가되어야 할 것인데, 이동의 착지점이 핵어도 아니고, 부가가 가능한 위치도 아니다. 다른 핵어의 존재와 부가 가능성에 대한 문제가 풀린다 하더라도, 이 이동은 하강 이동에 해당한다. 하강 이동은 상위 층위에 남아 있는 흔적을 적절히 지배할 존재가 없으므로 수용될 수 없다(단, 3절 1항에서 보았듯이, 사이시옷의 어휘적 요구자질을 만족시키기 위한 것은 예외임). 따라서 흔적으로 표상되는 형식은 배제되어야 함을 알 수 있다. 작은 공범주 대명사(pro)를 핵어로 하는 후자의 형상이 "두 사람"에 대한 올바른 표상이라면, 수량사는 명사구의 어느 논항에 실현되어 있는 것일까? 수량사를 상태명사 핵어의 본유속성이라고 간주한다면 보충어 논항의 위치를 차지하고 있을 것이고, 가변속성이라고 간주한다면 내부지정어 논항의 위치를 차지하고 있을 것인데, 화용 상황에 따라 두 경우가 교차될 수 있을 것으로 본다.

  그런데 분류사 구절이 명사구를 선행하는 경우, 분류사 구절이 뒤에 위치하는 전형적 형상과 아무런 의미차이가 없을까? 이 문제에 대해서는 지금까지의 연구에서 세 가지 정도의 견해가 제시되어 있다. 두 경우 의미까지 완벽히 동일하다는 '동일론' 입장과 구조와 의미가 모두 다르다는 '상이론' 입장이 있으며, 동일한 부분도 있고 상이한 부분도 있다는 제3의 입장도 있다. 필자는 상이론을 두 가지로 나누어서 '강한 입장'의 상이론과 '약한 입장'의 상이론으로 표현하고, 제3의 입장을 약한 쪽에 배당하였다. 제3의 입장은 외연의미는 같되, 내포의미는 다르다고 요약되며, 필자가 지지하는 입장이다. 왜 약한 입장의 상이론이 옳은지에 대한 논증은 김지홍(1994)로 미루며(제2장), 이곳에서는 그 결론만 요약하기로 한다.

외연의미가 같은 것은 논항구조가 동일한 데에서 말미암는다. 내포의미가 다르다는 것은 외현범주의 실현 차이에서 말미암는다. "두 사람"은 그 화용 상황에서 사람이 둘밖에 없음을 함의한다(전체 해석). 반면, "사람 둘"은 그 화용 상황에서 두 사람이 전체의 일부임을 함의한다(부분 해석). 이를 대립적으로 나타내면, "두 사람"은 전체에 대한 표현이고, "사람 둘"은 일부에 대한 표현이라고 말할 수 있다. 분류사 구절이 외현범주로 실현된 경우에라야 비로소 개체화(셈) 또는 계량화(헤아림)가 가능하다. 반면 공범주로 실현된 경우에는 유적類的 표현으로 이해된다.

분류사가 명사구를 보충어 논항으로 편입하고 있는 형상을 그림으로 보이면 다음과 같다.

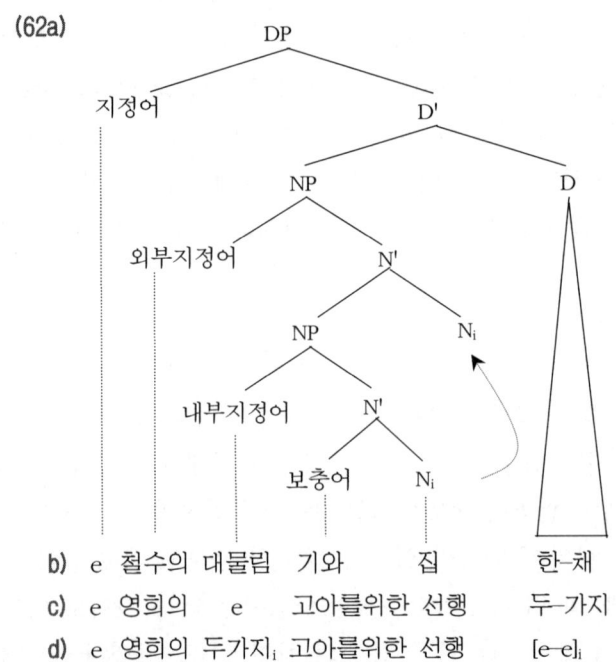

위 그림에서는 D의 교점 아래 수량사와 분류사가 융합되어 있는 모습을 표시하였는데, 이 계층이 Tang(1990)에서처럼 Cl과 D로 더 세분되어야 하는지에 대해서는 결론을 유보한다. 계층 세분의 문제를 다루지 않더라도, 분류사가 명사구의 최대투영을 보충어 논항으로 요구한다는 점을 매듭짓는 데에는 큰 장애가 없기 때문이다. 분류사 핵어가 투영하는 논항구조에서, 지정어 논항에는 처음에서부터 임의의 요소가 실현되어 있을 수도 있고, 처음에 비어 있다가 명사구의 어느 요소가 이곳으로 이동하여 옴으로써 채워질 수도 있다. 이 문제에 대해서 아직 필자 나름의 생각이 정리되어 있지 않기 때문에 논의를 유보하기로 하며, (62b, c, d)에서 공범주 형태로 표시해 둔다. 분류사의 보충어 논항으로 실현된 명사구의 최대투영에서, 외부지정어 논항에는 (62b)에서 소유를 나타내는 요소가 실현되어 있고, (62c, d)에서 '속격적 주어'가 실현되어 있다. 내부지정어 논항에는 (62b)에서 명사구 핵어의 속성을 표시해 주는 요소가 실현되어 있고, (62c)에서 외현범주의 실현이 없이 공범주 형태만이 표시되어 있으며, (62d)에서 핵어의 속성을 나타내는 '수량사＋분류사' 융합형태가 실현되어 있다. 보충어 논항에는 (62b)에서 핵어의 본유속성을 나타내는 요소가 실현되어 있고, (62c, d)에서는 핵어의 대상을 가리키는 요소가 실현되어 있다.

4.5. 마지막으로 격조사에 대하여 살피기로 한다. 격조사 층위가 D의 후보라고 견해가 있을 수 있다. 왜냐하면 우리 국어에서도 {가 : 께서}와 같이 대우 일치에 따른 격조사의 변동이 관찰되기 때문이다. 그러나 이 일치는 명사구 내부에 처음서부터 존재하는 것이 아니다. 상위에 있는 동사구 핵어에 의해서 스며들거나, 또는 동사구를 보충어 논항으로 요구하는 AGR의 핵어에 의해 일치 요구가 스며들기 때문에 생겨나는 것이다. 격조사의 일치 현상이 상위의 핵어로부터 공급받는 것이라면, 격조사를 D로 지정할 수는 없다. 혹시, 동사구를 이끄는 C의 대등한 짝으로 간주하여, 격조사가 DP를 보충어 논항으로 요구한다고 생각해 볼 수도 있다(4.1절의 각주 20을 참고하기 바람). 그

러나 이 관점에도 문제가 있다. C의 투영은 동사 투영의 완성일 뿐만 아니라, 의미 지시와 해석이 완료된다는 점에서 독립적이고 자족적이라 할 수 있다. 그러나 조사의 투영은 반드시 상위에 있는 다른 요소에 이어져야 한다는 점에서, C의 독립성·자족성과는 거리가 멀다(조사가 실현됨으로써 다른 교점에 의존해 있음을 알 수 있게 됨). 통사·의미론적 독립성과 자족성을 확보할 수 없다는 측면에서, 격조사는 C의 대당자가 아니다.

그렇다면 격조사들은 어떻게 이해되어야 하는가? 격조사가 AGR_{object}·$AGR_{oblique}$·$AGR_{subject}$라는 일치 현상에 의해서 구현된다는 점을 따르면, 동사구를 요구하는 기능범주의 투영 속에서 일치를 구현하는 것으로 파악되어야 옳다. 이 입장에서는 격조사가 명사구와 직접적으로 관련을 맺는 것이 아니라, 일단 명사구 투영이 기능범주에 의해 완성된 다음에, 그 투영이 어디로 편입되어야 하는지를 논의할 때에만 관련을 맺게 된다. 격조사가 D의 후보일 수 없다면, 같은 성격을 지닌 보조사 역시 D의 후보에서 제외된다.

4.6. 이로써 우리는 모든 명사구가 반드시 분류사 구절과 통합되어야 함을 사실로 확립시킬 수 있었다. 핵어의 관점에서 보면, 모든 명사구는 분류사 구절에 편입되어야 한다. 이 명제를 명사구의 초기값으로 설치하는 데에 예외로 보이는 경우가 있었다. 이는 상위 계층에 있는 핵어의 특성이 하위의 층위로 스며듦으로써 일어나는 필연적 현상이었고, 예외가 아님을 알았다. 따라서 분류사의 범주가 D임을 결론지을 수 있다. 분류사 구절이 명사구를 앞서는 경우가 있는데, 전형적인 경우와 대비할 때에 내포의미에서 차이가 난다. 전형적 구성이 개체화·계량화 표현으로 이해되는데, 상대적으로 분류사 구절이 앞서는 것은 전체에 대한 표현이거나 종류에 대한 표현(속성 표현)으로 이해되는 것이다.

5. 결론

본 장에서는 명사구의 확장이 자의적으로 이루어지지 않고 엄격하게 제약되어 있는 방식으로 이루어짐을 보이고자 하였다. 언어의 범주를 크게 어휘범주와 기능범주로 나눌 때에, 어휘범주는 일반화된 논항구조를 투영하고, 기능범주는 전형적인 논항구조를 투영한다. [+N, -V]의 자질로 표상되는 명사는 어휘범주의 일원이며, 일반화된 논항구조를 준수하며 투영된다. 한국어의 후핵성 매개인자를 고려하면 이를 다음처럼 간략히 나타낼 수 있다.

(63) [외부지정어 [내부지정어 [보충어 [핵어]]]]

이 구조는 명사의 투영뿐만 아니라, 동사의 투영에서도 동일하게 준수되어야 하는 초기값 구조이다. 명사는 크게 의미역을 배당하는 사건명사와 의미역을 배당하지 못하는 상태명사로 구별된다. 사건명사에서 배당되는 의미역은 동사에서 배당되는 것과 동일하며, 아래 (64)와 같은데, 논항 실현과 의미역 배당은 일대일 대응관계에 있다.

(64) 〈행위주역·경험주역 〈근원역·목표역·처소역 〈대상역 [핵어] 〉〉〉

상태명사가 비록 (64)와 같은 의미역을 자신의 논항에 배당하지는 못한다 하더라도, 핵어가 자신의 논항들과 특정한 의미 관계를 형성하고 있음을 확인하고, 본고에서는 이를 의미역 배당의 상보적 분포라고 주장하였다. 상태명사의 핵어는 (65)의 의미역을 자신의 논항에 배당하는 것이다.

(65) 〈지시사·소유·소속 〈가변속성 〈본유속성 [핵어] 〉〉〉

이로써 어휘범주의 투영이 일률적으로 일반화된 논항구조를 투영하고 있으며, 각 핵어는 자신의 논항에 적절한 의미역을 배당하고 있음을 결론지을 수 있다. 한편, (63)의 구조가 다시 확장될 수 있다. 임의의 요소가 스스로 내포와 접속에 의해 반복될 경우가 있고, 최대투영 위에 동일한 범주를 복사하면서 기생하게 되는 경우가 있다. 이때 기생하게 되는 요소를 부가어 논항이라고 부르는데, 부가어 논항은 반드시 핵어동사와 동지표되는 공범주 형태의 논항을 내부에 갖고 있어야 한다. 이를 아래처럼 나타낼 수 있다.

(66) [부가어 e_i] [외부지정어 [내부지정어 [보충어 [핵어$_i$]]]]

전통문법에서 선조적 질서에 따라 수식어로 불리온 요소들은, 일반화된 논항구조의 계층에 따라 전형적인 위치를 확립지을 수 있었다. 본고에서는 {-은} 구절과 {의} 구절과 {-ㅅ} 구절들을 집중 논의하였다. 관계 관형절이라 불리우는 {-은} 구절은 부가어 논항으로 실현되고, 보문 관형절과 명사적 관형절이라 불리우는 {-은} 구절은 내부지정어 논항으로 실현되며, 형식명사 구성에서 관찰되는 {-은} 구절은 보충어 논항으로 실현되었다. 상태명사의 투영에서 내부지정어 논항에는 '가변속성'의 의미역이 배당되고, 보충어 논항에는 '본유속성'의 의미역이 배당된다. 형식명사와 보문 관형절의 {-은} 구절이 서로 다른 논항 위치에 실현되는 것은, 핵어가 지시적 성격을 띠느냐 또는 비지시적 성격을 띠느냐에 의해 구별되었다. 이처럼 {-은} 구절의 분류도 어느 논항으로 실현되느냐에 따라 핵어명사의 성격까지도 적의하게 구별해 줄 수 있는데, 우리는 여기서 구조와 의미가 서로 나란히 대응하고 있음을 확인할 수 있다.

{의} 구절은 분포는 더 자유롭다. 먼저 진정한 {의} 구절의 증가가 부가어 형식으로만 가능하며, 소유와 소속을 나타내는 {의} 구절은 외부지정어 논항으로 실현되고, 목적 대상이나 핵어의 내부속성(본유속성)을 가리키는 {의} 구절은 보충어 논항으로 실현되며, 나머지 분포의 {의} 구절은 내부지정어 논항으로 실현된다. 여기서도 핵어에 의해 의

미역 배당이 일어나는데, 핵어가 사건명사일 경우에는 (64)의 의미역들이 배당되고, 핵어가 상태명사일 경우에는 (65)의 의미역들이 배당된다.

{-시} 구절은 보충어 논항으로만 실현되며, 목적 대상이나 핵어의 내부속성(본유속성)을 지시하였다. 사격 형태와 사이시옷이 복합격을 이루는 경우도, 의미적인 사격 논항이 사이시옷의 속성이 이끌리어 내부지정어 논항에서 실현되는 것이 아니라, 보충어 논항으로 실현된다고 매듭지을 수 있었다. 통사적 '파격'이 내부지정어 논항과 핵어와의 관련으로 이해된다면, 더 이상 파격이 아니라 논항구조 속에서 적절히 실현된 것임에 지나지 않는 것임을 알았다.

어휘범주 투영은 기능범주 투영 속으로 편입된다. 동사구가 I의 투영에 편입되듯이, 명사구는 D의 투영에 편입된다. D에서 찾아지는 AGR 일치성 자질은 국어에서는 분류사에 나타난다. 분류사는 자신의 보충어 논항으로 실현된 명사구의 성격에 따라 매우 다양한 일치를 구현한다. 분류사는 반드시 수량사를 대동함으로써 '융합된' 형식으로 나타나는데, 이 형식이 때로 자신이 거느리는 명사구의 논항 모습으로도 실현되었다. 수량사와 분류사가 융합되어 분류사 구절을 이룬다고 할 때에, 분류사 구절이 명사구를 선행하는 경우가 있는 것이다. 이런 변동에도 불구하고, 분류사 구절은 동일한 구조와 동일한 외연의미를 갖고 있다. 차이는 다만 상위 층위의 분류사 구절에 공범주 형태가 채워지는 것에 있다. 이 차이는 내포의미를 다르게 만들어 준다. 전형적인 경우가 명사구를 개체화하여 셈을 하거나 유별화된 내용을 헤아림을 지시한다면, 변동을 보이는 경우는 속성을 표시하는 논항으로 실현되어 있기 때문에 속성 표현이라고 말할 수 있다. 전형적인 경우가 개별적이고 부분적인 것들을 함의한다면, 변동을 보이는 경우는 전체나 유類를 함의한다. 범주 D로 규정된 분류사가 어휘범주의 최대 투영을 보충어 논항으로 편입하고 있는 모습은 앞에서 보인 그림 (62)와 같았다.

제4장 명사구를 요구하는 기능범주*

1. 서론

언어에 대한 연구는 어느 층위를 대상으로 하든지 반드시 범주와 구조를 다루게 된다. 쉽게 표현하여, 범주란 구성 요소 또는 항목이라고 말할 수 있고, 구조란 이들이 어떤 식으로 결합되어 있는지를 살피는 것이다. 통사론에서[1] 언급되는 최상위 범주는 어휘범주와 기능범주이며, 실사와 허사 또는 내용범주와 문법범주로도 불려왔다. 이들은 모두 핵어를 중심으로 하여 두 개의 논항을 갖고 있는 '전형적인 논항구조'를 준수하는 것으로 가정되고 있다.

소략하게 개관할 때에, 80년대까지는 어휘범주들이 논의의 초점이

---

* 이 글은 『배달말』 제22집(1997년 12월), 1쪽~45쪽에 실림.
[1] 단어 만들기 등을 제외한 영역의 통사론이므로 협의의 통사론이라고 말할 수 있다. 다른 쪽에서는 단어 만들기와 같은 형태론 영역도 통사론에서 다룰 수 있다고 가정되기도 한다. 해일·카이저(Hale and Keyser, 1993)에서 단어 형성의 논항구조를 통사론의 논항구조와 동일하게 상정하고 있는 것이라든지, 퍼젯스끼(Pesetsky, 1995)에서 공범주 형태의 사역 형태소를 상정하는 태도들이 형태론과 통사론이 협업 체제를 이뤄야 하고 엄격히 분리될 수 없는 것임을 가정하고 있는 예들이라 하겠다. 형태론을 얼어붙은 통사론(frozen syntax)이라고 부르는 입장도 마찬가지인데, 이런 입장을 광의의 통사론이라고 부를 수 있다. 본고에서 언급하는 통사론은 일단 새로운 태도를 접어둔 협의의 통사론 뜻으로만 쓰기로 하겠다.

되어 왔고, 상대적으로 기능범주의 경우는 80년대 중후반에 들어와서부터 심도 있게 조명되기 시작하였다고 말할 수 있다. 어휘범주는 실체성 자질의 [±N]과 서술성 자질의 [±V]를 중심으로 하여, 네 개의 복합자질이 상정되고 있다. [+N, −V], [−N, +V], [−N, −V]에 대해서는 우리 국어에서 명사와 동사와 후치사들을 후보로 제시할 수 있으나, [+N, +V] 자질의 기능을 수행하고 있는 항목에 대해서는 우리 국어를 대상으로 하여 그 후보가 어떤 것인지 아직 구체적인 논의가 전개되지 않은 것으로 안다.[2]

 기능범주에 대한 논의는 특히 동사를 핵어로 하는 사례를 중심으로 하여 많은 언어들에서 연구가 이루어져 오고 있다. 보편문법을 추구하는 '원리·매개인자 이론'에서는 [±I] 자질(Inflection)과 [±C] 자질(Complementizer)을 기본적인 것으로 상정하고 있다. 필자는 앞의 어휘범주에서처럼 이들 자질도 서로 복합되어 네 개의 세부 항목으로 분지될 수 있을 것으로 본다. [+I, −C], [+I, +C], [−I, +C], [−I, −C]의 자질복합체를 상정할 수 있는데, 국어의 경우를 고려한다면 각각 시제 형태소·연결어미 형태소·어말어미 형태소·일치 형태소들을 대응시킬 수 있을 것이다. 지금 서구의 언어들을 대상으로 하여 논의되고 있는 AGR·T·C와 같은 세부 기능범주 항목들에서는, 국어의 연결어미에 대응시킬 수 있는 요소를 찾을 수 없다. 그 이유는 연결어미에 해당하는 문법 요소가 없기 때문이 아니라, 문장을 종결시키는 부분만이 두드러지게 연구의 초점이 되어 왔기 때문이다. 최근의 논의들에서 거론되는 &범주는 연결어미의 후보라고 말할 수 있다(Zoerner, 1995). 만일 이들을

---

[2] 문법적인 기능보다 개념적인 측면을 먼저 고려하여 보편성을 드러내는 길도 있다. 예를 들어 핑커(Pinker, 1984 : 41)에서처럼, 사물이나 개체를 가리키는 것, 사건이나 행동을 가리키는 것, 속성이나 성질을 가리키는 것, 시공적 관계를 가리키는 것들을 각각의 자질 복합체에 배당하는 경우가 그러하다. 이 경우 [+N, +V]는 사물의 속성이나 성질을 가리키는 요소가 되고, 우리 국어에서도 형용사를 배당할 수 있겠으나, 국어의 형용사가 동사처럼 활용을 한다는 특이성을 어떻게 처리할 것인지에 대한 문제가 제기될 수 있다. '아름답다'와 같은 사례에서, 필자는 어근 '아름'이 형용사의 자격을 갖고 있고, 접미사 '답'은 'be' 동사의 특질을 지닌 것이 아닌가 의심하고 있지만, 해결되어야 할 여러 가지 문제들이 딸려 있다.

모두 기능범주 아래 모아 놓고, AGR과 T, 그리고 &와 C로 묶을 수 있다면, 이전에 얘기되던 기능범주 Infl은 일치소(AGR)와 시제소(T)로 나뉘고, Comp는 연결소(&)와 종결소(C)로 나뉜다고 말할 수 있다. 이를 국어 문법의 용어로 바꾸면, 선어말어미는 일치소와 시제소로 나뉘고, 어말어미는 연결소와 종결소로 나뉜다고 말할 수 있는 것이며, 이들은 네 개의 자질 복합체에 1:1로 대응될 수 있을 것으로 이해된다.

그런데, 어휘범주와 기능범주는 서로 독립되어 따로따로 존재하는 별개의 범주가 아니라, 서로가 서로를 전제하고 서로 긴밀히 의존하고 있는 상보관계의 범주들이다. 특히 최근의 가정에서는 기능범주가 어휘범주의 어머니 역할을 하고 있다고 본다. 이 점을 프레게Frege의 용어로 표현한다면, 어휘범주의 투영이 논항이 되며 이것이 기능범주의 투영인 함수 속으로 들어가는 것이다. 동사구 VP의 투영은 먼저 선어말어미 범주의 투영 속으로 편입되어 들어가고,[3] 다시 이 최대투영이 어말어미 범주의 투영 속으로 편입되어 들어감으로써, 완결된 하나의 문장이 형성되는 것이다. 이 점을 일반화하여, 어휘범주의 투영이 반드시 어머니 범주인 기능범주의 투영 속으로 들어가야 한다고 말할 수 있다. 만일 범주의 일반화가 성립된다면, 동사구 VP의 투영이 [±I, ±C]의 기능범주 투영 속으로 편입되어 들어가야 하듯이, 명사구 NP의 투영도 마찬가지로 기능범주의 투영 속으로 들어가야 할 것으로 기대된다.

폴럭(Pollock, 1989)에서 동사구 VP의 투영이 기능범주 AGR의 투영 속으로 편입되어 들어가듯이, 애브니(Abney, 1987)에서는 명사구 NP의 투영이 기능범주 D의 투영 속으로 편입되어 들어가야 함을 주장하였다. 이런 논의는 동사구와 명사구에 관련된 논항구조가 동일할 것이라는 생각을 불러일으켰는데, 조어지·롱고바디(Giorgi and Longobardi, 1991)를

---

[3] 어휘범주가 계층적으로 기능범주와 통합될 때에 incorporation(내접화 內接化 : 핵어 안으로 편입되어 융합됨)과 excorporation(외접화 外接化 : 핵어 밖으로 나아가 다른 요소와 융합됨)이라는 두 방법이 상정되고 있으나, 본고에서 다루려는 국어 자료들이 모두 incorporation된다고 보아, 편의상 여기서는 '편입'된다는 용어만을 쓰기로 한다.

비롯하여 바트(Bhatt, 1989), 오핼러(Ouhalla, 1991), 페인(Payne, 1993) 등에서 동사구와 명사구의 모습이 서로 같다는 '동형성homomorphism, 상동성' 가정이 추구되기도 하였다.

이 동형성 가정을 고집스럽게 집착한다면, 매우 강한 형태의 동형성 가정을 상정해 볼 수 있다. 곧, 동사구와 명사구가 편입되어 들어가는 기능범주들도 원칙적으로 동일할 것이라는 생각이다. 이런 생각에서의 문제점은, 이처럼 강력한 진술이 얼마만큼 자연언어에서 경험적 근거를 확보할 수 있느냐에 있다. 외견상 동사구와 명사구가 다르게 느껴지고 실제로 다르게 취급되어 왔으므로(김지홍, 2010, 『언어의 심층과 언어교육』, 도서출판 경진에서는 명사로 대표되는 낱말이 일반화된 의미 기억 semantic memory에 대응하고, 동사의 투영으로 완성된 절 또는 문장이 구체적인 사례 기억 episodic memory에 대응함을 언급해 두었고, 이 책 머릿글의 문제 (3)을 보기 바람), 이들 범주를 요구하는 기능범주들이 동일할 것이라는 주장에 선뜻 동의를 구하기가 쉽지 않은 것이다. 그렇지만, 언어란 '제약되어 있는 실체'일 것이므로, 언어의 제약성이라는 공리로부터 동형성에 대한 요구를 모순 없이 도출할 수 있으며, 이들이 서로 잘 어울릴 수 있다는 점 또한 무시해 버리기 힘든 일이다.

기능범주가 언어에 따라 아주 다양하고 편차가 심할 것이라는 종전의 예상을 깨고, 의외로 세계의 많은 언어들에서 기능범주들이 제약되어 있음이 드러나면서, '동형성 가정'에 대한 탐색은 추구해 볼 만한 작업 가정이라고 간주되고 있다. 과학철학의 방법론에서 하나의 작업 가정을 수립하고, 이 가정을 무작위 자료에 투입하여 그 적부성 여부를 검사함으로써, 그 가정이 새로운 자료를 처리해 내기 위하여 수정되거나, 아니면 전혀 다른 작업 가정으로 대체하게 되는 단계를 밟게 되는데, 동형성 가정은 이런 점에서도 추구해 볼 만한 가치가 있는 것이다.

본고에서는 명사구 NP가 기능범주의 투영 속으로 편입될 때에, 어떤 기능범주들의 층위 속으로 들어가는지에 대하여 살펴보려고 한다. 이 글의 바닥에 깔려 있는 작업 가정은 기본적으로 동형성 가정이지만, 다소 약화된 모습이다. 즉, 동사구 VP가 편입되어 들어가는 기능범주들과 명사구 NP가 편입되어 들어가는 기능범주들은 같은 뿌리를 갖고 있으나, 실현되는 모습이 서로 다르게 나타나리라는 생각이며,[4] 이런 차이가 형태소들의 차별성을 드러내 주는 것으로 이해하려는 것이다. 우리 국어는 특정 형태소가 더 붙음으로써 문법성을 표시하게 되는 교착적 특성 때문에, 기능범주의 층위나 위계들을 확립시키는 데에 다른 언어에서보다 상대적으로 유리하다. 교착적 층위들을 최대한으로 구현시켜서 기능범주에 대한 기본층위default layers들을 밝힐 수 있기 때문이다. 기본층위의 밑그림이 완성되면, 비록 수의적인 실현을 보인다고 하더라도, 임의 층위의 요소가 공범주 형태로 실현되어 음성실현 형식을 갖지 않는 것으로 표상할 수 있을 것이다.

2. 어휘범주를 요구하는 기능범주와 그 층위

먼저 동사구가 기능범주 층위로 투영되는 모습에 대해 개략적으로 살피기로 한다. 동사구는 이중타동사를 처리하기 위하여, 자신의 논항구조를 다시 한번 더 반복함으로써 세 개의 논항을 갖는 라어슨(Larson, 1988)의 외각 구조와 같은 모습을 얻을 수 있으며, '동사구 내부 주어' 가정에 따라 외각 껍질에 있는 지정어 위치에 주어 논항이 실현되는 것으로 보고 있다(Koopman, 1991). 후핵後核 매개인자를 갖는 경우, 논항과 핵어의 위치만을 계층적으로 표시하여, 이 구조를 간단히 다음 (1)처럼 나타낼 수 있다.

(1) [외부지정어 [내부지정어 [보충어 [핵어 V]]]]

---

[4] 여기서는 두 계열의 형태소들이 상보적(대립적) 분포를 보이는 경우도 있겠고, 두 계열 가운데 어느 계열에 형태소들이 결여된 경우(肉化된 형태소가 없는 경우)도 있겠다. 특히 제4절에서는 동사구 종결소의 짝을 명사구의 기능범주에서 찾을 수 없음을 거론할 것이다.

각 위치의 논항에는 핵어로부터 일정한 의미역이 배당되는데, 김지홍(1993, 1996)에서는 의미역의 계층이 논항의 위계와 대응관계를 이루고 있는 것으로 파악하였다. 맨 윗 층위의 논항에 행위주 의미역·경험주 의미역이 상보적으로 배당되고, 중간 층위의 논항에 사격 의미역(근원역·목표역·처소역)이 배당되며, 맨 안쪽 층위의 논항에 대상역이 배당된다. 이를 (2)와 같이 나타낼 수 있다.

(2) 〈행위주역·경험주역 〈근원역·목표역·처소역 〈대상역 〈핵어 V〉〉〉〉

전형적인 경우만 놓고 볼 때에, 외부지정어에 해당하는 논항은 주격 형태로 나타날 개연성이 있고, 내부지정어에 해당하는 논항은 문장이나 명사구 사격 형태로 나타날 수 있으며, 보충어 논항은 대격 형태로 나타날 수 있다. 의미역을 배당받은 최대투영의 동사구 VP는 기능범주가 투영되어 만들어 내는 논항구조의 보충어 위치에로 편입된다.[5]

영어·불어·희랍어·핀란드 어·바스크 어 들을 대상으로 하여, 스뻬이스(Speas, 1991 : 185)에서는 동사구가 편입되어 들어가는 IP 안쪽 층위의 기능범주들을 선핵(先核) 매개인자에 따라 다음 (3)처럼 일반화하고 있다.

(3) … [주어 일치소 [시제 [상 [목적어 일치소 [태(voice) [동사(구)]]]]]

---

[5] 논항과 의미역의 위계 가운데에서 내부지정어와 보충어의 층위가 서로 뒤바뀌어 설정되는 경우도 있다. 그러나 촘스끼(Chomsky, 1995)에서처럼 자질 점검(feature checking operation)을 위해 명사구들이 기능범주 층위에로 이동한다고 가정한다면, 이동된 뒤의 표상은 동일하게 나타나게 된다. 예를 들어,

"[철수(가) [e$_i$ 예쁘게] 순이$_i$(를) 보-]"

와 같은 초기 형상에서, 이동이 일어난 뒤에는

"철수$_m$가 순이$_n$를 [t$_m$ [e$_n$ 예쁘게] t$_n$ 보-]"

와 같은 도출 형상이 될 것이다. 출력된 결과는 어느 것이나 동일하다. 여기서는 보충어 논항을 핵어에 바짝 인접해 있도록 만들어 두는 것이 보충어의 광범위한 분포를 쉽게 설명할 수 있다고 보아 (1, 2)처럼 설정하는 입장을 따르기로 한다. 이때, 결속(binding)은 논리형태(LF) 층위에서 적용된다는 단서가 따라야 한다.

후핵 매개인자를 주어 이를 우리 국어의 모습에 맞게 고치면 다음 (4)처럼 나타낼 수 있다.

(4) [[[[동사-피사동 접미사] ∅] 시상] 대우 일치소]···

국어에서는 태를 나타내기 위하여 피동 접미사와 사동 접미사가 쓰이고 있지만, 이들은 어근과 결합하여 어간을 형성하는 것으로 간주되므로, 여기서는 층위를 달리하여 나타내기보다는 같은 층위에 있는 것으로 표시하여 주고, 다만 서로 분석될 수 있음을 보이기 위하여 하이픈을 사용하였다. 이 층위 위에 설정될 수 있는 목적어 일치소 AGR_o는 오늘날 우리 국어에는 존재하지 않으므로(중세국어의 '오'는 없어짐), 존재하지 않음을 나타내는 표지 ∅가 들어가 있다. 다시 이 층위 위에 있는 상과 시제는 국어에서 서로 구별하여 쓰고 있지 않으므로 한꺼번에 '시상' 층위로 묶어 나타낼 수 있다. 마지막 층위에 있는 주어 일치소 AGR_s는 국어에서 경험주 또는 주체의 대우를 나타내기 위한 형태소를 구현하는 층위이므로 '대우 일치소' 구절이라고 부를 만하다.

한편, 국어와 같이 후핵 매개인자를 갖는 인디언 나바호Navajo 어의 초기 형상도 (3)의 층위와 닮은 모습을 보여 주는데, 접두 형태소로 구현되기 이전의 모습을 다음 (5)처럼 나타낼 수 있다.

(5) [[[[동사(구)-태] 목적어 일치소] 상] 시제] 주어 일치소] ···

(5)에서도 태를 나타내는 층위가 국어의 경우에서처럼 동사의 어간 속에 내재되어 있다고 하므로(Speas, 1991 : 189f.), 이 요소의 실현을 단어 형성 규칙의 적용을 받는 것으로 간주하면, 다른 층위의 기능범주들은 (3)에서 보여 주는 층위와 동일하다(거울 영상임). 이상에서 Infl 층위의 관련 범주들을 살필 때에, 일반적으로 동사구 VP는 먼저 일치소 구절 속으로 들어가게 되고, 다음에 시제소 구절 속으로 들어간다고

말할 수 있다.

어휘범주의 또 다른 일원인 명사구 NP도 동사구 VP와 같이 논항구조를 투영하지만,[6] 여기서는 핵어가 각 논항에 (2)에 표시되어 있는 의미역을 배당하는 것은 아니다. 대신, (2)에 상응할 만한 내용들을 배당하는 것으로 보인다. 필자는 명사구 NP도 (1)의 논항구조를 투영하고, 각 논항에다 다음 (6)과 같은 의미 내용이 배당되는 것으로 파악한 바 있다(김지홍, 1995: 제3장).[7]

(6) 〈지시사·소유·소속 〈가변속성 〈본유속성 〈 핵어 N 〉〉〉〉

명사구 NP의 논항들은 동사구 VP와는 달리 전형적으로 각 논항들에 부여하는 표지가 없다. 본유속성을 나타내는 보충어 논항만이 'ㅅ'(이른바 사이시옷) 표지를 실현하는 것을 제외하면, 무표지 형태가 각 논항들에 실현될 수도 있고, '-은/-을'(관형형 어미)이 각 논항들에 실현될 수도 있으며, '의' 표지가 각 논항들에 실현될 수도 있다. '-은/-을'은 흔히 관계 관형절과 보문 관형절로 실현된다고 지적되어 왔는데, 관

---

6) 이 논항구조에서 부가어(Adjunct)는 표시되어 있지 않은데, 부가어는 자신이 얹히게 될 범주와 동일한 범주의 교점을 복사하면서 그 교점 아래 실현된다. 부가어는 부가의 속성상 반드시 부가되는 내용 속에 핵어와 동지표되는 공범주 논항이 존재해야 하고, 핵어의 최대투영에 얹혀져야 하며, 그 범주를 그대로 복사해야 하는데, 이를 다음처럼 나타낼 수 있다.

"[xp [부가어 e_i] [xp ⋯ [핵어_i]]]"

7) 단, 여기서 지시사와 소유자가 동시에 나타나는 경우에 대한 적절한 처리가 보류되어 있음을 적어 둔다. 이런 경우를 고려하여 오핼러(Ouhalla, 1991: 제4장)에서는 각각 D 범주와 AGR 범주를 설정하고, 매개인자를 상정하였다. 필자는 이런 난문제를 풀기 위해서 두 가지 방식이 채택될 수 있다고 본다. 명사구를 요구하는 기능범주가 (8)에서처럼 세 개의 층위로 나뉜다고 보자. 그러면, 세 개의 지정어 자리가 생긴다. 이들 지정어 자리에다 초기 표상에서부터 지시사나 소유·소속의 어휘가 실현되거나, 아니면 명사구의 투영으로부터 이동되는 경우를 생각할 수 있다. 이동되는 것을 따르면, 아마도 완결소 구절의 지정어 자리에 '지시사'가 이동되고, 일치소 구절의 지정어 자리에 '소유·소속'이 이동될 듯하다. 이동을 상정하지 않는다면, 지시사와 소유·소속의 어휘가 각각 완결소 구와 일치소 구의 지정어 자리에 들어가 있는 표상을 생각할 수 있다. 두 가지 중 어느 것을 채택하는 것이 더 나은지에 대해 아직 결정하지 못하였다.

계 관형절은 부가어 논항으로 실현된 요소이고, 보문 관형절은 핵어의 지시성 여부에 따라 각각 내부지정어와 보충어 논항으로 실현되는 경우이다. 동사구 VP에서 배당되는 의미역 (2)와 명사구 NP에서 배당되는 의미 관계 (6)을 비교해 보면, 비록 양자가 서로 완벽히 동일하다고는 말할 수 없더라도, 양자 사이에 어떤 연관성을 추구해 볼 수 있을 것으로 본다.

일단 동사구 VP가 먼저 일치소 AGR 구절의 층위에로 편입되고, 다음에 시제소 T 구절의 층위에로 편입되며, 마지막으로 Comp[8] 구절의 층위에로 편입된다는 생각을 확립된 것으로 받아들인다면,[9] 동형

---

[8] Comp는 Complementizer에서 나왔으므로 '채워 넣어 완성한다, 보충한다'는 뜻을 살려 보문소로 번역할 수도 있다. 그러나 보문소를 얘기할 때에 상위문의 존재가 관련되거나 암시될 수 있기 때문에, 이 용어보다는 하나의 문장을 완성시켜 종결한다는 뜻을 살릴 수 있는 번역 용어를 찾는 것이 좋을 듯하다. 본고에서는 잠정적으로 하나의 문장을 완성하여 종결 짓는 종결소 C와 하나의 문장을 다른 문장으로 이어 주는 연결소 &의 상의어로서 Comp라는 용어를 사용하려고 한다. 국어 문법의 용어로 표현하면, Comp는 어말어미와 연결어미를 묶어 주는 상위 개념인 셈이다.

[9] 여기서 논의되지 않은 기능범주가 있는데, 부정소(NEG)에 대한 것이다. 이 요소는 논리학과 형식의미론에서 양화사(Q)와 같이 명제에 대한 연산소(operator)의 한 종류로 취급되며(=함수에 대한 함수), 부정의 범위에 따라서 어떤 경우에나 중의적으로 de re 해석과 de dicto 해석을 갖는다. 전자는 문장 수식 부사와 같이 문장 전체를 부정하는 것으로, 존재론적 해석(곧, 존재 부정)으로 번역된다. 후자는 동사구 수식 부사와 같이 동사에 의해 표현되는 속성을 부정하는 것으로, 언어적 해석(곧, 속성 부정)으로 번역된다.

부정소가 자연언어에서 실현될 때에는 임홍빈(1987a : 86 이하)에서 보여 주듯이 그 부정의 범위가 아주 다양하게 나타날 수 있을 것으로 본다. 이 점을 수용하면, 문장 속의 각 교점들에 대해 부정소가 작용할 수 있도록 de dicto 해석 층위가 더 세분되어야 할 것이다. 필자는 이런 다양성이 화용 차원이 간여하기 때문이라고 본다. 가령, 임의의 구문은 영어에서 'it ~ that…' 구문으로 표현될 수 있다(강조 표현). 그런데 강조되어 나온 구성성분이 부정되어 'it is not ~ that…'으로 표현되는 것이 바로 이 경우이다.

한편 폴럭(Pollock, 1989)에서는 부정소를 일치소 구절 윗층위에 설치하고 있다. 이렇게 층위를 고정시키면, 부정소가 언제나 중의적인 해석을 받는다는 주장을 수용할 수 없을 것으로 본다. 필자는 통사적 차원의 부정 구문과 화용적 차원의 부정 구문이 먼저 구분되어야 하고, 전자에서는 최소한 동사구 수식 부사의 층위와 문장 수식 부사의 층위와 같이, 두 층위 정도에 부정소를 설치해 두는 것이 좋지 않을까 생각한다.

일단 여기서는 논의를 간략히 하려는 목적으로, 부정소를 부사어 지위 정도로 파악해 두고, 명사구와 직접 관련이 되지 않으며, 따라서 동형성에서의 예외로 간주할 수 있으므로, 부정소에 대한 내용은 다루지 않기로 한다.

성 가정에 따라 명사구 NP도 또한 일치소 구절 층위와 시제소 구절 층위와 Comp 구절 층위에 유사하거나 동일 종류의 층위들 속으로 편입되리라 예상할 수 있다. 우리 국어의 경우, 동사구 VP에 관련된 일치소는 몇 가지 층위에서 대우 일치를 구현하는 것으로 볼 수 있고, 시제소 또한 사건·인식·경험 등에 따라 세부 층위의 형태소들을 구현하고 있다.[10]

명사구 NP와 관련된 기능범주들도[11] 먼저 일치를 요구하는 것들을

---

10) 일치소가 언어에 따라 AGRo, AGRs가 설정되듯이, 국어에서 목적어 일치소(유동석, 1993 : 152 이하)와 행위주·경험주 대우 일치소(또는 주체 대우 일치소), 그리고 화자 겸양 일치소와 청자 대우 일치소들을 설정할 수 있다. 앞의 두 일치소는 논항들을 대상으로 하는 일치소이나, 뒤의 두 일치소는 화용 참여자들을 대상으로 하는 일치소이다. 논항에 관련되는 일치소들은 동사구 VP의 투영과 인접해 있지만, 화용에 관련된 일치소들은 상대적으로 멀리 시제소 층위를 넘어서 구현된다. 화용에 관련된 화자 겸양·청자 대우 일치소가 IP 층위를 벗어나서 설정되어야 할 것인지, 아니면 IP 층위 안쪽에 설정되어야 할 것인지 하는 문제도 일후 심도 있는 논의를 거쳐 매듭지어져야 할 사안이다. 통사 층위가 화용 층위에 의해 완결된다면, 화자와 청자가 관련되어 있는 일치소들은 아주 높은 층위에 위치하게 될 것이다.

그리고 필자는 시제소의 하위 층위들이 사건 시제소·인식 시제소·경험 시제소들로 나뉘는 것으로 파악한다. 모든 시제소는 [±완료] 자질을 나눠 갖는데, 제일 안쪽 층위에 있는 사건 시제소는 {-었-/-느-}가 [±사건 완료]로써 이항 대립을 보이고, 다음 층위의 인식 시제소는 {-었-}의 유무 대립에 따라 [±인식 완료]의 모습을 보이고, {-겠-}의 유무 대립에 따라 [±근접성 인식]의 모습을 나타내며, 경험 시제소는 {-더-/-느-}의 이항 대립에 의해 [±경험 완료]의 내용을 지시하는 것으로 본다. 한편 마지막 층위의 경험 시제소는 부사형 어미 {-아, -게, -지, -고}들이 드러내는 명제적 시제(추상적인 사건 전개 모습으로 미실현태irrealis라고 할 수 있음) 형태소들과 이항 대립(경험 시제소 vs. 명제 시제소)을 보이는 것으로 파악한다(김지홍, 1993). {-겠-}과 같은 형태소를 위해 양태소 M 층위를 설정하는 것을 볼 수 있는데(임홍빈·장소원, 1995 : 280 이하), 화자가 사건을 어떻게 바라보느냐에 대한 내용이므로, 인식 시제소로 취급할 수 있으리라 본다.

11) 오핼러(Ouhalla, 1991 : 16)에 따르면 기능범주는 세 가지 속성을 갖고 있다. 첫째 범주 선택의 속성을 갖고 있고, 둘째 형태소 선택의 속성을 갖고 있으며, 셋째 문법 자질들을 갖고 있는 것이다. 범주 선택의 속성이란 어휘범주의 항목이 의미 선택의 속성을 갖는 것과 대립되는 성질이다. 형태소 선택의 속성이란 의존성 여부에 상관없이 접사적인 행동 특성을 보이거나 다른 범주에 달라붙어야 하는 성질을 뜻한다. 문법 자질들은 이른바 격 CASE과 파이 ø 자질들을 가리킨다. 세 번째 자질을 좀더 적극적으로 표현한다면, 뷘겔던(van Geldern, 1993)의 자질 일치 요구 개념을 받아들여, 자신이 거느리는 하위 요소들에 대해 자질들이 일치되는 것을 요구하는 내용으로 재진술할 수 있을 것이다. 필자는 기능범주의 공통된 특성이 매듭지어진 것이 아니라, 앞으로 계속 이어지는 논의들로부터 어떤 합의점을 도출해야 하는 열린 과제라고 본다. 특히, 무엇이 기능범주 핵어들을 필요충분조건으로 규정해 주는지는

탐색해 볼 수 있고, 다음에 '사건을 완성'한다는 시제의 속성을 염두에 두면서 이를 변용하여 대상의 위상이나 범위를 완결짓는 내용의 기능범주를 찾아 볼 수 있을 것이다. Comp의 경우는, 하나의 완결된 명제 TP에 대하여, 종결소 C가 화자 인식이나 청자에의 요구 내용을 덧씌워 표현을 마감하는 역할을 한다. 화자와 청자가 관련된 층위를 화용 층위라고 말할 수 있다면, 종결소는 사건 층위와 화용 층위를 관련 짓는 요소라로 지정할 수 있다. 그리고 연결소 &의 경우 하나의 완결된 명제 TP를 다른 명제에 이어 주는 역할을 한다. 이런 점을 명사구 NP의 투영과 관련하여 생각해 보면 두 가지 경우를 상정할 수 있다. & 범주에 상응하는 존재가 명사구에서는 명사구의 투영을 동사구에 이어 주는 경우로 생각해 볼 수 있고, C범주에 상응하는 존재가 명사구에서는 명사구를 단독으로 발화 장면에 나타날 수 있도록 하는 경우로 생각해 볼 수 있다. 앞의 경우라면 격조사이나 보조사를 그 후보로 세울 수 있겠으나, 뒤의 경우는 어떤 요소가 그 후보인지에 대하여 더 탐색을 해 보아야 할 것이다.

일단 소략하게나마 동사구와 명사구를 요구하는 기능범주들의 층위가 서로 유사하다면, 그 가능성을 다음처럼 나타낼 수 있다.

(7) [[[[동사구 VP] 일치소 구절] 시제소 구절] Comp 구절]
(8) [[[명사구 NP] 일치소 구절] 완결소 구절]   ?   ]

이하 이어지는 절에서는 (8)에서 보인 기능범주 구절들이 국어 자료에서 찾아질 수 있는지에 대해 살펴볼 것이다. 제3절에서 일치소 구절의 후보를 찾고, 제4절에서는 완결소의 후보를 확정짓는다. 의문 부호 '?'로 표시되어 있고 맨 마지막 층위인 Comp 구절의 짝은 제5절에서 & 범주에 상응하는 후보를 탐색하게 될 것이다.

아직 논의가 없는 것으로 안다(4절의 각주 27을 참고하기 바람).

3. 일치를 요구하는 기능범주 : 분류사 일치소

명사구 NP가 일치를 보인다고 할 때에, 인구어에서 이 일치는 성과 수에 대한 일치를 뜻하고, 언어에 따라서 인칭에 대한 일치가 더 추가된다. 이를 가리키는 용어도 'Agreement'(이하 AGR 또는 일치소라고 부름)와 'Concord'를 쓰고 있다. 본고에서는 성과 수와 인칭에 대한 일치를 나타낸다는 점에서 두 용어의 내용이 동일하다고 보고, 앞의 용어를 따르기로 하겠다. 그러나 우리 국어에서는 성과 수와 인칭에 따른 일치란 찾아볼 수 없다. 비슷한 후보를 찾을 적에, 복수성을 나타내는 '들'이 있고,[12] 신분 표지상의 일치를 찾을 수 있다(이승녕, 1983). 이 요소가 목록을 작성할 수 있도록 제한되어 있다는 점(closed set)에서 일치 요소로 포함될 수 있으나, 다시 화용적인 특성에 따라 어디에 어떻게 실현되는지가 재결정된다는 점에서 부정적인 점수를 받게 된다. 국어에 일치소 AGR가 존재하는지 여부에 대해서는 합치된 결론이 없고, '있다'와 '없다'로 견해가 양분되어 있다. 그럼에도 불구하고, 규칙적으로 공기되거나 매이어 있는 관계를 포착하기 위해서는, 다른 문법 개념을 특별하게 하나 더 만들어 내는 일보다는, 이미 다루어져 오고 있

---

[12] 뢰블(Löbel, 1990)에서는 수 개념이 어휘적 성질을 어떻게 구분하느냐에 하는 매개인자에 따라 달라질 수 있음을 주장하고 있다. 수를 나누는 entity(개체) 매개인자와 수를 나누지 않고 물질(질료)로 취급하는 mass(물질, 질료) 매개인자로 보는 것이다. 그렇다면 국어의 명사가 물질명사(질료명사)로 간주됨으로써 모든 문제가 해결되는 것일까? 그렇지는 않다. 임의의 대상을 물질명사(질료명사)로 간주하지 않고 개체화된 것으로 간주한다면, 무엇으로 어떻게 헤아리는지를 규정해야 하고, 더 나아가 다시 헤아리는 범위가 한정되어 있는지 여부를 따져야 한다. 필자는 이런 과정이 보편문법을 구성하는 언어학적 개념에서 나오는 것으로 본다. 즉, 어떤 언어에서든지 '전체성, 개체성, (범위) 한정성'이라는 세 가지 개념이 명사와 관련되는 것이다. 개체성은 국어에서는 분류사로써, 한정성은 제4절에서 '완결소'로 규정될 몇 부류의 형식명사에 의해서 구현됨을 논의할 것이다.

그렇다면, 매개인자로 만들어야 하는 것은 명사 분류 방식이 아니다. 그러기보다는 오히려, 개체성과 한정성에 대하여 공범주의 초기값을 주어야 하는지, 아니면 외현범주의 초기값을 주어야 하는지를 정해 주는 것이어야 옳다. 국어의 명사가 '집합명사적'(임홍빈, 1979)이라면, 이는 개체성을 표현하는 요소가 공범주 형태로 초기값(default)을 구성하고 있다고 봐야 하는 것이다. '들'은 복수성을 가리킬 뿐만 아니라, 복수 대상을 하나하나 개별적으로 지시하기도 한다. 본문에 있는 예문 (22, 23)과 관련된 논의도 참고하기 바란다.

는 개념을 다소 수정하거나 확대하여 이를 이용하는 쪽이 더 온당한 태도라고 본다. 이 태도는 보편문법에 의해서 개별 언어들이 유도된다는 가정과 서로 맞물려 있다. 본고에서는 별다른 논증이 없이 국어에도 일치소가 있다는 견해를 옳은 것으로 수용하고, 동형성의 가정에 따라 명사구와 관련된 일치소의 후보를 탐색할 것이다.[13]

본 절의 논의는 먼저 분류사가 국어 명사구에 보편적으로 들어 있다는 점을 드러낸다. 둘째 분류사가 나타나는 두 개의 구문이 서로 다른 것이 아니라, 비록 초기 표상에서 부가어의 존재 여부에 따라 차이가 나지만 기본적으로 동일한 구성이라는 사실을 밝힌다. 마지막으로 화용적으로 분류사가 쓰인다고 하더라도, 그 변이의 이면에는 반드시 기본자질이 준수됨을 드러냄으로써, 분류사의 쓰임이 통사적 측면에서 예측될 수 있음을 논의할 것이다.

분류사에 대한 논의는 1970년대로까지 거슬러 올라간다. '명사'와

---

[13] 본 절에서는 분류사가 일치소임을 주장하는 데에 제일 큰 약점은, 분류사의 목록이 닫혀져 있지 않다는 점이다. 분류사를 갖는 동북아와 동남아에 있는 언어(분류사 중심 언어)들이 대체로 일반 명사들을 분류사로 채택하고 있기 때문이다(특히, Craig 엮음, 1986에 있는 Adams와 Craig와 Downing의 논의들을 참고하기 바람). 국어에서도 또한 그러한데, 이 측면이 분류사를 활용어미(inflection) 부류로 단정 짓는 데에 장애가 된다. 이를 극복할 수 있는 방법은 일치소 항목을 나열하여 제시하는 것이 아니라, 일치 속성을 자질로 표시하여 이 자질을 갖는 임의의 항목을 일치소라고 규정하는 것이다. 분류사의 일치 자질은 임홍빈(1991b)에서의 변별기준을 이용할 수 있을 것으로 본다.

다른 언어에서 다루어지는 일치소의 속성인 성과 수와 인칭도 서로 동질적이지 않음에 유의할 필요가 있다. 성은 자연부류를 남성·여성·중성으로 나누는 것이고, 수는 개체를 단수·복수로 나누는 것이며, 인칭은 사람을 청자·화자·제3자 또는 1·2·3인칭으로 나누는 것이다. 여기서 인칭은 사람에게만 국한되는 요소이며, 성과 수는 자연부류에 일반적으로 적용된다고 말할 수 있다. 곧, 성과 수는 자연물에 대한 것이다. 그런데 국어의 분류사는 선조적으로 볼 때에, 선행한 명사에 따라 그 선택이 결정된다(계층적으로 본다면 거꾸로 말해야 한다). 임의의 선행명사가 임의의 대상을 지시한다고 보면, 분류사도 자연물 또는 대상과 관련된다고 말할 수 있다. 이 점에 유의한다면, 자연부류와 관련하여 일치를 구현시키는 방식은, 자연물에 관련된 것과 인간에게만 관련된 것으로 나뉘고, 다시 자연물에 관련된 것은 성·수 또는 '자연물 분류 방식'이라고 매개인자화할 수 있다. 전자는 단어로부터 일치의 내용이 도출되고, 후자는 화자의 의도로부터 일치의 내용이 도출되는 것이다. 이 노선을 따르면, 일치의 구현 방식이 매개인자로 포착되기 때문에 일치소에 대한 보편문법 구성이 가능해지리라고 본다.

바로 뒤에서 실현되는 '수량사-분류사'의 관계를 이익섭(1973)에서는 동격 관계(반복 관계)로 파악하였고, 김영희(1976)에서는 주어와 술어의 관계로[14] 파악하였다. 그 이후에 '명사-[수량사-분류사]' 구성과[15] '[수량사-분류사]-명사' 구성이 서로 동일한지 여부에 대한 논의들이 이어졌고, 분류사를 대상으로 하여 분류사의 구획과 갈래에 대한 논의 또한 최근 계속되고 있다.

논의의 순서상 분류사가 국어의 명사에 보편적으로 주어지고, 국어 명사에서 (늘) 관찰됨을 먼저 다루기로 한다.[16] 국어 명사에 분류사가 보편적으로 주어져야 한다고 주장하려면, 최소한 다음의 몇 가지 사항이 점검되고, 긍정적인 대답으로 실증되어야 한다. 첫째, 분류사가 없이 나오는 일반 명사들을 어떻게 처리할 것인가? 둘째, 명사를 추상명사와 구체명사로 나눌 때에, 추상명사에도 분류사가 실현되는가? 셋째, 명사를 가산명사와 물질명사(질료명사)로 나눌 적에, 물질명사에도 분류사가 실현되는가? 넷째, 명사를 실질명사와 형식명사로 나눌 때, 형식명사에도 분류사가 실현되는가?

첫 번째 질문은 이론상의 대답을 제시할 수 있다. 일반 명사가 어휘

---

14) 주어와 술어 관계를 집합 이론적으로 본 것이라면, 애브니(Abney, 1987)의 직관적인 생각과 동일하다고 말할 수 있다. 주어로 명명된 명사가 개체들에 대한 술어(first order predicate)이고, 술어로 불리는 분류사가 술어에 대한 술어(second order predicate)이기 때문이다. 김영희(1976)의 내포 서술어가 과연 술어에 대한 술어를 의미하는지에 대해서는 확인할 수 없지만, 추상적인 틀로써 국어 자료를 해석하려는 시도는 국어 자료에 대한 일반화된 접근을 마련한다는 점에서 긍정적이다.

15) 수량사와 분류사는 함께 묶이어 행동한다. 때로 분류사가 외현범주로 나타나지 않은 채 수량사만이 외현범주로 나타나는 경우가 있다. 본고에서는 이 경우를 공범주 형태의 분류사가 수량사 뒤에 실현되어 있는 것으로 간주하겠다. 즉, '수량사-분류사'와 '수량사-e'는 동일한 구성인 셈이다. 본고에서는 이들이 융합 형태소로 하나처럼 기능한다고 가정하겠다. 따라서 수량사의 범주와 분류사의 범주를 따로 묻지 않고, 모두 합쳐서 일치소를 구성하는 융합 형태로 보아 다만 '일치소'라고 부를 것이고, 이 융합 형태가 투영하는 구절은 일치소 구절 AGRP로 간주한다. 영어 문헌에서는 이들을 가리키기 위해 Measure 구절(Abney, 1987), Quantifier 구절(Löbel, 1989), Classifier 구절(Tang, 1990) 등의 용어가 쓰이고 있다. 국어의 분류사를 일치소로 파악한 논의는 거츠(Gerdts, 1985 : 49)에서가 처음인 것으로 알고 있다.

16) 국어의 분류사가 필수적이라는 지적은, 임홍빈(1979 : 194)에서 복수성을 논의하면서 국어가 '분류사 언어'임을 주장한 것이 최초인 것으로 생각된다.

범주의 구성원들이고, 분류사가 기능범주의 구성원이므로, 언어 형식이 언제나 기능범주를 통해서 나타난다는 가정을 따를 때에, 분류사가 외현범주(overt category)로 드러나 있지 않더라도 언제나 공범주(empty category) 형태의 분류사를 상정해 줄 수 있다. '연필'이라는 명사는 구체적인 발화에서

[[연필] e]

처럼 기능범주를 반드시 대동하고 실현된다고 보는 것이다. 두 번째 질문은 실제 발화들을 검토함으로써 대답이 주어진다. '노력'이라는 명사는 행위(동작)명사이고 구체적인 개체나 대상이 아니다. '사랑' 또한 구체적인 개체(대상)가 아니다. 그럼에도 불구하고, 이들은 다음처럼 수량화될 수 있다(밑줄 친 부분).

(9가) 철수의 노력 하나만큼은 음미할 만하다.
나) 그가 베풀고자 하였던 것은 그 나름대로 하나의 사랑이었다.

물론 이들 예에서는 전형적으로 사용되는 분류사가 없으므로, 수량사만이 나타나 있는 것이지만, 굳이 분류사를 표시해야 한다면 다음처럼 실현될 수 있다.

(9가') 철수의 노력 한 대목은 음미할 만하다.
나') 그가 베풀고자 하였던 것은 그 나름대로 한 갈래의 사랑이었다.

이런 점을 고려한다면, (9가, 나)의 수량사는 공범주 형태의 분류사를 대동하고 있는 모습으로 표상되어 있다고 말할 수 있다. 세 번째와 네 번째의 질문에도 분류사가 실현되는 사례를 보임으로써 그렇다고 대답할 수 있다. 다음은 각각 물질명사와 형식명사가[17] 분류사를 실현시키고 있는 경우이다.

(10가) 살코기 두 덩어리가 남아 있다.
　　나) 그가 우리 편을 지지한다는 것 한 가지는 분명하다.

이런 사례들을 고려하면서, 우리는 다음처럼 분류사의 실현을 기술할 수 있다.

(11) 분류사의 실현
분류사는 명사의 종류에 구분 없이 어떤 명사와도 어울려 쓰일 수 있다. 분류사는 반드시 외현범주로 나타나야 하는 것은 아니다. 외현범주로 나타나지 않을 경우에는 공범주 형태로 존재한다.

어휘범주가 반드시 기능범주를 통하여 실제 언어 현실에 모습을 드러내는 것이 사실이라면, (11)과 같은 기술 내용을 (12)처럼 다시 진술할 수 있다.

(12) 분류사의 실현
기능범주의 일원인 분류사는 초기값으로 주어지는데, 외현범주로 나타나지 않을 경우에는 공범주 형태로 실현된다.

(12)의 약정에 따라, 국어에서는 분류사가 필수적으로 주어진다고 말할 수 있다. 그렇지만 이 요소의 범주가 무엇인지를 결정해 주어야 하는데, 본 절의 앞부분에서 지적한 것처럼, 보편문법의 가정 아래에서는 유다른 범주를 지정할 것이 아니라, 제일 가까운 후보들을 골라, 일치소 범주에 속한다고 말할 수 있다. 지금까지는 어떤 이론 위에서

---

17) 형식명사는 매우 다양한 분포를 보이므로, 여기에서 예시되었다고 하여, 모든 형식명사가 반드시 분류사를 갖는다고 결론지을 수 없다('대로, 만큼'과 같은 부사성 형식명사가 그러한데, 본고에서는 이들에 대한 논의를 보류해 둔다). (10나)의 형식명사는 '사실'과 바꾸어 쓸 수 있다는 점에서, 추상명사와 같은 취급을 받는 것으로 이해된다. 몇몇 형식명사는 여러 층위(어휘범주에서부터 몇 갈래의 기능범주 층위)에 걸쳐 실현되는 경우가 있는데, '것'이 특히 그러한 경우라고 본다.

어떻게 분류사를 바라보느냐 하는 문제였다. 이는 특별한 논증이 없이 '이론 선택'으로써 질문에 대답을 할 수 있는 과제인 셈이다.
 이제 두 번째 물음을 다루기로 한다. 외현범주로서 '수량사'만이 실현되더라도, 이를 공범주 형태의 분류사가 주어져 있는 것으로 '수량사 e'처럼 간주한다면, 분류사가 관찰되는 구문은 두 가지로 나뉜다. 하나는

'명사−[수량사−분류사]'

구문이고, 다른 하나는

'[수량사−분류사]−명사'

구문이다. 분류사가 초기값으로 초기 표상에 들어가 있다면, 이처럼 순서가 뒤바뀐 분포를 보이는 현상은 문제가 된다. 핵어가 뒤로 가는 것이 한국어의 어순 매개인자라면, 기능범주는 당연히 뒤쪽으로 실현되어야 하는 것이다. 그렇지만 '[수량사−분류사]−명사'의 구성은 이를 정면으로 위배하고 있는 것이다. 이 점이 적절히 처리되어야 분류사의 구성을 초기값으로 설치하는 데에 지장이 없다. 이 두 구문이 서로 다른 것인지 아닌지 여부에 대해서 먼저 논의하기로 한다.
 분류사를 다루는 논문들을 크게 이 두 구문의 동의성 여부에 의하여 두 가지 입장으로 나눌 수 있다. 한쪽은 동일하다는 주장을 펴고, 다른 한쪽에서는 다르다는 주장을 편다(제2장의 2.1절 이하를 참고하기 바람). 필자는 이 두 주장이 서로 양립이 불가능한 것이 아니고, 모두 옳은 일단면을 드러내는 것으로 이해한다. 왜냐하면, 두 구성이 외연의 미$_{\text{reference}}$가 같고, 내포의미$_{\text{sense}}$가 서로 다르기 때문이다. 곧, 개체가 주어지고, 그것의 수량을 지시한다는 점에서는 동일한 외연값을 갖는다. 그렇지만, 내포값은 서로 다르다.

'명사-[수량사-분류사]'

구성은 이른바 영어의 부분사$_{partitive}$ 구성처럼 "다른 개체가 더 있음"을 전제로 한다. 반면,

'[수량사-분류사]-명사'

의 구성은 "헤아려지는 개체가 전체임"을 전제로 한다.

(13가) 철수가 책 둘을 샀다.[18]
　나) 철수가 두 책을 샀다.
(14가) *그가 마음 둘을 품었다.
　나) 그가 두 마음을 품었다.

(13)에서는 두 개의 구성이 모두 가능하지만, (14)에서는 그러하지 아니하다. 왜 이런 차이가 나타나는 것일까? 필자는 이 비문법성을 내포의미의 차이로 설명할 수 있다고 본다. (13가)와 (14가)의 구성은 다른 개체들이 더 있음을 전제로 한다. (13가)에서는 책을 살 적에 철수가 지정한 책 말고도 더 많은 수의 개체(책들)가 있는 것이다. 하지만, (14가)에서는 이런 논의가 불가능하다. 그의 마음이 개체화되어서 세 개 이상 들어 있음을 확인할 방법이 없다. 만일 확인 가능하다면 추상명사를 개체화하여 헤아릴 수 있다고 진술해야 한다. 그렇다면 추상명사와 일반 명사의 구분은 불필요한 것이 되고 만다. (14가)의 비문법성은 마음을 숫자로 헤아려 세 개 이상이 있음을 전제할 수 없기 때문이다. (13나)는 특정한 책 두 권이 (논의 대상의) 전부임을 함의

---

18) 이들 예문에서 분류사가 나타나지 않았지만, 본고에서는 [둘 e], [두 e]처럼 분류사가 초기값으로 주어져 있는 것이라고 가정하고 있다. 이때 공범주 형태는 상황에 따라, '권, 묶음, 상자, …'들을 가리킬 수 있다. '마음'은 추상명사이고 개체화될 수 없으므로, 계량 단위를 붙이지 않는 것이 통례이겠으나, '두 개의 마음'이나 '두 가지 마음'이라는 표현이 가능하기 때문에, 계량할 수 있는 모습으로 바뀌었다고 보아야 한다.

한다. 선택의 범위 안에 여러 부류의 책이 있는데, 가령 그 중에서 언어학에 관한 책이 두 권이었을 때에, 다른 종류의 책이 아니라 언어학에 관한 책을 두 권 샀고, 그 숫자가 전체 대상임을 뜻한다. (14가)와는 달리, (14나)가 허용되는 것도 같은 내용으로 설명할 수 있다. 가령, (14나)를 찬성하려는 마음과 반대하려는 마음(서로 갈등하는 마음의 상태)을 지시하는 것으로 보자. 여기서 '두 마음'이란 것은, 논의하고 있는 숫자가 마음의 전체임을 의미한다. 따라서 여기서는 추상명사가 반드시 개체화되어야 한다고 말할 필요가 없는 것이다.

(15가) ?철수가 <u>책 둘 모두</u>를 샀다.
　나) 철수가 <u>책 둘을 모두</u> 샀다.
　다) ?철수가 <u>두 책 모두</u>를 샀다.
　라) 철수가 <u>두 책을 모두</u> 샀다.
(16가) *그가 <u>마음 둘 모두</u>를 품었다.
　나) *그가 <u>마음 둘을 모두</u> 품었다.
　다) ?그가 <u>두 마음 모두</u>를 품었다.
　라) 그가 <u>두 마음을 모두</u> 품었다.

이 논의를 뒷받침시켜 주는 사례로 전칭 양화사 '모두'를 도입해 보기로 한다. (15가, 다)와 (16다)에 있는 윗첨자 의문 부호는, 이들이 수용도 측면에서 정상적인 구문에 비해 수용되는 정도가 매우 낮음을 나타낸다. 전형적으로 대격을 받는 격조사가 하나만 나타날 적에, '를'은 명사구의 범위를 지정한다고 말할 수 있다. (15가, 다)와 (16가, 다)의 예문은 [책 둘 모두]와 [마음 둘 모두]가 명사구적 요소임을 전제로 한다.[19] 하지만 이들은 수용성의 정도가 (15나, 라)와 (16라)에 비해

---

19) 이런 형상이 늘 수용도가 낮다고 말할 수는 없다. 가령, "[책 둘 모두]가 없어졌다, [두 책 모두]가 없어졌다"와 같은 사례에서는, '모두'가 부사적인 역할을 하는 것이 아니라, 명사적인 구조 속에 포함되어 있다. 대격을 받을 때와 주격을 받을 때가 서로 다른 양상을 보인다는 점이 주목되어야 할 것이다. 이는 대격을 받는 경우에 항상 동사 수식 부사의 범위 속에 갇혀 있게 되지만, 주격을 받을 경우에는 그 범위를

아주 낮다. 이 사실은 '모두'가 명사구적인 요소로 들어가 있기보다는 부사적 지위를 갖고 있고, 따라서 동사구를 수식하는 부사로 처리되는 것이 더 온당함을 드러내 준다.

(15가, 다)와 (16다)의 낮은 수용도를 부사적 지위를 갖는 '모두'가 명사구적 범위 속에 들어 있기 때문이라고 보고서, 일단 이들을 논의에서 제외한다면, 설명해야 될 예문은 (15나, 라)와 (16나, 라)이다. (15나, 라)는 모두 정상적이다. 그러나 (16)에서는 (16라)만이 문법적이다. 왜 그러는 것일까? 일차적으로 필자는 '마음 둘'이라는 구성이 마음의 개체가 셋 이상 있음(정신분열증의 경우에만 가능함)을 전제로 하기 때문으로 판단하고 있다. 그렇다면, 혹 논의 대상의 마음이 오직 두 개만이 있음(갈등하는 두 마음의 상태)을 언표할 수 있을 경우에, 문법성이 어떻게 될까?

(16나') 그가 모순되는 마음 두 <u>마음</u>을 모두 품었다.[20]

(16나')은 (16나)보다는 수용 정도에서 훨씬 나아 보인다. 동일한 명사가 하나는 일반 명사처럼 쓰이고, 다른 하나는 분류사처럼 쓰이어, 서로 가까이 인접 실현되고 있기 때문에 생겨나는 어색함만을 제외한다면, 마음이 셋 이상 있어야 한다는 전제가 '모두'에 의해서 철회될 수 있기 때문에 문법적이라고 말할 수 있다.

지금까지 내포의미가 두 구성 사이에서 차이가 남을 지적하였다. 그럼에도 불구하고, 이 두 구성은 외연의미가 같다. 곧, 개체가 주어져 있고, 그 개체를 헤아린 결과가 늘 동일해야 되는 것이다. 그런데, 이와 같은 동일한 외연의미가 사실이라면, 이 외연의미는 어떻게 해

벗어나게 된다는 점, 다시 말하여 주어와 목적어 사이의 비대칭적인 수식 범위에 주목하면서 해결책이 추구되어야 할 것으로 본다.

[20] 추상명사 '마음'에 어울릴 수 있는 전형적인 분류사가 없으므로, 일반 명사를 분류사처럼 고쳐 만들어 보았다(밑줄 친 부분). "급히 올 사람 한 <u>사람</u>이 더 필요하다"에서 밑줄 친 분류사 '사람'과 같은 용법이다.

서 유도되는 것일까? 이를 찾으려면,

　"구성이 다르면 뜻도 다르다."

라는 직관적인 통찰을 살리면서, 외연의미의 동일성을 보장해 주는 길을 모색해 보아야 한다. 즉, 외견상으로 구성이 달라 보이더라도, 안쪽으로는 동일한 구성을 취하므로 뜻이 같다고 해야 하는 것이다. 필자는 '명사-[수량사-분류사]' 구성이 후핵성 매개인자를 준수하므로, 이를 초기값 구성으로 간주하고자 한다. 그렇다면, '[수량사-분류사]-명사'의 구성이 초기값으로부터 유도된 구성이거나 변형된 구성임을 논의해야 옳다. 초기값으로부터 유도되었다면, 이동 현상을 찾아 주어야 한다. 변형된 구성이라면, 무엇이 변형되어 있는지를 찾아내어야 한다. 그런데, 국어에서 핵어 이동의 동기를 형태론적 조건(어미 결합 따위)에서 찾는다고 할 때에, 이 구성에서는 전혀 그러한 동기를 찾을 수 없다. 그런 만큼 이동에 의한 해결은 자의적이거나 특별한 것일 수밖에 없다. 그렇다면, 후자의 방식만이 남는데, 삭제나 첨가를 하겠지만, 쉽지 않다. 필자는 핵어 이동이나 변형이 협의의 통사 기제라고 보며, (17)을 위해 다른 내포의미를 표현하기 위한 '화용적 동기'가 주어져야 할 것으로 본다.

　필자는 '[수량사-분류사]-명사' 구성이 부가어 구성을 이루는 것으로 생각한다. 다시 말하여,

　　$[_{AGRP}\ [수량사-분류사]_i\ [_{AGRP}\ 명사\ [_{AGR}\ e\ ]_i\ ]$

로 보려는 것이다. '명사-[수량사-분류사]' 구성에서 분류사 구성이 공범주로 주어져 있고, 이 일치사 구절 위에 부가어 형식으로 다시 [수량사-분류사]가 얹혀져 있는 것이다.

(17)

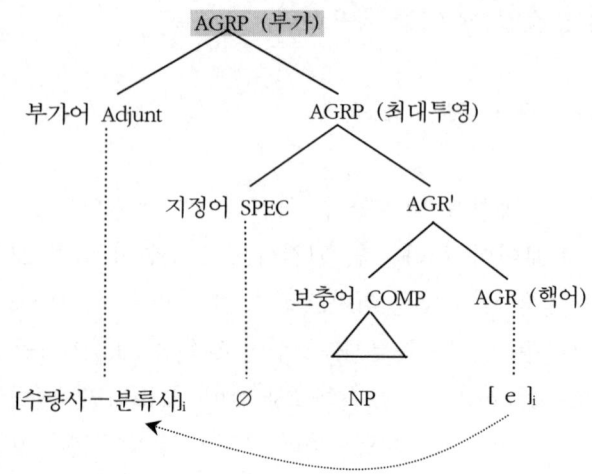

부가어의 임의성 때문에, 자칫 없혀지는 [수량사-분류사]가 생략되어 버릴 위험을 제거하기 위하여서는, 다른 내포의미를 표현하기 위하여 유표적으로 공범주 핵어의 조건에 의해 부가어가 필수적으로 주어져야 한다고 지정해 주어야 한다. 이 부가어는 초기 표상에서부터 부가되어 있어야 하는 것이다(화용적 동기에 의한 것임). 또한 부가어와 핵어는 서로 성분통어 관계에 있어야만 동일한 외연의미를 보장해 줄 수 있으므로, 최대성분통어$_{m\text{-command}}$를 가정하기로 한다. 전형적 논항구조를 투영하는 기능범주 일치소 구절의 모습을 바탕으로, 부가어 형태의 모습을 그림으로 나타내면 (17)과 같다.

'[수량사-분류사]-명사'의 구성이 부가어임을 증명할 수 있는 근거를 어디에서 찾을 수 있을 것인가? 아직 필자는 능력의 제한으로, 직접적이고 결정적인 증거를 제시할 수 없다. 대신 우회적인 방법으로 부가어 구성임을 보이고자 한다.[21] 우선 손쉬운 간접적 증거를 이른

---

21) 분류사가 기능범주의 핵어가 되어야 한다는 주장은, 필자가 읽은 바로는 뢰블(Löbel, 1989; Löbel, 1993)과 당(Tang, 1990)에 있다. 후자는 중국어를 대상으로 다루고 있으며, 전자는 더 많은 언어들을 통해 일반화를 시도하고 있다. 이 두 논의의 공통점은 애브니(Abney, 1987)의 논의를 더 수정하여 확대하고 있는 점이다. 애브니(Abney, 1987: 특히 제4장)는 분류사(그는 DegP라고 함)를 형용사로 파악하고,

[$_{DegP}$ 지정어 [$_{Deg'}$ [$_{Deg}$ 핵어] 보충어]]

바 격조사 '의'에서 찾을 수 있다. 국어에서 '의'는 실제 격조사라고만 규정할 수 없다. '의'를 핵어명사에 의해서 구조적으로 주어지는 구조격으로 여길 때에, 다음의 예문에서 왜 '의'의 출현 여부가 의미 차이를 빚는지 설명해 줄 수 없기 때문이다.

(18가) 여왕의 벌
    나) 여왕 벌
(19가) 딸의 자식
    나) 딸 자식

(18가)와 (19가)는 소유자임을 표시해 주는 '의'가 실현되어 있다. 여왕이 기르고 있는 벌일 수도 있고, 딸이 낳은 자식(외손자)일 수도 있는 것이다. 그렇지만, 인접해 있는 핵어명사로부터 격을 배당받고 있지 않은 (18나)와 (19나)에서는 선행명사가 소유자가 아니다. 동격 관계이거나 수식 관계에 있는 것이다. 동격 관계로 본다면, 여왕의 내재적 자질 속에 '벌'이라는 속성이 들어 있다고 봐야 하고, 딸이라는 자질 속에 '자식'이라는 속성이 들어 있다고 봐야 한다. 수식 관계로

의 형상에서 보충어 위치에 AP 범주의 분류사가 실현된다고 하였으나, 이 분류사 구절은 다만 D의 보충어로서 존재한다고 보았다. 여기서 한 걸음 더 나아가, 뢰블(Löbel)과 당(Tang)은 분류사 구절이 D와 마찬가지로 독립된 기능범주의 핵어라고 주장하였다. 뢰블(Löbel)은 QP로, 당(Tang)은 ClP로 서로 이름을 달리 불렀으나, 실제의 내용은 본고에서 주장하려는 일치소 구절 AGRP과 동일하다. 본고에서 AGR을 채택하는 이유는, 동사구에서도 동일하게 일치를 구현하는 요소가 있고, 이 요소가 AGR 범주로 규정되기 때문이다. 명사구와 관련된 내용을 위해서 따로 범주를 만들기보다는 동사구의 것을 이용하는 것이 더 동형성 가정에 알맞다고 보는 것이다. 이들이 제안하는 구조도 핵어가 앞선다는 매개인자를 주면,

[D ··· [Q ··· [NP]]]

또는

[D ··· [Cla ··· [NP]]]

와 같다. 본고에서 상정하고 있는 기능범주 핵어는 이 두 층위의 것만이 아니라, 다시 하나의 층위가 더 얹혀져 있는 모습이다. 분류사가 핵어임을 국어 자료로부터 직접 실증해 내는 일이 비록 아직 이루어지지 않았지만, 다른 언어를 다루면서 분류사가 핵어가 되어야 한다는 주장들이 본고의 입장을 간접적으로 강화해 줄 것으로 믿는다.

본다면, 선행명사는 핵어명사를 필수적으로 수식해야 한다고 말해야 한다. 어느 방식을 택하더라도, 핵어명사와의 관계에서 (18나)와 (19나)는 '의'가 실현되어 있는 것들보다 더 긴밀히 바짝 인접하여 있는 것이다. 필자는 이런 사실을 설명하기 위하여, 명사의 투영에서도 논항구조를 상정해야 되고, 이들 요소가 서로 계층을 달리하여 실현됨으로써 그러한 의미 차이가 생긴다고 보았다(제3장). 다양한 구성에 나타나고 있는 '의'는 사이시옷 'ㅅ'과 대조적인데, 후자는 언제나 명사가 투영하고 있는 논항구조에서 보충어 위치에만 나타나지만, 전자는 이런 제약이 찾아지지 않는다. '의'의 이런 특성을 포착하려면, '의'의 실현을 포괄적으로 규정해 주는 길밖에 없을 것으로 본다. '의'가 이끌고 있는 선행 요소가 핵어명사에 이어져 있음을 보여 주는 기능을 하는 것이다. 필자는 [수량사-분류사]가 명사 앞에 실현될 적에 '의'를 대동하고 있는 점이 핵어에 이어져 있음을 드러내 주는 것이고, 이를 부가어 관계로 보려는 것이다.

두 번째의 간접적 증거로는 '[수량사-분류사-명사]'의 구성에서 지시사가 수의적으로 출현할 수 있음을 주목하고자 한다(예: '두 개의 저 그림'). 이는 그림 (17)에서 지시사가 지정어 SPEC 위치를 점유하고 있는 것으로 해석할 수 있다.[22] 그렇다면, '이 두 개의 그림'처럼 지시사가 [수량사-분류사]보다 앞에 나타나는 경우는 어떻게 설명할 것인가? 이 경우, 필자는 동일한 지시사가 완결소의 지정어 위치에로 다시 한 층위 더 이동한 것으로 보고자 한다. 여기서의 초점은, 각 핵어의 지정어 위치가 비어 있기 때문에, 위에 있는 기능범주의 형태론적 요구 조건에 따라서 명사구 NP의 투영 속에 존재하고 있던 지시사가 이런 위

---

[22] 현재 필자는 이 지정사의 존재를 명사구 NP가 주어져 있을 때, 이 명사구가 제2절의 (1)과 같은 구조를 투영하고, 그 속에 외부지정어 자리에 들어 있다가 위로 올라오는 것으로 보려고 한다. 이동의 동기는 더 위에 있는 층위에 자리 잡고 있는 형태소들의 요구(이들 형태소들은 다른 핵어들과 융합되어야 하므로, 이 과정에서 아래에 있는 논항들이 비어 있는 위치로 이동하는 것으로 봄)에 부응하기 위한 것으로 가정할 수 있다. 이런 과정을 애브니(Abney, 1991)에서는 'chunk(덩이, 덩어리)'로 부르고 있다.

치에로 이동할 수 있다는 점이다. 이는 의미역을 받은 논항이 의미역이 없는 위치에로 이동한다는 점에서 비논항(A바) 이동이라고 하겠다.

마지막으로, 이론 내적 증거를 생각해 볼 수 있다. 분류사 구절의 핵어가 공범주로 실현되어 있으므로, 계량을 하기 위해서 반드시 외현범주로 분류사가 실현되어야 한다. 그러나 공범주 핵어가 들어 있으므로,[23] 외현범주의 분류사 실현은 다른 길을 모색하여야 한다. 논항 속에 들어간다면, 이는 자기모순이 된다. 분류사 안에 분류사가 있는 것은 동일한 핵어가 둘 이상 존재하는 것이므로, 핵과 논항으로만 짜이는 논항구조에서는 허용될 수 없다. 그렇다면, 논항구조의 제약성을 준수하면서 구조를 만들어 낼 수 있는 다른 방법이란 부가어 구성을 이루는 길밖에 없는 것이다. 이 점이 부가어에 대한 예외적 필수성(화용적 동기에 의한 부가어 구성의 필수성)을 마련해야 하는 까닭이 된다.

위에서 단일한 구조를 통해 두 구문의 동일성을 찾아낼 개연성을 간접적 증거들을 통하여 살펴보았다. 이 개연성이 좀더 직접적 증거들에 의해서 사실로서 완벽히 논증이 이루어진다면, 남은 일은 화용적인 분류사의 쓰임이 통사적인 방식으로 예측될 수 있음을 보여 주는 것이다.

분류사의 화용적 쓰임에 대한 언급은 채완(1990 : 172)에 잘 지적되어 있다. 물질명사(질료명사) '물'이 계량되는 방식은 매우 다양하고, 문화적인 특성이 주어져야 한다.

(20가) "물 한 [방울, 동이, 병, 그릇, 말, cc, …]"

위의 예문은 분류사 항목이 더 추가될 수 있음을 보여 주고 있다. 그

---

23) '전체성'을 보장해 주는 내포의미를 확보하기 위하여서는 화용적 동기가 먼저 고려되어야 한다. 만일 핵어 위치에 있다가 부가어 위치로 이동하는 통사 현상이라면, 비어 있는 지정어 위치를 건너뛰고 가야 할 필연성이 찾아지지 않는다. 이 점은 (17)의 구조에서 처음부터 공범주 핵어를 실현시켜야 한다. 즉, 이 내포의미를 보장해 주기 위해서 이미 주어져 있는 구조와는 다른 모습의 구조를 만들어 내어야 하는 것이다.

렇지만, 이 항목들은 자의적으로 아무렇게나 들어가는 것이 아니다("*물 한 마디'). 반드시 용적을 잴 수 있는 용기의 특성을 지녀야만 한다. 이 점을 고려하여 분류사의 자질을 표시한다면 (20나)처럼 나타낼 수 있다.

    (20나) "물 한 [X]"
        단 {X=[+용기] : 방울, 동이, 병, 그릇, 말, cc, …}

이런 상황은 구체적인 개체명사에서도 마찬가지이다.

    (21가) "사과 하나 e"
      나) "사과 한 [X]"
        단 {X=[+낱개]나 [+묶음] : 개, 상자, 콘테이너, …}

(21가)의 사과는 계량 단위가 공범주로 주어져 있기 때문에, 상황에 따라서 여러 종류의 분류사가 들어갈 수 있다. 그것이 낱개 또는 개체 단위라면, "사과 한 개"가 될 것이고, 만일 묶음 또는 용적 단위라면, "사과 한 상자, 사과 한 콘테이너…" 등과 같은 모습이 될 것이다. "*사과 한 사람"이란 표현이 허용될 수 없는 것은, 이와 같은 분류사의 의미자질을 위배하고 있기 때문이다. 다시 말하여, 개체 단위나 용적 단위가 아니라면, (21가)의 분류사로 채택될 수 없는 것이다. 이 점을 본 고에서는 통사적 예측 가능성이라고 파악하고자 한다. 이 자질을 바탕으로 하여, 화자의 선택이나 상황에 따른 선택이 덧붙여짐으로써 외현범주의 분류사가 실현되는 것이다. 자세한 분류사의 자질들은 임홍빈(1991b)이나 우형식(1997) 등의 논의를 응용하여 마련해 볼 수 있을 것으로 본다.
    이상에서 필자는 분류사가 국어에서 보편적으로 주어져야 하고, 두 종류의 구문에서 단일한 구성을 찾을 수 있으며, 화용적인 쓰임도 분류사 의미자질을 확보함으로써 통사적으로 예측할 수 있음을 논의하였다. 이로써 일단 분류사가 기능범주의 핵어이며, 일치소 구절을 이룸을 드러낸 것으로 간주하고자 한다. 더 강력한 증거들이 국어 자료들로부터 찾아져야 마땅하고, 다른 언어에서 분류사 존재의 확인(앞의 각주 21을 참고 바람)이 이어져야 하겠으나, 더 능력 있는 연구자의 몫으로 남긴다. 이로써 최대투영의 명사구 NP는 먼저 분류사 일치소 구절 속으로 편입되어 들어가야 하는데, 이는 동사구 VP가 대우 일치소 구절 속으로 편입되어 들어가는 것과 나란하다고 매듭지을 수 있다.

4. 위상과 범위를 완결짓는 기능범주 : 완결소 구절

국어에는 이른바 '형식명사'로 분류되는 항목들이 분류사를 핵으로 하는 일치소 구절의 뒤에 접미될 수 있다. 그런 항목들의 대표적인 사례가 처소나 방향을 나타내는 것들이다. 위놀드(Wienold, 1995)에서는 동아시아 언어들이 경로동사$_{\text{path verb}}$를 많이 갖고 있을 뿐만 아니라, 명사와 관련하여서는 '위상표시 형식명사들$_{\text{Relational Nouns}}$'이[24] 다수 존재하고 있음을 지적한다. 우리의 국어에서는 '앞, 뒤, 옆, 위, 아래, 가운데, 안, 밖, 사이' 등과 같이 다수 처소와 관련된 명사들이 실현되지만, 와타나베(Watanabe, 1993 : 432 이하)에 따르면 마야 어$_{\text{Mayan}}$에서는 신체 어휘가 전치사와 함께 그런 기능을 맡고 있다. 이런 종류의 형식명사들이 어느 언어에서나 처소격과 관련되어 있는 것은 이들 자질이 기본적으로 처소성을 지니기 때문이다.

국어의 교착어적인 질서를 좇아, 분류사 구절 뒤에 나타날 수 있는

---

[24] 위상관련 형식명사(Relational Noun)의 용어를 직역을 하게 되면 '관계를 나타내는 명사'라고 말할 수 있다. 이 명사가 'in front of, on top of, behind, beside'와 같이 뒤따르는 명사와의 관계를 표시하고 있으므로, 이런 뜻으로 붙여졌다고 생각된다. 필자는 우리말에서 '관계'라는 단어의 함의가 너무 포괄적이므로 이를 피하고, 대신 '위상을 나타내는 명사'로 번역해 두고자 한다. 즉, 선행명사의 위상을 표시해 주는 것이다. 와타나베(Watanabe, 1993)에서 쓰고 있는 용어는 조금 다른데 명사 범주의 locational noun(위치표시 형식명사)이다. 또, 블레익(Blake, 1994: 16, 43)에서는 relator noun(관계 형식명사)이라는 용어가 쓰이고 있다.

사례들을 찾아보면, 크게 두 가지를 주목할 수 있다. 하나는 처소 관련 형식명사들의 존재이고, 다른 하나는 외견상 복수·양화에 관련된 요소들이다.

(22가) [[조건] 세 가지] <u>속</u>(에), <u>위</u>(에)
　　나) [[조건] 세 가지] <u>들</u>, <u>모두</u>

본 절에서는 이들이 모두 대상의 위상이나[25] 범위를 완결짓는 자연부류임을 논의하려고 한다. 만약 이들이 하나의 개념을 나타내는 자연부류이라면, 이 부류도 또한 범주를 정해 주어야 할 것이고, 동형성 가정 위에서 동사구를 이끄는 기능범주의 어느 핵어와 닮았는지를 규명해야 할 것이다.[26] 이는 개념상 동사구의 기능범주와 명사구의 기능범주의 동일한 기본 자질을 찾아 비정해 주는 작업이 된다. 이 층위가 설정되어야 한다면, 우리 국어에서뿐만 아니라 이 층위의 존재를 다른 언어에서도 찾을 수 있어야 한다. 그럴 때에라야 이 층위를 보다 보편적인 층위로 상정할 수 있는 것이다.

　먼저 동사구에서의 기능범주를 검토하는 일부터 시작하기로 한다. 어휘범주의 항목은 형식 의미론에서 개체들에 대한 술어 predicates over individuals 이므로 제1계 술어가 되지만, 기능범주의 항목은 술어에 대한 술어 predicates over predicates 이므로 제2계 술어가 된다. 동사구는 제1계 술어로서 사건들의 집합 a class of events 을 나타낸다. 임의의 사건 집합이 시간선상에

---

[25] '위치'라는 용어를 쓸 수도 있지만, 이 형태들이 구체적인 위치만을 가리키는 것이 아니라 추상적인 뜻으로도 넓혀져 쓰이고 있으므로, 이를 고려하여 '위상'이라는 용어를 채택하고자 한다.

[26] 필자는 의미론적 관점에서 볼 때에 영어의 정관사(부정관사)가 이 층위에 존재하는 요소로 보고 있다. 왜냐하면 관사들의 역할이 범위의 한정과 비한정에 관련되어 있기 때문이다. 애브니(Abney, 1987)에서 상정되고 있는 D는 일치소 구절에 설치될 것이 아니라, 일치소 구절 윗층위에 있는 완결소 구절 층위에 설치되어야 할 것으로 본다. 영어에서 'in front of' 뒤에 오는 명사는 반드시 범위가 한정된 모습(정관사)으로 실현되어야 한다. 필자는 이 조건이 바로 위상 표시 형식명사 front로부터 도출된다고 파악하고 있는 것이다.

서 특정한 위치를 점유함으로써, 추상적인 사건이 하나의 구체적인 사건 내용으로 바뀌고, 이에 따라 비로소 그 기술이 완결된다.[27] 시제소 구절은 임의 사건 집합에 대한 시간선상時間線上의 실현 위치를 표시해 주는 것이다. 여기서 추상적인 사건에 시간이라는 변수가 도입되어 구체적 사건으로 되는 과정을 '사건 기술에 대한 완결'이라고 파악할 수 있다.

명사구의 경우에도 비슷한 개념을 상정할 수 있을 것으로 본다. 명사구도 제1계 술어이며, 속성에 대한 집합이거나 개체들의 집합을 표시한다. 이는 추상적인 내용으로, 어떤 외연이 주어져야만 구체적인 대상이 될 수 있다. 곧, 명사구가 나타내는 집합의 범위가 지정될 필요가 있는 것이다. 외연을 정해 주는 길은, 그런 속성을 갖는 개체들의 범위를 표시해 주는 일이 될 것이다. 이를 본고에서는 명사구가 가리키는 "대상(개체)의 범위나 위상을 완결짓는 것"으로 파악하고, 이 범주를 '완결소'라고 부르기로 한다.

이제 (22)의 예문들이 자연부류로 묶일 수 있음을 논의하기로 한다. (22가)는 장소에 관련된 것임을 쉽게 알 수 있으나, (22나)는 장소와

---

[27] 애브니(Abney 1987 : 77)에서는 히긴보덤(Higginbotham)의 용어로써 이를
'Infl binds the VP's event place'(활용어미가 동사구의 사건 무대를 제약한다)
라고 표현하고 있다. 시제소 층위보다 밑에 있는 일치소 층위의 역할은 문법적 일치(인구어에서의 일치)의 경우 문장 안에 구현되어 있는 요소들 사이의 관련을 표시하여 주는 것으로 이해된다. 시제소 층위보다 더 위에 있는 종결소 Comp 층위는 화자와 청자에 관련된 내용이 구현되는 층위로 파악할 수 있을 것이다.
이 작업 가정의 옳고 그름을 떠나, 필자의 능력으로 해결할 수 없는 중요한 문제가 하나 있다. 기능범주의 핵어를 확정할 수 있는 필요충분조건의 수립이다. 코어베외(Corbett et al., 1993)에서 쥐키(Zwicky)는 핵어 성격으로서의 복합 개념을 상정하고 있다. 지배와 일치 또는 자질 집합체들이다. 이들은 동심(同心) 구조와 이심(異心) 구조를 다루기 위한 장치들이지만, 이 자체가 핵어 존재의 정당성을 드러낸다고 말할 수는 없다. 반복 불가능성(noniteration)도 거론될 수 있다. 그렇지만, 반복될 수 없는 논항들도 있으므로 충분조건일 뿐이다. 직관적으로는 집합 이론(또는 Frege의 '함수-논항' 이론) 위에서, 집합에 대한 집합(set of set)일수록 기능범주의 핵어 후보가 될 듯하다. 필자가 과문하여, 아직 만족할 만한 제안을 찾아 읽어 보지는 못하였다. 기능범주의 핵어를 지정하는 일이 이론 내적인 동기와 주변 여러 언어에서의 물증들을 거론하는 것만으로 대체되는 듯한 인상을 벗어나려면, 장차 기능범주 핵어의 수립을 위한 필요충분조건이 심도 있게 논의되어야 할 것으로 생각된다.

어떻게 관련될지 드러나 있지 않다. 오히려 양화 표현과 관련되므로, 분류사 구절의 수량사와 관련이 맺어져야 할 것으로 파악될 소지가 있다. 그렇지만 분류사 구절 속의 수량사와는 성격이 다름을 간과해서는 안 된다. 수량사의 기능은 헤아림(수치 계량)에 있는 것이다. (22나)에 나타난 항목들은 수치 계량과는 관련이 없다. (22)에서 '들'은 둘 이상의 낱개로 주어져 있는 대상을 지시하고 있으며, '모두'는 낱개로 표현하는 것이 아니라 정반대로 전체로 주어져 있음을 지시하고 있는 것이다. '들'이 단순히 복수성을 가리키는 게 아니라, 여기에서처럼 낱개의 대상을 가리키는 형태소임은 다음과 같은 표현을 검토함으로써 드러나게 된다.

(23가) ??[사람 [하나하나들]]이 자기 몫을 내어 놓았다.
나) [[[사람]들] 하나하나]가 자기 몫을 내어 놓았다.

(23가)에서 '하나하나들'이라는 표현은 용인 가능성이 매우 낮거나 비문법적이다. '하나하나'는 낱개의 대상을 가리키고 있으므로, 원론적으로 볼 때 복수성을 나타낸다고 하는 '들'이 붙지 못할 이유가 없다. 그럼에도 불구하고 (23가)는 수용성이 낮거나 비문으로 판정된다. 왜 그런 것일까? 이는 다음처럼 설명될 수 있다. '하나하나'라는 표현이 둘 이상의 낱개의 대상을 지시하고 있는데, 다시 중복되는 기능의 '들'로써 낱개의 개체를 지시하고 있기 때문이다. 완결소라는 범주가 실현될 자리에 두 개의 형태소가 특별한 동기도 없이 함께 실현되어 있는 것이다. 그렇지만 (23나)의 '[[[사람]들] 하나하나]'[28]라는 표현은 문법적이다. 이때 '사람' 뒤에 실현되어 있는 '들'은 낱개의 대상을 가리

---

28) 이 구조에 범주를 표시하면 다음과 같다.
"[[[NP 사람] [AGR 들]] [REL 하나하나]]"
단, 여기서 'REL'은 relator 또는 relational이라는 약어이다. 필자는 아직 영어로 된 적절한 용어를 찾지 못하였다. 잠정적으로 본고에서는 이 용어로써 완결소 범주를 가리키기로 한다.

키는 것이 아니라, 복수성을 나타내며, 일치소 위치에 실현된 것으로 파악된다. 이 복수성을 띠는 대상은 다시 추가적으로 '하나하나'에 의해 낱개로 지시되고 있는 것이다.

그렇다면, '들'이 실현되는 층위는 두 개가 있는 것이다. 하나는 일치소 위치이고, 다른 하나는 완결소 위치인 것이다. 일치소 위치에 실현될 경우에는 복수성이라는 의미자질을 갖고 있으며, 완결소 위치에 실현될 경우에는 두 개 이상의 낱개 대상을 가리킨다고 파악하는 것이다 (맞춤법에서 붙여쓰면 복수 접미사로 취급하고, 띄어쓰면 형식명사로 취급하는 일과 나란함). 구조적으로 (23가)에서 '??[[[사람]e] [하나하나][들]]'은 일치소 구절이 공범주(e)에 의해서 채워져 있고, 위치소 구절에 두 개의 형태가 실현되어 있는 모습이다. 그러나 (23나)는 '[[[사람들] 하나하나]'의 표상을 갖고 있으며, 앞에서처럼 하나의 층위에 두 개의 형태가 실현되어 있지는 않다.

이런 현상은 '[[[사람들] 모두]'와 '??[[[사람]e] [모두][들]]'의 대비에서도 동일하게 관찰된다. 이 두 구절의 문법적 차이도 똑같이 설명될 수 있다. 전자는 복수성을 지닌 대상이 있고, 다시 그 대상의 전체 범위를 가리킨다. 그렇지만 후자는 완결소 위치에 전체성과 낱개(개별)성이 함께 실현되고 있다. 이들은 서로 배타적(상보적) 관계에 있는 것이다. 하지만 이들이 함께 같은 위치에 실현되어 있으므로, 비문성이 초래되고 있다. 다시 말하여, 전체성은 밖에서 바라보면서 기술하는 것이지만, 어떤 묶음이 주어져 있을 때에 낱개(개별)성은 그 묶음 안에서 바라보아야 파악이 가능한 기술 방법이다. 밖에서 바라보는 기술과 안에서 바라보는 기술이 짝을 이루고 있는 셈이다.

그러나 만일 앞에 '사람'이라는 명사구가 들어 있지 않은 모습으로 되면 상황이 달라진다. '모두들'이라는 구절은 완전 무결한 표현이다. 이 표상은

[REL [AGR [NP 모두] 들] e]

또는

    [REL [AGR [NP 모두] e]]

의 구조를 갖는다. 따라서 하나의 층위에 두 개의 형태가 실현되어 있는 경우는 아닌 것이다. 여기서 '모두'는 양화사로서 주어지는 것이 아니라, 일반명사처럼 지시성을 갖고 있으며, 논의의 대상 전체를 하나의 대상으로서 지시하고 있는 것이다.

  완결소 위치에 나타나는 '들, 모두, 하나하나' 등이 '낱개를 가리키느냐, 또는 전체를 가리키느냐' 하는 의미자질(전체성/낱개성)을 갖는다면, 전체를 거론하기 위해서는 그 범위 밖에서 바라보아야 하고, 낱개를 가리키기 위해서는 그 범위 안쪽에서 바라보아야 한다. 낱개로 열거하면서 논의할 것인지, 아니면 전체로 묶어 논의할 것인지를 결정짓는 일은, 먼저 범위(대상)를 결정하고 나서, 그 범위의 안쪽과 바깥쪽의 두 지점에서 논의 대상을 바라보고 기술하는 것이다. 이는 어떤 대상이 있을 때에, 그 대상과 관련된 위상(위치)을 지정하는 일과 일맥상통한다. 어떤 대상이 있을 때에, 그 대상을 내부에서 또는 외부에서 기술하는지에 따라서 하위부류가 나뉜다고 말할 수 있다.[29] 이는 주어진 대상을 뜯어보고, 어디를 논의의 기점(起點)으로 삼을 것인지를 문제 삼는 것이다. 임의의 대상이 있을 때에 이를 낱개로부터 논의할 것인지, 또는 전체로부터 논의할 것인지를 따지는 것은, 내부를 문제 삼

---

[29] 국어에서 범위를 완결짓는 형태들은 다시 한번 더 하위부류로 나뉘어야 한다. 본 절에서 거론하지 않은 다른 부류가 다음 절에서 '뿐, 만과 같은 예들인데, 이들은 범위의 한정을 나타내는 완결소이다. 더 세밀한 검토가 뒤따라야 하겠으나, 현재 필자가 생각하고 있는 하위분류는 다음과 같다.

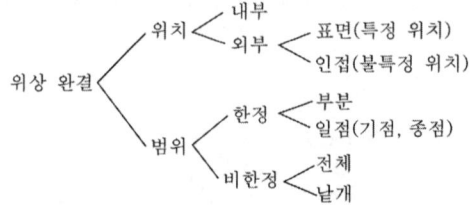

느냐 또는 외부를 문제 삼느냐 하는 것으로 환원될 수 있기 때문이다. 이런 점을 고려하여, 본고에서는 (22가, 나)의 밑줄 친 형식들이 비록 외양은 다르지만, 밑바닥에서는 논의의 기점을 결정해 준다는 점에서 동일한 요소로 파악하는 것이다. 논의의 기점은 외부로부터 시작될 수도 있고, 내부로부터도 시작될 수 있다. 외부로 시작될 경우에는 '밖, 겉, 위'들이 선택되거나 또는 '모두'가 선택된다. 내부로부터 시작될 경우에는 '안, 속'이나 '들, 하나하나'가 선택되는 것이다. 이들을 하위부류로 나누어 본다면, 완결소가 위상을 완결짓는 것과 범위를 완결짓는 것이 있는데, 이들은 모두 외부에 논의 초점이 모아지거나 내부에 논의 초점이 모아진다고 말할 수 있다.

마지막으로 이와 같은 기능범주의 핵어가 다른 언어에서도 찾아지는지에 대하여 언급하기로 한다. 후치사(또는 전치사)[30] 구조를 상정하면서, Watanabe(1993: 제6장)에서는 이 구조가 다른 요소의 복합체로 해체되어야 함을 논의하고 있다. 그가 이용하고 있는 자료는 나바호 Navajo어, 마야 어Mayan, 일어, 영어들이다(밑줄 친 부분들이며, 같이 붙어 있던 특수 부호 diacritics들은 생략했음).

(24가) Navajo : kin yii-gone sidahigii

house e-in-into 3-sit-Comp [그가 (집 속에) 앉아 있는]

나) Mayan : chi r-e li cuink

at his-mouth the man [그 사람과 함께]

다) 일어 : tsukue no ue-ni

desk Gen top-Loc [책상 위에]

라) 영어 : on top of the book [그 책 위에]

---

30) Watanabe(1993)의 용어는 Positional Phrase이지만, 이 용어가 전치사와 후치사를 모두 다 지시하기 위한 것이므로, 이해의 편의를 위하여 본고에서는 다소 불편을 감수하더라도 '후치사(또는 전치사)'라는 용어를 사용하기로 한다. 이 구절이 거느리고 있는 하위 층위의 핵어들은 각각 Agreement Phrase와 Locational Phrase이다. 특히 후자는 본고에서 완결소 구절이라고 논의하고 있는 층위이다. 이를 번역할 때에는 위치소 구절이라고 부르기로 한다.

국어와의 쉬운 비교를 위하여 후핵성 매개인자를 준다면, 이들 자료를 설명하고 있는 보편문법의 후치사(또는 전치사) 구절 구조는 다음과 같다.

(25가) [[[[NP] 위치소 구절] 일치소 구절] 후치사 구절]

그런데, 이 세 개의 층위는 다시 조정될 수 있다. 나바호_{Navajo}어의 경우, 접사_{enclitic}로 실현되어 편입 융합_{incorporated} 형태로서의 명사가 위치소 구절에 나타나면, 일치소 구절에서의 일치 현상이 나타나지 않는 점을 고려하여, 위치소 구절과 일치소 구절이 상보적(배타적) 관계에 있음을 매듭짓고 있다(Watanabe, 1993 : 440). 이 모습을 다음처럼 나타낼 수 있다.

(25나) [[[[NP] 위치소 구절/일치소 구절] 후치사 구절]

여기서 일치소 구절을 잠시 논의에서 제외한다면, 위치소 구절과 후치사 구절의 층위는 본고에서 논의하고 있는 층위와 동일하다. 전자는 완결소 층위를 가리키고, 후자는 & 범주의 격조사 층위를 가리킨다. 위치소는 언어에 따라서 어떤 어휘 형태를 가져야 하는지에 대하여 매개인자를 설치해야 한다. 국어의 경우에는 위상과 범위를 완결짓는 어휘들로 나타나야 하고, 영어와 일어에서는 위상(특히 위치)을 완결짓는 어휘들로 나타나게 되며, 마야_{Mayan}어에서는 신체 어휘들로 나타나야 하는 것이다.

이상에서 필자는 완결소 층위가 설정되어야 함을 세 가지 측면으로 논의하였다. 첫째, 이론적으로 명사구에서도 논의의 대상을 완결짓는 층위가 존재해야 한다. 둘째, 교착어적인 질서를 따를 때에 국어에서 관찰되는 형태들이 위상과 범위를 완결짓는 역할을 하므로, 하나의 자연부류로 묶일 수 있다. 셋째, 다른 언어에서도 완결소 형태들이 존재한다. 따라서 이들이 실현되는 층위가 독자적으로 설정되어야 하고, 이런 필요를 위하여 완결소 층위가 필요한 것이다.

5. 격조사와 보조사의 문제

마지막으로 격조사와 보조사의 문제를 다루기로 한다. 이 문제는 본고에서 다룰 수 있는 작고 간단한 문제가 아니다. 지금까지 축적되어 온 논의만 하더라도 그 분량이 매우 많고, 또한 격이 어떤 방식으로 어떻게 구현되는 것인지에 대해서도 생각들이 다르며, 아주 다양한 측면에서 계속 논의되어 오고 있기 때문이다. 본 절에서는 논의 대상을 아주 좁혀서, 동형성 가정과 관련하여 필요한 대목만을 중심으로 두 개의 논제를 다루기로 한다. 우선 격조사와 보조사의 연결 문제를 다루려고 하는데, 격조사를 선행하고 있는 보조사는 앞 절에서 논의한 완결소 위치에 실현된 형태임을 매듭지음으로써, 격조사와 보조사의 계층 문제를 정리하기로 한다.[31] 그 다음에 동사구를 요구하는 기능범주가 맨 윗쪽 층위에서도 두 개의 부류로 하위 구분됨을 드러내고, 이 구분과 나란하게 격조사와 보조사들이 어떤 층위에 소속되는지를 논의할 것이다.

격을 단순하게 처리할 때에 원리·매개인자 이론에서는 구조격과 내재격內在格 inherent case으로 나눈다. 구조격은 핵어에 의해서 논항에 배당되는 것으로 파악하고 있으므로 논항구조 속에서 자연스럽게 격이 배당되고(일단 격이 배당되는 것인지, 점검되는 것인지는 논의에서 제외함), 내재

---

[31] 범위 한정을 표시하는 형태가 완결소 층위에 실현된 것이라는 생각이 옳다면, 보조사는 격조사를 선행할 수 없다고 말할 수 있다. 그렇더라도, 격조사와 보조사가 상보적 관계에 놓여 있는 것처럼 기술되는 경우가 문제로 제기될 수 있다. 예를 들어, 보조사 '는'은 결코 격조사 '이'와 함께 실현될 수 없는 것이다(*는이, *이는). 이 경우를 처리하기 위하여 공범주 격조사(주격과 대격)를 상정할 수 있다. 다시 말하여, 이런 보조사는 언제나 공범주 형태의 격조사를 요구한다고 기술하는 것이다('e 는'). 그렇게 되면 외현범주 격조사와 보조사는 함께 나타날 수 없게 되고, 언제나 보조사가 격조사 다음에 나타난다고 일관되게 기술할 수 있다. 본고에서 따르고 있는 격조사와 보조사의 항목들은 학교문법을 해설한 고영근·남기심(1895), 『표준 국어 문법론』임을 덧붙여 둔다.

격은 핵어와 관계없이 임의 항목 속에 이미 주어져 있는 것으로 가정된다. 구조격과 내재격이 보편 문법적인 존재로 치부된다고 하더라도, 우리 국어의 언어 사실에 비추어 볼 때에는 적잖은 문제가 생겨난다. 이는 특히 보조사와 관련된 것이다. 보조사는 격조사와 어떤 경우에는 상보적 관계에 있는 것으로 보이지만, 또 다른 경우에는 상보적 관계를 이루지 못한다. 학교 문법에서 보조사를 따로 처리하는 것은 보조사의 의미성(의미자질) 때문인데, 의미성에 대한 고려가 구조적인 측면에 대해서 어떤 예측을 해 주지 못한다는 데에 문제가 있다(화용 차원에서 다뤄져야 함).

최기용(1996)에서는 국어 보조사의 분포가 격조사를 중심으로 볼 때에 격조사보다 앞서 있거나 뒤에 나오는 현상을 주목하고, 이들을 설명할 수 있는 적절한 구조가 '핵 기저 부가' 가설이어야 함을 주장하고 있다. 본고에서는 격조사를 선행하고 있는 보조사들의 층위가 앞절에서 다룬 완결소 층위에 실현되어 있는 것으로 간주한다. 이렇게 되면, 보조사가 때로 격조사를 선행한다는 기술은 더 이상 성립되지 않으며, 따라서 '보조사가 격조사를 부여한다'는 특이한 약정을 설정할 필요가 없어진다.

우선 격조사를 선행하고 있는 보조사가 실현상의 제약이 크다는 점이, 이들이 같은 범주의 보조사가 아님을 드러내는 것이라고 본다. 예를 들어, '만'은 내재격(사격) '으로'와 같이 출현할 적에, 순서에 무관하게 '만으로' 또는 '으로만'처럼 실현될 수 있다. 그렇지만 '만'과 내재격 '에게'가 출현할 적에는 오직 '에게만'과 같이 실현되어야 문법적이다(*만에게). 이런 사실은 의미자질이나 구조적 측면을 가지고서는 설명될 수 없다. 그렇다면, 내재격 앞에 실현되는 형태소는 비록 의미자질이 동일하게 보이더라도, 범주가 다른 것으로 처리할 도리밖에 없는 것이다. 범주가 다르기 때문에 격조사와 연결될 적에 격조사가 요구하는 의미자질과 어울리지 않는다고 설명하는 것이다. 다시 말하여, '에게'는 도달점終點을 표시하고 있는 격조사이므로, 완결소 층위에서 범위 한정을 따로 요구하지 않는 것으로 파악하는 방식이다. 완결소 층위에서 외현범주로 나타날 후보는 범위 한정 형태('만') 이외의 다른 형태들이어야 하는 것이다. '만으로, 으로만'의 경우도 사실은 수의적으로 교체되는 것이 아니다. 문맥들을 자세히 조사해 보면, 순서 교체가 의미 차이를 빚어내거나 또는 비문법적인 구성으로 된다.[32]

(26가) 철수는 맨주먹만으로 사업을 일으켰다.
　나) 철수는 맨주먹으로만 사업을 일으켰다.
(27가) 그는 영수를 바보로만 본다.
　나) *그는 영수를 바보만으로 본다.

(26)에서는 이들의 순서 교체가 서로 다른 의미를 나타내고 있다. (26가)는 철수가 사업을 일으켰는데, 그 사업을 시작할 적에 자금이 하나도 없었음을 나타내고 있다. 그러나 (26나)는 철수가 여러 번 사업을 일으켰는데, 그때마다 자금이 전혀 없었음을 나타내고 있다. 전자는 1회적인 사건 기술이지만, 후자는 최소한 2회 이상의 사건에 대한 기술인 셈이다. 뿐만 아니라, 변성(또는 자격)을 나타내는 (27)에서는 이들 순서 교체가 비문성을 초래하고 있다. 이 사례는 격조사와 보조사의 연결이 단순히 형태론적 차원만의 문제가 아님을 잘 드러내 주고 있다.

　격조사를 선행하여 실현되는 보조사들은 '만' 이외에도 '뿐, 부터, 까지'들이 있다. '만'과 '뿐'은 범위 한정이라는 의미자질을 공유하고 있으므로, 격조사를 선행하여 나타나는 '만'이 완결소 항목이라면, 마찬가지로 격조사를 선행하는 '뿐'도 또한 완결소 항목이라고 말할 수 있다. '부터, 까지'는 기점起點과 종점終點을 나타낸다. 기점과 종점은 범위의 점적點的 존재를 전제로 하는 것이므로, 이들의 의미자질이 범위

---

32) 본고에서는 격조사를 선행하고 있는 '만'이 완결소 항목이고, 격조사 뒤에 실현된 '만'이 보조사 항목이라고 보고 있다. 이들의 차이는 다른 보조사의 연결이 가능한지 여부로써 쉽게 구별 지을 수 있다. (26가)에서는 보조사 '도'가 결코 연결될 수 없다 ('*만도으로'). 그렇지만 (26나)에서는 보조사 '도'의 연결이 허용된다('으로만도'). 보조사의 특성으로 보조사 항목이 반복 연결될 수 있다는 점이 주목되어야 한다.

한정의 하위 갈래에 속한다. 그렇다면, 격조사를 선행하여 나타나고 있는 보조사들로부터 몇 가지 특성을 찾아낼 수 있다. 첫째, 이들 항목이 수적 제한을 보인다. 둘째, 이들은 거듭되어 반복 연결될 수 없다(비반복적 특성은 앞의 각주 32를 참고하기 바람). 셋째, 이들은 범위 한정과 관련된 의미자질을 공유하고 있다. 본고에서는 이런 점을 근거로 하여 이들이 자연부류로 묶이며, 보조사가 아니라 '범위 완결'이라는 자질을 갖고 있는 완결소 교점의 항목이라고 매듭짓고자 한다.

이와 같은 본고에서의 주장이 옳다면, 보조사는 늘 격조사 뒤에서만 실현된다고 말할 수 있다. 그렇다면, 격조사와 보조사의 층위가 명사구를 요구하는 기능범주로서 맨 마지막으로 남아 있는 항목들이 된다. 이제, 이들 층위가 동사구를 요구하는 기능범주의 어떤 항목들과 일치되는지를 다루기로 한다. 제2절에서 우리는 동사구 위에 있는 층위로서 일치소구와 시제소구가 있었고, 이들 윗층위에 Comp 구절이 존재함을 살폈다. 국어의 자료들을 고려하면서 이 층위를 검토할 적에, 연결어미와 어말어미의 항목들이 이 층위에 실현된다. 이들의 범주는 각각 연결소 &와 종결소 C이다. 전자는 명제들을 이어 주는 역할을 하고, 후자는 화자·청자와 관련된 화용적 역할을 맡고 있다. 다시 말하여, 연결소는 사건 자체를 관련짓게 하는 것이지만, 종결소는 청자를 전제로 하여 구현되는 것이다.

숫적인 대응만을 맹목적으로 도입한다면, 격조사와 보조사가 층위를 달리하여 나타나고 있으므로, 각각 연결소와 종결소에 대응시켜 볼 수 있다. 보조사의 선택이 화자의 주관에 의해 결정된다고 보면, 화용 층위와 관련된 종결소와의 관련을 탐색해 볼 소지가 있다. 그렇지만, 이런 생각을 따른다면 보조사가 선택됨으로써 명사구는 이제 자족적으로 완전히 독립하게 되고, 더 이상 다른 요소들을 요구하지 않게 된다. 이런 결론은 명사구가 동사구에 이어진다는 상식을 어그러뜨리고 있다. 명사구가 동사구에 이어져야 한다는 상식을 존중한다면, 보조사의 층위는 연결소 층위와 관련지을 도리밖에 없다. 이 노선을 따른다면, 동형성 가정에서 격조사와 보조사가 함께 연결소 층위와 비교되는 것으로 파악되어야 한다.[33] 그렇지만 보조사가 반드시 명사구의 특성을 갖는 범주하고만 관찰되는 것이 아니며, 이들이 선행범주를 그대로 물려받음으로써 부가어적인 성격을 갖는다는 주장을 수용한다면, 보조사는 독립적 층위에 실현되는 핵어 요소라고 말할 수 없다. 다시 말하여, 격조사만이 연결소 범주에 비교되는 기능범주일 뿐이고, 보조사는 화용 기능을 수행하기 위하여 이 기능범주에 얹혀져 있는 것이다. 연결소와 동일한 층위의 기능범주는 명사구에서 격조사가 맡고 있으며, 이 격조사는 자신이 거느리고 있는 명사구가 동사구에 이어지도록 하는 역할을 수행한다. 또한 명사구가 동사구에 의존하는 특성은, 동사구 종결소 C층위와 비교될 수 있는 명사구의 기능범주 층위가 결여(∅)되어 있기 때문에 가능하다고 말할 수 있다. 이는 동사구에서 연결소 &가 실현된 경우에도 이 층위 위에 다시 결코 종결소가 구현되지 않는다는 점과 동일하다고 본다.

이상에서 동형성 가정 아래 동사구를 요구하는 시제소 구절 TP가 연결소 &층위와 종결소 C층위 속으로 편입됨을 수용할 적에, 명사구를 요구하는 기능범주들의 모습이 어떻게 될지에 대하여 살펴보았다. 먼저, 보조사와 격조사가 이어져 있는 구성을 대상으로 하여, 이 구성에서 관찰되는 보조사는 완결소 범주를 갖는 자연부류임을 드러내었다. 이들을 보조사 범주에서 제외시켜 완결소 범주에 소속시킴으로써, 격조사는 늘 보조사를 선행하고 있음을 밝힐 수 있었다. 그런데 격조사 뒤에 나타나고 있는 보조사는 핵어가 아니라 부가어적인 지위를 갖고 있기 때문에(화용적 기능을 수행하기 위한 것임), 명사구를 요구하는 마지막 층위의 기능범주는 격조사 층위밖에 없다. 격조사는 명사구를 종결시키는 역할을 맡고 있지만, 이 핵어의 최대투영(격조사를 K

---

[33] 임홍빈(1987 : 399)에서 격조사 이외의 요소들이 명사구와 연결되어도 명사구의 범주적 성격에 변화를 초래하는 경우가 매우 드묾이 지적되고 있다. 보조사의 실현이 범주를 뒤바꾸지 못한다면, 격조사와 보조사가 이어지는 구조에서 보조사가 통사 구성상 잉여적이라는 생각을 갖게 한다. 이 점은 최기용(1996)에서 보조사가 선행 구성의 범주를 그대로 물려받기 때문에 부가 구성을 이룬다는 주장으로 이어지고 있다.

로 표시하면 KP임)은 곧 동사구의 논항구조 속에 편입되어 들어가야 한다. 명사구를 거느리고 있는 기능범주들이 모두 구현된다고 하더라도, 그 자체로 독립되어 완전한 문장의 모습으로 쓰일 수는 없기 때문이다. 이런 점을 고려하면서, 격조사 층위는 종결소 층위와 동일한 것이 아니라, 오히려 연결소 층위와 동일하다는 결론을 내릴 수 있었다. 따라서 명사구를 요구하는 기능범주의 최상위 층위는 결여되어 있는 모습(의존적 모습)을 지님을 알 수 있다.

6. 결 론

지금까지 필자는 기능범주가 언어 표현의 핵어라는 주장을 좇아서, 명사구가 기능범주 속으로 편입되어 들어갈 때에 어떠한 층위들을 거쳐야 하는지에 대하여 논의하여 왔다. 이 글에서 필자가 받아들인 가정은 동사구를 요구하는 기능범주와 명사구를 요구하는 기능범주가 근본적으로는 서로 동일하다는 생각이었다. 동사구는 후핵 매개인자가 주어질 때에 다음과 같은 기능범주의 핵어 속으로 편입되어 들어가야 한다.

(28) … VP] 일치소$_{AGR}$] 시제소$_T$] 연결소$_\&$] 종결소$_C$]

일치소는 명사구에서 분류사 일치로 구현된다. 분류사 일치소가 국어의 명사구에서 기본적인 요소로 간주되기 위해서는 임의의 명사가 늘 언제나 분류사를 실현시킬 수 있어야 한다. 본고에서는 추상명사·물질명사 등에 관계없이 분류사가 실현되지만, 수의성을 제약하기 위하여 공범주 형태의 분류사를 상정하였다. 그런데 분류사는 국어에서 두 가지 구성으로 실현되는데, 분류사가 초기값으로 주어지는 것이라면, 하나의 구성을 전제로 하여야 된다. 본고에서는 이들의 외연의미가 같다는 사실을 구조적으로 나타내 주어야 한다고 보고서 동일한 구조를 상정하였고, 이 위에 다시 부가적인 구성을 추가함으로써, 부가어 존재의 여부로써 내포의미의 차이에 대한 설명을 시도하였다. 부가어가 없는 구성은 논의되는 개체의 수량이 더 있음을 함의하지만(부분 진술), 부가어를 동반하는 구성은 논의되는 개체의 수량이 그것만으로 전체가 됨을 함의하였다(전체 진술). 분류사의 화용적 선택도 공통자질을 준수하면서 이루어져야 함을 주목함으로써, 화용 차원의 논의가 초기 단계에서는 통사적인 자질을 필요로 하고(전체 진술의 필요성), 따라서 통사 차원으로 환원될 수 있음을 밝혔다.

시제소는 명사구에서 대상의 위상과 범위를 완결짓는 완결소로 구현된다. 처소와 관련된 요소는 위상 완결소로 분류되고, 복수·양화와 관련되어 보이는 요소는 범위 완결소로 분류된다. 주어진 대상(개체)의 내부·외부의 기술 시점과 주어진 범위의 내부·외부 기술 시점은 동일하므로, 이들이 동일한 하나의 자연부류를 형성하는 것으로 파악하였다. 차이가 있다면, 전자는 하나의 대상만을 다루지만, 후자는 둘 이상의 복수 대상들을 다루게 된다. 위상이나 범위를 표시해 주는 일은 동사구에서 사건을 완결짓는 시제소 구절의 역할과 동일한 내용이다.

마지막으로 완결소 뒤에서 관찰되는 기능범주는 격조사와 보조사가 있다. 그런데 이들의 순서가 때로 보조사가 격조사를 앞서 나타나는 경우가 있다. 본고에서는 이러한 보조사의 항목이 수적 제한을 보일 뿐만 아니라, 일반 보조사와는 달리 보조사의 반복을 허용하지 않는다는 점에 주목하여, 이들이 보조사 지위를 갖고 있는 것이 아니라, 완결소 항목으로 묶여야 함을 주장하였다. 이들은 범위를 한정하거나 범위의 점적 존재(기점·종점)를 표시해 주고 있으며, '범위 완결'을 표시해 주기 때문이다. 따라서 격조사를 선행하고 있는 보조사는 완결소에 소속됨으로써, 일반적으로 보조사는 언제나 격조사 뒤에서 실현된다고 말할 수 있게 된다. 보조사는 선행하고 있는 최대투영의 범주를 그대로 물려받기 때문에, 독립된 범주를 형성하지 않는다고 보면, 동형성 가정 아래에서 논의되어야 할 범주는 격조사뿐이다. 격조사가 이끌고 있는 최대투영은 동사구에 편입되어야 하므로, 본고에서는 이런 점을 고려하여 연결소 범주와 동일한 것으로 파악하였다. 이는 명사구를 요구하는 기능범주들의 층위에서 종결소 C에 대응하는 요소가 결여되어 있음을 의미하는 것이다.

이상의 층위들을 다음 (29)와 같이 나타낼 수 있다. 이들은 모두 (28)의 동사구 기능범주와 대응관계에 놓여 있음을 알 수 있다.

(29) … NP] 분류사 일치소] 위상·범위 완결소] 격조사 연결소] ∅]

동형성 가정을 추구하면서 본고에서는 위와 같은 기능범주들의 층위를 찾아 낼 수 있었다. 그럼에 불구하고 계속 증명해야 할 사항들이 있다. 첫째, 이 층위들이 보편 문법의 정신에 따라 설치된 것이라면, 다른 언어에서도 찾아져야 하며, 이들 언어에서 어떠한 매개인자들이 있는지 밝혀내어야 한다. 둘째, (29)의 층위가 국어 자료에서 우회적이고 간접적인 방식으로 증명되는 것이 아니라, 더 직접적이고 결정적인 증거들이 제시되어야 옳다. 이들이 만족스럽게 이뤄지지 않는 한, 본고에서의 주장은 다만 하나의 가정으로만 끝날 우려가 있는 것이다. 이런 한계들을 의식하면서, 본고에서의 주장이 동형성을 추구하는 길 안내 역할을 하게 되길 기대하며 소략한 논의를 마치고자 한다.

제3부 동사구와 관련된 논항구조

제**5**장 동사구 보문화에서 공범주로 실현되는 동지표 논항
: 특히 {NP를}과의 관련을 중심으로 하여

제**6**장 동사구와 명사구 기능범주들의 관련성

제5장 동사구 보문화에서 공범주로 실현되는 동지표 논항

: 특히 {NP를}과의 관련을 중심으로 하여*

1. 서 론

1.1. 임의의 언어가 무한하다고 할 때, 그 언어의 무한성을 가능하게 만들어 주는 기제는 반복성 또는 회귀성에 있다. 이 반복성을 통사론에 국한시켜 생각한다면, 반복성은 내포 및 접속이라는 두 가지 모습으로 구현된다. '동사구 보문화'(이익섭·임홍빈, 1983 : 81ff.)라고 불리는 내포의 사례들 가운데에서, 상위문의 동사구에 특정한 동사들이 실현되면 내포문과 밀접한 관계를 유지하게 된다. 본고에서 다룰 다음의 동사들을 주목하자.[1]

---

* 『석정 이승욱선생 회갑기념 논총』(1991년 12월), 27~68쪽에 실린 글임.
1) 잠정적으로 이곳에서의 상위문 동사분류는 이광호(1988a, b)의 제안을 고려한다. 이광호(1988a, b)에서는 상위문 동사를 [+판단] 류와 [+사역] 류로 구분하고 있다. 몇 개의 예외를 제외하고, 제1군과 제2군은 각각 [+판단] 류의 동사와 [+사역] 류의 동사로 나뉠 수 있다.
   제3군을 이루는 동사들이 있다. 실제 어휘 모습을 중괄호로 나타낸다면(이하에서 동일하게 실제 어휘의 모습을 '{ }'로 나타내기로 함), {우기다, 말하다, 칭찬하다, 설득하다} 등이다. 이들은 [+판단]도 [+사역]도 아닌 기타 부류이다. 제3군을 [+언표]나 [+언급]과 관련된 것으로 규정할 수도 있겠다. 제3군 동사는 제2군 동사와 유사한 특징을 갖고 있는 것으로 보이므로, 여기서는 따로 제3군 동사의 경우를 나누어 논의하지는 않고, 제2군의 논의에서 같이 다루기로 하겠다. 그리고 이 분류는 엄격한 것이 아니고, 또한 그 분류자질도 완벽한 것이 아니다. 따라서 다시 더 적절한 분류작업이 뒤따라야 할 것이다(3.3절을 보기 바람).

(1) 제1군 : 하다, 만들다, 꾸미다, (삼다)
제2군 : 보다, 생각하다, 믿다, 여기다, (느끼다)

이들 동사들은 아래에 표시되는 구조의 모습을 실현한다.

(2가) [··· [$_{VP}$ ··· [$_{S'}$ ···] V]]
　나) ··· [$_{VP}$ NP$_i$ [$_{S'}$ NP$_i$ ···] V]

내포문이 동사구 속에 실현되는 구조를 (2가)와 같이 나타내기로 한다. 이때 (2나)에서처럼, 내포문의 '주어 명사구'(NP$_i$)와 상위문의 '목적어 명사구'(NP$_j$)가 같은 지표를 받는 경우가 있다. 이런 구조 모습을 놓고서, 논자에 따라 여러 가지 이름으로 불러왔다. 이광호(1988b)에서는 '목적어-주어 동지표' 구문이라고 불렀고, 김영희(1985)에서는 '주어 올리기' 구문(내포문의 주어 자리로부터 상위문의 목적어 자리에로 올리기)으로 불렀으며, 김귀화(1988)에서는 양화사 이동의 일종인 '초점화' 구문으로 불렀다.

1.2. 이런 구조 모습에서는 특이한 통사 행위가 목격된다. 동지표 되는 명사구 가운데에서, 어느 하나는 반드시 외현적 음성실현(이하 '외현범주'로 줄여서 부름)을 갖추어야 하고, 다른 하나는 음성실현 갖추지 못한 공범주$_{empty\ category}$의 모습으로 나타나야 하는 것이다.

(3가) *철수가 유리창$_i$을 [유리창$_i$이 깨끗하게] 하였다.
　나) 철수가 유리창$_i$을 [e$_i$ 깨끗하게] 하였다
　다) *철수가 e$_i$　　[유리창$_i$이 깨끗하게] 하였다.

일련의 이광호(1988a, b; 1990) 논문들에서는 그 논지가 일관되게 나타나므로, 앞으로는 다만 이광호(1988b)로써 대표하기로 하며, 그 표시도 이광호(1988)로 줄인다. 한편, Rothstein(1983 : 86쪽 이하), 「The Syntactic Forms of Predication」에서 영어는 naked infinitive(to 없는 부정사 구문)를 취하므로 지각동사와 사역동사가 같은 통사 부류로 묶일 수 있다고 본다는 점이 흥미롭다.

(3가)에서 보여 주듯이, 동지표되는 명사구가 모두 외현범주로 나타나서는 안 된다. (3나, 다)에서는 그 가운데 어느 하나가 음성실현이 없는 '공범주'로, 그리고 다른 하나가 외현적으로 음성실현을 갖춘 '외현범주'로 나타나 있다. 그렇지만, 공범주가 내포문의 주어 자리에 나타난 것만이 적격문 처리를 받는다. 공범주가 상위문의 목적어 자리에 나타난 것은 비문이다.

(4가) *순희가 바위$_i$를 [바위$_i$가 자란다고] 믿는다.
나) *순희가 바위$_i$를 [e_i 자란다고] 믿는다.
다) 순희가 e_i [바위$_i$가 자란다고] 믿는다.

(4)에서는 문법성 판정이 앞의 경우와 다르게 나타난다. 동지표되는 명사구들이 (4가)에서처럼 둘 모두 외현범주로 나타날 수 없음은 (3)의 경우와 같다. (4나, 다)에서와 같이 하나는 외현범주로 나타나야 하고, 다른 하나는 공범주로 나타나야 한다. 그런데 공범주는 반드시 상위문의 목적어 자리에만 나타나야 한다.[2] 내포문의 주어 자리에 공범주가 실현된 것은 (4나)에서 보듯이 비문이 된다.

---

2) 아랫첨자 'i'나 'j' 따위를 이용하여 붙여 놓은 동지표(co-index) 표시 중에서 〈공범주, 외현범주〉의 연쇄는 같은 지표를 받는 것이 아니며, 연쇄를 이루지 못한다. 연쇄 항목의 첫 논항으로서 상위문 위치에 나타나는 공범주 [e]는 '상황 공범주'이기 때문이다(2.4절을 보기 바람). 여기서 공범주와 연쇄를 이루는 짝은 내포문 전체로 볼 수 있으며, 이는 〈[e]$_i$, [S]$_i$〉와 같이 표시되어야 마땅하다. 그러나 논의의 편의를 위해, 당분간은 공범주가 내포문의 명사구와 동지표를 갖는 것처럼 표시할 것이다. 본론에서는 지표 표시를 하지 않고 다만 공범주(empty category)임만을 [e]로써 나타낼 것이다. 결국, 상위문의 목적어 자리와 내포문의 주어 자리 사이에 맺어지는 관계인 〈외현범주, 공범주〉의 연쇄만이 동지표를 받는다. 그러나 꼭 같은 자리에서 관찰되는 〈공범주, 외현범주〉의 '의사'연쇄는, 앞의 공범주가 상황을 지시하므로 같은 지표를 받을 수 없다. 따라서 연쇄로 묶일 수 없는 것이다. 이것이 연쇄로 묶이려면 〈공범주, 내포문〉으로 표시되어야 할 것이다. 상황 공범주의 자리에다 김정대(1989, 1990)에서는 여격 형태의 외현범주 명사구를 설정한다. 그의 논의는 본고에서 다루게 될 의미 차이에는 전혀 주목하지 않고 있다. 따라서 본고와는 관점이 서로 다르다고 하겠다. 약정상 순서쌍을 나타내는 기호로서 쐐기괄호 '〈, 〉'를 사용키로 한다. 집합론에서 나온 순서쌍의 개념은 통사론에서 '연쇄'의 개념으로 이용되고 있다. 본고에서는 동지표되는 항목들을 위해 이 기호를 쓰며, 같은 지표를 받는다는 점에서 '연쇄'(특히 대연쇄 CHAIN에 해당함)라는 용어를 쓰기로 한다.

(3, 4)의 두 경우만을 문제로 삼는다면, 동지표되는 명사구들 중 어느 하나가 공범주로 실현되어야 하는데, 그 실현되는 자리는 모종의 원인에 의해 결정되는 것이라고 잠정 결론을 맺을 수 있겠다. 그러나 공범주의 실현이 전혀 제약되지 않는 경우가 있다.

(5가) *영수가 새$_i$를 [새$_i$가 날게] 하였다.
  나) 영수가 새$_i$를 [e$_i$ 날게] 하였다.
  다) 영수가   e$_i$ [새$_i$가 날게] 하였다.

(5)의 경우가 그 예이다. 이런 사례들을 고려한다면, 꽤나 복잡한 요인에 의하여 공범주의 실현이 이뤄지고 있음을 예상할 수 있다. 우선, 분포상의 차이를 구분 짓기 위하여 다음의 용어를 사용하기로 한다. (3, 4)는 공범주에 관한 한, 그 실현되는 위치가 특정하게 지정되어 있어야 적격한 문장으로 된다는 점에서, 이를 공범주 실현의 '필수적 위치'라고 부르기로 한다. 이를 문장을 만들어 내는 측면에서 본다면, 공범주 실현의 자리를 필수적으로 지정해야 하는 경우라고도 말할 수 있겠다. 이와는 달리 (5)의 경우를, 공범주 실현이 상위문과 내포문의 어느 자리에도 마음대로 나타날 수 있다는 점에서, 공범주 실현의 '수의적 위치'라고 부르기로 한다.

1.3. 우리는 앞에서 두 가지 분포를 검토하였다. 하나는 공범주 실현이 상위문이나 내포문 어디에도 가능한 수의적 위치였다. 다른 하나는 공범주 실현이 특정하게 상위문이나 또는 내포문 중 어느 하나에 반드시 나타나야 하는 필수적 위치였다.[3] 본고에서는 우선 제2절

---

[3] 이와 관련하여 논의되어야 할 분포가 있다. 연쇄의 후보로 지목될 명사구들이 특이하게 속격 구문이나 수량사 구문 또는 재귀사 구문 등을 이루는 경우이다. 이들은 두 개의 명사구가 서로 결합하여 하나의 내용을 지시하는 것들이다. 그러므로 원칙적으로 동지표를 표시할 수 없다고 봐야 한다. 이런 고려 때문에 본고의 주된 논의에서는 제외된다. 이들은 특이하게 상위문의 목적어 자리와 내포문의 주어 자리에 음성실현을 갖춘 외현범주로 나타날 수 있다. 본고의 4.2절에서는 이런 유형을 언급

에서 공범주 실현의 수의적 위치를 중심으로, 그 수의적 실현이 의미 차이를 동반함을 지적하려고 한다. 이런 차이를 통해, 수의적 위치가 필수적 위치와 똑같은 위상으로 취급되어야 함을 논의할 것이다. 특히 상위문의 목적어 자리에 나타나는 공범주는 '상황 공범주'이며, 상황 공범주 설정의 타당성을 모색한다. 제3절에서는 필수적 위치에 관련되는 제약 내용을 찾는 작업이 이루어진다. 필수적 위치는 두 종류로 나뉜다. 하나는 공범주가 내포문의 주어 자리에 나타나는 경우이고, 다른 하나는 상위문의 목적어 자리에 나타나는 경우이다. 이들의 실현을 제약하는 내용은 모두 일관되게 상위문 동사의 의미역 구조에 기초하여 유도될 수 있음을 논의할 것이다.

본고에서 다루게 될 구문들은 김영희(1985), 이광호(1988), 김귀화(1988) 등에서 심도 있게 다루어진 바 있다. 특히 이광호(1988)와 김귀화(1988)에서는 이전의 연구 내용에 대해서 포괄적이고 깊이 있는 비판을 행하고 있음을 본다. 본고에서는 이들의 입장과는 다르게, 동지표를 받는 연쇄가 상위문과 내포문의 어느 위치에 실현되느냐에 따라 의미 차이가 있음을 밝히려고 한다. 그리고 그 의미 차이가 빚어지는 까닭을 구조의 차이에서 말미암는 것으로 보고, 차이가 나는 구조를 설정할 것이다. 구조의 차이와 의미의 차이가 내재되어 있음을 논증하는 본고에서의 작업이 성공적이라고 평가된다면, 첫째 '주어 인상'이란 논의는 의미 차이를 동반함으로써, 더 이상 '인상'으로 인정될 수 없다. 둘째 동일한 외현범주들을 기저에 설치하여 특정 조건에 따라 '삭제 변형'을 적용시키는 것도 적절하지 않음이 드러날 것이다. 후자의 경우도 의미가 차이 있음을 고려하지 않기 때문이다.

하고 그 유표성(markedness)을 지적하기로 한다.

2. 공범주 실현의 수의적 위치

2.1. 앞장에서 우리는 동지표되는 명사구 가운데 어느 하나는 공범주로 실현되고, 다른 하나는 외현범주로 실현되어야 하는 예문들을 보았다. 어느 범주가 어디에 실현되느냐의 문제가 고정적일 수도 있고, 그렇지 않을 수도 있었다. 후자의 경우를 우리는 공범주의 실현에 초점을 맞추어서, 공범주 실현이 상위문·내포문 구분 없이 어느 자리에나 가능하다는 뜻에서, 공범주 실현의 '수의적 위치'로 명명하였다. '수의적'이라는 용어가 다소 오해를 불러일으킬 소지가 없지 않다. 본고에서는 이 용어를 공범주 실현의 '위치'에 한정하여 쓰기로 한다. 곧, 공범주와 외현범주가 연쇄를 이룰 때, 상위문의 목적어 자리에 공범주가 나타나느냐, 또는 내포문의 주어 자리에 공범주가 나타나느냐 하는 분포가 논의될 수 있다. 공범주가 나타날 수 있는 위치가 두 경우가 된다는 뜻이다. 제2절에서 논의하는 예문들은 공범주가 어느 자리에나 실현되어도 문법성을 보장받는다. 따라서 문법성을 보장받는 공범주의 실현 위치가 고정되지 않았다는 점에서 '수의적'이라는 말을 사용하기로 한다. 이에 반하여, 공범주 실현의 필수적 위치란, 연쇄를 이루는 공범주가 특정한 위치에 나타날 때에만 문법성이 보장되는 그런 자리이다.

그런데, 이들의 수의적 위치 선택이 동일한 의미를 보장하여 주는 것은 아니다. 다시 말하여, 이들이 서로 다른 의미를 갖게 되므로, 서로 다른 구조임을 확실히 해 둘 필요가 있다. 김귀화(1988:118)에서 이미 양화해석 영역상의 차이로써 적절히 지적된 것처럼, 공범주 실현 위치의 차이는 바로 의미 차이로 이어진다(관련 예문 2.4절 (25)를 보기 바람).

(6가) [경수와 선희가] 서로를 [e   훌륭하다고] 생각한다.
　　나) [경수와 선희가]   e   [서로가 훌륭하다고] 생각한다.

먼저 (6나) 해석에서는 각자 자기 자신이 훌륭하다고 생각하고 있다. 그러나 (6가)에서는 중의적 해석이 나온다.[4] 첫 번째 해석은 각자 상대방이 훌륭하다고 생각하는 경우이다. 두 번째 해석은 (6나)에서처럼 각자 자기 자신이 훌륭하다고 생각하는 경우이다. 동지표되는 명사구가 상위문의 주어와 지표를 나눠 갖지 않을 때에는 상황이 더 확연해진다.

(7가) 최영이 황금을 [　e　돌이라고] 여겼다.
　나) 최영이　e　[황금이 돌이라고] 여겼다.

(7가)의 해석은, 최영 장군이 부친의 가르침대로 황금에 맹종하지 않는 신념을 가졌음을 지시한다. 곧, 그의 가치관에 의해서 황금이라는 대상을 낮게 보는 것이다. 가령 일반 사람들이 갖는 황금의 가치를 상정할 수 있겠는데, 그 일반적 가치와는 달리 최영 장군은 그것을 돌처럼 간주하는 것이다. 이에 반하여, (7나)의 해석은 최영 장군이 잘못된 믿음이나 착각 따위에 의해 황금과 돌을 동치라고 보는 것이다. 이는 최영 장군의 판단에 잘못이 있음을 함의하며, 그가 바보이거나 우둔하다는 뜻까지 가리킬 수 있다.

---

[4] 이런 유형들 사이의 의미 차이에 대한 지적을 임홍빈(1979 : 114f.)와 이익섭·임홍빈(1983 : 208f.)에서도 찾을 수 있다. 전자에서는 〈외현범주, 공범주〉의 연쇄가 기저의 '동일 명사구 삭제'임을 지적하였다. 후자에서는 내포문이 형태소 [-게]에 이끌리는 사역 구문을 다루었다. 동지표되는 명사구가 주격조사로 나타나는 경우 [+자발성, +의도성, +능동성]을 갖는다고 하였고, 동지표되는 명사구가 목적격 조사로 나타날 경우에는 [+피동성]의 뜻을 갖는다고 하였다.
  (6)과 같은 예문에서 (6가)의 경우가 중의적 해석을 갖는 까닭을, 김귀화(1988)에서는 초점화 때문이라고 분석한다. 곧, 초점화 이동(SPEC 자리)으로 말미암아, 의미 해석 영역이 넓혀지는 것으로 보는 것이다. 초점화가 필연적으로 의미해석 영역에 대한 확대를 보장해 주는 것인지는 확실치가 않으며, 더 연구되어야 할 부분으로 보인다.
  본고에서는 2.4절의 예문 (25)를 논의하면서, 중의성을 유발하는 원인을 어휘의 특이성으로부터 찾아낼 것이다. 따라서 특수한 어휘의 간섭을 배제한다면, 구조적으로는 두 유형 사이의 차이가 여전히 존재하는 것으로 본다.

(8가) 연산군이 충신을 [　e　역적이라고] 믿었다.

   나) 연산군이　　e　[충신이 역적이라고] 믿었다.

(8)에서도 같은 해석 양상이 관찰된다. (8가)의 해석에서는, 연산군의 그릇된 가치관 때문에, 자신의 그릇된 행위를 간하는 충신을 역적으로 몰아버리는 경우를 가리킨다. 상위문에 실현된 외현범주 {충신}은, 일반 사람들이 이구동성으로 동의할 수 있는 '충신'인 것이다. 그런 점에서 객관적 진리치를 받고 있다고 말할 수 있겠다. 이와는 달리, (8나)는 연산군이 형편없는 바보여서, 충신인지 역적인지를 구별할 수 없음을 가리킨다. 일반 사람들의 시각에서는 충신과 역적이 확연히 나뉘고 구별되는 개념이다. 그런데 연산군의 머릿속에서는 그런 구별도 되지 않음을 함의하고, 따라서 그가 바보임을 암시하기까지 하는 것이다. 이 상황을 더 극명하게 보이도록 예문을 다음처럼 조정하기로 한다.

   (9가) 연산군이 백을 [　e　흑이라고] 우겼다.

   나) 연산군이　　e　[백이 흑이라고] 우겼다.

(9가)에서는 연산군이 억지 주장을 하고 있음을 지시한다. 곧, 모든 사람들이 하얀 색을 하얀 색이라고 인정하는데, 유독 연산군은 하얀 색을 검은 색이라고 우기는 것이다. 연산군의 인식 속에서 볼 때, 흑은 흑이고 백은 백이지만, 그가 왜곡되게 또는 억지로 백을 흑이라고 우기는 상황인 것이다. 여기서 백은 백으로서의 객관적 진리값 또는 일반적인 진리값을 보장받는다. 이런 진리값이 보장됨으로써, 이 표현에서 연산군이 그 진리값을 왜곡한다는 해석이 나오게 되는 것이다. 이와는 달리, (9나)에서는 우기는 내용이 내포문으로 표현되어 있다. 그 내포문은 서로 모순된 내용을 담고 있다. 따라서 이런 모순된 내용을 참이라고 우기는 점으로 보아, 연산군이 매우 바보임을 함의하게 된다.

이상의 관찰에서, 우리는 상위문의 위치에 외현범주로 실현된 동지표 명사구 '{NP를}'이 객관적이거나 일반적인 진리값을 함의함을 살펴보았다.[5] 반면, 내포문 위치에 실현된 외현범주 '{NP가}'는 다른 해석과 함의를 가진다. 만일 내포문의 내용이 실제 세계에서 모순되거나 결함이 있는 경우를 나타낼 때에는, 상위문에 관계하는 주어는 바보이거나 어딘가 이상이 있는 사람임을 가리켰다. 이런 관찰 내용을 다음처럼 일반화시켜 이해하기로 한다. "외현범주가 상위문의 목적어 자리에 나타날 때, 그 외현범주의 함의는 뒤따르는 내포문의 내용과 어긋나거나 대립되거나 또는 반대된다."

　2.2. 앞에서 다룬 예문들은 모두 내포문이 계사를 갖고 있는 구문이었다. 이곳에서는 내포문의 성격을 바꾸었을 경우에도, 앞에서의 관찰이 유효한지를 살펴보기로 한다.

　(10가) 덕수가 그 꽃을 [　　e　　피었다고] 믿는다.
　　나) 덕수가　　e　[그 꽃이 피었다고] 믿는다.

내포문의 동사가 상태동사로 바뀐 (10)의 예문에서도, 앞에서와 같이 의미 차이가 관찰된다. (10가)의 해석에서는, 덕수가 억지로 피지도 않은 그 꽃을 피었다고 믿는 경우를 가리킨다. 그 꽃이 과연 피어 있는지의 여부에 대한 정보는, 상위문의 목적어 자리에 외현범주가 나타남으로써, 내포문의 지시내용과는 다른 상태를 지시하게 되며, 안 피어 있는 꽃을 함의하게 된다. 이와는 달리, (10나)에서는 (10가)에서와 같은 해석이 이루어지지 않는다. (10나)에서는 그 꽃에 대한 정보

---

[5] 이와 동일한 관찰의 결과를 임홍빈(1979 : 113f.)에서 찾을 수 있다. 그곳에서는 아직 상황 공범주를 설정하지 않았기 때문에, 외현범주가 내포문의 주어로 실현된 예문들에 대해서는 본격적으로 검토되지 않았다. '목적어를 잃어버린' 문장으로 이 문장의 성격을 규정하고, '주어 인상설'을 부정하기 위하여 그 자리에 {문제를} 정도의 '대행 목적어'를 상정하고 있다(본고 2.4절의 첫 번째 문제에 대한 논의도 참고하기 바람).

를 달리 얻을 길이 없다. 문면에 표현된 대로만 보면, 내포문의 내용이 오직 '덕수가 지닌 믿음임'만을 가리킬 뿐이다.

좀더 이 상황을 선명히 부각시키기 위하여, 동지표되는 명사구에다 실제 세계에서의 진리값을 다음처럼 관형절로 얹어 놓기로 한다.

(11가) 동수가 [자고 있는 미자를] [e 헤엄친다고] 생각했다.
　나) *동수가 e [[자고 있는 미자가] 헤엄친다고] 생각했다.

내포문의 동사가 동작동사로 바뀐 (11)의 경우를 보자. 여기서 동지표되는 명사구는 관형절에 의해 {미자가 자고 있다}는 정보를 갖고 있다. (11가)는 충분히 적격하다고 인정될 수 있다. 동수가 자고 있는 미자를 두고, 그릇되게 그녀가 헤엄친다고 생각하는 것이다. 곧, 객관적 진리값이 상위문의 동지표 명사구에 관형절(자고 있는)로 걸리어 있고, 이 진리값을 내포문의 내용이 그릇되게 생각하고 있음을 표현하고 있다. (11나)는 비문으로 처리되었다. 그 까닭은 내포문이 모순된 내용을 담고 있기 때문이다. 한 개체를 자고 있다고 하면서, 동시에 헤엄친다고는 말할 수 없기 때문이다. 그렇게 말한다면 자가당착인 셈이다.

(12가) 동수가 미자를 [　　e　　헤엄친다고] 생각했다.
　나) 동수가　　e　　[미자가 헤엄친다고] 생각했다.

동지표되는 명사구에 대한 정보가, 앞에서처럼 그 상황이 {미자가 자고 있다}의 경우라 하자. 이런 상황에서 (12가)는 (11가)와 같은 해석을 지닌다. 일반 사람들 또는 동수 이외의 사람들은, 미자가 자고 있음을 알고 있다. 그런데 이런 객관적 진리값과는 달리, 동수만이 미자를 헤엄친다고 생각하는 것이다. 이 내포문은 동수의 잘못된 생각 내용을 지시한다. 이에 반해, (12나)에서는 일단 문면 상으로 내포문에 드러난 대로의 정보 이외에는 다른 정보를 알 수 없다. 오직 동수의 생각 내용이 내포문과 같음을 지시할 뿐이다. 우연하게, 우리는 미자에 대한 정보를 알고 있고, 이 정보에 비추어서 동수가 어리석게 생각하고 있음을 추리하는 것이다. 내포문에 걸리는 함의로 볼 때에, (12가)는 내포문의 문면에 드러난 내용과 전혀 정반대의 함의가 걸린다고 할 수 있다. 반면에, (12나)에서는 실제 세계에 대한 정보가 주어지지 않는 한 '중립적 표현'이라고 해야겠다.

내포문의 내용과 대립되는 함의를 가질 수 있음과 관련하여, 아래 예문을 주목하기로 한다.

(13가) 봉수가 은희를 [e   열심히 공부했다고] 여겼다.
    나) 봉수가   e   [은희가 열심히 공부했다고] 여겼다.

(13가)에 걸리는 함의는, 은희가 빈둥빈둥 놀았음을 가리킨다. 이에 반해, (13나)는 중립적 표현이라고 볼 수 있다. (13가)에 걸리는 함의 내용을 관형절로 얹어 보기로 한다.

(14가) 봉수가 [놀기만 한 은희를] [e 열심히 공부했다고] 여겼다.
    나) *봉수가 e [[놀기만 한 은희가] 열심히 공부했다고] 여겼다.

(14가)와 같이, 은희에 대해 서로 상반되는 정보가 상위문과 내포문에 나란히 실현되어도 적격한 처리를 받을 수 있음은, 이 구조가 서로 다른 함의를 보장하기 때문이라고 볼 수 있다. 하지만, (14나)는 내포문이 모순된 내용이므로 성립할 수가 없다. 대신 함의 내용이 관형절로 표시되지 않은 원래의 예문 (13나)를 보자. (13나)는 은희가 놀았음을 전제로 하더라도 성립된다. 그것은 내포문 내용이 다만 상위문 동사가 나타내는 의식 내용을 그대로 보여주기 때문이다. 다시 말하여, 내포문이 그 자체로는 자신과 대립되는 특정한 함의를 가질 수 없다. 이 점을 '중립적 해석'이라고 부르기로 한자.

만일 (13나)에서 실제 세계에 대한 정보가 주어지게 되고, 그것이 내포문의 내용과 명백히 다른 것이라면, 상위문 동사와 관련된 주어는 그런 사실을 인식할 수 없는 결격 사유를 지님을 함의하게 된다. (13나)에서 은희는 놀기만 하였는데, 거꾸로 봉수는 그녀를 공부했다고 간주한다. 따라서 봉수의 판단이나 생각이 그릇된 것이다. 이런 상황에서 (13나)의 예문은 어리석은 봉수에 대해 비웃음이나 비꼼까지 담게 될 소지가 있다.

(15가) ?봉수가 은희를 [e 열심히 공부했다고] 잘못 알았다.
  나) 봉수가 e [은희가 열심히 공부했다고] 잘못 알았다.

상위문 동사를 {잘못 알다}로 바꾸었을 경우, 그 문법성 성립은 (15나)에서 완벽하지만, (15가)에서는 다소 이상하다. (15나)는 내포문 내용이 봉수의 앎에 대한 일이며, 그것이 잘못되었음을 지시하고 있으므로, 그 성립이 완벽하다. 그러나 (15가)에서는, 상위문 동사의 지배 영역에 내포문만이 아니라, 내포문의 주어와 동지표되는 명사구 외현범주까지 포함되고 있다. 다시 말하여, 잘못된 앎의 내용이 내포문만이 아니라, 동지표되는 명사구 {은희를}까지 포함하게 된다. {은희를}은 잘못된 앎의 내용과는 무관한 것이다. 위 구문의 모습에서는 {은희를 잘못 알았다}와 같은 해석이 나올 수가 있는 것이다. 이 점이 (15가)의 성립을 이상하게 만드는 원인으로 진단된다.

2.3. 앞 절에서 다룬 예문들은 내포문이 완형보문의 형태로 실현되고, 상위문의 동사가 제2군에 해당하는 경우였다. 본 절에서는 상위문의 동사를 제1군에서 뽑고, 내포문이 불구보문의 형태를 취하는 사례들을 다루면서, 앞 절에서의 관찰이 여전히 유효함을 보이기로 한다.

(16가) 찬이가 새를 [e 날게] 했다.
  나) 찬이가 e [새가 날게] 했다.
(17가) 진이가 순자를 [e 떠나게] 했다.

나) 진이가　e　[순자가 떠나게] 했다.

　　예문 (16, 17)에서는 상위문에 [+사역] 동사가 실현되어 있고, 내포문에는 {-게} 형태소가 실현되어 있다. (16가)와 (17가)에서는 외현범주와 공범주가 각각 〈새, e〉와 〈순자, e〉처럼 연쇄를 이루고 있다. 이들은 모두 동지표를 나눠 갖는다. 반면, (16나)와 (17나)에서는 상황공범주와 뒤따르는 내포문이 연쇄를 이루고 있다. 이들 예문 사이에는 그 구조의 차이만큼 분명한 의미 차이가 관찰된다.
　　예문 (16)에서, {새}에 대한 해석은 서로 차이를 보인다. 가령, (16가)에서는 날지 못하는 새를 대상으로 하여, 날 수 없었던 결함을 적절히 치료함으로써, 비로소 새가 날게 되는 상황을 가리킬 수 있다. 이에 반해, (16나)의 경우는 온전한 새가 새장과 같은 억제 상황 속에 있었는데, 그 외부적인 억제 상황을 해제하여 새가 날게 되는 상황을 가리킬 수 있다. 이를 더 간결히 정리한다면, {새를}이 실현된 (16가)에서는 내포문에서 제시되는 상황과 대립되는 상황이 함의될 수 있다. 따라서 결함 있는 새를 적절히 치료하여 날리는 상황이 함의되는 것이다. 반면, (16나)는 단지 상황이 내포문의 내용과 같음을 지시하는 것으로서, 내포문의 사건이 일어나도록 상위문의 주어가 어떤 영향만 미쳤음을 뜻한다.
　　또 해석의 차이는 이런 상황 이외에, [+사역] 구문에 따른 내용도 가리킬 수 있다. (16가)에서는 상위문의 [+사역] 영향이 대상에 직접적으로 미침으로써, 강제적으로 그 새를 날게 만드는 상황이 주어질 수 있다. 그러나 (16나)에서는 그 영향이 간접적이어서, 그 새가 자발적 동기에 의해 나는 상황으로 이해된다. 이런 해석에서도 우리는 앞 절에서 보아온 차이가 여전히 유지됨을 알 수 있다. 사역 구문의 특이성으로 말미암는 해석 방향도, 강제성(=직접사역)과 자발성(=간접사역)의 대립을 보이기 때문이다. 강제성이라고 말할 수 있는 근거는, 내포문과 다른 함의를 갖는 상위문 목적어 {새를}의 실현으로 말미암아 거기에서 유도되는 것이다. (16나)의 내포문이 자발성을 갖는 것처럼, 그 주어 자리에 공범주가 실현되어 '의무 통제obligatory control'를 받고 있는 (16가)의 내포문도, 애초에는 자발성의 의미가 있었던 것으로 볼 수도 있겠다. 이 내포문의 주어가 상위문의 목적어와 연쇄를 이루고, 선행하는 외현범주에 대해 철저히 의존 관계를 형성함으로써(=의무통제 관계), 자발성의 의미가 강제성의 의미에 의해 취소되거나 없어지는 것으로 볼 수 있기 때문이다.

예문 (17)에서도 의미 차이가 관찰됨은 물론이다. (17가)에서 외현범주가 상위문의 목적어 자리에 나타남으로써, 뒤따르는 내포문의 내용과는 다른 함의를 얹어 놓아 준다. (17가)를 말하고 있는 화자는, {순자를}이라는 표현에 의해서, 그녀가 떠나지 않기를 바라고 있는 것이다. 이에 비하여, '상황 공범주'가 실현된 (17나)는 중립적 표현이다. 상황의 내용은 곧 뒤따르는 내포문의 내용인 셈이다. 임홍빈(1979)의 개념을 빌린다면, 외현범주 {순자}가 상위문의 목적어 자리에 실현된 (17가)는, [+사역]의 직접성을 받는 피동주가 된다. 직접적으로 사역을 받기 때문에 {순자}에게는 [+피동]의 자질이 얹히게 된다. 대신, 외현범주 {순자}가 내포문의 주어 자리에 실현된 (17나)는 [+사역]의 간접성 또는 '잠재적 의도성'의 영향을 받는다. {순자}의 입장에서 보면, 그녀가 떠나는 사건이 일어나기 위해서는, 그녀의 의지가 작용해야 한다. 따라서 {순자}에게는 [+자발]의 자질이 얹힐 수 있는 것이다(2.1절의 각주 4를 보기 바람).

(18가) 동주가 노인을 [e 앉으시게] 했다.
　　나) 동주가　　e　[노인이 앉으시게] 했다.

예문 (18)에서도 예문 (17)의 내용과 같은 해석이 유도된다. 상위문의 목적어 자리에 외현범주 {노인을}이 실현되면, 내포문의 내용과 다른 함의를 갖게 된다. 따라서 그 노인이 앉고자 하는 의도나 의지가 없었음을 함의한다. 그럼에도 불구하고, 상위문의 주어 {동주}가 직접 사역작용을 행하여, 강제적으로 또는 억지로 그 노인을 앉히게 되는 상황을 가리키게 되는 것이다. (18나)에서는 상황 공범주가 나타나 있고, 사역의 간접성이 표시된다. {동주}가 자리를 비워 드리거나 특정한 자리를 편히 앉을 수 있도록 치움으로써, 비로소 그 노인이 앉을 수 있는 상황이 되고, 이 상황에서 그 노인의 의사에 따라 자발적으로 앉게 됨을 의미한다.

이와 같은 사역 구문이 반드시 유정물(특히 사람) 사이에서만 성립되는 것은 아니다. 사물들 사이에 영향을 주고받는 다음 예문들을 관찰해 나가기로 한다.

(19가) 순구가 종을 [e 울리게] 했다.
  나) 순구가 e [종이 울리게] 했다.
(20가) 장마가 강을 [e 불게] 만들었다.
  나) 장마가 e [강이 불게] 만들었다.

예문 (19)는 유정물과 무정물의 관계이고, 예문 (20)은 무정물들 사이의 관계이다. 예문 (19가)에서 상위문의 목적어 {종을}은 내포문의 내용과 다른 함의를 갖는다. 가령, 조용한 상태로 있는 종을 가리킬 수 있다. 이 종에 대해서 {순구}가 어떤 작용을 직접 가하여, 비로소 종이 울리는 것을 의미한다. 그러나 (19나)는 반드시 현재 그 종이 울리고 있음을 지시하진 않는다. 대신에 채(鍾舌)가 없다거나 깨어져서 울릴 수 없는 상태의 종을, 순구가 적절하게 수선하여 울릴 수 있는 상태로 만들었음을 의미할 수 있다. 이런 이유 때문에 '간접적'으로 종에 대하여 사역작용을 했다고 말하게 되는 것이다.

예문 (20)에서는 앞의 예문들과는 달리 선명하게 의미 차이가 드러나지 않는다. 내포문과 반대되는 함의나 사역작용의 직접성 같은 내용이, 두 예문 사이에 차이가 나지 않는 것이다. 이 점은 우리의 보아 온 일관된 해석에 일견 반례인 것처럼 보일 수도 있다. 그러나 본고에서는 이런 예문이 반례로 작용하는 것이 아니라, 우연하게 사물 또는 무정물 사이의 관계를 표현하는 것이기 때문에, 의미 해석 차이가 중화되는 것으로 설명하고자 한다. 다시 말하여, 장마가 진 사건 및 강이 불어난 사건은 유기적이고 인과적인 관계이다(자유의지에 의해 일어난 사건이 아니다). 이런 인과 관계는 언어 표현에 의해서 뒤바뀔 수 없는 없는 것이다. 설사 뒤바뀔 수 있다고 하더라도, 그것은 문체적인 변이에 지나지 않을 것이다.

 이런 점을 유의하면서, (20)의 문체적 차이를 찾아본다면, (20가)는 목적격 형태소 {를}의 [+전체성]의 자질을 근거로 하여(임홍빈, 1979 : 100. 또한 제9장 3.4절의 예문 17의 설명도 보기 바람), 논의될 수 있는 모든 강을 지시하는 데 반하여, (20나)는 주격 형태소 {가}의 [+개체성] 또는 [+특정성]의 자질을 근거로 하여, 화자가 머릿속에 그리고 있는 특정한 강(가령, 동네 어구를 흐르는 강 따위)을 가리키는 것으로 이해될 수 있다. 예문 (20)이 문체적 차이를 보이지만, 이 구문이 우연히 사물들 사이의 관계 또는 자연물의 인과 관계를 표현하기 때문에, 반대 함의와 같은 차이가 관찰되지 않는 것으로 이해하고, 우리는 이 우연성이 반대 함의에 대한 논의를 무력화시키는 것은 아니라고 잠정 결론짓고자 한다.

 다음 예문은 사역 구문으로 볼 때에, 다소 특이한 성격을 띤다. 자기가 자기 자신에게 사역행위를 한다는 것은, 한 개체가 두 개체로 양분되지 않고서는 불가해하기 때문이다.

(21가) 영구가 자신을 [e   반장을 맡게] 했다.
   나) 영구가   e   [자신이 반장을 맡게] 했다.

(21가)는 유정물 또는 인간 사이의 관계이므로 사역행위가 보장되어야 한다. 특히 {에게}와 같은 여격 형태소가 붙지 않았으므로, 간접적 사역 또는 우회적 사역이 아니라, 직접적 사역관계에 있다고 보겠다. 사역의 대상은 피동주가 된다. 예문 (21)은 이런 기대를 전혀 허용하지 않는다. 전형적인 사역성은 이런 예문을 고려할 때, '작용성'과 같은 약한 의미로 대체되어야 할 것이다. 일단 이곳에서의 사역성의 의

미를 작용성으로 바꾸고, 자기가 자기 자신에게 어떤 의지적 작용을 할 수 있는 것으로 여기기로 한다. 그렇다면, (21가)는 영구 스스로가 애초에 반장 맡는 일을 싫어했었으나, 자신의 생각을 바꾸어 반장직을 수락하는 경우를 가리킬 수 있다(이런 결정과 현재 결정이 달라짐). 이 해석은 내포문과 대립되는 함의 및 작용의 직접성이 모두 적용되어 유도되는 것이다. 다만, 앞의 사역 구문에서 볼 수 있었던 강제성만이 '직접 작용성' 정도로 약화되어 있다.

(21나)는 해석이 다르다. 상황 공범주가 실현되어 있으므로, 상황 공범주와 연쇄를 이루는 내포문 전체 내용에 대하여, 상위문의 주어 (영구)가 어떤 작용을 했음을 지시한다. 가령, 의도적으로 영구가 반장직을 맡고 싶어 하고, 그 의도를 관철하기 위하여 영구는 상황을 개선시켜 나가는 것이다. 미리 어떤 공작을 해서 표를 모을 수도 있고, 유사한 행위를 함으로써, 내포문에 표시된 목표점까지 도달하려고 노력하는 것이다(3.4절의 각주 13을 보기 바람). 영구가 실제 반장을 맡았는지 여부에 대해서는 이 언표만으로 알 수 없다. 여기서 그 목표를 위해 노력하는 점이 간접적 사역작용으로 이해되는 것이다. 이 점은 (21가)에서 관찰되었던 함의와 대조적이다. (21가)에서는, 영구 자신에게 이미 반장직에 선출되었다거나 그와 유사한 상황이 주어졌다는 전제가 깔려 있고, 반장직을 안 맡으려던 자신의 이전 생각 또는 의도를 바꾸어 반장직을 수락하는 상황을 함의하기 때문이다. 결국 상위문의 외현범주 (자신을)에 걸려 있는 함의는, 내포문의 내용과 반대되는 상황을 담고 있다(가령, 반장직을 사양하는 상황). 따라서 본 절에서도 앞 절에서와 꼭같은 의미 차이를 관찰할 수 있고, 그 해석을 유도하는 과정이 일관됨을 확인할 수 있었다.

2.4. 다음에서는 세 가지 문제에 초점을 모으기로 한다. 하나는 상황 공범주의 설정이 정당한 것인지를 논의하는 것이다. 다른 하나는 내포문과 반대되는 함의가 나올 수 있는 근거가 무엇인지를 찾는 일이다. 마지막 하나는 2.1절의 예문 (6)과 관련하여, 중의적 해석 문제

를 다루려고 한다. 중의적 해석에 관련된 문제는, 자칫 본고에서 가정하고 있는 다음 두 가지 유형의 구문 (22가, 나) 사이의 차이를 무위로 만들어 버릴 소지가 있기 때문에, 이 사례에서는 그 중의성의 원인이 구조적 형상보다 다른 요인에서 유래됨을 밝혀야 할 필요가 있다.

이상의 작업에서 우리가 공통되게 관찰하여 결론 지을 수 있었던 내용은 다음처럼 요약된다.

(22가) … NP_i를 [$_{S'}$ e_i …] …
나) … e_i [$_{S'}$ NP가 …]$_i$ …

(22)에서와 같이 간략히 표시된 모습에서, (22가)는 상위문의 목적어 명사구가 음성실현을 갖춘 외현범주로 나타나고, 내포문의 주어 명사구가 공범주로 나타난다. 이들은 연쇄를 이루며, 내포문의 공범주는 상위문의 목적어에 의해서 '의무 통제'를 받아야 한다. 1.2절의 예문 (3~5가)들이 비문인 한, 내포문의 공범주는 기저에서부터 공범주로 주어져 있어야 마땅하다(작은 공범주 대명사 pro). (22나)는 상위문의 목적어 자리에 공범주가 나타나고, 이 공범주가 뒤따르는 내포문과 연쇄를 이룬다. 내포문의 주어 자리에 나타난 외현범주와 이 공범주는 직접 관련되지 않는다. 이 공범주를 우리는 '상황 공범주'라고 불러 왔고, (22나)에서처럼 상황 공범주와 곧 뒤따르는 내포문 사이에는 같은 지표를 부여할 수 있으므로, 일종의 '서술 관계'를 형성하는 것으로 가정한다. 즉, 다음 (22다)에서처럼 상황 그 자체의 내용이 내포문에 드러나 있다.

(22다) … 상황$_i$ [$_{S'}$ 내포문]$_i$ …

이런 서술 관계는 독립적인 것이 아니다. 상위문 동사의 의미역 구조에 의해서 유도되는 것이다. (22가)에서 가정하는 상위문의 외현범주 목적어와 내포문 공범주 주어 사이의 통제 관계가 독립적인 것이 아니라, 상위문 동사의 의미역 구조 때문에 유도됨 또한 한가지이다. (22가)와 (22나)의 구조적 차이는 의미 해석에 차이를 가져온다. (22가)는 의미 해석상 내포문과 대립되거나 반대되는 함의를 갖는다. 그렇지만 (22나)는 (22가)에 비교하여 볼 때 중립적인 해석을 지닌다. 다시 말하여, 반대 또는 대립되는 해석을 지니지 못하는 것이다(중립표현).

　먼저 상황 공범주의 설정에 대한 정당성 문제를 다루기로 한다. 상황 공범주의 설정 동기는 상위문 동사의 의미역 구조에서 말미암는다. 상위문 동사의 의미역 구조는 3.2절과 3.4절에서 자세히 논의될 것이다. 각 동사군이 어떤 의미역 구조를 갖는지에 대해서는 그곳으로 논의를 미룬다. 대신 몇 가지 적용 원칙에 대해서만 언급할 필요가 있다. 우리 인간이 내재적으로 언어능력을 지니고 있고(이른바 'I-언어'), 그 능력은 언어 성장의 과정에서 '순간 학습'에 의해 구체화된다는 가정을 받아들이기로 한다. 그렇다면, 하나의 개별 언어를 배워 나갈 때에 동시에 개별 어휘들에 대한 내재화 과정이 상정될 수 있다. 이때 동사의 의미역과 하위범주화 자질들도 습득하게 된다. 이 상황을 염두에 두면, 임의의 동사가 갖는 의미역 구조와 하위범주화 자질(또는 전형적 구조 실현 CSR)은 어떤 분포를 이루든지 동일하고 일관된 모습을 갖추고 있을 것으로 기대된다. 이런 배경에서, 본고는 일관되게 상위문의 동사가 같은 것이라면, 항상 그 의미역 구조와 통사 모습을 동일하게 설정하는 것이다. 음성실현을 보여주지 않는 상황 공범주를 기저 구조에 집어넣는 것은, 일관된 의미역 구조를 유지하기 위한 불가결한 조처이다. 상황 공범주의 설정의 당위성을 입증하기 위하여, 본고에서는 외현범주가 실현된 구문과의 의미해석 차이를 찾아내는 작업을 수행하였다. 그 차이가 임의적인 것이 아니라, 언제나 관찰될 수 있는 일반적인 것임을 보임으로써, 거꾸로 그것들에 구조적인 차이가 내재함을 보이고자 한 것이었다.

　아직 본고에서는 공범주의 존재를, 영어의 예에서 보여주는 것처럼 want to 사이에서 관찰되는 '음운 축약의 방해' 등의 실례로써 입증할 수 없다.[6] 그러나 상황 공범주가 설정된 본고의 내용과 유사한 처리를 보여주는 논의에 주목할 필요가 있다. 임홍빈(1979:113f.)에서는 이런 (22나)유형의 구문에 대하여 '목적어를 잃어버린' 문장으로 취급하였다. 그 목적어를 대용할 수 있는 후보로서 [문제를] 또는 상위문 동사의 명사화 요소(임홍빈, 1979의 각주 10 : …하기를 …하다)를 상정한 바 있다. 이 논의를 수용하면서, 안명철(1989)에서는 "사건이나 상황과 같은 것을 목적어로 채워볼 수 있을 것"으로 보았다(안명철, 1989의 주 16).

이와는 달리 이광호(1988)에서는 동지표문으로 보고 있기 때문에, 상황 공범주가 들어가는 자리를 놓고서, 내포문의 주어와 연쇄를 이루고 동지표를 받는 것으로 이해한다. 이런 처리는 우리가 살핀 두 유형의 구문이 의미 차이를 드러내지 않을 때에라야 가능하다. 두 유형 사이의 의미 차이가 관찰되는 한, '동일 명사구 삭제'와 같은 변형은 설 자리가 없게 된다. 변형이 반드시 구조 보존을 준수해야 될 뿐만 아니라, 또한 의미의 변화를 유발해서도 안 되기 때문이다.

다음, 두 번째 문제에 대하여 살피기로 한다. 상위문의 목적어 자리에, 내포문의 공범주 주어와 동지표되는 외현범주가 실현되면, 왜 그 내포문의 내용과 반대되는 속뜻이 나오는 것일까? 이 해답도 필자는 1차적으로 상위문의 의미역 구조에서 찾아져야 한다고 본다. (22)의 구조를 구현하는 의미역 구조를 다음 (23)처럼 나타내기로 한다.

(23가) 상위문 동사 V의 의미역 : $\langle \theta_1, \theta_2, \theta_3 \rangle$
　　나) 　　　　　…　　　　　$\theta_2 [\theta_3]$

---

6) 영어의 축약 모습과 비슷한 사례(내포문+상위문 동사)를 진주 사투리에서 관찰할 수 있다. '-는가 보다'는 '-는갑다'로 축약된다. 그렇지만 이 사투리에서는 공통어에 나타나는 '*-을까 보다'나 '*-던가 보다'는 쓰이지 않으며, '*-을깝다' 또는 '*-던갑다'라는 축약 모습도 기대되지 않는다. 아마도 유표적으로 현재 상황의 추정 양태에서만 내포문의 어미 (-는가)와 추측을 나타내는 동사 [보다]가 융합하는 것으로 보인다. 그렇다면 축약되는 내용이 영어의 공범주 PRO와는 무관한 것이다. 하지만, 내포문과 상위문 동사가 축약(융합)되는 것이다.

또 다른 사례로 '…라쿠데'(…라고 하더라)라는 축약 모습도 관찰되는데, 이는 사이시옷이 들어가 동화된 '뭐라꼬'의 모습과 대조된다. '…라쿠데'에서는 상위문 동사 '하다'가 찾아지지만, '뭐라꼬/뭐락고'에서는 불가능하다. 이 동사의 주어는 작은 공범주 pro로서, 인용되고 있는 원래 화자이겠지만 축약에 방해가 일어나지 않는다.

(23가)에서 제1 의미역은 행위주 또는 작용주의 의미역을 받고, 명사구로 실현된다. 제2 의미역은 {를} 형태소를 접미시킨다는 점에 유의하여, 잠정적으로 "{를} 의미역"을 받고, 명사구로 실현된다고 약정하기로 한다. 제3 의미역은 명제이며, 내포문으로 실현된다. 여기서 관련되는 의미역 구조만을 (23나)처럼 나타내기로 한다. 제3 의미역은 제2 의미역에 의존 관계에 있다. 이런 의존 관계의 양상은 상위문 동사에 의해 주어지는 것으로 이해한다. 의존 관계만을 놓고 볼 때, 제2 의미역의 비중은 제3 의미역보다 상대적으로 높다. 실제로 제2 의미역이 {를} 형태소를 접미시키고 외현범주로 나타나면, 그 높은 비중이 구현되어 내포문과 대립되거나 반대되는 함의를 갖게 된다. 그런데 높은 비중이 실려 있음을 주장할 근거를 어디에서 찾을 것이며, 높은 비중이 반대 함의를 갖게 되는 까닭은 무엇일까?

본고에서는 두 가지 측면으로 그 해답을 모색한다. 하나는 방금 언급한 의미역 사이의 의존 관계이고, 다른 하나는 {를} 표지 의미와의 공모성에서 찾는다. 의미역 사이의 의존성은 논리상의 귀결이다. 상위문 동사에 의해 배당되는 의미역들이 의존 관계에 있을 때, 주종관계에 따른 비중의 차이는 당연한 것이기 때문이다.

{를} 표지에 대한 의미는, 임홍빈(1979)에서 대격성을 나타내는 것과 주제나 비대조적 대립을 나타내는 것으로 대별하였다. 이런 구별은 이광호(1989)에서 재확인되고 있다. 그러나 필자는 이런 입장이, "같은 분포를 지니는 형태소는 같은 의미로 파악하려는 태도"를 무의미하게 만든다고 본다. 같은 분포의 {를} 표지는 동일한 기저의미를 지니는 것으로 파악해야 마땅한 것이다. 그 기저의미의 후보로서, 필자는 "관련 동사의 실현 영역을 표시함" 정도로 상정한다.[7] 이런 약정은 철저

---

7) 자동사 구문에서도 {를}이 나타난다. 가령 "십 년을 살다, 삼십 리를 간다"에서와 같다. 자동사 '살다, 가다'는 목적어를 요구하지 않는다. 다만 홀로 특정 행위나 동작을 나타내기 때문이다. 그렇지만 왜 이런 자동사 구문에 예외적으로 대격 조사가 붙었을까? 김지홍(1990b)에서는 자동사의 동작이나 행위가 전개되는 폭 또는 주연을 나타내는 것으로 설명할 수 있을 것으로 보았다. 동작이나 행위의 전개 폭을 여기서는 실현 영역으로 말을 바꾸어 표현해 놓았다. 이런 분포에서 관찰되는 {를}의 의미자

한 논증을 필요로 하는 것이나, 현재 논지 전개의 필요상 이 '작업가정'을 임시 확립된 사실처럼 취급하기로 한다.

{를} 형태소가 접미되는 논항이, 명사구이든 다른 범주이든 상관없이, 관련 동사가 실현되는 영역을 지정해 주거나 표시해 준다고 상정하기로 한다. 이를 수용하면, 왜 사역 구문에서 직접성이 유도되어 나오는지도 해결할 수 있다. 사역동사가 실현되는 영역은 {를} 형태소가 접미된 논항이기 때문에, 그 직접성이 확보될 수 있는 것이다. 내포문과 대립되는 함의도 해당 동사의 [+실현 영역 지정]이라는 기저의미로부터 이끌어낼 수 있다. 상위문의 동사가 주어지고, 그 동사의 실현 영역이 {NP를}에 의해서 표시되고 지정되는 것이다. 그리고 여기에 다시 의존적인 제3 의미역이 주어진다. 제3 의미역이 출현하지 않는다면, {NP를}은 전체성이나 바탕(또는 배경)을 나타내 줄 수 있다(홍윤표, 1978 및 김지홍, 1990b의 주 10과 14를 보기 바라며, 또 제9장 3.4절의 예문 17에 대한 설명 참고). 해당 동사의 실현영역이 [+전체성]으로 구현된다고 보는 것이다. 의존적인 제3 의미역이 나타남으로써, 이 의미역은 상위문 동사와 {NP를}이 이루어 놓은 [+전체성]의 어느 영역에 자리를 잡을 것이다. 제2 의미역은 전체성을 언급하는 데 반해, 제3 의미역은 그 전체성의 어느 부분만을 차지한다. 제2 의미역이 비중이 높다고 보는 것도 이런 모습을 반영하는 것으로 본다. 여기서 그 나머지 부분이 내포문의 내용과 어긋나거나 반대되는 함의를 이루는 것으로 추정할 수 있다.

전체성과 부분성이 대립하여, 부분성이 전체성과 반대되는 속뜻을 유발한다는 추정은 어떻게 해서 가능한 것일까? 필자가 생각하는 논리는 다음과 같다. 가령, 전체 영역을 수량화하여 '10'이라고 하고, 부분성이 '6'으로 나타난다고 하자. 전체성 10을 다 채워야 할 경우라고 하면, 아직 채워지지 않고 모자란 나머지 4는 부정적 측면을 갖는다.

질과 동족목적어(Cognate Object) 구문에서 찾아지는 자질들이 어떤 관련이 있을 듯하다. 이 책의 제9장 2절의 각주 9를 보기 바란다. 최근 Höche(2009)의 『Cognate Object Constructions in English』(Gunter Narr Verlag)가 나와 있다.

완결에 실패한 것이다. 마땅히 완결되어야 할 것이 적절히 완결되지 못하고 실패한다면, 실패라는 사실에 깃드는 속뜻은 부정적인 값을 지닐 수 있다. 서울에서 부산까지 가야 하는데, 아직 대전까지만 갔다면, 나머지 구간은 아직 가지 못한(가지 않은) 구간으로 이해되는 것과 마찬가지이다. 따라서 전체성과 부분성이 대립을 보일 때, 부분성이 전체성과는 다른 반대의 함의를 가질 수 있는 동기는 충분하다고 보는 것이다. 본고에서는 상위문의 목적어 {NP를}에 내포문의 내용과 어긋나거나 대립되는 반대 함의가 없히게 되는 까닭을, 전체성과 부분성의 대립에서 배태되는 것으로 보고자 한다.

본고에서의 관찰 결과를 지지해 주는 논의를 안명철(1989)에서 찾을 수 있다. {것} 명사구와 {-고} 동사구 보문을 비교하면서, 이를 본고에서 다루는 상위문의 목적어와 내포문의 주어 동지표문에까지 자신의 결론을 확대시켜 논의하고 있다.

(24가) … ㄴ/ㄹ 것을 [… V다고/라고] …
나) … NP를 [… V다고/라고] …

(24)는 안명철(1989)의 (41)에서 필요한 부분만을 골라 표시한 것이다. (24가, 나)에서 내포문 [… V다고/라고]를 선행하는 부분은 모두 사실성을 보장받는다. 반면에, 이 내포문 [… V다고/라고]는 사실성에 관계없는 내용, 곧 주어가 인식하고 생각하는 내용을 나타낸다고 결론을 지었다(비사실적 내용임). 이는 본고의 용어로 '중립적 해석'을 가리킨다. 이를 더 간략히 표시하면, 내포문이 비사실성 또는 중립성을 나타낸다고 할 때, 그 앞의 논항인 S' 또는 NP는 사실성을 나타낸다고 볼 수 있다. 이를 (24다)처럼 대립적으로 표시해 놓기로 한다.

(24다) … [$_{NP}$ [+사실성]] [$_{S'}$ … [-사실성]] …

이 결과는 본고에서 논의해 온 내용과 일치한다. 다만 안명철(1989)의 논의에서는 마치 형태소 {를}과 {-고}가 각각 [+사실성]과 [-사실성]의 의미를 내재시키고 있는 것처럼 보이는데, 이 점은 본고의 관점과 다르다. 본고는 상위문 동사의 의미역 구조에서 1차적 요인이 배태되고, 이 내용이 다시 {를}의 기저의미와 배합된 다음에 그런 결과가 빚어지는 것으로 논의하고 있기 때문이다.

마지막으로 중의적 해석의 문제에 대해서 살펴보기로 한다.

(25가) 돌쇠가 [그들중 누군가를] [e 도둑이라고] 생각했다.
　　나) 돌쇠가 e [[그들중 누군가가] 도둑이라고] 생각했다.

(25가)는 두 가지 해석을 지닌다. 하나는 이들 가운데 어느 특정인을 지목하거나 짐작하고, 돌쇠가 아직 언급하지는 않았지만, 그 특정한 한 사람이 도둑이라고 생각하는 해석이다. 이를 '특칭적' 해석이라고 부른다(특정한 개체를 가리킴). 다른 하나는 전혀 어느 특정인을 지목하지도 짐작하지도 못하고, 전혀 모른 채로 이들 가운데 임의의 한 사람이 도둑일 것으로 생각하는 해석이다. 이를 '범칭적' 해석이라고 부른다(어떤 속성만을 가리킴). 반면, (25나)는 후자의 범칭적 해석만을 지닌다. (25가)의 중의성은 {누군가}라는 어휘에서 비롯되는 것으로 보인다. 그 이유는 다음과 같다. {누군가}를 {아무나}로 바꾸어 보기로 한다. 그럴 경우에는 중의성이 나타나지 않는다, {누군가}는 특칭적 해석과 범칭적 해석을 둘 모두 받는 어휘이다. 그러나 {아무나}는 오직 범칭적 해석만을 받는 어휘이다.

(26가) 돌쇠가 [그들중 아무나를] [e 도둑이라고] 생각했다.
　　나) ?돌쇠가 e [[그들중 아무나] 도둑이라고] 생각했다.

(26)은 범칭적인 해석만을 갖는다. 특정인을 지시하지 못하고, 비특정적이고 임의적인 지시 범위만 갖기 때문이다. (26나)는 다소 어색한 느낌을 준다. 그 어색함은 두 가지 측면에서 원인을 찾아볼 수 있다.

{아무나}가 부정적 어휘와 호응하는데(아무나 상관없이), 이런 제약의 파괴에서도 찾을 수 있겠고(호응의 파괴), 임의의 지시를 갖는 어휘 {아무나}와 지시영역을 제한해 주는 어휘 {그들중}이 서로 충돌하는 데에서도 그 원인을 찾아볼 수 있다(어휘 충돌).[8]

그렇다면 똑같은 구조인 (26가)는 왜 적격한 것으로 판정되는 것일까? 어휘 호응의 파괴로 보는 입장에서는, 그것은 통사적으로 상위문의 목적어가 내포문에 직접 관할되는 것이 아니기 때문에, 부정 어휘와 호응해야 되는 제약이 해소된다고 설명할 수 있다. 어휘 충돌로 보는 후자의 해법에서는 {를}이 실현 영역을 표시하고 있기 때문이라고 설명할 수 있을 것이다. 곧, {를}이 상위문 동사 {생각하다}와 관련하여 생각하는 '대상들의 범위'를 나타내고 있기 때문에, 이 영향을 입어 양화 영역을 제한하는 어휘로서 {그들중}을 자연스럽게 허용하는 것으로 설명하는 것이다.

2.1절의 예문 (6)에서 보았던 중의성도 {서로}라는 어휘의 특성으로부터 나온다고 판단된다. {서로}는 각자를 가리킬 수도 있고, 또한 상대편을 가리킬 수도 있기 때문이다. (6나)에서 {서로}가 '각자'의 해석을 먼저 받게 되는 것은, 모종의 경향성에서 말미암는 듯하다. 가령 "서로가 서로를 믿자!"와 같은 예문에서는 주격 조사가 붙은 {서로}는 각자 해석을 지니지만, 대격 조사가 붙은 {서로}는 상대편의 뜻을 나타내는 교호 해석을 지닌다. 즉, 각자 상대방을 믿자는 것이다.

우리는 중의적 해석을 갖는 예문에 대해, 그 원인이 특정 어휘로부터 나옴을 지적함으로써, 구조적 차이가 중의성을 낳는 원인이 아님을 확인할 수 있었다. (22가)와 (22나)의 모습이 서로 구조적 차이는 물론, 의미상의 차이도 현격함을 결론짓는 데 방해 요소가 아님을 확정할 수 있게 되었다.

---

[8] 가령, "아무나 생각하라!" 또는 "아무거나 골라 가져라!"에서와 같이, 첫 번째 원인이 적용될 수 없을 때, 대안으로 상정해 보는 것이다. 만일 이 사례들의 경우를, {아무나 상관없이}또는 {아무거나 상관없이}를 기초로 하여 어떤 변형을 거친 것으로 볼 수 있다면, 첫 번째 지적한 원인만으로도 어색한 까닭을 충분히 지적해 낼 수 있을 것이다.

3. 공범주 실현의 필수적 위치

3.1. 앞에서 살펴본 공범주의 실현 위치는 상위문의 목적어 자리와 내포문의 주어 자리였다. 앞장에서 다룬 수의적 위치도 결국은 의미 차이를 갖는 것이며, 그 공범주의 지표가 다른 점을 고려한다면, 제3장에서 다룰 필수적 위치와 논의 내용이 다를 바 없다. 본 절에서는 먼저 내포문의 주어 자리에 공범주가 나타나는 경우를 다룬다. 이 공범주는 상위문의 목적어 자리에 나타나는 외현범주의 명사구와 연쇄를 이루며, 따라서 동지표를 나눠 갖는다(아랫첨자 'i, j, …' 등으로 표시함). 공범주의 의미 해석 측면에서 본다면, 이 공범주는 '의무 통제'를 받는 것이다. 그 통제를 맡는 선행명사구 NP는 연쇄를 이루는 외현범주인 것이다. 연쇄의 표시에서는 맨 처음에 나오는 외현범주 명사구 NP가 된다.

(27가) 철이가 비행기를 [e   크게] 만들었다.
   나) *철이가   e   [비행기를 크게] 만들었다.
(28가) 순이가 유리창을 [e   깨끗하게] 했다.
   나) *순이가   e   [유리창이 깨끗하게] 했다.

위의 예문들을 [+사역] 속성을 지닌 구문으로 취급하기로 한다. 엄밀하게 보아, 사역 구문이 유정물들을 대상으로 하여 성립된다고 말해야겠지만(사역을 실천할 수 있는 생물체들), 여기서는 사역성을 작용성이나 영향성 등으로 좀더 확대하여 [-게 하다] 구문에 준하는 내용들을 포괄적으로 사역 구문이라 간주한다(광의의 사역 구문). 이광호(1988)에서는 상위문이 [+사역]의 속성을 지닐 때, 그 내포문이 [-상태] 구문이냐 또는 [+상태] 구문이냐에 따라서 문법성 판정이 달라지는 것으로 기술되고 있다. 위의 예문들에서처럼 내포문이 [+상태] 구문을 이루면, 공범주는 내포문의 주어 자리에 나타나야만 한다.[9)] 이 기술은 위의 사례들만 대상으로 할 때에는 무리가 없다. (27나)와 (28나)

가 비문인 상태를 잘 보여주고 있기 때문이다. 그러나 다음 예문의 문법성에 대해서는 판별을 적절하게 해 줄 수 없다는 한계가 있다.

(29가) 덕수가 진희를 [e   남으라고] 했다.
    나) 덕수가   e   [진희가 남으라고] 했다.

상위문의 동사 {하다}가 중의성을 띠기 때문에, [+언표]나 [+언급]의 속성을 논의에서 제외한다면, 이 구문도 사역의 해석을 받을 소지가 있다. 사역을 보다 넓은 뜻으로 사용하고 있기 때문에, 이 예문의 경우도 행위의 주체(사역주)가 사역을 당하는 행동주(피동주)에게 어떤 영향을 끼치는 것으로 본다면, 사역 구문으로 소속될 수 있는 것이다. 가령, 진희에게 남으라고 위협하거나 강요하거나 암시하는 상황을 들 수 있다. 그렇다면 내포문에 [-상태] 구문이 실현되어 있음에도 아랑곳하지 않고, 앞의 경우와 꼭 같은 문법성 판정이 관찰된다. 이광호(1988)의 기술대로라면, 내포문이 [-상태] 구문이므로 공범주의 실현이 수의적이어야 하겠으나, 실제로는 그러하지도 않다.

더욱이 [+상태] 구문으로 기술된 내포문도 다음 사례들에서처럼 보조동사 {-아 지다}를 갖게 되면, 그 문법성 판정이 달라져서 적격한 모습이 된다. 다시 말하여, 공범주 실현이 수의적 위치로 나타나는 것이다.

---

9) 이광호(1988)에서는 상위문이 사역 구문일 경우, 내포문이 [+상태] 구문을 이루게 되면 동지표되는 명사구는 상위문의 목적어로만 실현된다고 기술하고 있다. 본고는 외현범주에 초점을 맞추는 것이 아니라, 공범주에다 초점을 맞추고 있다. 그러므로 이광호(1988)에서의 기술을 공범주를 중심으로 바꾸었다. 이광호(1988)에서의 논의 내용이 유기적인 설명력을 갖추지 못한다는 비판은 김귀화(1988 : 93f.)를 참고할 수 있다. 그리고 이광호(1988)에서의 기술은, 상위문 동사가 [+판단], [+사역]의 여부에 따라, 내포문의 동사가 서로 [-상태], [+상태] 등으로 배타적 또는 상보적 분포를 이루고 있는 듯이 보인다. 이 기술은 왜 [+판단]의 상위문 동사가 내포문 동사의 속성을 [±상태]로 구분 짓는지에 대한 필연성을 제시하지 못하는 데에도 문제가 있다. 또한 배타적 분포를 이루는 것으로 기술한다면, 상위문 동사가 차라리 [+판단] 류와 [-판단] 류 등으로 구분되어야 더 바람직할 것이다. 이런 입장에 의한 처리 방식은 3.4절의 (58, 59)를 참고하기 바란다.

(30가) 철이가 꽃을 [e 커지게] 했다.
나) 철이가 e [꽃이 커지게] 했다.
(31가) 순이가 방을 [e 깨끗해지게] 했다.
나) 순이가 e [방이 깨끗해지게] 했다.

이런 형상을 단순히 내포문이 [+상태] 구문에서 [-상태] 구문으로 바뀌었다고 말할 수 없다. 즉, 내포문 동사의 선택 양상이 바뀌었다고만 기술할 수 없다는 뜻이다. {-아 지다} 구문을 어휘화(복합동사)로 간주하기 이전에, {-아} 형태소와 뒤따르는 동사 사이의 통사적 개방성을 무시할 수 없기 때문이다(임홍빈, 1985 : 36f.를 보기 바람). 화석화되지 않고, 지금도 생산성이 보존되어 있음을 염두에 둔다면, 우리는 내포문에서 찾을 수 있었던 제약을 어떤 것이 해소시켜 주고 있는지 물어야 한다. 후행동사 {지다}가 그 제약을 해소시킨다고 볼 수도 있겠고, 또는 {-아}라는 형태소가 그렇다고 할 수도 있겠으며, 아니면 둘 모두의 결합에 의해 내포문 제약이 해소된다고도 볼 수 있을 것이다. 필자는 다음 예문들이 성립하는 것으로 보아, 맨 마지막 경우가 적절하리라고 보고 있지만, 상세한 논의는 본고의 범위를 벗어나므로 줄인다.

(32가) 철이가 꽃을 [e 커 가게] 만들었다.
나) 철이가 e [꽃이 커 가게] 만들었다.
(33가) 순이가 방을 [e 깨끗해 보이게] 했다.
나) 순이가 e [방이 깨끗해 보이게] 했다.

(32, 33)의 예문들은 내포문이 모두 {-아} 형태소와 보조동사가 합쳐진 구문을 실현시키고 있다. 또한 (30, 31)에서처럼 내포문의 제약도 해소되고 있음을 주목하자. 이들 예문은 내포문의 제약을 단순히 [±상태]라는 자질만으로 결정하는 것이 바람직하지 않음을 명시적으로 보여 주는 자료로 충분하다. 내포문 자질을 [+상태]라고 고정시킬 때, 그 범위가 {-아} 형태소를 중심으로 선행동사에만 해당되는 것인지,

아니면 후행동사까지 포함하는 것인지 구별되어 있지 않기 때문이다. [+상태]라는 자질도 이미 적절한 것이 아님을 보이는 반례 (29)를 확인한 바 있기 때문에, 더 이상 내포문의 제약을 [±상태] 여부로 가름할 수 없음을 확정할 수 있다.[10]

3.2. 그러면 문법성 여부를 판정 짓는 원인을 달리 어디에서 찾을 것인가? 본고에서는 상위문의 동사가 요구하는 의미역 구조에서 찾을 수 있다고 본다. '사역'을 표시하려면 최소한 세 가지 의미역이 설정되어야 한다. 첫째, 사역을 하는 행위주가 있어야 한다. 둘째, 그 사역행위의 대상인 사역을 받는 피동주 또는 사역에 영향을 입는 대상이 있어야 한다. 셋째, 그 피동주의 행위나 경험 내용이 주어져야 한다. 두 번째 의미역은 [+유정물](특히 사람)일 경우와 [-유정물](무생물)일 경우를 나누었다. 그 까닭은 사역을 넓은 의미로 규정하여 사용하고 있기 때문이다. [+유정물]일 경우에는 여격 형태소 {-에게, -한데, -더러, -보고} 등이 결합될 수 있다 제1 의미역과 제2 의미역은 명사구로 실현되고, 제3 의미역은 명제(내포문)로 실현된다.[11]

---

10) 예외적인 구문으로 지적되어야 할 것이 있다.
   (i) 어둠이 사람을 [e 무섭게] 한다.
  내포문의 주어는 {어둠이 무섭다/*사람이 무섭다}의 예로 보아, 특이한 구성이라고 하겠다. 내포문의 주어 공범주 [e]를 만일 {어둠}에 통제받는 것으로 본다면, 본고에서 다루는 구문 가운데에서 극히 이례인 경우가 된다. 그러나 이 내포문이 심리동사 구문임에 유념할 필요가 있다. 즉, 내포문에 경험주가 반드시 설정되어야 하는 것이다. 이런 형상을 '공범주 주제 구문'으로 본다면(임홍빈, 1985), 내포문은 아래 (ii)처럼 설정될 수 있다.
   (ii) … [e_i, [e_j 무섭- …
  여기서 제1 공범주 [e_i]는 경험주 의미역을 나타내고, 구문상 주제 위치에 놓인다. 제2 공범주 [e_j]는 평언(서술)의 내용을 나타내는 문장 중의 주어에 해당한다. 주제어는 상위문의 목적어에 의해 통제되고, 주어는 상위문의 주어에 통제되는 것이다. 특이한 심리동사 구문이 내포될 때에, 그 기저를 아래 (iii)과 같이 설정한다면, 본고에서의 일관된 처리를 계속 유지할 수 있겠으나, 경험주와 대상이 전제되어야 하는 심리동사 구문의 처리는 더 숙고를 요하는 과제로 남긴다. (iii)에서 [e]는 내포문의 공범주 주제어가 된다.
   (iii) NP_j가 NP_i를 [e_i, [e_j …]] V
11) 이들이 이루는 통사 구조를 본고에서는 잠정적으로 다음처럼 가정한다. X'이론을 받

이제 비문성의 원인을 사역으로부터 이끌어낼 수 있음을 보이기로 한다. 사역이란 것은 1차적으로 행위를 전제로 한다. 또 사역의 주체는 특정한 피동주의 행위가 일어날 수 있도록 상황이나 사태를 조정하는 것이다. 사역을 당하는 피동주는 마땅히 행위나 작용을 할 수 있는 개체/대상이어야 한다. 또는 넓은 사역의 의미로 보면, 최소한 어떤 상황이 사역의 목표점에로 도달하도록 변화가 보장될 수 있어야 한다. 이러한 바탕이 비문성 여부를 가름 짓는 것이다. 다시 앞의 예를 가져오기로 한다.

(34가) 철이가 비행기를 [e   크게] 만들었다.
나) *철이가   e   [비행기가 크게] 만들었다.
(35가) 철이가   e   [꽃이 커지게] 했다.
나) 철이가   e   [꽃이 커 가게] 했다.

이들 사역 구문 가운데, (34가)만이 외현범주를 상위문의 목적어

아들인다고 할 때, CP와 IP를 거쳐 VP가 설정된다. 이때 제1 의미역의 명사구는 IP의 지정어 자리에 나타난다. 그런데 제2, 제3 의미역의 교점 설정이 문제시된다. 제2 의미역의 명사구와 제3 의미역의 내포문은 모두 VP의 내부에 자리를 잡아야 될 것으로 보인다. 제3 의미역이 제2 의미역에 의존하는 점을 고려하면, 양자가 매우 긴밀한 관계에 놓여야 하고, 서로 통어 관계를 유지해야 한다. 또 제2 의미역은 상위문 동사로부터 격을 부여받을 수 있어야 한다.
이런 점을 고려하여 VP의 나무가지 그림을 개략적으로 다음 (i)과 같이 그려볼 수 있겠다. 그러나 ?교점을 어떻게 잡아야 하는지는 아직 확실치 않다. 만일 ?교점을 (ii)처럼 NP로 본다면, 내포문의 범주는 1차적으로 CP가 되고, 이 CP 교점 밑에 직접 관할되는 IP를 그릴 수 있을 듯하다. 이때 CP가 NP로 범주화될 수 있도록 [+N] 속성을 갖는 것으로 약정해야 한다. 본론에서 내포문의 지위를 표시할 때에는 간략하게 '[S' …]'로만 나타내겠다. 사역동사에 세 개의 의미역을 가정하는 논의는 김정대(1989; 1990)에서도 볼 수 있다.

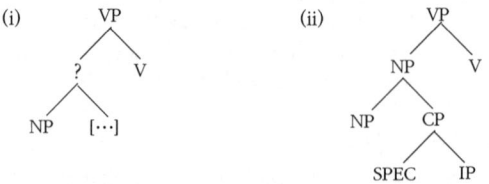

자리에 실현시키고 있다. 그 외현범주 {비행기를}은 사물(무생물)이므로, 어떤 영향을 입는 대상이 된다. 그 영향은 뒤따르는 내포문에 의해 표시된다. 사역의 내용을 가리키는 제3 의미역은, 제2 의미역이 무정물인 사물이므로, 대상이 변화를 겪게 됨을 나타내게 된다. 곧, (34)에서 제3 의미역은 '크지 않은' 상태에서 '큰' 상태에로 변화가 이뤄졌음을 의미한다. 앞 장에서 상위문의 목적어 자리에 외현범주가 나타날 경우, 그 외현범주가 갖는 함의는 내포문의 내용과 상반된 내용임을 보았다. (34가)에서도 상위문의 목적어 자리에 실현된 외현범주 {비행기를}은 '크지 않은 상태'임을 함의하고 있다. 따라서 제3 의미역에서 요구하는 변화를 보장할 수 있게 되는 것이며, 적격한 문장으로 판정된다.

상위문의 목적어 자리에 상황 공범주가 실현된 경우인 (34나)를 보기로 한다. 상황 공범주는 뒤따르는 내포문과 연쇄를 이루므로, 내포문 그 자체가 변화를 함의할 수 있어야만 적격한 문장으로 판정될 것이다. (34나)는 내포문이 무정물 {비행기}의 특정한 시공간에서의 일정한 상태만을 가리킬 뿐이며, 어떤 변화도 함의하지 못한다. 반대 함의를 낳는 상위문의 목적어 자리에 외현범주의 명사구가 나타나지 않았기 때문이다. 따라서 이 문장은 비문이 된다.[12] 대신, (35)에서는 내포

---

12) 만일 내포문에 [+유정물], 즉 생물로 분류될 수 있는 {꽃}을 주어로 넣어보기로 한다.
 (i) 철이가 e [꽃이 크게] 했다.
 (ii) 철이가 e [꽃이 크게] 물을 주었다.
(i)의 상위문 동사가 (ii)의 상위문 동사를 대용하고 있는 것으로 간주하는 경우를 생각해 볼 수 있다. (ii)가 적격하다고 판정되는 한, (i) 또한 적격하다고 판정받을 수 있기 때문이다. 그러나 이 두 예문은 같은 구조를 갖는다고 할 수 없다. 3.4절의 (55, 56)에서 보듯이, (i)은 내포문이 필수적인 것이다. 그러나 (ii)는 내포문이 임의로 생략되어도 하등 문법성에 영향을 끼치지 않는다. 이는 부가절이기 때문이다. 이런 상황에서 우리는 (i)이 사역 구문이라고 보고, (i)이 적격한 처리를 받는 까닭을 찾아내기 위해 내포문의 동사의미에 주목한다. 이 동사는 유정물의 주어를 가짐으로써, [+과정성]을 지닌 {자라다} 정도의 의미로 전환되는 것이다. 실제로도 과정동사 {크다}와 과정동사 {자라다}는 특정한 의미자질을 서로 공유하고 있는 것으로 보이며, 관계된 주어가 [+유정물]일 경우에 두 어휘가 서로 교체될 수 있다(가령 "애들은 절로 큰다"). (i)은 내포문이 변화를 함의한다. [−유정물], 즉 무생물이 주어로 있는 (34나)의 내포문과는 서로 차이가 나는 것이다.

문이 모두 변화를 함의한다. {커지다}와 {커 가다}는 둘 모두 '크지 않은' 상태와 '큰' 상태를 전제로 하여 두 상태 사이에 추이 또는 변화가 성립되는 것이기 때문이다. 따라서 이들은 모두 문법적인 문장이다.

공범주가 수의적 실현을 보였던 2.3절의 예문 (18)을 살펴보면서 우리의 논의를 더욱 다져 나가기로 한다. (18)을 아래 (36)으로 가져온다.

(36가) 동주가 노인을 [e   앉으시게] 했다.
   나) 동주가   e   [노인이 앉으시게] 했다.

위의 두 예문은 서로 의미 차이가 있음을 앞 절에서 이미 살펴보았다. 상위문의 목적어 자리에 외현범주가 실현된 것은, 사역에서의 직접성을 가리킨다. 즉, {노인}이 피동주가 되며, 내포문의 동작에 강제성이 함의된다. 그러나 상황 공범주가 나타난 것은 간접성을 드러낸다. 가령, 중간에 매개자가 있다거나 또는 상황 자체를 의자에 앉을 수 있도록 변화시킴을 함의하는 것이다. 노인이 앉을 수 없었던 상황에서, 변화가 일어나 이제 비로소 앉을 수 있는 상황으로 되는 경우이다. 두 예문이 모두 내포문에서 행위(피동행위)나 변화를 함의하므로 문법적으로 판정되는 것이다.

마지막으로 (29)예문을 아래 (37, 38)로 가져와서, 비문성이 초래되는 까닭을 살펴보기로 한다.

(37가) 덕수가 진희를 [e   남으라고] 했다.
   나) *덕수가   e   [진희가 남으라고] 했다.
(38가) 봉수가 현이를 [e   가라고] 했다.
   나) *봉수가   e   [현이가 가라고] 했다.

이들 예문에서는 내포문이 모두 동작동사(행위동사)이므로, 피동행위나 변화를 예상할 수 있다. 그럼에도 불구하고, 상황 공범주가 실현된 (37나, 38나)의 경우는 비문 처리를 받고 있다. 본고에서는 그 까닭을 내포문의 문종결 형태소 {-으라고}로부터 찾고자 한다. 내포문은 명령을 나타내는 종결형태소 {-으라}를 갖고 있다. 명령이란 명령자와 수령자 사이의 관계이다. 이 명령문이 사역 구문 속에 하위 갈래로 내포되어 있다. 사역 구문도 사역의 주체와 피동주 사이의 관계이다. 여기서 명령을 받는 수령자와 사역을 당하는 피동주는 동일인이다. 여격 형태소 {-에게}를 접미시켜 수령자를 더욱 명료하게 표시해 놓을 수도 있다. 이때 수령자와 피동주를 모두 표시해 줄 수 있는 구조는 (37가, 38가)뿐이다. 왜냐하면 상황 공범주가 실현될 경우에는, 내포문의 주어를 이용하여 수령자는 표시될 수 있지만, 피동주가 표시될 수 없기 때문이다. 따라서 (37나, 38나)는 비문으로 처리된다.

이런 설명에서는 상위문의 의미역 구조만으로써 문법성 여부를 온전히 결정짓는 것이 아니기 때문에, 본고에서의 해결책을 약화시킬 수도 있겠다. 그러나 본질적으로 상위문의 사역 구조를 벗어나 있는 것은 아니다. 따라서 여전히 사역 구조를 통한 해결책을 써서, 상위문의 특정 속성을 배합하는 것으로 이해할 수 있는 것이다. 마치 상위문 동사에서 1차적 요인을 찾고, 여기에다 다시 부가 요인을 찾아서 해결책을 모색했던 예문 (20) 및 (25)의 경우와 동궤인 것이다.

3.3. 다음은 공범주가 상위문의 목적어 자리에 실현되는 경우를 살피기로 한다. 이때의 공범주는 상황 공범주였다. 이런 구문을 이끄는 상위문 동사는 {믿다, 생각하다, 여기다, 느끼다} 등 제2군 동사에 속한다. 이들을 묶는 자질로서 [+의식]이나 [+생각] 또는 [+지각] 정도를 상정할 수 있다. 이광호(1988)에서 상정된 [+판단]은 너무 강한 것으로 판단된다. {생각하다, 여기다} 정도는 이 범주에 속할 수도 있겠으나, {믿다, 느끼다} 등의 동사는 [+판단]의 자질과는 거리가 멀다. [+판단]을 가능하게 하는 전단계의 자질들을 새로 설정할 필요가 있는 것이다. [+의식]이라는 자질은 자칫 너무 광범위해져 버리는 위험이 있다. [+지각]이라는 자질도 {느끼다}의 [+감각] 자질과 관련될 수 없는 점이 문제이다. 감각을 하고 나서 재귀적으로 그 감각 내용을 되

돌아볼 수 있을 경우에라야 지각이라고 말할 수 있기 때문이다. 김영희(1988:211)에서는 '약한 단언' 서술어로 분류하고 있다. 본고에서는 불완전하게나마 대안이 나타나기 전까지는 {생각하다}라는 어휘를 대표로 하여 [+생각]이라는 자질을 써서 이들 동사를 나타내기로 한다.

(39가) *준이가 정희를 [　　e　　잔다고] 믿는다.
　나) 준이가　e　[정희가 잔다고] 믿는다.
(40가) *혁이가 3차대전을 [　　e　　일어난다고] 생각했다.
　나) 혁이가　e　[3차대전이 일어난다고] 생각했다.

이광호(1988)에서는 이들 예문의 내포문에 [-상태] 구문이 실현되면, (39나, 40나)에서처럼 공범주가 상위문에 나타난다고 그 구조를 기술하고 있다. 이 기술은 다음의 예문을 검토해 본다면 잘못임을 알 수 있다.

(41가) 준이가 [공부하고 있는 정희를] [e 잔다고] 믿는다.
　나) ??준이가 e [[공부하고 있는 정희가] 잔다고] 믿는다.
(42가) 혁이가 [일어나지도 않을 3차대전을] [e 일어난다고] 생각했다.
　나) ??혁이가 e [[일어나지도 않을 3차대전을] 일어난다고] 생각했다.

논의되고 있는 명사구에 관형절, 특히 내포문의 내용과 어긋나는 내용을 지닌 관형절을 얹어 놓아 보기로 한다. 이럴 경우에 문법성의 판정은 오히려 앞서의 관찰과는 거꾸로가 된다. 내포문의 동사 자질은 고정되어 있으나, 명사구가 수식 관형절을 가짐으로써 문법성 판정이 달라지는 것이다. (41나, 42나)가 이상한 것은, 2.2절의 예문 (11나, 14나)에서처럼 내포문이 모순된 내용을 담기 때문이다. 만일 (41가, 42가)에서, 각각 (39가, 40가)의 예문이 유도되거나 도출될 수 있다면, (41가, 42가)의 문법성 판정도 또한 재고되어야 할 것이다.

상위문 동사가 [+생각] 자질을 지닌 제2군 동사일 때 내포문에 [+

상태] 구문이 실현되면, 공범주는 수의적으로 상위문의 목적어 자리나 내포문의 주어 자리에 나타난다고 이광호(1988)에서는 기술되고 있다. 그러나 다음 예문 (43, 44)에서는 그러한 기술에 대한 반례가 되는 경우이다.

(43가) *동수가 머리를 [e   아프다고] 느꼈다.
 나) 동수가   e   [머리가 아프다고] 느꼈다.
(44가) *숙희가 문제를 [e   크다고] 여겼다.
 나) 숙희가   e   [문제가 크다고] 여겼다.

(43가)와 (44가)는 비문 처리를 받는다. 이 비문성도 또한 내포문과는 다른 내용의 관형절을 덧얹혀 주면, (45)에서처럼 다시 적격성이 회복된다.

(45가) 동수가 [아무렇지도 않은 머리를] [e 아프다고] 여겼다.
 나) 숙희가 [자잘한 문제를] [e 크다고] 여겼다.

(39, 40)과 (43, 44)의 사례들만으로는 상황 공범주만이 실현되어야 문법적이라고 말할 수 있겠다. 그렇지만 (41, 42)와 (45가, 나) 예문들은 이런 관찰이 피상적이었음을 실증해 준다. 비문으로 보이는 것들이 (41가, 42가)와 (45가, 나)에서처럼 문법성이 다시 회복된다는 사실은, 상위문의 목적어 자리에 내포문의 내용과 어긋나거나 반대되는 함의가 없히게 된다는 제2절에서의 관찰과 일치한다.

 (39가, 40가)와 (43가, 44가)의 예문이 비문 판정을 받을 수도 있다는 직관을 존중한다면, (41가, 42가)와 (45가, 나)의 결과를 다음처럼 약화시켜 표현할 수 있을 것이다. 상위문 동사가 [+사역] 자질이 아니고 [+생각] 자질을 지닐 경우, 그 의미역들 사이의 관계가 다소 정태적일 수 있다. [+사역]은, 최소한 상위문의 동사가 대상이나 관련된 의미역에 어떤 영향이라도 끼치게 되므로, 이를 동태적이라고 말할

수 있다. 그러나 [+생각] 류의 동사는 관련 주어의 머릿속 의식에서
만 대상이나 관련 의미역을 관계 짓는다는 점에서 정태적이다. 이 정
태적인 속성이 상위문의 목적어 자리에 내포문과 대립되는 함의를 쉽
게 느낄 수 없도록 만든다고 볼 수 있다. 설사, 우리가 (39가, 40가)와
(43가, 44가)의 문법성 판정을 존중하기 위하여 이렇게 후퇴한다 하더
라도, 여전히 내포문과 대립되는 함의는 살아있는 셈이므로, 이런 결
론은 본고에서의 논지를 해치지 않는다.

　내포문에 불구보문을 구성하는 {-게} 형태소가 나타날 수 있다. 이
경우에는 상황 공범주 출현이 오히려 비문법적이다.

　　(46가) 경호가 그 환자를 [　　e　　애처롭게] 여겼다.
　　나) *경호가　　e　　[그 환자가 애처롭게] 여겼다.

예문 (46)은 문법성 판정이 (43, 44)와는 정반대이다. 만일 이 내포문
에 완형보문을 실현시키면, 다음 (47)에서처럼 공범주가 상위문의 목
적어 자리나 내포문의 주어 자리에 수의적으로 실현될 수 있는 점과
도 대조가 된다.

　　(46가) 경호가 그 환자를 [　　e　　애처롭다고] 여겼다.
　　나) 경호가　　e　　[그 환자가 애처롭다고] 여겼다.

이들의 구조 모습을 일단 다음 (48)처럼 나타내기로 한다. 단, V는
[+생각] 류의 동사이다.

　　(48가) … NP를 [　e　…-다고] V
　　나) … NP가 [　e　…-게　] V
　　다) … 　e　[NP가 …-다고] V
　　라) … 　e　[NP가 …-게　] V

네 가지 구조 모습에 대한 문법성을 알아보기 위해서, 예문들을 하나씩 들기로 한다. 먼저 (48가, 나)의 경우를 보자.

 (49가) 돌쇠가 이완용을 [e 떳떳하다고] 생각했다.
  나) 돌쇠가 이완용을 [e 떳떳하게   ] 생각했다.
  다) 먹쇠가 [공부하는 덕보를] [e 잔다고] 생각했다.
  라) *먹쇠가 [공부하는 덕보를] [e 자게   ] 생각했다.

(49)에서는 내포문의 동사들이 차이가 난다. (49가, 나)는 상태동사이고, (49다, 라)는 동작동사(행위동사)이다. 내포문이 상태동사일 때에는 {-다고} 형태소와 {-게} 형태소가 모두 다 나타날 수 있다. 그러나 동작동사일 경우는 {-게} 형태소의 실현이 저지된다. 상황 공범주가 나타나는 (48다, 라)의 경우를 보기로 한다.

 (50가) 돌쇠가 e [이완용이 떳떳하다고] 생각했다.
  나) *돌쇠가 e [이완용이 떳떳하게   ] 생각했다.
  다) 먹쇠가 e [덕보가 잔다고] 생각했다.
  라) *먹쇠가 e [덕보가 자게   ] 생각했다.

여기서는 (50나, 라)가 비문 처리를 받는다. 이 예문들은 모두 내포문에 {-게} 형태소를 갖고 있다. (49, 50)의 예문들을 근거로 하여, 이제 비문성을 다음처럼 정리할 수 있다. 내포문에 동작동사(행위동사)가 실현되면, 내포문에 {-게} 형태소가 실현될 수 없다. (49라, 50라)의 경우이다. 내포문에 상태동사가 실현되고 상위문의 목적어에 상황 공범주가 실현될 경우에도, 내포문에 {-게} 형태소가 올 수 없다. 내포문에 {-다고} 형태소가 나타나면, 어느 경우에나 문법성을 보장받는다. (39가, 40가)와 (43가, 44가)에 대한 비문성을, 일단 회복될 수 있는 것으로 간주하여 잠시 논의에서 차치해 둔다면, 우리가 설명해야 될 비문성의 사례는 (50나)와 (49라, 50라)가 된다.

3.4. 예문 (49, 50)의 비문성 여부를 가름 짓는 동기나 원인은 어디에서 찾을 수 있을까? 본고에서는 일관되게 상위문 동사의 의미역 구조에서 찾는다. [+생각] 류 동사들의 의미 구조를 다음처럼 상정키로 한다. 첫째, 생각이나 지각을 할 수 있는 주체로서 '경험주'가 있어야겠다. 둘째, 생각이나 지각의 대상 또는 지각 상황이 주어져야 한다. 셋째, 생각이나 지각 내용을 가리키는 명제가 있어야겠다. 제1 의미역과 제2 의미역은 명사구로 실현되고, 제3 의미역은 명제인 내포문으로 실현된다. 그런데 제3 의미역의 실현에는 변동이 보인다. 제2군의 동사에서 {여기다}를 제외하고, {보다, 생각하다, 믿다}는 모두 제3 의미역이 없는 것처럼 보이는 예문을 구성할 수 있기 때문이다.

(51가) 철호가 옥희를 본다.
　나) 명호가 고향을 생각한다.
　다) 진호가 불교를 믿는다.
　라) *순호가 그 환자를 여긴다.

(51)의 사례가 그 경우이다. (51)은 모두 다음의 (52)처럼 제3 의미역을 내포문으로 실현시킬 수도 있다.

(52가) 철호가 옥희를 [e 바보라고] 본다.
　나) 명호가 고향을 [e 멀다고] 생각한다.
　다) 진호가 불교를 [e 어렵다고] 믿는다.
　라) 순호가 그 환자를 [e 애처롭다고] 여긴다.

비문으로 처리된 (51라)에서, 내포문이 실현되면 (52라)처럼 다시 문법성이 회복됨을 본다. 이밖에 외현범주로서 제2 의미역이 없이 제3 의미역만이 실현되는 것으로 볼 수 있는 예문이 있으나, 이는 일관되게 (53)처럼 상황 공범주를 설정하기 때문에, 기저에서는 사실상 제2 의미역이 표시되어 있는 것이다. 따라서 제2 의미역은 전혀 변동이 없이 언제나 출현하는 셈이다.

(53가) 철호가 e [옥희가 바보라고] 본다.
　나) 명호가 e [고향이 멀다고] 생각한다.
　다) 진호가 e [불교가 어렵다고] 믿는다.
　라) 순호가 e [그 환자가 애처롭다고] 여긴다.

의미역 구조의 설정에서 문제시되는 점은, 하나의 동사를 놓고서 두 가지 의미역 구조의 실현을 인정하느냐 여부에 모아진다. 곧 (51)의 의미역 구조를 ⟨ θ_1, θ_2 ⟩로, (52, 53)의 의미역 구조를 ⟨ $\theta_1, \theta_2, \theta_3$ ⟩으로 따로따로 설정하여야 하는지에 대한 문제이다. 본고에서는 일단 동사가 같다면 그 의미역 구조 또한 동일하다고 가정한다. 그러므로 똑같이 세 개의 의미역을 갖는 것으로 보는 것이다. 이를 수용하면 (51)을 (54)로 표시할 수 있다

(54가) 철호가 옥희를 [e] 본다.
　나) 명호가 고향을 [e] 생각한다.
　다) 진호가 불교를 [e] 믿는다.
　라) *순호가 그 환자를 [e] 여긴다.

(54)에서 내포문으로 실현되어야 하는 명제에는 제3 의미역이 배당되는데, 이는 공범주로 표시되어 있다. 이런 공범주 표시에서는, 사역구문에서 보았던 제2 의미역 및 제3 의미역 사이의 의존성을 찾을 수 없다. (54)의 표시대로라면, 그 자리가 비어있고 앞으로 채워질 수 있음만을 가리킨다고 하겠다. 아직 채워지지 않았다면, 의미역 배당도 자연스레 유보되는 것이다.

그런데 제3 의미역이 비어 있는 데에도, (54)처럼 문법성이 확보되는 까닭은 무엇인가? 그것은 [+생각] 류 동사의 속성에서 말미암는다. [+생각]이란 것은 1차적으로 감각기관(5관)을 통하여 대상을 감지하는

과정이 전제되어야 한다. 이것들이 생각의 대상이 되기 때문이다. 제2군 동사 중에서 {느끼다, 보다}는 [+감각]과 [+생각]으로 분류될 수 있는 이중성을 지닌다. 이는 [+생각]에 반드시 5관을 통한 감지 과정이 하부 구조를 이루기 때문이다. 1차적 감지 과정에서는 감지하는 주체와 그 대상만이 존재하면 된다(불수의적이며 자동적인 과정임). 제1 의미역과 제2 의미역만이 출현하는 것이다. 이런 1차적 감지 과정을 바탕으로 하여, 다시 [+의식 작용]이 가미됨으로써, 비로소 완전한 [+생각] 자질이 확립된다(감각 자극이 우리 머릿속에 포착된 것을 지각으로 보고, 이 지각에 다시 의도적인 의식 작용이 더 얹혀진 것을 생각으로 간주함. 즉, 자각은 불수의적 또는 자동적인 반면, 생각은 의도적이며 자발적임). (54)의 표시는 1차적 감지 과정의 내용을 반영하는 것으로 파악된다. (54라)가 비문인 것은, {여기다} 동사가 최종 단계인 [+의식 작용]을 거친 완성된 내용을 지시하므로, 외현범주로서 제3 의미역의 출현이 요구되는 것이나, 이를 충족시켜 주지 못하기 때문이다. 본고에서는 [+생각] 류의 동사들이 이런 복합과정을 표시해 준다고 본다. 즉, [+감각 절차]와 [+의식 작용]의 복합으로 이루어진 것인데(가령 시지각 자극은 우리 눈에 아무런 여과 없이 불수의적으로 자동적으로 들어오지만, 생각은 스스로 의도적이며 자발적으로 일으켜야 함), 이 특수성 때문에 1차적 과정을 표시할 경우에 제3 의미역의 실현이 유보될 수 있다고 보는 것이다. 이 유보 조건은 늘 실현될 가능성을 전제로 한다. 다시 말하여, 명제형식의 내포문이 채워질 수 있음을 전제로 하여 성립하는 것이다. 2차적 과정으로 진행하면, 공범주로 표시된 제3 의미역이 반드시 외현범주인 내포문으로 바뀌는 것으로 설명하는 것이다. [+생각] 류의 동사가 갖는 의미역 구조를 위와 같이 설정한다면, 제3 의미역에 의해 표시되는 내용은 [+의식 작용]의 속성과 관련될 것임을 추정할 수 있다.

이제 이것이 비문성의 원인을 설명하는 데에 어떻게 관여하는지 알아보기로 하자. 우선 내포문에 동작동사(행위동사)가 나오고 {-게} 형태소에 의해 내포되는 경우를 보기로 한다. (49라, 50라)이다. 이들은 모두 비문으로 처리되었다. 여기서 {-게} 형태소는 소극적인 성격을 지니는 것이 아니라, 고유의 기저의미를 갖고 있으면서, 적극적으로 문법성 여부를 구별 짓는 데 참여한다. {-게}에 대한 논의에서 공통으로 인식되고 있는 부분은, 이 형태소가 [-실현]의 속성을 지니고 있다는 점이다.[13] 이를 좀더 자세히 표현하면, 실현 예정의 '목표점'으로 나타낼 수 있다. 이 의미에는 이미 '예정상'이라는 상적 기능이 내재되어 있으므로, 시상 형태소 {-었-, -겠-} 등을 별도로 요구하지 않는다. {-게}가 실현되는 분포를 이제 둘로 구분할 수 있다. 하나는 상위문의 필수 의미역 구조에 의해서, {-게}가 이끄는 문장이 내포문으로 실현되는 경우이다. 다른 하나는 전적으로 화자의 의도에 의해 임의적인 부가절로 실현되는 경우이다. 전자는 사역 구문에서 내포문의 자리에 실현되는 사례를 대표적이라고 할 수 있다. 후자는 상위문의 동사에 의해 구조적으로 주어지는 것이 아니기 때문에, {-게}가 이끄는 문장이 매우 자유롭게 이동할 수 있다는 특징을 지닌다. 다음 예문 (55)의 내포절과 (56)의 부가절을 서로 대비해 보기로 한다. 단, 밑줄 '___'은 내포문 '[ ]'이 이동해 나간 흔적trace을 표시한다.

(55가) 찬이가 새를 [e 날게] 했다.

---

[13] 심재기(1982 : 423ff.)에서는 {-게}가 내포문을 이끌며, 그 내포문의 지위를 '논리적 조건'으로 만듦을 지적하면서, {-게}에 [+예정 상태화]라는 의미자질을 부여했다. 이 자질은 다시 [+상태성]과 [+정도성]으로 구현된다고 보았다. 이승욱(1984)에서는 {-게}가 목표점에로 지향 또는 도급하는 자질이 있으며(해당 논문의 각주 27을 보기 바람), 결과적으로 보면 상위문과 내포문의 두 동작이 일치하므로 [+일치성]의 자질이 있다고 지적하였다. {-게}라는 형태소를 더 작은 단위로 분석하는 선례를 수용하면서, 서태룡(1988)에서는 "미지각이나 가능"과 "상태유지"라는 의미가 복합되어 있다고 보고 있으며, {-게}가 변화의 과정을 수반하는 것으로 인식하였다(186쪽). 이런 논의들은 형태소 {-게}에 독자적인 의미를 부여한다는 점에서 태도가 일치한다.
 본고에서는 이들의 결론에서 공통된 것으로 "실현될 예정의 목표점" 정도의 기저 의미를 추출한다. 김지홍(1990a)에서 {-게}가 실현되는 분포를, 단순히 상위문과 내포문 주어 사이의 동일성 여부만으로 검토했던 것은 너무 피상적이었다. 그 분포는 3.4절의 (55, 56)처럼, 상위문의 의미역 구조에서 필수적으로 {-게}가 이끄는 구문이 주어지느냐, 또는 화자가 임의대로 부가시킴으로써 {-게}가 이끄는 구문의 출현 여부가 문법성 판정에 전혀 지장을 주지 않느냐 하는 내용으로 나뉘는 것이 더 타당할 것이다. 따라서 김지홍(1990a)의 내용에서 상정했던 주어의 동이성과 상이성이라는 기준을 포기하고, 이를 새롭게 수정하는 바이다.

나) *찬이가 [e 날게] 새를 ___ 했다.
　　　다) *[e 날게] 찬이가 새를 ___ 했다.
　　　라) *찬이가 새를 ___ 했다 [e 날게].
　(56가) 꽃이 [e 예쁘게] 피었다.
　　　나) [e 예쁘게] 꽃이 피었다.
　　　다) 꽃이 피었다 [e 예쁘게].
　　　라) 꽃이 피었다 φ.

　(55)에서는 내포문이 이동할 수 없다. 제2 의미역과 제3 의미역이 서로 긴밀한 의존관계를 유지해야 하는 특성 때문이다.[14] 이에 반해 (56)에서는 아무런 제약을 받지 않는다. 그것은 화자의 의지에 의해 수의적으로 덧붙여갈 수 있는 부가절이기 때문이다. 그러므로 (56라)에서처럼 {-게}가 이끄는 문장이 없어지더라도 전체 문장의 문법성에는 영향을 미칠 수 없다. 이런 차이에도 불구하고, 내포문과 부가절은 모두 종속접속문의 하위 항목들이라는 점에서 공통적으로 묶일 수 있다. {-게}의 기저의미로 상정된 [+실현 예정의 목표점]도 {-게} 형태소가 이끄는 구문이 필수불가결한 내포문을 이루느냐, 임의적인 부가절을 이루느냐의 차이에 따라 그 의미가 더욱 구체화된다. 이를 (57)처럼 나타내기로 한다.

　(57가) {-게}의 필수적 내포절의 경우 :
　　　　목표점+작용(평가) = 지향성
　　　나) {-게}의 수의적 부가절의 경우 :
　　　　목표점+평가 = 정도성

---

14) 우리말이 이동이 자유롭다고 언급하지만, 다음과 같은 반례가 있다. "철수가 **장난감을 고물로** 만들었다"는 파괴 행위를 가리킨다. 그렇지만 제2 논항과 제3 논항이 이동하여 자리를 바꾼 다음 사례는 "철수가 **고물로 장난감을** 만들었다"는 창조 행위를 가리킨다. 이런 사례가 있는 한, 무작정 우리말이 자유롭게 이동한다는 서술은 삼가야 한다. 우리말에서 이동은 아마도 화용적 동기에서 찾아져야 할 듯하다.

먼저 {-게}가 부가절을 이루는 경우를 보기로 한다. 화자의 임의적인 의도에 따라 그 실현 여부가 결정되므로, 의미 내용에는 [+주관성]이라는 자질이 추가된다. 이때 주관적으로 세워진 목표점이라는 것은 화자가 상정하는 임의의 기준점을 전제로 하는 것이다. 그 기준점에 비추어 달성 여부에 대한 판단이 내려지고, 그 결과가 '정도성'을 표시해 주게 된다. 즉, 주관적 판단에 의한 정도성을 가리키는 것이다. {-게}가 상위문 동사의 의미역 구조에 의해서 내포문을 이루는 경우에는, 상위문의 의미역 구조에 의해서 작용이나 평가가 주어지고([+사역] 구문은 작용, [+생각] 구문은 평가), 그 결과가 지향성으로 표시된다. 곧, 사역의 행위가 시작되어 귀결되어 나올 상태를 '지향성'이 나타내거나, 생각의 행위가 평가하게 될 상태를 '지향성'이 나타내는 것이다. 따라서 [+사역] 구문의 내포문은 당연히 변화를 보일 수 있어야 하고, [+생각] 구문의 내포문은 평가의 내용을 보여 주어야 한다.[15] 예문 (49라)와 (50라)가 비문이 되는 까닭은, 내포문이 평가의 속성을 보여 주는 것이 아니기 때문이다. 그 내포문은 변화의 속성을 보여 준다. 이제 내포문에 요구되는 제약을 (58)과 같이 나타내기로 한다.

(58가) '사역' 구문 : [… [$_{S'}$ +변화] V]
　나) '생각' 구문 : [… [$_{S'}$ -변화] V]

V는 상위문 동사가 실현되는 자리를 나타낸다. 내포문의 속성은 아랫첨자 S' 꺾쇠괄호로 표시되어 있다. 이때 두 구문이 서로 배타적 대립을 이루는 것으로 간주하면, 이를 (59)처럼 대립적으로 조정할 수

---

[15] 용어 사용에 다소 오해가 개재될 소지가 있다. 우리는 '생각'의 과정을 '감각 절차'와 '의식 작용'의 복합 과정으로 보았다. 여기에서 쓰인 '평가'(간주함)이라는 낱말은, '의식 작용'과 같은 뜻이다. '평가'라는 낱말이 강한 느낌을 주므로, 대신 '간주'라는 낱말을 부기하여 다소 약하게 조정할 수 있음을 나타내었다. 혼란이 초래된다면, '의식 작용'이라는 낱말만 쓰는 것으로 후퇴할 수 있겠다. 그러나 고민은 '의식 작용'이라는 낱말이 그 전단계의 과정인 '감각 절차'를 곧 연상시켜 주는 것이 아니기 때문에, 더 적절한 용어 선택이 숙제로 남는다.

있다.

(59가) [+작용, −생각] 구문: ⋯ [s′+변화] V
　　나) [−작용, +생각] 구문: ⋯ [s′−변화] V

(58)과 (59)의 도식대로 설명한다면, (49라, 50라)의 비문성은 상위문이 [−작용, +생각]의 구문이므로, 내포절이 [−변화]를 만족시켜 주어야 하는데, 반대로 [+변화]의 속성을 지니기 때문인 것으로 진단할 수 있다. 그런데 (49나)와 (50나)는 무엇 때문에 서로 문법성 판정에 차이가 나는 것일까? 그 해답을 본고에서는 {-게}의 의미에서 찾는다. (57가)에서, [−변화]의 속성을 갖는 평가 내용을, '지향성'이라고 기술하였다. 이 지향성은 내재 속성이 있고, 또한 이 내재 속성을 놓고 평가한 속성이 있어야 한다. 내재 속성과 평가된 속성 사이의 간격을 우리는 '지향성'이라고 말할 수 있다. 가령, {-게} 형태소가 계사 구문을 이끌 수 없음도 또한 이 지향성(속성 사이의 간격)에 따른 제약으로 설명할 수 있다.

(60) *돌이가 이완용을 [e 역적이게] 생각했다.

(60)의 내포문에서 계사 구문은 주체의 내부속성만을 가리킨다. {-게} 형태소는 그 속성에 대한 평가를 나타내는 것이므로, 다른 속성이나 성질을 나타내는 구문만 허용하는 것이다. (49나)의 경우에는 상위문의 목적어가 내포문과 다른 함의를 가짐으로써, 실재의 속성 및 평가된 속성 사이의 간격을 드러내게 된다. 이 점은 지향성의 의미를 만족시켜 준다. 그러나 (50나)의 경우에는, 전자와 같은 기반이 없다. 단지 상황 공범주 및 내포문의 내용이 동치임만 표시해 줌으로써, 전혀 지향성(속성 사이의 간격)의 의미를 충족시킬 근거가 없는 것이다.

이상의 논의를 정리하면 다음과 같다. (49나, 라)의 경우에, 내포문을 이끄는 형태소 {-게}는 고유한 의미자질을 지닌다. [+생각] 구문에서, {-게}는 지향성의 의미를 갖게 되며, {-게}가 이끄는 내포문은 [-변화]의 조건을 만족시켜 주어야 한다. 이런 이유 때문에 내포문이 [+변화]의 성격을 띠는 (49라, 50라)는 비문으로 처리된다. (50나)는 그 내포문이 [-변화]의 조건을 만족시켜 주기는 하나, {-게}의 지향성 의미자질을 만족시켜 주려면, 내부속성 및 평가 속성 사이에 적어도 어떤 간격이나 차별을 구현하고 있어야 한다. 그러나 상위문의 목적어 자리에 상황 공범주가 나타남으로써 그런 요구조건을 만족시켜 주지 못한다. 이것이 (50나)가 비문으로 되는 이유이다. (49나)는 상위문의 목적어 자리에 외현범주 {NP를}이 나타남으로써, 내포문과 다른 함의를 갖게 되고, {-게}가 요구하는 지향성의 의미자질을 만족시켜 주게 된다. 따라서 적격한 문장으로 판정을 받는 것이다.

4. 요약 및 남은 문제

4.1. 우리는 지금까지 다음 (61)의 구조 모습에서 (62)와 같이 실현되는 예문들을 대상으로 논의를 전개해 왔다. 이런 구조를 가능케 하는 상위문의 동사는 1.1절의 (1)에서 예시했던 '사역' 류와 '생각' 류의 동사들이며, 이들은 공통되게 세 개의 의미역을 요구한다.

(61가) [⋯ [$_{VP}$ ⋯ [$_{S'}$ ⋯] V]]
(62가) ⋯ [$_{VP}$ NP$_i$를 [$_{S'}$ e$_i$ ⋯] ⋯
  나) ⋯ [$_{VP}$ e$_i$ [$_{S'}$ NP$_i$가 ⋯] ⋯

(62가)는 상위문의 목적어와 내포문의 주어가 연쇄를 이루고 동지표 'i'를 받는다. 목적어는 음성실현을 갖춘 외현범주로, 주어는 음성실현이 없는 공범주로 나타난다. (62나)는 상위문의 목적어 자리에 공범주가 나타나는데, 우리는 이를 '상황 공범주'로 간주하였다. 상황 공범주는 내포문과 연쇄를 이루며 동지표를 받는다. 여기서 내포문은 상황

공범주에 대한 서술로 해석된다.
　(62)와 같은 구조를 설정하는 동기는 상위문 동사의 의미역 구조에서 비롯되었다. 상위문의 동사는 [+사역]과 [+생각]의 속성을 갖는 것들이었다. 이들은 모두 세 개의 의미역을 필요로 한다. 본고에서는 이를 바탕으로 하여 상황 공범주 설정에 이론적 정당성을 부여하였다. (62가, 나)는 서로 다른 구조를 나타낸다. 이런 차이는 다시 그것들의 의미 해석에서도 차이가 확인될 수 있었다. (62가)에서는 상위문 목적어 자리의 외현범주에, 내포문의 내용과 어긋나거나 반대되는 함의가 실린다. (62나)에서는 상대적으로 그런 해석이 유도되지 않으므로, 이를 중립적 해석이라고 불렀다.
　그런데 (62)의 구조에서 내포문을 이끄는 형태소들에 초점을 모으면, 아래 (63)처럼 나타낼 수 있다.

(63가) … [$_{S'}$ e$_i$ … -다고] …
　나) … [$_{S'}$ e$_i$ … -게 　] …

이 형태소들의 실현 여부는 상위문 동사와 긴밀한 상호작용에서 결정된다. 우선 제2군 '생각' 류 동사에서 (63가)는 그 수용성이 완벽하다. 그러나 (63나)는 수용성에서 3.3절의 예문 (49~50)에서 보여 주듯이 차이가 드러난다. 본고에서는 (64)처럼 관련된 제약 내용을 표시하고, 문법성 판정 결과를 유도하였다. (64가)는 '사역' 류 동사를 표시하고, (64나)는 '생각' 류 동사를 표시하며, V는 이 동사들이 실현되는 자리이다.

(64가) [+작용, −생각] 구문 : … [$_{S'}$+변화] V
　나) [−작용, +생각] 구문 : … [$_{S'}$−변화] V

'사역' 류 동사들에서는 내포문이 3.1절의 예문 (29)에서처럼 특정한 수행력(명령)을 지닌 경우를 제외하고, (63나)의 {-게} 구문만이 허용된다. 그 까닭은 사역의 의미 특성에서 비롯된다. {-게} 형태소는 [+지향성]의 의미를 지니므로, (64가)의 [+변화] 조건을 충분히 보장해 주는 것이다. '생각' 류 동사들에서는 (63가)의 {-다고}가 완벽히 허용된다. 이를 근거로 하여 우리는 복합형태소 {-다고}가 '생각'의 내용을 가리켜 주도록 적의한 자질을 설정해 줄 수도 있을 것이다 그리고 {-게} 형태소가 이끄는 구문도 허용될 수가 있었는데, 이때에는 3.3절의 예문 (49나)와 같이 [+지향성] 의미가 만족될 수 있도록 상위문의 목적어 자리에 외현범주가 나타나야만 했다.

문법성의 설명에서 무엇보다도 중시해야 할 것은 동사의 의미역 구조였다. 본고에서는 상위문의 동사를 두 개로 나누었다. 이 둘 사이의 의미역 구조는 내용상 많은 차이가 있었다. '사역' 류 동사에서는 제2 의미역과 제3 의미역이 매우 의존적이었지만, 제3 의미역이 [+변화]를 보장해 줄 수 있어야 했다. '생각' 류 동사의 경우는 제3 의미역이 변동을 보이는 것처럼 관찰될 수도 있으나, 기본적으로는 상위문의 동사가 [+감각]의 단계로 낮추어질 때에 제3 의미역이 공범주로 실현된다고 봄으로써, 동일한 의미역 구조를 확립시킬 수 있었다. 이곳에서의 제3 의미역은 [-변화]를 보장할 수 있어야만 문법성이 확보되었다.

4.2. 마지막으로 상위문의 목적어 자리와 내포문의 주어 자리에 모두 외현범주가 나타나는 예문들에 대하여 요약하기로 한다.

(65가) 광우가 친구를 [대부분이 바보라고] 생각했다.
  나) 광우가 [친구 대부분$_i$을] [e$_i$ 바보라고] 생각했다.
  다) 광우가 e$_i$ [[친구 대부분이] 바보라고]$_i$ 생각했다.
  라) *광우가 대부분이 [친구가 바보라고] 생각했다.
(66가) 철우가 아이를 [혼자서 자게] 했다.
  나) 철우가 [아이 혼자$_i$를] [e$_i$ 자게] 했다.
  다) 철우가 e$_i$ [[아이 혼자서] 자게]$_i$ 했다.
  라) *철우가 혼자를 [아이가 자게] 했다.

예문 (65)는 수량사 명사구 {친구 대부분}이 주어져 있는데, (65가) 처럼 이것이 분리가 되어 각각 상위문과 내포문에 따로따로 자리하기도 하고, 또는 하나로 행동하여 (65나, 다)처럼 상위문이나 내포문에 한 덩어리로 자리할 수도 있다. 이 수량사 명사구는 뒤바뀌어 {대부분의 친구}와 같이 표현될 수도 있겠으나, 이런 경우는 (65라)처럼 비문이 되므로, 수량사 구문이 서로 나뉠 수 있는 경우란, 엄격히 {표제+수량}의 순서를 지키는 경우에 한정된다고 말할 수 있다. (66)에서도 동일한 관찰 결과가 나온다. 만일 수량을 표시하는 부분을 대명사 {그}로 바꾸어 보기로 한다. 이 경우에는 〈친구, 그〉가 연쇄를 이루고, 동지표를 부여받는다.

(67가) *광우가 친구를 [그가 바보라고] 생각한다.
　나) *광우가 그를 [친구가 바보라고] 생각한다.
　다) *광우가 [친구 대부분ᵢ을] [그ᵢ가 바보라고] 생각한다.
　라) *광우가 그ᵢ를 [[친구 대부분ᵢ이] 바보라고] 생각한다.

그 결과는 (67)에서 보듯이 모두 비문 처리를 받는다. 따라서 수량사 명사구의 실현은, 앞선 표제명사에 뒤따르는 수량사가, 철저히 의존하는 관계를 준수할 때에만 (65가)처럼 문법성이 보장된다고 말해야 되겠다. 이런 제약 때문에 이들을 '유표적'인 경우라고 할 수 있다.
이와 유사하게 유표성을 보이는 사례가 속격 관계에 있는 명사구와 재귀사의 경우에도 관찰된다.

(68가) 종우가 동생을 [애인이 부자라고] 여겼다.
　나) 종우가 [동생 애인을] [e 부자라고] 여겼다.
　다) 종우가 e [[동생 애인이] 부자라고] 여겼다.
　라) *종우가 애인을 [동생이 부자라고] 여겼다.
(69가) 순우가 경이를 [스스로가 가게] 만들었다.
　나) 순우가 [경이 스스로를] [e 가게] 만들었다.

다) 순우가 e [[경이 스스로가] 가게] 만들었다.
라) *순우가 스스로를 [경이가 가게] 만들었다.

(68, 69)에서도 앞에서 관찰한 것과 거의 같은 결과를 얻는다. 하나의 지시기능으로 묶이어야 하는 두 개의 명사구가, (68가, 69가)에서처럼 나란히 상위문과 내포문에 자리할 수도 있고, (68~69나, 다)에서처럼 한 덩이로 뭉쳐서 어느 한쪽에만 자리할 수도 있다. (68라, 69라)는 그 순서가 뒤바뀔 수 없음을 말해 준다.

그런데 재귀사 {자기}의 경우가 이들과는 조금 다르게 행동한다.

(70가) 창우가 옥희ᵢ를 [자기ᵢ가 일하게] 했다.
나) *창우가 [옥희 자기를] [e 일하게] 했다.
다) *창우가 e [[옥희 자기가] 일하게] 했다.
라) *창우가 옥희를 [그녀가 일하게] 했다.
마) *창우가 자기를 [옥희가 일하게] 했다.

예문 (70)은 원래 명사와 재귀사가, 속격이나 수량사 명사구와 같이 하나로 묶일 수 없음을 잘 보여준다('옥희 스스로 일을 하다'라는 해석에서 적격함). 다만 (70가)에서처럼 계층을 달리하여 출현해야만 적격하게 된다. 우리가 이 예문을 문제 삼는 이유는, 1.2절에서 보았던 비문 (3~5가)의 경우도 허용될 수 있을지 모른다는 개연성 때문이다. (70가)와 (70마)만을 비교하였을 때, 만일 두 개의 외현범주가 기저 구조에 나란히 자리할 수 있다면, 원래의 명사와 대명사가 연쇄를 이루는 (70라)도 문법적이어야 할 것이다. 그러나 이런 기대는 좌절된다. 따라서 예문 (3~5가)의 비문성을 고려하여, 기저에다 공범주를 설정한 본고 방식의 유효성을 다시 한번 더 확인할 수 있다.

4.3. 본고에서 미진한 구석들이 있었다. 첫째, {를}의 기저의미를 관련 동사의 [실현 영역 지정]으로 상정한 바 있는데, 그 기저의미가

너무 막연하다는 문제가 있다. 이를 더 구체화시키고 줄여나가는 작업이 필요하다. 그러나 {를}이 유사한 다른 형태들을 앞에 실현시킬 수도 있으므로(가령, {에를}, {만을}, {까지를} 따위), 그런 형태소들을 전부 포용할 수 있는 의미로 일반화되어야 한다. 상충되는 두 가지 요구를 적절히 조화하는 일은 쉬운 일이 아니다. 둘째, 상황 공범주의 설정에 대해 그 타당성을 더욱 높이는 문제가 남아 있다. 상황 공범주는 외현적인 실체가 아니기 때문에, 불가피하게 특정한 이론에 이끌려서 도출될 운명을 맞는다. 그렇다고 하더라도, 그 실재에 대한 증거를 다양하게 보강하고 제시해야 된다. 셋째, 유표적인 예문 (69, 70)에서 보여주는 문법성의 차이를 적절하게 설명해 내어야 한다. (69)의 {스스로}가 부사적인 쓰임을 보일 수도 있는 점이 우선 지적될 수 있겠지만(가령, {스스로 가게 만들다}), 예문 (70가)의 자연스러운 근거를 찾아 주어야 한다. 이밖에도 모든 것을 의미역 구조에 기대어서 해결하려는 시도 때문에, 필자가 미처 깨닫지 못한 통사적 문제들이 도처에 있을 줄 안다. 그런 것들이 찾아질 때마다 필자는 더 나은 해결책들을 모색해야 될 숙제를 안고 있다.

제6장 동사구와 명사구 기능범주들의 관련성*

1. 들머리

본고에서는 언어범주의 핵$_{head}$이라고 간주되는 기능범주들이 무질서하고 자의적으로 존재하는 것이 아니라, 매우 엄격히 제약되어 동사구와 명사구를 이끄는 기능범주들이 서로 유기적인 관련을 맺고 있음을 드러내고자 한다. 어휘범주$_{lexical\ categories}$의 주요 항목으로서 동사와 명사는 통합적 관계를 이룰 뿐만 아니라, 서로 대치될 수 있는 계열적 관계를 이루기도 한다. 이들이 계열적 관계에 놓일 수 있는 것은 기능범주$_{functional\ categories}$의 도움을 빌림으로써, 명사의 투영이 동사구처럼 행동하게 되고, 동사의 투영이 명사구처럼 행동할 수 있기 때문이다. 이러한 교체가 가능하다면, 기능범주들 사이에는 서로 유기적으로 관련된 요소들이 주어져 있을 것으로 생각할 수 있다. 이를 '기능범주의 상동성[1] 가정'이라 부르기로 한다. 이때 '상동성'이란 용어는 강한 뜻

---

* 이 글은 『백록어문』 제16집(2000년 2월), 7~29쪽에 실림.
1) 상동성(相同性, 서로 닮아 있음)이란 말은, 'homomorphism'을 가리키기 위하여 임시로 만들어 본 것에 지나지 않는다. 유사성(類似性)이란 말도 고려해 볼 수 있지만, 동사구와 명사구의 기능범주들이 상보적인 관계를 이루고 있음을 드러내지 못하므로, 여기서는 채택하지 않는다. 상동성의 반대 개념으로는 상이성(相異性)이란 말을 쓰기로 한다.

으로도 쓰일 수 있고, 약한 뜻으로도 쓰일 수 있다. 강하게 쓰이면, 임의의 두 대상 X와 Y가 완벽히 동일하다는 뜻이 된다. 이는 본고에서 취하는 바가 아니다. 약한 뜻으로는, X와 Y가 상보적 관계를 형성함으로써, 이들의 공통 자질이나 속성을 상정해 볼 수 있음을 의미한다. 여기서는 이 뜻으로 '상동성'이란 말을 쓰기로 한다.

본고에서는 국어 자료를 대상으로 하여 '상동성 가정'이 성립됨을 주장하고자 한다. 흔히 동사구와 명사구가 통합관계에 있는 것만을 전형적인 것으로 보아, 이들로부터 전혀 유사성이 찾아질 수 없는 것으로 생각해 왔다. 그러나 보편문법의 연구에서 개별 언어에 관여하는 기능범주들이 매우 제약되어 있음이 드러나면서, 암묵적으로 믿어져 오던 '상이성 가정'이 꼭 옳은 것일 수 없음이 지적되기 시작하였다. 교착어의 특질 때문에, 국어에서는 기능범주 형태소들을 손쉽게 분리할 수 있는 이점이 있다. 이들의 분포에 주목하면, 어떠한 기능범주 형태소들이 존재하며, 이들이 어떻게 결합하는지를 분명하게 파악할 수 있고, 더 나아가 이들을 일반화하거나 형식화할 수 있는 것이다.

2. 명사구 및 동사구의 기능범주들

2.1. 통사의 투영에 관여하는 범주는 어휘범주와 기능범주로 나뉜다. 어휘범주는 실체적 속성 [+N]과 서술적 속성 [+V]를 기반으로 하여, 다시 네 가지 하위 범주로 나뉜다. 여기서 [-N, +V]의 자질을 갖는 동사와 [+N, -V]의 자질을 갖는 명사만이 논항구조의 투영에 관여하게 된다. 기능범주를 학교문법 용어로 표현한다면, 선어말어미의 속성 [+I]와 어말어미의 속성 [+C]를 기반으로 하여, 네 가지의 하위 범주로 나눌 수 있다. 어휘범주에서처럼 이 두 가지 자질을 배합하여 복합자질을 만들면,

[+I, −C], [+I, +C], [−I, −C], [−I, +C]

가 나온다. 이들 중 [+I, −C]와 [−I, +C]를 각각 선어말어미와 어말어미에 배당하고 나면, 남는 것이 [+I, +C]와 [−I, −C]이다. 전자는 선어말어미와 어말어미의 속성을 동시에 갖고 있는 어미이다. 국어에서 그 후보를 찾는다면 연결어미 부류이다. 후자 [−I, −C]는 선어말어미나 어말어미의 속성을 전혀 지니지 못한 부류이다. 이 후보로서 이론상 두 경우를 상정할 수 있다. 하나는 완전히 어말어미 계층 밖을 벗어나서 실현되는 어미이다. 다른 하나는 선어말어미 계층 안쪽에 실현되는 어미이다.

이들 가운데에서 앞의 경우를 먼저 검토해 보기로 한다. 어말어미가 통사를 종결시키는 기능을 하므로, 어말어미 밖에 다시 어떤 어미가 있다고 한다면, 이는 화용적pragmatic 내용을 담는 요소일 수밖에 없다. 이 화용 층위가 늘 어말어미 층위에 붙어서 구현된다면, 이는 구조적 특성으로 포착될 수 있으므로, 통사론에서 다루어야 한다는 얘기가 된다. 이는 자가당착이다. 설혹 화용 요소를 상정한다면, 이 모순을 피하기 위하여, 오직 화용상의 특정한 목적을 구현해 주기 위한 매우 제한적인 모습으로 들어가 있어야 할 것이다.

대신, 선어말어미 층위 안쪽에 나타나는 요소를 검토해 보자. 선어말어미 안쪽에 나타나는 요소는 이른바 '어간' 형성에 관여하는 것들이고, 이들은 학교문법에서 접미사로 취급되고 있다. 접미사는 어미의 자격을 가질 수는 없다. 그렇다면 어미의 자격을 갖고 있으면서, 선어말어미 층위로부터 분리될 수 있는 게 있을지 찾아보아야 할 것이다. 본고에서는 이 층위가 시제소 T의 하위에 있는 일치소 AGR 층위임을 가정할 것이다.[2] 동사구를 이끄는 기능범주를 논의하면서, 폴럭(Pollock, 1988)에서는 선어말어미 [+I, −C]가 시제소 T와 일치소 AGR 층위로 나뉘어야 함을 주장한 바 있다. 시제소 층위가 선어말어미의

---

[2] 선어말어미와 어말어미라는 용어를 이하에서의 논의에서는 각각 일치소·시제소, 접속소·서법소들로 나누어 부를 것이다.

핵심 층위라고 한다면, 이 층위 안쪽에서 시제소로부터 지배되는 하위의 층위가 일치소 층위이다. 이 주장을 수용하면, 시제소 층위는 [+I, −C]의 자질을 갖고 있으며, 일치소 층위는 시제소로 대표되는 선어말어미 층위 안쪽에서 실현되어야 하기 때문에, [−I, −C]의 자질을 갖는다고 말할 수 있다. 즉, [−C]의 자질을 공통기반으로 하여, [+I] 자질이 추가되면 시제소가 결정되고, [−I] 자질이 추가되면 일치소가 나오는 것이다.

동사구를 이끄는 기능범주는 사건을 완결짓는 속성 [±I]과 청자를 고려하는 속성 [±C]에 의해 하위에 네 가지 범주로 나뉜다. [−I, −C]는 일치소 구절의 핵어이고, [+I, −C]는 시제소 구절의 핵어이며, [+I, +C]는 접속소 구절의 핵어이고, [−I, +C]는 서법소 구절의 핵어이다.

2.2. 동사구의 최대투영 VP은 상위 층위로 갈 때 차례로 일치소 AGRP에 의해 지배되고, 시제소 TP에 의해 지배되며, 다시 접속소 &P에 의해 지배되고, 마지막으로 서법소 CP에 의해 지배된다. 일치소는 인도·유럽 언어에서는 성·수(·격)에 따라 일치를 구현한다. 국어에서는 대우의 모습에 따라 일치를 구현한다(이승녕, 1983에서는 '신분성' 구현으로 봄). 앞의 일치는 엄격히 통사 층위의 제약을 받게 되지만, 뒤의 경우는 대우의 상대적 편차가 주어지기 때문에 화자의 '대우 의도'에 따른 변동이 생겨날 수 있다.

시제소 층위에서는 사건의 진행 모습을 가리키는 상 체계와 발화 시점을 중심으로 하여 사건 시점들 사이의 선후 관계를 가리키는 시제 체계로 나뉘는데, 두 체계를 복합적으로 갖고 있는 언어들도 있다. 시제소와 관련하여, '사건과 화자 인식'과의 관계를 나타내는 양상소 modality를[3] 시제소 하위 층위로 설정할 것인지, 아니면 따로 다른 층위

---

3) 흔히 여섯 가지 양상을 거론한다. 현재 사실과 반대되는 반사실적 양상과 잠재적 가능성이 대립되고(counterfactual : potentiative), 허락이나 의무 또는 명령들을 포함하는 허용 양상과 이에 반대되는 금지 양상이 대립되며(jussive : prohibitive), 마지막으로 긍정적인 바람이나 기대 등을 포함하는 의도 양상과 그러한 것이 일어나지 않기를 바라는 걱정 양상의 대립(volitive : apprehensive)이 그러하다. 이들을 상위 개

로 나타낼 것인지에 대해서, 의견이 몇 가지로 나뉠 수 있다. 여기서는 자세한 논의 없이, 일단 양상소의 처리가 매개인자의 설치로 해결될 수 있다고 가정하여 논의에서 제외해 두기로 한다.

시제소의 투영을 지배하는 기능범주는 접속소 &이다. 접속소는 [+I, +C]의 자질을 갖고 있기 때문에, 한편으로는 시제소와 같은 역할을 하고, 한편으로는 문장을 종결 짓는 서법소와 같은 역할을 할 것으로 기대된다. 국어에서 찾아지는 접속소(=연결어미)는 이러한 기대를 모두 만족시켜 준다. 종속접속문을 구성하는 형태소들 가운데에 시제 형태소의 실현이 거부되는 것들이 앞의 사례들이다. 또한 '절단' 현상으로 기술되는 접속소(가령, '뭐라고?', '그가 떠났거든!' 등이며, 제7장 2.2.2절의 각주 26을 보기 바람)가 종결어미로 되는 일은 뒤의 사례라고 말할 수 있다.

접속소의 최대투영 &P를 지배하는 기능범주로서 마지막 층위에 서법소 C가 실현된다. 서법소는 화자와 청자 사이의 관계를 표시해 주는 요소로서, 이로써 통사 차원의 투영은 종결되며, 따라서 문장의 투영은 'CP'로 표시된다. 꺾쇠괄호를 써서 이들 기능범주의 관계를 계층적으로 표현하면 다음 (1)과 같다(이하 동일하게 후핵성 매개인자만을 적용함).

(1가) [[[[…VP] AGRP] TP] &P] CP]
나) … 가 시 었 고 ø
다) … 가 시 었 ø 습니다

념으로 실현태와 비실현태(realis : irrealis)로 표시하자는 제안도 있다.
 국어는 영어와 달리 양상을 표현하는 독립된 단어가 따로 없다는 특성이 있다. 매개인자를 설정하여, 국어와 같은 언어일수록 양상소를 독립시키지 말고 시제소의 하위 층위로 넣고, 영어와 같은 언어일수록 양상소 층위를 시제소 층위 밖에 따로 마련해 두는 방식이 제시될 수 있다. 그럼에도 불구하고, 양상소의 개념이 반드시 사건과 이에 대한 화자의 인식에 바탕을 두고 있기 때문에, 상 또는 시제의 개념과 매우 밀접한 관련을 지닐 수밖에 없다.

(1가)에는 기능범주들의 핵어가 계층적으로 표시되어 있고, (1나)와 (1다)에서는 각 범주의 실현 사례가 선조적으로 제시되어 있다. 부가적으로 (1가)의 층위 위에 다시 화용적인 목적으로 소수의 형태소들이 실현된다.

간다+은다,
가자+ㅅ구나,
먹어+으라,
갔다+으며,
뭐라+고(경남 사투리는 '뭐라+ㅅ고')

등의 예에서 보듯이, 문장을 종결을 짓는 형태소 뒤에, 다시 몇몇 형태소가 덧붙고 있다. 이들은 그라이스(Grice, 1989:56)의 지적에서와 같이[4] 화용적인 정보들을 더 담고 있는 것으로 보이는데, 본고에서는 다루지 않는다.

동사구를 이끄는 기능범주들에 대해서는 이미 많은 논의가 있어 왔다.[5] 본고에서는 여기서는 (1)의 층위를 일단 옳은 것으로 수용하고, 명사구에서 각 층위에 해당하는 기능범주들을 하나씩 찾아나가기로 한다.

---

4) "Smith is happy."와 "It is true that [Smith is happy]."가 속뜻 깔아 넣기에서 서로 다른 정보를 갖는다는 사실을 지적하고 있다. 뒤의 발화에서는 ① 청자가 잘못된 정보를 갖고 있거나, ② 당연히 화자와 청자 사이에 공유하고 있어야 할 정보임에도 불구하고 청자가 이를 미리 갖고 있지 못하거나, ③ 청자가 잘못된 정보를 갖고 있기 때문에 화자가 그 정보를 고쳐 주어야 할 경우를 상정할 수 있다. 어느 경우이든지 모두 청자 쪽에 초점이 모아져 있음에 주목할 필요가 있다.

국어 연구에서는 "[CP]+은다, [CP]+은 말이다"와 같은 형식을 '강조 용법' 정도로만 기술해 왔는데, 앞으로 그 내용을 자세히 다루어 줄 필요가 있다. 즉, 종결어미가 중첩된 융합어미 구문은 특정한 화용상의 전제가 주어져야 하며, 자세한 연구가 뒤따라야 할 것이다.

5) 접속소 &의 투영에 대해서는 이 책의 제7장과 제8장에서 언급되는 문헌들을 참고하기 바란다.

2.3. 甲. 명사구 NP의 기능범주 투영이 동사구 VP의 것과 같음은 애브니(Abney, 1987)에서 처음 지적되었다. '상동성 가정'은 여기서부터 물꼬가 열리는데, 그는 다만 동사구의 일치소 AGR 층위에 국한하여, 동일한 내용이 명사구에서 넓은 의미의 '지시사_Determiner' 범주로 실현됨을 여러 언어의 자료로써 논증하였다. 즉, '일치'라는 속성은 동사구에서뿐만 아니라 명사구에서도 동일하게 실현된다는 것이다.

'일치'의 속성만을 놓고 살피면,

  [[학생] 한 사람]

의 사례에서 일치 현상을 찾을 수 있다. 곧, 수량사에 의무적으로 따라 붙는 '분류사'(=수량단위 형식명사)가 언제나 선행하는 명사와 '일치' 관계에 놓여야 하는 것이다. 이런 현상은 소위 '분류사' 언어로 구분되는 중국어나 일본어 및 동남아 언어들에서도 동일하게 관찰된다.[6] 일치의 구현 방법을 매개인자로 표현한다면, D(=AGR)는 성·수에 따라서 일치를 구현하는 경우도 있고,[7] 수량 분류단위에 따라서 일치를 구현하는 경우도 있다. 앞의 경우는 인도·유럽어들에서 그러하고, 뒤의 경우는 국어를 비롯하여, 동남·동북아시아에 있는 언어들에서 그러하다.

인도·유럽어의 경우에는 동사구와 명사구에서의 일치 속성이 동일

---

[6] 이런 지적이 처음 체계적으로 논의된 것은 당(Tang, 1990)과 뢰블(Löbel, 1990)이다. 명사구를 이끄는 기능범주를 AGR이라고 명시적으로 표시한 것은 오핼러(Ouhalla, 1991)를 참고할 수 있다. 같은 시기에 동일한 결론들이 도출될 수 있었던 것은, 이들이 모두 애브니(Abney, 1987)의 결론을 발전시키고 있기 때문이다. 국어의 분류사를 AGR로 가정한 것은 거어츠(Gerdts, 1985)에서도 찾을 수 있는데, 다만 범주의 딱지로서만 AGR을 썼기 때문에, 자세한 설정 동기는 알 수 없다. 이 책의 제4장을 참고하기 바람.

[7] 그륀버그(Greenberg, 1978 : 49)에 보면, '성'을 구분해 주는 'gender'의 개념은 원래 'genre'로부터 나왔다고 한다. 곧, 문법적인 '성'의 원초 개념은 사물이나 대상에 대한 분류인 것이다. 이 때문에 자연적인 성과 문법적인 성이 서로 부합된다고 말할 수 없다. '종류' 또는 '갈래'라는 개념이 발달하여 '성'이라는 개념으로 문법화되었음이 사실이라면, 국어에서의 '분류사' 설정은 원초 개념 수준에 해당한다고 볼 수 있다.

하게 성·수이다. 그러나 국어의 경우, 동사구와 명사구에서의 일치 속성이 동일하지 않다. 이는 국어에서의 일치 속성이 더 통합적인 내용으로 전환되어야 함을 의미한다. 대우 일치의 개념과 분류사 일치의 개념은 서로 배타적인 것이 아니다. 일치를 구현하기 위하여 먼저 사물이냐 사람이냐 하는 구분이 주어져야 하고, 그러고 나서 다시 사람의 경우에 화자를 기준으로 하여 관련된 대상에 대한 대우 관계가 주어져야 하기 때문이다. 대우 일치는 뒷 단계의 일치에 치우쳐져 세분되는 것이고, 분류사 일치는 앞 단계의 일치에 초점이 있는 것이다.

국어에서 수량사를 포함한 구절은 선행하는 명사와 '공기' 또는 '일치' 관계에 놓이는 분류사를 필수적으로 요구한다(일원론 접근에서는 핵어의 하위범주화 또는 선택제약, 아니면 자질의 삼투 또는 점검 등으로 부름). 이 점에서 분류사는 일치소 AGR의 일원이다. 분류사는 음성 실현 형식이 있는 외현범주$_{\text{overt category}}$로도 나올 수 있고, 음성 실현 형식이 없는 공범주$_{\text{empty category}}$로도 나올 수 있다. 국어에서 수량사 구절은 다음 (2)에서와 같이 두 개의 형식을 갖는다.

(2가) [사과 [두 개]]   ⇨ "사과 두 개"
　나) 두 개$_i$의 [사과 [e$_i$]] ⇨ "두 개의 사과"

이들 가운데, (2가)가 후핵성 매개인자에 따라 전형적인 구성으로 간주된다. 이들은 서로 내포의미가 다르다. (2나)는 논의되는 대상이 전체$_{\text{wholeness}}$임을 지시한다. 즉, 거론되고 있는 대상의 총체적 숫자가 '두 개'이다. 그러나 전형적인 구성인 (2가)는 거론되고 있는 대상이 '두 개' 이상 더 있음을 전제로 한다. 이 점에서 전체의 일부를 표시해 주는 부분사$_{\text{partitive}}$ 구성이라고 말할 수 있다.[8] 수량사를 포함하고 있는

---

8) 분류사가 일치소의 일원임이 사실이라면, 논리 형태(LF)에서 다루어 오고 있는 양화 표현들은, [[[…] 수량사] 분류사]의 층위를 갖는 국어 자료를 고려할 때, 언제나 DP(=AGRP)의 안쪽에 위치해야 함을 주장할 수 있다. 다시 말하여, '∃x(Hx)', '∀x(Hx)'라는 표현이 완결된 논리식이 아니라, 이 위에 다시
　　Dx[∃x(Hx)], Dx[∀x(Hx)]

표현은, 개체화된 어떤 대상의 숫자에 대한 정보를 담고 있는 것이 본분이다. 그렇다면, 추가적으로 그 숫자가 전체 숫자임을 나타내는 정보는 덧얹혀 있는 것으로 간주된다. 이 점은 (2가)와 (2나)가 동일한 외연값(외연의미)을 바탕으로 하여, 서로 내포값(내포의미)이 다름을 의미한다.

(3가) [사과 [두 개]]   : 기본구성으로서의 외연값
 나) 두 개ᵢ [사과 [tᵢ]] : 그 숫자가 전체 숫자임을 표시(다른 내포값)
 다) 두 개ᵢ의 [사과 [tᵢ]] : '보충어+핵어'의 해석을 막기 위해
                              default Case[9] 배당

와 같은 상위 계층의 연산자가 설정되어야 하는 것이다. 이 점은 유일한 대상의 존재를 가리키는 'ɑx'와 같은 연산자(아이오타 연산자)에서 특히 그러하다. 이 연산자는 두 가지 속성을 갖고 있는데, 존재양화사(∃x)와 그 개체의 유일성(uniqueness)에 대한 전제이다. 여기서 이 두 속성이 한꺼번에 작용하는 것이 아니라, 양화 층위보다 더 위에 있는 어떤 층위에서 유일성이라는 자질을 더해 주는 것으로 볼 수 있다. 이 관점에서는 관사와 지시사가 동일한 층위에 상보적으로 자리 잡게 된다.

[9] default는 전산학에서 '기본값'이나 '기정(旣定)값' 또는 '초기값, 당연값'으로 번역된다. 격이 이미 기본값(초기값)으로 주어져 있다는 말은, 다른 격이 주어져 있지 않고 격이 필요한 상황에서 가장 기본적인 내용만을 담고 있는 격이 배당된다는 뜻이다. 명사구에서의 기본값(초기값)을 갖는 격은 '의'로 생각된다(동사구의 경우에는 '가'라고 보는 견해가 있다: 강명윤, 1991).
  default Case(기본값의 격)를 예를 들어 설명하면 다음과 같다. '순이 사진'에서, 두 개의 명사가 나열되어 있는데, 후핵성(後核性)의 매개인자에 따라 앞에 있는 요소는 핵어의 논항으로 해석된다. 전형적인 논항구조를 상정하면, 그 가능성은 두 가지이다. 하나는 보충어 논항으로 해석되는 것이고 다른 하나는 지정어 논항으로 해석되는 것이다. 앞의 경우는 '순이'가 피사체 해석을 받아, 순이가 찍혀 있는 사진이 되지만, 뒤의 경우는 소유자 해석을 받아, 순이가 갖고 있는 (풍경) 사진이 된다.
  '여왕φ 벌 : 여왕의 벌'이나 '딸φ 자식 : 딸의 자식'의 사례를 보자. 여기서 대립되는 사례들의 어휘범주는 동일하다. 그러나 기능범주인 격조사의 실현에서 서로 차이가 나며, 이것이 의미 해석의 차이를 유발한다. '여왕φ 벌'과 '딸φ 자식'의 경우도 '순이 사진'에서처럼 앞의 명사구가 보충어로도 해석될 수 있고, 지정어로도 해석될 수 있다. 그러나 우리의 세계지식에 근거하여 핵어인 '벌'과 '자식'의 속성을 표현해 주는 보충어로의 해석이 가장 그럴 듯한 것으로 이해한다(여왕이 벌이 되고, 딸이 자식이 되는 이른바 '동격 구조'임). 그러나 '여왕의 벌'과 '딸의 자식'에서는 이런 해석이 이루어져서는 안 된다. 이를 위해 '의'가 실현되며, 이 실현에 의해 후핵성 매개인자와는 관계없이 앞에 있는 명사가 핵어의 지위를 획득하게 된다. 따라서 그 해석이 여왕이 기르고 있는(또는 화용 상황에 따라 무한한 해석이 가능해지는데, 애지중지하는 벌 따위임) 벌이라든지, 딸이 낳은 자식이 되는 것이다.
  여기서 '의'를 '기본값의 격'으로 간주되고 후핵성 매개인자의 적용이 달라진다고

구조를 바꾸는 이동(move-α)이 의미 차이를 전혀 유발하지 않는다고 가정하는 촘스끼 문법으로부터 벗어나,[10]

"구조가 다르면 의미가 다르다."

는 쪽에 선다면, 내포의미가 달라지는 과정을 (3)에서와 같이 보일 수

---

[10] 하여, 모든 '의'가 다 그렇게 되어야 한다는 말은 아니다. 행위성 사건명사에서 관찰되는 '의'는 전형적으로 지정어 논항에 실현되고, 이와 대립되는 '사이시옷'은 보충어 논항에 실현되는 것으로 보인다. 여기서는 '기본값'으로 격을 차용해야 한다면, '사이시옷'을 빌려오는 것이 아니라, '의'를 빌려온다는 뜻으로 쓰고 있을 뿐이다.

다만 격을 받기 위해 이동을 한다는 수동 표현도, 행위주 논항이 늘 수의적이라는 점에서 표현 가치상 서로 차이가 있다. 행위주 논항의 수의성 때문에, 비인칭 수동(impersonal passive) 표현과 비-대격(unaccusative)동사의 구조가 동일한 것으로 상정되기도 하였다(Perlmutter, 1978). 최근의 어휘 표상에 대한 연구들에서는

He gave a card to her : He gave her a card
(전자는 주는 행위만 기술하고 있지, 그녀가 카드를 갖고 있는지에 대한 함의가 없지만, 후자는 주는 행위뿐만 아니라, 그녀가 카드를 갖고 있다는 함의가 있음)

의 여격 교체나

He loaded trash into his car : He loaded his car with trash
(전자는 차에 싣는 행위만을 기술하지만, 후자는 차에 싣는 행위뿐만 아니라, 그의 차가 쓰레기로 꽉 차 있음을 함의함)

의 처격 교체의 사례들을 통하여, 이동이 의미 차이를 보인다고 가정하고 있다(Pinker, 1989에서 자세히 다루어짐). 이들이 공통된 의미역을 갖고 있지만(따라서 동일한 초기 표상을 갖고 있지만), 통사 실현의 차이 때문에 의미가 서로 달라지는 것으로 이해하고 있다.

우리말에서도 동일한 격조사를 갖고 있더라도, 이동이 일어나면 의미가 달라지는 사례들이 있다(손남익, 1999).

"철수가 동수와 농구를 한다 : 동수와 철수가 농구를 한다"

앞의 문장은 농구를 하는 사람이 두 사람임을 함의하고, 따라서 서로 다른 편임을 알 수 있다. 그러나 뒤의 경우는 중의적인데, 앞의 해석뿐만 아니라, 동수와 철수 이외에 다른 사람도 그 경기를 하고 있음을 나타내며, 이 경우 동수와 철수가 서로 다른 편이라는 함의가 성립되지 않는다.

"명수가 장난감을 고물로 만들었다 : 명수가 고물로 장난감을 만들었다"

의 예에서도 마찬가지이다. 앞의 경우는 '고물'이 결과물이지만(파괴 행위), 뒤의 경우는 결과물일 수도 있고 재료일 수도 있다(창조 행위).

이런 현상을 포착하기 위해서 동사의 변동이나 확장을 가정하기도 한다(Levin & Rappaport, 1998). 이들이 서로 다른 동사가 아니라면, 이들을 설명하기 위해서 동일한 초기 표상을 상정해야 하고, 서로 다른 도출 과정을 거침으로써 다른 의미를 갖게 되었다고 말할 수밖에 없다.

있다. (2가)와 (2나)가 동일한 외연값(외연의미)을 갖는 까닭이 (3가)를 기본 구조로 하기 때문이다. 그러나 (2나)는 (3나)와 (3다)의 과정을 거침으로써, 새롭게 내포의미가 더 붙게 되는 것이다.

2.3.乙. 동사구에서 일치소 구절 AGRP는 시제소에 의해 지배를 받는다. 시제소 구절은 논리적으로 하나의 사건을 완결시킨다는 점에서, 완결된 명제를 만드는 것으로 간주되어 왔다. 시제소 구절에 상응할 만한 후보를 명사구의 기능범주에서 찾아내려는 논의는 아직 진지하게 제시된 바 없다. 본고에서는 시제소가 사건의 위치를 결정하듯이, 명사구에서도 대상의 위치나 범위를 표시해 주는 요소가 있음을 드러내고자 한다. 잠정적으로 이를 '위상位相' 표시소 또는 '위상소'라고 부르기로 한다.[11]

국어에서의 예를 살피면,

[[AGRP [NP 어른] 한 사람] <u>앞</u>],
[[AGRP [NP 책상] e] <u>속</u>],
[[AGRP [NP 며칠] e] <u>뒤</u>]

와 같은 경우가 위치를 표시해 주는 것이고,

[[AGRP [NP 사람] 들] <u>모두</u>],
[[AGRP [NP 편지] 들] <u>하나하나</u>],
[[AGRP [NP 마음] e] <u>만</u>]

과 같은 경우가 범위를 표시해 주는 경우이다(각각 밑줄 친 부분).[12] 이

---

11) 이들은 'relator nouns(위치 표시 명사), secondary postpositions(2차 후치사), positional nouns(위치 명사), adverbial nouns(부사성 명사)' 등 여러 이름으로 불리기도 하였다.
12) 와타나베(Watanabe, 1993 : 제6장)에서는 나바호 인디언 어·일본어·영어 자료들을 근거로 positional phrase(위상구, 위치구)를 상정하고 있다.

들이 기능범주의 핵어임이 증명되려면, 최소한 다음의 세 가지 사항이 만족되어야 한다.[13] 첫째, 이들 구성은 명사와 명사가 합쳐지는 합성어 구성이 아니어야 한다. 둘째, 이들이 숫적으로 제약되어 있어야 한다. 셋째, 이들을 하나로 묶을 수 있는 기능(즉, 범주자질)을 상정할 수 있어야 한다.

첫째, 이들이 합성어 구성이 될 수 없는 이유는 다음과 같다.

[어른 한 사람] [앞],
[사람들] [모두]

들에서 두 구성 요소를 바꾸어 표현할 수 없다("[앞][어른 한사람], *[모두][사람들]"). 또한 합성어 구성을 이룬다면, 하나의 개념을 나타내므로 하나의 단어처럼 쓰여, 오직 하나의 대용 표현으로 지시될 수 있어야 한다. 그러나 이들은 부분적인 대용만을 허용한다("[그][앞], [그들][모두]"). 따라서 이들이 하나의 단어로 쓰이지 않았음을 알 수 있다. 두 번째로, 위상소의 숫자가 다소 많다는 점이 문제가 된다. 그렇지만 이들을 모두 체계적으로 제시하고 예측할 수 있다는 점에서, 어떤 제약을 찾을 수 있으며, 이 제약을 범주자질로 상정할 수 있다.

(4) 위상소의 분류 : [위치나 범위를 완결 지워 줌][14]

---

[13] 무엇이 핵어인지에 대한 논의 요약은 제7장의 2.1.2절에서 언급되고 있다. 크게 보아, 구조에 의한 정의와 의미(=개념)에 의한 정의로 나눌 수 있다. 기능범주 핵어에 대한 구조적 정의는, 논항구조를 투영하고, 필수적이고 유일한 교점을 만들며, 범주자질을 가져야 한다고 요약할 수 있다. 그러나 의미상의 정의는 연구자에 따라 많은 편차를 보인다. 필자로서는 집합과 원소의 관계로 정의하는 쪽을 선호한다. 그리고 보조적으로 형태론적인 속성들이 추가되는데, 접사적인 특성과 분리가 불가능하다는 특성과 숫적인 제약 등이다.

[14] 물론 이 분류가 더 정밀하게 통합될 수도 있다. 한정되어 있는지 여부에 의해 내부와 외부가 나뉠 수 있기 때문이다. 여기서는 위상을 표시하는 요소들이 어떤 특성들을 공유하고 있음을 드러내는 것만으로도 족하다. 한편 블레익(Blake, 1994 : 17)에서는 아프리카 스와힐리 Swahili어에서 특정 위치·불특정 위치·내부에 따라서 각각 다른 접두 형태소를 쓴다고 지적하고 있다.

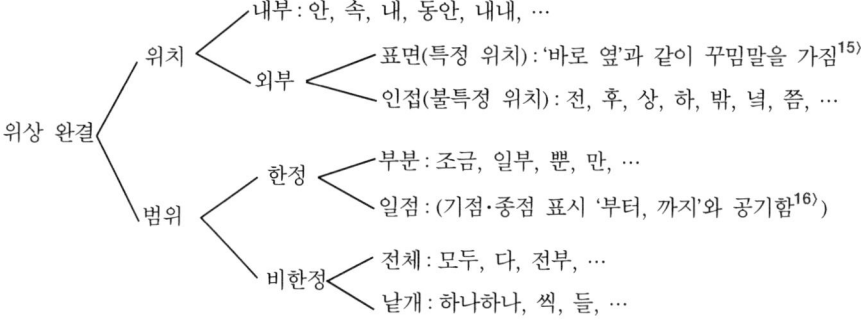

위치나 범위를 표시하는 일반 명사가 이미 문법화되어 있다는 점을 전통문법에서도 이미 잘 깨닫고 있었지만, 이들을 하나로 묶지 않고, 다양하게 형식명사·보조사·접미사·부사 등의 범주로 따로 분류를 하였다. 그러나 이들이 위치나 범위를 표시해 주는 동일한 기능을 하고 있다면, 동일한 하나의 범주로 묶는 것이 간결할 뿐만 아니라, 명사구 표현의 분석에도 일관성을 유지할 수 있다.[17]

이 기능범주의 존재는 또한 시제소를 설정하는 동기와 매우 닮아 있다. 시제소는 시간선 상에서 사건의 위치를 정해 주는 것이며, 그 사건을 바라보는 관점 또한 ① 사건을 안에서 바라보는 경우와 ② 사

---

[15] 탤미(Talmy, 1983 : 242)에 의하면, 영어의 경우 'in front of : in the front of'는 표면에 붙어 있는지 여부에 의해 의미가 달라진다고 하였다. 관사가 있는 경우는 표면이나 기점에 바짝 붙어 있음을 의미한다.

[16] 보조사로 취급되는 '뿐, 만, 부터, 까지'들이 위상소로 취급될 수 있음은, 이들 뒤에 격조사가 실현되는 사실로부터도 알 수 있다. 주격이나 대격 조사가 이들 뒤에 실현되는 데에는 아무런 제약도 없다. 위상소들은 서로 융합되어 새로운 모습으로 되기도 한다. '뿐만, 에서만, 까지만'과 같이 경우이다. 이 결합도 자의적인 것이 아니라, 어떤 개념상의 특징을 반영하는 것이 아닌가 의심된다.

[17] 제킨도프(Jackendoff, 1990 : 29)에서도 동사에서 찾아지는 'telic : atelic(종결 : 비종결)' 구분을 'count : mass(가산명사 : 물질명사)'와 유사한 것으로 파악하고 있다. 본고에서와 같이 상동성을 전제로 하고 있는 것으로 이해된다. 제킨도프는 특히 통사 층위와는 별개로 개념(I-semantics) 층위를 상정하기 때문에, 이들이 유사한 것은 동일한 개념으로부터 도출되기 때문이라고 설명할 법하다. 개념 층위는 포더(Foder, 1975), 『사고언어(*The Language of Thought*)』(Harvard University Press)나 포더(1998), 『개념 : 인지과학의 오류(*Concepts : Where Cognitive Science Went Wrong*)』(Clarendon Press) 및 포더(2008)의 『사고언어 재론(*The Language of Thought Revisited*)』(clarendon Press)과 긴밀히 관련된다.

건을 밖에서 바라보는 경우로 나뉜다. 문법적인 상$_{aspect}$은[18] 기본적으로 사건을 안에서 바라보는 것이며, 시제$_{tense}$는 발화 시점을 중심으로 하여 관련 시점들 사이의 선후 관계를 비교하기 위해 사건을 밖에서 바라보는 것이다. 완료성 여부와 삼분법에 기초한 시제 표시의 방식은, (4)에 제시되어 있는 갈래와 비교하면, 상대적으로 더 제약되어 있다. 이는 사건을 파악하는 우리의 시각이, 대상을 바라보는 시각처럼 다양할 필요가 없기 때문일지도 모른다. 그럼에도 불구하고, 사건을 내부에서 기술하느냐 또는 외부에서 기술하느냐 하는 구분은, 위상을 표시해 주는 요소들을 나누는 방식과 아주 닮아 있음을 주목할 필요가 있다. 위상소와 시제소가 차이가 있다면, 위상소는 위치와 범위로 나뉘지만, 시제소는 위치와 방향으로 나뉘어야 한다는 점을 지적해야 한다. 이는 명사가 대상이나 사물을 가리키므로 정태적인 특성을 지니지만, 동사가 행위나 사건을 가리키므로 역동적인 특성을 지니는 데에서 말미암을 뿐이다.

2.3.丙. 동사구를 이끄는 시제소는 다시 접속소에 의해 지배된다. 명사구를 이끄는 위상소 또한 접속소에 의해 지배된다(접속소는 학교문법에서 연결어미와 접속부사로 나뉘어져 있음). 접속소는 문장을 접속하는 경우를 '부울$_{Boole}$' 접속이라고 부르고, 그 이외의 접속을 '비-부울$_{non-Boole}$' 접속이라고 부른다(Krifka, 1990). 비-부울 접속의 대표적인 사례는 명사구 접속이다. 윌더(Wilder, 1997)에서는 이른바 '작은 접속구$_{small\ conjunct}$'라고 불리는 동사구나 형용사구의 접속이 언제나 문장 접속으로부터 도출된다는 사실이 심도 있게 논의되었다.[19] 최근의 연구를 참

---

[18] 어휘적인 상(Actionsart)을 가르는 순간성(또는 一點性) 여부는, 국어에서 독립된 형태소로 구현되는 법이 없다. 콤뤼(Comrie, 1976 : 6)에서 문법적인 상(aspect)을 'the internal structure of a situation(임의 상황에 대한 내적 구조)'이라고 파악하고 있다.

[19] 이른바 접속문에서 관찰되는 생략의 문제는 언어학에서 아직 합의된 바 없다. 생략의 문제를 빼어내기(extraction)로 볼 것인지, 지우기(deletion)로 볼 것인지, 비워 두기(gapping)로 볼 것인지, 아니면 공범주(empty category)의 실현으로 볼 것인지에 대해서도 해결되지 못하였다. 또한 생략의 문제와 밀접히 관련된 것이 접속문에서의 대용이다. 달륌플 외(Dalrymple et al., 1999)에서는

고하면, 접속을 구현하는 기제는 가장 무표적인 것이 아무런 형태소도 없이 다만 단어나 문장을 나열하는 것이라고 한다(竝置, juxtaposition, parataxis). 이는 공범주 형태의 접속소 설정과 일치한다. 이보다 조금 복잡한 모습이 부울 접속에서나 비-부울 접속에서 동일한 형태소를 사용하는 것이다. 영어의 'and'가 그 사례이다. 더 복잡한 것은 부울 접속에서와 비-부울 접속에서의 형태소를 서로 달리 사용하는 것이다. 국어가 그 예이다. 단순히 어느 한 방식만을 채택되는 것이 아니라, 이들이 복합적으로 섞여 있기도 하고, 이외에 전치사나 후치사를 이용하거나 대명사를 이용하는 방식도 추가되므로, 접속소의 구현은 언어에 따라 선택 방식이 조금씩 달라질 수 있다.

국어에서 명사구를 이끄는 접속소는 늘 위상소를 지배하고 있음은 두말할 필요가 없을 만큼 자명하다. 다만, 명사를 이끄는 접속소가 '와/과'에서 보듯이 고유한 형태소로 있고, 이 이외에 다른 것으로부터 기원되는 것이 있다는 점이 특이하다. '이다, 하다' 동사를 기원으로 하여 부울 접속을 이끄는 형태소가 구현되거나, 또는 특이하게 '및'과 같이 동사의 어근이 그대로 문법화된 경우이다. 고유한 접속소 '와/과'는 다음처럼 이른바 격조사(특히 대격 조사)의 지배를 받을 수 있다.

"[이것과 저것과]를 뒤섞었다."

'이다, 하다'에서 기원한 접속소도 그런 모습을 가질 수 있다

"[너하고 나하고]를 같은 편으로 만들었다."
"[너랑 나랑]을 같은 편으로 만들었다."

"철수가 그의 아내를 사랑하고, 영수도 <u>그런다</u>."
에서 고딕의 강조된 대용 표현이 중의적임을 지적한다. 하나는 각각 자신의 아내를 사랑하는 해석이고, 다른 하나는 같이 한 여자를 사랑하는 해석이다. 그곳에서는 이를 '영역의 중의성(scope ambiguity)'으로 해결을 시도하고 있지만, 아마 구조적으로 이 중의성을 해석해 낼 수 있는 방식이 찾아진다면, 접속문에서의 생략을 설명해 주는 방식과도 일치되지 않을까 싶다.

그러나 '및'과 같은 형태소는 결코 격조사의 지배를 받을 수 없다("!담배 및 성냥 및을 샀다.").

[$X_1\&_1$, $X_2\&_2$, ⋯, $X_n\&_n$]

와 같이 접속소가 이어질 적에, X가 동사인 경우 등위접속에서는 n번째 &가 수의적으로 실현될 수 있지만, 종속접속에서는 n번째 &는 의무적으로 공범주로 실현되거나 또는 탈락되어야 한다. 명사구의 접속소에서도 동일한 현상이 관찰된다. '와/과'는 등위접속의 경우처럼 n번째 &가 수의적으로 실현된다. 그러나 '및'은 종속접속의 경우처럼 n번째 &가 반드시 공범주로 실현되거나 탈락되어야만 한다.

2.3.丁. 마지막으로 남아 있는 층위는 서법소 C와 관련된다. 명사구를 이끄는 기능범주에서 과연 서법소에 해당하는 것이 있을 것인가? 이 의문에 해답을 찾기 위해서는 먼저 서법소의 본질이 무엇인지를 파악해야 한다. 서법소의 기능은 화자와 청자의 관련을 표시해 준다. 임의의 정보 간격이 주어질 경우, 화자가 언어로 표현된 어떤 사건을 청자에게 알려 준다거나(단정 서술), 또는 청자로 하여금 적극적으로 어떤 반응을 보이도록 요구하는 것이 서법소의 역할인 것이다. 이때 청자의 반응은 언어로써도 가능하고(의문 감탄), 언어 이외의 행동으로써도 가능하다(명령 청유).

그런데 서법소가 청자와의 관계를 담고 있는 것이라면, 명사구에서 청자와 관련지을 수 있는 요소가 찾아질 것인가? 대답은 부정적이다. 명사구는 청자에 관련되는 것이 아니라, 오히려 문장을 이룬다면 동사에 관련되는 것이기 때문이다. 그렇다면, 다른 차원에 있는 요소와의 관련을 이들이 떠맡고 있다고 가정할 수 있을 것이다. 서법소는 청자와의 관련을 맡고 있으므로, 명사구에서는 동사와의 관련을 맡고 있는 요소를 찾아낼 수 있다면, 이들이 서로 상보적인 기능이라고 간주할 수 있을 것이다.

명사가 동사와 관련되는 것은 '격'이라는 요소의 역할이다. 그러나 격은 만만하게 취급할 수 없는 복잡한 특성을 지니고 있다. 참스끼 문법에서는 격을 구조격과 고유격inherent case으로 나눈다.[20] 구조격은 구문의 형상에 의해서 주어지지만, 고유격은 동사의 개별 의미에 따라 주어진다. 이 구분은 희랍의 전통문법에서 직격直格(≒正格)과 사격斜格으로 나눈 모습을 방불케 한다. 이 가정이 옳다면, 구조격은 동사와 관련이 없이 주어지므로, 명사구의 기능범주 후보로 상정할 수 있다. 그러나 고유격은 개별 동사로부터 나오는 것이므로, 이를 명사구의 기능범주에 갖다 붙일 수는 없다. 혹, 구조격은 명사구의 기능범주이지만, 고유격은 명사구의 기능범주가 아니라고 선언만 하면 문제가 간단히 해결될 것인가? 그렇지 않다. 이들이 왜 같은 범주의 '격'으로 묶이는지를 구명하거나, 또는 그 반대의 경우를 구명해 주기 전에는 아무것도 해결된 것이 없다.

　본고에서는 구조격과 고유격이 먼저 하나로 묶여야 함을 드러내고자 한다. 우선 국어에서 흔히 관찰되는 무표격[21]을 주목하기로 한다.

---

[20] 격이 일치에 의해서 배당되거나 확인된다는 가정을 따르면, 논의 내용이 완전히 달라진다. 대격은 일치소 층위에서 배당되지만, 주격은 시제소 층위에서 배당되기 때문이다. 즉, DP라는 범주로 표시되는 명사구는 다만 피동적으로 격이라는 옷을 끼어 입는 역할만을 하는 것으로 간주되고 있다. 이런 입장은 본고에서의 가정과 아주 다른데, 여기서는 격에 관한 한 명사구도 동사에 못지않게 중요한 변수를 갖고 있다고 본다. 곧, 명사구는 반드시 격이 실현될 수 있는 자리(place holder)를 갖고 있거나 또는 공범주 요소의 격을 내장하고 있다고 가정하는 것이다. 우리말의 격에 대한 논의는 한국어학회(1999) 엮음, 『국어의 격과 조사』(월인)를 보기 바란다. 더 일반적인 논의는 Malchukov and Spencer(2009) 엮음, 『격에 대한 옥스퍼드 소백과(The Oxford Handbook of Case)』(Oxford University Press)를 참고할 수 있다.

[21] 부정격(不定格)이라는 용어도 쓰이고 있으나(제3장의 2.2.3.乙절에서 '부정격'이란 말을 썼음), 격이 정해지지 않았으므로 아무 격이라도 배당될 수 있음을 뜻할 수 있기 때문에, 자칫 혼동을 일으킬 수 있다. 대신 여기에서는 격 표지가 외현적으로 드러나 있지 않다는 뜻으로, 무표격(無標格, unmarked case)이라는 용어를 쓰기로 한다. 무표격의 기능을 강조나 초점 등의 화용 자질을 유무로써 다룬 연구도 있다. 여기서는 화용적인 가치를 논외로 하고, 다만 공범주 형태의 무표격이나 음성 실현 형식을 갖고 있는 유표격이 문법 관계에서 동일한 가치를 갖고 있음을 논의의 대상으로 삼고 있다.

"철수 학교 갔다."

라는 예문에서, 밑줄 친 두 개의 명사구가 격 표지가 없이 실현되어 있지만, 행위주와 처소라는 의미 관계에 결코 혼동이 일어나지 않는다. 각 명사가 갖고 있는 특성 때문이다. 그러나

"철수 영이 사랑한다."

의 경우는 다르다. 두 개의 명사가 지시대상이 다르다는 점만을 빼고, 거의 동일한 자질을 갖고 있기 때문이다. 따라서 누가 행위주이고, 누가 대상인지 알 수 없다. 아니면 둘 다 행위주이거나([철수와 영이]가 X를 사랑하다) 대상이 될 가능성도 있다(X가 [철수와 영이]를 사랑하다). 실세계의 지식을 고려하지 않고서, 이것을 어떻게 결정할 수 있을 것인가? "꽃 피었다."라는 예문에서 밑줄 친 명사구는 대상 의미역을 받는데(비-대격동사), 행위주라든지 사격 의미역이 배당될 것이라고 생각하지 않는다. 왜 그러는 것일까? 필자는 논항의 실현 위계가 이미 전형적으로 주어져 있기 때문이라고 본다. "철수 영이 사랑한다."에서도 전형적인 논항구조의 위계를 생각하면, 가장 쉬운 해석이 "철수가 영이를 사랑한다."의 뜻을 갖는 행위주와 대상의 관계이다. 논항이 위계화되어 있을 뿐만 아니라, 그 논항에 배당되는 의미역도 '1:1'로 대응될 수 있다고 보는 것이다(Grimshaw, 1990; Baker, 1996 및 1997).

무표격(제로 형태, 부정격)의 존재를 통해, 필자의 생각으로는 다음과 같은 속성을 뽑아낼 수 있다. ① 논항의 실현 위계가 전형적인 모습으로 이미 주어져 있음을 드러낸다(전형적 논항구조에서 지정어와 보충어의 위계임. Chomsky, 1995). ② 격이 비록 외현적으로 나타나지 않는다고 하더라도, 전형적인 논항구조에서 동사에 의해 배당 가능한 격에 대해 정확히 예측할 수 있다. ③ 각 논항에 위계화된 의미역이 배당된다면, 격 배당(또는 격 확인)이란 한 사건의 구조를 명시적으로 드러내는 역할을 한다. 그렇다면, 일차적으로 '격'은 논항구조와 의미역 위계에 의해

서 배당되는 것이라고 말할 수 있다. 이 단계에서는 구조격이나 고유격의 구분이 무의미하다. 행위주나 경험주 의미역을 배당받는 경우 주격으로 실현될 후보가 되며, 대상 의미역을 배당받는 경우 대격으로 실현될 후보가 된다(비-대격동사의 경우 주어 위치에로의 의무적 이동이 추가됨). 다만 사격 논항에 배당되는 사격 의미역의 하위 갈래가 다양하므로, 어떤 하위 의미역을 배당하는지에 대해서는 동사마다 고유하게 개별적인 선택을 해야 한다. 이 단계에서는 동사의 개별 의미가 중요한 관건이 된다. 사격 의미역의 하위 갈래를 고려하지 않는다면, 지정어와 보충어가 아닌 제3의 논항에는 사격만이 배당될 수 있는 남은 후보일 뿐이다.

격이 논항구조와 의미역 위계에 의해서 복합적으로 배당될 후보가 결정된다면, 명사구의 기능범주는 어떤 역할을 하는 것인가? 본고에서는 명사구에 격을 받아들이거나 흡수할 수 있는 '빈 자리place holder'가 주어져 있다고 본다. 이를 기능범주의 핵어라는 관점에서 보다 적극적으로 표현한다면, 기본값default으로서 공범주 핵어가 격이 나타나는 위치에 미리 들어 있어야 한다. 그리고 그 공범주 핵어는 어떤 격 요소라도 흡수할 수 있는 성질을 지닌 것으로 가정한다. 이러한 성질이 명사구를 동사구에 붙여 놓는 역할을 하게 되고, 명사구 차원에서 동사구 차원으로 관련을 맺어 나가게 되는 것이다. 이 점은 마치 동사구의 마지막 기능범주 핵어인 서법소가 청자와의 관련을 드러내는 것과 공통성을 지닌다.[22]

이상에서 언급한 명사구를 이끄는 기능범주들은 다음 (5)에서처럼 나타낼 수 있다.

---

[22] 명사구와 관련된 격이 동사구와 관련된 서법소와 대응관계에 있다는 진술은 매우 이례적으로 생각될 듯하다. 여기서는 개별성을 추구하는 것이 아니라, 개개의 대상 속에서 어떤 통합 속성을 찾는 것이므로, 불가피하게 일반화되고 추상화될 수밖에 없다. 본고에서는 명사구에 관련되는지 또는 동사구에 관련되는지에 대한 내용은, 일단 여기서 상정되고 있는 추상적인 공통 개념을 바탕으로 하여, 다시 추가 조건이 덧붙여져 도출되어 나오는 것으로 파악하고 있음을 부기해 둔다.

(5가) [[[[[··· NP] AGRP] RP[23)]] &P] Case]

나) ···고구마 열 개 모두   ø   를

다) ··· 사람 들 하나하나 와   ø

2.4. 이제 서로 비교를 하기 위해 (1가)와 (5가)를 다시 아래 (6가) 와 (6나)에 가져오기로 한다.

(6가) [[[[[··· VP] AGRP] TP] &P] CP]

나) [[[[[··· NP] AGRP] RP] &P] Case]

이들의 층위는 서로 상보적으로 관련을 맺고 있는데, 이를 일반화하여 다음 (7)로 나타낼 수 있다.

(7가) [[[[[··· XP]_甲 일치소] 시공 위상소]_乙 접속소] 타 차원 관련소]_丙

나) [[[··· XP]_甲   사건 완결 요소   ]_乙   확장 관련 요소   ]_丙

(7가)는 어휘범주의 최대투영 XP(여기서는 명사의 투영이므로 NP임)는 일치소와 시공 위상소, 그리고 접속소와 관련소에 의해 이끌림으로써 투영이 완결됨을 나타내고 있다. (7나)는 이를 더욱 간단하게 표현한 것인데, 어휘범주(아랫첨자 甲으로 표시됨)는 사건을 완결짓는 요소(아랫첨자 乙로 표시됨)와 이를 확장하거나 다른 것에 관련짓는 요소(아랫첨자 丙으로 표시됨)에 의해 투영이 완결된다. 동사구와 명사구를 지배하는 기능범주들은 각각 (6가)와 (6나)처럼 위계를 갖고 있지만, 이들은 다시 하나로 통합되어 (7가) 또는 (7나)와 같이 하나의 개념으로 묶일 수 있다.

---

23) 임시로 위치와 범위를 포괄하는 위상소를 가리키기 위해 relator라는 용어의 두문자를 사용하기로 한다. 이 용어는 시공 위상소라는 용어의 하의어로 들어간다.

3. 그 외의 기능범주들

3.1. 그런데 아직 다루어지지 않은 기능범주들이 있다. 동사구의 경우 층위 밖의 요소들이라고 하였던 '화용' 요소들과 명사구의 경우 '보조사'라고 불리는 요소들이다. 또 관형형어미라고 일컫는 '은/을', 그리고 명사형어미 '음/기'들도 언급하지 못하였다. 여기서는 이런 미진한 문제들을 논증 없이 필자가 갖고 있는 작업 가정으로써 소략하게나마 언급해 두고자 한다.

3.2. 보조사(또는 특수조사)는 화용적인 함의 또는 속뜻을 갖고 있다는 사실을 누구나 다 알고 있지만, 그 속뜻이 어떻게 운용되는 것인지를 명시적으로 잘 드러내 주지 못하고 있다.

"철수도 왔다."

라는 예에서, 보조사 '도'는 다른 사람이 동일한 행위를 하였음을 말해 준다. 그러나

"아무도 안 왔다."

에서는 이와 같은 설명이 어렵다. 그뿐 아니라,

"잘도 하네!"(유표적인 억양과 함께)

라는 예에서는 때로 '못한다'는 뜻의 빈정거림이 깃들기까지 한다. 그렇다면 여기서는 같은 행위를 가리킨다고 말할 수 없다. 이런 분포들을 단계별로 설명할 수 있는 방법이 잘 드러나야 하겠다.

보조사의 범위는 동사구에서 찾아지는 층위 밖의 요소들에 비해 엄청나게 넓다. 보조사는 명사구에서뿐만 아니라 동사구에서도 쉽게 찾

아진다. 그 까닭도 상동성 가정을 추구한다면 제대로 찾아져야 할 것이다. 그리고 보조사를 층위 밖의 화용적 요소라고 간주할 적에, 격조사와 관련되어 있는 사실을 설명해 주어야 할 것이다. 예를 들어, '는'이라는 보조사가 실현될 적에는, 의무적으로 격조사 '이/가'가 탈락되거나, 전혀 실현될 수 없다.

3.3. 명사형어미 '-음/-기'의 실현 층위와 그 의미자질의 배당이 문제가 된다. 이들의 실현 층위는 '나+기'(떠난다기에)가 '나+하기'(떠난다 하기에)로부터 나오는 것이라면, 쉽게 서법소와 상보적 관계에 있음을 결론지을 수 있다. 이들의 의미자질을 찾기 위해, 필자는 '잠자기, 춤추기'(거꾸로 실현된 *자기잠, *추기춤은 비문임)라든지 '떳떳한 삶 살기'(수식어가 없는 *삶 살기는 비문임)에서와 같은 동족목적어 구문에 주목하고자 한다. 이들이 명사형어미들과 어떤 자질을 나누어 갖고 있다고 한다면, '음/기'가 계열체일 뿐만 아니라, 통합체도 이룰 수 있도록 의미자질을 상정해야 할 것이다. 동족목적어를 다룬 논문은 매우 드문데, 레빈 외(Levin et al., 1997)에서는 영어의 동족목적어를 다루면서, 여섯 가지 특징을 지적하였다(최근에 Höche, 2009, 『영어의 동족목적어 구문』도 나와 있으며, 제9장 2절의 각주 9도 참고 바람). 그 중에 특별히 주목할 만한 것은, 동족목적어는 '결과 상태'를 표시하고, 동족목적어가 수식어를 가질 적에는 결과 상태에 대한 감정이나 태도 또는 평가에 대한 정보를 가진다는 점이다. 이 결론을 수용한다면, '음'은 행위의 결과 상태를 나타내고 있고, '기'는 행위나 사건에 관련된 동적인 측면을 나타낸다. 영어의 경우 동명사 어미 '-ing'는 상태와 동작 모두를 나타내는 데에 쓰이므로, 중의적이다. 그러나 국어에서는 결과 상태를 나타낼 적에는 '음'을 쓰고 있고, 과정 행위를 나타낼 적에는 '기'를 쓰고 있는 것으로 생각된다.

3.4. 관형형어미 '-은/-을'은 직관적으로 시제적인 느낌을 준다. 그러나 '떠났을 것이다'와 같은 예에서는 시제 형태소 '-았-' 뒤에 실현

되고 있으므로, 시제라고 말하면 자기모순이 생기게 된다. 그렇다면 시제소의 맨 윗쪽 층위의 있는 요소라고 간주할 수 있는데, 이는 양상소 층위가 된다.[24] 양상소의 층위에서도 [±현실태](또는 외연을 줄이기 위해 '현실태 : 가능태'의 대립)의 여부에 의해서 '은/을'이 나뉘는 것으로 생각하고 있다. 여기서 현실태라는 뜻은 현재와 과거 세계의 일에 대하여 이미 확인이 이루어져 있다는 뜻을 지니며, 가능태란 아직 확인되지 않았지만 확인될 수 있음을 뜻한다. 이를 양상 논리학에서의 용어와 관련짓는다면, 현실세계에서의 일과 가능세계에서의 일이라고 말할 수 있다. '-던/-는'은 [±경험 완료]의 자질을 갖는 '-더-/-느-'가 '-은'에 융합되어 있는 것이다.

그런데 "*내가 밥을 먹더라."에서는 왜 화자 자신이 주어로 나올 수 없을까? 그러다가 조건절이나 관형절로 되면,

"내가 거기 갔<u>더</u>라면…"

이나

"[내가 e_i 먹<u>던</u>] 밥$_i$"

---

24) 영어의 관계대명사는 필자가 제시하는 층위에서 양상소와 접속소의 융합 층위에 자리 잡고 있는 듯하다. 영어는 문장을 확대시켜 나가는 방법으로 접속사 이외에도 관계대명사를 많이 사용한다. 이런 요소들은 국어로 번역될 때에 다수 접속소(=연결어미)로 구현해 주어야 자연스럽다. 필자의 생각으로 영어의 접속소는 고유한 'and'와 여러 관계대명사들이 상보적으로 존재하는 것이 아닌가 한다. 국어의 경우 '은/을'은 반드시 뒤에 접속소가 통합되지 못한다는 사실을(*은고, *은과) 부기해 놓을 필요가 있다. 그 이유는 이들이 명사를 수식하는 기능도 갖고 있기 때문에, 굳이 접속소의 도움을 받지 않아도 되는 것이다. 만일 '은 : 을'을 자질로 표시한다면 이들이 거느리는 XP가

"현실에서 확인된다 : 장차 확인될 수 있다"

정도의 대립으로 나타낼 수 있을 것이다. 더러 '겠'과 '을 것'을 대립시켜 다루기도 하였는데, '겠'은 '근접성 인식'이라는 기본 자질로부터 '짐작'이라는 의미를 갖고 있지만, '을 것'을 '장차 확인 가능성'에서 차이를 보인다. 9시 뉴스에서 대통령이 다른 나라를 방문하고 있을 때 다음날 일정을 소개하면서 결코 '겠'을 쓰지 않고 "내일은 누구를 만날 것(예정)이다"라고 표현하는데, 그 이유도 미리 예정된 계획에 따라 장차 확인이 가능하다는 데에서 찾을 수 있을 것으로 본다.

에서와 같이 왜 그런 제약이 사라지는 것일까? '-더-'는 화자가 어떤 대상을 관찰하고 그 경험을 완료했음을 나타낸다. 꿈속에서와 같이 특별한 경우가 아니고서는, 내가 내 자신을 제3자처럼 관찰하고 경험할 수는 없다. 따라서 '*내가 밥을 먹더라'는 쓰일 수 없다. 그런데, 이 형태소 위에 다시 양상소로서 [+현실태]의 '-은-'이 실현되면, 후핵성 매개변항에 따라 [+현실태]의 자질과 어울리는 요소만이 살아남는다. [내가 e 먹던]의 모습은 기본적으로

[내가 e 먹은]

과 같다. 양상소는 화자와 사건과의 관계를 나타낸다. '-은'이라는 양상소가 결합된 '내가 e 먹다'라는 명제는, 가능세계에서의 일이 아니라, 이미 현실세계에서의 일임을 뜻한다. 즉, 이미 확인되고 인식된 사태인 것이다. 그런데 이 양상소 층위 밑에 '경험 완료'의 의미를 지닌 시제소 '-더-'가 실현되어 있으므로, 그 복합 의미로서 더 이상 경험할 수 없는 단절된 세계에 대한 확인이나 인식이 나오게 된다. 이 내용이 '중단'이란 말로 기술되어 왔던 실체이다.[25]

'-을'은 가능세계에서의 일임을 인식하는 것인데, 확인이 가능하다는 뜻을 담고 있다. 따라서 '먹겠을, 먹었을'과 같이 전혀 다른 시제소가 결합되더라도 '-을'이 통합되는 사실을 설명할 수 있다. 이는 '먹겠, 먹었'이라는 사건을, 화자가 가능세계의 일로 파악하여 어떤 형태로든지 확인될 수 있다고 믿고 있음을 의미한다.

3.5. 이상에서 미진한 문제들이 (7)에 제시된 층위와 무관한 것이 아니라, 이들 또한 그 층위들 속에서 관련성을 찾을 수 있음을 보였다. 작업 가정으로서 필자는 보조사가 층위 밖에 있는 화용 차원의 것

---

[25] "*먹더을, *먹었은, *먹더는, *먹겠은, *먹다은…"과 같이 통합되지 못하는 사례들에 대해서도 양상소의 자질과 하위의 시제소 자질이 서로 어울리지 못하는 것으로 설명해 줄 수 있다.

이고, '-은/-을'은 양상소의 갈래이며, '-음/-기'는 서법소와 상보분포를 이루는 요소들이라고 생각하고 있다.

4. 마무리

본고에서 거론한 '상동성' 가정은 아직 진지하게 논의되거나 거론된 적이 없다. 필자의 논증 방식이 틀렸다고 하더라도, 동사구와 명사구 사이의 기능범주들이 보여 주는 관련성에 대해서는 심도 있게 논의될 필요가 있다. 일찍부터

"언어는 제약되어 있는 실체이다, 언어는 유한한 도구를 무한하게 쓰는 장치이다."

라는 화두를 들어왔다. 음으로든 양으로든, 언어를 연구하는 이들은 그 화두를 현실 언어자료로부터 확인하려고 노력해 오고 있다. 상동성 가정이 어느 정도 설득력이 있다면, 이는 언어가 제약되어 있다는 점을 더욱 뒷받침해 주고, 제약되어 있는 개념을 여기저기 필요한 만큼 사용하는 측면을 드러내 주게 된다. 특히, 어휘범주들의 개별 항목들은 우리의 생활 모습이 달라짐으로써 많이 바뀔 수 있다. 그러나 기능범주의 개별 항목들은 매우 보수적일 수 있고, 또한 보편성을 지닌 것으로 관념되고 있다. 이런 소박한 가정이 실재의 것으로 확정된다면, 우리가 갖고 있는 언어적 개념이란 기능범주의 테두리에서 찾아낼 수 있을 것이다.

제4부 접속 구문의 구성과 논항구조

제**7**장 접속 구문의 형식화

제**8**장 등위·종속접속 구문의 설정에서 몇 가지 전제

제7장 접속 구문의 형식화*

1. 서론

접속 구문은 흔히 두 개 이상의 문장을 대상으로 하여 이들을 이은 경우를 가리키는 것으로 정의된다. 그러나 이는 매우 소략한 일반화로서, 접속에[1] 대한 다른 많은 사례들을 예외로 두게 된다. 일찍이 두 문장 사이의 연산을 '부울$_{\text{Boolean}}$' 접속이라고 부르고, 이 이외의 접속을 '비-부울$_{\text{non-Boolean}}$' 접속이라고 불러 왔는데,[2] 문장만을 대상으로 하여 접속 구문을 다룬다면, 비-부울 접속은 논의에서 제외되기 때문이다. 비-부울 접속의 대표적인 사례는 명사구들을 대상으로 하는 접속이다.

---

* 이 글은 『배달말』 제23집(1998년 12월), 1~78쪽에 실림.
1) 본고에서 접속(conjunction)이란 말은 연접과 이접(disjunction)을 합쳐서 부르는 상위 개념이다. Sag 외(1985)에서도 이런 뜻으로 쓰이고 있으며, 영어 단어는 우연히 상의어와 하의어가 동일하다. 이접이 명사구를 대상으로 하든지 문장을 대상으로 하든지에 상관없이, 언제나 부울 접속으로 환원된다는 점을 고려하면, 부울 접속과 비-부울 접속을 모두 갖고 있는 연접보다는 그 영역이 좁음을 알 수 있다. 뿐만 아니라, 이접은 선택(유일 선택 또는 양자 모두 선택)이라는 추가 자질이 더 주어진다는 점에서 연접보다 더 유표적이라고 말할 수 있다.
2) 비-부울 접속에서는 추상적 속성들을 다루는 것이 아니라 구체적인 개체들을 다룬다. 비-부울 접속에서는 개체들을 합치게 되는 'group formation(집단 형성)' 규칙이 더 들어 있다(Hoeksema, 1988).

인구어에서 부울 접속과 비-부울 접속이 우연히 동일한 접속 형태소의 매개에 의해 이루어지고 있기 때문에,[3] 두 종류의 접속 사이에 기본적으로 동일 속성이 있을 것으로 보아, 그 본질을 찾아내려는 시도가 꾸준히 이어져 왔다. 부울 접속을 다루면서 접속 대상이 문장뿐만 아니라, 명사구나 동사구 등 다른 대상이 존재함을 고려하여, 접속의 '유형 전이$_{type\ shift}$' 기제를 형식화하기도 하였다(Partee·Rooth, 1983). 비-부울 접속의 연구에서는 최소한 두 유형이 존재함을 찾아내었다. 하나는 부울 접속으로 환원할 수 있는 형태로서, 배분적$_{distributive}$ 해석을 받는 요소이다. 다른 하나는 그런 환원이 불가능하고, 처음에서부터 접속의 형태로 주어져 있어야 하며, 집단적$_{collective}$ 해석을 받는 요소이다. 몇 연구에서는 집단적 해석을 받는 경우의 처리를 위해, 개체의 정의역들

'De × De'

로부터 개체의 정의역 'De'으로 가는 합산 연산자$_{sum\ individual}$ '⊕'를 정

---

[3] 접속 형태소의 종류는 다양하다. 우선 공범주 형태의 접속 형태소와 외현범주의 접속 형태소로 대별된다. 전자는 접속 형태소가 없는 것으로 병치(竝置, juxtaposition)라고 불리는데, asyndeton이나 또는 Halliday의 parataxis라는 용어가 쓰이기도 한다. 후자는 다시 부울 접속과 비-부울 접속이 동일한 경우, 그리고 양자가 상이한 경우로 나뉜다(Payne, 1985; Comrie, 1988). 양자가 상이한 경우, 언어마다 조금 차이가 나는 것으로 보인다. Fiji 어의 경우, 부울 접속에는 'ka'가 쓰이고, 비-부울 접속에는 'kei'가 쓰이는데, 전자는 문장·동사구·형용사구·전치사구 등을 대상으로 하고, 후자는 명사구를 대상으로 한다. 한국어에서 전치사에 대응하는 후보는 격을 포함한 후치사라고 볼 수 있는데, 이 경우 Fiji어와는 달리 비-부울 접속 형태소가 쓰인다. 터어키어에서는 공범주 형태의 병렬 구문과 부울 접속 '-ip'과 비-부울 접속 '-i/e'가 있다고 한다. Sissala 어에서는 문장에 ká, 동사구에 공범주 형태나 a, 그리고 비-부울 접속에는 (a)ri가 쓰인다고 한다.

접속 형태소의 분류가 세부로 들어가면 언어마다 복잡다기하여 가히 분류학을 이룰 만하다. 예를 들어, 간단히 보이는 공범주 형태의 병치 구조만 보더라도, 'with' 전략을 쓰는지, 대명사 전략을 쓰는지, 복제 전략을 쓰는지 등 여러 방식에 따라서 하위 구분된다고 한다. Zoerner(1995:65)에서는 부울 접속에서 외현범주의 형태소가 나타나면, 반드시 비-부울 접속에서도 외현범주의 형태소가 실현되어야 하지만, 그 역은 성립되지 않는다고 하였다. 그러나 이 진술은 Johannessen(1998:85)에서의 인용 예문들과 어긋나 보이는데, 앞으로 더 깊은 논의가 필요하다.

의하고, 이들을 하나의 개체처럼 취급함으로써, 접속이 매우 간단한 (저렴한) 개체 연산으로부터 더 복잡한(비싼) 문장 연산에 이르기까지 정연히 하나의 띠 흐름을 이루고 있음을 보여 주려고 한다(Link, 1998; Lasersohn; 1995).

그러나 논의의 초점을 한국어에 맞출 때에, 위의 흐름과는 다른 쪽의 연구들이 일구어져 왔음을 알게 된다. 특히, 한국어는 부울 접속(+고) 등)과 비-부울 접속((와) 등)에 관계하는 형태소가 따로 존재할 뿐만 아니라, 부울 접속에 관계하는 형태소도 논의하는 사람에 따라 십 수 개에서 수십 개까지 되는 형편이기 때문이다. 한국어의 접속에 대한 연구는 다수가 접속 형태소의[4] 분류와 그들의 기본의미 배정에 쏠려 있다. 그런데, 귀납적으로 접속 형태소를 출발점으로 삼아 연구를 진행하게 되면, 그 구조가 상이한 경우도 동일한 접속이라고 해야 할 경우가 생긴다. 반면, 연역적으로 접속 구조를 출발점으로 삼아 연구를 진행하게 되면, 동음이의의 접속 형태소들이 다수 출현하게 되어, 우리들의 직관적인 느낌으로부터 멀어지는 경우가 생긴다. 이런 어려움을 극복하기 위한 시도로서, 모종의 기본의미를 공통되게 상정하고, 이 기본의미에다 접속 구조의 상이한 측면을 반영할 수 있도록 추가의미를 덧붙이는 연구도 있어 왔다.

그런데, 한국어 접속 구문의 논의에서는, 접속 구조에 대한 기본적인 개념에서부터 연구자들 사이에 일치되지 않고 있음을 보게 된다. 일단 부울 접속만을 고려한다면, 문장들 사이의 관계가 대등한 등위

---

4) 접속 형태소란 용어는 다른 연구에서 '접속 어미·접속 조사·접속 접미사·접속사'라는 용어로도 쓰인다. 본고에서 굳이 '접속 형태소'란 용어를 쓰려는 것은, 이 형태소를 기능범주의 핵어로 가정하고 있기 때문이다. '어미·조사·접미사'들은 부차적이고 소극적인 지위만을 지시하고, 하위범주의 실현을 요구하는 적극적인 핵어(head)의 지위를 드러내지 못한다. 이들과는 달리 '접속 형태소'는 최소한 부차적이고 소극적인 함의를 배제할 수 있다는 점에서 중립적이다. '접속사'라는 용어가 다소 이런 성격을 띨 수 있겠으나, 자칫 {그러나, 그리고, 그렇지만, …}과 같은 대상(접속 부사로 분류됨)을 가리킬 수 있기 때문에 여기서는 채택하지 않는다. 기능범주란 대략 전통문법에서 문법 형태소나 허사 형태로 불렸던 것들을 포함하는데, 전통문법의 가정과는 정반대로 이들은 문장의 핵어이다. 소략하게 말하여, 이들은 전통문법에서 실질 형태소로 불렸던 어휘범주들을 거느리게 된다.

접속이 있고, 문장들 사이에 관계가 종속적이거나 의존적인 종속 접속이 있으며, 마지막으로 어떤 문장(또는 구절)이 접속되어 있기는 하지만 동사의 의미 특성에 의해서 접속이 허용되는 '부가 접속'이 있다 (여기서는 필수적인 부가어 지위를 요구하는 경우를 가리킴). 특히 이 가운데 등위접속과 종속접속에 대한 여러 가지 제안들을 마주하게 되는데, 아직까지 이들의 존재에 대해 다수가 선뜻 받아들일 수 있는 기준이 확보되지 않았다고 할 만큼, 의외로 논의가 한데 모아져 있지 않음을 발견하게 된다.

  이는 한국어에 특징적으로 주어져 있는 내부 요인과 일반 언어들을 놓고 이루어진 연구의 미진에서 오는 외부 요인이 함께 맞물려 빚어진 결과라고 생각한다. 내부 요인이란 한국어 접속 형태소의 다양성과 교차성(유형 전이)에서 비롯되는 것이고, 외부 요인이란 접속 구조가 너무 확연하고 간단한 것으로만 치부되어 그 간 연구의 초점으로 부각되지 못했던 저간의 사정에서 비롯되는 것이다.

  등위접속과 종속접속은 직관적으로 '대칭성' 여부를 놓고서 쉽게 판가름 날 것처럼 보이지만, 사실은 만만치 않다. 간단한 영어의 접속 형태소 'and'조차도 소위 공간 나열의 경우도 있고, 시간 나열의 경우도 있으며, 시간 나열의 함의에 따른 다른 기능도 딸려 있기 때문이다 (Culicover 외, 1997). 뿐만 아니라, '결과절$_{resultative}$'을 중심으로 한 필수적 '부가 접속'에 대한 논의는 90년대에 들어서야 비로소 활발해지기 시작하였다. 그 핵심은, 부가절이 수의적으로 주어지는 것이 아니라, 어휘 속성(특히 동사의 의미 구조)에 의해서 필수적으로 주어진다는 것이다.[5] 내포문이 동사의 어휘 표상에 의해 하위범주화되어 있는 문장이

---

5) 특히 Rappaport-Hovav and Levin(1997)에서, 결과 상태 구문(resultative)을 이루는 동사들은 언제나 완수(accomplishment)동사로서 분류되며, 어휘 표상이
    [도달(achievement)+결과 상태]
  로 분석되어야 함을 밝히고 있다. 이때, 결과 상태가 필수적인 부가절이며, 어휘 의미 표상 속에 반드시 들어가 있어야 하는 것이다. 예를 들어,
    "꽃이 예쁘게 피다."
  라는 문장에서 [e 예쁘대는 필수적인 부가절이다. 그 이유는 '피다'가 완수 동사로

라는 점에서, 완수동사에 의해 투영되는 결과절은 일종의 '특수한 내포문'인 셈이다. 그렇다면, 결과절을 가리키는 '부가 접속'은 일단 접속 구문의 논의에서는 제외된다.

자연언어 처리의 관점에서 보면, 먼저 주어진 입력의 '범주 지위'가 모두 결정되고 나서, 차례로 의미 표상 구성, 담화 표상 구성, 세계지식 구성들로 들어가게 된다(Allen, 1995). 여기서 통사 표상이 제일 먼저 분석되는 것임을 수용한다면, 접속 구문을 다루는 논의도 통사 범주와 그 투영의 모습을 고려하는 것이 우선 이루어져야 할 과제이다. 필자의 생각으로는, 한국어의 접속문을 다루면서 그 동안 소홀했던 점이, 접속 형태소에 대한 통사 범주의 구분과 통사 표상이 아닌가 한다. 통사 범주에 대한 구분이란, 접속 형태의 범주에 대한 값매김을 하고, 무한한 접속을 허용하는 경우와 다만 두 구절의 접속을 허용하는 경우를 구분해야 함을 의미한다. 통사 표상은 접속 형태소가 핵어의 지위를 갖고 있는지, 만약 그렇다면 이 핵어가 전형적인 논항구조를 투영하고 있는지 여부에 대한 논의를 뜻한다. 한국어의 접속에 대한 연구에서 이러한 문제는 지금부터 심도 있게 논의돼야 할 과제라고 생각한다.

본고에서 접속의 여러 측면들을 다 다룰 수는 없는 일이다. 필자는 부울 접속과 비–부울 접속이 하나의 동일한 개념으로부터 나올 수 있

쓰이고 있기 때문이다. 완수 동사는 반드시 대상역을 받는 논항 '꽃'과 부가절 [e 예쁘대를 갖고 있어야만 한다. 만일 '피다'가 "꽃이 피다."처럼 도달 동사로 쓰이거나 상태동사로만 쓰인다면, 오직 대상역을 받는 논항 하나만이 필요하고, 이 논항이 주격을 받게 된다(비–대격 unaccusativity). 필수적인 부가절의 통사적 지위는 앞으로 학계에서 더 논의가 있어야 하겠지만, 필자는 Larson의 외각 구조를 수용하면 외각 핵어에 이동이 없이 부가된 모습 정도가 될 것으로 생각한다. '필수적'인 부가절이 어휘 의미의 일부라면, '수의적'인 부가절은 임의의 동사에 수의적으로 언제나 출현될 수 있는 시간이나 장소 표현, 또는 묘사 구문(depictive : Rapoport, 1993)을 가리킨다. 이들은 소위 Davidson의 사건 논항을 이용하여 연접 표상으로 다음 나타낼 수 있으며

'어제 꽃이 피다' : ∃e[어제(e) ∧ λx[피다(e, x)] (꽃)]
통사상 CP의 참스끼 부가로 표시될 수 있다
  [$_{cp}$ 어제 [$_{cp}$ 꽃이 피다]]
수의적 부가절도 그 수의적 지위 때문에 본 논의에서 제외된다(제9장 2절도 참고하기 바람).

다는 가정을 부정하지 않고(Krifka, 1990), 추구해 볼 만한 것으로 판단하고 있다. 그렇지만, 본 논의에서는 주로 부울 접속을 염두에 두고 다루어 나간다. 한국어에서 부울 접속의 세부 내용은 다기다양하고 복잡한 접속 형태소들에 의해 구현된다. 지금까지의 연구가 다수 접속 형태소의 분류와 의미자질의 배당에 모아져 있는 것도 이런 사실에서 말미암는 것으로 생각한다. 한국어의 접속 구문에 대한 논의는, 따라서 상대적으로 범주와 구조의 문제에 대해서 비중을 두고 심도 있게 다루어 오지 못하였다. 언어가 무질서한 집합체가 아니라면, 이들을 운용하는 어떤 간단한 원리를 상정할 수 있을 것이고, 다양한 언어 현상들은 이런 원리를 준수하고 있을 것이다. 접속 구문에서도 그러한 원리가 상정될 수 있는데, 통사론 측면에서 보면, 이는 접속에 관계하고 있는 범주를 확립하고 그 범주가 투영하는 형식화된 구조를 찾아내는 일이다. 이 작업이 본고에서 추구되는 내용이다.

  본고에서의 논의는 다음 순서로 진행된다. 제2절에서 접속 형태소의 범주 지위를 다룬다. 여기서 접속 형태소가 기능범주의 핵어이고, [+C, +I]의 자질을 갖고 있는 범주('&' 범주)이며,

  [[[[VP···] Agr] T] &] C]

의 체계 속에 자리 잡고 있음을 밝힐 것이다. 제3절에서는 접속 구문의 특성으로서 '비-대칭성'을 논의하고 이를 구현할 수 있는 '부가어'의 지위를 다룬다. 여기서 '핵어 부가'와 '최대투영' 부가의 두 경우가 있어야 함을 밝힐 것이다. 제4절에서는 앞 절의 결론을 구현할 수 있는 접속 구문의 모습을 탐색한다. 여기서 다항 접속 구문과 이항 접속 구문이[6] 각각 핵어 부가와 최대투영 부가의 모습을 갖고 있고, 기존

---

6) 본고에서는 대등성·대칭성·독립성 따위의 용어가 의미론적이라고 치부될 수 있으므로 가급적 피하기로 한다. 대신 형식만을 고려하는 '다항(多項)' 접속과 '이항(二項)' 접속이라는 용어를 사용한다. 다항 접속은 접속의 전체 범위에서 이항 접속 부분을 뺀 나머지를 가리킨다. 대등 접속은 몇 사례들을 제외하면, 여러 항목의 접속을 허용한다는 점에서 다항 접속으로 간주될 수 있다. 만일 대등성이나 대칭성이라

에 논의된 등위접속 구문과 종속접속 구문의 여러 속성들이 모순 없이 유도됨을 보일 것이다. 또 접속 구문에서 관찰되는 여러 생략 가운데 순행 생략과 역행 생략을 살필 것이다. 제5절에서는 본고의 논의를 요약하고, 미진한 점들에 대하여 언급하기로 한다.

2. 접속 형태소의 범주 지위

2.1. 기능범주의 핵어

2.1.1. 언어 유형론에 대한 논의를 살펴보면, 접속에 관계하는 형태소들의 유형이 아무런 표지도 없이 둘 이상의 구를 접속하는 '병치'에서부터, 모든 접속구를[7] 동일한 하나의 형태소로 표시하는 경우, 접속구의 부류에 따라 상이한 형태소들을 사용하는 경우들이 있음을 알게 된다(제1절의 각주 3을 참고하기 바람). 여기서 한국어는 세 번째 경우에 속한다. 그렇지만 한국어의 비-부울 접속에서 관찰되는 형태소만 하더라도

{과, 이며, 이고, 이랑, 하고, 및, 말고, e, ⋯}

들이[8] 다양하게 실현되는 것을 염두에 둔다면, 접속 형태소 유형들의

는 용어를 의미를 고려하지 않고 오로지 '접속범주의 동일성'만을 가리키도록 고정시킨다면, 이들도 통사론 용어로 채택될 수 있다.
[7] 본고에서는 구나 절, 또는 문장이 모두 최대투영 XP라는 점에서, 특별히 구분이 필요한 경우가 아니라면, 일관되게 '접속구'라는 용어를 쓰기로 한다. 이 용어는 접속절·접속문이라는 용어와 서로 통하여 쓰일 수 있는 것으로 간주한다. 절과 문장은 IP와 CP로 구분될 법하나, IP도 공범주 C에 의해 투영되는 보충어 위치에로 편입되어 들어간다는 점을 고려하면, 형식상 동일한 표상을 갖고 있다. 선행구·선행절·선행문 또는 후행구·후행절·후행문 등의 용어도 꼭 문장을 따로 구분해야 할 경우가 아니라면, 선행구와 후행구를 대표 용어로 삼기로 한다.
[8] 'ø'라는 기호를 사용하여 공범주 형태임을 표시할 수도 있겠으나, 본고에서는 음성 형식이 비어 있다는 뜻으로 일관되게 'e'라는 기호를 사용하기로 한다(empty in its

실제 구현 방법에는 여러 가지 제약과 조건들이 들어 있을 것으로 보인다.[9] 병치의 경우에도 다만 문장을 선조적으로 그냥 나열하는 데에 그치는 것이 아니라, 반드시 어조의 변화를 수반한다(대체로 발언기회를 그대로 유지하기 위해 상승조 억양을 쓰게 됨)는 보고에 유의한다면(Mithun, 1988), 공범주 형태 'e'의 접속 형태소라 하더라도 최소한 어조 변화를 야기하는 디딤돌 구실을 하므로, 적극적으로 말소리로 표현되지는 못하지만, "심리적으로 실재하는" 형태소라고 말할 수 있다.

이러한 접속 형태소들은 80년대까지의 연구에서 접속구들conjuncts에 매어 있거나 딸려 있는 것으로 관념되었다. 이를 종범주적從範疇的 요소,[10] 즉 "임의의 통사 범주에 딸려 있는 요소"라고 부른다. 이 입장에서는 접속 형태소가 실현되거나 실현되지 않거나에 무관하게, 접속구는 그 자신의 통사 범주에 아무런 영향을 받지 않는다. 그럴 뿐만 아

---

phonetic template). 이동에 의해서 생겨나는 흔적(trace)은 't'로 표시한다.

9) 예를 들면, 형용사는 서술적(predicative) 형용사와 수식적(adnominal) 형용사로 나뉜다. 후자의 경우, 영어에서 형용사와 형용사가 접속되면 공범주 형태소의 매개에 의해 형용사들 사이에 어떤 위계가 지켜져야 한다. 즉, 내재적인 속성이 외재적인 속성보다 핵어명사에 인접해 있어야 하는 것이다. 반면, 한국어에서는 반드시 부울 접속의 형태소가 실현된다.
   "a big red balloon"(상대적으로 풍선의 내재적 속성이 핵어에 더 가까이 자리 잡음)의 대응 형식은 순서가 자유롭게
   "크고 빨간 풍선 하나" 또는 "빨갛고 큰 풍선 하나"
   일 수 있다. 이때, 한국어에서는 접속 형태소 [-고]가 외현범주로 실현되어 있고, 수식구의 순서가 비문성을 야기하지 않지만, 영어에서는 공범주 [e]로 실현되고 수식구의 역순서가 비문성(*a red big balloon)을 야기함을 본다. 아마 영어에서는 공범주 형태의 접속 형태소 실현이 늘 수식구의 위계를 준수하는 조건에서만 관찰되는 것이 아닌가 싶다. 더 깊은 논의가 따라야 할 것이다. 이 예문으로부터 강조되어야 할 점은, 접속 형태소의 구현 방법을 포착하는 문맥 조건들을 찾아내고 형식화하는 일이 필요하다는 점이다.

10) 이 용어는 공범주적(共範疇的) 요소로 번역되기도 한다. 그러나 본고에서는 외현범주(外顯範疇, overt category)와 대립되는 범주 'empty category'를 공범주(空範疇)로 번역하여 쓰고 있으므로, 한글 표음의 동일성으로 말미암아 혼란이 생겨날 수 있다. 이런 혼란을 막기 위하여, 'syncategoriomatic'(or syncategoremic)이란 말은 부득이 "딸려 있다"(從)는 말을 없애서 '종범주적(從範疇的) 요소'라고 번역하여 쓰기로 한다. 이 입장은 접속 형태소가 형식논리(formal logic)에서처럼 두 개의 논항을 요구하는 연산자(operator)임을 전제로 한다. 최근, 두 접속구가 두 개의 핵어임을 주장하는 Williams(1994)도 이 입장으로 묶을 수 있다.

니라, 둘 이상의 접속구들이 접속 형태소를 갖고 접속되어 있다고 하더라도, 구조상의 변화를 초래하는 것도 아니다.

기능범주functional categories에 대한 선구적 업적들의 영향 아래, 접속 형태소도 기능범주의 일원이며 핵어로 표상되어야 한다는 논의들이 90년을 전후로 하여 제기되기 시작하였다. 접속 형태소의 범주 이름을 '&'로 하든지, 'Conj'로 하든지, 또는 제3의 무엇('B', 'Co', 'K' 따위)으로 하든지는 일단 접어 두더라도, 접속 형태소가 '종범주적' 요소로서 어휘범주에 딸려 있는 것이 아니라, 거꾸로 '핵어' 요소이며 보충어로서 최대투영 XP의 실현을 요구하는 적극적인 역할을 한다는 것이다(Johannessen, 1998).[11] 이를 명사구 접속의 예로써 설명해 나가기로 한다.

(1가) He bought a book and a pencil.
　나) … [NP [NP a book] and [NP a pencil]]
　다) … [XP [NP a book] and [NP a pencil]][12]

예문 (1가)를 종범주적으로 분석하면, (1나)에 표상되어 있듯이 동사 buy(bought)가, 접속된 명사구 NP(밑줄 친 NP)를 보충어로 갖게 된다. 외현범주의 접속 형태소 'and'의 실현이, 접속된 명사구의 통사 범주에 아무런 영향도 끼치지 못하고, 구조에도 아무런 변화를 일으키지 않는다. 이런 입장을 '종범주적 접근'이라고 부르기로 한다.

이에 반하여, 접속 형태소를 핵어로 취급하려는 입장에서는 buy가 (1다)에 표상되어 있는 접속 구문 XP를 보충어로 갖게 된다. 접속 형태소가 핵어이므로, 이 구절은 접속 형태소 구절이 된다. 접속 형태소의 범주를 어떤 기호로 표기하느냐에 따라, XP는 &P·ConjP·BP·KP 등

---

11) 문헌상으로 보면, 접속에 대한 논의는 아니지만, 접속 형태소를 핵어의 투영으로 가정한 것은 Collins를 인용하고 있는 Larson(1990)에서가 처음인 듯하다. 그 뒤 Munn (1993), Johannessen(1993 → 1998), Thiersch(1994), Zoerner(1995), Wesche(1995)들로 계속 이어지고 있다.

12) 본고의 논지를 해치지 않으므로, 편의상 명사구와 관련된 범주를 이전처럼 NP로 쓰기로 한다.

이 되는 것이다. Borsley(1994)에서는 이를 '환원적 접근'이라고 reductionism 부르고 있다. 접속 형태소와 그 구문도 핵 계층(X-bar) 이론을 준수하는 것으로 '환원'되어야 하며, 따라서 접속 구문만을 위한 특별한 구조나 이론은 없다고 보기 때문이다.

　직관적으로 buy라는 동사가 요구하는 하위범주 자질은 명사구 NP이다. (1나)와 같은 범주 표상이 이 직관에 잘 들어맞는다. 그러나 '종범주적' 접근에서는 다음 현상을 설명할 수 없다(Zoerner, 1995 : 3장).

　(2가) [<u>Him</u> and I] worked together.
　　나) [He, she, <u>and me</u>] all left.
　　다) Robin saw [he, she, <u>and me</u>] yesterday.

(2가, 나)의 예문에서는 주어 자리에 접속구들이 실현되어 있다. 일반적으로 주어에 격을 배당하는 요소는 시제소 T이다.[13] (2가)의 경우

---

13) 격이 배당되는지, 그렇지 않고 다만 일치 여부를 점검하는 것인지에 대한 문제는, 본고의 결론에 영향을 주지 않기 때문에, 여기서는 편하게 종전 관행대로 '격이 배당된다'고 언급하겠다. 격에 대한 문제는 동사의 교체 현상과 의미 표상에 대한 연구가 깊어지면서, 단선적으로 소박하게 처리될 수 없음이 밝혀지고 있다. 예를 들어, 주격(nominative)으로 처리되는 통사 위치에는, 의미상으로 행위주·피동주·대상역·근원역·목표역들이 실현된다. 개념이 전혀 다른 내용들이 통사적으로 우연히 '주격'이라는 같은 옷을 입고 있는 것이다. 더욱이 거의 모든 의미역 후보들이 동일한 통사적 위치를 점유할 수 있다는 사실은, 통사적인 격(格)이 본디부터 매우 다양한 내용을 띨 수밖에 없음을 뜻한다.
　또한 한국어 자료와도 관련하여 난점이 야기된다. 이른바 '부정격(不定格)' 또는 무표격(unmarked case)으로 불려 온 공범주 형태의 격과 외현범주 형태의 격이 서로 의미 차이를 야기한다고 보고되고 있고, 영어에서와 같이 구조격(≒正格)과 고유격(≒斜格) 사이에 형태론적인 현격한 구분이 주어져 있는 것도 아니며, 더욱이 격들이 둘 이상 복합되어 있는 사례들이 존재하기 때문이다. 이런 내용들은 참스끼 접근 방식으로는 해결되기 어렵다. 그렇다고 해서 격의 고유 의미를 상정하는 기능 문법이 대안이 되는 것도 아니고, 구조주의 방식으로 소박하게 계열 관계와 통합 관계만 상정해 보는 것도 대안이 아니다.
　한국어에서 예를 들면, {를}은 환경에 따라 최소한 {가}와 계열 관계에 있기도 하고, {에}와 계열 관계에 있기도 하다.
　"철수가 영수{를/가} 바보라고 생각한다."
에서는 앞의 경우를 보여 주는데, 함의가 서로 다르다. {NP를}은 내포문과 반대 내용에 대한 함의가 들어 있으나, {NP가}는 그런 함의가 없다는 점에서 중립적이다(제

시제소에 의하여 주어 자리에 격이 배당된다고 하면, 영어의 대명사들은 반드시 주격으로 실현되어 'He and I'처럼 되어야 한다(글말 표현). 그러나 입말 표현 (2가)는 이런 기대와는 달리, 맨 앞의 접속구가 대격으로 실현되어 있다. (2나)에서는 앞의 경우와 정반대의 현상이 관찰된다. 시제소가 주어 자리에 격을 배당하면 'he, she, and I'가 기대

5장을 보기 바람).
"영희가 교회{를/에} 간다."
의 경우, {NP를}에는 습관이나 반복성으로 인해 교인이라는 함의가 관찰되지만(generic, atelic 해석), {NP에}에는 다만 일회적인 처소 지향점으로 이해된다(episodic, telic 해석). 격은 이렇게 다른 내용들을 포함하고 있으므로, 이전과는 다른 방식이 추구될 필요가 있다.

필자는 대안으로서 최소한 다음의 네 가지 정도가 상정될 수 있다고 본다. 원형 이론적 접근·제약 표상적 접근·자질 이론적 접근·동사 의미적 접근들이다. 첫째, 원형 이론이란 Dowty(1991)의 원형 행위주/피동주(proto-agent/patient) 속성들을 고려하는 것이다. 더 전형적인 속성들을 많이 가질수록 특정한 격으로 실현된다고 가정하는 것이다. 둘째, 이와 반대 편에 서 있는 것이 제약 표상이다. 이는 이른바 'un' 접두사 계열의 동사 분류 방식에서 말미암는 것인데, 1항 동사에서 결코 대격을 받을 수 없는 경우(unaccusative), 주격으로만 실현되어야 하는 능동적 행위주 논항의 경우(unergative), 2항의 지각 동사에서 경험주가 결코 주격을 받지 못하는 경우(unnominative) 따위가 그 예이다. 여기에서는 격 실현이 저지되는 금칙(禁則)들만 명시된다. 셋째, 자질 이론이란 가장 우월한 분포로부터 추출할 수 있는 자질을 찾아내고, 차례로 작은 부차 자질들을 정하여 그 위계를 상정한다. 넷째, 동사 의미적 접근이란 동사 의미 구조에 들어가 있는 개념 단위들('어휘 공리계')로부터 어떤 격이 실현될지를 서술해 주는 방식이다.

네 가지 후보들 중 가능성이 적은 것부터 지워 나가기로 한다. 우선, 제약 표상에서, 금칙은 적용되는 제한된 대상만을 규정해 주기 때문에, 금칙 범위 밖의 대상에 대해서는 기능할 수 없으며, 언어 습득의 관점에서도 유표적 특성 때문에 지지되기 힘들다. 그리고 자질 위계 접근 또한, 기대와는 달리 모든 대상에 완벽히 적용될 자질의 설정이 불가능하고, 부차 자질들도 유기적으로 관련되지 않으며, 어휘 특성에 따라 규정되기 때문에 자의성을 배제할 수 없다. 그렇다면, 이제 남은 것은 동사 의미 표상과 원형성 이론에 의거한 접근들이다. 그런데 이들은 서로 배타적 관계에 있지 않으며, 서로 조화될 수 있을 것으로 본다. 다른 연구들을 참고하면서 더 여물어져야 할 작업 가정에 지나지 않으나, 필자는 명사구가 자신의 기능범주 최상층에 다 임의의 격이 실현될 수 있도록 빈 자리(place holder)를 갖고 있는 것으로 본다.

　…NP] AgrP] RP] &P] CP] place_holder]
이는 앞의 제4장과 제6장을 조금 수정하여 표현한 것인데, 이 표상의 실례로서
　"…사과] 열 개] 모두] 와] e] 를]"
정도를 들 수 있다. 이 비어 있는 자리(=격 배당 자리)에 원형성의 정도에 따라 공범주 격(무표격, 부정격, 제로 형태)에서부터 복합 격까지 구현되며, 동사의 의미에 들어가 있는 원초(primitive) 개념 단위들이 원형성 정도의 선택에 복합적으로 관련되는 것이 아닌가 생각한다.

된다(글말 표현). 그러나 입말 표현 (2나)에서는 맨 뒤의 접속구가 대격으로 실현되어 있다. (2다)에서는 목적어 자리에 실현된 대명사들의 사례를 보여 주고 있다. 여기서도 동사에 의해 모두 대격 'him, her, and me'로 실현될 것이 기대되나(글말 표현), 이 기대와 달리 입말 표현에서는 (2나)처럼 실현되고 있다. 이렇게 격 배당에서 '변동'이 일어나는 현상은, 접속 형태소를 '종범주적'으로만 보아서는 설명할 길이 없다. 적어도 시제소와 동사에서 배당되는 격 이외에, 다른 무엇인가가 다시 격 배당에 관계하고 있거나, 격 배당을 여과 또는 간섭하고 있는 것으로 보아야 옳다.

(1)의 예문에서는 접속 형태소가 '종범주적'으로 처리되는 것이 좋을 듯이 보이지만, 이 입장은 입말 표현 (2)에서 대명사의 격들이 왜 균질적으로 실현되지 않는지 설명해 줄 수 없다.[14] 영어의 격 실현이 대명사들에만 남아 있음을 고려한다면, (2)와 같은 현상이 오히려 더 먼저 고려되어야 할 사례이다. 혹, (1)과 (2)에서 접속 형태소가 서로 다른 것이 아닌지, 다시 말하여, 동음이의어와 같이 두 개의 별개 형태소로 취급할 가능성은 없는지 의문을 던질 수 있다. 그러나 이들 예문으로부터 환경의 차이점을 찾아내는 것이 거의 불가능하기 때문에, 그럴 가능성은 보류된다.

격 표현이 가능한 대명사 사례들을 고려하면서, Zoerner(1995)에서는 '최종 접속구'의 격이 다른 접속구들의 격과 달리 실현됨에 주목하고, 접속 형태소 'and'가 격을 배당하거나 점검한다고 제안하고 있다.[15] 즉, 접속 형태소가 핵어head로서 Larson의 논항구조를 투영하고,

---

[14] Johannessen(1998)에서도 비슷한 관찰을 하고 있다. 기대대로 격을 받지 못하고 어느 한쪽이 일탈되는 사례들에 대해서는 '비균질적(unbalanced)' 등위접속이라고 부르고, 주격을 받아야 할 접속명사구들이 일제히 대격으로 실현되는 사례들에 대해서는 '이례적으로 균질적인(extraordinary balanced)' 등위접속이라고 부르고 있다.

[15] Rothstein(1991)에서도 기능범주가 격 틀(Kase-grids)을 갖고 있다고 보고 있으므로, 동일한 입장이라고 말할 수 있다. 그러나 이 가정은 한국어나 일본어의 경우를 고려할 때, 매개인자를 지녀야 하거나, 그 내용이 조금 수정되어야 한다. 한국어에서는
"?NP와가, NP와를"
처럼 격이 접속 형태소를 뒤따를 수 있기 때문이다(단, 주격과의 공기는 수용성이

그 보충어 위치에는 격을 '배당'하며, 지정어 위치에는 격을 '점검'한다는 것이다. 대명사의 격들이 기대와는 달리 다른 모습으로 실현되어 있을 때에(이를 '격 배당의 변동'으로 부르기로 함), 그 차이를 설명할 수 있는 방법이란, 격 배당 과정에서 중간에 개재되어 있는 다른 요소의 존재를 찾아내는 것이다. (2)의 예문들을 놓고 볼 때에, 접속 형태소 존재 이외의 것을 찾아내기는 힘들 듯하다. 그렇다면, 최소한 접속 형태소에 대해 '종범주적' 접근이 언어 자료를 충분히 설명해 줄 수 없기 때문에, 다른 방법이 시도되어야 함을 결론 지을 수 있다.[16]

종범주적 접근에 대한 결정적인 반례는, 두 접속구 사이에 범주적 동일성을 찾을 수 없는 사례들이다(unlike conjunction). Sag 외(1985)에서 여러 경우들이 지적되고 있는데,[17] 그 중

좀 낮은데, 3.2.3절 참고). 이 점을 드러내려면, 우선 접속 형태소가 격을 배당하거나 그렇지 않은 것으로 매개인자를 설치하는 방법이 있다. 이와는 달리 격 여과 기능을 접속 형태소에 부여하는 방법도 생각할 수 있겠는데, 최소한 기본 격(default)을 상정하고 격 실현의 순서와 여과 조건들을 정해야 하기 때문에, 앞의 방법보다는 복잡해진다. 그렇지만, 영어에서 접속 형태소가 늘 격을 배당하는 것이 아니다.

"*He tried [[Robin and Kim] to leave early]"

의 비문법성이 그러하다. 이런 점을 고려하면, 후자의 방법도 추구해 볼 만하다. 한편, 이 예문의 비문법성을 설명하기 위하여, Zoerner(1995)에서는 핵에서 핵으로 격 배당 능력을 물려주는 관계를 상정하고 있는데(여기서 try는 예외적 격 표시 동사가 아니므로, 내포문의 주어에 대격을 배당할 능력이 없으며, 따라서 접속 형태소도 배당할 격이 없게 되어 비문이 됨), 그는 또한 접속 형태소가 어원상 격을 배당하는 동사나 전치사로부터 발달되는 사례에 주목하면서, 격 배당 능력의 대물림은 자의적인 것이 아니라고 주장하고 있다.

한국어의 경우를 보면, 동사 '이다, 하다, 말다'로부터 나온 {이며, 이고, 이랑, 하고, 하며, 말고}들이 있으며, 동사 '미치다'의 어근으로부터 나온 '및'이 있지만, 전혀 동사와 관련이 없는 접속 형태소 '와-과'가 있다. 따라서 모든 비-부울 접속 형태소들이 동사로부터 나온다고 일반화할 수는 없다. 대신, 격 배당이란 개념을 약화시켜 '격 인허'(허가)라고 가정하는 방법도 있다(Johannessen, 1998). 그럼에도 불구하고, 한국어에서처럼 접속구 &P 전체에 격이 붙는 사실을 설명할 수 없으므로, 최소한 격과 관련하여서는 매개인자를 설정하는 것이 옳을 듯하다.

16) 환원적 입장에서 (1나)의 표상은 기능범주의 충위들이 모두 투영되어 맨 마지막 층위의 빈 자리(place holder)에서 격을 받는 모습으로 제시될 수 있다. 선핵 언어에서,

[place holder [⋯ &P ⋯]]

격을 받는 빈 자리가 &P 층위 위에 주어져 있는 것은, 한국어 자료를 기본적인 것으로 간주하고 있기 때문이다.

17) "I consider that [NP a rude remark] and [PP in very bad taste]."와 같은 예가 그러하다.

[NP and PP]

경우를 보기로 한다. 여기서 명사구 NP와 전치사구 PP라는 '상이범주'가 접속되었는데, 이들의 전체 범주는 어떻게 결정될 것인가? 접속구에 의해 범주가 결정된다면, 선행구 NP이거나 후행구 PP가 될 것이다. 그런데 어느 후보를 택할 것인가? 종범주적 접근에서는 그 해결이 불가능하다.

2.1.2. 종범주적 접근을 포기하고 '환원적 접근'을 취한다면, 이제 접속 형태소가 과연 '핵어'인지 여부부터 질문해야 한다. 기능범주의 핵어가 지녀야 하는 속성들은, 배제적으로 엄격하게 정의되어 있지 않다. 명사구의 기능범주 D를 상정하면서 Abney(1987)에서 주목한 속성은, 첫째, 기능범주 요소들이 숫적으로 제한되어 있고, 둘째, 음운·형태론적으로 의존적인 속성을 지니며, 셋째, 보충어와 분리될 수 없고, 넷째, 어휘범주처럼 '기술 내용'(지시적인 내용)이 들어 있지 않으며, 다섯째, 어휘범주는 지정어와 보충어를 필요로 하지만 기능범주는 단 하나의 보충어만을 필요로 한다는 점들이었다. 이들은 다만 어휘범주와 대비되면서 상정되었음에 유의할 필요가 있다. 이들 가운데, 단 하나의 보충어만을 필요로 한다는 마지막 속성만을 제외하면,[18] 접속 형태소

Sag 외(1985)에서의 해결책은 이들의 자질을 다 채워지지 않은 상태로 간주하는 것인데(underspecification), 상위 범주는 이 경우 서술성을 갖는 자질 [+Pred]로만 표시된다. 상이범주의 접속은 [PP and CP], [NP and CP], [CP and NP]도 가능하다 (Thiersch, 1994; Bayer, 1996).

(i) A diplomat [PP with great charm] and [CP whom everybody trusted]…
(ii) She revealed [NP Fred's true identity] and [CP that he worked for the Mafia].
(iii) [CP That Himmler appointed Heydrich] and [NP the implications] thereof frightened many observers.

위 예들은 be 동사와 관련될 수 없으므로, [+Pred] 자질로도 표상될 수 없다. 여기서 이들을 처리하는 길은 접속 형태소에 특정한 기능을 상정하는 것 이외에 달리 뾰족한 해결책이 없다.

18) Abney(1987)에서는 지정어 위치를 고려하고 있지 않다. 그런데 지정어 위치는 접속 형태소가 전형적인 논항구조를 투영한다고 할 때, 이미 정해진 값(default)으로 주어진다. 따라서 접속 형태소가 기능범주의 핵어임을 논증하려면, 지정어 위치가 분명

는 부울 접속에서나 비-부울 접속에서나 모두 이들 속성을 준수한다.

접속 형태소의 핵어성에 대한 논의로서 Johannessen(1998:3장)을 참고할 수 있다. 그곳에서는 Zwicky(1985)와 Hudson(1987)의 논의를 기초로 하고 몇 조건을 추가하여 10개의 기준을 상정하고 있다. 그런데 접속 형태소는 그 기준 가운데 절반인 다섯 개 기준을 만족시키고 있다. 하위범주를 가질 수 있고, 반복됨이 없이 유일하게 실현되며, X^0 층위(어휘 층위)의 요소이고, 최대투영 XP에 자질을 투영하며, 어순을 결정 짓는다는 점들이다. 기준을 절반만 만족시키고서도 핵어가 될 수 있는지 의문을 던질 수 있다. 여기에 대한 대답은, 그 기준들이 오로지 기능범주 핵어성 headness을 수립하는 기준이 아니라, 어휘범주의 핵어성을 수립하는 기준까지도 포함하고 있기 때문이라고 말할 수 있다.

임의의 요소가 하위범주를 갖는다면, 그 요소는 늘 초기 표상에서 지정된 핵어 위치를 점유하고 있어야 한다. 이는 표상에서의 '필수성'을 뜻한다. 반복된다는 말은 '아주, 아주, 아주, …'에서처럼 제자리에서 계속 자기 자신을 복사해 낸다는 뜻이다. 이는 수식구의 성격을 지시한다. 따라서 반복되지 않는다는 말은, 수식구의 속성을 지니지 않는다는 말과 동일하며, 핵어 규정에 대하여 적극성을 갖지 못한다. 임의 요소가 X^0 층위인지의 여부는 궁극적으로 이론 내적인 결정에 달려 있다.[19] 최대투영 XP에 그 자신의 자질을 투영한다는 말은, 핵어가 갖고 있는 자질이 그 전체 구절의 비문성이나 해석 여부에 관여함을 뜻한다. 마지막으로 어순을 결정짓는다는 말은, '격 배당 변동' 사

히 모종의 기능(격 배당과 관련되거나 이동과 관련된 역할 따위)을 갖고 있음을 보여 주어야 할 것이다.

19) 이는 궁극적으로 일원론을 택하여 동심(同心) 구조를 추구해 나갈 것인지, 이원론을 택하여 이심(異心) 구조를 추구해 나갈 것인지의 선택과 관련된다. 전자는 고전논리의 전통을 부정하고, 새롭게 '함수-논항'의 관계를 세운 Frege로부터 시작되며, 핵 계층(X-bar) 접근도 여기에 속한다. 후자는 최근 Williams(1994)에서 추구되고 있는 이중 핵어(二重核語) 접근 방식인데, 여기서도 핵 계층 이론의 속성들이 다수 수용되고 있다. 늘 동심 구조를 준수해야 하는 핵 계층 이론에서는, 그 구성성분의 어느 요소는 반드시 핵어이어야 한다. X^0 층위의 설정은 이를 수용함으로써 가능해지는 것이다.

례가 보충어 위치에 실현되는데, 선·후핵성 매개인자가 이 보충어를 핵어보다 뒤에 있게 하거나 핵어보다 앞서게 만든다는 뜻으로 설명되고 있다.

여기서 우리에게 더 필요한 것은, 기능범주에 속하는 여러 요소들 가운데에서 통사상 핵어로서 구실할 수 있는 것들과 그렇지 않는 것들을 구분해 내는 일이다. 예를 들면, 접두사가 통사상 핵어가 될 수 있을까? 소위 담화에서의 '디딤말'로 언급되는 '요'나 '말입니다'들도 통사상 핵어가 될 수 있을까? 직관적으로, 접두사는 단어의 경계 속에 갇혀 있어야 하기 때문에, 그리고 디딤말은 실현의 수의적 성격 때문에, 둘 모두 핵어가 될 수 없다. 어떻게 형식적 기준을 설치하여 이들을 제거할 수 있을까?

필자의 생각으로는, 통사 표상에서 핵어가 되는 기능범주와 여타의 기능범주들이 구별되는 기준은 '필수성' 여부에 있다. 통사 표상에서 기능범주의 핵어는, 음성 실현 형식이 있건 없건 상관없이, 언제나 통사 표상에서 일정한 교점을 점유하고 있어야 한다. 파생 접미사들은 어휘 형태에 의존하고 있으므로, 통사 표상에서 필수적인 교점을 가질 수 없다. 반면, 어미류(語尾類)들은 늘 임의의 동사에 구현될 수 있으므로, 통사 표상에 필수 교점을 갖는 중요한 후보이다. '디딤말' 요소는 임의의 최대투영 XP에만 부가되는 기생적인 성격을 지니고 있으므로, 구조를 투영하는 능력이 없다. 곧, 하위범주화 자질을 갖지 못하는 존재이다. 따라서 핵어의 후보에서 제외된다. 통사상 기능범주의 핵어가 되려면, 구조를 투영하는 능력이 있어야 하고(하위범주화 능력이 있어야 하고), 필수적으로 통사 표상의 일정한 교점을 점유하고 있어야 하며, 그 교점은 유일해야 한다고 요약할 수 있다.[20] 접속 형태소는 이

---

[20] 핵어에 대한 다른 논의로, Ouhalla(1991 : 16)에서는 기능범주 핵어가 범주를 선택하고, 임의의 요소들이 자신의 문법 자질과 일치될 것을 요구하며, 접사적인 행동 특성을 보이거나 다른 범주에 붙어 있어야 하는 분리 불가능성을 지적하였다(일치 속성은 시제소 T에 적용될 수 없으므로 문제가 됨). 일치 속성을 제외하면, 접속 형태소는 다른 속성들을 모두 만족시킨다. 한편, 핵어의 내재적인 속성들을 지적하지 않고, 논항구조만을 생각하면서 핵어에 대한 형식적 정의를 내릴 수도 있다.

속성들을 모두 갖고 있다. 이런 점에 유의하면서, 다음 절에서 접속 형태소가 또한 기능범주 핵어일 수밖에 없음을 기능범주 핵어들의 내적 관련을 통해 살펴나가기로 한다.

2.2. 핵어들 속에서의 지위

2.2.1. 앞 절에서 우리는 비-부울 접속의 사례를 놓고서, 접속 형태소에 대한 종범주적 접근이 포기되어야 하며, 접속 형태소가 구조를 투영하고 필수적인 유일한 교점을 점유함으로써 기능범주 핵어의 속성을 갖고 있음을 언급하였다. 최근의 논의에서는 기능범주 핵어 후보들에 대하여 여러 제안이 나오고 있다. 80년대에는 IP와 CP 두 교점만이 문장을 투영하는 데에 관련된다고 보았던 기능범주들이었다. 그런데 동사구 VP를 요구하는 기능범주들은, Pollock(1989)에서의 일치소구 AgrP, 부정소구 NegP, 시제소구 TP에 대한 제안 이래, 상 구절 Aspect Phrase, 양상 구절 Mood Phrase, 대우소 구절, 서법 구절, 초점 구절 Focus Phrase, 주제 구절 Topic Phrase [21] 등이 제안된 바 있다. IP가 일치소 구절 AgrP와

Rothstein(1991 : 98)에서는 핵어가 임의 구절의 유일한 딸 교점으로 최대투영 XP가 아니어야 함을 고려하면서, 다음처럼
"α가 β의 핵어가 되려면, α가 X⁰이고, α가 핵어이며, β가 α를 관할하고, 그 중간에 최대투영 XP가 끼어들지 않아야 한다."
고 정의하였다. 이 형식적 정의에 따라 접속 형태소들은 기능범주의 핵어가 된다. 그러나 그녀는 범주 자질을 고유하게 갖고 있지 않다고 보아, '비-정상적'인 핵어로 간주하고 있다. 최근 Croft(1996 : 58)에서는 핵어성에 대한 의미론적 정의를 내리고 있다. 핵어는 제일 뜻이 많이 담겨져 있는 항목으로서, 전체 구성성분이 지시하는 동일 종류의 대상을 가장 가깝게 지시하고 있다는 점에서, '제1 정보 담지' 단위(the primary information-bearing unit)인 '의미 윤곽' 결정소(the profile determinant)이다. 그러나 이 정의는 기능범주가 지시적인 기술 내용을 갖고 있지 못하므로, 기능범주를 핵어로 지정하는 데에 무관하다.

21) 이동이 없이 그 자리에서 억양 등이 더 얹힘으로써 전달하려는 정보의 표현 가치가 바뀌는 경우를 '초점화'라고 한다면, 특정한 화용 기능의 형태소를 붙이거나 이동을 함으로써 초기 표상의 어순에 변화가 생기어 정보 전달의 가치가 달라지는 경우를 '주제화'라고 말할 수 있다. 이들 요소는 담화 속성을 지니며, 통사 층위의 투영이 모두 끝난 뒤에, 그 표상을 대상으로 하여 주제 층위가 마련된다. 기능범주가 모두 투영되면 CP 범주를 이루게 된다. 여기서 주제는 화자의 의도에 따라 최소 0개에서

시제소 구절 TP로 나뉨은 다수에 의해 수용되고 있으나, 아직 나머지 교점들에 대한 논의는 매듭지어져 있지 않다. 접속 형태소가 기능범주 핵어라면, 핵어들의 체계 속에서 어떤 지위를 갖고 있을 것인가?

일단 IP와 CP 범주부터 살펴나가기로 한다. 이들은 각각 핵어 I와 C에 의해, 지정어와 보충어 위치를 갖고 있는 논항구조의 모습으로 투영된다. 이분지 약정에 따라, 핵어 투영의 X^0 층위와 중간투영의 X' 층위와 최대투영의 XP 층위(=X''')가 주어진다. I와 자매관계에 있는 보충어 위치에는 동사구의 최대투영 VP가 위치하고, 중간투영 I'와 자매관계에 있는 지정어 위치에는 주어 명사구가 이동하여 격을 배당받는다. 그리고 C의 투영에서 보충어 위치에는 IP가 편입되고, 지정어 위치에는 의문문이나 관계절 등에 관련된 의문사$_{wh\text{-}word}$가 이동되어 와서 자리 잡는다. 그런데 명사구가 지정어 위치에서 핵어와의 일치관계에 통하여 격을 배당받는다는 가정을 수용하면, 지금 상정된 구조에서 명사구가 격을 받을 수 있는 위치는 오직 하나밖에 없다. '주다'와 같은 이중타동사$_{ditransitive}$의 경우, 주격 이외에 최소한 두 개의 명사구가 더 격을 받을 수 있어야 한다. 동사 핵어 V가 대격과 사격을 부여하려고 하지만, 지정어와 핵어의 일치 관계를 이룰 수 없기 때문에 격 배당이 일어날 수 없는 것이다. 이를 해결하기 위하여서 취할 수 있는 조치는 지정어 위치를 더 확보하는 일이다.

그렇다면 지정어를 어떻게 더 확보해야 할 것인가? 수의적으로 마구 지정어를 만들어 낸다면, 제약된 문법 이론을 만들고자 하는 노력이 헛수고가 된다. 제약을 준수하면서 필연성을 부여하기 위한 방책은, C나 I를 두 층위로 나누는 것이다. C가 화자의 표현 태도인 서법과 관련되고, I가 화자와 관계없이 임의의 사건이나 명제를 마무리짓는다는 점에 유의하면, 후자를 그 후보로 삼는 것이 온당하다. 곧, I에

최대 외현범주로 실현된 XP 숫자만큼 나올 수 있다. 이들은 각각 CP의 교점 위에서 그 교점을 그대로 복사하면서 다음처럼 자신의 부가어 위치를 만들며, 이 부가어 위치에 주제 요소들이 이동되어 나오는 것으로 가정하기로 한다.

[$_{CP}$ Adjunct$_1$ [$_{CP}$ Adjunct$_2$, … [$_{CP}$ SPEC [$_C$ [COMP… t$_1$, … t$_2$, …] [C]]]]

일치소 핵어 Agr이 투영하는 층위와 시제소 핵어 T가 투영하는 층위를 도입하는 것이다. 이때 시제소 T 층위가 주로 이전 I의 역할을 맡는다면, 일치소 Agr 층위는 새롭게 지정어와 핵어의 관계를 마련하여, 격 배당이 만족스럽게 일어날 수 있도록 해 준다. 주어 역할을 하는 명사구가 T의 지정어로 올라갔을 때, 새로 설정된 일치소 구절들의 지정어 위치에서 각각 대격과 사격을 배당할 수 있게 되는 것이다.[22]

I가 두 개의 교점 Agr과 T로 양분됨으로써 모든 문제가 다 해결된 것일까? 영어에서처럼 주격을 배당받는 명사구가 동시에 주제의 역할을 수행하는 경우('주어 중심'의 언어)에는 그렇다고 말할 수 있다. 그렇지만, '주어-술어' 구조 위에 다시 '주제-평언'의 구조를 갖는 '주제 중심'의 언어에서는 그렇지 않다. 언어학의 임무가 궁극적으로 언어 보편적인 구조를 찾아내는 것이라면, 주제 중심의 언어가 주어 중심의 언어로 환원될 수는 없지만, 거꾸로 주어 중심의 언어가 주제 중심의 언어로 바뀔 수 있다는 점이 중시되어야 한다. 주어 중심의 언어에서 부가절 Adjunct인 주제 교점들이 설치되면, 이동의 착지점이 주어보다 더 윗 계층에 마련되어 있기 때문에, 언제든지 인상 이동이 가능해진다. 그러나 주제 중심의 언어에서, 주제의 부가절로 인상 이동된 요소들을 다시 끌어내릴 수는 없다. 그렇게 된다면, 주제 층위에로 이동이 애초에 일어나지 말았어야 한다(인상 이동의 무위화). 또한 수의적인 시간·장소 들이 주제화된 경우, 이들이 하강한 뒤에 자리 잡을 위치를 마련할 수가 없다. 주어 중심의 언어는 인상 이동에 의해 주제 중심의 언어로 될 수 있지만, 그 역은 성립되지 않는다. 따라서 두 언어 유형에서 [+화용적 이동]이 적용되면 주제 중심의 언어가 되고, [α 화용적 이동]이 아직 적용되지 않은 상태라면 주어 중심의 언어가 된다고 말할 수 있다.

촴스끼 부가에 의해서 주제 층위가 설치되기 이전 단계에서는, '주제 중심'의 언어에서도 주어 중심의 언어에서처럼, 격을 받기 위해 명

---

[22] Rothstein(1991)에서 어휘범주는 의미역 틀(theta-grids)을 갖고 있으나, 기능범주는 격 틀(Kase-grids)을 갖고 있으며, 격은 〈핵어, 지정어〉 관계에서 배당되는 것으로 본다.

사구 NP가 기능범주의 지정어 위치에로 이동을 해야 한다. 주제 층위가 부가절로 설치되고 나면, 주제 요소는 다시 윗계층으로 이동을 하게 된다. 이 이동은 격을 배당받기 위해 이동하는 것과는 달리, 화용적 요구를 구현하기 위한 이동이다.

김영희(1988)·김종록(1993)·이상태(1995) 등에서는 등위접속문의 경우 두 개의 주제가 각각 선행구와 후행구에 실현되어야 함을 관찰한 바 있다.[23] 이 사실을 설명하기 위해서는, 주제가 접속문 전체를 대상으로 하여 설치됨으로써 단일한 공통 주제가 되어서는 안 되고, 그보다는 각 접속문마다 '개별적으로' 주제가 주어져야 함을 알 수 있다. 필자는 이를 위하여 주제 요소를 임시 붙잡아 둘 수 있는 지정어 위치가 필요하다고 생각한다. 궁극적으로 주제 요소들은 CP 위에 설치되는 부가어 위치에로 이동되어야 하겠지만, 그 이전에 임시 기착지 역할을 하는 위치가 필요하다고 본다(후술 4.1.2절 참고). 이 점이 본고에서 접속 형태소를 핵어로 상정하려는 또 다른 동기가 된다.

접속 형태소는 한국어에서 '연결어미'의 범주로 취급되어 오고 있다. 어미란 형태론적 용어인데, 임의의 단어에 대하여 언제나 실현될 수 있는 요소를 가리키는 만큼, 필수성을 띠고 있다. 이는 어미가 통사 단위로 이해될 때에, 통사 표상에서 필수적인 교점을 가져야 함을 의미한다. 뿐만 아니라, 접속 형태소는 자신이 실현된 위치에서 반복될 수 없다. 즉, 유일하게 그 교점을 점유하는 것이다. 접속 형태소가 구조를 투영하는지(하위범주를 갖는지) 여부는 통사 교점의 필수성과 맞물려 있다. 앞에서 주제 요소의 중간 기착지로서 지정어 위치가 필요함을 언급하였는데, 이는 접속 형태소를 위해 고유한 기능범주 핵어 층위가 주어져 있어야 함을 함의한다.

---

23) 종속접속 구문은 하나의 주제만을 허용한다. 이는 등위접속 구문과 종속접속 구문의 구조가 다르기 때문이다. 제4절에서 필자는 접속 구문 중 무한한 항목을 접속시키는 경우와 그러하지 않은 경우를 구분할 것이다. 다항 접속과 이항 접속에 대한 구분이다. 4.1절에서는 이들의 구조가 서로 다름이 논의된다. 이항 접속의 구조는 종속접속 구문을 포함한다.

2.2.2. 접속 형태소가 기능범주의 핵어라면, 접속 형태소가 어떤 층위에 자리 잡을 것인가? 필자는 I가 Agr과 T로 나뉘듯이, C도 접속 형태소와 종결 형태소[24]로 나뉘어야 한다고 본다. 접속 형태소의 범주를 &로 표시하고, 종결 형태소의 범주를 Comp로 쓰면, C는 & 층위와 Comp 층위로 나뉘어야 하는 것이다. 자질 배분의 약정을 이용하면, 명제를 완성하는 [±I] 자질과 문장을 완성하는 [±C] 자질이 있는데, 이들이 배합되면 네 개의 하위 항목을 만들어 낸다. [+I, −C]은 시제소 T이며, [−I, −C]는 일치소 Agr이다. [+I, +C]는 접속소 &이며, [−I, +C]는 종결소 Comp이다.[25] 여기서 접속 형태소의 자질 [+I, +C]는 I의 성질도 갖고 있고, C의 성질도 갖고 있음을 의미한다. 접속 형태소가 시제소와 유사한 성격을 띠는 일은, 접속 형태소가 어느 언어에서이건 시간 관계나 선후 관계를 가리킬 수 있다는 점에서 일반적이다. 한국어에서는 종속접속 구문에서 관찰되는 접속 형태소들이 다수 그러하다. 접속 형태소가 종결소와 유사한 성격을 지님은, 한국어에서 접속 형태소만으로 문장이 끝나는 사례들로 실증될 수 있다.[26]

한국어의 교착적 특성은 기능범주들의 위계를 정하는 데에 좋은 재료가 된다. 선조적인 배열을 계층적으로 바꾸어 놓음으로써, 어떤 범주의 형태소가 어떤 범주를 보충어로 요구하는지 쉽게 파악할 수 있기 때문이다. 한국어의 형태소 배열에 따라 층위를 정한다면, 일치소 층위도 그 내용이 성과 수의 일치에서 화자의 '대우' 부여에 대한 내용으로 바뀌어야 하며(대우 일치소), 층위들 또한 세분되어야 한다.[27]

---

24) 촘스끼 문법의 Complementizer는 '보문자'라는 말로 번역되어 쓰이고 있다. 이 용어는 어원상 보문의 역할과 관련되어 조어가 되었겠지만, 그 적용되는 실례는 꼭 보문과 관련되어 있지만은 않다. Complementizer라는 말로부터 나온 C 범주는 그 일차적 역할이 문장을 끝맺는 것이다. 본고에서는 이 점을 살려 C(Comp)를 '종결 형태소'(줄여서 '종결소')로 번역하여 쓰기로 한다.
25) 이러한 분지법은 대상을 가리키는 [±N]과 사건이나 속성을 가리키는 [±V]를 배합하여 네 개의 기본 어휘범주를 만들어 내는 것을 응용한 것이다.
26) "봄이 빨리 왔으면 좋겠는데…", "뭐라고?", "오늘은 자습을 하도록!", "시골에 다녀왔다며?", "그가 떠났거든요." 등과 같이 연결어미가 종결어미처럼 쓰이는 현상들이 있다. 한길(1991), 이희자·이종희(1996) 등을 참고하기 바람.

대우의 층위는 ① 행위 주체나 경험 주체를 대우하는 경우, ② 듣는 사람을 대우하는 경우, 그리고 ③ 부름말(호격어)에 걸리는 사람을 대우하는 경우로 대분되며, 층위가 계속 이어져 있지 않고 서로 떨어져 있다는 특징이 있다. "었었겠더"와 같은 한국어 형태소 실현 사례에 근거하여, 필자는 시제소도 최소한 사건 층위, 인식 층위, 경험·명제 층위들로 세분되어야 한다고 본다(김지홍, 1993). 이 시제소 층위 위에 다시 연결소 층위가 있고, 이 연결소 층위 위에 마지막으로 종결소 층위가 존재하는 것이다.

그런데 이런 제안은 당장 처리하기 어려운 사례를 만난다. 다음 영어의 사례들에서처럼 CP들이 접속되고 있기 때문이다.

(3가) Sam thinks [CP [CP that Kim is a Korean] and [CP that Li is a Chinese]].
나) [CP Sam thinks that Kim is a Korean]. And [CP he thinks that Li is a Chinese].

(3가)는 접속 형태소가 CP들을 접속시키고 있고, (3나)는 두 개의 별개 문장이 '접속사'와 더불어 실현되어 있다. 이들은 모두 &P 층위 위에 CP 층위가 있다는 진술에 반례가 되고 있다. 이를 해결하기 위하여, 단순히 CP 접속과 관련되는 형태소 'and'를 다른 형태소로 간주하는 방안이 있다. 동음이의어 처리 방식이다. 그러나 이는 우리의 직관과 위배된다는 점 때문에 채택될 수 없다. 그렇다면 다른 방법이 모색

---

27) 세분된 층위는 기능범주 핵어의 비반복성(즉, 유일성)을 위배하지 않는다. 양적이 반복이 일어나는 것이 아니라, 질적인 차이를 갖고 반복되는 것이므로, 각 층위마다 유일성과 독자성이 여전히 유지되고 있기 때문이다. Lasnik(1995)에서는 세 개의 Agr 층위가 상정되고 있는데, 이 중 하나는 동사구 VP를 둘로 나누어 놓는 역할을 하고 있다. 층위 설정에서 같은 부류의 형태소들이 계층을 달리함으로써, 비-연속 층위를 구성하는 사례는 앞으로 그 이유가 더 깊이 고찰되어야 할 것이다. 인구어에서 보여 주는 성과 수에 대한 일치는 더 궁극적 개념으로 환원될 개연성이 있다. 성에 대한 일치가 원래 사물의 종류에 대한 구분을 가리키는 데에서 나왔다고 하므로(Greenberg, 1978, 『Universals of Human Language』 vol.3 : p. 49 및 핑커, 김한영 외 뒤침, 1998, 『언어 본능』, 그린비, 35쪽), 한국어에서 사용되는 수량 분류사의 구분과도 관련될 수 있을 것으로 본다.

되어야 한다. 동일한 형태소이더라도, CP를 접속할 수 있는 조건을 찾아낼 수 있다면, 이를 다의어적으로 처리할 수 있다(유형 전이). 이 조건은 'and'가 (3나)에서처럼 별개의 두 문장 단위를 묶어 주는 문두 접속사로도 쓰인다는 사실에 주목함으로써 찾아질 수 있다.

두 문장이 서로 접속되지 않은 채 각각 단문으로 표상되어 있을 경우에, 전체 담화 흐름에서 어떤 앞문장에 뒤따르는 뒷문장이, 접속사 'and'를 자신 앞에 실현시킬 수 있다. 이때, & 범주의 접속 형태소가 상위문 동사의 하위범주화 요구나 담화 연결 요구에 부응하여, CP 층위 위에 부가어로서 자리 잡는 것으로 (3가)의 사례를 설명할 수 있다. (3가)에서 상위문 동사 'think'는 내포문(또는 보문이라고도 부름)을 하위범주화하므로,

    think : [__ CP]

처럼 쓸 수 있다. 그런데, 상위문 동사는 CP만을 요구하고 있으므로, CP가 둘 이상 이어질 경우에는 CP를 잇는 접속사 'and'가 필요하다. 이때 C 층위 아래에 있던 & 범주의 접속 형태소가 이 요구 조건을 충족시키기 위하여, 후행하는 CP의 부가어 위치에로 인상 이동하는 것이라고 본다.[28] (3나)의 경우에도 담화 구조상 문장들을 접속시켜 담화의 전체 모습을 구성하려는 의도에 의해, (3가)의 과정처럼 접속 형태소가 부가어 위치로 인상되어 문장 접속사가 된다고 말할 수 있다.

---

[28] 이 절차와 관련하여, 필자는 한국어 인용문에서 관찰되는 '…(라)고'의 존재도 동일하게 설명될 수 있다고 본다. 여기서 내포문이 '…C' 층위로 끝났고("…다/라"), 이 내포문이 다시 상위문의 논항으로 편입되어 들어간다. 이때 상위문의 인용동사가 내포문이 내포되었음을 표시할 수 있게 '…C' 밑 층위에 있던 &를 인상시킨다고 보는 것이다. 또한 '하다' 동사에 의해 "…고$_1$, …, 고$_n$"과 같은 다항 접속 구문이 내포되는 것도 동일하다고 본다("…먹고 자고 놀고 하였다"). 여기서 마지막 "…고$_n$"이 공범주로 실현되어 '하다'가 이끄는 어미들과 융합된 "…고$_{n-1}$ … [[V] – e$_n$] – [v e]" 형태("…먹고 자고 놀e-e-e 았다")는 원래 구문과 의미 차이가 크지 않은 것으로 보인다. 이 관찰이 옳다면, '고'를 다른 차원의 다른 존재로 설정하기보다는, 이미 내포문 안에 들어가 있는 &가 특정 조건에 의해 인상된 것으로 보는 쪽이 더 좋지 않을까 생각한다 (내포문 CP의 표상은 4.1.2절의 각주 46을 참고 바람).

얼핏 보아, 영어의 CP 접속 사례가 본고에서 주장하는 & 층위의 예외가 될 수 있지만, 이 예외는 상위문 동사의 요구 조건이나 담화 책략을 충족하기 위하여 부득이 부가어 위치에로 인상 이동된 경우이므로, 동일한 접속 형태소의 '유형 전이'라고 설명할 수 있다(다의어적인 접근임). (3)은 (3')과 같은 모습을 띠고 있는 것이다.29)

(3'가) Sam thinks [cp [cp that [& e] Kim is a Korean] and_i [cp that [& t_i] Li is a Chinese]].

나) [cp Sam thinks that [& e] Kim is a Korean].
And_k [cp [& t_k] he thinks [that [& e] Li is a Chinese]].

여기서 [& e]는 각 문장이 언제나 & 범주를 갖고 있음을 보이려고 한 것이다. (3'가)의 후행구와 (3'나)의 후행구는 외현범주의 &가 CP의 부가어 위치로 이동하였음을 보여 준다. 원래 자리에는 이동의 흔적 t가 남아 있다. &의 이동은 유형 전이 조건을 만족시키는 것으로 볼 수 있으므로, & 범주의 층위 설정에 예외가 아님을 알 수 있다.

이상에서 필자는 접속 형태소가 기능범주의 핵어가 됨을 논의하였다. 핵어 '&'는 T 층위 위에, 그리고 Comp 층위 아래 자리 잡는다. 그리고 논항구조를 투영할 적에 새로 생겨나는 지정어 위치에는 주제 요소의 이동 기착지 역할이 주어짐으로써, 자의적인 구조 투영이 아님을 확인하였다. 접속 형태소는 상위의 C 부류의 기능범주 핵어이나, I의 속성도 갖고 있다는 점에서 종결소 Comp와 구분된다.30) [+I,

---

29) (3'가)의 표상이 상위문의 생략으로 처리될 수도 있다.
"Sam thinks that Kim is a Korean and Sam thinks that Li is a Chinese"
가 기본 표상으로 설정되는 경우이다. 여기서는 후행구의 and가 후행구의 상위문으로부터 인상 이동하는 것으로 간주된다. 동일성 조건 아래에서 순행 생략이 일어나면, (3가)처럼
"Sam thinks that ⋯ and (sam thinks) that ⋯"
으로 되는 것이다. 어느 쪽으로 이해하건, and의 유형 전이가 똑같이 상정된다.
30) 혼동될 염려가 없으면, 이하에서 Comp를 줄여서 C로만 쓰기로 한다.

+C] 자질로 표상되는 접속 형태소 '&'는, 실제 언어 자료에서 [+I]와 [+C]의 두 속성이 모두 구현되는 사례들이 존재함을 보았다. 따라서, 부울 접속 형태소가 기능범주 핵어의 일원이며, 문장 투영에서 늘 자신의 교점을 점유하게 됨을 매듭지을 수 있다.

3. 접속 구문의 특성

3.1. 비-대칭성

3.1.1. 등위접속문은 대칭성과 독립성을 갖고 있는 것으로 기술되어 왔다.[31] 이는 의미론적인 측면을 고려한 특성으로 이해된다. 그러나 등위접속문의 통사 현상이 반드시 그러한 의미론적 대칭성이나 독립성을 구현해 주는 것이 아니다. Munn(1993)과 Thiersch(1995)에서는 접속 구문의 비-대칭성이 지적되고 있다. 전자에서는 접속 구문의 비-대칭성을 세 가지 측면으로 논의하고 있다. 첫째, 결속 현상에서 비-대칭성이 관찰되는데, 〈선행사, 대용사〉 짝만이 허용된다. 둘째, 외치外置 extraposition의 경우도 비-대칭성이 관찰되는데, 언제나 후행 접속구만을 대상으로 한다. 셋째, 서로 다른 통사 범주의 접속구들이 이루는 등위 구조에서도 비-대칭성이 관찰된다. 예외적 격 표시 동사가 허용하는 접속 구문은, 오직 선행 접속구의 통사 범주에 따라 문법성을 예측할 수 있다.

---

31) 이 점을 Dik(1997 : 189), 『*The Theory of Functional Grammar*』(part II)에서는 "유사한 기제를 갖고서 동일한 구조 차원에서 같이 묶이어 있는 기능적 동일체(functional equivalent)"라고 기술하고 있다. 한편, 한국어 접속 구문의 논의에서 시제, 주제, 부정 영역의 한정성 등이 대칭성과 독립성을 뒷받침해 주는 특성으로 거론되어 왔다. 이러한 논의들에 대한 검토로 이필영(1994)이 참고된다. 필자는 이런 특성들이 & 범주의 비-대칭적 구조 속에서 그대로 유지됨을 보일 것이다. 즉, &의 하위범주화 항목들이 동일한 범주로 실현되기 때문에 대칭성이 구현되는 것이다. 최근 이은경(1996)에서는 개별 접속 형태소들의 특성에 대하여 포괄적으로 상세히 검토하고 있어서 도움이 된다. 그곳에서는 절을 접속하는 경우와 동사구를 접속하는 경우와 보조적 연결어미의 구성을 이루는 경우로 접속 형태소들의 분포를 분류하고 있다.

(4가) [Every man_i and his_i dog] went to mow a meadow.
나) *[His_i dog and every man_i] went to mow a meadow.
다) [Bill_i left] and [he_i did not even say goodbye].
라) *[He_i left] and [Bill_i did not even say goodbye].

위 예문은 비-부울 접속과 부울 접속의 사례들을 보여 주고 있는데, 모두 선행사가 대명사들보다 선조적으로 앞에 실현되어 있는 경우에만 문법적이다. 이를 결속관계로 드러내려면, 선행사가 대명사보다 더 높은 층위에 자리 잡고서 '첫 분지 교점'을 통해 성분통어 구조를 형성해야 한다.32) 만일 이들 예문이 대칭적인 구조를 갖고 있었더라면, 대명사가 선행 접속구에 실현되거나 후행 접속구에 실현됨에 무관하게 모두 문법적이었어야 한다. 그러나 구체적인 언어 자료로부터 그런 기대가 잘못된 것임을 알 수 있다.

(5가) He bought [a book and a newspaper] yesterday.
나) He bought [a book t_i] yesterday [and a newspaper]_i.
다) *He bought [t_i a newspaper] yesterday [a book and]_i.
라) *He bought [t_i and a newspaper] yesterday [a book]_i.
마) *He bought [a book and t_i] yesterday [a newspaper]_i.

(5)는 영어에서의 외치 현상을 보여 준다. (5가)와 같은 기본 표상이 주어졌을 때, 외치가 가능한 경우는 후행 접속구가 접속 형태소와 함께 이동한 (5나) 하나뿐이다. 접속 구문이 대칭적이었다면, (5다)나 (5라)가 문법적이었어야 한다. 이들 중 후행 접속구만이 외치 가능하다는 사실은, 접속 구문이 비대칭적임을 드러내고 있다. (5마)는 접속구와 접속 형태소가 하나의 구성성분이 되어야 함을 보여 준다.

---

32) 이하에서 '성분통어'는 첫 분지 교점(the first branching node)을 통해 구현되는 것으로 가정하겠다.

(6가) John expects [ECM Perot to run] and [CP that his wife will vote for him].

나) *John expects [CP that Perot will run] and [ECM his wife to vote for him].

다) John expects [IP to run] and [CP that he will win].

라) *John expects [CP that Perot will run] and [IP to vote for him].

예문 (6)의 상위문에는 예외적 격 표시exceptional case marking 동사 'expect'가 실현되어 있다.[33] 이 동사는 내포문 CP를 하위범주로 갖거나, 내포문 IP를 하위범주로 갖는다. IP를 하위범주로 가질 때에, IP의 주어에 예외적으로 대격을 배당할 수 있다. 이런 경우를 IP로 표시하지 않고, (6가)와 (6나)에서 특별히 ECM으로 표시하였다. 그런데, 예외적 격 표시를 할 경우, 반드시 (6가)에서처럼 ECM 구문이 선행 접속구로 실현되어야만 문법적이다. CP가 선행 접속구로 실현된 (6나)의 경우는 비문이다. 내포문에 공범주 대명사 'PRO'를 주어로 갖고 있는 IP의 경우에도 동일한 현상이 관찰된다. (6다)에서처럼 IP가 선행 접속구에

---

[33] 이 예외적 격 표시(Exceptionally Case-Marked) 처리는 참스끼 문법에서의 관례적 처리법이며, 현대 영어에 제한된다는 단서가 붙어야 한다. 필자는 김지홍(1991)에서
"철수와 영이는 [서로를/서로가] 천재라고 생각했다"
와 같은 한국어 예문을 놓고, 내포문의 명사구가 주격을 받을 때와 대격을 받을 때의 의미가 서로 다름을 지적한 바 있다. 즉, '서로가'로 실현될 경우에는, 철수와 영이가 각각 스스로가 천재라고 생각한다. 그렇지만, '서로를'로 실현될 경우에는 교호적인 해석이 이루어져서, 철수는 영이를 천재로 생각하고, 영이는 철수를 천재로 생각하고 있다.
이 관찰이 옳다면, 영어에서처럼 내포문의 명사구가 늘 대격을 받아야 한다고 말할 수 없다. 뿐만 아니라, 두 해석의 차이를 보장해 주기 위해 구조적인 차이를 찾아내야 한다. 필자는 상위문 동사에 의해 두 개의 논항이 인허되고(expect의 하위범주도 필자의 주장을 따르면 [__ NP CP]로 표상되어야 함), 대격을 받는 경우는 내포문의 주어 위치에 공범주 pro가 들어가 있는 것이고, 주격을 받는 경우는 상위문 대격 위치에 공범주 pro가 실현된 것으로 파악해야 함을 주장하였다. 현대 영어의 경우에는 오직 전자의 모습으로만 구현되는 특성을 지닌다. Dubinsky 외(1995)에서 영어의 전치사가 보문자로 발달하는 사례들을 보면, 한국어의 표상이 일반적임을 알 수 있다. 이 문제는 본 논문의 결론과 관련이 없으므로, 참스끼 문법의 '예외적 격 표시' 관례를 그대로 따르기로 한다.

실현되면 문법적이다. 그러나 (6라)에서처럼 CP가 선행 접속구에 실현되면 비문법적이다. 만약 통사 범주가 상이한 접속구들이 대칭적으로 접속 구문을 이루고 있었더라면, 접속구들의 통사 범주가 서로 뒤바뀌어 실현되더라도 문법성에 아무 영향이 초래되지 말았어야 한다. 그러나 (6)에서 언어 자료는 그런 예측이 잘못임을 보여 주고 있다.[34]

3.1.2. 이런 비대칭성은 똑같이 한국어의 대용 현상이나 생략 현상에서도 관찰된다. 대용 현상에서는 〈선행사, 대용사〉가 짝(antecedent, anaphora)이 되는 '순행 대용'만이 가능하고, 〈대용사, 후행사〉가 짝(cataphora, antecedent)이 되는 '역행 대용'은 불가능하다.

(7가) [돌이는 <u>안내문</u>ᵢ을 찍어내었]-고 [철이는 <u>그것</u>ᵢ을 돌렸]-다.
　나) *[돌이는 <u>그것</u>ᵢ을 찍어내었]-고 [철이는 <u>안내문</u>ᵢ돌렸]-다.
　다) ?[돌이는 <u>그것</u>ⱼ을 찍어내었]-고 [철이는 <u>안내문</u>ₖ을 돌렸]-다.

(7가)에서는 〈안내문, 그것〉이 선행사와 대명사로 짝을 이루고 있다. (7나)에서는 〈그것, 안내문〉이 대명사와 후행사의 짝을 이룬다. 그러나 선행사와 대명사로 이루어진 (7가)만이 문법적이다. 동일한 대상을 지시하는 한, (7나)는 비문법적이다. (7다)에서와 같이 서로 다른

---

[34] Munn(1993)에서 제시되는 해결책은 다음과 같다. 상위문 동사 expect는 오직 선행 접속구만을 볼 수 있을 뿐이며, 첫 접속구에서 예외적 격 표시가 일어나면, 동일하게 다음 접속구에서도 예외적 격 표시가 가능해진다. 이 경우가 [ECM & ECM] 접속 구문의 경우이다. 그러나 첫 접속구에서 예외적 격 표시가 불가능한 CP 또는 IP 구문이 실현되면 예외적 격 표시가 구현될 수 없으므로, 다음 접속구에 대해서도 격 배당이 불가능하여 결코 ECM 구문은 실현될 수 없다.
　그런데 이 제안은 (6라)에서 보는 *[CP & IP] 접속의 비문성을 설명해 줄 수 없다. 이를 위해 Munn은 [+control] 구문과 CP 구문이 서로 배타적 선택 관계에 놓인다고 언급하고 있는데(p.75), 이는 기술적 층위의 진술에 불과하다. 필자는 그 비문성을 후행 접속구 IP에 있는 &가 인상 이동될 동기가 없는 데에도 불구하고, 강제로 인상 이동이 이루어졌기 때문으로 파악한다. 다시 말하여, 인상 이동이 되었다면, CP의 자격을 갖는 것이고, 그렇다면 이 표상은 격을 받지 말아야 하는 후행 접속문의 공범주 주어 PRO가, 격 배당을 방해할 기제가 아무것도 없음을 의미하게 되며, 이 점이 비문성의 주요인으로 생각한다.

대상 ⟨j⟩, ⟨k⟩을 가리킬 적에는, 특별한 화용 상황이 주어지고 나서 문법성을 회복할 수 있다. 그럼에도, 접속 구문 형식으로 있는 한에서는 그런 해석이 부자연스럽게 느껴진다.

대용 현상과는 달리, 생략의 경우에는 두 가지 방향이 관찰된다.

(8가) [돌수는 안내문을 e$_i$], [철수는 신문을 돌렸$_i$]-다.
나) *[돌수는 안내문을 돌렸$_i$]-고 [철수는 신문을 e$_i$]-다.
(9가) [병수가 그 그림$_i$을 팔았]-고 [태수가 e$_i$ 사았]-다.
나) *[병수가 e$_i$ 팔았]-고 [태수가 그 그림$_i$을 사았]-다.

동사가 생략의 대상이라면, ⟨e, V⟩ 짝이 되는 '역행 생략'만이 허용되고, ⟨V, e⟩ 짝을 이루는 '순행 생략'은 불가능하다. (8가, 나)의 예문이 이를 보여 준다. 그러나 명사가 생략의 대상이라면, (7)의 대용 현상에서처럼, ⟨NP, e⟩ 짝을 이루는 '순행 생략'만 허용되고, ⟨e, NP⟩ 짝을 이루는 '역행 생략'은 불가능하다. (9가, 나)의 예문이 이를 보여 준다.

이들 예문들로부터 접속 구문이 비대칭적인 특성을 지니고 있음을 알 수 있다. 이 비대칭성을 표상할 수 있는 구조는 '종범주적'인 평판 구조가 아니다. 평판 구조는 비대칭성을 보여 주지 못하기 때문이다. 비대칭성을 보여 주려면, 최소한 구성요소들이 서로 계층을 달리하여야 한다.

한국어 접속 구문, 특히 등위접속 구문의 연구에서, 시제 및 주제의 분포에 대한 관찰을 통하여 대칭성 또는 대등성에 대한 논의가 있었다. 등위접속 구문의 시제소들은 '절대시제'의 해석을 받고 서로 독립되어 있다. 그러나 종속접속 구문은 '상대시제'의 해석을 받고, 선행구의 시제 해석이 후행구의 시제소에 의존하고 있다. 또, 등위접속 구문의 경우 선행구와 후행구에서 각각 독립된 주제가 주어져야 하지만, 종속접속 구문에서는 하나의 주제만이 관찰되며, 이 주제는 후행구에 들어 있는 요소이다. 시제와 주제는 두 개의 서로 다른 현상이지만, 모두 등위접속 구문이 대칭성과 독립성을 갖고 있음을 드러내 주고 있다. 등위접속 구문에서는 각 접속구마다 독립된 시제소를 갖고 있으며, 독립된 주제를 필요로 하는 것이다. 일견, 이들은 앞에서 본 비대칭성에 대한 진술과 서로 어긋나 보인다. 한쪽은 독립적인 성격을 드러내지만, 다른 한쪽은 의존적인 성격을 드러내기 때문이다.

그러나 이들이 서로 모순되는 개념이 아님에 유의할 필요가 있다. 비대칭성이 주어져야 할 층위는, 시제소 층위보다 더 높은 층위이며, 주제는 통사 구조가 주어진 다음에 화용적 동기에 의해서 인상 이동되는 요소이기 때문이다. 다시 말하여, 접속범주의 비대칭적 구조가 주어지고 나서도, 여전히 다른 층위에서 대칭성이 유지될 수 있다. 접속 구조의 본질은 비대칭성을 보여 주지만, 접속 형태소가 하위범주화하고 있는 대상들이 서로 동일한 범주로 구현됨으로써, 대칭성이나 독립성과 같은 개념이 나오는 것이다.

3.2. 논항으로서의 난점

3.2.1. 접속 구문의 비대칭성을 염두에 두면서, 접속 형태소가 투영하는 구절들이 전형적인 논항구조 속에서 자리 잡을 수 있는지 여부를 검토해 나가기로 한다. 기존 제안들이 몇 가지 나와 있다. 먼저 Johannessen(1998)과 Zoerner(1995)에서의 제안을 살핀다. 이들은 접속구들이 논항 위치에 실현된다고 주장한다. 3.3절에서 Munn(1993)과 Thiersch(1994)에서의 제안을 다루기로 한다. 이들은 접속구의 어느 하나가 부가어 지위를 갖고 있어야 한다고 주장한다.

'종범주적' 접근의 평판 구조를 제외하면, 접속 형태소가 투영하는 구조로 크게 네 가지 제안이 있다. 접속구들이 논항 위치를 점유하고 있는 것으로 보는 경우가 두 가지이고, 부가어 위치를 점유하고 있는 것으로 보는 경우가 두 가지이다. 본 절에서 선행 접속구와 후행 접속구가 〈논항, 논항〉의 짝으로 실현될 가능성은, 앞에서 논의된 비대칭성을 만족시켜 줄 수 없기 때문에 지지될 수 없음을 보일 것이다. 따라서 3.3절에서 접속 구문이 부가어의 지위를 갖는 모습을 추구하게 될 것이다.

후핵성 매개인자가 주어졌을 때, 핵어 X°(=x)가 일차 구조를 투영하면, 중간투영 X'가 되면서 보충어 COMP 위치가 만들어진다. 다시 중간투영 X'가 구조를 투영하면, 최종투영 XP(=x")이 되고 지정어 SPEC 위치가 만들어진다. 후핵성 매개인자에 따라, 이를 다음처럼 나타낼 수 있다(단, H는 핵어를 나타냄).

[$_{XP}$ 지정어 [$_{X'}$ 보충어 [$_{X°}$ 핵어]]]
[$_{XP}$ SPEC [$_{X'}$ COMP [$_{X°}$ H]]]

이를 '전형적 논항구조'라고 부른다. 기능범주의 핵어는 전형적 논항구조를 투영하는 것으로 알려져 있다. 보충어 위치에는 하위범주화되는 XP가 오며, 지정어 위치에는 이동이나 점검에 관계된 요소가 온다. 이와는 달리, 어휘범주의 핵어는 전형적인 논항구조를 반복하여,

[XP [XP]]

의 모습을 지닌다. 상층에 있는 외각 핵어(v) 위치에는 공범주 핵어가 상정된다. 이중타동사를 처리할 수 있는 이 구조는 Larson의 외각 구조이다.

[$_{XP}$ 지정어$_1$ [$_{X'}$ [XP 지정어2 [X' 보충어 [X° 핵어i]]] [$_{X°}$ 외각 핵어$_i$]]]
[$_{XP}$ SPEC$_1$ [$_{X'}$ [XP SPEC2 [X' COMP [X° Hi]]] [$_{X°}$ v_i]]]

기능범주와 어휘범주의 차이는 이런 투영 구조뿐만 아니라, 의미역을 자신이 하위범주화하고 있는 논항에 배당할 수 있는지 여부에도 있다. 그리고 하위범주화 과정에서 기능범주는 그 보충어 위치에 어떤 논항이 실현되는지 언제나 예측 가능하다. 반면, 어휘범주는 부분적인 예측만이 가능하다.

이 구조에서 부가어$_{Adjunct}$가 자리 잡을 수 있는 위치는 두 경우이다.

하나는 최대투영 XP(=X''')에 기생하는 것이고, 다른 하나는 핵어 X°에 기생하는 것이다. 전자를 '최대투영 부가'라고 한다면, 후자를 '핵어 부가'라고 부를 수 있다. 부가어는 구조를 허물어뜨려서는 안 되고, 범주를 변경시켜서도 안 된다. 따라서 부가될 어머니 교점을 그대로 복사하여 이분지 구조를 갖게 되면, 그 새로운 교점 안에 두 개의 자리가 생긴다. 자리 하나에는 원 주인이 그대로 자리 잡고, 나머지 하나에는 부가어가 자리 잡게 된다. 이를 각각 다음처럼 나타낼 수 있다.

최대투영 부가 : [$_{XP}$ 부가어 [$_{XP}$ 지정어 보충어 핵어]]
　　　　　　　　[$_{XP}$ Adjunct [$_{XP}$ SPEC COMP H]]

핵어 부가 : [$_{XP}$ 지정어 보충어 [$_{X°}$ 핵어 부가어]]
　　　　　　[$_{XP}$ SPEC COMP [$_{X°}$ H Adjunct]]

3.2.2. 전형적 논항구조 속에서의 접속구 모습

비대칭성이 전형적인 논항구조를 통해서 구현된다고 상정해 보자. 여기서 핵어의 범주는 &(=&°, 이하에서 간단히 &로만 줄여서 씀)가 될 것이고, 지정어 SPEC 위치와 보충어 COMP 위치에 각각 선행 접속구와 후행 접속구들이 자리 잡게 된다. 이 구조는 &범주가 기능범주의 핵어로 간주되는 1990년을 전후로 제기되기 시작하여, Johannessen(1998)에 의해 옹호되고 있는 구조이다. 이 구조는 계층적인 구조이기 때문에 접속 구문들 사이의 비대칭성이 유지될 수 있다. 그리고 &가 〈지정어, 핵어〉의 일치를 통하여 격을 배당(인허)한다면, 비-부울 접속구에서 격 배당 변동의 사례를 처리할 수 있게 된다.

그러나 결속 현상에서는 문제가 생긴다. 동일한 핵어에 의해 투영된 구조 속에 접속구들이 자리를 잡고 있기 때문에, 선행 접속구와 후행 접속구가 서로를 성분통어하는 관계에 놓이게 된다. 두 요소가 서로 성분통어를 하게 된다는 말은, 대용사의 해석에서 비대칭적인 특징을 포착할 수 없다는 뜻이다. 대용사의 해석에서 요구되는 비대칭성은, 높은 계층에 자리 잡은 요소가 자신보다 계층이 낮은 요소를 성분통어할 수 있지만, 거꾸로 낮은 계층에 있는 요소는 자신보다 높은 계층에 있는 요소를 성분통어할 수 없는 형상이다. Johannessen(1998)의 제안을 놓고, 어떤 한계가 있는지 구체적으로 살펴나가기로 한다.[35]

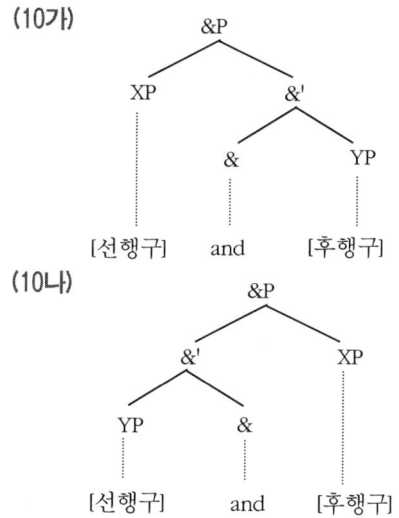

(10가)는 선핵성 매개인자를 갖는 언어에서 &의 투영을 보여 준다.

---

[35] 그곳에서의 기호 사용이 본고에서 사용하는 것과 조금 다른데, 비교의 편의상 본고에서 쓰는 것에 맞도록 바꾸었다. 본고에서의 &는 그곳에 'Co'로 표시되어 있는데, Conjunction에서 나온 것이다. 선행구와 후행구가 핵어 X, Y의 모습으로 표시된 것이 특이한데, 이 변환은 {N, I', P, VP…}들로 채워지기 때문이라고 한다(p.110). 그러나 표준 약정에 따르면 최대투영 XP만이 허용된다. 핵어 X^0와 중간투영 X'를 가질 수 있는 것은 오직 핵어에 한해서이고, 논항들은 언제나 최대투영 XP이어야 한다. 그럼에도 불구하고, 그곳에서 X를 고집하는 것은 '작은 접속구'의 가능성(후술 4.2.3절 참고)을 추구하기 때문이다. 작은 접속구를 인정하는 것은, 궁극적으로 종범주적 접근으로 되돌아가기 때문에 자가당착의 결과가 빚어진다. 격 배당과 관련하여 그곳에서의 제안은 다음과 같다. 미리 기본 격(default case)이 주어져 있는데, 접속 형태소가 격 실현을 인허(허가)해 주지 못하면(격 인허가 만족되지 않으면) 기본 격으로 실현된다. (10가)에서 &가 선행 접속구와 동일 범주를 갖는 것은, 팔레스타인 아랍어, 이태리어 등에서 선행 접속구가 동사의 일치소와 호응하는 사실을 반영한 것이다. 그런데 거꾸로 (10나)에서처럼 후행구에 일치하는 언어도 있는데, 이는 후핵성 매개인자를 반영하는 것으로 보고 있다.

(10나)는 한국어에서와 같이 후핵성 매개인자를 갖는 언어의 & 투영을 보여 준다. 먼저 (10나)를 살피기로 한다. 여기서는 지정어가 핵어 뒤에 실현된다는 점이 매우 이례적이다. 지정어 위치는 문장에서 주어 위치에 해당되는데, 모든 언어에서 주어는 문장 앞에 실현된다. 동사가 문두에 오는 'VSO' 어순의 경우에도, 기본 표상은 주어가 맨 앞에 있고, 중간에 이동이 일어나면 동사가 주어 앞에 실현되는 것이다. 그렇다면 (10나)의 지정어 위치는, 선후 순서에 변동이 없이, 늘 좌분지 구조를 가져야 한다. (10나)는 이를 위배하고 있다. 설혹 이를 피하기 위해, 지정어 위치 실현을 매개인자로 처리한다고 하더라도, 이는 특정 구조를 위한 예외 조치에 지나지 않는다. 곧, 특정한 구조만을 위한 문법을 지양하는 정신 no construction specific rule 을 위배하는 것이다.

(10가)의 형상만 살피면, 결과적으로 다음 (11)과 같은 Munn(1993)의 &P 부가 구조의 기능을 갖는다.[36]

(11)

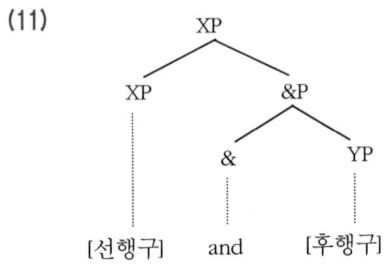

두 구조에서 다른 점이 있다면, 첫째, & 범주 투영이 핵어·중간 핵어·최대투영의 모습을 표시하여 주는지 여부, 둘째, 선·후행구의 실현이 최대투영인지 여부에 있다. 핵어를 제외한 지정어나 보충어 위치에 최대투영 XP가 실현되는 것이 정상적이라면, (10)보다는 (11)의 표상이 더 합리적이다. (11)에서 &의 투영 모습이 중간투영 없이 제시된

---

[36] Munn(1993)에서는 & 범주를 B로 표시하고 있는데, B는 Boolean으로부터 따왔다. 원문에는 비-부울(명사구) 접속 모습을 표상하고 있으므로, (11)에서의 XP와 YP가 모두 NP로 표시되어 있다.

것은 부가어 구조를 채택하기 때문이다. 그러나 부가어 안에서도 &가 전형적인 논항구조를 투영하여, 지정어 위치에 공범주 연산자[null operator]가 자리 잡는 모습을 상정하고 있으므로, 투영 원리를 위배하는 것은 아니다. 오히려, (10)에서 전체 접속구의 범주를, 지정어 위치에 실현된 요소로부터 물려받는 것으로 표상하는 것이 예외적이다. 온전히 &가 핵어라면, 최대투영에서도 자신의 범주를 드러낼 수 있어야 한다. 그렇지 않다는 것은, 그 핵어가 결함이 있거나 불구적인 모습을 지님을 함의하는 만큼, 핵어성을 약화시킨다. 따라서 Johannessen(1998)에서처럼 전형적 논항구조의 모습으로 접속 형태소의 투영을 설명하는 시도는 바람직하지 않음을 알 수 있다.

3.2.3. Larson 구조 속에서의 접속구 모습

한편, Zoerner(1995)에서는 접속 형태소의 투영이 Larson의 외각[shell] 핵어 구조를 갖는다고 주장하였다. 뿐만 아니라, 다항 접속의 경우나 이항 접속의 경우를 구별하지 않고, 두 경우 모두 접속 형태소가 오직 하나만 존재한다고 보았다. 접속 형태소는 다음 (12나)와 같은 구조를 투영한다.

(12가) Robin, Kim and Terry
나)

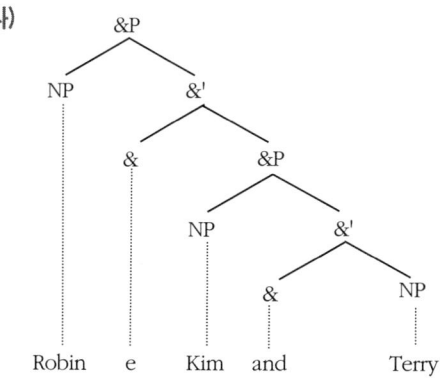

위 예문은 영어의 비-부울 접속 사례를 보여 준다. 접속 형태소 &는, 맨 마지막 접속구를 보충어로 요구하는 핵어 위치에 자리 잡고 있다가, 논리형식부(LF)에서 연쇄를 형성하면서 자신보다 앞선 공범주 핵어로 상승 이동한다. 이 이동에 의하여 〈지정어, 핵어〉 관계를 이룸으로써 명사구들에 격을 배당하는 것으로 보았다. 아울러, 한국어에서처럼 후핵성 매개인자를 갖는 경우도 언급하고 있는데, 그곳에서는 일본어 자료를 이용하고 있다.

(13가) [Taro-to Mori-to Hanako]-ga…
　나) [Taro-to Mori-to Hanko-to]-ga…

(14가)

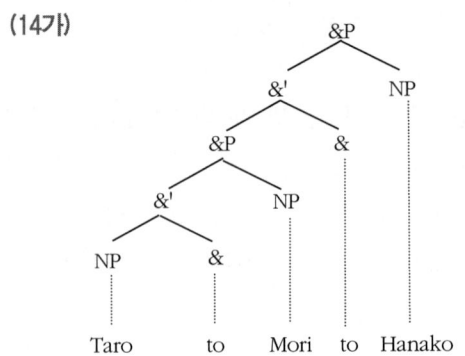

(14나)

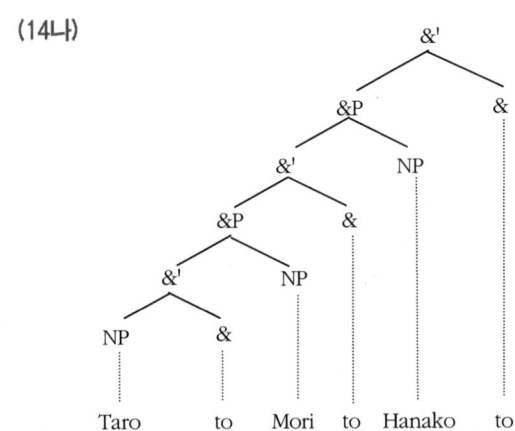

(13가)는 접속 형태소가, 맨 마지막 접속구를 제외하고, 모든 접속구에 후행하고 있는 모습을 보여 준다. (13나)는 차별 없이 모든 접속구에 접속 형태소가 후행하고 있는 모습을 보여 준다. 후핵성 매개인자를 따른다면, Larson의 구조는 (14가)와 같다. 그런데, 뒤로 가는 접속구들이 앞에 있는 접속구보다 더 높은 층위에 위치하고 있다. 이 점은 결속 현상에서 보인 계층성을 위배한다. 앞 절에서도 지적된 사항인데, 지정어 위치가 뒤로 가 있다는 점도 문제이다. (14가)의 구조는 또 일본어의 후핵성 매개인자를 적절히 보여 주지 못한다. 후핵성 언어에서는, 접어적인 특성을 갖는 기능범주 핵어들이 선조적으로 뒤에 실현되어야 하지만, 맨 마지막 접속구에서는 후행해야 할 핵어의 존재가 전혀 표시되어 있지 않다. 핵어가 결여되어 있는 것이다. 그러므로 (14가)는 후핵성의 특징을 충분히 보여 주지 못함을 알 수 있다.

이뿐만 아니라, (13나)의 예문이 (14나)와 같은 구조로 제시되었다. 여기서 최상위 교점이 중간투영 &'로 끝나고 있다. (14나)와 같이 불구적인 투영 모습을 보인 것은, 일본어의 기능범주가 XP 교점을 갖지 않는다는 Fukui(1991)을 인용하면서, 일본어 특성 때문이라고 덧붙이고 있다.[37] 그러나 이는 잘못된 주장이다. 그의 예상과는 달리, 오히려 기능범주들이 더 보편원리를 준수하며 제약되어 있다. 특례적인 처리를 피하기 위하여, 최상위 계층을 &'가 아니라 &P로 수정하면, 최

---

[37] 그는 다음의 일본어 예가 &'를 지지해 준다고 인용하고 있다(p.60).
  (i) "Taro-ga Mori-to sakana-o tabeta"
    Taro-Nom. Mori-with fish-Acc. eat-Past (다로가 모리와 함께 고기를 먹었다)
그러나 여기서 관찰되는 'to'는 접속 형태소가 아니라, 공동격(commitative) 형태소이다. 사격 후치사를 범주 P로 표시하면 'Mori-to'는 그 최대투영이 PP로 표시되어야 한다. 이동이 자유로운 요소이기 때문이다. 공동격과 비-부울 &의 분포는 작은 교집합 부분을 빼면 크게 다르리라 생각된다. 한국어의 사례로써 짐작하면,
  "NP와 함께…"
에서 공동격 '와'는 다른 비-부울 접속 형태소들과 교체될 수 없기 때문이다.
  "NP{*이며, *및, *하고, *이고} 함께…"
인상적으로 영어의 접속 구문과 일본어의 접속 구문을 거울 영상(mirror image)처럼 기술하는 점도 혼란을 야기하므로 철회되어야 한다. 단적으로, 두 언어는 서로 접속 형태소의 구현 방법이 다를 뿐만 아니라, 그 가짓수에서도 차이가 나기 때문이다.

상위 계층의 오른쪽에 지정어 위치가 하나 더 생겨난다. 하지만 새로 생긴 지정어에는 아무 기능도 상정되지 않으므로, 쓸모 없는 존재에 지나지 않는다.

접속 형태소가 유일하게 하나라는 주장도 비판되어야 한다. 어휘범주의 투영이 이루는 Larson 구조에서 핵어가 외각 핵어로 이동하는 동기는, 격 또는 일치의 목적을 위한 것이다. 그렇다면, 맨 마지막 접속구를 이끌고 있는 접속 형태소 &도, 의무적으로 격 배당이나 일치를 점검받기 위하여 상위 교점으로 이동해야 할 것이다. 이 이동의 결과, 선핵성 매개인자에서는 맨 앞자리에 있는 접속구만을 지배하게 되고, 후핵성 매개인자에서는 맨 뒷자리에 있는 접속구만을 지배하게 된다. 그렇지만 이는 실재 언어 현실과 괴리된 예측이다. 이를 피하기 위하여 그곳에서 제안되고 있는 지연성 원리, 음운 형식부에서의 외현적 접속 형태소 이동 따위들은, 모두 &가 투영하는 특이 구조만을 위한 것이며, 오히려 지양되어야 할 대상이다.

맨 뒷자리의 접속구를 이끄는 &를 상정한다면, 그 분포상의 차이를 예의 관찰할 필요가 있다. 주어 자리에서 구현되는 경우와 목적어 자리에서 구현되는 경우가 다른 듯하기 때문이다. 현대 한국어의 자료를 놓고 본다면,

"??철수와 영희와가"

에서 보듯이, 주어 자리에서는 수용성이 낮아진다. 그러나 "철수와 영희와를"에서 보듯이, 목적어 자리에서는 상대적으로 수용성이 높아진다. 최종 접속구에 &가 실현됨을 인정한다면, 맨 뒷자리에 실현되는 &는 공범주로 실현되어야 한다고 말할 수 있다.

이상에서, Larson의 외각 핵어 구조도 접속 형태소가 투영하는 구조로 채택되기에 적절하지 않음을 보았다. 특히 후핵성 매개인자를 지니는 경우와 관련하여, 지정어 위치의 변경에 따른 문제점, 결속 구조를 위배하는 문제점, 접어 특성의 핵어 실현을 보여 주지 못하는 문제

점, 중간투영 &'로만 투영이 종결되는 문제점들이 있었다. 홑 핵어를 상정하는 경우에는 더 문제점들이 증가함을 알 수 있었다. 그렇다면, 다른 구조가 상정되지 않는 한, 최소한 현재와 같은 논항구조의 논의 속에서는 접속 구문을 〈논항, 논항〉의 모습으로 표상하는 것이 바람직하지 않음을 매듭지을 수 있다.

3.3. 부가어로서의 해결

3.3.1. 부가어로서의 접속구 모습

〈논항, 논항〉의 짝으로 접속구들을 표상할 수 없다면, 다른 가능성으로 어느 접속구를 부가어로 처리하는 방안을 생각해 볼 수 있다. 이 생각은 Munn(1993)에서 처음 제안되었고(앞의 (11)을 다시 (15)로 옮겨 옴), Thiersch(1996)에서도 수용되고 있는데, 세부 내용이 조금 차이가 있다.

(15)

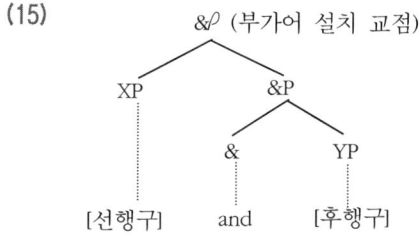

(15)는 Munn(1993)에서 제안되고 있는 구조이다. (15)는 임의의 최대투영 XP에 부가어 자리를 만들고, 그 속에 &P가 실현되어 있다. 부가어의 위치는 최대투영의 자매 위치(XP)이거나 핵어의 자매 위치(YP)이다. (15)에서는 유사 '핵어 부가'의 모습을 갖고 있기 때문에(YP가 X^0처럼 부가구를 만듦), 결속 현상을 만족시킨다. 특히 선행구 XP와 후행구 YP 사이에는, 중간 방벽의 역할을 할 수 있는 최대투영 &P가 가로놓여 있기 때문에, 선행구와 후행구 사이에 상호 성분통어가 차단된다는 잇점이 있다(최대투영 교점이 방벽이라는 약정 하에). 즉, 선행구는 첫

분지 교점 XP를 통하여 후행구를 성분통어할 수 있지만, 거꾸로 후행구는 중간에 있는 최대투영의 교점 &P에 막히어 선행구를 성분통어할 수 없는 것이다.

Thiersch(1996)에서는 대칭적 등위접속 구조[38]와 비대칭적 등위접속 구조를 상정하고 있다. 부가어의 지위를 갖는 것은 비대칭적 등위접속 구조이다. 그런데 앞의 구조 (15)가 부가어 인허 조건을 충족시키지 못함을 비판하면서, (16)과 같이 핵어 투영의 '수식어' a modifier of the head-projection로서 부가어를 설치하고 있다.

---

[38] 대칭적 등위접속 구조는 유다르게 상정되어 있는데, Rothstein(1991)에서의 접속 형태소 지위에 대한 주장을 연상시킨다.

(i)

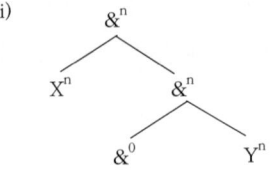

여기서 &의 투영은 전형적 논항구조를 이루는 것이 아니다. &가 핵어이지만, 범주와 투영 층위에 대해서 아무런 결정 능력이 없기 때문이다. 투영 층위와 범주 표시가 명세되지 않기 때문에, 투영 층위와 범주 표시는 접속구들로부터 스며들거나 물려받아야 하며, 이런 속성을 '동일성 연산자(identity operator)'로 부르고 있다. 그런데, 문제는 대칭적 등위접속 구조와 비-대칭적 등위접속 구조가 배타적인 분포를 보이는지, 아니면 어느 한쪽으로 환원될 수 있는 관계에 있는지에 대해 명시적으로 언급하지 않는 점이다. 결론을 맺으면서 두 구조를 언급하고 있는 것으로 미루어 보면, 독일어에서 똑같이 선·후행구가 기본 문장으로 접속되어 있거나, 똑같이 주제를 갖고 도치된 문장(Verb-second)으로 되어 있을 경우에 대칭적인 등위접속을 이루는 것으로 파악한 듯하다.

필자는 (i)의 대칭적 등위접속 구조도 (16)의 비대칭적 등위접속 구조로부터 도출될 수 있을 것으로 본다. 모든 논항이 최대투영 XP로 실현된다는 약정을 좇아, (i)의 X^n과 Y^n을 XP와 YP로 바꾼다면, (16)의 비대칭적 등위접속 구조 속에서 동지표를 받고 있는 공범주 논항의 교점을 지워 버릴 경우, 결과적으로 (i)의 대칭적 등위접속 구조의 형상으로 돌아간다. 원래 Thiersch(1996)의 논문에서 제시되고 있는 비대칭적 등위접속 구조는 다음 (ii)와 같다.

(ii) "[$_{Hn}$ [$_{Hni}$ ···H^0_i···] [$_{Yn}$ e$_i$ [und [$_{Xn}$ ···X^0···]]]]"

여기서는 쉽게 비교될 수 있도록, 본고에서 사용하고 있는 기호들로 바꾸어 (16)과 같이 제시하였다. 한편, Munn(1993)에서와 Thiersch(1996)에서 XP가 왜 '핵어 부가'의 모습을 지니는지에 대해 명시적인 변호를 찾아 볼 수 없음은 이례적이다.

(16)

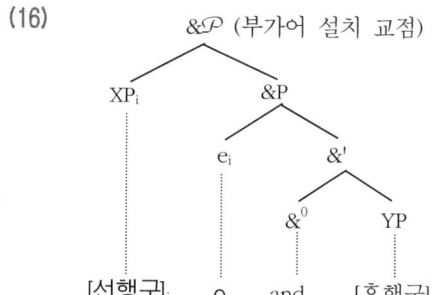

(16)은 비대칭적 등위접속 구조로 제시되어 있는 형상이다. (15)와 비교하면, &의 투영이 전형적 논항구조를 이루고 있고, 그 지정어에 공범주 논항을 갖고 있다는 점이 다르다. 이 논항은 선행구 XP와 동지표되고 있다. 부가어 인허 조건을 만족시키기 위하여 구조를 (16)처럼 그렸다면, 지표를 나눠 갖는 공범주 논항의 존재가 부가어 '인허 조건'을 충족시키는 셈이다. 그런데 이 구조는 기생 공백[39]을 논의하면서, Munn(1993 : §.2.4)에서 상정되었던 구조이다.

(17가) Which paper did Bill file t [before Mary read e] ?

나) Which paper$_i$ [did Bill file t$_i$ [Op$_i$ [before Mary read e$_i$]]] ?

---

[39] 공백(gap)이란 용어는 연구자에 따라 사용하는 범위가 조금 다른 듯하다. 본고에서는 Kayne(1983)에서 정의된 방식으로 사용하고 있다. 즉, 공백이란 음성 실현 형식이 없지만 의미 해석에 관계하는 요소를 말한다. 공백은 참 공백(real gap)과 기생 공백(parasitic gap)으로 나뉜다. 전자는 영어에서 의문사가 이동함으로써 남겨지는 흔적이나, 등위접속 구문에서 '영역 횡단(ATB)' 적출을 통하여 남겨지는 흔적을 가리킨다. 후자는 이동이 없이 초기 표상에서부터 주어져 있는 요소인데, 늘 'without, before, after' 등의 전치사나 시간 관련 형태소를 대동하여 부가절 문장 속에서 관찰된다. 한편, Williams(1990)에서는 (17나)에서 보여 주듯이, 기생 공백이 공범주 연산자 Op에 의해 연쇄를 형성하는 과정이 아니라, 오히려 그 위치에 공범주 등위접속 형태소 Coord가 주어져 있으며, '영역 횡단' 적출을 통하여 참 공백이 생겨난다고 주장하였다. Neijt(1979)에서는 공백이 등위접속 구조에서 후행절의 동사를 지우는 경우만을 지칭했다고 하는데, 이 용법으로부터 '유사 공백(pseudogapping)'이란 용어가 파생되어 나왔다. 유사 공백이란 등위접속 구문에서 후행절의 조동사만 남고, 본동사가 지워지는 경우이다. Lobeck(1995)의 『Ellipses』(Oxford University Press)에서는 공백과 동사구 생략(ellipses)이 유형론상 7가지 속성으로 서로 대비되고 있다.

예문 (17가)에 대한 올바른 해석은, 기생 공백 ⟨e⟩가 공범주 연산자 ⟨Op⟩에 의해 결속됨으로써, ⟨e$_i$, Op$_i$, t$_i$, Which paper$_i$⟩처럼 연쇄를 형성하게 되어 가능해진다고 보았다. 여기서 공범주 연산자 ⟨Op⟩와 종속절을 이끌고 있는 before가

"…[$_{\&P}$ e [$_{\&'}$ & …]]"

의 모습을 하고 있다는 점에서 (16)과 동일하다(…[$_{\&P}$ Op [$_{\&'}$ before …]]).

3.3.2. 필자의 제안

이상에서 비대칭성을 구현할 수 있는 방법은 어느 한 접속구에다 '부가어' 지위를 상정하는 길이 현재 우리가 상정해 볼 수 있는 최선의 해결책임을 살폈다. 본 소절에서는 한국어 접속 구문의 논의들을 수용하면서, 부가어로 접속 구문을 표상하는 방법을 모색하려고 한다. 이익섭·임홍빈(1983), 남기심(1985), 권재일(1985), 최재희(1985), 유현경(1986) 등에서의 주장을 수용하면서, 김영희(1988, 1991)에서는 등위접속 구문과 종속접속 구문들의 속성을 논의하였는데, 종속접속 구문들은 특히 문장 부사의 지위를 갖는 것과 성분(=동사구) 부사의 지위를 갖는 것으로 나뉘어야 한다고 주장하였다. 필자는 이 주장을 수용하여, 종속접속 구문이 부가어 지위를 갖는 것으로 간주한다.[40] 뿐만 아

---

[40] 그러나 부가어를 내포문이라고 하는 데에는 동의할 수 없다. 명사구 내포문을 제외한다면, 내포문은 반드시 어휘 의미 속에 들어 있어야 한다(동사의 하위범주임). 핵어가 투영될 때 내포문은 필수적으로 딸려 나오는 것이다. 부가어는 수의성 때문에 어휘 의미 속에 내장되는 것이 아니라, 임의의 투영을 대상으로 화자의 의도에 의해 덧붙여지는 것이다. 그런데 여기서 자칫 혼란이 생길 수 있는 점은, 접속 구문의 부가어 지위에 대해서이다. 접속 구문이 부가어 지위를 갖는다는 것은, 논항의 지위로 표상될 수 없기 때문에 부득이 다른 가능성을 탐색하는 과정에서 도달한 것이다. 따라서 화자의 판단과 정보 전달 욕구에 따라 출현이 전적으로 수의적인 부가어와는 구분이 이루어져야 옳다. 그 차이를 드러내기 위하여 '필수적인 부가어'라는 용어를 쓸 수도 있겠으나, 부가어가 함의하고 있는 수의성 때문에 모순스럽게 느껴질 염려가 있다. 대신, 다소 생경함을 무릅쓰고서라도 '부가어적인 지위'라는 표현을 쓰

니라, 3.1절에서 논의된 등위접속 구문의 비대칭성을 고려하면서, 이를 충족시키기 위해서는 접속구들 간에 상호 성분통어가 일어나지 않는 계층 구조로 표상되어야 함을 기정 사실로 간주하겠다. 그렇다면, 두 경우를 모순 없이 구현할 수 있는 방법을 모색하는 일이 다음 순서이다.

 필자는 3.2.1절에서 부가어가 실현되는 모습이 전형적 논항구조에서 '최대투영 부가'와 '핵어 부가'의 두 경우가 있음을 언급하였다. (15)와 (16)의 구조는 모두 최대투영 XP를 대상으로 하여 유사 '핵어 부가'의 모습을 구현시키고 있다는 점이 특이하다. 핵어 부가의 모습을 충실히 따른다면, 임의의 핵어 X가 자신의 교점을 복사하여,

  "$[_X \ X \ [\ \&P \ ] \ ]$"

처럼 접속 구문을 오른쪽 자매항목으로 거느리고 있어야 한다. 그렇지 않고 최대투영을 대상으로 하여 부가가 구현된다면, XP가 자신의 교점을 복사하여,

  "$[_{XP} \ [\ \&P \ ] \ XP \ ]$"

처럼 접속 구문을 왼쪽 자매항목으로 거느리고 있어야 한다. (15)와 (16)은 이런 두 특성이 서로 복합되어 있다는 점에서 이례적이다.

 그러나 필자는 두 부가어 모습이 하나로 합쳐지기보다는 따로 나뉘어야 할 것으로 본다. 다시 말하여, '핵어 부가'는 여러 개의 접속문을 끝없이 허용하는 '다항 접속' 구문의 형상을 나타내고, '최대투영 부가'는 오직 두 개의 접속문만을 허용하는 '이항 접속' 구문의 형상을 나

  기로 한다. 아직 필자는 부가어적 지위를 갖는 접속 구문을 가리킬 수 있는 그럴 듯한 용어를 찾아내지 못하였다. 일후의 과제이다. 1절의 각주 (5)에서 필수적으로 주어지는 부가어를 언급하였다. 결과절(resultative) 구문이 그것이다. 완수동사는 언제나 결과절을 어휘 의미로 갖고 있어야 한다. 이 결과절은 통사 표상에서 외각 핵어(v)의 자매항목으로서 '핵어 부가'의 모습을 갖는 것으로 상정하였다.

타내는 것으로 파악한다. 그리고 한국어에서뿐만 아니라, 다른 언어에서도 접속 구문마다 접속 형태소를 구현하는 사례가 보고되는 점을 중시하고자 한다(단, 아래에서 F는 여성, N은 중성, S는 단수를 표시함).

(18가) 철수가 [[사과 즙]과 [배 즙]과]를 섞어 보았다.
　　나) byla v nej [i skromnost'], [i izjascestvo], [i dostoinstvo].[41]
　　　　was-F-S in her [and modesty-F], [and elegance-N], [and dignified-N]
　　　　(그녀는 얌전하고 우아하며 고귀하다)

위 예문들에서는 접속 형태소가 접속구마다 실현되어 있음을 보여 준다. (18가)는 한국어 예문으로, 목적어 위치에서 &범주의 핵어가 선·후행구에 모두 실현됨을 보여 주고 있다. (18나)는 러시아어에서 형용사구들이 접속되어 있고, 각 접속구들이 핵어 &를 선핵성 매개인자에 따라 앞쪽에 구현시키고 있음을 보여 준다.

　본고에서는 (18)의 사례를 근거로, 모든 접속구에 접속 형태소가 핵어로 들어 있는 것으로 가정하겠다. 선행구와 후행구가 접속될 때에, 이들은 각각 [&P]₁과 [&P]₂처럼 나타낼 수 있다. 이들이 접속된 모습은, 후핵성 매개인자가 주어지면 다음 (19가)처럼 핵어 부가의 모습이거나 또는 (19나)처럼 최대투영 부가가 된다.

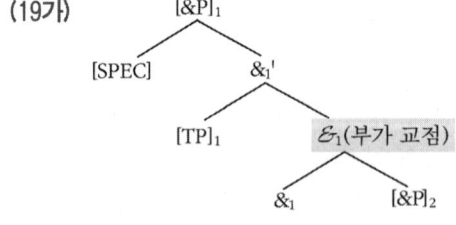

(19가)

---

41) 여기서 괄호를 친 것은 접속된 구성성분이 AP임을 보이고자 한 것이다. 이들이 문장 접속이라고 보는 Wilder(1997)의 입장에서는, 접속구가 모두 CP로 표상되어야 하며, 후행 접속구들에서 생략이 일어난 것으로 간주된다. 4.2.3절에서는 작은 접속구의 접근보다, 오히려 문장으로 처리하는 쪽이 더 나음을 논의할 것이다.

(19나)

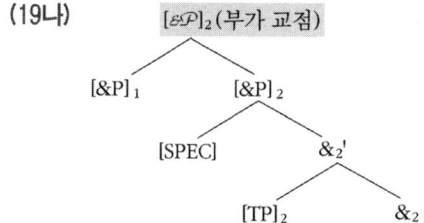

   (19가)는 선행구의 핵어 &₁에 부가어가 설치되어 있음을 보여 준다. (19나)는 후행구의 최대투영 &P₂에 부가어가 설치되어 있음을 보여 준다.⁴²⁾ (19가)의 경우, 후행구 [&P]₂는, 다시 선행구 [&P]₁처럼 부가 교점을 허용할 수 있다. 이 부가 교점이 계속 설치되면, 끝없이 [&P]ₙ이 접속될 수 있다. 이런 점에서 (19가)는 '다항 접속'을 나타내는 구조로 채택된다. (16)에서의 부가어 인허 조건을 수용하면, &P의 지정어 SPEC 위치에는 선행하는 접속구와 동지표되는 공범주 연산자나 논항이 실현되는 것으로 표상할 수 있다.

   (19나)에서는 최대투영을 대상으로 한 부가어의 모습을 보여 준다.⁴³⁾ [&P]₁로 표시되어 있는 종속절에는 다시 제약이 덧붙여져야 한

---

42) 선핵성 매개인자를 갖는 언어에 대해서는 (19나)의 부가어 방향이 왼쪽으로부터 오른쪽으로 조정되어야 할 것이다. 부가어에 방향성 매개인자를 설치하는 일은 지정어의 경우와는 본질적으로 다른 측면의 것이다. 영어의 경우만을 보더라도, 이동이 왼쪽으로 일어나는 경우도 있고, 오른쪽으로 일어나는 경우도 있으므로(소위 right node raising), 부가어란 동일 언어 안에서도 방향성을 설치해 주어야 하는 경우가 있음을 알 수 있다.

43) 종속접속의 논의에서 주절과 종속절을 나누어 왔던 전통을 수용하여 (19나)를 그릴 수도 있다. 후핵성 매개인자에 따라 한국어에서는 중요한 요소일수록 뒤에 위치하고, 그렇지 않을 것일수록 반대 방향에 위치해야 하므로, 주절보다 종속절이 앞에 나가 있게 된다. 그렇다면, 지표를 후행구 [&P]₂가 선행구 [&P]₁보다 앞선 것으로 표시해 줄 수 있다. 선조적으로 보면, 지표가 거꾸로 부여되어 있는 셈이다. 이런 지표 부여는 두 접속구 사이에 의미의 무게를 따진 뒤에, 주절이라는 접속구를 제1의 접속구로 간주한다. 의미론적 고려인 셈이다. 전통문법의 용어로 (19)를 표현한다면, (19가)에서는

    [주절& 주절& 주절& …]

로 접속되지만, (19나)에서는

    [[종속절&] 주절&]

로 접속된다고 말할 수 있다. 그러나 여기서는 일관되게 선조적 형식에만 의존하여,

다. (16) 구조와 같은 부가어 '인허 조건'을 표시하는 공범주 연산자(또는 논항) 이외에도, 시제소(T)에 대한 조건이 추가되어야 한다. 종속절의 시제가 주절에 의존한다는 한동완(1988)·최동주(1994) 등의 '상대시제' 논의를 수용하면, 이를 구조에 표시해 줄 수 있어야 한다. 필자는 '기생 공백'의 처리를 응용할 수 있다고 본다. 상대시제의 전형적인 모습을 공범주 시제소가 외현범주 시제소의 짝에 의존하고 있는 것이라고 본다면, & 층위가 하위범주화하고 있는 시제소 층위 TP는 초기 표상에서부터 시제소가 공범주 논항으로 들어가 있어야 하고, 이 공범주 논항의 시제소는 [&P]₁의 맨 앞에 설치된 공범주 연산자 Op를 통하여, [&P]₂로 표시되어 있는 주절의 시제소와 연쇄를 형성하는 것으로 (chain formation) 설명할 수 있다.

⟨ [$_{Tense1}$ e]$_i$, Op$_i$, [$_{Tense2}$ T]$_i$ ⟩

이 연쇄에 의해, 종속절 [&P]₁의 공범주 시제소는 언제나 주절 [&P]₂의 시제에 의존하게 되고, 따라서 '상대시제'의 해석을 받게 된다. 4.1.3절의 예문 (22)의 논의를 참고하기 바란다.

이와는 달리, (19가)에서는 외현범주로 실현된 고유의 시제소들을 갖고 있기 때문에, 연쇄를 형성하지 않고, 각자 독립된 영역에서 '절대시제'의 해석을 받게 된다. 등위접속 구문에서는, 맨 마지막 접속구에 실현된 동사의 시제에 선행구들의 시제가 의존하는 경우가 있다. 이는 역행 생략과 '영역 횡단' 적출이라는 두 가지 방법으로 설명될 수 있다. 동일성 조건 아래에서 맨 마지막 접속구의 시제소만 남기고 지우기가 적용되는 것으로 설명하는 것이 전자의 방법이다. 각 접속구의 시제소들이 최상위 계층에 있는 C쪽으로 옮아간 뒤에, 뒤에 남겨져 있는 참 공백$_{real\ gap}$들을 지배하는 것으로 설명하는 것이 후자의 방법이다. 어느 쪽을 택하든지 두 방법이 모두, 각 접속구마다 시제

앞선 요소에는 앞선 지표를 부여하기로 한다.

형태소가 실현되어 있는 경우와 오직 마지막 접속구에만 시제 형태소가 실현되어 있는 경우가, 똑같이 동일한 시제 해석을 받도록 보장해 준다.

이상에서 필자는 다항 접속의 경우 (19가)의 구조를 갖고 있고, 이항 접속의 경우 (19나)의 구조를 갖고 있는 것으로 상정하였다. 이 구조가 등위접속 구문과 종속접속 구문의 특징들과 어떻게 부합되는지에 대하여 절을 달리하여 살펴나가기로 한다.

4. 접속 구문의 통사 표상

4.1. 다항 접속 대 이항 접속

4.1.1. 본고에서는 Sag 외(1985)에서의 제안을 수용하여, 접속은 다항 접속과 이항 접속으로 나뉜다고 가정하겠다. 오직 두 개의 접속구만이 실현되는 경우를 '이항 접속'이라고 하면, 이항 접속 이외의 접속을 '다항 접속'이라고 말할 수 있다. 배타적 정의를 피한다면, 세 개 이상의 접속구가 이어지는 것이라고 말할 수 있다. 등위접속이나 종속접속이란 용어는, 순수히 형식만을 지시하는 것이 아니라, 접속구들 사이의 의미 비중을 고려하여 붙여진 이름이다. 반면, 이항 접속이나 다항 접속은 접속 형태소를 중심으로 몇 개의 접속구가 있는지만을 언급하는 것으로, 통사 현상을 형식만 고려하면서 거론할 수 있다는 이점이 있다.

앞 절에서 필자는 다항 접속이 핵어 부가의 형상을 갖고 있고, 이항 접속이 최대투영 부가의 형상을 갖고 있음을 언급하였다. 이 주장이 설득력을 가지려면, 지금까지 한국어 접속 구문의 연구에서 등위접속 구문과 종속접속 구문의 특징으로 거론되어 온 성격들을 유도할 수 있어야 한다. 최소한 필자가 주장하는 (19)의 구조와 접속 구문의 특성들이 서로 모순되지 않아야 한다.

4.1.2. 다항 접속

다항 접속은, 등위접속 구문에서 특별히 이항으로만 구현되는 '역접'의 몇 경우를 제외한다면[44] 그 분포가 대체로 일치한다. 대칭성·교호성·독립성들이 등위접속 구문의 특성으로 거론되어 온 개념들이다. 김영희(1988)에서는 대칭성이 여섯 가지의 하위 속성들을 총괄하는 상위 개념으로 쓰이고 있다. 선·후행구의 자리 바꾸기가 가능하고, 후행구 속으로 선행구가 옮겨갈 수 없으며, 동일 접속 형태소가 무한히 반복될 수 있고, 상위 동사 '하다'에 의한 내포문을 구성할 수 있으며, 재귀대명사의 실현이 불가능하고, 선·후행구가 똑같이 주제 구문을 구성할 수 있을 때, 대칭성을 구현한다고 말할 수 있다. 교호성은 이관규(1992)에서 대칭성보다 더 높은 상위 개념으로 제시된 것이지만, 선·후행구를 언급하고 있는 대칭성이 기본적으로 다항 접속을 허용한다는 점에서, 용어만 바꾼 것에 지나지 않는다. 독립성은 김영희(1988)에서 대칭성보다 더 넓은 개념으로서, 종속접속 구문의 일부를 포함하는 것으로 상정된 개념이다. 강조 용법의 하나로 어떤 구성성분을 문장 한 켠으로 뽑아내는 문 쪼개기가 수행될 수 없고, 특정한 보조사가 결합되지 않으며, 어느 접속구의 부정 연산소가 다른 접속구를 부정 영역으로 삼지 못할 때에, 두 접속구 사이에 독립성이 있다고 보았다. 따라서 독립성이 등위접속 구문에만 관계되는 것이 아니며, 독립성의 요소들은 4.1.3절에서 따로 다루기로 한다.

(19가)의 핵어 부가의 형상으로 구현되는 다항 접속에서 대칭성이 쉽게 유도될 수 있음을 보이기로 한다. (20가)는 기능범주 핵어들이 함께 실현되어 있는 모습을 보여 준다.[45]

---

[44] 두 개의 항목이 서로 대조적으로 제시될 때에 '역접'의 표현 효과가 극대화된다. 역접을 이루는 접속 형태소에는 이러한 의미 특성이 내재되어 있을 것으로 본다. 따라서 다항 접속의 구조를 갖고 있지만, 오직 두 개의 항목만을 유표적으로 선택한다고 보아야 할 것이다.

[45] 시제소 구절 TP는 필수적으로 일치소 구절 AgrP를 하위범주화하고, AgrP는 필수적으로 동사구 VP를 하위범주화한다. 나뭇가지 그림을 그릴 때에 복잡성을 피하기 위

(20가)

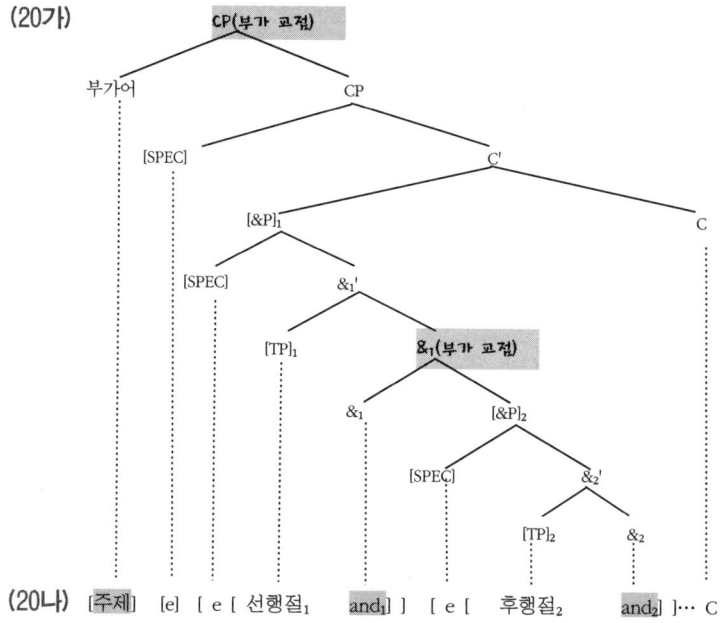

(20나) [주제] [e] [e [선행절₁ and₁]] [e [후행절₂ and₂]]… C

먼저, 선·후행구가 서로 자리를 바꿀 수 있다는 말을, 각 접속구가 시제소를 구현하여 사건을 완결함으로써, 순서를 뒤바꾸더라도 각 사건의 지시성에 영향을 끼칠 수 없다는 뜻으로 이해하기로 한다. 곧, 접속구들 사이에 서로 시간 의존성이 없다는 의미로 해석하는 것이다. 그렇다면, 각 접속구들이 시제소 T의 실현을 보장할 수 있어야 한다. (20가)에서 각 접속구마다 시제소의 실현이 보장되고 있음을, &P 가 하위범주화하고 있는 시제소 구절 TP로 확인할 수 있다.

둘째, 후행구 속으로 선행구가 옮겨갈 수 없는 이유를 살피기로 한다. 여기서 옮겨간다는 말을 이동의 한 현상으로 파악하기로 한다. 이동이 성분통어의 모습으로 적절히 제약되려면, 하강 이동보다는 인상(상승) 이동을 선택하여야 한다. 그렇다면, 후행구 속으로 옮아간다는 표현은, 수의적으로 후행구가 선행구보다 더 높이 인상 이동을 경험한다는 뜻으로 이해할 수 있다. 이 이동의 동기는 전적으로 화용적인

─────────
하여 AgrP와 VP는 생략하기로 한다.

요구에 의한다. 필수적인 통사·형태론적인 동기와는 무관하기 때문이다. 등위접속 구문을 표상하는 (20가)에서는 그러한 이동이 불가능함을 보여 주어야 한다.

핵어 이동을 제외하면, 이동이 일어나기 위하여 두 경우가 만족되어야 한다. 지정어 위치가 비어 있거나 또는 부가어 위치가 있어야 한다. (20가)에서 후행구의 임의 구성성분이 선행구의 지정어 위치나 부가어 위치에로 인상 이동할 수 있다면, 그 후보는 먼저 공범주 논항 e로 표시된 선행구의 지정어 위치가 된다. 그런데 이 위치는 선·후행구에서 똑 같은 형상을 갖고 있어야 한다는 점에서, 대칭성이 적용되는 위치라고 말할 수 있다. 즉, 이 위치에는 접속구들 사이에서 동일한 범주와 동일한 구조가 구현되어야 하는 특징이 실현되는 것으로 간주하기로 한다. 후행구의 임의 구성성분이 &P의 지정어 위치로 이동한다면, 동시에 선행구에서 짝이 되는 구성성분도 &P의 지정어 위치에로 이동하는 것이다. 대칭적인 특성을 구현하기 위하여 &P의 지정어 위치에는 각 접속구의 내부 구성성분이 동일하게 이동하게 되므로, 어느 접속구가 다른 접속구의 &P 지정어 위치에로 이동될 가능성은 배제된다. 그렇다면, 후행구가 인상될 수 있는 곳은 종결소 C의 지정어 위치이거나, 그 위에 부가어로 설치된 주제 위치일 수밖에 없다. 일반적으로 종결소의 지정어 위치는 서법과 관련된 의문사 요소가 이동하는 위치이므로, 그 위치가 이미 선점되어 있다. 따라서 마지막 가능성은 주제 위치에로 이동하는 것이다. 그러나 이 이동은 다른 연쇄의 간섭에 의해서 적절히 연쇄를 형성할 수 없다는 점에 문제가 있다. 선행구의 연쇄가 이러한 연쇄의 길목을 가로막고 있기 때문이다. 따라서 설사 이동이 일어난다고 하더라도, 연쇄를 형성할 수 없으므로, 해석이 적절히 이루어질 수 없다. 결국 이 이동은 불가능한 것이고, 후행구의 임의 성분은 선행구를 건너뛰어 인상 이동될 수 없다.

셋째, 동일 접속 형태소가 무한히 반복될 수 있다. '핵어 부가'의 교점이, 하위에 있는 & 핵어에서 방해 없이 계속 일어날 수 있는 구조이기 때문이다. 다만, 여기서 핵어 &의 구현에 문체론적 특성이 가미된다면, 가령 접속 형태소 {-고}와 {-며}가 서로 교체되며 혼합된 모습을 보일 수도 있다. 전형적인 경우를 지정한다면, 일관되게 {-고} 형태로만 실현된 모습을 택할 수 있을 것이다.

넷째, (20가)는 '하다'라는 상위 동사에 의해 내포될 수 있음을 보여 준다.[46] 이 동사는 유표적인 의미 특성으로 말미암아, 오직 공범주 종결소를 갖는 내포문의 실현을 요구하고 있기 때문에, (20가)의 최상위 핵어 C는 공범주 형태를 갖고 있어야 한다.

다섯째, 재귀대명사의 실현이 불가능한 까닭을 살펴보기로 한다. 한국어의 재귀대명사는 영어에서 관찰되는 재귀대명사와 행동 특성이 다르다. 영어의 재귀대명사는 '완전 기능 복합체Complete Functional Complex'라 불리는 영역 안에서 자신의 선행사를 찾을 수 있어야 한다. 간단히 말하여, 명사구 속에서나 문장 속에서 자신의 짝을 찾을 수 있어야 한다. 그러나 한국어에서 '자기'의 분포를 본다면, 재귀대명사 용법뿐만 아니라 일반 대명사의 용법까지 갖고 있어서, 영어의 재귀대명사보다 그 분포가 더 넓음을 알 수 있다. 여기서는 결속 조건 A를 준수하는 재귀대명사만을 대상으로 한다. 이 재귀대명사가 등위접속 구문에 쓰

---

[46] 여기서, 필자는 상위 동사 '하다'가 경험주와 어떤 대상의 내용으로 구성되는 2항의 '묘사동사(depict verb)'라고 본다. 그런데, 이 묘사동사는 화자 자신의 관념을 묘사한다는 측면에서, 경험주가 반드시 화자이어야 한다는 유표적인 부대 조건이 있는 것으로 가정하겠다. 의미역 구성은 〈경험주$_j$, 명제내용$_k$〉으로 되어 있으며, 통사 층위의 구현도 각각 〈NP$_j$, CP$_k$〉로 될 수 있으나, 이 어휘가 갖는 유표적인 의미 특성으로 말미암아 〈[$_{NP}$ e]$_j$, CP$_k$〉처럼 실현되는 것으로 본다. 이때 외현범주로는 내포문만이 실현된다. 이 내포문은 명제의 지위를 갖고 있으므로, 종전에 상정되던 IP의 지위를 얻기 위해서는, 의무적으로 공범주 형태의 종결소 [$_c$ e]를 갖고 있어야 한다. '하다'에 의한 내포문 구성(2.2.2절의 각주 28 참고)을 필자는 다음 구조를 갖는 것으로 보고 있다.

(i) [$_{VP}$ e$_j$ [$_{CP}$ SPEC [$_{C'}$ [&P$_1$… &P$_n$] [$_c$ e]]]$_k$ 하-]

'하다' 동사는 분포가 매우 넓은 만큼, 그 의미도 다양하며, 다의어적인 접근을 쉽게 허용하지 않는다. 내포문만을 요구하는 '하다'는 묘사동사 이외에, "[그가 왔으면] 했다."에서와 같이 희망을 나타내는 용법도 있고, "[철수가 지금쯤 도착했으려니] 했다."에서와 같이 추측을 나타내는 용법도 있으며, "[영희가 정말 올까] 했다."에서와 같이 의심을 나타내는 용법도 있다. 이들 용법에서 공통되게 화자가 공범주 논항으로 실현됨을 관찰할 수 있다. 내포문을 요구하는 특성을 근거로 하여, 이런 용법들의 '하다'가 자연부류를 형성하는 것이 아닐까 의심해 본다.

일 수 없다는 말은, 두 가지로 해석될 수 있다. 선행사와 재귀대명사 사이에 그 결속을 차단하는 최대투영 XP가 존재한다는 뜻으로 해석되거나, 또는 재귀대명사의 해석을 보장해 주는 연산자 Op가 결여되어 있다는 뜻이다. 전자의 해석에 의지하면, 종속접속 구문에서 재귀대명사의 결속을 보장해 주지 못하며, 잘못된 예측을 하기 때문에, 후자의 해석에 의지하기로 한다.

공범주 연산자가 실현될 수 있는 위치는 각 접속구의 앞쪽이다. 대칭성을 보장해 주기 위해서는 각 접속구마다 공범주 연산자를 설치해 주어야 할 것이다. 그렇게 되면, 서로가 서로를 결속함으로써 상호 성분통어하는 셈이 되며, 재귀대명사의 결속 조건을 위배하게 된다. 따라서 재귀대명사가 해석을 받을 수 있는 장치가 (20가)에서는 마련될 수 없음을 알 수 있다. 재귀대명사는 (20가)에서 실현될 수 없는 것이다.

여섯째, 접속구들이 동일하게 주제 구문을 형성할 수 있음을 보이기로 한다. 대칭적인 특성을 보여 주어야 하므로, 임의의 구성성분이 어느 접속구에서 인상 이동을 할 경우, 다른 접속구에서도 대칭적인 구성성분이 자신의 대칭적인 기착지에로 인상 이동을 경험해야 한다.[47] (20가)에서 그러한 후보는 &P의 지정어 위치이다. 다만, 맨 앞의 선행구 지정어 위치에로 인상 이동을 경험한 구성성분 XP는, 주제 구성을 완성하기 위하여, 주제의 전형적 위치인 CP 부가어 위치를 최종 착지점으로 하여 한번 더 인상 이동을 경험한다고 말할 수 있다. 첫 접속구의 구성성분이 한번 더 이동함으로써, 대칭적인 특징이 어

---

[47] 여기서 필자가 명시적으로 거론하지 않고 넘어가는 내용이 하나 있다. 소위 '부가어 인허'를 위한 공범주 논항의 설치와 주제 요소의 관계이다. 부가어를 인허하는 공범주 논항이 필수적으로 &P의 지정어 위치를 선점하고 있다면, 주제가 안착할 수 있는 교점이 모색되어야 한다. 두 가지 가능성이 있다. 둘 모두 부가어를 설치하는 방안이다. 하나는 부가어를 인허하는 공범주 논항에다 다시 부가어를 만드는 방법이고, 다른 하나는 &P에 다시 부가어를 만드는 방안이다. 공범주 형태가 다시 다른 교점을 허용하는 것보다는 후자 쪽의 접근이 더 무난하게 보인다. 그러나 부가어의 남발을 막을 제약이 없다는 점에서 비판받을 수 있다. 이 문제에 대해 아직 필자는 적절한 대안을 마련하지 못하였다. 부가어에 대한 논제는 더 깊은 고민을 요한다.

굿난다고 판정을 내린다면, 대신 이동 과정을 달리 표현할 수 있다. 먼저, 첫 접속구의 임의 구성성분이 &P의 지정어 위치를 기착지로 삼아, 다시 최종 안착지인 주제 위치에로 인상 이동을 경험한다. 첫 접속구의 '주제 성분 이동'에 의해 촉발된 인상 이동은, 대칭적인 특성을 구현하기 위하여, 이하 각 접속구들에서도 대칭이 되는 구성성분들을 인상 이동시킨다. 그런데 비어 있는 위치가 우연히 접속구들의 지정어 위치밖에 없으므로, 그곳이 최종 안착지가 된다고 말하는 것이다. 이 후자의 방식이 '촉발자$_{trigger}$'에 대한 동기 부여가 전자보다 더 잘 되어 있으므로, 여기서는 후자 쪽을 선택한다. 어떤 쪽을 택하든지에, 주제를 형성하는 이동을 가로막는 요소는 없으며, 각 접속구마다 같은 유형의 주제어가 실현된다.

또한, 각 접속구마다 독자적인 시제 해석이 유지되는 '절대시제'의 특성도 이 구조에서 만족됨을 알 수 있다. 다만, 상위 동사 '하다'에 의해 내포될 때, 어떤 경우 접속구들 속의 시제소가 관찰되지 않을 수도 있다. 이를 삭제로 볼 것이냐, 또는 이동으로 볼 것이냐에는 이론이 있을 수 있지만, 어느 경우든지 상위 동사 '하다'의 시제소에 의해서 동일하게 결속되거나 연쇄를 형성할 수 있다. 따라서 각 접속구마다 시제 해석의 개별성과 독립성이 보장되므로 문제가 되지 않는다. (20가)는 등위접속 구문의 여섯 가지 특성을 모순 없이 잘 구현시켜 준다.

4.1.3. 이항 접속

이항 접속은 종속접속 구문을 가리킨다. 김영희(1991)에서는 종속접속 구문의 특성으로 먼저 세 가지를 들었다. 선·후행구의 자리 바꾸기가 불가능하고, 후행구에서만 주제 요소의 이동이 일어나며, 선행구가 후행구 속으로 이동할 수 있다는 특성이다. 이 특성 위에 다시 문장 부사의 지위를 갖는 종속접속 구문과 동사구 부사의 지위를 갖는 종속접속 구문의 특성을 거론하였다. 문장 부사의 지위를 갖는 접속구는 4.1.2절에서 독립성을 갖는다고 언급되었던 구문들인데, 주절 [&P]₂ 부정의 영역이 종속절 [&P]₁에 미치지 못하고, 특정한 보조사가 쓰이지 못하며, 문 쪼개기가 불가능하다고 하였다.

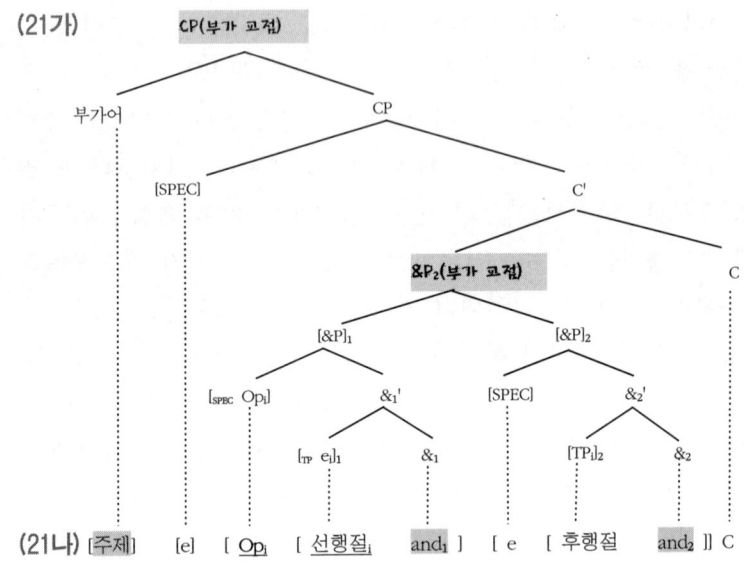

선조적 배열로만 보면, (20나)와 (21나)는 똑 같다. 그러나 계층을 이루는 내부 구성이 현격히 다르다. (20나)는 핵어 부가의 구조를 갖고 있으나, (21나)는 최대투영 부가의 구조를 갖고 있기 때문이다. 그뿐만 아니라, 선행구의 시제 형태소가 공범주로 표상되어 있다.

〈 [$_{TP}$ e$_i$]$_1$, [Op e$_i$], [TP$_i$]$_2$ 〉

이 공범주 시제소는, '기생 공백'의 처리에서처럼, 선행구의 지정어 위치에 설치된 공범주 연산자 Op를 통해 후행구의 시제소와 연쇄를 형성함으로써, '상대시제'의 해석을 받는 것으로 상정된다.[48] 그런데 이

---

[48] 종속접속의 구문에 관련된 형태소 가운데, {-아서, -고서, -으려고, -고자, -자마자, …}에서와 같이 내재적인 의미자질 때문에 외현범주의 시제소를 구현시킬 수 없는

구조가 최동주(1994)에서 제시된 다음의 계열 관계를 설명해 내려면 수정되거나 부대 조건이 추가될 필요가 있다.

(22가) 철수가 가면, 곧 돌아올게.
　　나) 철수가 갔으면, 곧 돌아올게.

두 예문에서 차이점은 선행구의 시제소 {-었-}의 유무이다. 시제소의 출현에도 불구하고, (22나)가 여전히 후행구의 시제소가 기준 시점이 되어 '상대시제' 해석을 받는다. 화자가 돌아오는 후행구의 시점이 기준 시점이 되어, 선행구의 시제를 해석하게 된다. 이런 점에서 두 예문이 모두 '상대시제'의 해석을 받는다.

(22가)와 (22나)는 선행구 시제 해석이 다르므로({ e:-았-}의 대립), (22가)는 종속접속 구문의 (21가)의 구조를 갖고 있으나, (22나)는 등위접속 구문의 (20가)의 구조를 갖는 것으로 보아야 할까? 아니면, 동일한 종속접속의 구조로 보고, 시제소의 외현 여부에 따라 시제 해석을 더 추가시키는 것으로 처리해야 할까? 필자는 (22가)와 (22나)가 모두 '상대시제'의 해석을 받는다는 점을 중시하여, 동일한 종속접속 구조 속에서 해결책이 강구되어야 할 것으로 본다. 그렇다면, 공범주

경우가 있다. 그럼에도 불구하고 이들이 상대시제 해석을 받으려면, 후행구의 시제소와 어떤 식으로든지 관련을 맺어야 한다. (21가)의 선행구에 있는 공범주 시제소는, 이런 형태소들이 상대시제의 해석을 받을 수 있도록 하는 근거가 된다. 최동주(1994)에서는 이들을 '상대시제'에서 제외하였는데, 그의 논의가 외현 시제 형태소에 초점을 모으고 있기 때문으로 보인다. 본고에서는 연산자에 의해 결속되는 '공범주 시제소'를 상정하고 있기 때문에, 이 형태소들 또한 상대시제의 해석을 받는 것으로 해석된다. 만일 내재적 의미자질로 말미암아 이 형태소들을 전혀 시제소와 관계없는 것으로 규정하면, 이들 형태소가 오직 '절대시제'의 해석만을 갖게 될 뿐이다. 이는 '상대시제 해석' 모습을 띤다는 결론과 모순이다. 이 난점을 피하기 위해, 우연히 이들 의미자질이 "잉여적으로" 시제를 표시할 수 있기 때문에, (21)의 구조에서 외현 범주의 시제를 거부하는 것으로 보는 방법을 택한다. 한편, 접속 형태소와 통합될 수 없는 시제 형태소와 대우 형태소들이 지적되었다(이은경, 1996; 조민정, 1996; 김정대, 1997). {-느-, -더-, -리-}와 {-습-, -이-} 등이 접속 형태소와 통합될 수 없다. 사건 시제와 인식 시제 층위가 & 층위보다 아래에 있고, 대우 층위와 경험·명제 시제 층위가 & 층위보다 위에 있다는 단순 기술에 머물지 말고, 앞으로 그 이유가 더 추구되어야 할 것이다.

시제소가 구현된 (22가)를 전형적인 것으로 보아야 할 것인가, 아니면 (21가)의 그 위치가 순수하게 비어 있다고 보아야 할 것인가? 비록 종속접속 구문도 예외적으로 '절대시제'의 해석을 받는 경우가 있지만,

"원칙적으로 상대시제의 해석을 받는다."

고 하는 최동주(1994)의 결론을 응용하는 방법을 택하기로 한다. 만일 그 교점이 순수하게 비어 있다고 하면, 선행구의 시제소가 후행구와 연쇄를 이루도록 하는 연산자를 설치할 동기가 없어져 버린다. 상대시제 운용 연산자가 기본 구조에 표상되려면, 공범주 형태의 시제소가 이미 들어가 있는 것으로 처리하는 것이 더 나은 방안이다. 여기서 예외를 두어, 선행구의 시제소가 외현범주로 실현되려면, 공범주 시제소를 지우고 나서 그 자리를 차지하는 것으로 상정할 수 있다.

 만일, (22가)와 (22나)가 의미 차이가 없는 것이었다면, 예외적인 시제 형태소 처리는 매우 간단해졌을 것이다. 곧, 논리형식부(LF)에서 (22가)처럼 시제 해석을 받고 난 뒤에, 예외적으로 음운형식부(PF)에서 연쇄의 종착 핵어인 후행구의 시제소를 복사하는 규칙을 설정하여, (22나)처럼 음성형식을 갖도록 하는 것이다. 그렇지만, 문제는 (22가)와 (22나)가 서로 다른 의미를 가지고 있다는 점이다. 최소한 논리형식부(LF)에 들어가서 시제 해석을 받기 이전에, (21가)의 통사 표상에 외현범주의 시제소 {-었-}이 구현되도록 조취를 취해야, (22나)에 대한 적절한 시제 해석이 논리형식부에서 유도될 것이다. 이는 외현범주의 시제소가 구현될 수 있는 '부대 조건'을 찾는 일인데, 선행구에 나타나는 동사의 속성과 접속 형태소의 의미자질, 그리고 사실 서술이냐 가정 서술이냐 하는 양상 등이 서로 복합적으로 작용하여 결정될 듯하다. {-었-}이 실현될 수 있는 '부대 조건'을 찾을 수 있다면, 필자는 이 조건에 의해 기본 구조의 공범주 시제소가 지워지고, 그 위치에 외현범주의 시제소가 실현되는 것으로 (22나)를 처리할 수 있다고 본다. 본 논의에서는 이 문제를 더 깊이 논의하지 않고, 다만 '상대시

제'가 접속 구조를 통해 적절히 운용되려면, 공범주 형태의 시제 연산자를 갖고 있는 모습을 상정할 수 있고, 이 연산자는 기본적으로 주어져 있는(default) 공범주 시제소의 연쇄 형성을 위해 주어져 있으며, 특별히 어떤 '부대 조건'이 만족되면 외현범주의 시제소가 공범주 시제소를 지워 그 위치를 점유함으로써, 그 시제 해석이 공범주 시제소에서와 같이 동일한 연산자에 의해 연쇄를 형성하여, 후행구의 시제소를 기준 시점으로 삼게 된다고 보고,[49] 상대시제의 문제를 매듭짓기로 한다.

선·후행구의 자리 바꾸기가 불가능한 것은 선행구의 시제 의존성에서 유도된다. 독자적인 시제소가 실현됨으로써 한 사건이 완결된다. 그러나 선행구에는 독자적인 시제소가 주어져 있지 않다. 따라서 독자적인 시제소를 구현하고 있는 후행구와 선행구가 서로 뒤바뀐다면, 의미 해석이 달라질 수밖에 없는 것이다. (21가)의 구조는 이를 명시적으로 보여 준다.

후행구에서만 주제 요소가 선택된다는 점도, &P의 지정어 위치의 차이 때문에 쉽게 설명된다. 선행구의 [&P]$_1$의 지정어 위치에는 시제를 결속해 주기 위한 공범주 연산자가 미리 자리 잡고 있다.[50] 따라서 주제 교점으로 옮아가려고 해도 중간 기착지가 마련되지 않아, 인상 이동이 일어날 수 없다. 대신, 후행구에서는 비어 있는 지정어 교점을 통해 주제 교점에로 인상 이동을 하는 데에 아무런 간섭을 받지 않는

---

49) ⟨e$_i$, Op, T$_i$⟩에서는 선행구의 공범주 시제 형태소가 후행구의 외현범주 시제 형태소가 지시하는 동일 시간대를 가리킨다. 그러나 ⟨T$_j$, Op, T$_k$⟩의 연쇄, 예를 들어 ⟨-었$_1$-, Op, -었$_2$-⟩의 연쇄에서는 후행구의 '-었$_2$-'이 지시하는 시간대가 기준 시점이 되고, 이 기준 시점을 근거로 선행구의 '-었$_1$-'이 새로 자신의 시간대를 지시하게 된다. 공범주 시제소와 해석이 달라지는 것은, 지표 부여가 다르기 때문인데, 이를 보장하기 위해 지표 부여의 역할을 맡는 연산자 Op에 대한 정의가 더 정밀해져야 할 것이다.

50) 부가어를 인허하는 공범주 논항이 설치되어야 한다면, 주절보다는 종속절에 설치되는 것이 옳을 듯하다. 의존성을 보여 주기 때문이다. 이 점에서 모든 &P가 같은 모습을 지녀야 하는 등위접속 구문과 구별이 이루어질 듯하다. 설령, 주절이나 종속절에 똑같이 부가어를 인허하는 공범주 논항이 설치된다고 하더라도, 시제의 연쇄나 결속을 위한 공범주 연산자(Op)의 존재가 종속절에 더 설치돼야 한다. 이 점이 종속절에서 주제 요소의 기착지를 빼앗아 가는 것으로 이해될 수 있다.

다. 이 점이 후행구로부터 임의 요소가 주제어로 인상된다는 지적을 명시적으로 보여 준다.

그런데 다항 접속에서도 하나의 주제만이 관찰되는 경우가 있다. 예를 들어,

"<u>그는</u> 성실한 학자이었고, 충실한 남편이었다."

에서, 표면상 단일한 주제만이 관찰된다. 그러나 그 표상은

<u>그는</u>$_i$ [t$_i$ 성실한 학자이었]고 (<u>그는</u>$_k$) [t$_k$ 충실한 남편이었]다

와 같다. 각 접속구에서 주제어의 인상 이동이 있은 뒤, 순행 생략(또는 영역 횡단 적출)이 일어난 결과이다. 표면상 단일하게 보이는 등위접속 구문의 주제어는, 각 접속구마다 고유한 주제어가 설치된 뒤에 다시 다른 층위의 문법 규칙이 적용되어 산출된 것임을 매듭지을 수 있다.

선행구가 후행구 속으로 이동할 수 있다는 말은, 선행구가 최대투영을 상대로 하여 부가되어 있으므로, 후행구에서 임의의 최대투영 XP가 있으면, 어디에서든지 부가를 이룰 수 있는 것으로 해석될 수 있다. 최대투영 XP의 위치는 핵어 투영의 교점을 제외한 지정어와 보충어 위치이다. 동사구 VP가 일치소 Agr 층위에 의해 둘로 나뉘어져 있다는 최소이론의 최근 가정을 수용한다면, 최대투영 부가를 이룰 수 있는 위치는 더욱 많아진다.

문장 부사의 지위를 갖는 독립성의 종속접속 구문은, 문 쪼개기가 되지 않는다고 한 대목을 살펴보기로 한다. 선행구가 후행구의 구성성분이 아니기 때문에 이런 현상이 관찰된다고 하였다. (21가)의 구조는 선행구가 후행구의 구성성분이 아님을 보여 주고 있다. 만일 구성성분이었더라면, 선행구가 VP의 하위 교점으로 자리 잡고 있어야 한다.

동사구 수식어(=성분 부사)의 지위를 갖는 접속문을 상정하는 데에는 이견이 있다. 필자는 이를 결과절 구문과 같은 경우를 가리키는 것으

로 이해하는데, 결과절 구문은 동사의 내포문이며(제1절의 각주 5를 보기 바람), 동사구를 수식하는 접속문은 아니다.

이상에서 필자가 제시한 접속 구조 (19가, 나)(=20가, 21가)가 한국어 접속 구문의 특성들을 모순 없이 유도할 수 있음을 보았다. 등위접속 구조의 대칭성이 범주와 구조의 동일성으로 이해될 때, (19가)의 구조가 그런 특성을 명시적으로 보여 줄 수 있다. 종속접속 구조의 의존성이 '상대시제'와 후행구의 단일 주제에 의해 표현될 수 있다고 할 때에, (19나)의 구조가 명시적으로 이 특성을 구현하고 있음을 보였다.[51] 다만 기본 구조로서 언제나 접속 형태소가 접속구와 함께 실현되어야 하는 점은 조정되어야 한다. 등위접속 구문에서는 맨 마지막의 접속 형태소가 실현될 수 있으려면, 먼저 상위 동사 '하다'가 실현되어야 한다. 이와는 달리, 종속접속 구문에서는 후행구의 접속 형태소가 언제나 공범주로 들어가 있어야 한다고 매개인자를 주어야 할 것이다.

4.2. 생략의 문제

4.2.1. 접속 구문과 관련하여 논의돼 온 현상 가운데 하나가 '생략'이다. 생략에 대한 논의는 인구어의 경우 연구가 다양하게 이루어져 왔다(4.2.2절의 각주 61 참고). 한국어를 대상으로 한 논의는 상대적으로 소략한데, 인구어에서처럼 다양한 모습으로 구조화되어 생략을 구현하고 있지 않기 때문이라고 생각된다. 생략을 어떻게 해석하느냐 하는 문제는 그 내용이 다소 복잡하다. 직관적으로 생략을 지우기라고 간주할 수 있다. 생략의 논의에서 흔히 채택되고 있는 관점이다. 그렇지만, 생략이 지우기가 아니라, 특정 요소가 '이동'한 것에 지나지 않는다는 대립적 관점도 여전히 유지되고 있다(Williams, 1990). 생략의

---

[51] 한국어의 접속사 (그리고, 그러나, 그러면, 그럴수록, 그렇더라도, …)들은 (21가)의 구조를 간접적으로 뒷받침할 수 있다. 이들은 모두 지시대명사 '그'를 갖고 있는데, 그 성격이 부가어를 인허해 주는 공범주 연산자와 성격이 유사한 듯하다.

대상이 무엇이냐 하는 것도 문젯거리이다. 언제나 문장을 대상으로 하여 시작된다고 보는 관점도 있고(Wilder, 1997), 문장보다 더 작은 단위들을 대상으로 생략이 일어난다고 보기도 한다. 그뿐만 아니라, 어떤 것들이 생략이라는 범위에서 논의될 것이냐 하는 문제도 이론의 선택과 맞물려 쉽게 결론이 나지 않는다.[52]

선행사를 담화 상황에서 찾아야 하는 경우(담화상의 생략)를 제외한다면, 명시적으로 두 문장이 접속되어 있는 환경에서 자신의 짝을 찾아내어야 하는 경우는 최소한 7가지가 넘는다.[53] 이런 다양한 형식들

---

[52] K. Schwabe and N. Zhang eds.(2000), 『Ellipsis in Conjunction』(Max Niemeyer Verlag)에 있는 Jose Camacho, "On the Structure of Conjunction"의 결론이, 필자가 제안하고 있는 (19가)의 구조와 유사하다는 점에서 흥미를 끈다. 차이점은 부가어 지위에 대한 구조적 배려가 없다는 점이다. 스페인어의 자료를 이용하여, 두 접속구에 동일한 시제소가 구현되어 있을 때에만 선·후행구가 동일하게 부정의 영역 속에 들어간다는 점을 관찰하고, 시제 자질들이 〈지정어, 핵어〉 관계에 의해서 점검받아야 한다고 가정하고 있다. 시제소가 &범주 위에 설치되는 것인지, 필자의 생각처럼 아래에 설치되는 것인지는 언급이 없다. 그리고 왜 접속문이 언제나 &P로 실현되어야 하는지에 대해 구체적인 자료 제시가 없다. 아마도 '대칭성 요구 조건'이라는 낱말로 미루어 보면, 접속구들 사이의 대칭성을 표시하기 위하여 그런 것이 아닌가 짐작된다. 그 요약에 제시되어 있는 구조는 다음과 같다(Conj를 필자의 &로 고쳐서 제시함).

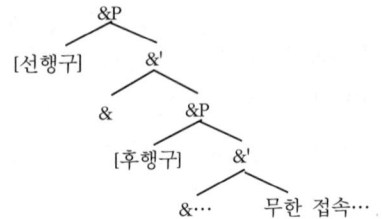

[53] 생략은 구성성분(constituent)만을 대상으로 하여 일어나는 것이 아니라는 점에서, 그 내용이 간단치 않음을 짐작할 수 있다. 등위접속 구문을 대상으로 할 때에, 다음처럼 일곱 가지 경우가 있다.
　① 후행구의 동사가 생략되는 경우
　　Robin ate beans, and Kim __ rice
　② 선행구의 목적어가 생략되는 경우
　　Robin cooked __, and Kim ate beans
　③ 후행구의 동사구가 생략되는 경우
　　Robin ate beans, and Kim did __ too
　④ 후행구에서 조동사는 남기되 본동사가 생략되는 유사 공백(pseudo-gapping)의 경우
　　Robin ate beans, and Kim did __ rice

이 모두 별개의 현상으로 치부되고 있지는 않으며, 기본적인 몇 부류로 환원하려는 시도들이 이어져 오고 있다. 한국어에서는 이들 현상이 다 관찰되는 것이 아니지만, 순행 생략과 역행 생략의 방향성을 공유하는 것으로 보아, 생략도 보편원리에 의해 운용되고 있으리라는 믿음을 갖게 한다. 본고에서는 접속 구문과 관련된 순행 생략과 역행 생략 두 가지 경우만을 대상으로 하여 한국어 자료를 다루어 나가기로 한다.

4.2.2. 본 절에서는 접속 형태소 {-고}가 이루는 구문을 중심으로 하여 생략의 문제를 살펴나가기로 한다. 남기심(1994)에 의하면, 한국어의 접속 형태소 {-고}는 그 기능에 따라 다음처럼 하위 부류화될 수 있다. 공간 나열·동시 나열·상태 지속·계기 나열들이다. 공간 나열은 {-고서}와 {-고 나서}라는 접속 형태소와 대치가 불가능하다는 특징을 지니며, 다항 접속을 이룬다.
{-고}가 공간 나열을 나타낼 경우, 선행구와 후행구에 나란히 시제소가 출현할 수 있다.

(23가) 소년은 돌아오지 않았고, 나무는 슬펐습니다.
　나) 어제 그는 노트를 샀고, (어제) (그는) 친구를 만났다.

(23가)는 선행구와 후행구에 모두 시제소와 주제어가 실현되어 있음을 보여 준다.[54] (23나)에서도 선행구와 후행구에 시제소가 있으므로,

---

⑤ 후행구에서 명사구 중간투영이 생략되는 경우
Robin drank a third glass of beer and a fourth __).
⑥ 내포 의문문에서 예외적으로 의문사가 이동함이 없이 제자리에 머물러 있는 Sluicing의 경우
John did see someone, but I don't know who __ .
⑦ 동사와 동사가 접속됨으로써 선·후행구의 어떤 요소가 생략되었다고 볼 수 있는 경우
Joe hit __ and __ kicked Sue
54) 접속 구문에서 주제 요소의 선택은 다소 자유로운 듯하다(남기심, 1994 : 23).

다항 접속임을 알 수 있다. 그런데 (23나)의 후행구에서는 '동일 요소'의 생략이 가능하며, 이는 괄호 속에 '음영 글자'로 표시되어 있다. 이때 생략된 동일 요소들은 선행구와 대비하여 쉽게 복원할 수 있다. 접속 구조에서 동일 요소가 있을 때에, 이처럼 후행구에 있는 요소들이 생략되는 경우를 순행 생략이라고 부른다.[55]

(24가) 별이는 곰 인형을 가졌고, 달이는 토끼 인형을 가졌다.
　　나) 별이는 곰 인형을 (가졌고), 달이는 토끼 인형을 가졌다.

(24)에서도 시제소가 접속구마다 실현되어 있으므로, 다항 접속임을 알 수 있다. 이번에는 동일 요소 가운데 선행구에 있는 것이 생략되어 있다. 이 경우를 (23)과 대비하여 역행 생략이라고 부른다. 선조적으

　　(i) 식민지 지배는 끝나고, 나라의 주권은 되찾았지만, 나라는 여전히 어수선하였다.

위 예문에서 첫 번째와 세 번째 접속문에서는 주어가 주제화되어 있지만, 두 번째 접속문에서는 목적어 요소가 주제화되어 있다.

　　(ii) 영희는 못생겼고, 사람들이 (__) 싫어했다.

예문 (ii)에서 고딕으로 강조된 주제어는 기본 표상에서 선행구의 주어이고, 후행구의 목적어이다(남기심, 1994 : 41). 이 예문은 Wilder(1997)에서 제시하고 있는 생략의 동일성 조건 가운데, 형식적 문맥 조건(context identity)을 위배하고 있다. 만일 문맥 조건을 동일하게 만들려면, (ii)가 (iii)과 같은 과정을 거쳐 생략이 일어났다고 봐야 할 것이다. 여기서는 생략이 적용되는 층위가 기본 표상 층위가 아니라 S-구조 층위라고 해야 한다.

　　(iii) 영희는 [t_i 못생겼고], (영희는$_i$) [사람들이 t_k 싫어했다].

55) 순행 생략을 '영역 횡단' 적출 사례로 보는 관점도 있는데(K. Johnson), 다음처럼 표시될 수 있다.
　　(i) [&P [John bought wine], [Sue bought cheese], and [Mary bought bread]].
　　(ii) John$_j$ bought$_k$ [&P [t_j t_k wine], [Sue t_k cheese], and[Mary t_k bread]].
(i)의 초기 표상에서 동일한 동사 bought가 세 개의 접속구로부터 동시에 적출되어 왼쪽으로 이동된 모습이 (ii)이다. (23나)에 응용하면 다음처럼 나타낼 수 있다.
　　(iii) [[어제 그는 노트를 샀고][어제 그는 친구를 만났]다].
　　(iv) 어제$_j$ 그는$_k$ [[[t_j t_k 노트를 샀고 [t_j t_k 친구를 만났]다].
그런데 순행 생략과 역행 생략이 모두 동시에 일어나는 사례들이 있다. 이때 순행 생략은 왼쪽으로 이동하고, 역행 생략은 오른쪽으로 이동할 터인데, 영역 횡단 적출에서는 이 이동에서 발생하는 교차의 문제를 어떻게 해결할 수 있는지 의문이다.

로 순방향에서 생략이 관찰되는 것이 아니라, 역방향에서 관찰되는 것이기 때문이다(음영 글자는 생략을 나타내며, 이하 동일함).

(25가) 갑은 연필을 만들었고, 을은 연필을 포장하였고, 병은 연필을 팔았다.
나) 갑은 연필을 만들었고, 을은 (연필을) 포장하였고, 병은 (연필을) 팔았다.

앞의 (23)과 (24)의 예문들은 접속구의 가장자리에 있는 요소가 생략되었다. 반면, (25)에서는 동일 요소가 접속구의 한가운데에 있고,[56] 선행구의 것을 제외하고 나머지는 생략이 가능하다. 접속구마다 시제소가 실현되어 있고, 주제 요소가 있으므로, (25)는 대칭성을 띠고 있으며, 공간 나열의 해석을 받을 수 있다. 그러나 공장에서 물건을 만들면 그것을 포장하고 난 다음에 시장에 내다파는 '세계지식' 때문에, 이들은 공간 나열의 해석을 받기보다는 계기적인 해석을 받는다고 해야 옳다. 접속 형태소 (-고)의 기능이 시제소의 출현에 의해 전적으로 결정되는 것이 아니라, 화용적 요소도 복합적으로 작용하고 있음을 보여 주고 있다.

(26가) 철수가 만세를 불렀고, 만수가 만세를 불렀고, 동수가 만세를 불렀다.
나) 철수가 (만세를) (불렀고), 만수가 (만세를) (불렀고), 동수가 만세를 불렀다.
(27가) 철수도 만세를 불렀고, 만수도 만세를 불렀고, 동수도 만세를 불렀다.
나) 철수도 (만세를) (불렀고), 만수도 (만세를) (불렀고), 동수도 만세를 불렀다.

---

56) 생략의 방향성 논의에서 생략된 요소가 문장의 어느 위치에 있느냐에 따라 다음처럼 구분한다. 가장자리(periphery)에 있는 요소가 생략될 수 있고, 중간(middle) 요소가 생략될 수 있다. 가장자리 요소의 생략은 다시 왼쪽 가장자리(좌변 생략)와 오른쪽 가장자리(우변 생략)로 나뉜다. 선핵성 매개인자를 갖는 영어에서는 중간 요소 생략이 '동사'를 가리키게 되고, 후핵성 매개인자를 갖는 한국어에서는 중간 요소 생략이 '목적어'를 가리키게 된다.

(26)에서는 접속구의 동사구들이 동일하며, 역방향으로 생략이 일어난다. (26)과 (27)을 비교하면, 각각 격조사와 보조사가 실현되어 있어서 서로 차이가 난다. (27나)는 배분적 해석을 받는 데에 이상이 없다. 그렇지만, (26나)는 (26가)와 다른 느낌을 준다. 만세를 부른 사람에 대하여 일일이 '매거'하는 데에 쓰일 듯하다. 더러 변형문법 초기에 비-부울 접속 형태소 {와}로 바꾸어 놓는 자의적 변형 규칙을 설정한 적이 있다. 그러나 {와}로 실현된 명사구들은 집단적 해석과 배분적 해석을 모두 받게 된다는 점에서 (26가)와 엄연히 차이가 있다. (26)에서 동사구가 생략이 대상이 될 경우, 다른 해석의 가능성까지 개재될 수 있다는 점은 주의를 요한다. 다른 해석의 가능성이 영역의 중의성scope ambiguity과 관련된 것이 아니라면, 의미 해석의 차이가 구조의 차이까지를 함의하기 때문이다.57)

(28가) 교장은 일본 사람이었고, 교감은 한국 사람이었다.
　　나) 교장은 일본 사람이[었]고, 교감은 한국 사람이었다.
(29가) 명희는 수학도 가르쳤고, 명희는 영어도 가르쳤다.
　　나) 명희는 수학도 가르치[었]고, [명희는] 영어도 가르쳤다.

(28)은 접속문들 사이에서 동일 요소가 동사(계사)와 시제소인데, 역

---

57) 이관규(1992:125)에서 다음 사례에서 생략이 일어난다고 기술하고 있는데, (26)의 경우와 같은 구조이다.
　　(i) 철수가 키가 크고, 영수가 키가 크다.
　　(ii) 철수가 [키가] [크고], 영수가 키가 크다.
그러나 필자의 직관으로는 두 문장이 동일한 의미를 전달하는 것으로 느껴지지 않는다. '생략'이라는 전제 없이 아래 (iii)을 검토하면, 비문이거나 또는 말 실수라고 해석돼야 할 듯하다. 키가 큰 이가 '영수'라고 얘기해야 할 상황에서, 잘못 '철수'라고 얘기하여, 이를 고쳐 말하는 상황이다. 이런 점에서 (iii)은 (iv)를 뜻할 수 없다. {와}를 통해 '배분적' 해석을 받는 구조가 이미 언어 표현에 주어져 있기 때문에, 그런 느낌이 드는 것이 아닌가 한다. 여기서는 이들의 의미 차이가 주어져 있을 개연성이 있으며, 이 차이가 구조에 반영될 필요가 있음을 지적해 둔다.
　　(iii) ?철수가, 영수가 키가 크다.
　　(iv) 철수와 영수가 키가 크다.

행 생략이 가능함을 보여 준다. (29)도 주제 요소가 동일하다는 점을 제외하면, 동일한 모습을 띠고 있다. 이들 예문에서는, 선행구에 시제 소가 생략된 경우(28나, 29나)나 그렇지 않은 경우(28가, 29가)에 의미 차이가 있는 것 같지 않다(최동주, 1994:51 이하). 만약 차이를 찾는다면, 문체적인 차이 정도를 지적할 수 있겠는데, 화자가 선행구의 사건과 후행구의 사건을 긴밀하게 묶지 않고 별개로 제시하는 효과가 담길 수 있다.

(30가) 선생님은 칠판에 정답을 쓰셨고, 학생들은 공책에 정답을 썼다.
나) ??선생님은 칠판에 (정답을) (쓰셨고), 학생들은 공책에 정답을 썼다.
다) *선생님은 칠판에 (정답을) 쓰셨고, 학생들은 공책에 정답을 썼다
라) 선생님은 칠판에 정답을 쓰셨고, 학생들은 공책에 (정답을) 썼다

(30)에는 선행구에 대우 형태소가 실현되어 있는데, 후행구에 대우 형태소가 결여되어 있으므로, 동일성이 확보되지 않아 생략이 불가능하다. (30나)를 허용 가능한 문장으로 받아들일 경우, 선행구의 초기 표상은 대우 형태소가 없는 모습을 지녀야 옳을 것이다. (30다)는, (30라)처럼 순행 생략이 일어나야 하지만, 역행 생략이 되어 있기 때문에 비문이다.

(31가) 철이는 손님ᵢ이 오셨다고 말했고, 경이는 손님ᵢ이 떠나셨다고 말했다.
나) 철이는 손님ᵢ이 오셨다고 (말했고), 경이는 (손님이) 떠나셨다고 말했다.
(32가) 철이는 손님 한 분이 오셨다고 말했고, 경이는 또 다른 손님 한 분이 오셨다고 말했다.
나) 철이는 손님 한 분이 (오셨다고 말했고), 경이는 또 다른 손님 한 분이 오셨다고 말했다.

(31)에서는 접속구들이 내포문을 갖고 있다. 내포문에서는 동일 요소가 내포문의 주어이며, 순행 생략이 가능하다. 상위문에서는 동일 요

소가 동사이며, 역행 생략이 가능하다. 결국, (31나)에서는 내포문과 상위문에서 동일 요소들이 다르기 때문에, 순행 생략과 역행 생략이 모두 동시에 나타나고 있다. 만일 (32)에서처럼 접속구들 사이에 내포문의 동사와 상위문의 동사가 서로 동일할 경우, 역행 생략만이 가능하다.

{-고} 접속 형태소가 이항 접속을 이룰 때에는 동시 나열, 계기 나열, 상태 지속 등의 기능을 지닌다고 한다. 이들 중 공범주 시제소가 선행구에 들어 있는 계기 나열을 살피기로 한다.

(33가) 현이는 현관 밖의 외등을 밝히[T e]고, (현이는) 누군가를 기다렸다.
　　나) 철이는 마당을 한바퀴 돌[T e]고, (철이는) 집안으로 들어갔다.

여기서는 선행구에 공범주 시제소가 실현되어 있다. 이 시제소는 선행구에 주어져 있는 공범주 연산자를 통해 후행구의 시제소와 연쇄를 형성함으로써 후행구와 동일한 시제 해석(상대시제 해석)을 받는다. (33)의 선행구가 외현범주 시제소를 갖고 있는 것으로 처리하는 방법도 있다. 이 경우 선행구의 시제소가 역행 생략된다고 기술해야 한다. 그러나 이 처리 방법은 4.1.3절의 예문 (22)에서와 같이 외현범주의 시제소가 공범주의 시제소와 의미 차이를 갖게 되는 사례를 처리할 수 없는 한계가 있다. 따라서 종속절에 외현범주의 시제소를 상정하고 필수적 삭제를 적용하는 방식은 수용될 수 없다. 따라서 (33가, 나)에서 시제소의 역행 생략은 없고, 다만 주어가 주제화되고 나서 순행 생략된 경우로 처리되어야 할 것이다.

동시 나열, 계기 나열, 상태 지속 등의 기능을 하는 {-고}는 선행구에 시제소가 외현범주로 실현될 수 없다는 특징이 있다. 역행 생략의 사례를 살피기 위하여, 대우 형태소가 나타난 경우를 보기로 한다.

(34가) 스승은 제자들에게 과제를 남기시고, (스승은) 어디론가 떠나가시었다.
　　나) 스승은 제자들에게 과제를 남기(시)고, (스승은) 어디론가 떠나가시었다.

다) 스승은 제자들에게 과제를 남기시고, (스승은) 어디론가 떠나가(시)었다.

(34가)로부터 (34나)와 (34다)가 생략에 의해 도출되었는데, 모두 수용 가능한 문장들이다. 주제어의 순행 생략을 제외하면, 특이하게 대우 형태소가 선행구에서 생략되거나 후행구에서 생략될 수 있음을 보여 준다. 엄격히 후핵성 매개인자를 고려하면, (34나)의 역행 생략이 (34다)의 순행 생략보다 더 바람직하다. (34나)는 선·후행구가 모두 대우 되는 인상을 주지만, (34다)는 후행구에서 대우가 단절되는 느낌을 준다. 대우 형태소는 화자의 의도에 의해서 변동될 수 있기 때문에, 문법 형태소만큼 그 출현 여부가 비문성을 결정적으로 좌우할 수 없다. (34)의 대우 표현 가운데 바람직한 대우 표현을 순서대로 고른다면, (34나)가 1순위이고, (34가)가 2순위이며, (34다)가 마지막 순위이다. 필자의 직관이 옳다면, 계기 표현의 이항 접속에서도 기능범주 형태소들은 역행 생략되며, 이는 공간 나열을 표시하는 다항 접속에서의 관찰과 동일하다고 말할 수 있다.[58]
  접속 구문의 생략 사례들은 다음처럼 요약할 수 있다. 선조적으로 문장이

  "부사어·주어·목적어·동사·기능범주 핵어"

처럼 주어질 때에, 동사나 동사구를 경계로 하여 오른쪽으로는 역행 생략이 가능하고, 왼쪽으로는 순행 생략이 가능하다. (31)처럼 내포문이 들어 있을 경우, 내포문에서도 상위문에서와 같은 구분이 적용된다. 목적어나 동사가 홀로 생략이 될 수 있다는 사실은, 생략 현상이

---

[58] 영어에서 생략이 발생할 때에 동일성 조건이 상정되는데, 기능범주들 사이에서 생략을 허용하는 범위가 다른 점이 지적된다(Wilder, 1997). 아래 (ⅰ)에서처럼 시제소가 다르면 동일성 조건을 위배하여 비문이 된다. 그러나 (ⅱ)에서처럼 단수나 복수 표시는 동일성 조건을 위배하더라도 비문으로 되지 않는다.
  (ⅰ) *John arrives tomorrow, and Mary (arrived) yesterday.
  (ⅱ) They love him, and Jane (loves) (him) too.

구성성분으로 묶이지 않음을 보여 준다.[59] 이 점은 동일 요소를 대상으로 하는 생략만의 '고유 원리'가 상정되어야 함을 뜻한다. 아직 필자는 생략의 방향성이 왜 거꾸로 일어나는지에 대한 해답을 찾지 못하였다. 매우 간단한 것을 선호한다면, 오직 하나의 방향으로만 생략이 일어나야 했을 것이다. 그런데 언어 자료는 서로 모순되는 두 가지 방향을 보여 준다. 이 방향을 결정하는 것은 구성성분과는 관련이 없는 듯하다. 대신 언어 요소들이 계층적으로 자리 잡고 있기 때문에, 이런 특성이 반영되고 있지 않을까 의심된다.[60]

 그런데 생략의 원리에는 성분통어와 같은 기제가 들어가야 하는 것일까? 현재의 연구로는 상위 층위에로의 이동을 통하여 연쇄를 형성할 가능성 정도가 제시되고 있다. 이동에 의한 설명은 다단계의 복잡한 과정을 상정하지 않을 수 없기 때문에, 언어 습득상 문제가 된다. 이 난점을 피하기 위하여 생략의 동기를 통사론에서 찾지 않고, 의미 차원에서 찾는 경우도 있다. 물론 가능한 방법이지만, 의미도 결국은

---

[59] 유사 공백 현상을 다루면서, Lasnik(1995)에서는 생략되는 두 요소가 초기 표상에서는 구성성분이 될 수 없어도, 이동이 일어난 뒤에는 구성성분처럼 묶일 수 있는 것으로 상정되고 있다.

  (i) The DA proved Jones guilty, and the Assistant DA will prove Smith guilty.
  (ii) The DA proved Jones guilty, and the Assistant DA will (prove) Smith (guilty).
  (iii) ···[AgroP [NP Smith]j [Agro' [Agro [V (prove)k] [Agro e]] [VP V' [V tk [Small Clause [NP tj (guilty)]]]]]]].

 (ii)에서는 Smith가 격을 받기 이전의 모습으로, 상위문 동사와 소절로 이루어진 내포문의 동사가 불연속 형태소처럼 놓여 있다. 그러나 Smith가 격을 받기 위해, prove가 격을 주기 위해 이동된 뒤에는, (iii)에서 밑줄 친 부분처럼 prove와 guilty 사이를 가로막는 외현범주의 존재가 없으며, 이 모습이 마치 하나의 구성성분처럼 간주된다.

[60] 본문에서의 기술 방향은 생략에 바탕을 두고 있으나, 아직 필자는 문장 생략이 더 나은 해결책인지, 아니면 이동이 더 나은 해결책인지에 대해 확정적인 결론을 가지고 있지 않다. 이동에 의해서 동일 성분들이 삭제되는 경우도 상정할 수 있는데, 이는 두 입장을 절충하는 것이다. 논항구조의 투영에서 XP의 이동은 지정어가 설치되어 있는 오른쪽 방향으로 인상되는 것이고, 핵어 X의 이동(동사 이동)은 기능범주 핵어들이 실현되어 있는 쪽으로 인상되어야 하기 때문에, 후핵성 매개인자에서는 오른쪽으로 이동된다. 오른쪽으로 이동하는 동기는 격을 배당받거나 일치(점검)를 위해서이고, 왼쪽으로 이동하는 동기는 접어적 특성(강한 형태론적 언어) 때문이다. 이 이동이 생략의 방향성과 맞물려 있다고 할 수는 없지만, 이와 유사한 내용들이 생략과 관련하여 상정될 수 있지 않을까 생각한다.

통사 층위로 스며들어 표상되어야 할 것이기 때문에, 문제가 여전히 남아 있게 된다.[61]

4.2.3. 작은 접속구 접근의 한계

앞에서 (23나)를 다루면서 본고에서는 이를 생략 현상으로 간주하였다. 그러나 이를 생략으로 보지 않고, 작은 접속구$_{small\ conjunct}$를 공유하는 것으로 기술할 수도 있다. 그 예문을 다시 아래 (35)로 가져오기로 한다.

(35가) 어제 그는 노트를 샀고, 어제 그는 친구를 만났다.
　나) 어제 그는 [$_{XP}$ 노트를 샀고, 친구를 만났]다.

작은 접속구를 상정하는 입장에서는 (35가)와 (35나)가 서로 다른 문장이 된다. (35나)는 시간을 나타내는 문장 부사어와 주제화된 주어를 '공유'한다고 보므로, (35가)로부터 도출되는 것이 아니다. 그렇다면, (35나)에서 공유된 부분이 거느리는 구절 XP는 그 범주가 VP라야 한다. 주어 뒤에 언제나 동사구가 오기 때문이다. 동사구와 동사구가 접속되었다는 점에서, 이를 '작은 접속구'라고 부른다.

그런데 작은 접속구의 접근 방식은, 첫째, (35나)의 접속구 XP를 종범주적으로 처리하고 있다는 점이 문제이다. 둘째, 접속구에서 목적어와 같이 중간 요소가 생략되는 경우가 있다(25나). 이때 주어와 동사

---

61) 이 글이 발표된 뒤(1998.12), 생략에 대한 연구들이 많이 출간되었다. 우리말로는 임창국 엮음(2007), 『생략 현상 연구 : 범언어적 관찰』(한국문화사)을 읽어보기 바란다. 생략 연구는 발간 연대순으로 다음과 같은데, 필자의 일후 과제로 남아 있다. Lappin and Baenmamoun eds.(1999), *Fragments : Studies in Ellipsis and Gapping*(Oxford University Press); Schwabe and Zhang eds.(2000), *Ellipsis in Conjunction*(Max Niemeyer Verlag); Merchant(2001), *The Syntax of Silence*(Oxford University Press); Nariyama (2003), *Ellipsis and Reference Tracking in Japanese*(John Benjamins); McShane(2005), *A Theory of Ellipsis*(Oxford University Press); Johnson(2008), *Topics in Ellipsis*(Cambridge University Press).

가 하나의 구성성분을 이룰 수는 없다. 그렇지만 이 '비-구성성분'을 서로 공유하는 것으로 처리해야 하는 모순이 생긴다. 비-구성성분의 공유를 인정한다면, 아무 것이나 공유할 수 있음을 함의하는 셈이고, 무-제약성을 허용하게 되면, 문법을 무너뜨리는 결과를 빚는다. 셋째, 접속 구문이 단순히 순행 생략만 있는 것이 아니라, (29)에서나 (31)에서처럼 순행 생략과 역행 생략이 서로 교차되는 경우도 있다. 이때 공유가 '교차'되어 있다고 기술할 수 있겠는데, 이 교차는 구조로 표상되기가 힘들다. 최소한 현재처럼 제약된 구조로써 이 교차를 표현할 방법은 없다. 이런 점들 때문에 (35나)는 작은 접속구들이 접속되어, 어떤 요소를 공유하고 있는 것이라고 기술할 수 없다. 대신, 문장으로 표상되어 그 가운데에서 동일성 조건들에 따라 생략이 일어나는 것으로 간주해야 옳다(음영 글자는 생략을 표시함).

(36가) 그동안 그들은 자고 먹고 놀기만 하였다.
　나) 그동안 그들은 자기만 하(였)고, (그동안) (그들은) 먹기만 하(였)고, (그동안) (그들은) 놀기만 하였다.
　다) 그동안 그들은 빈둥거리기만 하였다.

(36가)는 문장을 기본 표상으로 하여 생략이 일어난 것으로 간주하는 입장 (36나)에 반례가 될 수 있다. 왜냐하면, '자고 먹고 놀다'가 (36다)에서처럼 '빈둥거리다'로 대치되어 쓰일 수 있기 때문이다. 이는 세계지식으로 말미암아, '자고 먹고 놀다'라는 동사들이 하나의 개념을 지시하는 것으로 이해될 수 있다. 곧, 어휘화 과정에서 (36가)의 '자고 먹고 놀다'가 (36다)의 '빈둥거리다'와 어휘 의미를 공유하고 있는 것이다. 그럼에도 불구하고, (34가)의 외연값과 (34나)의 외연값과 (34다)의 외연값이 같다는 점을 고려하면, (36가)는 (36나)로부터 생략에 의해 도출될 수 있다고 말할 수 있다. (36나)는 구체적 행위를 하나하나 매거하는 표현이지만, (36가)와 (36다)는 속성을 가리키는 표현이다. 그렇다면 이 생략을 적용하는 과정에서 이러한 '내포값의 변

화'를 언급해 줄 수 있어야 할 것이다. 이는 최근의 어휘 의미론에서 임의의 언어 표현이 언제나 중의성을 갖고 있고, 특정 문맥이 주어지게 되면 그 중의성이 해소되는 것으로(coercion : Pustejovsky, 1995) 보는 생각을 응용할 수 있을 것으로 본다.

5. 결론

본고에서는 접속 형태소가 투영하는 접속 구문의 형식화 측면을 다루었다. 한국어의 접속 구문에 대한 연구가 다수 접속 형태소의 분류와 그 의미자질의 상정에 쏠려 왔고, 상대적으로 접속 형태소의 범주와 그 투영 구조에 대한 논의가 소홀히 이루어져 왔다는 반성 때문이다. 본고에서 다루어진 내용을 요약하여 결론으로 삼는다.

제2절에서 부울 접속 형태소가 기능범주의 핵어이며, 핵어들 속에서 이 핵어의 위계를 다루었다. 접속 형태소는 구조 투영(하위범주화) 능력이 있고, 필수적인 통사 교점을 점유하고 있으며, 그 교점이 유일하였다. 본고에서 & 범주로 부른 이 접속 형태소들은 [+I, +C]의 자질을 갖고 있었다. 이는 부분적으로 시제성과 종결성을 동시에 구현할 수 있는 사례들로써 확인되었으며, 교착어 특성을 보이는 한국어 기능범주들의 결합 순서에 의해 층위를 확인할 수 있었다. & 범주는 시제소 구절 TP를 하위범주화하고, 종결소 Comp의 보충어로 편입된다. &가 투영하는 전형적 논항구조에서 지정어 위치는 자신이 이끄는 접속구의 주제 요소가 자리 잡는 것으로 상정되었다.

제3절에서 접속 구문이 결속 현상·외치·비-동일범주의 접속 등에서 보여 주는 '비대칭성'을 구현하기 위해서는, 그 구조가 계층적인 성격을 갖고 있어야 함을 보였다. 그런데 이 비대칭적 계층성은 논항의 지위를 갖기보다는, '부가어'의 지위를 가져야 하며, 부가어는 핵어 부가와 최대투영 부가의 두 유형이 모두 필요함을 보였다.

제4절에서 다항 접속은 핵어 부가의 모습으로 구현되고, 이항 접속

은 최대투영 부가의 모습으로 구현됨을 밝혔다. 이들 구조에서 등위 접속 구문의 여섯 가지 특성과 종속접속 구문의 다섯 가지 특성이 모두 모순 없이 도출됨을 보였다. 이항 접속인 종속접속 구문은, 선행구의 시제소를 결속하는 공범주 연산자가 설치되어 있으며, 이 구조 때문에 '상대시제'의 해석을 받게 됨을 보였다.

생략 현상에서는 다항 접속과 이항 접속에서 모두 순행·역행 생략이 관찰됨을 보였다. 동사나 동사구를 중심으로 하여 생략의 방향이 서로 상보적 관계에 있었고, 생략의 대상은 비구성성분까지 포함하고 있었다. 공유 성분으로 작은 접속구를 갖는다는 입장은 세 가지 결함을 갖고 있으므로 지지될 수 없었다.

본고에서는 다룰 수 없었던 내용을 적어 두기로 한다. 첫째, 부울 접속과 비-부울 접속이 동일한 기반 위에 운용될 것이라는 가정이 더 구체적으로 심도 있게 탐구되어야 할 것이다. 둘째, 인구어를 중심으로 한 논의에서는 거의 &가 격을 배당하거나 격 점검에 관여함을 가정하고 있다. 이는 비-부울 접속의 사례들, 특히 격 배당 변동 사례로부터 나온 것이다. 그렇지만 한국어에서는 비-부울 접속 형태소 위에 다시 격이 실현된다. 이런 차이가 매개인자로 기술되는 것으로 그치지 말고, 하나의 원리에 따라 두 유형을 도출하고 설명해 줄 수 있어야 할 것이다. 셋째, 생략과 대용 현상은 서로 관련이 있겠지만, 본고에서는 생략 현상만을 다루었다. 생략은 영역 횡단 적출 현상으로도 설명되고 있다. 두 방법에 대한 면밀한 검토가 더 필요하다.

제8장 등위·종속접속 구문의 설정에서 몇 가지 전제

접속 구문을 다룰 적에는 먼저 선결되어야 할 몇 가지 전제들이 있다. 이를 크게 상위 학문상의 전제와 개별 학문상의 전제로 나누어 놓고서 그 내용들을 소략하게 살펴보기로 한다.

1. 학문상의 몇 가지 전제

1.1. 상위 학문상의 전제

여기서 상위 학문이란 개념을 언어학을 떠나서 언어학의 상위 교점을 이룰 수 있는 학문 영역들을 가리키는 뜻으로 쓴다. 필자는 언어보다 더 상위에 있는 영역이 '개념'을 다루는 학문이며, 개념을 다루는 학문은 반드시 우리가 경험하는 일상생활의 여러 가지 '복합사건'들을 다뤄야 한다고 믿고 있다(실세계 체험이 알파이자 오메가임). 우리가 태어나면서부터 의식적이든 무의식적이든 상관없이 여러 가지 감각 자극과 그 자극들을 분류하고 정리하여 기억 속에 집어넣는 일들을 시작하게 된다. 따라서 첫 번째 고려해야 할 전제는, 우리가 경험하는 실세계 사건들에 대한 것으로 다음과 같이 진술할 수 있다.[1)]

< 전제 1 > 실세계에서 경험하는 복합사건

우리가 경험하는 실세계의 복합사건들은 동시 연결 또는 계기적 연결이며, 심리적으로 묶인 사건 덩이들의 표상이다.

비록 우리가 큰 덩어리로서 실세계의 복합사건들을 경험한다고 하더라도, 그 사건들을 장기기억 속에 집어넣게 위해서는 부지불식간에 낱낱 사건들로 분해하고 각 사건들을 연쇄된 일련의 사건으로 저장해야 한다. 단, 이 경우에 낱개의 사건은 철학이나 심리학에서 언급하는 명제 또는 개념의 형식으로 구현되는데, 자연언어에서는 임의의 동사와 그 동사가 거느리는 논항들로 표상된다.

어떤 복합사건 연결체를 낱개의 사건들의 연쇄로 분해하여 장기기억 속에 저장해 넣더라도, 그 사건들을 이용하려면 장기기억에서 다시 전전두엽에 자리 잡은 작업기억으로 인출하여 언어로 표현해 놓아야 한다. 그렇지만 낱개의 사건 또는 단위 사건을 언어로 표현할 경우에 반드시 또한 그런 사건들이 연결되어 있음을 표시해 줄 수 있어야 한다. 언어는 추상적 실체이므로, 다섯 가지 감각기관으로 경험할 수 있는 구체적 도구로 묶거나 붙여 놓을 수 없다. 낱개의 사건을 나타내는 추상적 실체인 언어를 붙여 놓기 위해서는 일단 언어적인 기제를 이용해야 한다. 이런 기제는 담화에서 언어 내적 연결기제와 언어 외적 연결기제로 부르지만, 그 이전에 언어로 제시되는 일련의 사건들이 유사한 내부 모습을 지니고 있음이 보장되어야 한다. 임의의 두 개의 사건이 언어로 표현될 경우에 그 사건들의 내부 모습이 유사할 경우에 서로 연결되어 시간상으로 전개된다고 이해하게 되는 것이다. 따라서 다음과 같은 전제를 상정할 수 있다.

< 전제 2 > 단위 사건의 분절 : 한 사건의 내부 모습을 드러냄

임의의 복합사건 연결체들이 장기기억 속에서 낱개의 단위 사건들로 저장되

---

1) 김지홍(2010), 『언어의 심층과 언어교육』(도서출판 경진) 제1장, 제2장, 제4장을 참고하기 바람.

어 있다가, 다시 언어로 표현하기 위하여 인출된다면, 낱개 사건들이 서로 관련되어 있음을 보장해 주기 위해서 가장 값싼 방식은 낱개 사건을 분절하여 그 사건의 내부 모습을 드러내는 것이다.

< 전제 3 > 시간상 앞뒤로 제시된 두 가지 사건의 관계
시간상 두 개의 사건이 앞뒤로 제시될 경우에, 앞에 제시된 사건과 뒤에 나오는 사건이 서로 유사한 내부 구조를 지닌다면, 그 사건이 시간적으로 전개되고 있음을 인식할 수 있다. 또한 이와는 달리, 앞 사건은 배경이나 무대로 기능하고, 바로 뒤이어지는 사건은 강조하고 주목해야 할 초점으로 기능할 수 있다.

낱개의 사건 또는 단위 사건을 상정하는 경우에, 그 사건의 내부 모습을 자의적으로 분절될 것인가? 아니면 역사·문화적으로 구성원들 사이에서 합의된 어떤 원형이 있는 것일까? 필자는 후자 쪽에 서 있다. 사건 내부를 뜯어보는 방법은, 수사학 전통에서 강조해온 '육하원칙'에서 찾아볼 수 있다. 단, 육하원칙 중에서 '왜'는 두 사건의 관련성을 드러내므로, 낱개의 사건이나 단위 사건을 다루려면 응당 제외되어야 한다.

서구 수사학 전통에서 강조해 온 육하원칙은 크게 배경 및 초점 사건으로 나뉜다. 곧, '언제'와 '어디서'는 배경이나 무대 또는 상황을 가리킨다. 이는 이야기를 전개하기 위해서 먼저 제시되어야 하는 것이지만, 동일한 배경이나 무대에 한 사건이 계속 이어진다면 표현과 이해의 경제성을 위해서 쉽게 생략될 수 있다. 이런 바탕 위에서, 하나의 사건에 대한 내부 모습을 언급하게 된다. 먼저 '누가'는 한 사건을 일으키는 주체를 가리키는데, 문장에서 주어 자리를 차지하게 된다. 주어 자리는 반드시 목숨을 지닌 생명체만 나오는 것이 아니라, 목숨이 없는 무생물도 주어 자리에 나오게 된다. 후자는 특히 비-대격unaccusativity 구문으로 불리며 형용사 구문 등이 대표적이다. 이는 기본표상에서 대격을 받는 자리에 놓여 있다가, 필수적 이동 요구에 의해서 비어 있는 주어 자리로 이동한다고 설명된다. 따라서 '누가'는 전형적으로 행동주 또는 행위 주체라고 말해도 크게 지장이 없게 된다. 그 다음에 '무엇을'이 있다. 이는 한 사건이 누구를 대상으로 하여 일어났는지, 그 사건이 누구에게 귀속되는지를 언급하는 것이다. 추상화시켜 말한다면, '누가'는 사건의 기점이고, '누구를'은 사건의 종점에 해당한다. 마지막 남은 것이 '어떻게'이다. 이는 사건이 전개되는 방식을 가리키는데, 실제로 단순하게 방식만 가리키는 것이 아니라, 사건에 대한 기대나 사건에 대한 추정까지 포함하여 광범위한 인식 내용과 관련되어 있다.

육하원칙에 의해서 임의의 사건에 대한 내부 모습을 표현해 주더라도, 우리는 사건들을 크게 두 가지로 범주화해서 구분해 주어야 한다. 하나는 필연적 인과율에 지배되어 무의지적·비지향적 자연세계 사건이 있다. 다른 하나는 인간의 자유의지에 의해 매개되어 의지적·지향적인 인문 사건이 있다(Searle, 1983; 심철호 뒤침, 2009, 『지향성』, 나남과 Searle, 2004; 정승현 뒤침, 2007, 『마인드』, 까치를 보기 바람). 우리가 경험하는 사건들의 무게는 두 범주 사이에 끝없이 변동된다. 자연세계에 있는 사건들의 변화를 다룰 때에 흔히 자연과학으로 부른다. 그렇지만 자유의지를 구현하는 사건들의 복합 연결체를 다룰 경우에는, 단순한 자연계의 인과율로 충분히 다룰 수 없다는 점에서 고유하게 인문학의 영역으로 부르고 있다.

결국, 접속 구문을 다룬다고 할 경우에, 우리가 언제나 경험하고 있는 복합사건 연결체들이 인간의 장기기억에서 낱개 사건들로 분해되어 저장되고, 필요에 따라 그 각각의 사건들을 인출하여 언어로 표현하게 된다. 접속 구문이란 이런 낱개의 사건들의 관계를 언어 형식을 통해서 다루는 것에 지나지 않는다.

1.2. 개별 학문상의 전제

언어학 논의에서 접속문을 다룰 경우에는 필자는 가장 기본적인 전제로서 다음 내용들이 먼저 결정되어야 할 것으로 본다.

① 프레게(Frege)의 일원론적 접근, 또는 동심 구조를 갖는 핵 계층 이론의 접근
② 다항(무한) 접속과 이항 접속의 구별
③ 접속 현상이 고유한 핵어에 의해 유도되는지(고유한 기능범주인지) 여부
④ 내포문과 접속문의 구별, 수의적인 부가어와 접속문의 구별

접속문의 구조 설정에서는 논리적 필연성이 먼저 고려되어야 한다. 다시 말하여, 두 개의 핵을 지닌 이심(또는 외심) 구조를, 하나의 핵을 가진 동심(또는 내심) 구조로 바꾸는 일이다. 여기에는 두 가지 가능성이 있다.

① 두 핵어 중에서 어느 하나만 핵어로 지정하고, 다른 핵어는 핵어 지위를 박탈한다.
② 두 핵어 이외에 제3의 핵어를 도입한다.

그런데 후자는 자기모순 또는 자기당착에 빠진다. 제3의 핵어가 도입되는 경우에, 먼저 제4의 핵어나 제5의 핵어 도입을 차단하거나 배제할 논리적 기제가 마련되기 어렵다. 또한 기존 핵어와 새로운 핵어가 서로서로를 어떻게 구분해 줄 것인지 원론적 구별 방법이 존재하지 않는다. 이를 수학기초론에서는 '동일 차원의 서술 불가능성$_{impredicativity}$'이라고 부른다(Benacerraf and Putnam 엮음, 1983 개정 재판, 『Philosophy of Mathematics』, Cambridge University Press의 46, 440, 467쪽을 보기 바라며, '비서술성'이라는 일본인들의 번역 용어는 '서술하지 않는 속성'을 가리키므로 오류임). 기존의 핵어를 감싸안으려면 핵어와는 다른 차원의 존재가 도입되어야 논리적으로 타당하다. 그렇지 않고 동일한 차원의 핵어를 도입한다면 그 즉시 무한 퇴행이 생겨난다. 그렇다면 가능성은 처음 제시한 방식만이 남는다. 여기서도 다음 세 가지 선택이 있다.

① 오직 앞의 핵어만이 주인이 된다.

②오직 뒤의 핵어만이 주인이 된다.
③앞의 핵어가 주인이 되는 것과 뒤의 핵어가 주인이 되는 것이 있다.

이 가능성들은 자연언어의 구체적인 자료를 통해서 검증되어야 한다. 다시 말하여 각각 이항 접속[2]과 다항 접속(무한 접속)의 구조를 위의 어느 선택지가 가장 잘 실현할 것인지를 살펴보는 것이다.

여기서 다음 단계로 논의되어야 할 것은 핵어의 지위이다. 한 문장을 종결짓는 지위를 줄 것인지, 아니면 사건들을 이어 주는 별도의 지위를 부여할 것인지에 대한 물음이다. 이 물음에 대한 답은 접속 구문의 이론을 표면 구조에 더 근접하게 맞출 것인지, 아니면 추상적인 쪽으로 끌어갈 것인지에 의해 찾아질 수 있다.

만일 표면 구조를 중심으로 하여 살펴본다면 연결어미가 종결어미와 동일한 기능을 갖고 있는지 여부에 초점을 맞춰야 한다. 그렇지만 연결어미와 종결어미가 변별되는 기능들을 갖고 있으며, 언제나 시제 형태소를 요구하는 것도 아니므로, 동일하다고 보는 입장에서는 변호해야 할 예외 사항들이 많아지게 된다. 오히려 반대 입장에 서는 편이 훨씬 적은 예외 사항을 맞닥뜨리게 된다.

필자는 접속 형태소에 고유한 기능범주 이름을 부여하고, 핵어의 지위를 부여하는 것이 온당할 것으로 본다. 일단 여기서는 접속 구문을 이끄는 형태소들이 서법(청자·화자의 관계를 표시함)을 구현하지 않는다는 점에서, 보문소로 설정할 수 없음을 결론짓기로 한다. 대신, 독

---

[2] 필자는 진화 역사상으로 2항 접속의 기본적인 동기를 일반적인 인지 전략을 구현하는 것으로 본다. 즉,
'배경 제시 ⇨ 초점 부각'
이다. 기본값(default)으로서 다항(무한) 접속 위에 다시 유표적인 특성이 추가된 것으로 파악할 수 있으며, 이런 유표성을 구조적으로 나타내기 위하여 다항 접속 구조와는 변별적인 다른 구조를 가져야 할 압력이 지속적으로 작용하였을 것으로 추정한다. 이런 착상은 의미 기억 토대 위에서 삽화/일화 기억이 진화하였을 것으로 보는 입장을 반영해 준다. 일반적인 무한 접속 위에서 특정한 두 개의 사건을 지정하여 그 관계를 묶는 것이 가능하기 때문이다. 털빙(Tulving, 2001)에서는 이들을 각각 앞으로 내다보는(proscopic) 기억과 되돌아보는(palinscopic) 기억, 또는 지각적(noetic) 기억과 자체지각적(autonoetic) 기억으로도 부른다.

자적인 기능범주를 핵어로 상정하는데, 이 핵어를 & 범주로 이름 붙이고, 이 핵어가 투영하는 구조 &P를 생각해 보기로 한다. 또한 논항들의 위치를 점유하는 것이 아니라, 부가어의 위치를 설정함으로써(다음 절에서 서술함) 형식적으로는 하나의 핵어이지만, 실질적으로는 두 개의 핵어가 나란히 관찰되는 구조를 상정할 것이다. 따라서 한국어의 후핵 매개인자를 따르면, 화용적인 초점 이동이 일어나지 않는 한 뒤의 핵어만이 주인이 되는 셈이다.

추상적인 쪽에서 접근하는 길은 비판철학을 열어 놓은 칸트의 통찰력을 따르는 것이다. 우리 인간에게 대상/사물 그 자체thing itself를 직접 파악할 길은 없다. 오직 불완전한(그렇지만 인간 염색체에 의해 공통적으로 발현하는) 우리 감각기관(여과기)을 통해서만 그 내용을 표상할 뿐이다.[3] 이런 주장을 따르면 접속구성은 우리의 표상을 제시해 주는 방식에 지나지 않으며, 엄격히 형식적인 가감승제의 질서만을 따를 뿐이다. 이를 상정한 것이 기능주의 문법을 열어 놓은 핼러데이(Halliday, 1985)에서 제시된 접속 구문의 사칙연산이다. 추상적인 만큼 구체적인 자연언어 자료들에서 나타나는 변별력을 부각시킬 수 없는 단점이 있겠지만, 대신 왜 우리가 접속 구문을 가져야 했는지에 대하여 새로운 차원의 통찰력을 얻을 수 있다. 접속 구문과 사칙연산의 연결은 얼핏 낯설고 봉창 두드리는 소리로 들리겠지만, 이미 튜링Turing의 '보편기계' 개념에 의해서 추상적 연산방식(사고는 연산과정이다)이 일상적인 자연언어로 도출되는 길이 열려 있음만을 적어 두기로 한다.

핵 계층 구조의 핵심은 어떤 구조이든지 언어형식은 복층 구조를 지닌다(제1장)는 점이다.[4] 다시 말하여 안과 밖이 서로 긴밀히 묶여 있고,

---

[3] 툴민(Toulmin, 1972 : §.2.4), 『인간의 이해 역량 : 개념의 집단적 사용과 진화(*Human Understanding : The Collective Use and Evolution of Concepts*)』(Princeton University Press)를 보면, 칸트는 비록 하나의 용어만을 썼지만, 비트겐슈타인은 공공의 공적인 표상(Darstellungen)과 개개인의 사적인 표상(Vorstellungen)을 구별하였다. 즉, 우리 머릿속에 있는 표상은 적어도 객관적인 3인칭 표상과 주관적인 1인칭 표상이 있는 것이다.

[4] 제킨도프(Jackendoff, 2002)에서는 진화상으로 이 구조가 음절구조로부터 나왔을 개연성을 상정하였다. 그렇지만 이는 각각 독립된 음운·통사·의미 세 가지 단원체들

안과 밖 사이에 서로 구분이 이뤄지는 구조이다. 만일 몇몇 연구자들이 상정하듯이 느슨하게 중간투영 X'에도 다른 요소가 부가되거나 삽입될 수 있도록 허용한다면, 더 이상 복층 구조는 존재할 수 없게 된다. 오직 단순히 단층 구조에 자의적으로 덧붙여 놓는 구조만 존재하게 되고, 자의적 부가를 제약할 길이 없으므로 더 이상 언어 구조의 역할을 할 수 없게 된다. 언어 구조로서 역할을 떠맡으려면, 특정한 제약이 논리적으로 마련되어야 하고, 반드시 그 제약이 준수되어야 한다.

2. 등위접속문(다항 접속)과 종속접속문(이항 접속)의 구조 탐색

등위접속문은 이어지는 접속절들이 자유롭게 앞뒤로 떠다닐 수 있는데,[5] 이는 화용적 동기에 의해 맨 앞으로 이동하는 것이다. 제7장에서는 전형적 논항구조를 기준으로 하여 기능범주 &의 핵어 부가로 등위접속문의 구조를 상정한 바 있다. 이는 첫째 핵어 부가만이 동일한 범주의 투영을 요구하는 만큼 무한히 허용해 줄 수 있기 때문이며 (최대투영 부가는 담화·화용적 동기에 의해서 설치됨), 둘째 오른쪽으로 계속 이어지는 후행 접속 구문들을 아무런 추가 제약이 없이 계속 설치해 줄 수 있기 때문이다. 핵어 부가에서 부가어 위치가 핵어를 선행하지 않고, 핵어 다음에 놓인 것은, 오른쪽으로 늘어나는 접속문들을 고려한 조치이다. 이를 다음과 같이 그려 줄 수 있다.

이 독자적으로 작동한다는 자신의 가정을 무효로 만들 소지가 없지 않다. 필자는 음절구조로부터 나왔다기보다는(그렇다면 Pike, 1945의 강세 박자[stress-timed] 언어도 왜 또한 동일한 구조를 갖게 되었는지 설명할 길이 없음), 의사소통 내용의 양적 증가에 의해 압력으로 작용하여 구조화된다고 본다. 피진 어 사용의 양적 증가가 구조화 동기를 촉진한 것으로 보아야 온당할 듯한데, 다량의 의사소통 압력이 반복(recursion, 회귀)을 허용하는 구조를 촉발시킨 듯하다.

5) 가령, 다음과 같은 사례를 염두에 둔 것이다.
  ① 꼼짝 말고 손들어! (손들다+꼼짝 말다 ⇨ 의사소통 초점이 앞으로 이동함)
  ② 문 닫고 들어와! (들어오다+문 닫다 ⇨ 의사소통 초점이 앞으로 이동함)

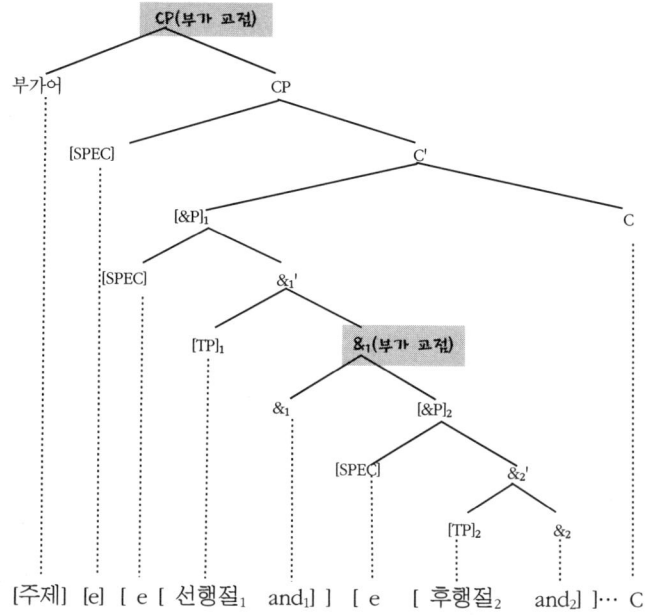

표면 구조만으로 보면, &P₁ 속에 다시 &P₂가 들어 있는 셈이다. 즉 선행절₁이 &P₁을 구성하는데, 이 속에 다시 후행절₂가 &P₂를 구성하면서 안으로 들어가 있는 모습이다. 이는 다시 후행절₃을 &P₃으로 구성해 주면서, 다시 핵어 부가를 이룰 수 있고, 이 일이 무한히 진행될 수 있다. 오른쪽으로 계속 늘어나는 무한 접속을 허용해 주는 제약된 구조는 오직 이런 구성만이 가능하다.

이런 구성이 일단 완결되면, 시제 해석을 받기 위하여 논리형식이나 의미 해석부(의미 번역규칙)로 들어가야 한다. 이때 맨 뒤에 위치한 절의 최종적인 시제소 T_n이 시제 연산소를 인출하게 되는데, 프롸이어Prior 시제 논리에서처럼 연산소 'P, S, F'를[6] 논리식 앞에 불러오게 되며, 이것이 전체 접속문의 시간 해석에 대한 열쇠가 된다.

그렇지만 종속접속문의 구조를 상정하는 일은 간단치 않다. 그 까

---

[6] 프롸이어(Prior, 1957 : 8 이하)에서 1항 진술문 형성 연산자(monadic statement-forming operator) P, F, S는 각각 It has been the case that, It will be the case that, It is the case that를 줄여놓은 약호이다.

닭은 특히 시제 형태소를 허용하는 경우도 있고, 그렇지 않은 경우도 있기 때문이다(비유적으로 시제 영역 속에서 감염되거나 또는 반대로 면역이 되는 경우라고 말할 수 있음). 필자는 네 가지 가능성이 있다고 본다. 이제 이들을 하나하나 검토하면서 후보군을 하나로 압축시켜 나가기로 한다.

(1) 개념상 등위접속문과 종속접속문의 구조를 변별해 놓기 위해서는, 핵어 X의 부가어 위치는 더 이상 이용될 수 없으며, 후보가 되는 위치는 전형적 논항구조에서 보충어 Complement 및 지정어 Specifier, 명시어 위치이다. 이들은 모두 논항으로 불리는데, 윌리엄즈(Williams, 1981)에서 각각 내부논항과 외부논항으로 정의되었다. 그런데 논항을 상정한 프레게 Frege의 기본 착상은 일원론의 바탕 위에서 임의의 집합(또는 함수) 속에 소속되는 원소(또는 논항)들을 규정하기 위한 것이다. 통사론에서 외부논항은 특히 주어가 자리 잡는 일과 관련하여 논의되어 왔다.

(2) 접속절은 핵어가 거느리는 내부논항인 보충어 위치를 차지할 수 없다. 그 위치는 내포문이 자리 잡는 곳이기 때문이다. 만일 접속절을 보충어 위치에 배당한다면, 원래 의도한 접속문과 내포문 사이의 변별성을 무위로 돌려 버리고, 뜻하지 않게 두 범주를 동일하게 취급하도록 만들어 놓을 뿐이다.

(3) 더러 접속절을 외부논항인 지정어 위치에 배당하는 경우도 있다. 그렇지만 이는 지정어 Specifer, 명시어의 본령이 무엇인지를 제대로 숙고하지 않은 기계적 처리에 지나지 않는다. 지정어 또는 명시어 위치는 반드시 중간투영 X'의 내용을 지정해 주거나 명시해 주어야 한다. 별개의 정보나 사건을 더해 주려는 것이 결코 아니다. 오직 핵어에 의해 언급되는 사건의 온전한 모습을 규정해 줄 뿐이다. 이는 하나의 핵어에 딸려 있는 구조인 것이며, 하나의 사건에 대한 투

영의 완결일 뿐이다. 결코 따로 독자적인 핵어를 투영하는 접속절을 허용해 줄 수는 없다. 만일 접속절을 그 위치에 배당한다면, 그 결과 두 개의 핵어(별개의 두 사건)가 나란히 들어가 있기 때문에, 하나의 단일 사건을 나타내려는 최소 단위의 역할을 발현할 수 없게 된다. 핵어의 부가 위치와 논항들의 위치가 불가능하다면, 이제 남을 길은 단 하나밖에 없다.

(4) 마지막 남은 후보는 최대투영 &P에 부가되는 위치인 것이다.[7]

---

7) 우리말에서 접속문을 부사절로 처리하려는 시도들이 있었는데, 특히 종속접속 구문과 내포문을 동일한 통사 형식으로 보는 데에서 비롯된다(이익섭·임홍빈, 1983; 남기심, 1985; 왕문용, 1997; 이관규, 2002; 이익섭, 2003 등). 부사절이라는 지위는 필자의 부가어와 비슷한 모습도 지니지만, 특히 수의성 여부 또는 구조적 필연성 여부에 결정적으로 차이가 남에 유의하기 바란다. 부사절로 지정한다면, 이 부사절을 반드시 실현시켜 줄 아무런 핵어도 존재하지 않는다. 그야말로 있어도 그만이거나, 없어도 그만인 그냥 '수의적'인 처리 방식일 뿐이다. 이는 정보가 병치되거나 추가된다는 우리의 직관과는 거리가 있다. 그럼에도 이 점에 대하여 제대로 비판이 이뤄지지 않았다.

전통적으로 자연언어의 처리에서는 시간이나 공간을 나타내는 부사를 수의적인 요소로 보아 왔다. 상황은 주어져 있는 것으로 간주하고, 사건 그 자체만을 논의의 표적으로 삼은 것이다. 그렇지만 엄격한 정보 처리나 정보 부가 방식을 처리하기 위하여, 이는 올바른 방식이 아니다. 이 점은 처음으로 데이빗슨(Davidson, 1967)에서 지적되었는데, 이런 수의적 처리에 반대하여, 그는 다음처럼 사건 논항(∃e)을 상정하였다.

∃x (x consists in the fact that ⋯ such and such ⋯)

또는

∃e (e ∧ e ∧ ⋯)

사건 논항 e는 사실상 공간 및 시간 좌표계를 나타낸다. 그 좌표계에서 하나의 사건이 다른 사건을 야기하거나 이어져 있는 관계이다. 필자는 사건 논항이 존재 양화사로 도입될 뿐만 아니라, 그 내용이 반드시 참값을 갖는 사건들을 나열해 주는 것이므로('such and such'는 람다(Lamda) 연산소의 자연언어 번역과 상응함), 필자는 다시 추상화 연산소로 표시되는 것이 바람직할 것으로 본다(번역자에 따라 abstraction을 적출 extraction으로 번역한 경우도 있음). 이는 접속 구문이 복합사건 연결체라는 직관을 명시해 주는 조처에 지나지 않는다. 이를 더 엄격히 표시해 준다면, 아마 다음과 같을 것이다.

∃e (λx such that ⋯ x ⋯)(e)

필자의 처리 방식에서는 데이빗슨이 상정한 필수적 사건 논항(∃e)을 기능범주 핵어 &로 포착해 낸다. 더 이상 부사절의 '수의성' 때문에 접속절들이 무효로 되거나 오류로 돌아가지 않는 것이다. 왜냐하면 기능범주 핵어 &의 투영은 반드시 둘 이상의 &P를 구현하고 있기 때문이다. 후핵성 매개인자에 따라 뒤에 있는 핵어 &에 의

이는 기능범주 핵어 &가 최대투영이 이뤄진 &P라는 점만 제외한다면, 전적으로 부사어adverbial들이 도입되는 모습과 닮아 있다. 그렇지만 부사 요소들은 기본적으로 화용 동기에 따라 수의적으로 도입된다는 데에 문제가 있다. 접속문에서는 각 접속절이 필수적으로 도입되어야 한다. 따라서 부사적으로 보려는 통찰력을 수용하면서, 또한 접속절의 필수적 특성을 함께 부여해 주어야 하는 것이 해결의 열쇠이다.

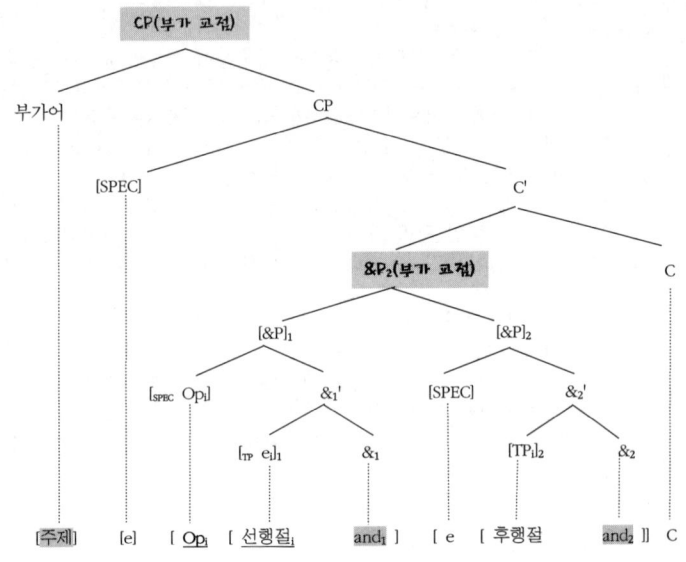

이는 표면 구조로 선행절₁을 거느리는 &P₁과 후행절₂를 거느리는 &P₂를 만들어 낸다. 그렇지만, 무한히 많은 절을 허용해 주는 앞의 등위접속문 구조와는 다르게, 특이하게 선행절의 지정어 위치에 고유하게 연산자 Op가 내재되어 있고, 이 연산자의 적용범위는 선행절에 국한된다. 이 표면 구조를 논리 형식부나 의미 해석부로 보내면, 맨 뒤에 위치한 T₂로부터 유관한 시제 연산소가 인출되어 결과적으로 다음

해서 반드시 적어도 하나 이상의 &P가 부가어에 자리를 잡아야 하는 것이다.

형상이 된다.

$$\mathbb{T} \; (\; [_{\&P_1} \; \text{Op}_i \; [\; T_i \; \cdots \;] \;] \; [_{\&P_2} \; [\; T \; \cdots \;] \;] \;)$$

여기서는 미리 내재된 연산소를 통하여 선행절 &P₁의 시제 해석이 독자적으로 이뤄질 수 있다. 1970년대에서부터 이미 선행절에 있는 연결어미(또는 접속 형태소)가 후행절의 시제를 제약하기도 하고, 서법을 제약하기도 함을 많이 지적해 왔지만, 정작 그런 통찰을 구조적으로 어떻게 표상해 주어야 하는지에 대해서는 매우 소략하게 생각하였거나, 아예 구조표상의 문제가 중요한지도 제대로 깨닫지 못한 채 외면해 왔다. 여기서 선행절에 내재되어 있는 연산소는 이런 통찰을 보장해 주기 위해서 접속문 구조의 형상에 일부러 도입해 놓은 것이다. 이는 특정한 연결어미의 속성을 실현되도록 보장해 주는 '디딤돌' 또는 '촉발자' 역할을 맡게 된다. 종속접속문에서 관찰되는 특이성은 선행절의 핵어에 녹아 있는 특성이 구현되는 것이므로, 어떤 모형을 상정하든지 상관없이 선행절의 해석 방식에 유표적 처리를 할 길 이외에는 다른 방법이 없다(후행절로부터 예측되는 것이 결코 아님). 필자는 이 방법을 시제 연산소를 고유하게 내재시키는 길에서 답을 구하려는 것이다.

이런 후보가 종속접속문의 구조를 적절히 설명해 줄 수 있는지 알아보기 위하여, 이 구조와 관련되어 있는 다른 몇 가지 언어 현상을 살펴보아야 한다. 이 현상들을 적절히 설명해 주는 한, 이 구조의 설명력이 논증되거나 실재가 확증되는 것이다.

3. 접속문의 구조를 검증할 수 있는 다른 언어 현상

임의의 접속문 구조가 상정되었을 때에, 그 구조가 올바르게 설정되었는지 여부에 대한 판정은 여러 가지 언어현상들에 대한 설명력의 여부에 의해 이뤄진다. 특히 주목할 만한 현상으로 두 가지가 있다.

하나는 문장이라는 좁은 영역에서 일어나는 시제 배분 또는 시제 통합 현상이고, 다른 하나는 문장을 넘어서거나 언어 사용 상황과 관련된 생략 현상이나 대용 현상이다.

① 통사적 기제로서 시제 배분이나 시제 통합을 적절히 설명해 주어야 한다.
② 절 단위를 넘어선 담화·화용 기제로서 생략이나 대용 현상을 설명해 주어야 한다.

그런데 시제 현상이나 생략 또는 대용 현상을 설명하는 데에는 논리형식에서 반드시 연산소$_{operator}$나 결속소$_{binder}$[8] 구조를 상정하게 된다. 생성문법에서 TP를 종결 형태소 C의 논항으로 상정하는 것은 논리적 오류이다. 논항은 핵어에 소속되는 개체들로서 숫자가 변동될 수 있다. 그렇지만 시제는 모든 언어 표상 형식에 기본적으로 장착되는 것이며, 결코 숫적으로 변동되는 일이 없다. 이런 연산소 지위 $_{monadic\ statement\text{-}forming\ operator}$를 처음 깨달은 사람은 프라이어$_{Prior}$이며, 연산소의 종류에 따라 해석 방법을 명시해 주게 된다. 자연언어의 표면 구조에 충실한 구조는 형식만을 표상해 주므로 시제 연산소를 장착해 놓을 필요가 없지만, 반드시 논리형식 또는 의미 해석부에 있는 해석의 과정에서는 일관된 해석 방식이 주어져야 한다. 이를 현대학문에서는 연역 공리계$_{axiomatic\ deductive\ system}$라고 부른다.

필자는 접속 구문을 표상하는 방식은 시제 연산소를 장착한 모습이 되어야 한다고 본다. 논항으로 보는 변형생성문법의 전제는 잘못이다. 논항은 늘 숫적으로 변동하기 때문이다. 그렇지만 시제는 어떤 낱개의 사건에도 들어가 있어야 한다. 또한 시제를 배분하는 방식이 하나의 통일된 모습을 보이지도 않고, 유일한 해석 방식도 주어지지 않는다는 사실을 근거로 하여, 하나의 접속 구조만을 상정하는 일도 올

---

[8] 통사론에서 결속소(binder)는 반드시 임의 항목의 이동이 전제되어 있다. 그렇지만 공범주 형태의 대용표현을 다루려면, 이동이 전제되는 것도 아니다. 따라서 binder란 용어도 더 확대된 뜻으로 쓰이거나, 아니면 새로운 용어가 도입될 필요가 있다.

바른 길이 아니라고 본다. 등위접속을 설명하는 방식과 종속접속을 설명하는 방식은 구조를 달리해야 할 뿐만 아니라, 또한 시제 연산소의 작용 방식과 범위도 서로 달라져야 할 것으로 본다. 이런 착상에 대한 논증은[9] 일단 후고로 미뤄 둔다.[10]

---

[9] 이 글은 2009년 2월 '제주방언연구회' 창립총회에서 발표한 것이다. 필자의 모어방언인 제주방언에서 2항 접속문의 사례 "~ㅎ관테, ~ㅎ였주"가 후행문의 시제가 극히 제한된 것만 실행된다는 점에 주목하여, 선행절에 설치되는 시제 연산소 Op가 어떤 역할을 한다고 언급하였다. 한편, 제주방언에서는 연결어미 '-어그넹에'에서 줄어든 '-엉'이 선행문과 후행문의 시제해석을 한데 묶어줄 수 있지만, 다른 시상자질을 지닌 같은 계열의 '-어그네' 또는 줄어든 형태 '-언'은 다르게 행동하는데, 더 깊은 연구가 필요함을 언급하였다.

이 글의 전반부는 접속 구문을 논의한 양정석(2007; 2008), 이관규(2002), 이정훈(2008), 최웅환(2002)을 읽고 나서, 필자의 주장에 대한 이론적 근거를 더 밝힐 필요를 느껴 집필한 것이다. 2절의 각주 5에 들어 놓은 사례에서 보듯이, 접속문이 언제나 배타적으로 통사 차원에만 국한되어 가동되는 것이 아니라, 화용적 고려도 반드시 주어져야 함을 명백히 보여주며, 제7장 2.2.1절의 등위접속문에서 둘 이상의 주제어 설정도 또한 그러하다. 접속 구조를 설정할 적에 논항의 지위를 차지할 수 없다는 제7장 3.2절의 논거 이외에도 화용 차원을 통사 층위에서 고려해야 한다면, 그 선택은 '부가 구조'를 상정하는 길 이외에는 달리 찾을 수 없다.

[10] 제8장 4.2.1절의 각주 61에서 접속 구문에서 관찰되는 생략 현상에 대한 논의도 일후의 과제로 언급해 두었다.

제5부 핵어로서의 어휘

제**9**장 어휘의 의미표상

제**10**장 논항 변동을 통한 다의어의 설명 모형
: '보다'의 경우

제9장 어휘의 의미표상*

1. 머리말

1990년대에 들어서서 어휘의 의미표상 semantic representation 에[1] 대한 연구

---

* 이 글은 『배달말』 제25집(1999년 12월), 39~77쪽에 실림.
[1] '표상'이라는 낱말을 칸트(Kant)는 presentation(제시)에 대응하는 머릿속의 re-presentation(재현)으로 간주하였었다(제8장의 각주 2도 참고). 그렇지만 심리학자 바틀릿(Bartlett, 1932)에서 지적하듯이 우리 머릿속에서 일어나는 현상들이 많은 부분 재구성(reconstruction)이라는 깨달음에 이르면서, 직접적으로든 간접적으로든 실세계의 대상 및 사건들과 대응되거나 그 대응을 가능하게 만들어 주는 실체로서, 우리 스스로 자각할 수 있는 내용을 가리키게 되었다. 포더(Foder, 1981; 이영옥·정성호 뒤침, 1991, 『표상 : 인지과학의 기초에 관한 연구』, 민음사)에서도 머릿속에 내재적이며 자족적인 실체를 가정하므로, 외재적 실재 세계와 무관하게 representation을 쓰고 있다. 내재주의를 주장하는 포더의 입장은 포더(1998), 『개념 : 인지과학의 오류(Concepts : Where Cognitive Science Went Wrong)』(Clarendon Press)와 포더(2008), 『사고언어 재론(The Language of Thought Revisited)』(Clarendon Press)에서 더욱 강화되고 있다. 따라서 어떤 실체를 그대로 우리 머릿속에 구현해 준다는 접두사 're-'를 새기지 않고, 우리 머릿속에서 자각할 수 있는 실체적 단위를 가리키기 위하여 번역도 '표상'이라고 쓰고 있다.

언어 처리에서 표상은 대체로 개념 단위들로 이뤄져 있는데, 이는 명제로 표상된다. 표상이 구체화되는 방식은 아직도 논란거리이다. 김지홍(2010), 『언어의 심층과 언어교육』(도서출판 경진)을 읽어보기 바란다. 특정한 단위체(module)의 뇌세포들을 연결시키는 시냅스들의 연결 공간 속에 단백질(호르몬) 분자 덩어리들이 저장된다는 생각에서부터, 최근에는 흥분·억제 기제의 반복 실현에 따라 일련의 뇌 세포 집단들이 그런 기능을 맡는다는 가정도 제안되어 있다. 우리의 의식을 두뇌 신경기반의 구현으로 다루려는 접근에는 크뤽·코크(Crick and Koch)의 '환원주의' 가정과

는 언어학에서뿐만 아니라 심리학과 전산학에서까지도 깊은 관심을 보이고 있다. 이전의 어휘에 대한 연구가, 어휘부를 단지

"특이한 성질들의 집합이고, 암기해야 될 대상"

이라고만 치부하던 데에 비하면, 실로 180도의 전환이라고 부를 만큼 혁신적이다. 언어 연구가 어휘와 그 의미표상에 초점이 모아지기 시작한 것은, 촴스끼 문법이 80년 초반에 투영 원리를 상정하면서부터이다. 간단하게 말하여, 이 원리는 문장이 단어(특히 동사)가 요구하는 내용들에 의해 만들어진다는 것이다. 여기서, 요구하는 주체를 핵어head라고 부르고, 요구되는 내용을 논항argument이라고 부른다.[2] 그런데 어떤 핵어는 명사구를 논항으로 요구하기도 하고, 때로 문장을 논항으로 요구하기도 한다. 이를 포착하기 위해 '의미 선택'이 '범주 선택'을 수반한다고 가정함으로써, 통사론과 의미론 사이의 접합면을 상정할 수 있게 되고, 비로소 의미 선택의 내용과 갈래에 초점이 모아지기 시작하였다.

이런 생각은 자연언어처리NLP(또는 언어 공학)를 주도하고 있는 쪽에서도 추구되어 왔다. 컴퓨터가 우리들처럼 지능을 갖고서 자연 언어를 잘 처리하려면, 먼저 중앙 연산처리 장치가 체계적인 어휘의 의미 표상을 미리 갖추고 있어야 한다. 이것은 품사 딱지tag를 부여받은 입력 단위들을 대상으로 하여 통사 구조를 결정하게 된다. 이 출력이 다

에들먼(Edelman)의 '통합주의' 가정이 서로 맞서고 있다. 써얼(Searle, 1994 및 2004)에서는 이런 쪽의 연구를 생물학적 자연주의(biological naturalism)로 부른다.
[2] 아리스토텔레스의 이원론적 전통(문장을 주어와 술어로 나누는 일)을 벗어나, 문장을 일원론적으로 다루어야 한다고 처음 생각한 사람은 프레게이다. 이전까지는 '주어'와 '술어'라는 이원론 바탕 위에서 논리학을 구성하고 다루어 왔지만, 이 바탕 위에서는 진리를 세울 수 없기 때문에, 반드시 '집합 : 원소'의 일원론 위에서 모든 작업을 진행해야 한다는 것이다. 1879년에 발표된 '개념문자(Begriffsschrift, 개념 표기법)'에서 프레게는 '함수:논항'이라는 용어를 제안하고 있는데, '논항'이란 말은 함수 속에 포함되는지 여부를 논할 수 있기 때문에 그런 이름이 붙었다. 촴스끼 문법에서는 함수라는 용어가 핵어(head)로 바뀌어 쓰이고 있다.

시 의미 연산 체계로 들어가면, 간명한 명제 표상으로 나오게 되는데, 이 결과가 곧바로 세계지식 기반과 대비되면서, 종합적인 정보를 구축할 수 있게 된다. 여기서 한 어휘의 의미표상은 품사 딱지가 붙은 입력물에서부터, 통사 표상을 거쳐, 의미 연산체계에 이르기까지의 흐름을 정하는 데에 중요한 역할을 하고 있음을 알 수 있다.

이 글에서는 어휘의 의미표상이 어떻게 포착되어야 하고, 그 내용이 어떻게 형식화되어야 하는지에 대하여 기존 논의들을 중심으로 하여 살펴보고자 한다. 이 논제는 90년대에 들어서야 급격히 연구의 핵심으로 부각되었고, 국내 학계에서는 아직 심도 있게 거론되어 보지 못한 분야이다. 어휘의 의미표상을 적절히 밝혀냄으로써, 형태·통사·의미·화용(특히 Grice, 1988의 관습적 함의) 등의 문제들을 가장 효과적이고 경제적으로 해결할 수 있으리라 기대된다.[3]

최근 두뇌에 대한 연구는 통사와 음운 처리에 관련된 부서가 각각 브로카·베르니케 영역에 관계되어 있지만, 어휘를 처리하는 데에는 두뇌의 여러 부서들이 동시에 긴밀히 상호작용하고 있음을 밝히고 있다. 양전자방출 단층촬영(PET)이나 기능성 자기공명사진(f-MRI)을 보면, 뇌 혈류(철분이 포함된 적혈구와 포도당 대사)가 증가하는 부위들이 명사를 인출할 적보다 동사를 인출할 적에 더 넓게 활성화됨을 보여 준다.[4]

어휘는 소리에서부터 통사 형식, 그리고 의미 내용까지를 포괄하고

---

[3] 모든 것이 어휘의 의미표상으로 다 해결되는 것은 아니다. 어휘 의미들이 이어져서 새롭게 합성되는 제3의 의미들도 있기 때문이다. '크다'는 어떤 대상의 상태를 표시하므로 전형적으로 형용사 구문을 이룬다. 그러나 시간의 지속이나 폭을 나타내는 요소와 함께 쓰인다면, 상태들 사이의 변화를 나타낼 수 있다("작년에 심은 나무가 **이만큼** 컸다"). 이런 이유로 어휘의 의미표상들을 위에서 통합할 수 있는 부서를 상정하게 되는데, 제킨도프(Jackendoff, 1996 : 7)에서는 어휘의 의미들을 통괄할 수 있는 개념 구조가 이 역할을 맡게 된다.

[4] 또 핑커(Pinker, 1999; 김한영 뒤침, 2009)의 『단어와 규칙』(사이언스북스)에서는 불규칙 활용의 낱말이 측두 후두엽에 저장되지만, 규칙 활용의 낱말들은 전두엽과 변연계의 기저핵이 관여한다고 언급한다. 심지어 갈라버다 외(Galaburda, Kosslyn, and Christen, 2002) 엮음, 『두뇌 작동 언어(*The Language of the Brain*)』(Harvard University Press)에서는 감각과 관련된 낱말들이 보관되는 곳이 각기 다른 감각기억 창고에 따로 저장되어 있을 것으로 가정한다(특히 그곳 19쪽에 동물·음식·도구 등 다른 범주의 낱말들이 각기 다른 기억창고에 보관되었을 가능성을 제기함).

있는 '복합적인 실체'이기 때문에, 통사나 음운의 처리에서처럼 두뇌의 특정한 부서를 따로 상정할 수는 없다. 그렇지만, 이 글에서는 우리가 현재 머릿속에 어휘들이 저장되어 있는 실재를 제대로 파악하지 못하고 있으므로, 임시 유기적으로 통일된 하나의 단위라고 가정하고서, 어휘부를 음운·형태·통사·의미에 대한 정보들을 담고 있는 것으로 간주하기로 한다. 우리 머릿속의 정신 어휘집(심성 어휘집metal lexicon)에는 접사·어근(어간)·단어·관용구·이어진 말·속담 따위들이 들어 있는 것으로 보이지만, 이 글에서는 단어(특히 명사와 동사)의 다의성을 드러내는 의미표상과 어휘의 몇 매개인자만을 살펴보려고 한다.

2. 중의성과 다의성

어휘 의미표상에 대한 연구는 일찍부터 '다의성'의 설명에 모아져 있었다. 모든 단어가 다의적일 뿐만 아니라, 문장 또한 다의성을 띠고 있음은, 일찍이 프레게Frege에 의해서 제기된 바 있고, 카아냅Carnap에 의해 외연과 내포라는 용어로 정립된 바 있다. 이를 고려하면,

"임의의 언어 표현이 언제나 중의적이다."

라고 말할 수 있다.[5] 이 중의성(최소 2중 의미를 지니고, 많게는 3중 이상의

---

5) 본고에서는 통사적(구조적) 중의성을 제외하고, 어휘적 중의성만을 다루고 있으므로, 중의성(ambiguity)이란 용어를 동음이의어와 다의어의 상위 개념으로 간주하고 있다. 전자는 우연하게 두 단어가 동일한 음성형식을 갖는 경우이다. 후자는 하나의 단어가 서로 다른 문맥에 쓰이기 때문에, 동일한 속성을 찾을 수 있더라도, 그 의미가 달라지게 되는 경우이다. 예를 들어, 사람의 신체를 가리키는 '다리'와 강을 건너 다니게 놓여 있는 '다리'는 음운 변화의 결과 우연히 동일한 음성형식을 가졌을 뿐이다. 이들은 의미상으로 하등 관련되지 않으며, 따라서 동음이의어이다. 그러나 본문 (1~9)의 예에 있는 어휘들은 서로 의미상의 관련을 찾아낼 수 있으며, 이 의미상의 관련 때문에 다의어이다.
그런데 동일한 음성형식을 갖는 임의의 어휘들을 다의어로 볼 것이냐, 또는 동음이의어로 볼 것이냐에 대한 기준은 아직 완벽하게 수립되어 있지 않다. 의미 관련성

다중 의미를 지닐 수 있음)은 우리의 창조적인 언어수행 능력과 동전의 양면 관계에 있다. 중의적인 언어 표현을 해소하는 일은, 경험을 통해 쌓아 둔 우리의 기억 창고로부터 일반적·일화적(逸話的, 삽화적 episodic) 의미 단위들을 끄집어내고, 그 언어 표현의 의미표상과 대비함으로써 가능한 의미들 가운데 알맞은 것을 선택하는 과정이다.

중의성은 크게 통사의 구조적 중의성과 어휘의 내재적 중의성으로 나뉜다. 구조적 중의성은

"<u>철수 사진</u>"

여부가 이들을 나누어 놓음을 쉽게 직관적으로 알 수 있으나, 그 관련성의 구체적 내용에 대해서는, 앞으로 다양한 논의를 통하여 합일점에 찾아내야 할 과제이다. 일찍이 바인롸익(Weinreich, 1964)에서는 제3판 웹스터 사전에 대해 논평하면서, 일반 원리로부터 구체적인 세부의미들을 도출해야 함을 지적한 바 있다. 여기에 대해 이의를 제기할 사람은 없을 것이다. 그런데, 도출과정이 어떤 관점을 취하느냐에 따라 달라질 수 있음에 유의해야 한다.

예를 들어, 한국어의 '보다'라는 동사를 보자(제10장 참고). 현행 사전에서 보여주는 동음이의어로서의 처리와는 달리, 필자는 이 동사가 시지각동사에서부터 시작하여 행위동사·평가동사·추측동사들로까지 다의어적인 확장을 보이는 것으로 생각한다. 전형적인 논항구조에서 의미역 배당이 〈경험주, 대상〉으로 되면 시지각동사가 되지만, 〈행위주, 대상〉으로 되면

'시험을 <u>보다</u>, 장을 <u>보다</u>, 사위를 <u>보다</u>'

에서처럼 행위동사(치르다, 필요한 물건을 사다, 맞이하다)가 된다. 이 과정에서 1회적인 사건이 지속적으로 시간의 폭을 갖고서 이루어지기 위해서는 추가 조건이 필요하다.

'철수가 학교에 가 <u>보다</u>'

에서의 시행이나

'그가 떠났나 <u>보다</u>'

에서의 추측과 같은 구문의 경우도, 먼저 세 개의 논항을 갖는 구조로 확장된 다음에(외각 핵어를 갖고 확장된 구조에서, 보충어 논항에 '상황 공범주'가 실현되어, 대상 의미역이 배당되는 것으로 가정할 적에) 〈행위주, 처소, 대상〉과 〈경험주, 처소, 대상〉과 같은 의미역이 배당되는 것으로 본다. 이는 다양한 분포의 '보다'를 다의어적 확장의 설명 가능성을 추구하려는 것이다.

어휘 의미에 대한 최근 연구의 경향은, 이전에 의미상의 관련이 있음직하더라도 동음이의어라고 처리해 오던 것들을, 새롭게 다의어적인 확장으로 설명하려고 노력하고 있다. 본고에서는 동음이의어를 다루지 않는다. 따라서 중의성이나 다의성을 엄격히 구분하지 않고, 느슨하게 서로 통하는 것으로 쓰고 있음을 적어 둔다.

의 예에서 보듯이, 피사체로서 철수가 찍힌 사진을 가리킬 수도 있고, 철수가 갖고 있는 어떤 사진을 가리킬 수도 있으며, 이와는 달리, 상황에 따라서 철수가 좋아하는 사진이라든지, 철수가 잃어버린 사진도 가리킬 수 있다. 이런 다양한 해석은 세 가지로 정리할 수 있다. '철수'가 피사체가 되는 해석과 소유주가 되는 해석이 있고, 마지막으로 상황에 따른 해석이다. 이는 전형적인 논항구조에서 '철수'가 내부논항으로 실현되는지, 아니면 외부논항으로 실현되는지, 또는 관형절 형식을 갖춘 수의적 지위의 부가어 논항으로 실현되는지 여부에 달려 있다.6) 그런데, 어휘의 내재적 중의성은 구조적 중의성보다 더 큰 영역에서 관찰되며, 우리가 아직 그 중의성의 내용을 완전히 그리고 완벽히 파악하지 못하고 있다. 명사와 동사를 대상으로 하여, 그 내재적 중의성을 표본적으로 다루어 보려는 시도가 이제 막 대두되고 있을 뿐이다. 본 연구에서는 명사와 동사를 중심으로 하여, 중의성을 어떻게 어휘의 의미표상에 나타낼 수 있는지에 대해서, 그리고 한 언어의 특정한 어휘 특성이 의미표상 층위에 어떻게 표시되어야 하는지에 대하여 살펴보기로 한다.

먼저 명사의 경우를 보기로 한다. "영수가 책을 샀다."라는 문장과 "철수가 책을 읽었다."라는 예에서, 비록 '책'이라는 동일한 단어가 쓰이고 있지만, 가리키는 내용이 서로 다르다. 앞의 것은 물질적 대상을

---

6) 전형적인 논항구조를 상정할 적에, ①'피사체'로 해석되는 경우는 '철수'가 보충어 논항에 실현된 경우이고, ②'소유주'로 해석되는 경우는 '철수'가 지정어 논항에 실현된 경우이다. ③이밖에 상황에 따라서 무한하게 '철수가 좋아하는 사진, 철수가 잃어버린 사진, …' 등의 해석을 가능하게 하는 구조는, '철수'가 최대투영 위에다 부가어 논항으로 덧얹혀진 경우이다. 이들을 핵어의 어휘범주(NP)만을 표시하면서 소략하게 후핵성 매개인자를 설치하여 나무그림으로 그려 보이면 각각 다음과 같다.

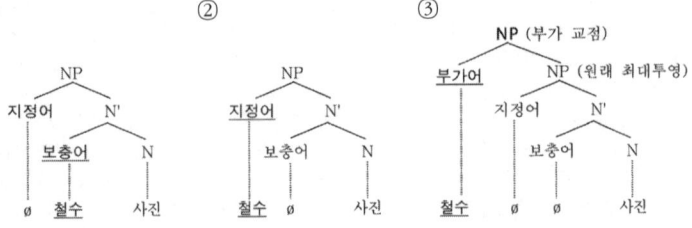

가리킨다. 그러나 뒤의 것은 그 대상이 담고 있는 추상적인 정보 내용을 가리킨다. 이런 관계를 '의미 변환'이라고 부르기도 하고(meaning shift : Partee 외, 1983), '뜻 고정시키기'라고도 부르는데(coercion : Pustejovsky, 1995), 지금까지 알려진 유형만 해도 열 가지가 넘는다. 다음에 그 일부를 보이기로 한다.

(1가) 영이가 <u>그릇</u>을 깼다.   [담는 그릇 container]
　나) 영이가 <u>그릇</u>을 비웠다.   [담긴 물체 contained]
(2가) 저기 그 <u>대학</u>이 보인다.   [건물 building]
　나) 그 <u>대학</u>에서 합격자를 발표했다.   [기관 institution]
(3가) 할머니가 <u>배추</u>를 심었다.   [식물 plant]
　나) 우리는 아침에 <u>배추</u>를 먹었다.   [음식 food]
(4가) 그곳과 우리의 <u>합병</u>이 곧 시작된다.   [과정 process]
　나) 그곳과의 <u>합병</u>이 더 많은 이득을 내었다. [결과 result]
(5가) <u>유리창</u>이 더럽다.   [도드라진 초점 figure]
　나) 그가 <u>유리창</u>으로 기어 들어왔다.   [배경 ground]
(6가) <u>염소</u>가 들에서 뛰논다.   [가산명사 countable]
　나) 중동 사람들은 <u>염소</u>를 먹는다.   [물질명사 mass]
(7가) <u>기아</u>에서 새 차를 내놓았다.   [생산자 poducer]
　나) 철수가 <u>기아</u>를 샀다.   [생산물 product]
(8가) 맛있는 <u>점심</u>을 싸 왔다.   [음식물 food]
　나) <u>점심</u>이 길어졌다.   [사건 event]
(9가) 경마장이 <u>과천</u>에 있다.   [장소 place]
　나) <u>과천</u>에서 중대 발표를 했다.   [정부 government]

이렇게 문맥에 따라 뒤바뀌는 관계를 일반화할 수 있을까? 만약 일반화가 가능하다면, 언어 고유의 질서에 따라 진술을 할 수 있을 것인가? 아니면, 인지 구조의 일반 질서에 따라 진술해야 할 것인가? 일단 물질적 대상으로서 어떤 개체가 주어질 적에, 그 개체의 쓰임이나 기능에 따라 의미가 변환된다는 점에서,[7] 필자는 이 변환 관계를 언어 속성으로 기술할 수 있을 것으로 본다. 특히 언어 습득에서, 먼저 온전한 전체를 파악하고 나서, 다음으로 상호 배타성의 제약에 따라(이현진, 1998:390 이하) 그 대상의 속성들을 습득해 가는 과정과 나란하다.

동사의 경우는 더 미묘하다. 다음 예문을 보기로 한다.

"꽃이 <u>아름답게</u> 피었다."

여기서 어미라고 불리는 기능범주의 투영을 논외로 하면, 동사 '피다'가 이 문장의 핵어가 된다. 이 핵어는 몇 개의 논항을 거느릴까? 우선, 직관적으로 '꽃'이 논항임을 알 수 있다. 그런데, '아름답게'도 논항일까? 국어의 전통문법에서는 '아름답게'를 부사어로 보아, 동사 또는 동사구를 수식한다고 간주해 왔다. 이는 수의적임을 전제로 한다. 다시 말하여, '아름답게'라는 성분이 없어도 진리값이 충분히 결정된다고 보는 것이다. 그러나 최근 결과절resultative에 대한 논의는,[8] 이런 생각이 반쯤만 옳고, 반쯤은 잘못이라고 한다. '피다'라는 동사는, 대상역을 받

---

[7] 임의의 개체는 속성들의 집합이라고 간주되므로, 개체의 어떤 속성이 의미변환에서 선택될 수 있다(예를 들어, 개체 '사과'는 "달다·새콤하다·빨갛다, …" 등의 속성들로 이루어져 있다고 봄). 또한 임의의 개체는 다른 개체들과 함께 묶이어 상위의 집합을 구성할 수도 있다(예를 들어, 개체 '사과'는 배나 감들과 함께 '과일'이라는 집합을 만들 수 있음). 한 개체가 하위의 속성들로 대표되거나 또는 상위의 유형으로 묶일 수 있는데, 이것이 다의어적인 의미 확장을 가능하게 만드는 주요 요인의 하나로 생각된다.

[8] 한국어 자료를 대상으로 한 논의로 김종복(1993), 김수원·Mailing(1997), Washio(1997, 1998), Wechsler·노보경(1998) 들이 있다. 그런데, 한국어의 결과절 구문은 사건이나 행위의 결과만을 표시하는 것이 아니다. 묘사절(depictive)은 물론 의도나 목표(전통문법에서 '도급형'이라고 불렀던 내용)도 나타내며, 수식어의 기능도 담당한다. Rapoport(1993)를 보면, 영어에서 묘사절과 결과절의 구분을 시도하면서, 이들이 중의적으로 나타날 수 있음을 지적하고 있는데, 한국어 자료가 보여 주는 중의성은 이보다 더 넓은 영역에서 관찰된다.

필자는 결과절 구문이나 의도 구문의 경우에는 핵어 X에 부가되는 것으로 보고 있고(완수동사 형성을 위한 '필수적' 부가어), 수식어로 해석되는 경우는 최대투영 XP에 부가되는 것으로 보고 있다(수식을 위한 '수의적' 부가어). 전형적인 논항구조에서 결과절 구문의 나무그림을 보이면 대략 다음과 같을 것이다.

는 논항 '꽃'이 통사적으로 늘 주격으로만 실현되어야 한다는 점에서 비대격un-accusative동사이다. 이 동사가 동작이나 행위 내용을 기술하는 용법으로 쓰이고 있다면, '아름답게'는 수식어이다. 따라서 수의적 성격 때문에 있거나 없거나 정보의 질을 근본적으로 변화시킬 수 없다.

그러나 '피다'라는 동사가 완수accomplishment동사의 용법으로 쓰이고 있다면, '아름답게'는 필수적이며, 논항의 지위를 갖는다. 이 경우를 필수적인 부가어 논항이라고 부른다. 이 필수적 부가어의 역할은 결과 상태를 나타내고 있으며, 하나의 내포절을 이루게 되는 것이다('[e 아름답게]'). 왜 그럴까? 완수동사는 '행위 과정'과 그 행위가 끝난 뒤에 존재하는 '결과 상태'가 결합되어 있다는 점에서 복합동사이다. '피다'가 완수동사라면, 이 동사는 행위나 동작이 끝난 뒤에 존재하는 결과 상태를 언제나 논항으로 갖고 있어야 한다. '아름답게'라는 구절이 바로 이 결과 상태로 실현되어 있는 것이다(결과절임). 이런 주장은 우리의 직관과도 일치한다. "꽃이 피었다."라고 말하는 것과 "꽃이 아름답게 피었다."라고 말하는 것은 청자에게 주는 정보가 현격히 다르기 때문이다.

그렇다면, 비대격동사로서의 행위동사 용법과 결과절을 갖게 되는 완수동사 용법은 서로 별개의 것인가? 그렇지 않다. 이들이 논항 확장의 과정을 거쳐 '다의적 관계'를 이루고 있기 때문이다. 이는 여러 언어에서 관찰되는 보편적인 현상이기 때문이다. 행위주 자동사 run을 보기로 하자. 이 동사는 다음처럼 두 가지 모습으로 실현된다.[9]

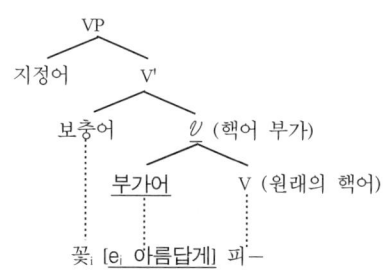

9) "The river froze : The river froze solid(강이 얼었다 : 강이 단단하게 얼었다)"의 경우

"He ran."

"He ran himself tired."

앞의 경우는 행위동사 용법("그가 달렸다.")으로 쓰인 것이고, 뒤의 경우는 결과 상태를 갖고 있는 완수동사의 용법("그가 지치도록 달렸다.")으로

에는 가짜(fake) 목적어가 들어 있지 않다. 그렇지만 여기서 가짜 목적어 'himself'의 역할은 동족목적어의 역할과 비슷한 듯하다. '숨 쉬다, 잠 자다'와 같은 동족목적어는 레빈 외(Levin et al., 1997)에 따르면, ① 자생적이며 내부 요인을 갖는 자발적 행위동사들에서 나타나며, ② 동족목적어가 결과 상태를 표시하고, ③ "떳떳한 삶을 살다"에서처럼 감정이나 태도를 나타내는 수식어가 붙기도 하는 것으로 알려져 있다. 곧, 영어의 경우, 완수동사에서 주어가 인간이라면, 주어가 어떤 행위를 하고 난 뒤의 그 결과 상태를 표시해 주기 위해 가짜 목적어를 붙이는 것으로 이해할 수 있다. 그런데 이 제약은 한국어에 적용될 수 없을 듯하다. "*그ᵢ가 자신ᵢ을 지치도록 달렸다."에서 보듯이, 재귀사가 목적어로 실현된 것은 비문이기 때문이다. 오히려 "??그가 자신ᵢ이 지치도록 달렸다."에서와 같이, 재귀사가 주어 형식으로 실현되는 것이 수용도에서 좀더 나아 보인다. 그러나 더 완벽한 것은 공범주 형태의 주어가 실현되어 있는 경우이다.

"그ᵢ가 [eᵢ 지치도록] 달렸다."

만일 굳이 재귀사를 목적어로 실현시켜야 한다면,

"그ᵢ가 자신ᵢ을 지치게 하려고 달렸다."

에서와 같이, 접속문 형식으로 표현해야 한다. 그렇지만 두 구문은 전혀 다른 상황을 나타낸다. 완수동사 구문은 하나의 사건을 나타내고 있지만, 접속 구문은 두 개의 사건이 목표와 실행으로 나뉘어 발생하였음을 나타내고 있기 때문이다.

이런 직관을 살려, "Heᵢ ran himselfᵢ tired."와 "그ᵢ가 [eᵢ 지치도록] 달렸다."의 구조만이 적격한 형식이라고 간주하고, 이를 매개인자로 만들어 보기로 한다. 완수동사에서 사람이 주어 자리에 나타날 때에, 영어의 경우는 목적격 형태의 재귀사가 나옴으로써, 부가어가 마치 구조적으로 논항처럼 행동하게 된다(필수적인 부가어임). 그러나 한국어에서는 필연적으로 공범주 형태로 실현됨으로써, 구조적으로 '통제 구문'의 형식을 빌리면서 필수적인 부가어의 지위를 확보하게 된다. 다시 말하여 필수적인 부가어가 되는 방식이 두 언어 사이에 매개인자로 나뉘는 것이다.

그런데 이 기술도 더 일반화될 수 있다. 영어의 재귀사는 반드시 자신을 통어하는 선행사가 문장이나 명사구 내부에 있어야 한다(참스끼의 결속원리 A). 이를 고려한다면, 영어 구문은

"[Heᵢ ran himselfᵢ][eᵢ tired]."

와 같은 형상을 가질 수밖에 없다. 이 형상과 한국어 구문이 보여 주는 형상을 비교하면, 그 차이는 다만 밑줄 친 가짜 목적어의 유무에 있다. 그렇다면, 가짜 목적어의 존재란 모든 요소들이 구조적으로 엄격히 짜여져 있어야 하는 언어에서 꼭 필요로 하는 조건이라고 지정해 줄 수 있다. 이는 결국 한국어의 형상이 무표적이며, 구조적으로 잘 짜여져 있어야 하는 영어의 특성 때문에, 영어는 유표적으로 다시 가짜 목적어를 더 필요로 한다고 말할 수 있는 것이다.

쓰였다. 여기서도 결과 상태를 가리키는 tired 구절이 수의적인 성분이 아님을 알 수 있다. 논항 확장에 따라, 행위주 자동사가 행위동사 용법으로부터 완수동사 용법으로 바뀌어 쓰이고 있는 것이다.

3. 명사와 동사의 의미표상

3.1. 명사의 의미표상

중의성을 다루기 위하여, 푸슷옵스끼(Pustejovsky, 1995; 김종복·이예식 뒤침, 2002, 『생성 어휘론』, 박이정)에서는 기본적으로 다음 요소들이 어휘 의미 속에 표상되어야 한다고 주장한다.

〈 명사의 의미표상 얼개 〉
① 어휘 항목의 음운 또는 음성 표상
② 논항 구조 [논항1 = x, …]
③ 사건 구조(사건 전개 구조 : 동사의 경우에는 사건의 종결 여부를 살핌)
④ 소성(素性) 구조 : {[구성 역 = x가 무엇으로 만들어져 있나] ;
　　　　　　　　　　[형식 역 = x가 무엇인가] ;
　　　　　　　　　　[전개 역 = x의 기능이 무엇인가] ;
　　　　　　　　　　[행위주 역 = x가 어떻게 존재하게 되었는가]}
⑤ 어휘 대물림 구조

어휘 내용을 표상하는 방법은 '핵어 문법(HPSG)'의 약속을 따르고 있다. 핵어 문법에서는 언어의 모든 정보가 어휘부 속에 내장되어 있다고 가정하는데, 심지어 통사론의 고유 주제로 간주하는 이동과 통제의 현상까지도 어휘 표상 속에 들어가 있는 것으로 본다. 그렇더라도 의미·화용 정보들은 우리의 세계지식 기반과 관련되므로 모든 것을 어휘부에 집어넣을 수는 없을 것이다. 이를 따르면, 앞 절에서 본 '책'

의 표상을 다음처럼 나타낼 수 있다.

  〈 개체명사 '책' 의 의미표상 〉
  ① [ʧɛk̚]
  ② 논항 구조 [논항1 = y : 정보 , 논항2 = x : 개체]
  ③ 소성 구조 [[정보·개체] ;
           [형식 = 갖다(x, y)] ;
           [전개 = 읽다(e, w, x·y)] ;
           [행위주 = 쓰다(e, v, x·y)]]
  ④ 어휘 대물림 구조 [X책, 책Y]

먼저 이 표상에서 첫 부분은 음성 형식이 [책]임을 나타낸다(음운 규칙 적용에 대해서는 본 논의에서 제외함). 그 아래 부분은 이 단어의 논항 구조와 소성素性 구조를 가리킨다. 여기서 논항이 두 가지 형태로 쓰이고 있는데, 하나는 추상적 대상인 '정보'를 가리키고, 다른 하나는 물질적 대상인 '개체'를 가리킴을 보여 준다. 소성 구조에서는 차례로, 이 단어의 '어휘 개념 구조'가 정보와 개체라는 복합 유형으로 이루어져 있고, 이 단어가 기본적으로 동사와 결합할 적에는 [갖다]의 의미 자질을 갖는 동사를 필요로 하며, 전개 과정에서 임의의 사건이 주어질 때에('e'는 데이빗슨이 상정한 사건 논항임) 그 사건 논항으로 [읽다 자질을 갖는 동사가 실현되어 있어야 하고, '쓰다'라는 동사에 의해 이 단어가 지시하는 대상이 만들어져 나온다는 사실을 나타내고 있다. 어휘 대물림 구조에서는 이 어휘가 다른 요소들과 합성될 적에 원래의 자질들이 그대로 대물려짐을 나타낸다. 그런데 이런 과정은 반드시 상층에 일반인지 처리과정이 전제되어야만 가능한 일이며, 참스끼의 언어관보다 오히려 피아제의 언어관에서 가능한 일임에 주목하기 바란다.

만일 '시험'과 같이 행위나 사건을 표시하는 경우라면, 다음처럼 사건 구조가 의미표상에 더 첨가되어야 한다.

〈 사건명사 '시험'의 의미표상 〉
① [ʃihəm>]
② 논항 구조 [논항1 = x : 질문]
③ 사건 구조 [E1 = e1 : 과정]
④ 소성 구조 {[질문·과정] ;
        [형식 = 묻다(e1, z, x)] ;
        [행위주 = 만들다(e2, y, x)]}
⑤ 어휘 대물림 구조 [X시험, 시험Y]

  푸슷욥스끼는 자신이 상정한 구조를 생성 어휘generative lexicon라고 부르는데(더 정확히 표현하면, 상위 일반인지 구조에서 만들어내는 어휘 내용임), 임의의 단어에 관련되어 있는 있을 수 있는 경우를 모두 어휘 표상 속에 집어넣을 수 있고, 합성성 원리를 준수하면서(Foder and Lepore, 2002, The Compositionality Papers, Clarendon Press에서는 합성성이 인간이 갖고 있는 개념을 읽어가는 근본 원리로 간주함) 더 확대된 구조를 만들어 나갈 수 있기 때문이다.

  이와 같은 의미표상의 장점은, 명사를 더 이상 동사와 유리된 별개의 것으로 취급하는 것이 아니라, 오히려 동사와 결합될 수 있는 방식을 명사의 의미 속에 미리 집어넣는다는 점에 있다. 이 점은 소성 구조의 모습에 잘 표시되어 있다. 그런데, 정보와 개체로 해석될 수 있는 '책'이라는 단어를 보자. 이 단어가 오직 '갖다·읽다·쓰다'와 같은 동사만을 갖게 될 것인가? 그렇지 않다. '책'이 도구가 되어 여러 행위에 쓰일 수 있을 것이다("철수가 책으로 동수의 머리를 때리다, 책으로 불을 지피다, …"). 이들은 상황에 따라 한정 없이 늘어날 수 있으며, 제한되어 있지 않다.

  그렇다면 명사 의미표상에 표시되어 있는 소성 구조 이외의 경우들로 실현되는 사례를 나타내어 주기 위하여, 명사에 대한 일반적인 운용원리를 상정해 주는 방식을 생각해 볼 수 있다. 이는 형식 의미론에서 다루어 오는 type과 token의 개념을 응용하는 것이다.[10] 임의의 개체 x가 주어질 때에, 이 개체는 여러 속성들의 집합으로 파악될 수도 있고, 또한 이 개체가 다른 개체들과 집합을 이루어 상위의 어떤 속성을 표시할 수도 있다. 즉, 임의의 개체는 그 자신의 내재적 속성으로 확장될 수도 있고, 또는 바깥으로 다른 개체와 함께 묶이면서 상위의 부류에 소속될 수도 있다.[11]

그렇다면, 상위의 원리로서 "임의의 명사가 소성 구조에 일치되는 동사를 찾지 못할 경우, 그 개체의 내부속성과 임의의 동사가 요구하는 어떤 속성을 일치시켜 주도록" 조치할 필요가 있다. 가령, '때리다'는 동사는 때리는 도구를 수의적으로 요구할 수 있다. 이때 그 도구의

---

10) E. Craig ed.(1998), 『Routledge Encyclopedia of Philosophy』(vol.#9 : 509ff.)에 보면 이 용어는 C. Pierce에 의해 처음 쓰였다고 한다. type과 token은 각각 집합 및 원소의 개념과 동일하다. 이 개념을 때로 meta와 object라는 용어로도 쓰기도 하며(Tarsky, 1956), 또 use와 mention이란 표현을 쓰기도 한다(Quine, 1940). 특히 자기 자신이 스스로 자신의 원소가 되는 모순의 형식 'X∈X'을 피하기 위해서, 특히 이 개념은 필수적으로 공리계에 도입되어야 한다(자신은 오직 자신의 진부분 집합만이 될 수 있음 : 'X⊂X').
11) 필자는 이 두 가지 방식이 내포 및 접속 구조와 동일하다고 보고 있다. 임의의 동사도 확장되는 방식은 자기 자신 안에서 반복되는 내포가 있고(inward repetition), 자기 자신의 바깥에서 반복되는 접속이 있다(outward repetition). 이를 형식적으로 나타낸다면 다음처럼 나타낼 수 있다.
  ① 자기 내부 반복 : [x [x]]
  ② 자기 외부 반복 : [[x] [x]]
격의 중출과 관련하여, 한국어에서 형용사들이 하나의 논항과 관련된 다른 논항이 실현될 수 있음이 논의되었다(고재설, 1999). 형용사 구문이 대상과 그 속성을 지시하는 논항을 필요로 하는 것이다. '사과'라는 개체명사가 있을 때에, 이 명사는 "사과가 붉다"와 같은 구문을 이룰 수 있는데, 이 구문이 다시
  "사과가 색깔이 붉다"
처럼 논항을 하나 더 실현시킬 수 있다. 필자는 이 특징이 온전히 형용사의 특성에서만 비롯되는 것이 아니라, 형용사와 명사의 특징이 서로 공모하고 있는 것으로 본다. 임의의 명사가 자신의 내부속성으로 넓혀지거나(예를 들어 사과와 색깔의 관계), 또는 자신과 동일한 개체들과 함께 묶이어 상위의 어떤 부류 속에 들어갈 수 있다(예를 들어 사과와 과일의 관계).
더 마땅한 개념어가 찾아져야 하겠지만, 임시로 필자는 이 두 관계를 소유(所有)의 '있다'와 소재(所在)의 '있다'로 대표할 수 있을 것으로 본다. 사과와 색깔의 관계는 소유의 관계로 환원할 수 있고, 사과와 과일의 관계는 소재의 관계로 환원할 수 있는 것이다. 사과라는 대상 속에, 비록 양도 불가성 여부(inalienability)에서 차이가 있겠지만, 색깔이 들어 있는 것이므로, 사과가 색깔을 '양도불가'하게 소유한다고 말할 수 있다("사과가 색깔이 있다"). 사과는 배나 귤과 함께 과일이라는 영역 속에 들어 있으므로, 사과는 과일 속에 소재되어 있다고 말할 수 있다("과일에 사과가 있다").

속성으로서 단단하고 손에 쥘 수 있는 것 등을 생각해 볼 수 있으며, '책'이라는 개체가 모두 이를 만족할 수 있으므로, 비록 소성 구조에 설치된 동사와는 무관하지만, 이례적으로 상황에 따라 때리는 도구로서 '책'의 의미가 넓혀져 쓰일 수 있다.

3.2. 동사의 의미표상

레빈·뢰퍼포어(Levin and Rappaport-Hovav, 1998; 1999)에서는 임의의 동사가 다른 부류의 동사로 확장되어 쓰일 수 있는지를 명시적으로 포착하기 위하여, 동사들이 다음과 같이 재분류되어야 하고, 이들은 서로 환원 또는 복합 관계가 있음을 주장하고 있다.

〈 동사의 다의성 확장 원리 〉
① 행위(activity)동사   : [X ACT 〈방식〉]
② 상태(state)동사   : [X 〈상태〉]
③ 완성(achievement)동사 : [BECOME [② 상태동사]]
④ 완수(accomplishment)동사 :
   i) [[① 행위동사] CAUSE [③ 완성동사]]
   ii) [X CAUSE [③ 완성동사]]

위 원리는 행위동사와 상태동사가 기본 항목에 속하고, 완성동사와 완수동사가 도출 항목에 속함을 보여 주고 있다. 행위동사는 행위 주체와 행위 방식이 구현되어야 하고, 상태동사는 대상과 그 대상의 상태가 구현되어 있어야 함을 보여 준다. x가 대상역을 받지만, 통사상 주격을 실현한다는 점에서 비대격동사이다. 그런데, 완성동사와 완수동사는 다른 동사들을 내포하고 있다는 점에서 개념상 복합동사이다. 완성동사는 상태가 변화해 가는 개념동사 '어떤 상태로 되다'(BECOME 起動)가 주어진다면, 그 동사가 상태동사를 내포하고 있다. 완수동사는 위 표에서 제일 복잡한 표상을 갖고 있는데, 일단 어떤 사건이 의도적 또는 비의도적(자동적)으로 생겨난다는 추상적인 개념 동사 '일으키다'(CAUSE 使動)가 주어지면, 행위동사가 완성동사로 귀결되는 형상을 갖거나, 또는 임의의 주체(또는 사건)가 완성동사로 귀결되는 모습을 갖는다. 앞에서 보았던 사례

"꽃이 아름답게 피었다."

는 이 원리에 따라 '피다'라는 동사가 상태동사로 쓰이기도 하고, 더 확장되어 완수동사로도 쓰이기도 한다고 말할 수 있다. 영어에서 dry라는 동사는 동작을 가리킬 수도 있고('말리다') 또한 동작의 끝난 뒤 그 결과 상태를 가리킬 수도 있다('마르다'). 이런 관련성을 다음처럼 표상하고 있다.[12]

(10가) dry : [[x ACT] CAUSE [y BECOME [STATE DRY]]]
  나) dry : [[x ACT] CAUSE [y BECOME [STATE ∅]]]

(10가)는 사건이 일어나서 특정한 상태로 바뀌었음을 나타내어 주고, (10나)는 상태가 표시되어 있지 않고 그대로 어떤 상태에로 사건이 일어남을 표시해 준다.[13]

---

[12] 여기에서 대문자로 쓰이고 있는 단어들은 구체적인 낱말이 아니라, 추상적이고 개념적인 대상들을 가리킨다. 이른바 개념어라고 부를 수 있다. 그런데, 개념어가 언어 보편적인지, 또는 언어 개별적인지에 대한 물음이 제기될 수 있다. 몬태규(Montague, 1970)에서는 자연언어를 전제하지 않은 보편개념을 상정하여 자연언어와 관련될 수 있다고 보았으나, 포더(Foder, 1998)에서는 사고언어의 재료인 개념이 자연언어와 밀착되어 있다고 본다. 필자는 원리와 매개인자의 모형에서처럼, 언어 보편적인 것과 언어 개별적인 것들이 모두 함께 들어 있을 것으로 본다. 그렇다면 언어 개별적인 것들은 쉽게 개별 언어와 일치시키며 찾을 수 있겠는데, 어떤 것을 언어 보편적인 것으로 상정할 것인가에 대한 의문이 남는다. 이 의문에 대한 해답은 3.3절에서 다루게 될 이동동사의 경우에서 찾을 수 있을 것으로 본다. 곧, 한 개념에 대해 보편적인 구성요소들을 찾아내어야 하고, 이 구성요소들이 실현되는 방식들을 매개인자로 지정하는 것이다.

[13] 이 표상만으로는 상태로서의 '마르다'와 동작으로서의 '말리다'를 다 나타낼 수 없다. 한국어의 경우 형태소를 비교하면, '-이-'라는 사역 형태소의 유무를 알 수 있는데,

이와 같은 표본적 제안은 비록 제한된 자료만을 설명하고 있지만, 이 확장의 과정이 우리의 개념에 의해 유도될 수 있다는 점에서 매우 긍정적인 평가를 받는다. 다시 말하여, 한국어의 예에서 '보다'라는 시지각동사는

"시험을 보다, 시장을 보다, 사위를 보다"

에서처럼 행위동사로도 확장되지만, 다시

"돌이가 학교에 가 보다, 순이가 돌이를 바보로 보다, 밖에 비가 오는가 보다"

에서처럼 시도·평가·추측의 용법으로도 확장되어 쓰이고 있다. 이를 포착하기 위해서, 필자는 그림쇼(Grimshaw, 1990)의 의미역 위계에서 행위주와 경험주가 상보적으로 존재한다고 본다. 전형적인 논항구조에서 〈경험주, 대상〉 의미역이 배당될 적에는 시지각 행위를 기술하게 되고, 〈행위주, 대상〉 의미역이 배당될 적에는 행위동사의 내용을 나타내게 된다. 그리고 필수적인 부가어로서 사격 논항이 그 구조에 부가되어 세 개의 논항을 투영할 적에, 새로 생긴 논항에는 '근원·목표·처소'와 같은 사격 의미역 중 어느 하나가 배당되어 평가와 추측이라는 행위를 기술하게 된다. 이들이 다의어 관계에 있다면, 이를 설명하

　이 형태소의 유무에 따라서 논항 실현 숫자가 달라진다. '마르다'는 논항이 하나이지만("빨래가 마르다"), '말리다'(마르+이+다)는 두 개의 논항이 실현된다("영이가 빨래를 말리다"). 두 경우 모두 결과절을 취할 수 있다("빨래가 빳빳하게 마르다 : 영이가 빨래를 빳빳하게 말리다"). (10가, 나)의 표상만으로는 그 어휘에 논항이 하나만 실현되어야 하는지, 두 개가 실현되어야 하는지를 알 수 없다. 이 점을 반영하려면, 우선 아래의 (10'가)와 같이 최대의 개념 구조를 상정하고, 여기서 (10'나)에서처럼 상태로 쓰이는 경우와 (10'다)에서처럼 동작으로 쓰이는 경우를 구분해 주는 것이 옳을 듯하다. 세모꼴 괄호 속에 있는 〈상태 z〉는 결과절을 표시한다.

(10'가) 마르+이 : [[x 행위하다] 일으키다 [y 되다 [상태 마르다 〈상태 z〉]]]
　　나) 마르다 　: [　　　　ø　　　　　 [y 되다 [상태 마르다 〈상태 z〉]]
　　다) 말리다 　: [[x 행위하다] 일으키다 [y 되다 [상태 마르다 〈상태 z〉]]]

기 위하여, 위 원리는 앞으로 더욱 정교하게 확대되어야 할 것이며, 이 과정에서 언어마다의 개별성이 드러날 수 있을 것이다.
　비슷한 현상으로서, 해일·카이저(Hale and Keyser, 1993; 1997)에서는 명사가 동사로 품사 전환을 보이는 경우를 주목하고, 그 전환 방식을 명시적으로 포착하려고 시도하고 있다. 예를 들면,

"John put a book on the shelf : John shelved a book"

에서 명사가 동사로 전환되고 있다. 교착어인 우리말에서는 그 전환이 반드시 상이한 접사를 실현시키지만('꽃-이' : '꽃-다'), 영어나 중국어에서는 더러 초분절적인 액센트나 성조의 변화만으로 그런 전환이 이루어진다. 영어에서 무표지 품사 전환 과정(zero 파생, 또는 퍼젯스끼의 zero syntax)은, 라어슨Larsonian 식 외각 핵어 구조를 갖는 통사 표상이 기본적으로 주어지면, 사격의 지배를 받는 명사구가 외각 핵어를 끼고서, 비어 있는 원래 동사의 위치까지 이동을 함으로써 동사 자격을 갖는 것으로 설명한다.
　이들 현상을 설명하려는 통사적 절차에 대한 정당성 문제를 잠시 논외로 두면, 가장 근본적인 물음이 다음 형태로 제기된다. 어떻게 하여 동사들 사이의 확장이나 품사를 달리하는 전환이 일어날 수 있을 것인가? 의미역 구조나 의미역 배당만으로는 결코 이런 현상을 설명할 수 없다. 의미역 구조는 주어진 통사 형상으로부터(특히 동사의 속성에 따라) 연역되어 나오는 것이기 때문이다. 이 현상은 의미역 차원에서 논의될 수 있는 것이 아니다. 하나의 동사군이 다른 동사군으로 확장된다면, 의미역의 가짓수까지도 바꿔 버리기 때문이다. 또한 명사라는 존재가 동사라는 존재로 전환된다면(중국에서도 송나라 때부터 이런 전환을 잘 파악하고 있었으며, 최세진의 『사성통해』 부록에 '동정자음動靜字音'으로 실려 있음), 의미역을 부여받는 피동적인 논항으로부터, 의미역을 배당해야 하는 능동적 존재로 완전히 환골탈태한다. 그렇다면, 의미역 구조보다 더 심층적인 어떤 층위를 가정하여야 할 것이다. 레빈 외에서

와 해일 외에서의 공통된 전략은 '어휘 개념 구조'를 상정하는 것이다. 이 어휘 개념 구조는 보편적인 인간의 이성으로부터 연역될 수 있는 것으로서, 이 개념 구조의 틀 속에서 동사 용법들의 확장과 품사들 사이의 전환을 예측하고 형식화할 수 있다고 제안하고 있다.

3.3. 이동동사의 매개인자

탤미(Talmy, 1985; 1991)는 이동 동사들에 초점을 맞추어, 여러 언어들에서 이들이 어떻게 구현되는지를 고찰해 오고 있다.[14] 그는 언어마다 달라지는 차이를 '어휘화 유형'의 차이로 보고 이를 형식화하였다. 여기에는 개념적 필요에 의해 몇 가지 구성요소가 반드시 들어가야 한다.

〈 이동동사를 구성하는 기본요소 〉
① 움직이는 대상 또는 물체(figure, 또는 초점체)
② 움직임(motion)과 움직임의 배경(ground)
③ 출발점·경로·목표처럼 움직임과 관련된 처소(location)
④ 움직이는 모습이나 방식(manner)
⑤ 움직임의 원인(cause)

---

14) 이 개념들은 언어 유형론뿐만 아니라, 어린이의 언어 습득과도 관련된 논의를 촉발시켰는데, 최순자·Bowerman(1991)에서는 한국어와 영어의 다른 어휘화 유형이 어린이 언어습득에도 영향을 준다고 보았다(김영주, 1995; 이현진, 1997도 참고 바람). Wienold(1995)에서는 한국어·일본어·인도네시아어·태국어들이 이동동사들이 경로(path)를 나타내는 것이 대종이며, 이동 방식은 부사로 표현된다고 결론 짓고 있는데, 논의가 더 필요하다. 또 Talmy(1988)에서는 사동에 대한 논의도 힘의 역학으로부터 일반화하여 도출할 수 있다고 제안하고 있다. 방해·극복·허용·도움·저항과 같은 기본 개념을 바탕으로 하여, 으뜸 힘과 이에 맞서는 반대 힘 사이의 대소 관계에 의하여 사동과 관련된 여러 개념들이 나오는 것이다. 이는 우리의 인지체계가 경험을 쌓아나가면서 공간·힘·움직임·원인·매개자와 같은 기본 원소들을 조합해 나가면서 복합개념을 만들고, 은유(비유)적 확장을 해 나간다고 보는 입장이며, 인지의 미론의 한 갈래이다.

이런 요소들이 언어들 사이에서 어떻게 합성되고, 어떻게 따로 분립되어 표시되는지는 언어마다 달라질 수 있으며, 이들을 매개인자로 어휘의 의미표상에 표시해 줄 필요가 있다.

(11가) John walked[움직임+방식] into[경로] the room.
　　나) 철수가 방 안으로[경로] 걸어[방식] 들어갔다[방향+움직임].
(12가) The rock rolled[움직임+방식] down[경로] the hill.
　　나) 그 바위가 산 아래로[경로] 굴러[방식] 내려갔다[방향+움직임].

(11가)에서는 움직임과 그 방법이 하나의 단어 'walk'으로 녹아 있고, 경로만이 다른 단어로 표현되고 있다. 반면, 한국어 (11나)에서는 서로 별개의 단어를 이용하여 각 요소들을 표현하고 있다. (12가)에서도 움직임과 방식이 하나의 단어 'roll'로 표현되고 있고 경로가 다른 단어로 나타나고 있다. (12나)에서는 각 요소들이 모두 독립된 단어로 표현되고 있다. 움직임과 관련된 요소 둘 이상이 하나의 단어로 나타날 때에, 이를 '녹아 붙음熔融 용용 conflation'이라고 부른다. (11~12)의 자료만을 놓고 생각한다면, 움직임이 핵어가 되어야 하고, 방향과 방식이 다음 단계에서 덧붙어야 하며, 마지막으로 경로와 목표가 표시되어야 한다고 말할 수 있겠다.[15]

영어는 움직임을 표시하는 단어들이 [움직임+방식]으로 녹아 있는

---

15) 물론 이 진술은 스페인 자료에서 보듯이 경로가 녹아 붙는 것을 처리할 수 없기 때문에 일반성을 지니는 것으로 볼 수는 없다. 따라서 이는 우리 국어의 매개인자를 세우기 위한 작업 가정 정도로 상정된다. 아직 우리 국어에서는 이동 동사의 구성요소들 중 어느 것을 녹아 붙은 것으로 볼 것인지에 대한 시각이 제대로 세워지지 않았다. 그 결과, 국어사전들 사이에 붙여쓰기가 서로 어긋나기 일쑤이다. 붙여쓰기 규정이 있으나마나 한 것이 아니라, 규정다운 규정이 되려면, 사전 편찬자들의 직관에 의존할 것이 아니고, 먼저 이러한 원리가 찾아지고 나서 그 원리대로 일관되게 적용해야 옳다. (11나, 12나)의 예문을 보면, 아마도 방향과 움직임은 비록 그것이 두 어휘 형태로 나뉘더라도, 하나로 녹아 붙은 단어라고 간주할 제1 후보가 된다. 다음으로 방향과 움직임과 방식이 제2 후보가 될 듯한데, 만일 방향이 들어감이 없이, 움직임과 방식을 하나의 단어로 취급한다면, 영어의 매개인자와 구별이 없게 되며, 어휘화 유형이 무위로 돌아갈 것이다.

것으로 알려져 있는데, 가령 다음 사례들과 같다.

climb(올라가다), bounce(튕겨 가다), run(달려가다), rush(밀려가다), push(밀어 가다), stumble(비틀비틀 가다), jump(깡총깡총 뛰다), blow(불어 내다), knock(두드려 대다).

그러나 한국어에서는 각 요소들이 따로 분립되어 나오는 것으로 보이는데, 이는 교착어 특성을 잘 반영하고 있는 것으로 이해된다. 스페인어는 [움직임+경로]가 한 단어로 녹아 붙고, 대신 [방식]이 다른 단어로 표현된다고 알려져 있다.

(13가) La bottella entró[움직임+경로] a[목표] la cueve flotando[방식].
the bottle moved-in to the cave floating
나) The bottle floated[움직임+방식] into[경로] the cave.
다) 그 병이 동굴 속으로[경로] 흘러[방식] 들어갔다[방향+움직임].

때로, 영어에서는 유표적으로 여러 자질이 하나의 단어에 녹아 있는 경우가 있다.

(14가) He shelved the books.
[원인+움직임+경로+처소: cause X to move onto Y]
나) Mom powdered her cheeks.
[원인+대상+움직임+경로: cause X to move onto Y]

(14가)에서는 움직임의 대상이 책들이고, (14나)에서는 분가루이다. (14가)에서는 처소 요소가 선택되어 동사로 되었고, (14나)에서는 대상이 선택되었다. 영어에서 원인과 움직임이 녹아 붙는 것은 아무런 표지를 붙이지 않고서도 행위동사가 완수동사로 확장될 때에도 쉽게 관찰된다. 국어에서는 원칙적으로 '-이-' 따위의 표지를 붙여야만 된

다.[16] 한 언어의 어휘 의미들을 나타낼 적에는 이렇게 움직임과 관련된 변수들이 어떻게 결합하는지를 명시적으로 다루어 주어야 할 것이다.

---

16) 예외로 지적되는 사례가 다음 사례들처럼 거론된다.
  '돌이 움직인다 : 철이가 돌을 움직인다'
  '종이 울린다 : 선생님이 종을 울린다'
  '차가 멈추다 : 영이가 차를 멈추다'
이들은 모두 비대격동사와 사역성을 담고 있는 타동 동사의 대립을 보이고 있다(초기에 이 현상을 ergative로 다룬 적도 있음). 이들의 관련성은 앞의 3.2절에서 보았던 (10가, 나)와 평행한 의미표상으로 포착할 수 있다. 다만 여기서 유의해야 할 점이 있다. 이는 하나의 행위가 다른 행위로 되지만, 이 행위들이 두 개의 별개 행위가 아니라, 동일한 하나의 행위라는 사실이다. 철이가 돌을 움직이는 행위는, 돌이 움직이는 행위를 포함하게 된다. 선생님이 종을 울리는 행위는, 종이 울리는 행위가 포함되어 있다. 영이가 차를 멈추는 행위는, 차가 멈추는 행위가 들어 있는 것이다. 만일 두 개의 다른 행위였다면, 사동성의 개념을 도입해야 한다. 그러나 하나의 행위이므로, 대신 기동성(inchoertive)의 개념을 도입해야 한다. 하나의 행위 속에 다른 행위가 동시에 들어 있는 것이다. 다시 말하여, 행위주 의미역을 받는 요소는 대상 의미역을 받는 요소의 어떤 행위가 일어나도록(속성이 발현되도록) 특정한 행위를 하는 셈이다. 앞의 행위는 자발적인 행위 주체(사람처럼 의지나 자발성을 갖고 있는 개체)에 의해 일어나고, 뒤의 행위는 비자발적인 행위 주체(무의지 개체)에 의해 일어난다. 의지나 자발성을 갖지 못한 대상에 대해, 의지나 자발성을 가진 주체가 개입되어 하나의 행위가 일어나게 되는 관계이다. 이런 내용을 '움직이다'를 예로 삼아 표시하면 다음과 같다.
  (가) 움직이+이 : [[x 행위하다 〈방식〉] 일어나다 [행위 y 움직이다 〈방식〉]]
  (나) 움직이다 : [∅   [행위 y 움직이다 〈방식〉]]
  (다) 움직이e다 : [[x 행위하다 〈방식〉] 일어나다   [행위 y 움직이다 〈방식〉]]
위에서 밑줄이 쳐져 있는 부분은, 행위성 자체가 기동성(起動性)이 됨을 뜻하며, 그 기동성의 내용은 대상이 움직이는 것임을 표시하고 있다. 만일 기동성의 도입 없이, 이 점을 표시하려면
  "[[x 행위하다≡[y 움직이다]]"
와 같이 나타낼 수도 있겠지만, 이 표시는 의지를 가진 행위주 여부를 구분해 줄 수 없다는 한계를 지닌다. x의 행위 방식은 다양하지만, y의 움직임 방식은 제한되어 있다. (가)의 표상은 x의 행위 안에 내포문 형식으로 y의 움직임이 들어 있으므로, 통제의 모습을 보여 이 점을 포착해 줄 수 있다. (다) 항목에서는, 한국어가 원칙적으로 파생 과정에서 형태소를 구현한다고 보아, 이를 처리하기 위해 기계적으로 공범주 형태소 e를 붙여 놓은 것이다.
  이 표상을 3.2절의 "동사의 다의성 확장 원리"와 관련지어 일반화하면, 행위동사가 스스로 행위동사를 내포하고 있는 것인데, 다만 사역성과는 무관하게 기동성에 의해 하나의 행위로 묶이는 관계라고 말할 수 있다.

3.4. 어휘교체 현상

90년대를 전후하여, 동사의 교체 현상들이 심도 있게 논의된 바 있다.[17] 이러한 교체들을 어린이가 어떻게 학습해 나가는지에 대해서도, 통사 제약을 내재하고 있다는 입장(Gleitman, 1990)과 의미를 자동적으로 처리한다는 입장(Pinker, 1994)으로 나뉘면서 논의가 크게 진작되었다.[18] 그 주제들은 주로 영어에서 찾아지는 여격 교체, 처격 교체, 심리동사 교체들이다. 이 교체들은 모두 의미의 변화를 수반한다. 따라서 그 의미 변화가 예측될 수 있는지 여부, 그리고 그 변화가 통사적으로 형식화될 수 있는지, 아니면 의미상으로 형식화될 수 있는지에 논의의 초점이 모아졌다.

(15가) Mary gave John a book.

---

[17] 어휘 교체현상이 존재하기 때문에 '의미역 구조'만으로 어휘의 의미를 표상할 수 없음이 드러났고, 그 결과 '의미역 구조'를 포함하여 어휘의 교체 현상을 설명할 수 있는 '어휘 개념 구조'를 상정하게 된다. 본문에 있는 예문 (15가, 나)는 동일하게 동사로부터 〈행위주, 목표, 대상〉이라는 의미역을 받고 있다. 그렇지만, 대상을 목표 의미역을 받고 있는 수혜자가 갖고 있는지 여부에 따라 두 구문이 차이를 보이며, 이런 차이를 의미역으로 포착할 수는 없다. 대신 각 어휘의 개념 구조를 더 얹음으로써, 두 구문이 전체성(또는 행위의 완료) 여부에 의해서 차이가 남을 표시해 줄 수 있다. 초기에는 'cut'이라는 개념 구조를 다소 장황하게
  "날카로운 가장가리가 y에 접촉함으로써 y의 물질적 총합에 선적인 분할을 x가 만들어 내다."
와 같은 모습으로 상정하였었지만(Hale and Keyser, 1988), 지금은 어휘 해체를 기본으로 하여, 공리계 속의 자질들을 상정하고, 이 자질들을 배합하여 표시해 가는 것이 표준으로 자리 잡고 있다. 이 방식에 따라, 'give'의 자질을 어떻게 설정하든지, (15가)는 기본적인 (15나)의 표상 위에 추가로
  [+행위 완료, +소유 이전, +여격 교체]
와 같은 자질을 더 얹혀 주면 되는 것이다.

[18] 자발적인 어휘 습득에서 통사가 먼저 주어져야 하느냐, 아니면 의미가 먼저 주어져야 하느냐의 논의는 어느 하나의 선택만일 수 없으며, 서로가 긴밀히 공조해야 한다. 이런 점이 최근에 인도 유럽어족이 아닌 다른 언어들을 대상으로 하여 심도 있게 범언어적 논의가 개최되었다. 특히 바워먼·브롸운(Bowerman and Brown, 2008) 엮음, 『논항구조에 대한 범언어적 관점들(*Crosslinguistic Perspectives on Argument Structure*)』(Lawrence Erlbaum)에 있는 15편의 글들을 보기 바란다.

(주는 행위 이외에 존이 그 책을 갖고 있다는 속뜻이 담김)
나) Mary gave a book to John.
(주는 행위 이외에, 다른 속뜻은 없음)

위의 (15가)는 이중대격 구성이고, (15나)는 사격 목적어 구성을 취하고 있다. (15가)의 구성에서는 수혜자가 그 대상물을 갖고 있음이 함의된다. 반면에, (15나)에서는 그런 함의가 없다.

(16가) Mary sprayed the wall with paint.
(스프레이를 뿌리는 행위 이외에 벽이 온통 페인트로 칠해져 있음을 뜻함)
나) Mary sprayed paint on the wall.
(스프레이를 뿌리는 행위만을 가리킴)

(16가)에서는 처소가 대격 형태로 나타나고, 대상물이 사격 형태로 나타나 있다. 반대로 (16나)에서는 대상물이 대격 형태로 실현되고 처소가 사격 형태로 실현되어 있다. (16가)는 벽 전체가 페인트로 뿌려져 있음을 뜻하지만, (16나)은 벽의 일부에만 페인트가 뿌려져 있음을 의미한다. 이를 '전체성 효과'라고 부른다.

그런데, 여격 교체와 사격 교체는 하나의 공통된 개념으로 포착될 가능성이 있다. 전체와 부분 구성이 기본이라고 한다면, 여격에서의 교체는 행위나 사건이 전체적으로 영향을 입었는지(결과적으로 소유 이전, 양도 완료), 아니면 부분적인 영향만을 입었는지(결과적으로 소유 미이전, 양도 미완료)에 따라 구조가 달라진다고 표현할 수 있다.[19]

'전체 : 부분'의 대립 개념은 우리말에서도 관찰되며, 언어 보편적

---

[19] "대접에 물이 가득하다 : 대접이 물로 가득하다", "방안에 연기가 가득하다 : 방안이 연기로 가득하다"와 같은 대립 구문이 양정석(1995 : 3장)에서 다루어지고 있다. 거기서 'NP에'는 부분적 관여를 나타내고, 'NP로'는 전체적 관여를 나타낸다고 보아, 각각 "x, ⟨y, z^처소⟩"와 "x, ⟨z, y^경로⟩"와 같은 표상으로 설정하였다(삼각 괄호는 내부논항을 표시하며, 윗쪽 쐐기 표시는 그 논항의 의미역을 표시함).

자질일 개연성이 높다.

(17가) 산을 가다가 비를 만났다.
나) 산에 가다가 비를 만났다.
(18가) 사과 열 개
나) 열 개의 사과

(17가, 나)에서는 격조사의 차이가 관찰된다. 직관적으로 앞의 것은 산 속에서 일어난 사건이고, 뒤의 것은 산에 다다르지 못하고 일어난 사건임을 알 수 있다. 산이라는 대상과의 관계에서, 앞의 것은 '전체성'을 받으나, 뒤의 것은 '부분성'만을 받는 것으로 파악할 수 있다. {를}이라는 조사가 전체성(=周延性) 표시하는 경우는, "십년을 살다"에서와 같이 시간 표현에서 더욱 두드러짐을 알 수 있다.[20]

(18가, 나)는 우리 국어에서 가장 설명이 어려운 부분 중의 하나라고 하는 수량사 표현들이다. (18가)의 구성이 후핵성 매개인자를 준수한다는 점에서 전형적 구성으로 간주하기로 한다. 이 표현에는 전체 사과의 개수가 열려 있다는 점에서 '부분 해석'을 받는다고 말할 수 있다. 그러나 (18나)는 논의되는 사과의 개수가 닫혀 있다는 점에서 '전체 해석'을 받는다. 예를 들어, 담화상의 범위에서 (18가)는 논의의 대상이 열 개 이상이 되는 데 반하여, (18나)는 열 개가 전부인 셈이다.[21] 만일 이 지적이 사실로 확립된다면, 보편개념으로서 '전체 : 부

---

[20] "차에 타다 : 차를 타다, 학교에 가다 : 학교를 가다"에서도 동일한 내용을 관찰할 수 있다. 처격 표현이 1회적인 동작을 가리키는 데 반해, 대격 표현은 반복된 행위를 거쳐 직업까지 나타낼 수 있는데, 이들도 '부분 : 전체' 대립의 한 사례라고 할 것이다.

[21] 필자는 (18가)를 기본 표상으로 파악하고 있으며, (18나)를 도출 표상으로 파악하고 있다. 이동이 의미 차이를 유발하지 않는다는 촘스키의 가정과는 달리, 이동에 의해 어휘 교체현상이 설명된다고 보면, (18나)는

"열 개$_i$ [사과 [t$_i$]]"

와 같은 중간 표상을 거쳐서, 이 구성이 「보충어 [핵어]」의 구성으로 잘못 해석되지 않도록 하기 위하여, 당연값(default)으로서 '의'라는 격 형태를 구현시키면, 비로소

"열 개$_i$의 [사과 [t$_i$]]"

분'의 대립은 우리말의 어휘 의미표상에서도 구절을 구성할 적에 추가 자질로 덧붙여 줄 필요가 있다.

3.5. 심리동사의 매개인자

아직도 연구가 계속되고 있지만, 그간 이룩한 심리동사의 연구에 힘입어, 심리동사 유형을 몇 갈래로 확정지을 수 있다. 개념상 심리동사(외부 대상에 대한 지각을 의미함)를 구성하려면, 일단 경험주와 자극체라는 두 가지 요소가 있어야 한다.[22] 그런데 이들이 통사 형식을 가질 때에는 다음과 같이 세 유형으로 실현된다.

(19가) 경험주 주어·자극체 목적어(Experiencer Subject and Stimulus Object)
나) 경험주 여격어·자극체 주어(Experiencer Dative and Stimulus Subject)
다) 자극체 주어·경험주 목적어(Stimulus Subject and Experiencer Object)

위 분류는 목적어들이 대격을 갖지 않고 사격으로 실현되는 경우도 있으므로, 더 세세하게 나뉠 수 있다. 또한 자극체의 성격이 자극을 일으키는 원인주$_{causer}$로서뿐만 아니라, 적극적인 역할을 하는 행위주

와 같은 표면 구조를 얻을 수 있다. 만약 밑줄 친 수량사 구성이 이동되지 않고 핵어 위치에 그대로 있었다면(18가), 수량사의 본연의 해석이 주어지므로, 무한한 대상 가운데 일부 특정한 수량을 지시하게 된다. 그러나 이동에 의해서, 핵어 위치에 있지 않고, 수식어의 위치에 들어감으로써, (18나)의 구성을 이루게 되면, 밑줄 친 외현범주의 구성이 다만 그 수량만이 담화 세계 속에 들어 있는 것으로 해석되거나, 또는 사과의 수식어로서 그 내용을 명시해 주어야 하므로, 밑줄 친 수량사 구성이 거론되는 숫자의 전체임을 나타낼 수 있을 것으로 본다.

22) 경험주 주어에 대한 언어 유형론적 조사로서 Verma and Mohanan 엮음(1990)에 의해 이루어진 바 있다. 심리동사 또는 심리 상태에 대한 동사의 틀은 'see, discover, peer' 부류의 지각동사나 'know, believe, doubt' 명제 태도 동사 등과도 관련이 있다. 영어에서는 자극체 주어를 갖는 구문이 지각이 일어나는 심리적 과정을 기술하거나 그 결과로서 생겨난 심리적 반응을 언급하지만, 경험주 주어를 갖는 구문은 결과 상태만을 언급한다(Croft, 1991 : 215).

The storm was frightening them (과정 및 결과 상태 해석) :
The children liked the clown[*were liking the clown] (결과 상태 해석만 가능함)

의 의미역을 배당받는 사례도 고려해야 하기 때문에, 다만 경험주와 대상만으로 심리동사 구문을 설명하는 데에는 한계가 있다.

(20가) The clown amused the children
 (광대가 어린이들을 웃겼다).
나) These numbers baffled the statistician
 (그 수치들이 통계사들을 좌절시켰다).

이를 드러내기 위해, 영어에서 frighten, fear, tease들이 행위주 역할의 자극체 주어를 갖고 있는 것으로 기술하기도 한다(Grimshaw, 1990). 우리말에서는 (19가)와 (19나) 구문만이 문법적이다.

(21가) 먹쇠가 뱀을 싫어한다.[23]

---

[23] 맞춤법에서 '어하다/어지다'는 하나의 단어로 인식하여 붙여 쓰고 있다. 전자는 심리동사일 경우에 한하지만, '미안해∨하다, 갑갑해∨하다, 안스러워∨하다, 불쌍해∨하다'에서와 같은 경우 사전의 어휘항목으로 올라 있지 않으므로, 이들이 하나의 단어로 취급되고 있지 않음을 알 수 있겠는데, 이와 같은 개방성을 고려한다면, '-어하다'를 어휘로만 간주하는 것이 고식적인 처리임을 알 수 있으며, 이런 구조에 숨어 있을 법한 어떤 규칙을 찾아내려는 노력을 해야 옳을 것이다.
 만일 '좋다 : 좋아하다'를 계열적 관계의 대립 어휘로 간주하면, 더 이상 '좋아하다'의 구조를 환원할 수 없게 된다. 그러나 '좋아하다'를 두 개 동사의 합성된 모습으로 간주한다면, 논의는 사뭇 달라질 것이다. 다시 말하면,
 "나에게는 순이가 좋다 : 나는 순이를 좋아한다"
가 기본 대립 구문으로 보는 방식이 있다. 전자는 여격 형태와 비대격 형태의 논항이 오고, 후자는 주격 형태와 대격 형태의 논항이 오는 것으로 기술하는 것이다. 그러나 이는 매우 상투적이고 고식적인 처리 방법으로서, 왜 여격 형태와 주격 형태가 나타나며, 왜 비대격 형태와 대격 형태가 각각 실현되는 것인지를 전혀 설명해 주지 않고 있다. 두 구문을 놓고서 어떤 대립적 특성이 있다고 받아 적어 두는 일에 불과하다.
 이와는 달리 먼저
 "e 순이가 좋다 : 나로서는 순이가 좋다 : 나에게는 순이가 좋다"
의 차이를 드러내는, 다시
 "철이에게는 순이가 좋다 : 철이가 순이가 좋다 : 철이가 순이i를 [ei 좋아] 한다"
와 같은 구문의 차이를 지적해 볼 수 있다. 앞의 경우는 공통되게 '순이가 좋다'라는 형식을 갖고 있지만, 공범주 형태로부터 자격격 형태와 여격 형태가 나타나고 있다.
 'e : 나로서는 : 나에게는'

의 형식상 대립만을 고려한다면,
"일반 사람(pro_{ARB}) : 나의 속성의 일부 : 나의 일회적이거나 단편적인 사건 경험"
등과 같은 의미차이를 함의하지 않을까 생각된다. 뒤의 경우는 첫 번째 논항이 여격 형태의 것과 주격 형태의 것들이 대립되고, 주격 형태의 것에서는 두 번째 논항이 주격 형태와 대격 형태가 대립되고 있다. 아마 여격 표현은 1회적인 사건을 가리키지만, 주격 표현은 주어의 어떤 속성을 가리키는 게 아닐까 의심된다.
"철이가 순이₁를 [e₁ 좋아] 한다"
는 구문은
"철수가 순이₁를 [e₁ 미녀라고] 본다"
라는 구문과 형상이 같아 보인다.
　필자는 '좋다 : 좋아하다'가 단순하고 고식적으로 계열적 대립을 이룬다고 하는 기술주의 입장보다, '좋다'에서 '좋아하다'로 확장되거나 또는 '좋아하다'에서 '좋다'로 줄어드는 환원주의 태도가 옳을 것으로 본다. 이 입장은 '순이가 좋다'에서 '순이를 좋아하다'로 바뀔 때 대상역을 받는 논항에 격이 주격에서 대격으로 바뀌는 현상을 설명해 주어야 한다. 필자는 '하다'가 행위 또는 묘사동사의 표상을 갖고 있고, 이 동사가 기술하는 내용 속에 '좋다'가 이끄는 내포문이 있다고 본다. 격이 바뀔 수밖에 없는 까닭을 대략 다음처럼 설명해 줄 수 있다. 제일 처음 주어지는 초기 표상은 다음과 같다.

　① 철수₁ e₁ [e₁ 순이 좋] 하

여기에서 내포문으로 들어 있는 논항은 아무런 변화 없이 최종 표상으로 도출된다면, '순이가'와 같이 주격 형태를 갖게 될 것이지만, 이 표면형은 비문으로 판정을 받는다. 따라서 주격 형태로 실현되지 않도록 도출 과정을 조정할 필요가 있다. 그 핵심은 '순이'에게 주격을 줄 가능성을 없애고, 대격을 받도록 만드는 것이다. 주격이 배당될 가능성은 내포문의 동사 '좋다'로부터 나온다. 그렇다면 내포문의 핵어를 없애야 하겠는데, 이는 핵어를 밖으로 내보내는 외에는 다른 길이 없다.
　그런데 어떻게 이 핵어를 밖으로 내보낼까? 그 이동의 동기는 상위문의 핵어로부터 나와야 할 것이다. 다시 말하여, 상위문에 있는 핵어가 내포문의 핵어를 끌어당길 수 있다고 보는 것이다(문법 자질만을 내장하고 있고, 실체적 지시 자질은 내포된 동사로부터 공급받는다고 가정할 수 있음). 그러기 위해서는 상위문의 핵어 '하다'가 평가 구문 '보다'에서 관찰되는 것과 같이 세 개의 논항을 투영하고, '행위' 구문이 되기 위해 이들에 각각 〈행위주, 대상, 처소〉와 같은 의미역을 배당할 수 있어야 한다. 그림쇼의 위계와 비교하여 '대상, 처소' 의미역의 순서가 뒤바뀐 까닭은, 사격 논항이 핵어 부가에 의해 추가로 덧얹혀져 있는 것으로 간주하기 때문이다. 만일 〈경험주, 대상, 처소〉와 같은 의미역이 배당되면, 이는 '묘사' 구문으로 된다. 필자는 '-어 하다' 구문이 언제나 행위·묘사 구문의 중의성이 들어 있는 것으로 보는데, 이를 3.2절에서 본 레빈의 주장대로 행위와 그 결과 상태로 해석할 수도 있다.
　행위 구문으로 해석되든지, 묘사 구문으로 해석되든지 무관하게, 이 동사는 유표적으로 내포문의 핵어를 끌어당기는 것으로 간주한다고 가정하면, 다음과 같은 표상이 도출된다.

　② 철수₁ e₁ [e₁ 순이 t_m] 좋_m+아 하

내포문의 핵어는 상위문의 핵어 층위로 인상되면서 '아'라는 형태소를 도입해야 하는데, 이는 인상 이동에 의해 이사를 온 손님을 표시하는 방식이다(핵어 이동임).

나) 나에게는 뱀이 무섭다.

(19나)의 여격 경험주 표시는 '주다' 동사의 구문이 배합되어 있는 형식으로서, 수여동사와 비대격동사의 합성체나 또는 자극 원인체를 전제로 한 기동성(起動性)을 표시해 주는 환원 방식을 상정해 볼 수도 있겠지만, 이런 어휘 해체의 정당성에 대해서는 더 정밀한 논증이 필요하다.

(22가) [X가 Y에게 Z를 주다+X가 Z이다+Z는 느낌이다]
⇒ Y에게 X가 Z하(이)다.
나) [X가 자극체이다+Y가 X로부터 Z하다+Z는 느낌이다]
⇒ Y에게 X가 Z하(이)다.

영어에서 빈번히 쓰이는 (19다)의 형식의 구문은 우리말에서는 의인화된 문체로 해석되는 경우 외에는 쓰이지 않는다.

(23가) The storm was frightening them.
나) *폭풍이 사람들을 위협하고 있었다. (단, 의인화된 해석은 제외함)

후핵성 매개인자에 따라, 두 개의 동사가 이어져 있을 경우, 뒤에 있는 것이 진정한 핵어가 되므로, 이동된 동사는 원래 동사의 앞쪽으로 부가되어 있다.
　다음 단계에서 내포문의 외현범주인 '순이'가 격을 받아야 하겠는데, 핵어가 이사를 가 버린 내포문 속에서는 적절히 격을 줄 주인이 없다. 따라서 격을 받기 위해 다음과 같이 이동을 하게 된다(논항 이동임).
　③ 철수$_i$ 순이$_n$ [e$_i$ t$_n$ t$_m$] 좋$_m$아 하
여기서 내포문의 논항은 상위문의 상황 공범주 논항 'e$_i$' 자리로 옮아갔는데, 상황을 지시하는 공범주 논항은 새로 이사 온 외현범주 논항과 서로 내포 관계에 있다. 즉, 상황 공범주는 전체를 표시하고, 순이는 그 전체 속의 일부분인 것이다. 새로 이사 온 논항은 상위문의 핵어인 '하다'로부터 〈대상〉 의미역을 받을 뿐만 아니라, 대격까지 배당받게 된다. 그 표상은 다음과 같고, 이것이 최종 표상이 되는 것이다.
　④ 철수$_i$가 순이$_n$를 [e$_i$ t$_n$ t$_m$] 좋$_m$아 하다
이런 과정을 도출로 보지 않고, 특정한 부류의 어휘가 재구조화를 거치는 것으로 보는 것은 매우 간편하다는 장점이 있다. 그렇지만 이런 부류가 닫혀져 있고 열려 있다는 사실을 설명할 수 없다는 한계가 있다.

영어 구문에 대한 연구에서, (19다)의 자극체 주어는 진정한 주어가 아니라, 오히려 경험주 목적어가 주어 노릇을 하고 있음이 밝혀졌다. 그 증거로서 다음의 세 가지를 제시한다. 첫째, 교호사交互辭 each other를 쓸 수 없다. 일반적인 예에서 교호사는 복수 주어가 나오면 늘 허용된다. 그러나 심리동사의 자극체 주어에서는 이런 일반 속성을 위배한다.

(24가) *Politicians; worry each other;.
　　나) *정치인이 하는 일들;이 서로;를 괴롭힌다.

(24)는 자극체 주어가 아닌 경험주 주어로서, 개체 해석을 받을 경우에는 해석이 가능하다(e-type : 정치인 개개인들). 그러나 자극을 주는 대상으로서 속성 해석을 받을 경우에는 해석이 불가능하다(property- type : 정치인이 하는 일들).

둘째, 교호사는 특이하게 역행 결속을 보인다. 일반적인 경우에 재귀사나 교호사는 모두 자신이 실현된 문장 안에서 자기 짝을 찾아야 하는데, 그 짝이 자신보다 계층 더 높은 곳에 자리 잡고 있어서 순행 결속을 보이기 마련이다. 그러나 자극체 주어에서는 반대의 현상이 관찰된다.

(25가) [Pictures of each other;] amused the politicians;
　　나) [서로;의 사진]이 그들;을 웃겼다

셋째, 일반적으로 목적어 명사구가 주어 명사구보다 더 넓은 영역에서 해석이 이루어진다. 이는 목적어 명사구가 이동에 의해 주어 명사구보다 더 높은 위치를 점유함으로써 가능해지는 것이다.

(26다) What; did [everyone bring t;]?
　　　(무엇;을 [모두가 t; 갖고 왔느냐?)
(26다') *Who; did [everything worry t;]?

(*누구를 [모든 것이 t$_i$ 걱정했느냐?)

(26다)에서 이동되어 남은 흔적 t는 이동되어 나간 의문사 What에 의해서도 결속된다. 그러나 동일한 형상을 갖고 있지만, 자극체 주어를 실현하는 worry 동사에서는 그러한 이동이 비문이 되어 버린다.

일단, 위의 언어 사실을 근거로 하면, 자극체 주어가 주어 속성을 완벽히 지니는 것이 아니고, 오히려 목적어로 실현된 경험주가 주어의 속성을 지닌다고 매듭지을 수 있다. 이 결론은 우리말이 구현하는 표상이 기본적이고 전형적인 것임을 암시해 주고 있다. 그렇더라도 문제가 남아 있다. 영어의 경우에 왜 빈도 측면에서 (19다)가 (19가)보다 더 우세한지를 설명해 주어야 하는 것인데, 이 문제는 아마도 문체론적 요인들과 문화적 요인들이 동원되어야 할 듯하다.

3.6. 개념 구조와 의미표상

끝으로 간단히 개념 구조에 바탕을 둔 제킨도프(Jackendoff, 1990)의 어휘 의미표상을 보기로 한다. 그는 먼저 개체·사건·상태·행위·장소·경로·속성·양 등과 같은 존재범주의 집합을 상정하고,[24] 이 원소들이 상태 함수, 사건 함수, 개체 함수, 경로 함수, 속성 함수 등을 이룬다고 본다. 이들은 의미장semantic field 의미밭을 구성하는데, 공간적 처소와 움직임, 소유, 속성들의 귀속, 행위의 단계들이다. 그가 제시하고 있는 기본 논항−함수 구조를 간략히 보이면 다음과 같다.

---

24) 한걸음 더 나아가 Jackendoff(1996)에서는 존재범주 가운데 개체가 [+물질적, +경계, −내적 구조]와 같은 자질 복합체로 상정되고 있다. [+물질적]이라는 자질을 쓰면, 개체·재질·군집(object·substance·aggregates)들이 묶이고, [−물질적]이라는 자질로는 상황·시공·추상물(situation·space/time·abstract entities)들이 묶인다. 전자의 세 가지 물질적인 개념소들을 구분해 주기 위해서 추가 자질이 들어가는데, 개체와 재질은 경계가 있는지 여부로써 구분되며, 개체와 군집은 내적 구조가 있는지 여부로 구분된다. 무엇이 존재범주를 구성하는지의 문제는 계속 정밀하게 탐구되어야 할 과제이다. 제킨도프의 개념 구조 표상 방식은 자연언어의 특성들을 가장 잘 반영해 주고 있으므로, 사고언어의 실체를 개념들의 합성이나 복합체로 가정하는 (자연언어 지향) 심리철학자들에 의해 선호되고 있다.

(27가) 장소 ⇨ [장소 함수(개체)]

나) 경로 ⇨ [{TO, FROM, TOWARD, AWAY-FROM, VIA} (개체 또는 장소)]

다) 사건 ⇨ { [GO (개체 및 장소)], [STAY (개체 및 장소)] }

라) 상태 ⇨ { [BE (개체 및 장소)], [ORIENT (개체 및 장소)],
         [SPATIAL-EXTENSION (개체 및 장소)] }

마) 사건 ⇨ [CAUSE ({개체 또는 사건}, 사건)

여기서 대문자로 쓰인 단어들은 추상적 개념을 나타내는 궁극적 요소들이다. 이들 어휘장에 대한 요소들은 따로 학습되는 것이 아니라, 자연 언어의 어휘를 습득하면서 동시에 터득하게 된다고 보고 있다 (미리 프로그램되어 있음). 이런 바탕 위에서 다음 문장은

"John ran into the room"

움직임에 관련된 사건이므로, (27다)의 개념 구조를 갖게 되고 (28)처럼 나타내게 된다.

(28가) [GO (john, TO (IN (room)))]

나) [into : 품사 P : 하위범주화 〈__NP_j〉 : [TO (IN (개체$_j$))]]

다) [run : 품사 V : 하위범주화 〈__PP_j〉 : [GO (개체$_i$, 경로$_j$)]]

(28가)는 어떤 개체 john이 경로를 거쳐 room이라는 장소에 들어가는 사건을 일으킨다는 표시이다. (28나)는 into라는 품사가 전치사이고, 통사적으로 명사구를 요구하며, 그 개념이 어떤 경로를 거쳐 개체$_j$ 속으로 들어감을 표시한다. (28다)는 run의 품사가 동사이고, 전치사구를 요구하며, 그 개념이 어떤 개체$_i$가 어떤 경로$_j$를 통해 가게 됨을 표시한다.

물론 언어마다 특이한 성격들이 있기 때문에, 위의 어휘장 또는 낱말밭에 대한 세부 모습들이 좀더 세련되게 수정될 필요가 있다. 가령,

우리말에서는 '고맙다'를 외부 대상 감각동사(지각동사)로 사용하지만,[25]

---

[25] '고맙다'는 영어의 'thank you'나 중국어의 '謝你'에서와 같이 결코 "*너를 고맙다"라고 말할 수 없다. 한국어에서는 타동 동사의 구조를 갖는 것이 아니라, 외부 대상 감각동사 또는 지각동사의 구조를 갖고 있기 때문이다. 이를 어휘 해체로써 보이면, 대략

[나는 어떤 감정을 느낀다 + 그 감정은 기쁜 것이다 + 그 감정의 자극 원인은 너이다]

처럼 될 것이다. 이에 비해 영어의 'thank'는

[나는 어떤 행위를 한다 + 그 행위는 내가 기쁘다는 것을 보이는 것이다 + 그 행위의 목표지는 너이다]

정도로 표시할 수 있을 것이다. 인간 관계에서 특정한 경우를 어떤 어휘 구조로 나타낼 것인지는, 문화와 역사적 우연에 의존할 수밖에 없다.

교착어인 한국어에서는 형태소 대립을 통하여 동사의 틀을 확립할 수 있다. '맙-'과 관련된 형태소로서, '춥다 : 차겁다'에서 또는 '기쁘다 : 즐겁다(깃브다 : 즑업다)'에서 보듯이, 내파(p') 또는 외파(pˢ)의 [ㅂ]이 [업] 계열의 형태소와 대립되고 있다. '고맙다'라는 어휘는 [ㅂ] 형태의 대립 짝이 없는데, 아래에서 설명될 'pro_ARB의 일반적인 공통 감각'으로 표현할 수 없는 우연성 때문으로 보인다. 앞의 형태소는 전형적으로 내부 감각동사에 쓰이므로 〈경험주〉 의미역만이 논항에 배당되지만, 뒤의 형태소는 외부 대상 감각동사로 쓰이므로 〈경험주, 대상〉 의미역이 논항에 배당된다.

"나는 춥다 : 나에게는 얼음이 차겁다"

와 같은 예문이 전형적인 경우이다. "*나는 차겁다 : *나에게는 얼음이 춥다"는 비문이다. 단, '나는'은 〈경험주〉 의미역을 받을 경우이고, 〈대상〉 의미역이 배당되어 "네가 나를 만져 본다면, 너에게 나는 차겁다"와 같은 경우는 외부 대상 감각동사로 쓰이고 있다.

그런데 내부 감각동사가 외부 대상 감각동사처럼 확대되어 쓰일 수 있다. 이때에는 반드시 외부 대상이 직접적인 자극을 만들어 내는 원인이어야 한다는 조건이 붙는다.

"날씨가 춥다 : 날씨가 차겁다"

에서 찾을 수 있는 차이는 무엇일까? 필자는 기상 예보에서 "내일은 날씨가 추워지겠습니다."라고 말하는 데에 근거하여, 누구에게나 공통된 감각을 나타낼 적에 '날씨가 춥다'가 쓰이고(누구에게나 날씨가 춥다), 개별적인 감각 경험을 나타낼 적에 '날씨가 차겁다'가 쓰일 것으로 본다(??누구에게나 날씨가 차겁다). 이 직관은 동일한 대립의 비문성 여부로써 검증할 수 있다.

(1가) *기쁜 우리집   [← *우리집이 기쁘다]
(1나) 즐거운 우리집   [← 우리집이 즐겁다]
(2가) 기쁜 소식   [← 어떤 소식이 기쁘다]
(2나) 즐거운 소식   [← 어떤 소식이 즐겁다]

(1가)가 비문인 데 비해, (1나)는 문법적인 예문이다. 그런데 동일한 구성을 갖고 있지만 (2가)와 (2나)에서는 모두 문법적이다. 왜 이런 차이가 생겨나는 것일까? 관형절은 핵어를 중심으로 하여 이 핵어와 공통된 논항을 공범주 형태로 그 속에 갖고 있는데, 그 공범주 형태를 복원하면 꺾쇠 괄호 속에 있는 내용과 같다. (2가)와 (2나)에서는 특정성을 보장해 주기 위해 '소식'에 수식구가 들어가 있어야 하는데, 이런

중국어나 영어에서는 타동 구조로 사용한다. (28다)에서 run과 추상적인 개념동사 GO 사이에는 하의어와 상의어의 관계가 성립하는데, 반드시 [+방식]과 [−걷다]와 같은 자질이 더 추가되어야 run이 도출될 수 있다. 뿐만 아니라, drink와 같은 동사의 개념을

[CAUSE (개체$_i$, GO (액체$_j$, [TO (IN (MOUTH−OF (개체$_i$)))]))]

처럼 복잡하게 표상하는데, 이를 피하여 간단하게 표상해 줄 수 있는 길도 찾아야 한다. 즉, 유사한 동사와 어떤 추가 자질 정도만 허용하

특성을 Kratzer(1989)에서는 시공 속에 구체적인 사건이 존재함을 보장해 주는 구체적 장면 층위(stage-level)의 술어 때문이라고 한다. 다시 말하여, '소식'이 추상적이고 비현장적인 대상이 아니라, 구체적이고 현장에서 자극의 원인으로 역할을 하기 위해서는 특정적(definite expression)으로 되어야 하는 것이다.

(1가)의 비문성을 설명하는 길은 두 가지가 있다. 우선은 내부 감각동사가 〈경험주〉 의미역을 논항에 배당하는데, 무생물인 '우리집'은 〈경험주〉 의미역을 받을 수 없기 비문이 된다. 그러나 (1나)는 외부 대상 감각동사이기 때문에 〈경험주, 대상〉 의미역이 배당되는데, 외현범주로 나온 '우리집'은 〈대상〉 의미역을 받게 되고, 〈경험주〉 의미역은 공범주 논항에 배당된다. 초기 표상이 "e 우리집 즐겁다"처럼 되어 있는 것이다.

두 번째 설명은 (2가)와 (2나)에서는 왜 모두 문법적인 것인지를 설명하는 데에서 나온다. (2가)는 내부 감각동사에서 확장되어 외부 대상 감각동사로 쓰이는 경우이다. 이 확장 용법은 원래부터 외부 감각동사로 쓰이는 경우와는 구분되는데, 반드시 외부 대상이 감각을 일으키는 직접 자극의 원인체이어야 한다. 반면 외부 감각동사는 외부 대상이 직접은 물론 간접 원인체이어도 무방하다. '*우리집이 기쁘다'에서 '우리집'은 간접 원인이다. 우리집의 어떤 속성이 직접 원인이 되고, 이 속성을 포함하고 있는 것이 '우리집'이기 때문이다. '기쁜 소식 : 즐거운 소식'과 같이 동일한 구성에서도 전자는 직접적인 자극 원인이며, 후자는 간접적인 포괄 원인으로 이해된다. 만일 간접적인 포괄 원인 가운데에서 무엇이 직접적인 원인인지를 가려내는 것은 개개인의 경험에 달려 있을 것이다. 이런 점에서 개별적인 사람이 경험주로 표시될 수 있다. 앞에서 지적한 공통 감각과 개별 감각을 드러내기 위해서는 이 두 번째 설명 방식이 더 나아 보인다.

"날씨가 춥다 : 날씨가 차겁다"의 대립과 "어떤 소식이 기쁘다 : 어떤 소식이 즐겁다"의 대립은 동일하게 [ㅂ]과 [업]이라는 형태소를 기반으로 하고 있다. 앞의 형태소를 구현하고 있는 표현이 직접 원인을 가리키고 있으므로, 일반적인 공통 감각을 나타내게 되고, 뒤의 형태소를 구현하고 있는 표현은 간접적인 포괄 원인을 나타내므로, 개별적인 사적(私的) 감각을 나타낼 수 있는 것이다. 만일, '내가 얇은 옷을 입고 있기 때문에'라는 조건절이 붙어 있다면, '날씨가 춥다'보다는 '날씨가 차겁다'라는 표현이 더 적합할 것으로 보인다. 이 점 또한 개별적인 사적(私的) 감각으로부터 해석을 이끌어 낼 수 있는데, 그 조건절이 사적으로 어느 한 개인에게만 적용되기 때문이다.

는 방안이다(가령 '먹다' 및 [+액체] 정도). 이 작업이 성공하려면 어휘들의 위계에 대한 개략적인 지도를 우리가 확보하고 있어야 할 것이다.

4. 맺음말

어휘의 의미표상을 어떻게 나타낼 것인지에 대한 논의는 우리 학계에서도 시급히 이루어져야 한다. 이 분야의 논의가 90년대에 들어서면서부터 본격적으로 부상되기 시작하여 연구의 역사가 매우 짧지만, 어휘가 담고 있는 내용이 통사뿐만 아니라 음운 과정 및 의미 해석의 과정을 보여 줄 수 있다는 점에서, 이 논의는 언어학의 노른자위로 비유할 수 있다. 촴스끼는 언어 능력의 선천성을 강조함으로써, 일찍부터 일반 인지 능력과의 결별을 선언하였고, 70년대 말에 피아제와의 논쟁을 통해 촴스끼는 스스로 두 인지 능력이 별개의 것임을 거듭 천명하였었다. 그럼에도 불구하고, 생성의미론을 다루던 학자들이 다수 인지 언어학이라는 흐름을 만들어 가면서, 언어 능력과 일반 인지 능력이 서로 간섭될 수 있다는 사실을 지적해 오고 있고, 다른 한편으로 인지심리학 연구들은 언어를 처리할 때 하향식 top-down 처리에서는 우리가 장기 기억 창고 속에 보관하고 있는 세계지식 기반이 극대로 활성화됨을 보고하고 있다.

30년 넘는 통사론의 연구를 통하여, 촴스끼는 이제 가장 간단한 원리로서, 범주를 벗어버린 구조 bare structure 를 주장하고 있다. 이는 더 이상 통사론에 원리가 필요 없음을 의미하는 것은 아니다. 통사론을 지배하는 원리들이 다수 다른 부서로 옮아간 것에 지나지 않기 때문이다. 한 걸음 더 나아가, 언어는 상호접합면의 운용에 의해서 작동한다는 주장을 액면 그대로 받아들이더라도, 여전히 언어 고유의 몫이 어딘가에는 남아 있거나 깃들어 있어야 한다. 그렇다면, 어휘의 형성과 운용은 독립적인 언어 능력에 의해 지배되고 있는 것인가? 그렇지 않다. 어휘는 공통성과 특이성을 모두 함께 갖고 있기 때문이다. 전자는 한 언어 속에서의 어휘적 공통성과 여러 언어들 사이의 어휘적 공통성을 의미하고, 후자는 문화와 우연성에 의해 나오게 되는 개별성을 의미한다. 전자일수록 일반 원리를 상정해야 하고, 후자일수록 암기에 의한 개별 습득과 특수한 매개인자를 가정해야 할 것이다.

만일 모든 언어들에 걸쳐서 어휘상의 어떤 공통성이 찾아진다면, 이는 일반 인지 능력에 의한 속성일 수도 있고, 언어 능력에 의한 속성일 수도 있다. 최근 인지 언어학에서 논의되고 있는 '전체 : 부분'의 대립이라든지, 한 사건의 내부를 구획하는 '기점 : 중간점 : 종점'의 구별 등은 일반 인지 능력에서 도출된다고 보아야 온당하다. 이런 개념들이 언어 사용에만 관계되는 것이 아니라, 다른 대상을 파악하는 데에도 소용되는 것이기 때문이다. 그러나 '담는 그릇 : 담긴 물체, 건물 : 기관, 식물 : 음식, 과정 : 결과, 초점 : 배경' 등과 같이 다의성이 드러나는 갈래들은, 이들을 지배하는 상위의 어떤 원리가 찾아지지 않는 한, 일단 고유한 언어 능력에서 나오는 것으로 보는 것이 좋을 듯하다.

어린이의 언어 습득에서는 먼저 임의의 대상이 하나의 전체로서 습득되고, 그 동일한 대상이 다른 언어 표현을 가질 적에, 비로소 그 대상의 속성이나 내용을 가리키는 것으로 의미를 발달시켜 나가는 것으로 알려져 있다. 그러나 아직 어떤 속성을 필연적으로 선택해야 하는지에 대해서는 알려져 있지 않다. 이 점은 다음처럼 이해될 수 있다. 일반 인지 능력에서 볼 때, 임의의 대상이 두 개 이상의 언어 표현을 갖거나, 또는 서로 다른 대상을 주어로 가질 경우, 대상을 총괄적으로 지시하는 데에서 벗어나 새롭게 그 대상의 어떤 속성을 선택하게 되는데, 이 속성 선택이 언어 공동체에 수용된다면, 이것이 다의성이 생겨나는 첫 발단이라고 생각된다.

핵어 문법(HPSG)의 어휘 의미표상의 형식화 연구를 따로 떼어놓으면(푸슷욥스끼의 연구), 어휘의 의미표상을 연구하는 집단은 크게 다음처럼 둘로 구분할 수 있다. 하나는 필모어, 탤미, 레이콥 등을 중심으로 한 인지 언어학 바탕의 연구이고, 다른 하나는 제킨도프, 레빈, 해일 들로 대표되는 어휘 개념 구조의 연구이다. 후자는 기본적으로 어휘의 운용에 언어 능력을 전제로 한다는 점에서 볼 때 전자와 대립된다고 말할 수 있다. 그러나 다만 어휘의 의미표상만으로는 세계지식 기반을 모두 다 엮어낼 수 없다. 또한 어휘들이 서로 관련되어 생겨나는 제 3의 의미를 포착하기 위해서도, 어휘의 의미표상 위에 다시 상위의 운용 원리를 상정해 주어야 한다. 상위에 설치되는 원리일수록 일반 인지 원리에 수렴될 개연성이 높으므로, 이 점을 고려한다면, 두 갈래의 연구 흐름도 서로 배타적인 것만은 아닐 것이다.

우리말의 어휘 의미표상을 다룰 적에는, 이러한 연구들을 비판적으로 검토하면서 한국어 매개인자를 잘 구현할 수 있는 모습을 찾아 나가야 할 것이다. 이 일이 이상적으로 수행되어 성공적인 결과를 얻는다면, 임의의 한국어 자료를 기계가 처리하고, 필요한 정보들을 즉석에서 우리한테 알려 주는 일이 더 이상 공상 소설 속에만 갇혀 있지 않을 것이다.

제10장 논항 변동을 통한 다의어의 설명 모형
: '보다'의 경우*

1.

There has been pursued a lexically projected syntax recently in the Universal Grammar, in which syntax is considered as the mere output of a lexical projection. A lexical head, in other words, presents a number of arguments with relevant thematic roles into the layer of syntax. This new tendency can be called a lexically oriented or lexically dependent syntax. It contrasts with the so-called autonomous syntax in which a lexicon has a peripheral status only to fill out a syntactically determined slit. This shift from syntax to lexicon is quite deserving, since we should ask why a syntactic constraint is so simple and why it is applicable so widely, given the fact that such a constraint as move-alpha or binding is universally operative with some parameters to adjust to an individual language. We cannot find any possible solution for the questions when we put aside the lexical component. The autonomous syntax cannot answer them appropriately without tautology, which fact implies that

---
* 이 글은 『배달말』 제21집, 113~137쪽에 실림.

we have to seek a solution from other components or some other modules than the syntax. Contrary to the assumption that the lexical component only keeps idiosyncracies in the early Transformational Grammar, the lexicon has rather been treated a fully constrained and regular component very recently.[1]

No matter how we assume any kind of sub-levels in the lexical component, one of the phenomena which awaits for an explicit explanation is polysemy. It is quite easy to find a word in any language with two more different meanings regardless of its category.[2] Two terms have traditionally been adopted to handle them; polysemy and homonymy. The problem, however, is that they cannot be divided clearly and sharply at all. The demarcation seems to be vague, since the same word could be treated differently as a polysemy or as a homonomy, person to person, case by case. A Korean dictionary, for instance, lists over twenty meanings in the item of 'po-ta' or 'to see'. It is quite sceptical that we really discriminate such large semantic categories, whenever we utter them. It does not seem that they are all homonymy.

Although we argue against the obscure status among homonymous items, this does not necessarily mean that we should deny the traditional concepts, because we do have a polysemy on one part and a homonymy on the other. What we can do here, then, would be to establish a nice norm to distinguish one from the other so as to determine certain phonetically homogeneous items whether they are really homonymy. It is reasonable to claim the homonymy relationship only after the norm

---

[1] Pustejovsky(1995), suggests that the lexical component is composed of mutiple representation levels among which are involved argument structure, event structure, qualia structure, and inheritance structure.

[2] To overview recent researches and problems on polysemy, see Peter E. Pause et al.(1995).

does not apply so that any kind of relationship cannot be established among the phonologically equivalent items except homonymy.

2.

This paper aims to find out some linkage between homonymously listed verbs of 'po-ta' or 'to see' in Korean with argument fluctuation. In other words, I will try to figure out an extending method to cope with apparent homonymous items of 'po-ta' or 'to see' in Korean. When we exclusively focus a meaning or a semantic code of a word, we are apt to adopt a pragmatic meaning carelessly, which tendency unfavorably results in uncontrolled descriptions on meaning. To avoid this difficulty, it would be better to note the number of arguments, when we deal with a verb. A natural language seems to keep a verb which argument number varies from one to three for its canonical realization. A recursive function guarantees an infinite inflation of arguments in any original argument position, whenever we need to expand the number of arguments.

If the head-final parameter is fixed for Korean, we can list three kinds of argument position as in (1).[3]

(1a) one argument verb : 〈 X __ 〉
 b) two arguments verb : 〈 X Y __ 〉
 c) three arguments verb : 〈 X Y Z __ 〉,
  where X, Y, and Z are distincive argument positions and the underlined part represents the position in which a verb is realized.

---

3) Temporarily the subject position is also represented and the usual distinction between an external argument and an internal argument is not shown here only for the sake of simplicity.

(1a) fits to an intransitive verb or an unaccusative verb. They say that an adjective in Korean also conjugates as much as a verb. In this paper, an adjective will be treated as a verb. I will adopt an adjectival verb,[4] when the division is needed between a verb and an adjective. (1b) fits to a transitive verb or a perception verb. And (1c) fits to a ditransitive verb such as 'to give' or a causative verb such as 'to make'.

Now, the distribution of 'po-ta'[5] or 'to see' is shown in (2), if we consider its number of argument positions.

(2a) 'po-ta' with one argument position : ⟨ X __ ⟩

---

[4] In fact, I do not agree with this claim personally, because I assume a fusion of abstract verb 'be' in an adjectival verb. This abstract verb 'be', here, is the superonymy of all of the suffixes which are found in Korean adjectives such as '-kop-' as in cha-kop-ta([stem+BE+ending] 'be cold'), '-tap-' as in arum-tap-ta([stem+BE+ending] 'be beautiful'), '-pu-' as in sulh-pu-ta([stem+BE+ending] 'be sad') and others. Roughly speaking, Korean adjective has various 'be', each of which keeps its own function, while English has the unique one. I do not want to be engaged fully in establishing my point here, since it is not closely connected with the issue at discussion in this paper.

[5] 'po-ta' represents a stem part and an ending part : [stem+ending]. Even though the ending '-ta' roughly matches with 'to' in English counterpart in the translation(so it is called the neutral declarative ending), '-ta' is not a neutral ending in its rigourous sense. It has its own meaning or function to be a minimal pair except mood, as the following instances demonstrate.

   (i) Bill-i Seoul-e ka-ass-to-ra
   Bill-Subj. Seoul-Loc. go-T_1-T_2-ending, where Subj. is a Subject marker, Loc. is a Locative marker, T1 is a kind of tense which refers to an action has been done, T_2 is also a kind of tense which refer to an experience has been finished, and ending '-ra' is an allomorpheme of '-ta'.
   (Bill went Seuol and I saw him there)
   (ii) Bill-i Seoul-e ka-ass-ta-to-ra
   Bill-Subj. Seoul-Loc. go-T_1-ta-T_2-ending
   (I was told that Bill went Seoul)

Note that the two sentences have all the same morphemes except '-ta' as in (ii). But the translation is different from one another. This fact means that the so-called neutral ending '-ta' in Korean be no more pure nor more transparent, contrary to the common belief. For the sake of convenience, however, I will follow the normal way and represent '-ta' as a neutral ending which fit to 'to'.

b) 'po-ta' with two argument positions : ⟨ X Y __ ⟩

c) 'po-ta' with three argument positions : ⟨ X Y Z __ ⟩

(3a) [kicha-ka   ttona-ass-na] po-ta

   [train-Subj. leave-T_1-Q] see-ending[6]

   "I suspect (or It seems) that the train has gone."

b) Bill-i   sajin-ul   po-un-ta

   Bill-Subj. picture-Acc. see-T_0-ending

   "Bill looks at a picture."

c) Mary-ka   Doll-ul   pabo-ro po-un-ta

   Mary-Subj. Doll-Acc. fool-as see-T_0-ending

   "Mary regards Doll as a fool."

Apparently, 'po-ta' shows all of the argument positions shown in (1). In (3a), an embedded sentence with an interrogative mode occupies the X position, which status will be discussed fully again with the examples of (8) and (9). (3b) shows a typical example of a perception verb in

---

[6] The following abbreviations of terminology is adopted.
Subj. = Subjective Marker ('-ka' or '-i' which are the phonetically conditioned allomorphemes)
Acc. = Accusative Marker ('-ul' or '-lul' as phonetically conditioned allomorphemes)
T_1 = Past Tense or Perfective with [+complete action] feature ('-ass-' or '-ss-' as phonologically conditioned allomorphemes),
T_0 = Present Tense or Imperfective with [-complete action] feature ('-nun-' or '-un-' as phonologically conditioned allomorphemes)
Q = Interrogative Ending ('-na', '-ka', or '-kka' as morphologically conditioned allomorphemes)
ending = a neutral declarative ending ('-a' or '-ra' as morphologically conditioned allomorphemes)

One thing further to note in (3a) is the zero realization of tense marker in the matrix sentence. We cannot say "*[kicha-ka ttona-ass-na] po-un-ta". The matrix sentence especially rejects T_0 tense. The T_0 tense marker '-un-' has the feature [-complete action] which requires any action verb. The 'po-ta' in (3a), however, is not an action verb but an evaluative verb which behaves as much as an adjective in Korean. We can find the same phenomenon in the adjective conjugation which lacks T_0 marker : "Susan-i arum-tap-ta" or "Susan is beautiful", but not "*Suan-i arum-tap-nun-ta."

which 'Bill' is an experiencer and 'a picture' is a theme in the event structure of feeling. (3c) is an instance of an evaluation(or cognition) verb in which 'Mary' is an experiencer, 'Doll' a theme, and 'a fool' the content of an evaluation on the theme in the event structure of evaluation. Putting aside the congruity among them for a while, let's see some other variants of 'po-ta' or 'to see' in (4).

(4a) John-i   sihom-ul   po-un-ta
     John-Subj. examination-Acc. see-T_0-ending
     "John takes an examination."
 b) Sue-ka   jang-ul   po-un-ta
     Sue-Subj. market-Acc. see-T_0-ending
     "Sue is doing shopping"
 c) omoni-ka   sang-ul   po-un-ta
     mother-Subj. table-Acc. see-T_0-ending
     "My mother is setting up the table."

The verb 'po-ta' or 'to see' in (4) represents not a perception but an experience or an action. In (4a), 'po-ta' does not refer to a visual perception but to an experience, as the translation 'to take an exam' designates. The verbs in (4b) and (4c) also involve an action 'to do shopping' or 'to prepare a table for food'. The verbs in (4) have been treated homonymy which are different from (3) in the sense that the former examples indicate not a perception but an experience or an action. But we have to ask if a visual perception actually has no relation to an experience or an action at all. If we fail to find any ties between them, we may claim that each of them be a different verb. If not, they should be in a polysemy relation.

How can we pin up the connection between a perception and an experience? Advocating the polysemy line, I suspect that an experience can be derived by the accumulation of consecutive visual perception in the sense that a piece of visual perception is a kind of experience. It is a kind of feeling which is a subset of an experience. This can be understood a short-span spontaneous experience. If this holds, then we can suggest some feature such as 'duration of feeling' which guarantees for the verb to extend from a visual perception to an experience. In an event structure of an experience, it is composed of an experiencer (or a patient) and a theme (or an object). A perception and an experience share the same scheme of event structure but, to divide them, we need to suggest a point experience and a durational experience.

An experience can be further extended to an action, only if it is performed volitionally or aggressively so that an event structure is composed of an agent and a theme. With the additional feature of 'aggression', we can reach at an actional experience with the thematic roles transition from an experiencer and a theme to an agent and a theme. If we interpret an aggressive mode as an affection on a theme (or object) so that an action can be established, then we can set up the linkage for all of the distributions of 'po-ta' in (3) and (4). The core feature is an experience for all of them. The additional features to discriminate them are point experience, durational experience, and aggressive experience. The number of argument position is the same but different thematic roles will be assigned to each position. For the first two kinds of experience, an experiencer role and a them role will be given. For the last one, an agent role and a theme role will be assigned.

In short, there can be listed three phases of experiences such as a point experience, a durational experience and an aggressive experience, each of which matches to a perception, an experience, and an action. To represent them more contrastively, we can additionally notice the status of a theme. A theme is regarded an object or an entity which gets affection or change, when an action is performed on it. In a perception and an experience, a theme does not get any change at all, while it gets change in an action. If this sort of linkage is applicable to the sentences in (4), (4a) is an experience in which a theme or an entity does not get affection or change, while (4b) and (4c) are an action where a theme gets change.[7]

With the structure of (2c), we can examine a variant form of (3c) in which an embedded sentence is presented.

(5a) Mary-ka   Doll-ul   [pabo-i-ra-ko]   po-un-ta
Mary-Subj. Doll-Acc. fool-be-ending-KO[8]   see-T_0-ending
"Mary thinks of Doll as if he is a fool (Mary regards Doll as if he is a fool)."

The same meaning of (3c) can be delivered by (5a). The difference between them is that the latter has an embedded sentence, while the former has an equivalent noun phrase. The embedded sentence is projected by copula "i-" or "be". When we consider the initial representation for

---

[7] Each of the verbs in (4) can be replaced by a synonymy such as 'chiru-ta' or 'to undergo' for (4a), 'mwulgon-ul sa-ta/phal-ta' or 'to buy/sell a thing' for (4b), and 'charu-ta' or 'to prepare' for (4c). In (4b), the noun, 'jang' or 'a market' is a figurative usage of a thing which sells or buys in a market. The substitution clearly shows their status whether it is an experience or an action.

[8] '-ko' here is an excerpted sentence marker which has its roots in the typical connective marker '-ko'. As far as the Korean conjugated markers are concerned, the same forms can easily be observed in various constructions from a coordination, a subordination, an embedding and to an exception. '-ko' is one of such typical examples. It is not clear yet which one is the reality whether an archi-morpheme of '-ko' be stipulated for all of the distributions, the same morpheme be realized in so many environments, or all of which be a different one. One of the plausible assumptions which I incline to adopt is that the same morpheme be presented in different layers of funcitional category from a propositional tense layer to a complementizer layer.

it, we should posit an empty category, 'pro', which is controlled by the object of matrix sentence demonstrated in (5b).

(5b) Mary-ka Dolli-ul [proi pabo-i-ra-ko]   po-un-ta
"Mary thinks of Doll as if he is a fool."

It is not reasonable to apply the Exceptional Case Marking (ECM) construction in English to the counterpart in Korean, because Korean shows some other aspect as in (5c) which constitutes a distinctive minimal pair of (5b).[9]

(5c) Mary-ka   pro [Doll-i pabo-i-ra-ko]   po-un-ta
     Mary-Subj. pro [Doll-Subj. fool-be-ending-ko] see-T_0-ending
     "Mary thinks that Doll is a fool."

The difference in meaning between (5b) and (5c) lies in the speaker's attitude of the embedded sentence. Since only (5b) implies that all but Mary do not believe that Doll is a fool, the speaker thinks of Mary having a false belief. But (5c) has no such implication at all. It is neutral in the sense that it does not deliver any evaluation or implication on Mary's belief. They show a distinctive meaning each other in this regard. (5c) is also a fairly normal construction in Korean demonstrated as in

---

9) If the minimal pair is established universally, then English ECM construction be a parameterized case in which embedded subject be the "pro". This speculation, however, meets many difficulties because in English the believe-type sentence is treated normally as two argument construction and "PRO" is the only candidate in a subject position of an embedded sentence. I do not want to claim my point strongly here. Instead, what I am trying to do here is to make clear the fact in Korean that we do have the minimal pair as such:

"…$[_{VP}$ pro$_{obviative}$ … $[_S$ … X_{SUBJ} …] V]" vs. "…$[_{VP}$ X_i … $[_S$ … pro$_i$ …] V]", where V is a type of believe sentence in Korean.

(6).

(6a) Ed-ka pro [Jack-i kojis-mal-ul hay-ass-ta-ko] po-un-ta
Ed-Subj. pro [Jack-Subj. false-word-Acc. do-T_1-ending-ko] see-T_0-ending
"Ed thinks that Jack lay."

b) Paul-i pro [uri-ka ji-ass-ta-ko] po-un-ta
Paul-Subj. pro [we-Subj. loose-T_1-ending-ko] see-T_0-ending
"Paul thinks that we lost."

In the examples of (5c) and (6a~b), we may ask what sort of constituent controls 'pro' in the matrix sentence. It is an obviative pronominal usage (Chomsky, 1981, LGB : 61), because inside the sentence no antecedent is coindexed with it. It refers rather to a situation oriented in the discourse. It is called "an empty category of situation" by a Korean linguist (cf. Hong-Pin Im 1985).

The last example we will see is a so-called auxiliary construction as in (7), which case is said "an experience verb".

(7a) kutul-i Seoul-e ka-a po-ass-ta
they-Subj. Seoul-Loc. go-A[10] see-T_1-ending

---

[10] 'Loc'. is a locative marker and "-A" is a propositional tense marker. I assume that Korean tense layer should have four levels in the least. Near to the verb projection, the first event aspect level (with [± action perfect] feature : -nu- vs. -ass-) is set up, to the next higher level the second cognition aspect level (with [± cognition perfect] feature : -ass- vs. -kess-) is given, to the next upper level the third experience aspect level(with [± experience perfect] feature:-nu- vs. -to-) is posed, and at the same node of experience level the last propositional tense is established. By a propositional tense, I mean that a propositional event in abstract level(not in concrete nor in experienciable level) is presented by some number of phases : the starting point, the middle point, the ending point, and the whole phase. Each of phases matches to the morpheme '-ji, -ko, -ke', and '-a' respectively. A propositional tense marker has a paradigmatic relation of an experiencial tense marker, the latter of which represents whether an experience is complete or not (cf. Jee-Hong Kim, 1993).

"They experienced to go to Seoul."

We can observe the two verbs 'ka-ta' and 'po-ta'(or 'to go' and 'to see') in (7a). Without further discussion(cf. J. Kim 1993 ch. 2~3 for more details), I will consider the example in (7) as a complex sentence with an embedding. Then, the initial structure of (7a) can be shown as in (7b).

(7b) kutul$_i$-i proARB [pro$_i$ Seoul-e ka-a] po-ass-ta
"They experienced to go to Seoul."

Even though the empty pronominal in the embedded sentence is controlled by the matrix subject, the former is assigned an agent role from the head 'ka-ta' or 'to go' in the embedded sentence, while the latter is assigned an experiencer role from the head 'po-ta' or 'to see' in the matrix.

From (5) through (7), we have seen the homogeneous structure with three argument positions, in one of which an embedded sentence is occupied. When we consider (3c) together as the same construction of (6) and (7), we should say that the 'Z' argument position of (2c) may be realized as an embedded sentence or as a noun phrase.[11]

Now, let's go back to the example in (3a) again to determine if an embedded sentence is realized in an intransitive construction as in (1a).

---

11) If we succeed to establish some transformational relationship between an embedded sentence "pabo-i-ra-ko" and a noun phrase "pabo-ro" respectively as in (5a) and (3c), we can claim that the canonical form of 'Z' position in (2c) be an embedded sentence and a noun phrase form is a variant of it. I do not pursue this possibility here in detail, but I'd like to mention two points : one is that '-ro' may share an archimorpheme with '-ra' which is realized only after the copula 'i-' or 'be' as the morphologically conditioned allomorpheme of '-ta' in Korean(that is, not '*i-ta' but 'i-ra'). The other is that the so-called 'ja-kyok-kyok' or 'status' marker for '-ro'(which name is common in the Korean traditional grammar) implies a relationship to the copula 'be' in meaning, because a status is established only after the designation(or orientation) of copula 'be' is given.

I will put the example (3a) again below in (8a).

(8a) [kicha-ka   ttona-ass-na] po-ta
    [train-Subj. leave-T_1-Q] see-ending
    "I suspect that the train has gone."
  b) [kicha-ka   ttona-ass-na] sip-ta
    [train-Subj. leave-T_1-Q] seem-ending
    "It seems that the train has gone."

In (8), we have the similar sentences of presumption in which they share the embedded sentence with the same mode of interrogation and the bare form of matrix tense. The two sentences, however, differ each other in accepting an experiencer of the matrix subject who guesses at the proposition, demostrated as in (8') below.

(8'a) *na-ege-nun [kicha-ka   ttona-ass-na] po-ta
     I-to-Topic   [train-Subj. leave-T_1-Q] see-ending
     "*To me, I suspect that the train has gone."
  b) na-ege-nun [kicha-ka   ttona-ass-na] sip-ta
     I-to-Topic [train-Subj. leave-T_1-Q] seem-ending
     "It seems to me that the train has gone."

If we find some constraint on (8'a) which blocks the matrix subject from presenting, we can claim that (8a) and (8b) share the same structure. Notice further that 'po-ta' or 'to see' does not permit any kind of subject in the matrix, while 'sip-ta' or 'to seem' tolerates.

(9a) *ku-ege-nun [kicha-ka   ttona-ass-na] po-ass-ta
    he-to-Topic [train-Subj. leave-T_1-Q] see-T_1-ending

"*To him, I suspect that the train has gone."

b) ku-ege-nun [kicha-ka   ttona-ass-na] sip-ass-ta
   he-to-Topic [train-Subj. leave-T_1-Q] seem-T_1-ending
   "It seems to him that the train has gone."

If the two verbs, 'po-ta' and 'sip-ta', share the same structure syntactically, we can expect no ill-formedness in (8'a) and (9a) as much as (8'b) and (9b). But we have ungrammatical results in (8'a) and (9a). We have to suppose a different structure for them, if we find no solution for the ill-formedness under polysemy line. Fortunately, with recourse to semantic aspects, we find why 'po-ta' or 'to see' does not fit to any matrix subject overtly.

The event structure of presumption is composed of an experiencer who guesses and a proposition in which a sentence is realized for its contents. Presumption in (8a), in addition, is a kind of speaker's experience exclusively, while in (8b) presumption can be interpreted broadly for anyone from the speaker to any topicalized person which is then represented by the matrix subject. If this track holds, then we can state that the matrix verb 'po-ta' in (8a) requires a speaker himself or herself as the default subject, which should be realized a covert form all the time. In other words, 'po-ta' or 'to see' in (8a) should have a default 'proARB' which always refers to the speaker himself or herself as in (10).

(10) pro$_{ARB}$ [kicha-ka   ttona-ass-na] po-ta
     pro   train-Subj. leave-T_1-Q   see--ending
     "I suspect that the train has gone."

If it holds that the initial representation for (8a) is (10), we can postulate the homogeneous structure of presumption between (8a) and (8b). They require two argument positions at least, one of which is occupied by a subject who presumes and the other of which is occupied by a proposition which is the content of presumption. For the matrix subject, it is assigned an experiencer role and, for the embedded sentence, it is assigned a location role. If an experiencer is restricted to the speaker himself or herself in the event structure of presumption, its overt realization with phonetic form is blocked in the 'po-ta' or 'to see' construction so that it should keep a covert subject, namely 'proARB', in the matrix. If not, the relatively unconstrained 'sip-ta' or 'to seem' construction is freely realized.

So far, we have come to adjust (8a) to two argument construction. But the status of embedded sentence is still vague whether it matches to an object position in the construction of a perception verb as in (3b), in which an experiencer role and a theme role are given. If we stick to the status of the embedded sentence as in (5) and (6) in consistent way, it would be better to treat (8a) as three argument construction. Syntactically, we can uniformally group the canonical realization of an embedded sentence as occupying the same argument position.

Besides, only an oblique role such as source, goal, and location will be given to an embedded sentence. This is another motivation to pose three argument positions for (8a), since we have seen that the embedded sentence gets a location role from the matrix head 'po-ta' or 'to see'. According to the thematic hierarchy in Grimshaw(1990), a theme role should be assigned before an oblique role. If her claim holds, it means that an embedded sentence with an oblique role should have an object position inside it so as to get a discharged thematic role first from a head.[12] In another words, object position should be embedded more deeply inside than an embedded sentence position.

If we are in the right track to set up an object position in the construction of presumption verb, the next step would be to determine what it refers to, since it does not seem to designate any concrete entity. In (7), we have seen a similar situation in which an object was marked by 'proARB'. Its function was to indicate the situation in discourse, calling it 'an empty category of situation'. I think that the empty category of situation, 'proARB', indicates an indirect evidence for presumption in this case. If it holds, then the initial structure of (8) should have three argument positions as in (11).

(11a) pro$_{ARB}$ pro$_{ARB}$ [kicha-ka   ttona-ass-na] po-ta
"I suspect that the train has gone."

b) pro$_{ARB}$ pro$_{ARB}$ [kicha-ka   ttona-ass-na] sip-ta
"It seems that the train has gone."

Now, we can conclude that 'po-ta' or 'to see' keeps only two constructions; (2b) with two argument positions and (2c) with three argument positions. In the three argument positions, one of the positions, 'Z' in (2c), is occupied by an embedded sentence. In (2b), thematic relations vary from "an experiencer, a theme" to "an agent, a theme" each of which

---

12) Larson's shell structure (Larson, 1988, 1990) fits to this requirement, since th object position is adjacent to the head and then the oblique position is posed after the layer. If the shell structure is given for a presumption verb construction for its initial representation, then compulsory movement for an object will happen for the sake of default CASE. Roughly, after the move-alpha is applied, the initial state such as [⋯ S⋯e⋯H] will be [⋯e⋯S⋯⋯H], where 'e' is an empty category of object, 'S' is an embedded sentence, and 'H' is a head. However, I do not want to argue the structure thoroughly here, only because an empty category is not under discussion for now. As Larson(1988 : 382) supposes, if a theme role is higher than an oblique role in its hierarchy, we do not need any obligatory movement. The configurational layer in Korean seems to fit Larson's thematic hierarchy than that of Grimshaw(1990 : 8), when (5) can be regarded as the initial representation without any movement.

fits to a visual perception and an action respectively. In (2c), there can be realized an evaluation(or cognition) verb as in (3c, 5, 6), an experience verb as in (7), and a presumption verb as in (8). An evaluation verb has such thematic relations as "an experiencer, a theme, and a location". An experience verb has the thematic roles such as "an experiencer, a theme, and a goal". A presumption verb assigns the thematic relations "an experiencer, a theme, and a location". to its arguments. The variation of thematic roles is observed that, in the two argument structure, an experiencer and an agent are shifted each other according to the status of a theme role position whether it gets affection or not. In the three argument structure, only the oblique role is fluctuated from a goal to a location according to the status of an embedded sentence whether it is a target afar ahead or it is the state depicted at the moment of discourse.

The distribution of 'po-ta' or 'to see' in Korean ranges over from a perception, an action, an evaluation, an experience, and to a presumption. The basic meaning of 'po-ta' is a perception verb in which an experiencer role and a theme role are given. The extension goes two ways; one is for an action verb with an agent and a theme roles.[13] The other is for three argument verb in which an oblique role(a goal or a location) is added with different syntactic forms. In an extension toward an evaluation verb, relatively no constraint is observed. In an extension toward an experience verb, the object should be filled with an empty pronoun, 'proARB', which refers to the situation at discourse. And, lastly, in an extension toward a presumption verb, another empty pronoun 'proARB', should be postulated specifically for the matrix subject, since the congruity

---

13) Some other supposition to be postulated for this extension is that an agent role and an experience role are in the complementary distribution so that one of which be selected to compose the argument structure.

between the subject who guesses and the action of guessing is fixed as the default structure.

3.

If the discussion above holds on 'po-ta' or 'to see' in Korean, we can propose some general picture for polysemy with argument fluctuation in which not only argument number but also thematic relations vary in a constrained way. Suppose that human language has three types of argument position as in (12) below. I will show a bit of examples from Korean in which the head-final parameter is fixed.

(12a) one argument verb : ⟨ X __ ⟩,
two arguments verb : ⟨ X Y __ ⟩,
three arguments verb : ⟨ X Y Z __ ⟩ ,
where the underlined part is for head and X, Y, Z are for distinctive arguments.

For thematic relations, I will modify Grimshaw's thematic hierarchy(1990) slightly so as to fit to three argument layers one by one. If an agent role is assigned, then an experiencer role is depressed to be discharged from a head, as we have seen in the previous section.[14] This implies

---

[14] It is not the case that an agent role and an experiencer role have discharged altogether at the same time. In some papers, a patient role is assumed to be discharged simultaneously from a head with an agent role in the structure of passive sentences. Here, the patient role is understood as a derived form from a theme role. It cannot be classified as an experiencer role, because an experiencer himself or herself initiates an event voluntarily. Although a patient and an experiencer share common feature of 'human being' in some cases, when the event structure is considered, they cannot be treated in the same way.

that they are in the complementary distribution. If it holds that three thematic tiers are regulated, each thematic role matches to an argument position.[15] The hierarchy of thematic relations will be as such in (13).

(13) (Agent/Experiencr (Theme (Goal/Source/Location))),
  where parenthesis shows the rank and slash indicates a selectional item[16]

Suppose further some linking rule which says that a paralleling position matches each other between the layer of argument position and the rank of thematic role. Then, we can predict that X is given an agent or experiencer role, Y is given a theme role, and Z is given an oblique role. We can suggest a paradigm according to a thematic role assignment to an argument position.

(14a) 〈 X __ 〉 with Experiencer role
  b) 〈 X __ 〉 with Agent role

In (14a) and (14b), no object position is oriented in which 'an inner

---

[15] I have converted the rank of theme role and oblique role each other, considering the configuration of Korean. This means that the example (5a) in the previous section is regarded as the initial representation without any movement for the sake of CASE. Roughly, as

  [⋯ Subject⋯ Object⋯ Embedded Sentence⋯⋯ Verb]

[16] Some exceptions can be found in such a sentence;

  (i) Kim translated the letter from Korean to English

in which four argument positions are observed — i.e., Kim, letter, Korean, and English. This can be handled easily if we suppose some composite thematic relation like "PATH" as in Jackendoff(1990) which requires both a source role and a goal role. Adopting the recursive function, we can iterate any argument position endlessly, only when a evaluation(or cognition) verb or some similar verb occupies a head. If it happens, any iteration be an island itself so that any thematic role be assigned by its own head in each level.

(or inside) feeling verb' or intransitive verb can be realized. In Korean, we have contrastive adjectival verbs such as 'chup-ta' vs. 'cha-kop-ta' ('to feel cold' vs. 'to be cold').[17] Typically, the former verb, an inner feeling verb, requires only an experiencer role, in which some syntactic constraint should be given that the speaker and the experiencer are the same person. But the latter verb, an outer feeling verb, needs a cause of feeling from outside of body, which position will be assigned an theme role from a head. For (4b), an intransitive verb, like 'ka-ta' or 'to go', is realized in which only an agent role is necessary.[18]

(14c) ⟨ X Y __ ⟩ with Experiencer role and Theme role

---

17) This sort of pairs can be observed further in Korean adjectival verbs.
   'top-ta' vs. 'ttu-kop-ta' ('to feel hot' vs. 'to be hot')
   'mayp-ta' vs. 'may-sop-ta' ('to feel a sharp taste' vs. 'to be fierce')
   'kippu-ta' vs. 'jul-kop-ta' ('to feel happiness' vs. 'to be happy')
   'sulphu-ta' vs. 'so-rop-ta' ('to feel sadness' vs. 'to be sad')
   Morphologically, the implosive '-p' or the explosive '-pu' is contrastive to '-kop, -sop, -rop' in the sense that the latter requires an experiencer subject and a theme object (which is the cause of a feeling), while the former refers merely to the state of feeling of a speaker (or a hearer when it is a interrogative) without an obligatory mention for a cause. In this regard, I call it 'an inner (or inside) feeling verb' of a subject. If the observation holds, then we may represent the relationship between them as [X +a theme role = Y], in which 'X' refers to the former lexicon (inside feeling verb) and 'Y' refers to the latter lexicon (outside feeling verb). It should also be noted that the implosive '-p' or the explosive '-pu' does not necessarily indicate an inner feeling consistently because such examples of pair lexicon are not found all the time. For instance, in the "-sop" sort morpheme, 'mwu-sop-ta' or 'to be fearful', 'o-ryop-ta' or 'to be difficult', and 'pukku-rop-ta' or 'to be ashamed' have no pair. In the "-p" sort morpheme, 'kurip-ta' or 'to miss', 'swuip-ta' or 'to be easy', and 'kakkap-ta' or 'to be near' have no counterpart either. I am not sure whether they are the so-called 'accidental gaps'.

18) Some may argue that an observer be oriented in (14b) as an implicit argument who is also the speaker at the same time. Then this would be the form of (14c) which is constituted by an experiencer role and a theme role. But a syntactic constraint on the subject position should be added that a theme role argument moves toward the subject position all the time, which has the same output of (4a) at last. Tentatively, I am incline to suggest the pair assignment of thematic relations as shown in (4a~b).

d) ⟨ X Y __ ⟩ with Agent role and Theme role

In (14c) and (14d), we have the same structure with two argument positions. (14c) fits to a perception verb such as 'po-ta' or 'to see' of (3b).[19] Transitive verbs have the form of (14d) such as 'mok-ta' or 'to eat'.

(14e) ⟨ X Y Z __ ⟩ with Experiencer role, Theme role, and Goal/Location role

f) ⟨ X Y Z __ ⟩ with Agent role, Theme role, and Goal role

In (14e) and (14f), an evaluation (or cognition) verb and a causative verb are realized respectively. (14f) fits to a ditransitive verb such as 'chu-ta' or 'to give' when a theme role be carried out by a noun phrase not a sentence. In (14e), we have already witnessed the transition from a sentence to a noun phrase in the previous section (3c) and (5b).

(14g) ⟨ X Y Z __ ⟩ with Experiencer role, (Theme role), and Location role

h) ⟨ X Y Z __ ⟩ with Agent role, (Theme role), and Location/Goal role

And lastly, a presumption verb and an expectation verb keep the forms of (14g) and (14h) respectively. For an expectation verb in Korean, 'ha-ta'[20]

---

19) An outer feeling verb can also be added but with some condition that a theme role argument should occupy the subject position through 'move-alpha'. These verbs normally keep suffixes as in 'mwu-kop-ta' or 'to be heavy', 'arum-tap-ta' or 'to be beautiful', and so forth. I think that this sort of fused form requirement triggers a syntactic incorporation of an object toward the subject position.

20) This is the most typical type of verb which range covers over all of the distributions. Apparently, Korean 'ha-ta' is listed as a suffix or a clitic ('kkalkkum-ha-ta' or 'to be clean'), a main verb ('il-ul ha-ta' or 'to do work'), a causative verb ('ka-ke ha-ta' or 'to make leave'), a light verb ('kongang-ha-ta' 'to be healthy'), a dummy verb as in

('to wish'), 'sip-ta'('to hope'), 'para-ta'('to expect'), 'won-ha-ta'('to want') and others can be listed.

(15) na-nun pro$_{ARB}$ [ku-ka   o-ass-umyon]   ha-un-ta
    I-Topic pro   [he-Subj. come-T$_1$-Conditional] wish-T$_0$-ending
    "I wish he would come."

In (15), the embedded sentence keeps conditional morpheme '-umyon' ('if') which guarantees the reading of expectation or hope. This construction is especially so with the verbs 'ha-ta' and 'sip-ta' both of which also permit some other construction such as presumption.

The argument structures in (14) are suggested to unfold the realities in Korean verbs. The one argument verb as in (14a~b) interacts with (14c~d), if a new position for a theme role is introduced. In this regard, as the (16) demonstrates, 'chwup-ta' or 'to feel cold' can be substituted for 'cha-kop-ta' or 'to be cold' in some cases but not vice versa.

(16a) nal-i   cha-kop-ta
     weather-Subj. be cold-ending
     "it is cold."

  b) nal-i   chup-ta
     weather-Subj. feel cold-ending

---

a long form negation ('mok-ji ani-ha-ta' or 'do not eat'), a psychological verb ('choha-ha-ta' or 'to like'), a formative verb with a formative nominalizer ('man-ha-ta' or 'to be as much as'), a presumption verb with an interrogative sentence ('-unka ha-ta' or 'to seem whether'), and others. I think that a suffix or clitic form can be represented a depiction verb form with the thematic relation of an experiencer role and a theme role but with some syntactic incorporation mechanism to be a clitic. I surmise that this can be extended in a similar fashion we have discussed so far for 'po-ta' or 'to see'. But the more complicated and sophisticated stuffs are involved in the Korean 'ha-ta' construction. For more details, see H. Chae(1996) which comprehensively tackles the 'ha-ta' constructions.

"I feel coldness on the weather."

c) na-nun chup-ta

I-Topic feel cold-ending

"As for me, I feel cold."

d) *na-nun cha-kop-ta[21]

I-Topic be cold-ending

"*As for me, me am cold."

It is quite frequent to meet an example to fluctuate from two arguments structure to three arguments structure in Korean. For instance, 'coh-ta' or 'to be good' is an adjectival verb which refers to an attribute on an entity so that it fits to (14c). This is the canonical form. But it extends to an evaluation verb which content is delivered by an embedded sentence or sometimes to an expectation verb.

(17a) [ku-ka   o-nun-kos]-i   coh-ta

[he-Subj. come-T_0-nominal formative]-Subj. be good-ending

"I think it is good that he comes."

b) [ku-ka   o-ass-umyon]   coh-kess-ta

[he-Subj. come-T_1-Conditional] be good-future tense-ending

"I hope that he will come."

Two argument verbs have potentiality to extend to three argument construction with their figurative meanings. For instance, 'mok-ta' or 'to eat' is a transitive verb in its typical sense. It fluctuates over a cognition verb as in "os-ul thawu-a mok-ta" or 'to burn a garment carelessly'. But it is not the case that a pure presumption verb such as 'sip-ta' or 'to

---

21) The ungrammaticality is recovered when it means that "As for me, you can feel me who is cold". This reading is not related to the contents under discussion for now.

seem' takes part in the construction of two argument verb. So we may draw a picture for argument fluctuation as in (18).

(18a) 1 argument verb ⇨ 2 arguments verb,
only if a position for theme role is added.
 b) 2 arguments verb ⇨ 3 arguments verb,
only if a position for oblique role is added.

This is a very rough configuration only first to apply to Korean polysemy but, with some modifications in the future, I hope to propose some fine mechanism to apply natural languages in general.

참고문헌

강명윤(1991), 『한국어 통사론의 제문제』, 한신문화사
강우원(1991), 「우리말 이음구조 연구」, 부산대 박사논문
고영근(1986), 「능격성과 국어의 통사구조」, 『한글』 192
고재설(1987), 「국어의 합성동사에 대한 연구」, 서강대 석사논문
고재설(1999), 「주격 중출문과 형용사의 내부 주어」, 『언어』 24-4
권재일(1985), 『국어의 복합문 구성 연구』, 집문당
김경학(1986), 「국어의 통제현상」, 『언어』 11-2
김광해(1981), 「{의}의 의미」, 『문법연구』 5
김광해(1990), 「양화 표현」, 『국어연구 어디까지 왔나』, 동아출판사
김귀화(1988), 「국어의 격 연구」, 서강대 석사논문
김규철(1993), 「짝을 이루는 속격 구성에 대하여」, 『국어사 자료와 국어학 연구』, 문학과지성사
김기혁(1990), 「관형구성의 통어현상과 의미관계」, 『한글』 209
김명희(1987), 「{의}의 의미 기능」, 『언어』 12-1
김봉모(1992), 『국어 매김말의 문법』, 태학사
김수원·J. Mailing (1997), "A Crosslinguistic Perspective on Resultative Formation", *Texas Linguistic Forum* vol. 38, University of Texas at Austin
김승곤(1984), 「한국어 이음씨끝의 의미 및 통어 기능 연구(1)」, 『한글』 186
김승곤(1989), 『우리말 토씨연구』, 건국대 출판부
김승곤(1993), 「딸림마디의 임자말스런 자리에 쓰이는 매김자리 토씨 '의'의 기본 구조」, 『호서어문연구』 1
김승곤(1994), 「매김자리 토씨 '의'의 생략 여부에 대한 검토」, 『호서어문연구』 2
김승렬(1988), 『국어 어순 연구』, 한신문화사
김연승(1990), 「DP-Structure and Predication」, 『어학연구』 26-3
김영주(1995), 「Verb Lexicalization Patterns in Korean and Some Issues of

Language Acquisition」,『어학연구』 31-3

김영진 뒤침(1992),『말과 행위 : 오스틴의 언어철학·의미론·화용론』, 서광사

김영희(1976),「한국어 수량화 구문의 분석」,『언어』 1-2

김영희(1984),『한국어 셈숱화 구문의 통사론』, 탑출판사

김영희(1986),「주어 올리기」,『국어학』 14

김영희(1987),「특칭의 통칭화 구문」,『한글』 196

김영희(1988),「등위 접속문의 통사 특성」,『한글』 201~202

김영희(1988),『한국어 통사론의 모색』, 탑출판사

김영희(1989),「목적어 올리기 구문」,『배달말』 14

김영희(1991),「종속 접속문의 통사적 양상」,『들메 서재극 박사 환갑기념 논문집』

김영희(1993),『한국어 통사론의 모색』, 탑출판사

김용석(1979),「목적어조사 '-을/를'에 관하여」, 연세대『말』 4

김용하(1991),「국어 명사구의 기능범주」,『계명어문학』 6

김일웅(1991),「우리말의 이음과 묶음」,『국어의 이해와 인식』, 한국문화사

김정대(1989),「'-게 하다' 사동구문의 기저구조(1)」, 경남대『경남어문논집』 2

김정대(1990),「'-게 하다' 사동구문의 기저구조(2)」, 경남대『인문논총』 2

김정대(1997),「한국어 접속구의 구조」,『한국 어문학 논고』, 태학사

김정대(2004),「한국어 접속문의 구조」,『국어국문학』 138

김종록(1989),「부사형 접사 '-이'와 '-게'의 통시적 교체」, 경북대『국어교육연구』 21

김종록(1993),「국어 접속문의 통사론적 연구」, 경북대 박사논문

김종복(1993), "Syntax and Semantics of Korean Resultative Constructions", *Harvard Studies in Korean Linguistics* 5

김지홍(1990a),「문법기술의 일관성과 간결성」,『모국어교육』 8

김지홍(1990b),「예외적인 {를}에 대하여」,『심전 김홍식교수 화갑논총』

김지홍(1991),「동사구 보문화에서 공범주로 실현되는 동지표 논항에 대하여」,『이승욱선생 화갑기념 논총』

김지홍(1993),「국어 부사형어미 구문과 논항구조에 대한 연구」, 서강대 박사논문

김지홍(1994),「수량사를 가진 명사구의 논항구조」,『배달말』 19

김지홍(1995),「명사구의 확장과 그 논항구조에 대하여」,『배달말』 20

김지홍(1996), "An Explanation Model for Polysemy with Argument Fluctuation」,『배달말』 21

김지홍(1997),「명사구를 필요로 하는 기능범주에 대하여」,『배달말』 22

김지홍(1998),「접속 구문의 형식화 연구」,『배달말』 23

김지홍(2000), 「동사구와 명사구 기능범주들의 관련성에 대하여」, 『백록어문』 16
김지홍(2002), 「내재주의 언어 철학에 대하여」, 『시학과 언어학』 3
김지홍(2006), 「국어국문학 연구의 문제점 : 통사·의미론에서의 '방법론' 검토」, 『배달말』 39
김지홍(2007), 「언어와 언어 사용에 대한 자각」, 『국어문학』 42호
김지홍(2009), 『언어의 심층과 언어교육』, 도서출판 경진문화
김진수(1987), 『국어 접속 조사와 어미 연구』, 탑출판사
김흥수(1989), 『현대국어 심리동사 구문연구』, 탑출판사
김흥수(1994), 「속격 명사화, 명사 병치 명사화의 양상과 기능」, 국민대 『어문학논총』 13
남기심 엮음(1994), 『국어 연결어미의 쓰임』, 서광학술자료사
남기심(1985), 「접속 어미와 부사형 어미」, 『말』 10
남기심(1987), 「국어문법에서 격은 어떻게 정의되어 왔는가」, 『애산학보』 5
노대규(1977), 「한국어 수량사구의 문법」, 고려대 『어문논집』 18
류구상(1989), 「국어조사 {를}에 대한 연구」, 『국어국문학』 102
박영순(1994), 「접속문의 성립 조건과 접속문의 정도성에 대하여」, 『언어』 19-2
서정목(1988), 「한국어 청자대우 등급의 형태론적 해석 1」, 『국어학』 17
서정목(1990), 「한국어 청자대우 등급의 형태론적 해석 2」, 『강신항교수 회갑논문집』
서정목(1993), 「한국어의 구절구조와 엑스 바 이론」, 『언어』 18-2
서정섭(1991), 『국어 양보문 연구』, 한신문화사
서정수(1985), 「국어 접속 어미 연구(1) : 대등 접속 어미」, 『한글』 189
서정수(1990), 『국어 문법의 연구』 II, 한국문화사
서정수(1996), 『국어 문법』, 한양대 출판부
서태룡(1988), 『국어 활용 어미의 형태와 의미』, 탑출판사
성광수(1981), 「타동성 목적어와 중목적어」, 고려대 『어문논집』 22
소쉬르, 최승언 뒤침(1990), 『일반 언어학 강의』, 민음사
손남익(1999), 「국어 부사격 연구」, 한국어학회 편, 『국어의 격과 조사』, 월인
시정곤(1992), 「국어의 기능범주에 대하여」, 『국어학 연구 백년사』 I, 일조각
시정곤(1992), 「통사론의 형태 정보와 핵 이동」, 『국어학』 22
시정곤(1993), 「국어의 단어형성 원리」, 고려대 박사논문
신창순(1976), 「국어 조사의 연구 II」, 『국어국문학』 71
신현숙(1982), 「목적격 표지 /—를/의 의미연구」, 『언어』 7-1
심재기(1982), 『국어 어휘론』, 집문당

심혜령(1996), 「이른바 계기적 접속 어미에 대하여」, 『국어 문법의 탐구』 3, 태학사
안명철(1989), 「'것'명사구와 '고'보문에 대하여」, 대구대 『외국어교육연구』 4
안명철(1992), 「현대 국어의 보문 연구」, 서울대 박사논문
안성호(1989), 「Numeral Classifier, Anaphoric Epithets, and Binding Theory in Korean」, 『Harvard WOKL』 III, 한신문화사
안성호(1993), 『Korean Quantification and Universal Grammar』, 태학사
안희돈(1988), 「Preliminary Remarks on Korean NP」, 백응진 편(1988)에 실림
안희돈·윤항진(1989), 「Functional Categories in Korean」, 『Harvard WOKL』 III, 한신문화사
양명희(1996), 「국어의 생략 현상」, 『국어국문학』 117
양정석(1995), 『국어 동사의 의미 분석과 연결 이론』, 박이정
양정석(2005), 『한국어 통사 구조론』, 한국문화사
양정석(2007), 「국어 연결어미 절의 통사론」, 『배달말』 40
양정석(2008), 「무시제 가설 하에서의 시간 해석 방법」, 『배달말』 43
엄정호(1990), 「종결어미와 보조동사의 통합구문에 대한 연구」, 성균관대 박사논문
왕문용(1989), 「명사 관형구성에 대한 고찰」, 『주시경학보』 4
우형식(1990), 「국어 타동사구문에 관한 연구」, 연세대 박사논문
우형식(1997), 「국어 분류사의 의미 범주화 분석」, 『한국어학의 이해와 전망』, 박이정
유동석(1993), 「국어의 매개변인 문법」, 서울대 박사논문
유동준(1983), 「국어 분류사와 수량사」, 『국어국문학』 89
유목상(1985), 『연결 서술 어미 연구』, 집문당
유송영(1994), 「'–어서'의 형태소 정립과 그 통사 의미적 기능」, 『언어』 19-1
유현경(1986), 「국어 접속문의 통사적 특질에 대하여」, 『한글』 191
유현경(1996), 「국어 형용사 연구」, 연세대 박사논문
윤종렬(1992), 「Functional Categories in Korean Clausal and Nominal Structure」, 『생성문법연구』 2-2
윤준태·송만석(1997), 「한국어의 대등 접속 구문 분석」, 『정보 과학회 논문지』 24-3
윤평현(1989), 『국어 접속 어미 연구』, 한신문화사
윤평현(1991), 「국어의 시간 관계 접속 어미에 대한 연구」, 『언어』 17-1
윤혜석(1994), "Korean Verbal Inflections and Checking Theory", *MIT Working Papers in Linguistics* 22
이관규(1992), 『국어 대등 구성 연구』, 서광학술자료사

이관규(2002), 「국어 부사절의 범위에 대한 여러 견해와 그 한계점」, 『언어』 27
이광호(1988a), 「국어 격조사 '을/를'에 대한 연구」, 서울대 박사논문
이광호(1988b), 「국어의 '목적어-주어 동지표문' 연구」, 『국어학』 17
이광호(1990), 「목적어」, 『국어연구 어디까지 왔나』 동아출판사
이광호(1993), 「중세국어 '사이시옷'문제와 그 해석 방안」, 『국어사 자료와 국어학 연구』, 문학과지성사
이기동(1993), 『A Korean Grammar : On Semantic Pragmatic Principles』, 한국문화사
이기용(1998), 『시제와 양상 : 가능 세계 의미론』, 태학사
이남순(1982), 「단수와 복수」, 국어학회 『국어학』 11
이남순(1988), 『국어의 부정격과 격표지 생략』, 탑출판사
이남순(1990), 「계산 방식과 수량사 구성」, 『강신항선생 화갑기념 논문집』, 태학사
이병모(1995), 『의존명사의 형태론적 연구』, 학문사
이상태(1995), 『국어 이음월의 통사 의미론적 연구』, 형설출판사
이숭녕(1966), 「조사 설정의 재검토」, 대구대 『동양문화』 5
이숭녕(1983), 「국어의 인대명사와 신분성 지배에 대하여」, 『대한민국 학술원 논문집』 22
이승욱(1970), 「현대국어의 격의 상관성」, 단국대 『국문학논집』 4
이승욱(1984), 「중세어의 '이'부사화와 일부의 폐어현상」, 단국대 『동양학』 14
이승욱(1989), 「체언 병렬구 구성의 {-과/와}」, 『제효 이용주박사 회갑논문집』
이승재(1993), 「한국어의 이중 보문자 구성에 대한 연구」, 서강대 석사논문
이시형(1990), 「한국어의 연결어미 '-어, -고'에 관한 연구」, 서강대 박사논문
이예식(1999), 「어휘 의미론과 다의어의 의미 분석」, 강범모 외, 『형식 의미론과 한국어 기술』, 한신문화사
이은경(1996), 「국어 연결 어미 연구」, 서울대 박사논문
이익섭(1973), 「국어 수량사구의 통사 기능에 대하여」, 『어학연구』 9-1
이익섭·임홍빈(1983), 『국어 문법론』, 학연사
이정모·이재호(1998), 『인지심리학의 제문제 II : 언어와 인지』, 학지사
이정민(1989), 「(In)Definites, Case Markers, Classifiers & Quantifiers in Korean」, 『Harvard WOKL』 III, 한신문화사
이정민(1992), 「(비)한정성/(불)특정성 대 화제/초점」, 『국어학』 22
이정택(1989), 「조사 '-를'의 의미」, 『제효 이용주박사 회갑논문집』
이정훈(2008), 「한국어 접속문의 구조」, 『생성 문법 연구』 18-1
이찬규(1990), 「관형격 조사'의'로 결합되는 통어적 구성의 일고찰」, 『민제선생 화갑논문집』

이필영(1990), 「관계화」, 『국어연구 어디까지 왔나』, 동아출판사
이필영(1994), 「대등절과 종속절에 관하여」, 『선청 어문』 22
이필영(1994), 「속격 및 수량사구 구성의 격 중출에 대하여」, 『박갑수선생 회갑기념 논문집』, 태학사
이필환(1991), 「Functional Categories and Inherited Barriers」, 『생성문법연구』 2-1
이현진(1997), 「한국어 장소격 동사의 의미 및 습득」, 김영주 외, 『언어학 이론과 한국어 의미·통사 구조 습득』 I, 민음사
이현진(1998), 「언어 습득에서의 제약」, 이정모·이재호(1998)에 실림
이홍식(1990), 「현대 국어 관형절 연구」, 서울대 『국어연구』 98
이희자(1996), 「어미 및 어미 형태류의 하위 범주 문제」, 『국어학』 28
이희자·이종희(1996), 「어미 형태류의 동음이의 및 다의성 처리 문제」, 『국어문법의 탐구』 3, 태학사
임동훈(1991), 「현대국어 형식명사 연구」, 서울대 『국어연구』 103
임동훈(1991a), 「격조사는 핵인가」, 『주시경학보』 8, 탑출판사
임동훈(1991b), 「현대 국어 형식명사 연구」, 서울대 『국어연구』 103
임창국 엮음(2007), 『생략 현상 연구 : 범언어적 관찰』, 한국문화사
임홍빈(1979a), 「{을/를} 조사의 의미와 통사」, 국민대 『한국학논총』 2
임홍빈(1979b), 「복수성과 복수화」, 국민대 『한국학 논총』 1
임홍빈(1981a), 「사이시옷 문제의 해결을 위하여」, 『국어학』 10
임홍빈(1981b), 「존재 전제와 속격 표지 {의}」, 외국어대 『언어와 언어학』 7
임홍빈(1983), 「동명사 구성의 해석 방법에 대하여」, 『정병욱선생 환갑기념논총』
임홍빈(1985), 「국어의 통사적인 공범주에 대하여」, 『어학 연구』 21~23
임홍빈(1987a), 「국어 부정문의 통사와 의미」, 『국어생활』 10
임홍빈(1987b), 「국어의 명사구 확장규칙에 대하여」, 『국어학』 16
임홍빈(1987c), 『국어의 재귀사 연구』, 신구문화사
임홍빈(1989), 「통사적 파생에 대하여」, 『어학연구』 25-1
임홍빈(1991a), 「국어 분류사의 성격에 대하여」, 『김완진선생 회갑기념 논문집』, 민음사
임홍빈(1991b), 「국어 분류사의 변별 기준에 대하여」, 『이승욱선생 회갑기념 논문집』, 서강대
임홍빈(1995), 「결정사구 가설의 문제점」, 『한일 어학 논총』, 국학자료원
임홍빈·장소원(1995), 『국어 문법론』 1, 한국방송통신대 출판부
장경희(1987), 「국어의 완형보절의 해석」, 『국어학』 16
장경희(1995), 「국어 접속 어미의 의미 구조」, 『한글』 227

장석진 뒤침(1987), 『오스틴 : 화행론』, 서울대 출판부
전재호(1972), 「현대어 조사의 조사분석 I」, 『어문학』 26
정정덕(1986), 「국어 접속 어미의 의미 통사론적 연구」, 한양대 박사논문
조민정(1996), 「접속문에서의 생략 현상」, 『국어 문법의 탐구』 3, 태학사
조오연(1996), 『국어의 이유 구문 연구』, 한신문화사
채 완(1982), 「국어 수량사구의 통시적 고찰」, 『진단학보』 53~54
채 완(1983), 「국어 수사 및 수량사구의 유형적 고찰」, 『어학연구』 19-1
채 완(1990a), 「국어 분류사의 기능과 의미」, 『진단학보』 70
채 완(1990b), 「국어 어순의 기능적 고찰」, 『동덕여대 논총』 20, 태학사 『문법』 I에 재수록
최기용(1996), 「한국어 특수 조사 구성의 구조」, 『언어』 21-1·2
최동주(1994), 「국어 접속문에서의 시제 현상」, 『국어학』 24
최순자·M. Bowerman(1991), "Learning to Express Motion Events in English and Korean", *Cognition* 41
최웅환(1993), 「국어 명사구의 후접요소」, 『국어교육연구』 25
최웅환(2002), 「국어 접속문의 통사적 표상에 대한 연구」, 『언어 과학 연구』 23
최재희(1991), 『국어의 접속문 구성 연구』, 탑출판사
한 길(1991), 『국어 종결어미 연구』, 강원대 출판부
한동완(1988), 「접속문 구성에서의 시제 해석 원리」, 제 31회 국어 국문학 연구 발표회
홍용철(1994), 「융합이론과 격조사 분포」, 『생성문법연구』 4-1
홍윤표(1978), 「방향성 표시의 격」, 『국어학』 6
홍종림(1981), 「대격형태 '를/을'의 의미고찰」, 청주교대 『논문집』 18
홍종선(1990), 『국어 체언화 구문의 연구』, 고려대 민족문화연구소
황병순(1988), 「국어 복문 구조에 대하여」, 『배달말』 14

Abney, S.(1987), "The English Noun Phrase in its Sentential Aspect", Ph.D. Dissertation, MIT
Abney, S.(1991), "Syntactic Affixation and Performance Structure", in Leffel and Bouchard eds.(1991)
Allen, J.(1995, 2nd), *Natural Language Understanding*, The Benjamin/Cummings
Asher, R.(1994), *The Encyclopedia of Language and Linguistics*, Pergamon
Austin, J.(1961), *Philosophical Papers*, Clarendon
Baker, M.(1988), *Incorporation*, Chicago University Press

Baker, M.(1996), "On the Structural Positions on Themes and Goals", in Rooryck et al. eds.(1996)

Baker, M.(1997), "Thematic Roles and Syntactic Structure", in Haegeman ed.(1997)

Bayer, S.(1996), "The Coordination of Unlike Categories", *Language* 72-3

Behrend, D.(1990), "The Development of Verb Concepts : Children's Use of Verbs to Label Familiar and Novel Events", *Child Development* 61

Bhatt, C., E. Löbel and C. Schmidt eds.(1989), *Syntactic Phrase Structure Phenomena in Noun Phrases and Sentences*, John Benjamins

Blake, B.(1994; 고석주 뒤침, 1998), 『격』, 한신문화사

Borsley, R.(1994), "In Defense of Coordinate Structures", *Linguistic Analysis* 24-3~4

Boskovic, Z.(1997), "Coordination, Object Shift, and V-Movement", *Linguistic Inquiry* 28-2

Bratman, M.(1999), *Faces of Intention*, Cambridge University Press

Bresnan, J.(1996), "Lexicality and Argument Structure", ms. (http://csli-www.stanford.edu/users/bresnan)

Burton, S. and J. Grimshaw(1992), "Coordination and VP-internal Subjects", *Linguistic Inquiry* 23-2

Chae Hee-rahk(1996), "Properties of 'ha-' and Light Predicate Constructions", in *Language Research* vol. 32-3, Language Research Institute at Seoul National University

Chafe, W. and J. Nichols eds.(1986), *Evidentiality : The Linguistic Coding of Epistemology*, Ablex Publishing Cop.

Chomsky, N and H. Lasnik(1994), "Principles and Parameters Theory", in J. Jacobs et al. eds.(1994)

Chomsky, N.(1992), "A Minimalist Program for Linguistic Theory", *MIT Occasional PIL* 1

Chomsky, N.(1995), "Bare Phrase Structure", in G. Webelhuth ed.(1995)

Chomsky, N.(1995; 박명관·장영준 뒤침, 2001), 『최소주의 언어이론』, 한국문화사

Chomsky, N.(1994), "Bare Phrase Structure", *MIT Occasional PIL* 5

Clark, H. H.(1996; 김지홍 뒤침, 2009), 『언어사용 밑바닥에 깔린 원리』, 도서출판 경진문화

Cohen, P. et al. eds.(1990), *Intentions in Communication*, MIT Press

Comire, B.(1988), "Coreference and Conjunction Reduction in Grammar and Discourse", in *Explaining Language Universals*, Basil Blackwell

Comrie(1976; 이철수·박덕유 뒤침, 1998), 『동사 상의 이해』, 한신문화사
Cooper, R.(1983), *Quantification and Syntactic Theory*, Reidel.
Corbett, G. et al. eds.(1993), *Heads in Grammatical Theory*, Cambridge University Press
Corbett, G.(1994), "Agreement", in R. Asher ed.(1994)
Corbett, G., N. Fraser and S. McGlashan eds.(1993), *Heads in Grammatical Theory*, Cambridge University Press
Craig, C.(1986), *Noun Classes and Categorization*, John Benjamins
Croft, W.(1991), *Syntactic Categories and Grammatical Relations*, Chicago University Press
Croft, W.(1996), "What's a Head?", in *Phrase Structure and the Lexicon*, Kluwer
Culicover, P. and R. Jackendoff(1997), "Semantic Subordination despite Syntactic Coordination", *Linguistic Inquiry* 28-2
Dalrymple, M. et al.(1999), "Interactions of Scope and Ellipsis", in Lappin et al. eds.(1999)
Davidson, D.(1980), *Essays on Actions and Events*, Clarendon
Di Sciullo, A. ed.(2003), *Asymmetry in Grammar* (2 vol. set), John Benjamins
Di Sciullo, A.(2005), *Asymmetry in Morphology*, MIT Press
Dirven, R. and G. Radden eds.(1987), *Concepts of Case*, Gunter Narr Verlang Tübingen
Dubinsky, S. and K. Williams(1995), "Recategorization of Prepositions as Complementizers", *Linguistic Inquiry* 26-1
Egli, U., P. Pause, C. Schwarze, A. Stechow and G. Wienold eds.(1995), *Lexical Knowledge in the Organization of Language*, John Benjamins
Fanselow, G. ed.(1993), *The Parametrization of Universal Grammar*, John Benjamins
Fodor, J.(1983), *The Modualrity of Mind*, MIT Press
Foley, W. and R. van Valin Jr.(1984), *Functional Syntax and Universal Grammar*, Cambridge University Press
Forster K.(1989), "Basic Issues in Lexical Processing", in W. Marslen-Wilson ed.(1989), *Lexical Representation and Process*, MIT Press
Frege, G.(1879), "Begriffsschrift", in J. Heijenoort ed. (1967)
Frege, G.(1884; 박준용·최원배 뒤침, 2003), 『산수의 기초』, 아카넷
Fukui, N.(1986), "A Theory of Category Projection and its Application", Ph.D. Dissertation at MIT

Fukui, N. and M. Speas(1986), "Specifiers and Projection", *MIT WPL* 8
Gerdts, D.(1985), "Surface Case and Grammatical Relations in Korean", *Harvard WOKL* 1
Giorgi, A. and G. Longobardi(1991), *The Syntax of Noun Phrases*, Cambridge University Press
Gleitman, L.(1990), "The Structural Sources of Verb Meaning", *Language Acquisition* 1
Goodall, G.(1987), *Parallel Structures in Syntax*, Cambridge University Press
Greenberg, J.(1978), *Universals of Human Language* vol. 3, CSLI at Stanford University
Grice, P.(1971), "Intention and Uncertainty", in *Proceedings of the British Academy* vol. 57
Grice, P.(1986), "Actions and Events", in *Pacific Philosophical Quarterly* vol. 67
Grice, P.(1989), *Studies in the Way of Words*, Harvard University Press
Grice, P.(1991), *The Conception of Value*, Clarendon
Grice, P.(2001), *Aspects of Reason*, Clarendon
Grimshaw, J.(1990, 김희숙·이재관 뒤침, 1999), 『논항 구조론』, 한국문화사
Grimshaw, J.(1995), "Projection, Heads, and Optimality", ms. (http://ruccs.rutgers.edu/roa.html).
Gropen, J., S. Pinker, M. Hollander and R. Goldberg(1991b), "Affectedness and Direct Objects : The Role of Lexical Semantics in the Acquisition of Verb Argument Structure", *Cognition* 41
Gropen, J., S. Pinker, M. Hollander and R. Goldberg(1991a), "Syntax and Semantics in the Acquisition of Locative Verbs", *Journal of Child Language* 18
Hale, K. and S. Keyser(1988), "Explaining and Constraining the English Middle", in C. Teny ed.(1988), *Studies in Generative Approach to Aspect*, Center for Cognitive Science, MIT
Hale, K. and J. Keyser(1991), "On the Syntax of Argument Structure", ms. MIT
Hale, K. and J. Keyser eds.(1993a), *The View from Building* 20, MIT Press
Hale, K. and S. J. Keyser(1993b), "On Argument Structure and the Lexical Expression of Syntactic Relations", in K. Hale and S. J. Keyser eds.(1993a)
Hale, K. and S. Keyser(1997), "On the Complex Nature of Simple Predicators", A. Alsina et al. eds.(1997), *Complex Predicates*, CSLI at Stanford University
Halliday, M.A.K.(1985), *An Introduction to Functional Grammar*, Edward Arnold
Hasegawa, Y.(1996), *A Study of Japanese Clause Linkage*, CSLI at Stanford University

Hoeksema, J.(1988), "The Semantics of Non-Bloolean 'and'", *Journal of Semantics* 6

Höhle, T.(1990), "Assumptions about Asymmetric Coordination in German", in *Grammar in Progress*, Foris

Höhle, T.(1991), "On Reconstruction and Coordination", in *Representation and Derivation in the Theory of Grammar*, Kluwer

Jackendoff, R.(1990; 고석주·양정석 뒤침, 1999), 『의미구조론』, 한신문화사

Jackendoff, R.(1996), "The Architecture of the Linguistic-Spatial Interface", in P. Bloom et al. eds.(1996), *Language and Space*, MIT Press

Jackendoff, R.(1990), "On Larson's Treatment of the Double Object Construction", *Linguistic Inquiry* 21-3

Jayaseelan, K.(1990), "Incomplete VP Deletion and Gapping", *Linguistic Analysis* 20

Johannessen, J.(1998), *Coordination*, Oxford University Press

Johnson, K.(1997), "When Verb Phrases Go Missing", *GLOT International* 2-5

Kayne,R.(1993), "The Antisymmetry of Syntax", ms. CUNY

Kintsch, W.(1998), *Comprehension*, Cambridge University Press

Koopman, H.(1991), "The Position of Subjects", *Lingua* 85

Kratzer, A.(1989), "Stage-Level and Individual-Level Predicates", in E. Bach, A. Kratzer and B. Partee eds.(1989), *Papers on Quantification*, University of Massachusetts

Krifka, M.(1990), "Boolean and non-Boolean 'and'", Papers from the 2nd Symposium on Logic and Language

Krifka, M.(1990), "Boolean and Non-Boolean 'and'", Kálmán et al. eds.(1990)

Kurohashi, S. and M. Nagao(1994), "A Syntactic Analysis Method of Long Japanese Sentences Based on the Detection of Conjunctive Structures", *Computational Linguistics* 20-4

Kyle, J.(2007), *Topics in Ellipsis*, Cambridge University Press

Larson, R.(1988), "On the Double Object Construction", *Linguistic Inquiry* 19-3

Larson, R.(1990), "Double Objects Revisited", *Linguistic Inquiry* 21-4

Lasersohn, P.(1995), *Plurality, Conjunction, and Events*, Kluwer

Lasnik, H.(1995), "A Note on Pseudogapping", *MIT WPIL* 27

Leffel, K. and D. Bouchard eds.(1991), *Views on Phrase Structure*, Kluwer

Levin, B. and M. Rappaport-Hovav(1995), *Unaccusativity*, MIT Press.

Levin, B. and M. Rappaport-Hovav(1998), "Building Verb Meanings", in M. Butt and W. Geuder eds.(1998), *The Projection of Arguments*, CSLI at Stanford University

Levin, B. and M. Rappaport-Hovav(1999), "From Lexical Semantics to Argument Realization", ms. (to appear H. Boerer ed. *Handbook of Morphosyntax and Argument Structure*, Kluwer Academic Publishers)

Levin, B., G. Song and B. Atkins (1997), "Making Sense of Corpus Data : A Case Study of Verbs of Sound", *International Journal of Corpus Linguistics* 2-1

Link, G.(1998), *Algebraic Semantics in Language and Philosophy*, CSLI at Stanford University

Lobeck, A.(1991), "Phrase Structures of Ellipsis in English", *Syntax and Semantics* 25

Löbel, E.(1989), "Q as a Functional Category", in Bhatt et al. eds.(1989)

Löbel, E.(1990), "On the Parametrization of Lexical Properties", in Fanselow ed.(1993)

Mani, I, J. Pustejovsky, and R. Gaizauskas eds.(2005), *The Language of Time : A Reader*, Oxford University Press

McNally, L.(1992), "VP Coordination and VP-internal Subject Hypothesis", *Linguistic Inquiry* 23-2

McShane, M.(2005), *A Theory of Ellipsis*, Oxford University Press

Mellor, D. ed.(1990), *Philosophical Papers : Ramsey*, Cambridge University Press

Merchant, J.(2001), *The Syntax of Silence*, Oxford University Press

Mithun, M.(1988), "The Grammaticalization of Coordination", in *Clause Combining in Grammar and Discourse*, John Benjamins

Moltman, F.(1992), "Coordination and Comparatives", Ph.D. Dissertation at MIT

Moore, G.(2003, revised ed.), *Principia Ethica*, Cambridge University Press

Munn, A.(1993), "Topics in the Syntax and Semantics of Coordinate Structures", Ph.D. Dissertation at University of Maryland

Oirsouw, R.(1987), *The Syntax of Coordination*, Croom Helm

Ojeda, A.(1988), "A Linear Precedence Account of Cross-serial Dependencies", *Linguistics and Philosophy* 11

Ouhalla, J.(1991), *Functional Categories and Parametric Variation*, Routledge

Partee, B. and M. Rooth(1983), "Generalized Conjunction and Type Ambiguity", in R. Bäuerle et al. eds.(1983), *Meaning, Use and Interpretation of Language*,

Walter de Gruyter

Partee, B.(1987), "Noun Phrase Interpretation and Type-Shifting Principles", in *Studies in Discourse Representation Theory and the Theory of Generalized Quantifier*, Foris

Pause, P., A. Botz, and M. Egg(1995), "Partir c'est quitter un peu : A Two-Level Approach to Polysemy", in U. Egli et al. eds.(1995), *Lexical Knowledge in the Organization of Language*, John Benjamins.

Payne, J.(1985), "Complex Phrase and Complex Sentences", in *Language Typology and Syntactic Description*, Cambridge University Press

Payne, J.(1993), "The Headness of Noun Phrase", in Corbett et al. eds.(1993)

Payne, J.(1994), "Nouns and Noun Phrases", in Asher ed.(1994)

Perlmutter, D.(1978), "Impersonal Passives and the Unaccusative Hypothesis", in Proceedings of the 4th Annual Meeting of BLS

Pesetsky, D.(1995), *Zero Syntax : Experincers and Cascades*, MIT Press

Pierce Edition Project(1998), *The Essential Peirce* (2 volume set), Indiana University Press

Pinker, S.(1984), *Language Learnability and Language Development*, Harvard University Press

Pinker, S.(1989), *Learnability and Cognition : The Acquisition of Argument Structure*, MIT Press

Pinker, S.(1994), "How Could a Child Use Verb Syntax to Learn Verb Semantics", *Lingua* 92

Pollock, J.(1989), "Verb Movement, Universal Grammar and the Structure of IP", *Linguistic Inquiry* 20-3

Pollock, J.(1996), "Notes on Clause Structure", ms.

Prior, A.(1957), *Time and Modality*, Clarendon Press

Prior, A.(1967), *Past, Present, and Future*, Clarendon Press

Prior, A.(1968), *Papers on Time and Tense*, Clarendon Press

Pustejovsky J.(1991), "The Syntax of Event Structure", *Cognition* 41

Pustejovsky, J.(1995; 김종복·이예식 뒤침, 2002), 『생성 어휘론』 박이정

Pustejovsky, J. ed.(1993), *Semantics and the Lexicon*, Kluwer Academy

Rapoport, T. R.(1993), "Verbs in Depictives and Resultatives", in J. Pustejovsky ed.(1993)

Rappaport-Hovav, M. and B. Levin(1997), "Building Verb Meanings", in *The*

  Projection of Arguments, CSLI at Stanford University
Reinhart, T.(1991), "Elliptic Conjunctions", in *The Chomskyan Turn*, Basil Blackwell
Rothstein, S.(1991), "Heads, Projections and Category-Determination", in *View on Phrase Structure*, Kluwer
Sag, I., G. Gazdar, T. Wasow, and S. Weisler(1985), "Coordination and How to Distinguish Categories", *Natural Language and Linguistic Theory* 3
Schein, B.(1993), *Plurals and Event*, MIT Press
Sells, P.(1995), "Korean and Japanese Morphology from a Lexical Perspective", *Linguistic Inquiry* 26-2
Sells, P.(1996), "Morphological Expression and Ordering in Korean and Japanese", *Language Research* 32-4, Language Research Institute at Seoul National University
Slobin, D.(1996), "Two Ways of Travel : Verbs of Motion in English and Spanish", M. Shibatani and S. Thompson eds.(1996), *Grammatical Constructions : Their Form and Meaning*, Clarendon Press
Spease, M.(1990), *Phrase Structure in Natural Language*, Kluwer
Spease, M.(1991), "Functional Heads and the Mirror Principle", *Lingua* 84
Steedman, M.(1990), "Gapping as Constituent Coordination", *Linguistics and Philosophy* 13
Stowell, T.(1991), "Determiners in NP and DP", in Leffel et al. eds.(1991)
Strawson, P.(1959), *Individuals*, Methuen & Co.
Strawson, P.(1974), *Subject and Predicate in Logic and Grammar*, Methuen & Co.
Talmy, L.(1983), "How Language Structures Space", Pick et al. eds.(1983)
Talmy, L.(1985), "Lexicalization Patterns : Semantic Structure in Lexical Forms", in T. Shopen ed.(1985)
Talmy, L.(1988), "Force Dynamics in Language and Cognition", *Cognitive Science* 12
Talmy, L.(1991), "Path to Realization : A Typology of Event Conflation", *Proceedings of 17th Annual Meeting of BLS*, University of California at Berkeley
Tang, J.(1988), "The Structure of Determiner Phrase", *NELS* 19
Tang, J.(1990), "Chinese Phrase Structure and the Extended X'-Theory", Ph.D. Dissertation at Cornell University
Tarsky, A.(1956, 1983 2nd), *Logic, Semantics, and Meta-mathematics*, Hackett Publisher
Tateishi, K.(1990), "Subject, SPEC and DP in Japanese", *NELS* 19
Thiersch, C.(1994), "On Some Formal Properties of Coordination", in *Current Issues*

in Mathematical Linguistics, Elsevier Science

Thiersch, C.(1996), "Asymmetrical Coordination as Adjunction", revised GLOW ms.

Tulving, E. and F. Craik eds.(2000), *The Oxford Handbook of Memory*, Oxford University Press

van Geldern, D.(1993), *The Rise of Functional Categories*, John Benjamins

Verma, M. and K. Mohanan eds.(1990), *Experiencer Subject in South Asian Language*, CSLI at Stanford University

Washio, R.(1997a), 「결과 표현의 유형」, 『어학연구』 33-3, 서울대 어학연구소

Washio, R.(1997b), "Resultatives, Compositionality and Language Variation", *Journal of East Asian Linguistics* 6-1

Washio, R.(1998), "Two Notes on Result and Extent in Korean", *A Festschrift for Kazuko Inoue*, Kaitakusha:Tokyo

Watanabe, A.(1993), "AGR-Based Case Theory and its Interaction with the A-bar System", Ph.D. Dissertation at MIT

Wechsler, S. and B. Noh(1999), "Predicates and Clauses : Similarities Between Korean and English Resultatives", ms., University of Texas at Austin

Wechsler, S.(1997), "Resultative Predicates and Control", *Texas Linguistic Forum* 38, University of Texas at Austin

Weinreich, U.(1964), "Webster's Third : A Critique of its Semantics", *International Journal of American Linguistics* 30

Wesche, B.(1995), *Symmetric Coordination*, Niemeyer

Wienold, G.(1995), "Lexical and Conceptual Structures in Expressions for Movement ana Space", in U. Egli et al. eds.(1995)

Wilder, C.(1997), "Some Properties of Ellipsis in Coordination", in Alexiadon et al. eds.(1997)

Williams, E.(1990), "The ATB Theory of Parasitic Gaps", *Linguistic Review* 6

Williams, E.(1994), *Thematic Structures*, MIT Press

Zoerner, C.(1995), "Coordination : The Syntax of &P", Ph.D. Dissertation, University of California at Irvine

찾아보기

가능세계 334
가능태 333
가변성 54
가변속성 198, 199, 205, 214, 224
가변적 속성 196
가변적인 대상 39
가장자리 401
가짜 목적어 47, 438
가치와 관점 13
가치의 뿌리 64
각자 해석 285
간접 증거 186
간접사역 57, 273
간접적 사역 276, 277
갈래 317
감정 이입 68
감탄사 부류 21
강명윤 319
강제성 273, 277
강한 입장 84, 87, 90
개념 14, 33
개념 구조 14
개념 구조 표상 방식 459
개념 단위들 349
개념 층위 323
개념상 복합동사 443
개념어 444
개별성 33
개체 단위 242
개체 산정 106
개체 연산 341
개체 집합적인 유(類) 98, 101
개체 함수 459
개체 해석 458
개체들에 대한 술어 244
개체성 35, 85, 86, 98
개체적 해석 92, 116
개체화 210, 212
거울 영상 223, 375
걱정 양상 314
격 327
격 배당 328, 351
격 배당 변동 353, 370
격 배당 자리 349
격 배당의 변동 351
격 여과 기능 351
격 인허 351
격 틀 350
격 표지가 없이 328
격 확인 328
격률 64
격을 배당 351
격을 점검 351
격조사 251, 255
격조사 층위 250, 256
격조사의 일치 현상 211
결과 상태 48, 332, 437, 439
결과 상태 구문 342
결과 상태명사류 125
결과절 342, 436, 437

결과절 구문   47, 381, 396
결속 원리 B   142
결속 조건 A   389
결속소   424
결속원리 A   438
결점   82
결정 불가능성   68
결정론   61
경로 함수   459
경로동사   243
경험 시제소   226
경험 완료   334
경험주   44
경험주 의미역   55
경험주 주어   454
'경험주의   15
계기 나열   399
계량성   98
계량화   210, 212
계사   269
계사 구문   304
계열 관계   32
계열적 관계   311
계층성 우위의 원칙   140
계층성   140
계층의 차이   130
계층적 접근   140
고맙다   461
고영근   251
고유격   327, 348
고유명사   34
고재설   442
공간 나열   342, 399
공백   379
공범주   81, 262, 318, 324
공범주 논항   462
공범주 논항의 범주   142
공범주 대명사   101
공범주 시제소   393, 404
공범주 실현의 수의적 위치   264~266
공범주 실현의 필수적 위치   266, 286
공범주 연산자   373, 384, 390, 392, 395, 410
공범주 주제 구문   289
공범주 형태   30, 232, 345
공범주 형태의 분류사   90
공범주 형태의 수량사 구   94
공범주 형태의 시제 연산자   395
공범주 형태의 표시   81
공적인 표상   417
공집합   34
과정 행위   332
과정동사   291
과학 정신   61
관계 관형절   141, 153, 214, 224
관계 형식명사   243
관계를 나타내는 명사   243
관례적 속뜻   65
관사·지시사·정도어   199
관형 구조   111
관형 조사   155
관형격 조사   83
관형형어미   331, 332
광의의 사역 구문   286
광의의 통사론   157, 217
괴델   17, 68
교차의 문제   400
교착어 특성   409
교호 해석   285
교호사   458
교호성   386
구성   44
구성성분   398
구성성분으로 묶이지 않음   406
구적 낱말   20, 42
구절 구조 문법   13
구조   217
구조 보존   280
구조가 다르면 의미가 다르다   320
구조격   155, 251, 327, 348
구조의 개방성   133
구조의 계층성   138
구조의 차이   265
구조의 폐쇄성   133

구조적 성격　130
구조적 중의성　433
구조적 차이　135, 279, 285
구체사례 기억　19, 36, 220
구체적 사건　19
국어의 분류사　197, 230, 317
권재일　380
귀납적 함수　76
귀속 성질　81
균질인인 등위접속　350
그라이스　69
근원 의미역　191
근원역　165
근접성 대명사　124
근접성 인식　333
금지 양상　314
금칙　349
기능범주　113, 217, 311, 312, 357
기능범주 핵어　226, 322, 355
기능범주 핵어성　353
기능범주의 상동성 가정　311
기능범주의 핵어　245, 352, 354
기능적 동일체　363
기동성　450, 457
기본 격　351, 371
기본값　319, 329
기본값 동사　19, 21
기본값 의미　30
기본구성　319
기본층위의 밑그림　221
기부　100
기생 공백　379
기생 공백의 처리　392
기점　80, 192
기점 의미역　80, 99, 192
기점 : 중간점 : 종점　464
기호　27
기호학　28
김광해　139, 155
김귀화　262, 265, 266
김규철　155, 174
김기혁　155

김명희　155
김수원　436
김승곤　154
김승렬　84
김영주　447
김영희　84, 97, 98, 230, 262, 265, 294, 380, 386, 391
김정대　263, 393
김종복　436
나열　325, 346
남기심　251, 380, 399, 421
낱개 대상　247
낱개 사건　15, 16
낱개성　247
낱개의 개체　246
낱개의 사건　412
낱말　36
낱말 고유 영역　178
내부 감각동사　55, 187, 192, 461, 462
내부논항　23, 420, 434
내부속성　131, 215, 305
내용범주　217
내재격　251
내재적 상태　81
내재적 속성　42
내재적 중의성　433
내재주의　15
내접화　219
내포　13, 432
내포 구조　13
내포 및 접속　261
내포 서술어　230
내포문과 접속문의 구별　415
내포와 접속　214
내포의미　34, 54, 84, 93, 95, 96, 212, 215, 233, 236, 257, 318, 320
내포의미의 차이　105
네 가지 수준　60
노대규　84
노보경　436
녹아 붙음　448
논항　31, 33, 43, 182, 219, 430

논항-함수 구조 459
논항 변동 467
논항 선택 44
논항 실현 44
논항 연결 44
논항 위계 44
논항 이동 103, 183, 209, 457
논항구조 14, 22, 39, 76
논항구조의 변동 59
논항구조의 위계 328
논항의 실현 위계 328
누산 84, 91
능동적 행위주 논항 349
다의성 432
다의성 확장 원리 450
다의어 확장 모형 48
다의어적 관점 46
다의어적 접근 362
다의어적 해결 185
다중 핵어 가정 200
다항 접속 344, 358, 385, 396, 409, 416
다항 접속 구문 381
단 하나의 보충어 352
단문 15
단문과 복문 31
단순문 15
단어 만들기 217
단어형성 133
단위 사건 15, 16, 23, 59, 412
단위 사건의 분절 412
단일 핵어 가정 200
단일한 개념 174
닫힌 전체 29
담화 연결 요구 361
담화상의 생략 398
닻 내리기 제약 144
닻 내리기 조건 82, 111, 119, 129
대등 접속 344
대등성 344
대문자 444
대상 44
대상 의미역 55

대상물 21
대상의 전체 범위 247
대소 관계 171
대연쇄 263
대용 표현 322
대용 현상 366, 424
대우 관계 318
대우 일치 318
대우 일치소 223, 359
대칭성 344, 386, 388, 397
대칭성 여부 342
대칭성 요구 조건 398
대칭적 등위접속 구조 378
대화 규범 64, 65
대화상의 속뜻 65
도구격 175
도급형 436
도달 동사 343
독립성 344, 386
동격 관계 84, 93, 96, 163, 230, 239
동격 구성 105
동격 구조 319
동격 명사 구문 144, 148
동격 보문 141
동명사 구성 141, 148
동사 14, 20, 21, 80
동사 분류 192
동사 의미적 접근 349
동사구 내부 주어 가정 221
동사구 보문화 261
동사의 개별 의미 329
동사의 변동 320
동사의미 변동 47
동사의미 확장 관계 47
동시 나열 399
동심 구조 353, 415
동음이의어 54, 350
동의성 여부 233
동일 명사구 삭제 267, 280
동일 요소의 생략 400
동일 지표 83
동일 차원의 서술 불가능성 415

동일 형상설   123, 188
동일론   84, 87
동일성 연산자   378
동일차원에서의 서술 불가능성   17
동일한 지표   43
동정자음   446
동족목적어   282, 332, 438
동족목적어 구문   332
동지표   82, 111, 142, 214, 263, 286, 306
동지표 논항   127
동지표 부여 기능   119
동지표 표시   111
동지표되는 명사구   267, 270
동지표문   280
동치 관계   144
동태적   296
동형성 가정   220, 225, 239, 244, 254, 255, 257
되돌아보는 기억   416
두 개의 핵어   346
두 종류의 D   197
두 층위   27
등위접속   341, 385
등위접속문   418
등위접속 구문   345
등위접속 구문의 비대칭성   381
등위접속 구조   397
뜻 고정시키기   435
람다 연산소   421
랑그   20
로드슈타인   84
륌멜하앗   11
뤼쳐즈   68
마디   43
마음 이론   68
마이산   17
마커스   11
매개인자   53
매임 관계   97, 117
머릿속 언어   75
머클랠런드   11
명사   20, 21, 80

명사구 보문자   98
명사구의 기능범주   329
명사구의 중의성   133
명사구의 초기값   212
명사의 의미표상   439
명사적 관형절   141, 148, 153, 214
명사형어미   331, 332
명시어   420
명제   14, 15, 33
명제 또는 개념   412
명제 시제소   226
모듈   182
목적 대상   175
목적어-주어 동지표 구문   262
목적어 일치소   223, 226
목적어를 잃어버린 문장   269, 280
목표 의미역   191
목표역   165
몰-방법론   39
묘사 구문   343
묘사동사   206, 389
묘사절   436
무대   22
무표격   327, 348
무표지 품사 전환 과정   446
무표지 형태   224
무한 접속   416
무한 퇴행   63, 66, 415
무한성   29
문법 자질   226, 354
문법범주   217
문법성   136
문법적인 성   317
문장   35, 36
문장 결속성   18
문장 부사의 지위   380, 391, 396
문장 연산   341
문장의 내부 구조   18
문체적인 차이   403
및   325
밖에서 바라보아야   248
반대되는 함의   275, 277, 279, 281, 295,

찾아보기 / 511

306

반복   13, 14, 16, 35, 36, 214
반복 관계   230
반복성   261
반사실적 양상   314
반어적 표현   64
반환원적   13
발화동사   188
방법론적 일원론   22, 33
방벽의 역할   147
배경   22
배경 제시   416
배경과 초점   13, 22
배경이나 무대   413
배분적 해석   340, 402
배제관계   156
배타적 관계   247
배타적 분포   287
범위   323
범위 완결   257
범위 완결소   257
범위 표시   106
범위 한정   172, 252, 253, 254
범위를 완결   249
범위의 한정   171, 248
범주 선택   430
범주 선택의 속성   226
범주 D   215
범주와 구조   38, 217, 344
범주자질   322
범칭적 해석   284
변항   17
변형·생성의 시대   180
변형과 생성   36
변형생성문법   85
변화의 속성   303
병렬 분산 처리   11, 12
병치   340, 345, 346
병합   183
병합과 이동   39
보다   467
보문 관형절   141, 144, 150, 153, 214,

225

보문소   225
보문자   359
보문자 C   204
보조사   251, 255, 331
보충어   40, 42
보충어 논항   182
보편 문법   258
보편기계   417
보편성   33
복선 구조   30, 40
복수성   228, 246
복수표시   106
복층 구조   417
복합격   173, 175, 215
복합격 형태   165
복합사건   411
복합사건 덩어리   17
복합사건 연결체   15
복합사건의 연쇄   59
본능   61
본연의 속성   196
본유격   155
본유속성   198, 199, 205, 211, 215, 224
본유의 속성   196
부가 접속   342
부가어   43, 81, 129, 224
부가어 구조   373
부가어 논항   132, 135, 214
부가어 위치   108, 109, 110, 111, 120, 358
부가어 인허   390
부가어 인허 조건   378, 379, 383, 384
부가어로서의 접속구   377
부가어의 남발   390
부가어의 닻 내리기   177
부가어의 실현 여부   84
부가어의 지위   344, 409
부분 해석   210, 453
부분 : 전체 대립   453
부분사 구성   234
부분성   282, 453

부사성 명사　321
부사성 형식명사　150, 206
부사절　421
부연 수식 관계　93
부울　34
부울 접속　324, 339, 344
부정격　179, 327, 348
부정격 실현　162, 183
부정격 형태　156
부정소　225
부정의 영역　392
부차적 서술화　84
부착　183
분류사　197, 317
분류사 구절　204, 212, 215
분류사 언어　85, 116, 230, 317
분류사 의미자질　242
분류사 일치　117, 318
분류사 일치소　228, 256
분류사 중심 언어　229
분류사의 범주　85, 112
분류사의 선택　89
분류사의 실현　232
분리 불가능성　354
분석명제　62
분석적 구조　23
불구보문　272, 296
불변의 대상　39
불변의 상태　81
불연속 형태소　406
불완전성 정리　17
불투명 구조　51
불투명하다　50
불확실성 줄여나가기　70
붙여쓰기　448
비-대칭적 구조　363
비구성성분　410
비-구성성분의 공유　408
비균질적 등위접속　350
비근접성 대명사　124
비논항　43
비논항 이동　103, 110, 241

비-대격 구문　413
비-대격동사　55, 187, 328, 437, 443, 450, 457
비-대칭성　41, 344, 409
비대칭적 등위접속 구조　378, 379
비대칭적인 특성　367
비동격 관형절　141
비-동일범주의 접속　409
비반복성　360
비-부울 접속　324, 339, 345
비사실성　283
비사실적 내용　283
비실현태　315
비-연속 층위　360
비워 두기　324
비자연성　68
비자연적 결합　37
비종결　323
비지시적 성격　214
비통사적 구성　178
비통사적 합성　178
비통사적 합성어　20
비한정적　84
비핵어　43
빈 자리　329, 349, 351
빼어내기　324
ㅅ-전치명사　173, 178
사건　16
사건 구조　439
사건 논항　421, 440
사건 시제소　226
사건 함수　459
사건동사　185
사건들의 복합 연결체　414
사건들의 집합　244
사건명사　213
사건명사 구문　124
사건의 내적 구조　22
사격　44, 51, 327
사격 교체　452
사격 논항　165, 445
사격 목적어 구성　452

사격 의미역　44, 47, 51, 80, 165, 191, 192, 206
사고언어의 실체　459
사동성　450
사물의 종류　360
사성통해　446
사실성　283
사역 구문　287, 291, 299, 301, 303
사역 구문의 특이성　273
사역 류 동사　306
사역동사　188, 193, 262
사역동사 구문　56
사역성　286, 450
사역의 간접성　275
사역작용의 직접성　275
사역주　287
사이시옷　139, 215
사이시옷 구절　195
사이시옷 구절의 실현　176
사이시옷의 최인접 조건　174
사적인 표상　417
사칙연산　417
삭제 변형　265
삼각형　68
삽화/일화 기억　416
상대시제 해석　404
상대시제의 해석　367, 384, 392, 393
상동성 가정　312, 317, 332, 335
상보관계　195
상보분포　335
상보적　326, 330
상보적 관계　250, 252, 312
상승조 억양　346
상위 계층의 연산자　319
상위 동사 '하다'　391, 397
상위 수행문 설치　63
상위문 동사의 의미역 구조　265, 278, 284, 298, 303, 306
상이 형상설　123
상이범주 접속　352
상이론　87
상징성　54

상이성 가정　312
상징적 행위　69
상태 묘사 구문　47
상태 지속　399
상태 함수　459
상태동사　48, 443
상태명사　81, 125, 143, 189, 213
상태명사의 투영　194
상호 배타성의 제약　436
상호 성분통어　390
상호 주관성　68
상호작용 접합면　38
상호접합면　463
상황 공범주　52, 57, 263, 265, 274, 278, 291, 293, 295, 306, 457
상황 공범주의 설정　277, 279, 310
상황 판단　58
상황에 대한 내적 구조　324
새로운 층렬　60
생각 구문　303
생각 류 동사　306
생각하다　294
생략　424
생략 현상　366
생략만의 고유 원리　406
생략의 대상　410
생략의 문제　324, 397
생략의 방향성　401
생략이 서로 교차되는 경우　408
생물학적 자연주의　71, 430
생성 어휘　441
서법소 구절　314
서법소의 기능　326
서법소의 본질　326
서술 관계　278
서술성 자질　218
서술적 속성　312
서술적 형용사　346
서술지식 기억　19
서태룡　301
선어말어미　219, 313
선조성　139, 140

선조적 결합 29
선조적 접근 139
선조적 질서 214
선호 44
성과 수에 대한 일치 360
성과 수와 인칭 228
성분 부사의 지위 380
성분통어 370, 387
성분통어 구조 364
세계지식 401, 408
소성 구조 439
소속 161
소쉬르 28
소유 161, 211
소유 미이전 452
소유 이전 452
소유·소속 197, 199
소유나 소속 161, 162
소유와 소속 172, 179, 214
소유의 '있다' 442
소유자 131
소재의 '있다' 442
속격 83
속격 관계 308
속격 구성 97
속격 조사 153
속격적 주어 211
속뜻 65
속뜻 깔아 넣기 67
속성 53, 81, 211
속성 다발 81, 143
속성 사이의 간격 305
속성 표현 212, 215
속성 함수 459
속성 해석 458
속성의 다발 34
손남익 320
수량 분류사 75
수량단위 형식명사 317
수량사 구 83, 100
수량사 구성 112
수량사 구의 계층성 분석 121

수량사 구절 318
수량사+분류사 구절 202
수량사+분류사 융합형태 211
수량사의 축약 조건 102, 112
수사학 22
수식 관계 239
수식 부류 21
수식적 형용사 346
수여동사 43, 57, 188, 193, 457
수용성 135, 136
수의적 부가어 436
수의적 부가절 303, 343
수의적인 부가어 129
수의적인 부가어 논항 177
수정된 의미역 계층 191
수준 60
수치 계량 246
수학기초론 17
수행 진술 63
수혜동사 57
순간성 324
순서 교체 253
순서쌍 263
순수 사고 14, 33
순수한 형식 34
순행 결속 458
순행 대용 366
순행 생략 345, 367, 396, 399, 400, 403 ~405
술어 33
술어논리 21, 22
술어에 대한 술어 244
쉐마 65
시간 나열 342
시간 의존성 387
시공 위상소 330
시제 배분 424
시제 연산소 422, 425
시제 통합 현상 424
시제 해석 391, 419
시제소 219, 313, 315
시제소 구절 257, 314, 321

시제소 층위 315
시제소 T 199
시지각 행위 445
시지각동사 46
신분 표지상의 일치 228
신분성 구현 314
신분성 어미 117
신체 어휘 243
실사 217
실세계 체험 411
실재의 속성 304
실천 63
실천궁행 63
실체성 자질 218
실체적 속성 312
실현 영역 지정 282
실현 예정의 목표점 301, 302
실현태 315
심리동사 구문 289
심리동사 교체 451
심리동사 유형 454
심리적으로 실재하는 형태소 346
심리주의 15
심성 어휘집 432
심재기 301
심층 구조 85
쐐기괄호 263
아랫첨자 286
아리스토텔레스 33, 113
아이오타 연산자 319
안명철 147, 280, 283
안성호 88, 204
안쪽에서 바라보아야 248
앞으로 내다보는 기억 416
애브니 85
약속동사 57
약한 단언 서술어 294
약한 입장 84, 87, 91, 96
양도 가능한 소유나 소속 161
양도 미완료 452
양도 불가성 여부 442
양도 완료 452

양상소 314, 315
양상소 층위 315, 333, 334
양정석 452
양화 해석 88, 204
양화사 225
양화사 유동 121
양화표현 318
양화해석 영역상의 차이 266
어말어미 219, 313
어미 358
어조의 변화 346
어휘 개념 구조 440, 447, 451, 464
어휘 공리계 349
어휘 교체현상 453
어휘 내항 55
어휘 대물림 구조 439
어휘 연쇄 18
어휘 의미론 409
어휘 의미의 변동 47
어휘 의미표상 464
어휘 충돌 285
어휘 통사론 42
어휘 해체의 정당성 457
어휘 핵어 40
어휘교체 현상 451
어휘범주 113, 217, 311, 312, 357
어휘범주의 투영 81
어휘부 39
어휘의 의미 변동 53
어휘의 의미표상 431
어휘장 460
어휘적인 상 324
어휘화 과정 408
어휘화 유형 52, 53, 447, 448
억양 단위 15
언어 개념 192
언어 구조 192
언어 내적 연결기제 412
언어 사용 61, 63
언어 습득 436
언어 외적 연결기제 412
언어 중심적 사고 방식 37

언어의 무한성   261
언어의 제약성   220
언어적 해석   225
언어학   28
얼어붙은 통사론   42, 133, 157, 217
엄정호   147
에들먼   12
여격 경험주 표시   457
여격 교체   320, 451, 452
여섯 가지 양상   314
여섯 가지 의미역   191
역설   69
역접의 표현 효과   386
역행 결속   458
역행 대용   366
역행 생략   345, 367, 384, 399, 400, 403 ~405
연결강도   11, 12
연결기능   155
연결소   219
연결소 &   225
연결소 범주   258
연결소 층위   256
연결어미   315, 358, 416
연결어미 부류   313
연결이론   80
연결주의   11
연산   76, 182
연산 작용   182
연산소   424
연산소 지위   424
연산주의   11, 13
연쇄   273, 286, 306
연쇄 항목   263
연쇄 형성   384
연역 공리계   424
열린 전체   29
영어에서의 외치 현상   364
영어의 관사류   197
영역 횡단 적출   379, 384, 396, 400
영역의 중의성   325, 402
영향성   286

예술 정신   62
예외적 격 표시 동사   49, 365
예정 상태화   301
예정상   301
오그든   68
완결된 명제   321
완결소   245
완결소 구절   243, 249
완결소 층위   250, 252
완결소 항목   253
완벽성   70
완성동사   48, 443
완수 결과 동사   48
완수동사   342, 343, 381, 437~439, 443
완전 기능 복합체   389
완형보문   272, 296
왕문용   155, 421
외각 구조   221, 369
외각 핵어   100, 103, 376, 381
외각 핵어 구조   376, 446
외각동사   183
외부 대상 감각동사   56, 461, 462
외부 대상 지각동사   187, 192
외부논항   420, 434
외연   432
외연의미   34, 53, 54, 84, 93, 233, 236, 256
외재적 언어   75
외재주의   15, 67, 70
외접화   219
외치 구문   122
외현범주   30, 262, 318
용융   448
용적 단위   242
우변 생략   401
우형식   242
우회적 사역   276
원래 의도   65
원리·매개인자 이론   218
원소   33
원인주   454
원초 개념   349

원형 의미역 44
원형 이론적 접근 349
원형성의 정도 349
위계화된 의미역 190
위상 244
위상 연결 323
위상 완결 248
위상 완결소 257
위상 표시소 321
위상과 범위 257
위상구 321
위상소 321, 322, 324, 330
위상을 완결 249
위상표시 형식명사 243
위치 323
위치 표시명사 321
위치구 321
위치나 범위를 완결 322
위치명사 321
위치소 구절 249, 250
위치와 범위 330
위치표시 형식명사 243
유동석 226
유사 공백 379, 398
유사 공백 현상 406
유사 활용소 114
유사—경험주 의미역 57
유사—행위주 의미역 57
유사성 18
유일성 319, 360
유적 표현 86, 205, 210
유적 해석 92, 95, 101, 116
유정물 21
유표격 327
유현경 380
유형 인식 11, 12, 13
유형 전이 340, 361, 362
유형의미론 21
유형화 22
육하원칙 22, 190, 413
융합 수량사 104, 109
융합 형태소 230

—음/-기 332
음영 글자 400
음운 축약의 방해 279
음절 구조 417
의도 양상 314
의무 통제 274, 278, 286
의미 관계 189, 225
의미 기억 19, 36, 220, 416
의미 변환 435
의미 삼각형 68
의미 역할 22
의미 윤곽 결정소 355
의미 차이 253, 269, 277, 286, 292, 320, 403
의미 특수화 20
의미 해석 차이 275
의미론적 불완전명사 175
의미론적 정의 355
의미상 동치 관계 145, 148, 150, 153
의미역 80, 190, 225
의미역 계층 191
의미역 관계 189
의미역 구조 22, 279, 280, 289, 446
의미역 배당 124, 192, 446
의미역 배당의 상보적 분포 213
의미역 틀 357
의미역 할당 81
의미의 중의성 138
의미의 차이 265
의미자질의 상정 409
의미장 459
의미표상 429
의미해석 차이 279
의사소통 의도 67
의사소통 의도의 인식 65
의사연쇄 263
의존 관계의 양상 281
의존성 397
의지 450
의지적 작용 277
이관규 386, 402, 421
이광호 173, 175, 261, 262, 265, 280,

281, 286, 287, 293
이남순 84, 91, 95, 155
'이다·하다' 동사 325
이동 기착지 역할 362
이동 현상 237
이동동사 447
이동의 동기 103
이동의 목표지 103
이동의 흔적 362
이동이 자유롭다 302
이론 내적인 결정 353
이른바 이중타동사 79
이름 34, 35
이분지 가정 182
이분지 구조 77, 370
이분지 약정 79, 356
이숭녕 117, 228, 314
이승욱 301
이승재 147
이심 구조 353, 415
이원론 22, 32, 353
이은경 363, 393
이익섭 84, 90, 96, 97, 117, 230, 261, 267, 380, 421
이접 339
이정민 84, 97, 117
이종희 359
이중 보문자 문제 147
이중 핵어 접근 353
이중대격 구성 452
이중타동사 183, 187, 192, 221, 356
이찬규 154
이필영 97, 147, 363
이항 대립 31
이항 접속 344, 358, 385, 391, 409, 416
이항 접속 구문 381
이현진 436, 447
이홍식 141, 148
이희자 359
인과관계 16
인과율 61
인상 이동 103, 357, 368, 387, 395

인상 이동의 무위화 357
인식 시제소 226
인식·평가동사 185
인용 구문 57
인용동사 188, 192, 361
인지 언어학 463
인지·평가동사 187, 192
인지동사 188
인허 관계 117
인허자 117
일반 대명사 389
일반 인지 능력 463
일반 행위동사 46
일반화된 논항구조 43, 79, 98, 126, 128, 140, 183, 189, 198, 213
일상 언어 철학 63
일시적 경험 161
일원론 32, 97, 353
일원론적 접근 415
일직선의 결합 방식 29
일치 기제 114
일치 속성 354
일치 요구 211
일치 현상 212
일치성 자질 215
일치소 114, 207, 219, 313
일치소 구절 239, 243, 250, 314
일치소 범주 232
일치소 AGR 199
일치의 방법 116
일치의 속성 317
임동훈 84
임시 기착지 역할 358
임의범주의 이동 122, 176
임창국 407
임홍빈 52, 84, 93, 95, 98, 110, 112, 116, 139, 141, 148, 155, 175, 225, 226, 228, 230, 242, 255, 261, 267, 269, 274, 280, 281, 288, 289, 380, 421
입력과 출력 182
입력-출력의 흐름 12

자극체 46, 454
자극체 주어 458
자기 내부 반복 442
자기 외부 반복 442
자동사 43, 187, 192
자리 33
자발성 273, 450
자연 법칙 69
자연부류 257, 389
자연성 68
자연수 13, 35
자연언어처리 430
자연주의 69, 70
자연주의화 67
자유연상 11, 32
자유의지 13, 16, 28, 61, 62, 414
자의적 결합 37
자질 이론적 접근 349
자질 일치 요구 226
자질 점검 222
자체지각적 기억 416
작업기억 412
작용 303
작용성 276, 286
작은 공범주 대명사 136, 142, 209
작은 절 48
작은 접속구 324, 371, 407
잠재적 가능성 314
잠재적 의도성 274
장기 강화 15
장면 층위의 술어 462
장소원 226
장차 확인 가능성 333
재구조화 104
재귀대명사 389
재귀사 308, 438
재귀사 {자기} 309
전전두엽 412
전체 해석 210, 453
전체 : 부분의 대립 452, 453, 464
전체성 35, 247, 282, 453
전체성 효과 452

전체성과 부분성이 대립 283
전형적 논항구조 38, 39, 43, 78, 328, 369, 418
절 유사 단위 14
절단 현상 315
절대시제 391
절대시제의 해석 367, 384, 393, 394
절차지식 기억 19
점검 경로 60, 65
접미사 313
접속 13
접속 구문의 부가어 지위 380
접속 구문의 비-대칭성 363
접속 구문의 생략 사례 405
접속 구조 13
접속 부사 341
접속 어미 341
접속 접미사 341
접속 조사 341
접속 형태소 352, 355, 359
접속 형태소의 범주 347, 409
접속 형태소의 범주 지위 344
접속 형태소의 분류 341
접속 형태소의 자질 359
접속구 345
접속구의 가장자리 401
접속구의 한가운데 401
접속범주의 비대칭적 구조 368
접속소 324
접속소 & 315
접속소 구절 314
접속소의 구현 325
접속절의 필수적 특성 422
정격 44, 51
정도 계량 106
정도성 85, 86, 303
정보 간격 70
정보전달 경로 60
정신 어휘집 432
정태적 296
정태적 속성 296
제1 경로 60

제1계 술어 244, 245
제2 경로 60
제2계 술어 244
제약 표상적 접근 349
제약된 문법 이론 356
제킨도프 11
조동인 202
조민정 393
조사 생략 형태 156
존재론적 해석 225
존재범주의 집합 459
존재양화사 319
존재와 명칭 34
종결 323
종결 형태소 359
종결소 219, 359
종결소 층위 256
종결소 C 225
종결어미 359, 416
종류 317
종범주적 요소 346
종범주적 접근 347, 351, 368
종속절 383
종속접속 342, 385, 391
종속접속 구문 345
종속접속 구조 397
종속접속문 315, 419
종속접속문의 구조 423
종점 80, 192
종점 의미역 192
종합명제 62
좋다 54
좌변 생략 401
좌분지 구조 372
주술 관계 84, 96, 97
주술 구조 48
주어 33
주어 올리기 구문 262
주어 인상 265
주어 중심의 언어 357
주어와 술어 33
주어와 술어의 관계 230

주어적 속격 154, 158, 162
주의력의 초점 13
주제 성분 이동 391
주제 위치 388
주제 중심의 언어 357
주제어 400
주제화 355
주체 대우 일치소 226
죽음 64
중간 401
중간 기착지 395
중간 층위 40
중간투영 40
중단 334
중립성 283
중립적 표현 271, 274
중립적 해석 271, 283, 306
중세국어의 '오' 223
중앙 연산 처리부 12
중의성 30, 54, 130, 432
중의적 해석 277, 284
중첩 반복을 피하는 현상 168
지각동사 56, 185, 262, 461
지각적 기억 416
지배·결속의 시대 180
지속적 경험 161, 162, 197
지시 199
지시 해석 88, 204
지시·소유·소속 198
지시대상 53
지시사 114, 202, 203
지시사 범주 317
지시사·소유·소속 224
지시사의 범주 197
지시의 고정성 171
지시적 성격 214
지시표현 18
지우기 324, 397
지정어 40, 420
지정어 논항 182
지향성 303~305, 414
직격 327

직접 사역작용　274
직접 작용성　277
직접사역　273
직접적 사역　276
진리와 언어의 문제　63
진리의 대응 이론　34
진술문 형성 연산자　419
진실성 조건　15, 63, 70
진위 진술　63
집단적 해석　340, 402
집합　33
집합 개념　33
집합 병합　39
집합과 원소의 관계　322
집합명사적　228
집합에 대한 집합　245
짝 병합　39
참 공백　379, 384
채완　84, 85, 89, 90, 92, 117, 241
처격　175
처격 교체　320, 451
처소 관계　110
처소 의미역　47, 191
처소성　243
처소역　165
첫 분지 교점　364
청·화자 간의 상호 인식　66
청자 대우 일치소　226
청자 위상의 역설　69
청자와의 관계　326
청자의 위상 변환　70
초기값　85, 98, 319
초기값 구성　237
초기값 구조　183, 184, 213
초점　22, 155
초점 부각　416
초점화　355
초점화 구문　262
초점화 이동　267
촉발자　391
촴스끼 부가　343, 357
최기용　252, 255

최대성분통어　238
최대투영 부가　344, 370, 381, 382, 410
최대투영 부가의 형상　385
최동주　384, 393, 394, 403
최세진　446
최소 자립형태소　113
최순자　447
최재희　380
최종 안착지　391
최종 접속구의 격　350
최종 층위　40
최종투영　40
추상적 개념　460
추상적 실체　412
추상적 연산방식　417
추상화 연산소　30, 421
추상화된 사건 구조　80
추이 또는 변화　292
추측동사　185, 187, 192, 433
추측의 증거　186
충렬 도입　60
층위 밖의 화용적 요소　332
칸트　62, 64, 417
크뤼오울　18
큰 공범주 대명사　142
킨취　15
타동사　43, 187, 192
태극도　31
통사적 개방성　288
통사적 구성의 파격　173
통사적 예측 가능성　242
통사적 의존성　151
통사적 차원의 부정 구문　225
통사적 파격　173, 175
통산　84, 91
통제 관계　278
통합 관계　32
통합적 관계　311
통합주의 가정　430
투영　129
투영 구조　409
투영 원리　373, 430

튜링 11
특례적인 처리 375
특수조사 331
특수한 내포문 343
특정한 개체 284
특칭적 해석 284
파롤 20
판단 22, 33, 35
판단 동사 46
편입 115, 130, 199, 212, 219, 250
평가 303
평가 속성 305
평가동사 56, 185, 188, 192, 433
평가된 속성 304
평가의 속성 303
평판 구조 367, 368
포함 44
포함 관계 93, 110, 155
폭 또는 주연 282
표상 429
표적 44
품사 전환 446
프레게 14, 22, 32, 35, 415, 420, 432
프레게 원리 51
피동주 44, 287, 289, 290
피사체 131
피아제 463
피아제의 언어관 440
피어스 37
피진 18
필수성 여부 354
필수적 내포절 302
필수적 부가 접속 342
필수적 부가어 47, 49, 436, 437
필수적 사건 논항 421
필수적 위치 264
필수적인 부가어 지위 342
필수적인 부가절 342, 343
필연적 인과율 69, 414
핑커 11
하강 이동 209
하다 206, 361, 389

하위범주화 342
하위범주화 능력 354
하위범주화 요구 361
하위범주화 자질 279
하위범주화 틀 190, 204
학교문법 33
한 사건의 내부 모습 412
한국어의 교착적 특성 359
한길 359
한동완 384
한정적 84
함수 14, 33, 219
함수 논항의 관계 353
합병 183
합산 연산자 340
합성성 원리 50, 441
항 33
핵 계층 구조 77, 417
핵 계층 구조 이론 40
핵 계층 이론 415
핵과 비핵 77
핵어 14, 29, 322, 430
핵어 문법 439
핵어 부가 49, 344, 370, 378, 381, 382, 409, 418
핵어 부가의 형상 385
핵어 성격 245
핵어 이동 183, 209, 237, 456
핵어 존재의 정당성 245
핵어명사에 인접 346
핵어성 353, 355, 373
핵어와의 일치관계 356
핵어의 내부속성 177
핵어의 불변 속성 42
핵어의 후보 354
행동 16
행동주의 심리학 36
행위 과정 437
행위동사 48, 185, 187, 192, 433, 438, 439, 443, 445
행위명사 81
행위와 언어의 문제 63

행위주 44, 289, 454
행위주 의미역 55
허사 217
허수 13
허용 양상 314
헤아림 246
현실세계 334
현실태 333
현장 층렬 60
협의의 통사론 217
형식과 내용 27
형식명사 243
형식명사 구성 150, 214
형식적 문맥 조건 400
형태론 42, 217
형태소 선택의 속성 226
호응의 파괴 285
홍윤표 282
화시적 해석 138
화용 기능의 형태소 355
화용 상황 207
화용 요소 331
화용 차원 252
화용 층위 313
화용범주 22
화용적 기능 255
화용적 동기 241, 302, 368
화용적 차원의 부정 구문 225
화용적 해석 172
화자 겸양 일치소 226
화자의 표현 태도 356
환원론 12
환원적 입장 351
환원적 접근 348, 352
환원주의 69, 70
환원주의 가정 429
활성화 확산 이론 12
회귀 13, 36, 77
회귀성 261
후핵성 77, 91, 116, 127
후핵성 매개인자 204, 213, 315, 369, 382

흔적 50, 136, 346
희망동사 187, 192

[+사역] 구문 303
[+생각] 구문 303, 305
[+생각] 류 동사 296, 298, 300
[+생각] 자질 295, 296, 300
{를} 형태소 282
{를}의 기저의미 310
{-ㅅ} 구절 195, 215
{의} 구절의 중가 169, 214
{의} 중가 현상 156, 165
{의}의 기능 111

Abney 97, 108, 112, 155, 197, 199, 219, 230, 238, 240, 244, 317, 352
Actionsart 324
AGR 215, 317
Anderson 15, 108
antisymmetric 41
asymmetric 41
asyndeton 340
atelic 323
Austin 15, 63
Baenmamoun 407
Baker 328
Blake 322
Borsley 348
Bowerman 14, 447, 451
Brown 14, 451
C의 독립성·자족성 212
Cantor 33
Carnap 34, 432
Chafe 15
Chomsky 123, 183, 222
Christen 431
Cl 교점 202
Clark 18
ClP 239
coercion 435
COMP 182
Comrie 324, 340

Conj 347
conjunction 339
Corbett 245
Crick 429
Croft 355
D 114
D 교점 202
D 범주 197, 200, 207
Dalrymple 324
Davidson 421
Davidson의 사건 논항 343
Davis 67
de dicto 해석 225
de re 해석 225
default 319
Di Sciullo 39
disjunction 339
Dowty 349
Du Bois 14, 44
e 30, 81, 263, 345, 346
ECM 365
Edelman 430
entailment 50
episode 19
Feyerabend 39
Foder 323, 429, 441, 444
Frege 14, 32, 123, 353
Fukui 199, 375
Galaburda 431
gender 317
Gerdts 230, 317
Gleitman 451
Greenberg 317
Grice 61, 64, 431
Grimshaw 44, 80, 108, 125, 191, 328, 445, 455
Gruber 44
Hale 14, 42, 133, 217, 446, 451
Halliday 18, 340, 417
Harris 36
Hasan 18
Higginbotham 245

Hudson 353
I 43
Jackendoff 323, 417, 431, 459
Johannessen 340, 347, 350, 353, 368, 370, 371
Johnson 400, 407
Jose Camacho 398
juxtaposition 325, 340
Kandel 15
Kant 429
Kayne 29, 379
Keyser 14, 42, 133, 217, 446, 451
Kintsch 15
Koch 429
Koopman 221
Kosslyn 431
Kratzer 462
Krifka 324, 344
Kripke 171
Lakoff 97
Lappin 407
Larson 45, 183, 221, 350, 369, 376
Larson의 구조 375
Lasersohn 341
Lasnik 360, 406
Lees 114
Lepore 441
Levin 14, 48, 56, 320, 332, 342, 438, 443
Link 341
Lobeck 379
Löbel 228, 238, 317
Mailing 436
maxim 64
McShane 407
mention 442
meta 442
Mill 35
Mithun 346
Mohanan 454
Montague 444
Munn 363, 366, 368, 372, 377, 379

찾아보기 / 525

naked infinitive   262
Nariyama   407
Neijt   379
nonsymmetric   41
object   442
of   108, 155
Ouhalla   200, 224, 226, 317, 354
parataxis   325, 340
Partee   340, 435
Payne   200, 203, 340
Peirce   37
Perlmutter   320
Pesetsky   217
Pierce   442
Pinker   218, 320, 431, 451
Pollock   219, 225, 313, 355
Premack   68
presentation   429
Prior   419, 424
pro   101, 127, 136, 142, 209
Pustejovsky   409, 435, 439
QP   239
Quine   49, 62, 442
Rapoport   436
Rappaport-Hovav   14, 48, 56, 342, 443
representation   429
Rooth   340
Rothstein   262, 350, 355, 357, 378
Russell   17
Sag   339, 351, 385
Schema   65
Schwabe   398, 407
Searle   414, 430
Speas   222, 223
SPEC   182
Szabolcsi   203
t   346
Talmy   52, 323, 447
Tang   202, 208, 211, 238, 317
Tarsky   34, 36, 442
telic   323
Thiersch   363, 368, 377, 378

token   441, 442
Toulmin   417
Tulving   36, 416
Turing   417
type   441, 442
use   442
Verma   454
Washio   436
Watanabe   243, 249, 250, 321
Wechsler   436
Weinreich   433
Wienold   243, 447
Wilder   324, 382, 398, 400
Williams   346, 353, 379, 397, 420
X'   40
X°   40
XP   40
zero 파생   446
Zhang   407
Zoerner   218, 340, 348, 350, 368, 373
Zwicky   245, 353
1인칭 표상   417
3인칭 표상   417

지은이 김지홍(Kim, Jee-Hong)
http://nongae.gsnu.ac.kr/~jhongkim
jhongkim@gsnu.ac.kr

제주대학교 국어교육과를 졸업하고, 한국학중앙연구원 한국학대학원(석사)과 서강대학교 대학원 국어국문학과(박사)를 졸업하였으며, 1988년 이래 경상대학교 국어교육과에 있다.

저서로『언어의 심층과 언어교육』(도서출판 경진, 2010)과『내포문으로서의 부사형어미구문 논증』(도서출판 경진, 2010)이 있다.

영어 번역으로 한국연구재단의 명저번역이 두 권 있는데, 르펠트(Levelt, 1989; 김지홍, 2008)의『말하기: 그 의도에서 조음까지』(1~2권, 나남)와 킨취(Kintsch, 1998; 김지홍·문선모, 2010)의『이해: 인지 패러다임』(나남, 출간중)이다. 또 도서출판 경진에서 클락(Clark, 1996; 김지홍, 2009)의『언어사용 밑바닥에 깔린 원리』와 머카씨(McCarthy, 1998; 김지홍, 2010)의『입말, 그리고 담화 중심의 언어교육』과 페어클럽(Fairclough, 2001 확장판; 김지홍, 2010 출간중)의『언어와 권력』을 펴내었으며, 나라말에서 월리스(Wallace, 1998; 김지홍, 2009)의『언어교육 현장 조사연구』를 출간하였다.

한문 번역으로 지식을만드는지식(지만지)에서 유회의『언문지』(2008), 장한철의『표해록』(2009),『최부 표해록』(2009)을 펴내었다.

국어 통사·의미론의 몇 측면: 논항구조 접근

ⓒ 김지홍, 2010

1판 1쇄 발행 ∥ 2010년 01월 25일
1판 2쇄 발행 ∥ 2011년 10월 10일

지은이 ∥ 김지홍
펴낸이 ∥ 양정섭

펴낸곳 ∥ 도서출판 경진
    등 록 ∥ 제2010-000004호
    주 소 ∥ 경기도 광명시 소하동 1272번지 우림필유 101-212
    블로그 ∥ http://kyungjinmunhwa.tistory.com
    이메일 ∥ wekorea@paran.com

공급처 ∥ (주)글로벌콘텐츠출판그룹
    대 표 ∥ 홍정표
    기획·마케팅 ∥ 노경민
    경영지원 ∥ 최정임
    주 소 ∥ 서울특별시 강동구 길동 349-6 정일빌딩 401호
    전 화 ∥ 02-488-3280
    팩 스 ∥ 02-488-3281
    홈페이지 ∥ http://www.gcbook.co.kr

값 28,000원
ISBN 978-89-5996-079-8 93710

※ 이 책은 본사와 저자의 허락 없이는 내용의 일부 또는 전체를 무단 전재나 복제, 광전자 매체 수록 등을 금합니다.
※ 잘못된 책은 구입처에서 바꾸어 드립니다.